KB181514

원본 없는 판타지

원본 없는 판타지
페미니스트 시각으로 읽는 한국 현대문화사

1판1쇄 | 2020년 4월 6일
1판2쇄 | 2020년 6월 22일

기획 | 오혜진
지은이 | 오혜진, 박차민정, 이화진, 정은영, 김대현, 한채윤, 허윤,
　　　　이승희, 손희정, 안소현, 김효진, 김애라, 심혜경, 조혜영

펴낸이 | 정민용
편집장 | 안중철
책임편집 | 강소영
편집 | 윤상훈, 이진실, 최미정

펴낸곳 | 후마니타스(주)
등록 | 2002년 2월 19일 제2002-000481호
주소 | 서울 마포구 신촌로14안길 17, 2층 (04057)
전화 | 편집_02.739.9929/9930 영업_02.722.9960
팩스 | 0505.333.9960
블로그 | humabook.blog.me
트위터, 페이스북, 인스타그램 | @humanitasbook
이메일 | humanitasbooks@gmail.com

인쇄 | 천일문화사_031.955.8083
제본 | 일진제책사_031.908.1407

값 25,000원
ISBN 978-89-6437-348-4 (03300)

이 도서의 국립중앙도서관 출판예정도서목록(CIP)은 서지정보유통지원시스템 홈페이지
(http://seoji.nl.go.kr)와 국가자료종합목록 구축시스템(http://kolis-net.nl.go.kr)에서 이용하실 수
있습니다. (CIP제어번호: CIP2020009990)

이 책에 실린 이미지의 사용권을 확보하는 데 최선을 다했으나
일부 이미지는 저작권자가 불분명하거나 저작권자와 연락이 닿지 않아 협의하지 못했습니다.
추후라도 저작권자가 확인되면 허가 절차를 밟겠습니다.

원본 없는 판타지

페미니스트 시각으로 읽는 한국 현대문화사

차례

원본 없는 판타지   7
— 서문을 대신하여

일러두기

1. 단행본·정기간행물에는 겹낫표(『 』)를, 논문, 기고문, 법령, 신문 기사 등
   에는 홀낫표(「 」)를, 전시, 공연, 영화, 방송 프로그램, 게임, 노래, 만화,
   인터넷 매체 등에는 가랑이표(〈 〉)를 사용했다.

2. 개념화를 시도한 합성명사는 붙여 썼다. 특히 '여성' '남성'이 접두어로 사
   용된 대부분의 경우에는 의도적으로 붙여 썼다.

3. 모든 인용문은 특별한 경우를 제외하고는 독자의 편의를 위해 표준 현대
   한국어 표기법에 맞춰 표기했다.

원본 없는 판타지

서문을 대신하여

이 책은 '페미니스트 시각으로 읽는 한국 현대문화사'(성균관대학교 국어국문학과·서울시여성가족재단 공동 주관)라는 제목으로 2018년 1월 16일부터 27일까지 총10회에 걸쳐 진행된 강좌와 이를 바탕으로 쓰인 10편의 원고, 추가로 의뢰해 얻은 네 편의 글들을 함께 묶은 것이다. 이 강좌는 2015년 메갈리아 현상과 2016년 강남역 여성혐오 살인 사건 및 #○○계_내_성폭력, 2017년 #미투 #MeToo 운동을 거치면서, 페미니즘이 문화비평의 핵심적인 인식틀로 다시 새롭고 광범위하게 부상하던 시기에 기획됐다. '성평등' '젠더 감수성' '여성혐오' '정치적 올바름' 같은 말들이 작품을 창작·비평하는 데에 강력한 준거점으로 언급되기 시작했고, (언제나 그랬듯) 문화예술은 수많은 정치적·미학적 입장들이 치열하게 경합하고 분화하는 장소가 됐다.

이 강좌는 페미니즘과 연루된 거의 모든 작품들이 가차 없이 버려져야 할 쓰레기처럼 취급되거나 혹은 무조건적인 옹호와 숭배의 대상이 될 만큼 떠들썩한 '문화적 사건'이 되던 때, 즉 '페미니즘'의 이름으로 문화비평이 한없이 단순하거나 복잡해지는 상황에 긴급히 응답해야 할 필요를 느끼며 기획됐다. 과연 '페미니스트 시각'을 문화에 기입한다는 건 무슨 뜻일까.

우리는 '고급/저급' '상업/독립' '전통/현대' '전문가/대중' '프로/아마추어' '순수/장르' '제도/비제도' '정통/키치' 등과 같은 위계화된 이분법에 구애되지 않고, 각양각색의 페미니스트 실천이 전개돼온 모든 문화양식 및 매체에 접근해 보기로 했다. 각 분야에서 어떤 주제와 사건들이 어떤 과정을 거쳐 페미니즘 문화정치의 현안으로 의제화되는지 성실하게 기록해 보려 했고, 이때 페미니즘 문화비평의 이름으로 실험되는 다채로운 관점과 방법론의 스펙트럼을 최대한 넓게 펼쳐 보이고 싶었다.

이 작업을 통해 우리가 새삼 발견한 것은 문화예술과 관련해, 흔히 독립적·배타적·단계론적인 관계로 상상되곤 하는 '창작/유통/수용' '가상/실제' '형식/내용' '현실/재현' '원본/모방' 등의 항목들이 실은 그리 뚜렷하게 구분되거나 일방향적으로 구성되지 않는다는 점이다. 우리가 확인한 바에 따르면, '문화'는 '지금-여기'에 존재하는 지적·정서적 자원을 총동원해 우리의 욕망을 새롭게 발명하려는 모든 시도와 관련된다. 즉 '문화'는, 현실을 반영하며 그로 인해 촉발되지만 동시에 그 자체로 현실을 구성하는 강력한 요인인 '환상'fantasy, 그것의 적절한 형식을 만들고자 하는 모든 의지와 실천의 이름이다.

그리고 그 의지와 실천은 '페미니스트'(혹은 다른 무엇)로서 스스로를 의식(정체화)·선언하는 일보다 언제나 '먼저' 이뤄졌다. 요컨대, 이 책에서 '문화'는 근대에 기능주의적으로 분류된 좁은 의미의 '문화'를 넘어, 그보다 항상 선재해 온, '현실로서의 판타지' '판타지로서의 현실'을 발명하려는 모든 역사적 의지와 실천을 아우른다.

그런데 페미니스트와 판타지의 관계는 무엇인가. 페미니스트는 자신의 판타지를 어떻게 발명하는가. 어떤 판타지와 실천이 우리를 페미니스트이게 만드는가. 가부장제가 규정해 온 남성(성)과 여성(성)의 기호들을 그저 반대로 배치하기만 하면 될까. 지금껏 남성들이 점유해 온 권좌를 이제 여성이 차지하면 될까. 남성 중심적 권력에 의해 질서화된 역사를 모조리 부정하고 그것과 무관한 새로운 역사를 창조하면 될까. 이것이 유일한, 최선의 방법일까. 아니 그보다, 이것들을 실천하는 것은 가능하기나 한가.

이 책의 가장 원대한 야심 중 하나는 기존 문화사의 성적 배치, 즉 남자와 여자, 이성애자와 비-이성애자, 시스젠더와 트랜스젠더의 위치를 그저 기계적으로 뒤바꾸는 것을 페미니즘의 궁극적인 목표이자 유일한 방법론으로 간주하는 게으르고 편협한 사고를 단호히 물리치는 것이다. 그런 인식은 가부장제는 물론, 제국주의, 국민/국가주의, 자본주의 등 지배질서로 환원되지 않는 모든 기이하고 번역 불가능한 비규범적 실천들을 오직 반대정치opposite politics의 산물로 치부해 버린다. 그것은 필연적으로 기존 지배질서와 전통을 '원본'original으로 상정한 채 본질주의를 승인·수호하게 되는 자가당착을 수반한다. 또한, 모든 비규범적 욕망과 실천들은 '원본'에 대한 '모방'에 불과한 것

으로 간주되거나, 기존 역사와 무관하게 창출된 '원본'이라고 주장됨
으로써 탈역사화·탈맥락화된다.

우리는 질문을 좀 더 흥미로운 방식으로 바꿔 보기를 제안한다. 과
연 치마 입기를 거부하거나 여성에게 성적으로 끌리는 여성, 혹은 그
둘 다인 여성의 욕망은 (이성애자) 남성의 그것을 '모방'한 것인가? 여
성에 의해 창작됐으나 여성인물이 등장하지 않는 서사는 남성서사의
여성혐오를 '반복'하는가? 그렇다면 남성과 여성의 로맨스를 재현하
는 서사는 어떤 에누리도 없이 오직 독자의 이성애 판타지에만 성실
하게 복무하는가? 여성상징을 통해 암시되는 미래는 남성의 전유물
로 젠더화된 역사서사에서 '충분히' 대안적인가? 여성성의 표지가 소
거된 인물은 여성성과 함께 '인간성'도 상실하는가? 현실의 속물적
욕망을 '뻔한' 서사를 통해 반복 재생산하는 온갖 '삼류' 로맨스소설
과 '막장' 드라마들은 정녕 페미니스트들에게조차 구원될 여지가 없
는 '문화의 적'인가? 화장과 패션을 통해 아름다운 여성이 되고자 하
는 욕망은 '꾸밈노동'을 거부함으로써 페미니스트로 주체화하려는
의지와 반드시 '배치'되는가? 페미니스트로 정체화하지 않은 이의 삶
에서 페미니즘의 비전과 전략을 읽어 내는 일은 그저 비평가의 '월권'
일 뿐인가? 폭력의 언어를 차용해 폭력을 재현하는 전략은 의심할 바
없이 폭력의 구조로 '환원'되는가? 식민지 여성이 제국 여성의 옷을
입을 때와 그 반대의 경우가 갖는 정치적 효과는 '동등'한가? 출연진
전원을 여성으로 구성한 여성국극은 근대 가부장적·민족주의적·국
가주의적 연극사의 전통으로부터 완벽히 '분리'되거나 혹은 그것에
기입됨으로써 역사적 지위를 '인정'받아야 하는가? 그래야만 오늘날

의 페미니스트들에게 교훈적 '효용'을 지니는가?

　이 모든 질문들이 꽤 수상하게 여겨진다면 당신은 이 책을 읽을 준비가 됐다. 이 책은 지금 눈앞에서 확인되는 오랜 성차별과 억압만큼이나, 과거와 현재에 늘 존재해 온 비규범적인 환상의 각본과 그 역사를 단선적인 기준에 의거해 손쉽게 판별하려 드는 온갖 오만하고 지루한 언어들과도 싸운다. 우리는 어떤 욕망과 실천들이 이성과 논리, 언어와 도덕, 이데올로기와 정체성 등 '안정적' '통합적' '정상적'인 것으로 상정되는 모든 견고한 지평들을 필연적·우발적으로 '이탈'하고 '초과'하는 순간에 지대한 관심이 있다. 과용過用과 낭만화의 혐의 때문에 이 '초과'의 순간을 '위반·전복·교란·불온' 같은 단어들로 묘사하는 일이 꽤 계면쩍게 된 것만은 아쉽게 생각한다.

*

　　　　이 책에 '문화사'라는 제목을 붙이는 것이 적절할지 한참 생각했다. 현행 학계의 분류에 따른다면, '문화사'는 상업영화, TV드라마, 예능 프로그램, 현대미술, 대중가요, 디지털게임, 순정만화, 로맨스소설, 동인지, 팟캐스트, 소셜미디어SNS, 대중잡지 등 온갖 문화 매체 및 장르에서 발생한 퀴어-페미니스트 모먼트의 역사화를 시도하는 이 책이 그나마(!) 가장 위화감 없이 소속될 영역일지도 모른다. 하지만 이 책이 애초에 문제 삼는 것이 '역사'를 서술하고 공인하는 권력과 방식, 즉 '역사' 그 자체라는 점을 고려한다면 '문화사'라는 학제상의 범주가 그리 마음 편한 거처로만 여겨지지는 않는다.

선형적이고 목적론적인 방향성을 가지면서도 늘 객관적·중립적·공식적 지위를 욕망하는 여타 '역사' 서술과 달리, 이 책에 수록된 14편의 글들을 다 읽는다 해도 (페미니즘) 문화사의 통일된 비전이 도출되지는 않을 것이다. 이 책이 서로 다른 문법과 질서를 지닌 온갖 분야의 문화예술을 다소 탐욕스레 망라하고 있기 때문이기도 하지만, 각 글들이 다루는 주제와 소재, 방법론들이 그간 해당 분야에서 '아직' 혹은 '결코' 학문적 시민권이 발부되지 않은 것들이라는 점도 고려돼야 한다. 그것들을 매혹적인 학적 대상으로 조명하는 일 자체가 '페미니스트 시각'으로 인해 가능했다. 우리는 기존 학계에서 특별한 의미가 부여된 적 없는 수많은 '싸구려' 콘텐츠와 범상한 일반명사들을 고유의 역사적·비평적 함의가 간직된 '텍스트'이자 '개념어'로 만들어 '페미니스트 지성사'에 등재시키고자 했다(이 책의 낯설고도 장황한 참고문헌 목록과 색인이 여성지식사의 '구텐베르크 은하계'를 상상하고자 하는 의지로 읽히기를 바란다).

무엇보다 이 책은 '역사화'가 불가능하거나 '역사화'되기를 기어코 거절하는 것들을 '역사화'하려는 모순적인 의지와 실천의 산물이다. 1930년대 후반 성애적인 것을 포함해, 여성과 각별하게 친밀한 관계를 맺는 여성들, 1960년대에 "완전한 여성"은 아니지만 "분명한 여성"으로 불린 디바, 1980년대에 바지를 즐겨 입고 짧은 머리를 고집하는 여성들을 이르는 적절한 명칭은 당대에도 지금도 확정되지 않았으며, 그러므로 이들은 어떤 종류의 역사에도 안정적으로 기록된 바 없다. 제국 일본의 프로파간다적 신체로 소비되는 "굴욕"에도 불구하고 '일본 옷 입기'를 감행한 식민지 조선 여성의 은밀한 "불안"

의 기획, "민족 오페라"라는 당대 지배언어를 빌려 정체화하려 했지만, 후대를 위한 그 어떤 믿을 만한 계승의 체계도 마련하지 못했던/않았던 여성국극의 비전을 '명명백백한' 언어로써 오늘날의 '공식' 역사에 서술하려는 시도는 꽤 어색하고 번번이 미끄러진다. 심지어 각종 소셜미디어나 팟캐스트와 유튜브, 디지털게임 등 이제 막 출현하기 시작한 기술 매체들이 새롭게 창안할 '여성(성)' '인간(성)'의 내용을 짐작하기 위해 우리는 '미래의 역사'라는 어폐마저 과감히 무릅썼다. '역사화'에의 집요한 열정을 끝내 거스르는 이 불안정하고 부적절하고 비결정적인 실천들을 '역사'라는 근대의 규범적 언어로써 포획하는 일. 그것의 불가능성과 비효율성, 취약함과 불완전성, 폭력성과 상투성, 무망함과 어리석음을 기꺼이 경험하고 겸허히 받아들이게 된 것이야말로 '페미니스트 시각'이 선사한 소중한 교훈들 중 하나라고, 우리는 믿는다.

그런 의미에서 이 책은 특정 목적과 체계, 방법론에 의해 서술되는 정연한 '문화사'는 아니다. 오히려 문화'사'의 언어와 규범으로 쉬이 포착·해석되지 않는 존재·사건·실천들의 임의적·파편적·산발적인 흔적들이 보관된 작은 서랍장에 가깝다. 우리는 성별·성정체성·성적 선호sexual preference, 공과 사, 상징과 실제, 가상과 현실, 윤리와 폭력의 경계들을 흐릿하게 만들거나 무화시키는 그 거듭된 '수행'performance의 장면들이 지닌 정치적 함의를 '확언'하지 않는다. 다만, 비규범적이고 묵시적인 실천의 자취들로 점철된 '역사 아닌 역사', 이 불투명한 아카이브를 골똘히 들여다보는 일, 여기 부려진 낯선 '정황'들의 드러나지 않은 '맥락'을 끈기 있게 상상하는 일, 그 행위를 통해 우리가 비로소 '페미니스트-되기'를 실천하고 있었다는 점만은 명백하다.

*

1부는 그간 한국 근대사에서 충분히 음미된 적 없고 여전히 해독 불가능한 것으로 남아 있는 범상하고도 희귀한 정황들을 조명한다. 당대에 그저 해프닝이나 이벤트, 스캔들, 가십 등으로 치부된 이 장면들은 문명화 담론과 식민주의, 가부장적 민족주의와 냉전 체제기 지배질서의 틈새를 흥미롭게 증언하기에 주목을 요한다.

박차민정은 한 여성이 자신의 동성연인을 살해한 1939년의 사건을 계기로 여성 간의 친밀성에 대한 당대 담론에 질적 변화가 일어나는 순간을 주시한다. 이전까지 여성들 간의 '동성연애'가 학창 시절의 삽화로 과소 재현됐다면, 졸업 후 경제적으로 자립한 여성 동성연인들은 새로운 '사회문제'로서 부각된다. 여성이 잔인한 범행 방식을 사용했다는 점 자체가 여성을 수동적 존재로 간주하던 기존 해석을 이미 벗어난 것이었거니와 이들은 '독신'이라는 사실만으로도 '위생결혼'을 주문하던 사회에 적응치 못한 '변질자'로 여겨졌다. 근대 정신의학이 '동성연애' 관계에 있는 여성들을 "특유의 욕망과 정체성을 지닌 집단"으로 식별하기 전에, 존재 자체가 '질환'인 '미혼' '만혼' 인구로 포착·관리했다는 점은 의미심장하다.

이화진은 다른 민족의 옷을 입는 것은 '동화'와 '친교'를 유도하는 상징적 행위라는 점, 다만 옷은 벗으면 그만이라는 점에서 그 기획은 임시적일 수밖에 없다는 점에 착안해 식민지기 소설과 영화에 재현된 조선인과 일본인의 에스닉 크로스드레싱 장면을 분석한다. 이때 서로의 옷을 입음으로써 내선일체의 환상을 선전하는 일은 늘 여성의 신체를 경유했는데, 이는 민족을 초월한 '평등'이 여성교환을 매개로 기획됐음을 알게 한다. 또한 조선복을 입은 일본 여성이 겪는 식민자로서의 불안과 화복和服을 입은 조선 여성이 느끼는 긴장감이 결코 등가等價가 아니라는 지적은 오늘날 구舊제국·개발도상국과의 문화횡단을 오직 해방과 연대의 레토릭으로만 묘사하는 무책임한 신자유주의적 문화 기획에 경종을 울린다.

정은영은 해방 후, 전통창극의 관습을 교묘하게 계승하거나 비틂으로써 독자적인 양식을 확립한 여성국극과 아카이빙의 역설paradox을 탐문한다. 당대 남성권력으로부터 배척돼 민족 전통의 반열에서 탈락한 여성국극의 흥망성쇠가 그 자체로 '역사'란 선별적 승인의 산물임을 증명한다면, 여성국극의 변칙적 수행들을 "더 잘 보이게" 만듦으로써 그것의 "역사적 복권"을 도모하려는 시도는 넌센스다. 그러므로 정은영은 "구술, 감정, 기억, 흉내" 등 유동적이고 불안정한 방식으로 지탱돼 온 여성국극의 존재론을 상기하면서, "신체와 정신, 성별과 성적 선호가 안정적으로 통합돼 있다는 믿음에 도전"하는 오늘날 퀴어공연자들의 퍼포먼스를 통해 그 변칙적 수행의 상상적 계보를 이어 보인다.

김대현은 냉전 체제가 만들어 낸 한국 대중문화의 원초적 장면과 그 성격을 당대 대중잡지의 연예오락 기사를 통해 구명한다. 1960~70년대를 풍미한 수많은 '걸 그룹'들의 주요 무대가 미8군과 GI 클럽이었다는 점은 한국 대중문화가 미군을 위한 "위안" 엔터테인먼트로서 출발했음을 짐작케 한다. 대중문화와 유흥업, 성매매 현장이 포개지는 이 무대에서 톱 여가수와 접객부, 호스티스, 비규범적 성애·성별 실천 당사자들은 그들에게 부여되는 성적 낙인과 차별을 공평하게 경험했다. 그럼에도 무대는 "선경"을 보게 하는 유일한 장소였기에 그들은 "디바"를 자처하며 기꺼이 무대에 올랐다. 과거의 대표적인 성매매 집결지이자 현재 "게이 게토"로 기능하는 종로와 이태원에서 벌어지는 일도 이와 크게 다르지 않을 것이다.

2부에서는 각종 정치적·문화적 경계가 유연해지던 민주화·자유화 시대에 성별·성정체성·성적 선호와 관련된 '정상성'normality의 범주를 새롭게 구성하거나 흐트러뜨리는 도발적인 장면들을 소환한다.

한채윤은 치마를 입지 않고 짧은 머리를 고수하는 여성가수를 '톰보이'로 분류해 온 대중문화의 상상력과 그 임계를 점검한다. 특히 여성가수에게 신체의 정상성을 증명하는 장치로 간주되던 성별화된 무대의상을 거절한 1980년대 이선희의 무대는 드물게 '퀴어한' 순간으로 각인됐다. 다만, 그런 '위반'이 허용된 것은 톰보이를 성별규범을 교란하는 존재가 아니라, (이성애) 섹슈얼리티에 눈 뜨지 않은 "건전한 소녀"로 여겼기 때문이라는 추론은 설득력 있다. 1980년대의 '성별 표현에 대한 통제'가 1990년대에 '성적 지향에 대한 통제'로 이어졌다는 분석은 '규범화된 사회적 요구에 순응하지 않고, '자기다움'을 지켜 나가려는 실천'으로서 '퀴어링'queering을 정의하는 이 글의 결론에 기꺼이 동의하게 만든다.

오혜진은 1980년대 '여성독서 부재론'을 비판적으로 검토하며, 남성지식인의 배타적·재귀적 지성사와 구분되는 여성독서사의 유구한 전통과 그 정치성을 전향적으로 독해한다. 당대 '한국형 후진독서'의 전형으로 간주돼 온 통속시와 여성수필, 주부잡지와 하이틴로 맨스 읽기는 대량 출판 시대에 형성된 글로벌한 독서시장에 여성들이 가장 역동적으로 참여한 결과다. 특히 전 세계 여성들에게 교양과 반교양의 메시지를 동시에 실어 나른 하이틴로맨스는 근대 저자성au-thority 개념과 성별화된 독서 문법을 가볍게 무시하며 온갖 장르의 마스터플롯을 학습하게 했다. 이 무람없는 독서훈련이 오늘날 BL을 위시한 '대중적인 것'의 핵심을 구성했으며, '여성문학'을 비롯한 페미니즘 지성사의 충실한 자양분이 됐다.

허윤은 근대 성정치와 국가검열로 인해 '여성적이고 감상적인 이성애 판타지'로 축소 규정된 '순정만화'의 입체적 욕망을 구명한다. 특히 1990년대 순정만화의 대표 주자인 이은혜는 근친성애 혐의를 지닌 '남매 혹은 모자간의 각별한 유대'나 '두 명의 남자와 한 명의 여자로 구성된 삼각관계'를 등장시켜 낭만적 사랑의 실현을 지연시킨다. 이때 이성애로맨스보다 두 남성 간의 우정, 호모소셜한 유대가 더 견고하게 유지된다는 점은 "가장 순정한 이성애 관계는 가장 강력한 동성관계"라는 역설을 드러낸다. 순정만화의 이런 복수複數의 얼굴들을 고려할 때, 당대 유일하게 "상상 가능한 자유"로서 이성애 판타지를 즐기던 순정만화 독자들의 관심사가 이제 '오빠와의 사랑'에서 '오빠들 간의 섹스'로 이동한 것은 예견된 바다.

3부에서는 포스트페미니즘 이후 '페미니즘 리부트'를 통해 다시한 번 합리적인 소비자이자 페미니스트 전사戰士로 정체화한 여성들의 정동affect과 이를 매개로 시도되는 문화예술의 정치적·미학적 전략들을 일별해 본다.

이승희는 한국 대중서사를 설명하는 키워드가 '신파'에서 '막장'으로 전환되는 현상에 주목한다. 1990년대 이후 '우는 남자'를 내세운 대중영화들은 "한국적 신파"라는 수사를 즐겨 동원했는데, 이는 배타적 가족주의와 민족주의로 수렴되는 한국영화의 남성젠더가 불러낸 "보편성의 신화"다. 물론, 식민지적 기원을 지닌 '신파'가 "자신들에게 강제된 부당한 상황"에 대한 "비극적 고결함"을 간직한 개념이라면, 여성의 희생을 불가피한 것으로 승인하는 "한국적 신파"에는 신파성이 없다. 반면, 오랜 가족드라마의 틀을 유지하되 자신의 욕망경제에 충실한 여성젠더의 현실을 극단적으로 재현하는 '막장' 드라마의 출현은 남성젠더화된 '신파'의 세계를 더 이상 참지 않겠다는 여성시청자들의 웅변적인 신호다.

손희정은 '국민'을 단일한 기원을 지닌 동질적 존재로서 호출하는 2010년대 '내셔널시네마'들을 중심으로, 문재인 정부 이후 진보진영이 기대는 포퓰리즘 문화정치의 배타적 성격을 간파해 낸다. 이때 현실정치의 전략이자 문화적 상상력의 산물인 '브로맨스'는 역사/정치/서사의 플레이어를 오직 남성으로 상정하면서도 여성 유권자/소비자를 유인하는 기묘한 장치다. 특히 실존 남성인물의 이야기를 극화한 역사영화들에서 단지 알레고리 혹은 '디테일'로만 활용되는 여성인물은 '여자의 얼굴'Woman로 묘사된 역사가 오히려 '여자의 얼굴'women을 결여하게 되는 역설을 초래한다. 이제 등장할 새로운 스크린 메모리는 2016년의 '촛불'을 성 혁명을 포함한 민주주의 혁명으로서 도모했던 여성 및 소수자들에 의해 쓰여질 것이다.

안소현은 "불편하지 않은" 전시를 만들라는 국가와 시장의 압력을 수동적으로 받아들이게 된 예술의 현재적 위상에 주목한다. 1937년 나치의 <퇴폐미술전>을 패러디한 2016년의 <퇴폐미술전>은 그 '불편함'의 내용을 일방적으로 규정하는 폭력의 언어를 '폭력' 그 자체를 성찰하기 위한 도구로 삼을 수 있을지 질문한다. 이런 접근법은 '페미니즘 리부트' 이후 시도된 '미러링' 전략과 상통하는데, 이는 거울을 들어 상대로 하여금 자신의 폭력을 직시하게 하는 전략이다. 다만, 이때 폭력의 언어를 모방하는 주체가 느낄 정서적 소진("싫증")은 충분히 고려되지 않았기에, '새로움'을 동력으로 삼는 예술은 폭력의 언어를 '모방'할 때조차 특유의 비규범적 성격을 사상하지 않음으로써 흥미로운 "차이"를 만들어 낸다.

김효진은 30여 년에 걸친 BL 수용사를 성실하게 점검한 뒤, '페미니즘 리부트' 이후 BL에 대한 정치적 평가가 일변하는 정황을 문제화한다. 그간 페미니즘 문화비평과 대중문화 시장에서 BL은 '비규범적 성애에 대한 이해의 여지를 넓힌, 여성들의 주체적인 문화실천'으로서 논의돼 왔다. 하지만 최근 '페미니스트'로 정체화한 일부 여성들은 BL을 '여성을 배제하고 현실의 성별권력을 강화하는 장르'라고 비난하며 '탈BL'을 주장한다. 이는 "생물학적 여성"에 대한 정치적으로 올바른 재현만을 '여성서사'로 규정하려는 본질주의적 주장과 맞닿는다. 표상·판타지·현실의 에누리 없는 일체화를 전제하는 이 주장은 '페미니즘'과 '재현'의 정치적 가능성을 해로울 정도로 협소하게 만든다. 페미니즘의 이름으로 시도되는 이 반정치·반문화의 레토릭에 맞설 페미니스트 비평의 끈기와 지혜가 요청된다.

4부에서는 신자유주의적 무한 경쟁 체제에의 적응을 독려하는 포스트페미니즘의 양가적 효과와 더불어, 소셜미디어와 팟캐스트, 디지털게임 등 새롭게 등장한 기술 매체와 플랫폼에서 실험되는 다양한 주체화의 기획을 살핀다.

김애라는 2000년대 이후 유망한 소비자이자 탁월한 노동력으로 재발견된 10대 여성들이 소셜미디어에 형성한 '소녀시장'의 정치경제를 전면화한다. '정보의 민주화'가 가능해진 디지털공간에서 10대 여성들은 셀피selfie와 뷰티·패션 정보를 업로드하며, 더 이상 취약함의 징표가 아닌 '소녀성' '여성성'을 매혹적인 상품으로 만든다. 이때 '아름다움'은 조형·구입 가능한 것으로 간주되며 10대 여성들은 그 기준을 스스로 조율함으로써 모종의 주체화를 경험한다. 이 성별화된 '시장'이 곧 '탈코르셋 운동' 같은 정치가 기획되는 '광장'일 수도 있었던 것은, '페미니즘' 또한 '소녀'들의 시장에서 공유 가능한 매력적인 정보로 여겨졌기 때문이다. 이제 남는 질문은 '디지털 플랫폼의 정치경제는 신자유주의적 능력 담론으로 환원되지 않는, '해방'과 '연대'의 기획으로서의 페미니즘과 어떻게 접속할 것인가'다.

심혜경은 #미투 운동을 위시한 "페미니즘 혁명"을 계기로 대대적인 혁신 요구에 직면한 미디어 시장, 특히 "예능 판"의 뉴웨이브를 주목한다. 송은이와 김숙은 남성들이 독식한 예능시장에서 탈락하자, '팟캐스트'라는 새로운 플랫폼을 개척해 독자적인 콘텐츠를 생산했다. 이에 힘입어, 이영자는 이전까지 조롱과 희화화의 대상이었던 자신의 신체를 '프로페셔널한 중년 비혼 여성'이 시도하는 새로운 주체화 서사의 핵심 요소로 배치하는 데 성공한다. 데뷔 이후 남성화된 웃음의 문법을 체현해 온 이영자가 거듭된 자기 갱신을 통해 '페미니즘 리부트'가 만들어 낸 "뉴트로 셀럽"으로 부상하는 장면은, '여성주의자'란 곧 "여성주의적 실천을 통해 비로소 존재하는 '과정 중의 주체'subject in process"라는 진실을 확인시킨다.

조혜영은 남성의 전유물로 간주돼 온 디지털게임이 포스트페미니즘 이후 새롭게 채택한 페미니즘 서사의 성격과 이를 통해 형성되는 게이머성gamership을 탐구한다. <브레이드>가 남성만을 시간적 주체로 상정해 온 성차별의 역사를 매체고고학적으로 환기한다면, <툼 레이더 — 리부트>는 주인공이 '선한 가부장'의 딸이라는 기존 설정을 후경화한 채, 여성파트너와의 친밀성을 부각시킨다. 물론 이때 발생하는 인종주의적·탈식민주의적 쟁점들은 '여성이 주인공인 서사'가 반드시 '여성주의 서사'인 것은 아니라는 점을 증명한다. <포탈>은 남근주의적 모성이자 여성 동성연인을 연상케 하는 인공지능과 여성캐릭터/게이머의 관계성을 성찰한다. 이는 '아버지의 법'으로 수렴되지 않는 여성권력과, 가족적 유대로 환원되지 않는 여성관계에 대한 질문이며, '여성성'과 '인간성'의 경계를 심문에 부치는 것이기도 하다.

*

이 책을 만드는 과정은 페미니스트 문화사가 결코 어느 탁월한 개인의 예외적인 성과로 탄생하지 않는다는 분명한 사실을 다시 한번 확인시켰다. 이 책이 서로 다른 지적·문화적·세대적 배경과 관심사를 지닌 페미니스트들이 각각의 '현장'에서 오랫동안 벼려 온 지혜를 함께 부딪쳐 만들어 낸 산물이라는 점에 무한한 자부심을 느낀다.

　　유례없는 한파와 미세먼지가 무자비하게 몰아치던 겨울에 대형 강의를 흔쾌히 수락해 주시고, 이를 섬세한 언어로 매만져 원고로 만들어 주신 열 분의 필자들, 박차민정, 이화진, 정은영, 김대현, 손희정, 안소현, 김효진, 김애라, 심혜경, 조혜영 선생님께 감사드린다. 강좌 때 미처 다루지 못한 주제들까지 책에 담으려는 욕심을 낼 수 있었던 것은 이 책의 기획 의도에 기꺼이 공감해 주시고 귀중한 원고를 내어 주신 네 분의 필자들, 이승희, 오혜진, 한채윤, 허윤 선생님 덕분이다. 야심찬 강좌 프로그램을 짜놓고도 170여 명 규모의 청중을 수용할 장소가 없어 망연자실하던 차, 서울시여성가족재단의 강희영 선생님과 성평등도서관 '여기'의 조화순·유주니 선생님의 도움으로 강좌를 무사히 마칠 수 있었다. 매 강좌의 요점을 정리해 신속하고 성실하게 기사를 작성해 주신 <cbs 노컷뉴스>의 김수정 기자님께도 큰 빚을 졌다. 이 기념비적인 강좌는 성균관대학교 국어국문학과와 서울시여성가족재단이 공동 주관했으며, 성균관대학교 문과대학 코어사업단의 후원으로 개최될 수 있었다. 이 강좌의 실무를 맡아 주신 성균관대학교 동아시아학술원의 이경돈 선생님과 국어국문학과 대학원의 전고운·정고은·홍지혜·강남규 선생님, 학부 과정의 이다빈 선생님께 감사드린다. 강좌 기획부터 단행본 발간에 이르는 모든 과정은 성균관대학교 국어국문학과의 천정환 선생님께서 추진해 주셨다. 이 책의 출판이 그저 또 하나의 원고 뭉치를 내놓는 데 불과한 것이 아니라 '페미니스트 액티비즘'의 일환이 되게 하려는 우리의 야망은 신뢰하는 동료인 강소영 편집자를 만나 완벽하게 이해받을 수 있었다. 착취에 가까운 수준의 인내를 요하는 열넷 필자들의 원고들을 살뜰하게 살피며 이 지난한 작업을 감당해 주신 후마니타스와 강소영 편집자, 표지 디자인을 맡아 주신 '들토끼들'의 여혜진 디자이너께 진심으로 감사드린다.

2020년 3월, 필자들을 대신해 오혜진 씀.

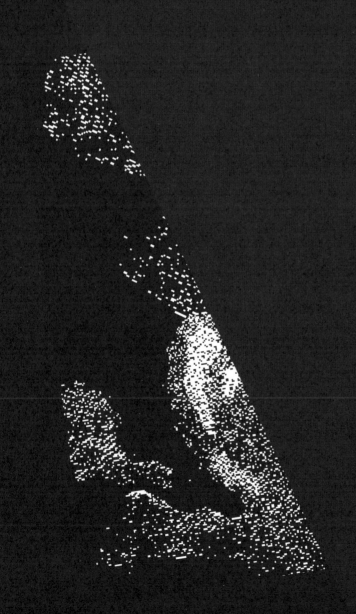

1

친밀성과 범죄, 그리고 병리학

1939년 '동성연애' 살인 사건과 '정신병학'의 영토

박차민정

1939년 『조선일보』는 「질투로 표변豹變한 동성애」라는 제목으로 한 건의 살인 사건을 보도했다. 사건의 내용은 금융조합 여서기인 24살의 김수얼(가명)이 변심한 "동성연애" 상대를 식도로 찔러 살해한 후 자살했다는 것이다.[1] 편집부는 이 사건이 "단순히 애욕의 질투라든지 사랑의 갈등"의 결과라고만은 볼 수 없는, "더 큰 인간악적 정신의 비상한 변태작용"을 보여 준다고 논평하고, 이 중요한 사건을 다루기 위해 바로 다음 날 지면에 "정신병 의학의 대가"[2] 의학박사 명주완에게 의학적 소견을 의뢰했다.

김수얼의 살인 사건에 대한 편집부의 관심은 조선 사회에서 여성 '동성애'가 다루어져 온 이전 방식들과 비교할 때 분명 이례적이었다. 실제로 "동성연애" 연인들의 동반자살은 1920~30년대 내내 지속적으로 발생했으며 그다지 큰 사회적 주목을 받지는 못했다. 신문사들은 이런 유형의 죽음이 독자들의 선정적 관심을 끌 수 있을 것이라는 기대를 가지고 지면을 할애하기는 했지만, 1단 기사 이상의 진지한 고민이 필요한 주제라고 여기지는 않았다.

　이 글은 1939년 여성 "동성연애" 살인 사건을 중심으로, 이 사건을 예외적인 관심의 대상으로 만들었던 당대의 사회적 맥락과 관계들을 추적하고자 한다. 이런 작업을 통해 식민지 말기 여성 "동성애" 담론의 변화 양상을 그려 볼 수 있으리라고 기대한다.

'동성연애'와 여학생 문제

'동성애'에 대한 조선 지식인들의 관심은 매우 이른 시기부터 발견할 수 있다. 1923년 잡지 『신여성』의 편집진은 조선의 여학생들 사이에 등장한 새로운 유행으로 '동성애'라는 현상을 이미 소개한 바 있다.[3] 플러그펠더Gregory Pflugfelder에 따르면, '동성애' '동성연애'는 일본의 지식인들이 서구 성과학의 '호모섹슈얼리티'homosexuality 범주를 번역하는 과정에서 채택한 다양한 번역어들 중 하나로, 다이쇼 시대(1912~26)에 표준적인 번역어로 정착되었다.[4] 1923년 조선의 잡지에 '동성애'에 대한 소개의 글이 실린 것은 '동성애'와 '동성연애'에 대한 지식이 시간적 지연 없이 조선 사회에서도 유통되었음을 보여 준다.

　이 낯선 용어가 조선 지식인들의 관심을 끌게 된 배경에는 근대적 여성 교육기관 및 기숙학교의 등장과 함께 두드러지게 목격되기 시작한 '여학생들 사이의 로맨틱한 사랑'이라는 전 세계적인 문화 현상이 자리 잡고 있었다. 각국에서 다양한 언어로 번역되었던 이런 관계는 조선과 일본에서는 흔히 'S'(S언니/S동생)로 호칭되었다.[5]

　1930년 『별건곤』의 「여류명사의 동성연애기」 기획[6]에 참여한 여성 명사名士들은 "여학생 시대에 동성연애를 안 해본 사람은 별로 없을 것"(황신덕)이라거나, "남에게 뒤지지 않게 많이 했을 것"(허영숙)이라고 여학생 시절의 경험을 회고했다. 이 기획에 응한 '여류명사'들이 1910년대에 여학교를 다녔으며, 본인의 경험을 또래 여학생 집단의 일반적인 경험으로 인식하고 있다는 사실로 미뤄 볼 때, 'S'는 이미 1910년대 중반부터 조선에서 여학생문화의 일부로 자연스럽게 자리 잡았던 것으로 보인다.

1920년대 중후반 배화여자고등보통학교에 재학했던 장화순 역시 학창 시절을 회고하면서, 크리스마스 시즌이 되면 '동성연애' 상대와 변치 않는 사랑의 메시지('영애불망'永愛不忘, '신망애'信望愛, '애심불변'愛心不變 같은 글자나 소나무와 대나무 그림 등)를 담은 '염동반지'를 주고받는 것이 일상적인 풍경이었다고 밝혔다.[7] 이런 회고들은 'S'가 1910년대 이후에도 여학생문화에서 상당한 지속력을 가지고 이어졌다는 사실을 뒷받침한다.

잡지 『신여성』이 창간 후 두 번째 호에서 '동성연애'를 유행 현상으로 다룬 것은 여학생들 사이의 새로운 친밀성이 여학교 외부의 남성지식인들에게 관찰될 정도로 두드러진 현상으로 포착되기 시작했음을 보여 준다. 외부자의 입장에 있었던 『신여성』 편집진은 여학생들 사이에 통용되던 'S'라는 용어를 그대로 사용하는 대신에, '동성애' '동성연애'와 같은 성과학의 범주들을 빌려 옴으로써 이 낯선 현상을 해석하고 자신들이 개입할 수 있는 영역을 만들고자 했다. 이 같은 맥락으로 인해 1920~30년대 조선에서 '동성애' '동성연애' 범주는 주로 여학생 집단에 집중적으로 사용되었다.[8]

여성 '동성연애'가 언급되기 시작했지만, 이런 관계는 독립적인 문제로 설정되기보다는 당시 조선 사회에서 관심의 대상으로 부상한 '여학생 풍기' 문제의 연장선상에서 다루어지는 것이 보통이었다. 여성 '동성연애'는 그 자체로는 특별한 위험성을 가진 것으로 여겨지지 않았는데, 예를 들어 현루영은 「여학생과 동성연애 문제」라는 글에서, '동성연애'는 오히려 성적 유혹에 노출되기 쉬운 사춘기에 여학생들을 이성의 유혹으로부터 지켜 줌으로써 순결을 유지하는 데 긍정적인 기능이 있다고 주장하기도 했다.[9] 그는 여학생들의 '동성연애'는 어디까지나 이성애로 나아가기 위한 준비 단계라고 설명하고, 다만 이 단계에 고착될 위험 역시 있기 때문에 여학생을 지도하는 부모와 교사는 이 문제에 적극적으로 관심을 가질 필요가 있다고 경고했다.[10]

신문과 잡지 기사들도 여성의 '동성연애'를 전형적으로 '여성적'일 뿐만 아니라 '정서적'인 경험으로 보았는데, 이는 여성의 성욕을 본질적으로 수동적인 것으로 가정한 결과, 결혼 전에 여학생들이 맺는 친밀한 관계를 성욕과는 전혀 무관한 것으로 인식했기 때문이다. 여성의 '동성연애'는 이성과의 '자연스러운' 접촉이 제한되어 있는 특수한 환경(여학교)에서 누구나 경험할 수 있는 관계이며, 결국 학창이 끝나고 이성애의 제한이 풀리는 것과 함께 자연스럽게 해소될 일시적인 것으로 이해되었다.

따라서 조선의 여성 '동성연애'에 대한 담론에서는 초기의 호모섹슈얼리티 개념에서 핵심적인 요소인, '동성에 대한 성적 선호'나 '젠더 역할의 역전'과 같은 면들[11]이 거의 고려되지 않았다. 1931년의 홍옥임·김용주 두 여성의 '철도 정사情死'는 '동성연애'라는 주제에 대한 관심이 유례없이 집중된 사건인 동시에, '동성연애'에 대한 당대의 이해를 가장 전형적으로 보여 준 사건이다.

두 여성은 왜 철도 자살을 했나

1931년 4월 8일, 두 젊은 여성이 영등포역에서 경성 방면으로 들어오던 경인 열차에 뛰어들어 목숨을 끊는 사건이 발생했다. 이 자살 사건에는 곧 "철도 정사"라는 이름이 붙여졌으며, 언론은 이 사건의 의미를 분석하기 위해 앞다투어 특집 기사를 기획·편성했다.12

홍옥임·김용주 두 여성의 '철도 정사'에 쏠린 사회적 관심은 분명 특별한 것이었다. 1924년 술집 작부 출신의 두 여성이 '동성연애' 정사情死13를 감행한 첫 사례 이후, 이런 유형의 자살 사건은 신문지상에 종종 보도되었지만, 1931년 '철도 정사'와 같은 정도의 관심을 받은 사건은 존재하지 않았다. 홍옥임·김용주 '철도 정사' 사건과 비슷한 시기에 이들과 동일한 방법으로 자살한 농촌 출신의 다른 두 여성의 '철도 정사'는 1단 기사로 짤막하게 소개되는 데 그쳤다.14

홍옥임·김용주 두 여성의 죽음을 특별하게 만든 것은 바로 이들의 가정적·사회적 배경이었다. 잡지 『신여성』의 표현을 따르면, 홍옥임·김용주는 "상당한 가정의 딸들로 상당한 교육까지 받은" "지식 계급" 여성들이었다.15 당시 김용주의 아버지는 종로 덕흥서림을 경영하는 점주였으며, 홍옥임의 아버지는 세브란스 의전의 교수였다. 두 여성은 1929년 동덕여성고등보통학교에서 서로를 알게 됐는데, 그해 전국 여성고등보통학교의 학생 수는 4198명밖에 되지 않았다.16 김용주는 결혼 이후 학업을 중단했지만, 홍옥임은 사건 당시 이미 이화여전 음악과에 입학 허가를 받아 놓은 상태였다.

두 여성의 특별한 친밀성은 이 사건에 세간의 이목이 집중되는 과정에서 거의 주목을 받지 못한 요소다. 홍옥임·김용주의 죽음의 원인은 관계 그 자체가 아니라 외부의 사건에 있다고 추정됐으며, 이미 조선 사회에서 익숙하게 접해 온 기존 '여성문제'의 틀 안에서 해석되었다. 구식 가정의 불행한 결혼생활(김용주), 자유연애를 시도한 신여성의 실패(홍옥임), 여학생들의 저급한 독서취향(홍옥임) 등이 사건의 원인으로 부각되었다.17

이 사건에 언론의 관심이 집중되었던 만큼, 두 여성의 죽음과 관련된 세세한 정보들이 대중에 공개됐으며, 그중에는 두 여성의 특별한 관계를 시사하는 내용 역시 다수 포함돼 있었다. 기사들은 두 여성이 오랜 기간에 걸쳐 매우 치밀하게 당일의 '철도 자살'을 준비하고 연출했음을 보여 주었다. 이들은 자살 결행 1주일 전에 사진관에 들러 사진을 촬영해 친구들에게 나눠 주었다. 당일 아침, 홍옥임은 가장 예쁜 옷을 정성 들여 골라 입고 밝은 얼굴로 김용주와 함께 집을 나섰으며, 경성역에서 기차에 탑승해 영등포역에서 하차했다. 그리고 두 여성은 인천 방향 선로를 확인한 후, 준비해 온 헝겊 끈으로 서로의 몸을 묶고 둘이 함께 찍은 사진을 든 채로 열차가 들어오기를 기다렸다.18

몸의 일부를 함께 묶는 정사의 방식은 1911년 일본의 첫 '동성연애' 정사19 때부터 꾸준히 이어진 것으로, 내세의 인연을 기약하는 상징적인 의식으로 받아들여지고 있었다. 바로 그러한 이유 때문에 이 방식은 1924년 월미도 앞바다에서 함께 정사한 19세의 두 작부부터 1936년 축항부두에서 정사를 시도한 여자고등보통학교 동창생들까지, 계층과 무관하게 '동성연애' 연인들의 죽음에서 빠지지 않는 요

陽春을등진두女性
同性戀愛로鐵道自殺
洪博士의令孃과·沈飛行士의妻
昨日永登浦驛附近서

딸일오후 비시사십오분 경인선(京仁線)『서부란쓰명원용석후(洪錫厚)박사의딸 홍옥임(洪玉任)(二一)으로 판명되엿다 그들은 일오류동역(京仁線梧柳洞驛)을출 동덕녀자고등보통발한경성행 렬차가·영등포(永 학교(同德女高普)일학년변에의동 登浦)정거장부근경부선(京釜 극히친밀한터線)분수점(永登浦驛附近쥐二키로地 창으로 사이가 자멋는데 김룡주點)에달하얏슬때에 옷 로 헝케가티·자멋는데 김룡주二十米地點)에달하얏슬때에 옷 작년에동덕학교를 도채껏이입은 두명조선신 신녀 퇴학하고 큰긔 심종익(沈鍾翼)성이 쥐로뭇들고 뛰어들어 무참 에게 시집을가고 홍옥임은그후하죽사한사건이 잇섯다 옷채팀이 나가진불건물으로보아상당이며 리화(梨花)녀고보로킨학하엿섯유잇는 가정의딸인듯하야그신원 을조사한결과 그들으교육잇슨듯

홍옥임과 김용주의 철도 정사를 보도한 신문 기사.
「청춘을 등진 두 여성 동성연애로 철도 자살」, 『조선일보』, 1931. 4. 10.

소가 되었다.[20] 홍옥임·김용주는 동반자살을 계획하고 실행하는 과정에서 이런 의식을 의도적으로 인용했을 뿐만 아니라, 자신들이 함께 화장되기를 원한다는 당부가 담긴 유서를 가족에게 남겼다.[21]

그러나 이 같은 사실들은 그다지 중요한 요소로 취급되지 않았다. 두 사람의 관계 역시 서로를 깊이 동정하는 절친한 친구 이상으로 여겨지지 않았다. 결과적으로, 규범적인 삶으로부터 이탈하고자 한 두 여성의 선택은 여학생 집단에 대한 단속과 훈육의 필요성을 재발견하고, 부모와 교사의 책임을 강조하는 논리, 즉 기존 규범을 확인하고 재생산하는 계기가 되었을 뿐이다.[22]

그런데 문제의 1939년 살인 사건의 두 주인공인 김수얼과 김순애(가명)는 홍옥임·김용주와는 매우 다른 계급적 배경을 지닌 인물들이었다. 이들은 홍옥임·김용주와 마찬가지로 학교라는 근대적 교육제도를 통해 처음 만났지만, 이들이 다닌 학교는 정식 중고등 교육과정이 아니라 직업교육을 목표로 세워진 단기 실업학교였다. 실업학교는 전체 과정이 6개월 정도로, "보통학교 졸업 정도의 학력이면 무시험으로 입학" 가능한 과정이었다.[23]

김수얼과 김순애가 "상당한 가정의 딸들"이나 "상당한 교육까지 받은" "지식계급"[24] 출신 여성들이 아니었음에도 이 사건이 언론의 관심의 대상이 된 것은 여성 '동성연애'를 이해해 왔던 기존의 틀 ― '여학생 풍기' 문제 ― 에 일정한 변화가 일어나고 있었음을 보여 준다. 그리고 이런 변화의 중심에 있었던 것은 인구에 대한 우생학적 관심이다.

'독신' 여성의 재발견

제1차 세계대전은 전쟁이라는 목표 아래 국가·사회·경제의 모든 자원을 동원하는 총력전이었으며, 각국 정부들이 인구를 중요한 자원으로 인식하게 되는 계기가 되었다. 특히 우생학[25] 정책은 양질의 건강한 국민을 확보하기 위한 효과적인 수단으로 주목받았다. 그 결과 1929~34년에 독일, 덴마크, 노르웨이, 핀란드, 스웨덴 등 많은 국가들에서 단종법斷種法[26]이 제정되었다.[27]

일본은 이미 1930년대 초부터 미국과 독일의 모델을 따라 우생학 결혼상담센터를 운영할 만큼 우생학에 대한 사회적 관심이 높았다. 이런 관심은 1937년 중일전쟁을 기점으로 총력전 체제로의 본격적인 전환이 이루어짐에 따라 정책 과제에 적극적으로 반영되었다. 인적 자원의 양과 질을 통제하고 개선하기 위한 목적에서 후생성이 설립(1938)되었으며, 그 부속기관으로 '인구문제연구소'가 설치(1939)되어 각종 우생법안을 추진해 나갔다.[28]

이 과정에서 그간 방치되어 왔던 식민지 조선인의 몸 역시 그 중요성이 새롭게 발견되었다.[29] 1940년을 기점으로 조선에도 후생국이 신설됐고, 결혼상담소가 운영됐으며, 1940년 일본 「국민우생법」이 공표된 후 조선에서의 「국민우생법」 제정 문제가 구체적으로 논의되기도 했다.[30]

한편 식민 당국자들뿐만 아니라 조선의 지식인들 사이에서도 국세조사를 계기로 인구에 대한 관심이 높아지고 있었다. 1930년에 실시된 첫 번째 국세조사는 조사원만 6만 5000명이 투입된 광범위한 "센서스" 조사[31]로, 조선의 불완전한 인구통계와 동태 조사를 대체할 수 있는 "비교적 나은 통계"를 작성함으로써 조선 사회의 '인구 현상'을 이해할 수 있는 중요한 단서를 제공했다.[32]

조선의 지식인들은 1930년 국세조사의 결과에서 조선의 인구 성장률이 세계에서 세 번째로 높다는 사실을 발견했지만, 또한 거주민의 국적 통계를 통해, 이런 높은 인구 성장률의 배후에는 조선반도에서 "맹렬한 추세로 증가"하고 있는 일본인의 비율이 있다는 사실을 확인할 수 있었다. 해마다 늘어나는 조선인의 해외 이주와 그로 인한 조선인 인구 유출을 고려할 때, 국세조사로 드러난 조선의 '인구 현상'은 매우 비관적인 것으로 분석되었다.[33] 인구의 질적 관리에 대한 조선 지식인들의 관심은 1933년 윤치호, 여운형, 유억겸, 주요한, 최두선, 김성수, 이광수, 현상윤 등 85명이 발기인이 되어 만든 '조선우생협회'의 설립으로 이어졌다.[34]

결국 인구에 대한 식민지 당국과 조선 지식인들의 관심은 하나의 지점으로 모아지는데, 그것은 "제2국민을 낳고 또 그들을 교육하는 임무를 지닌 부인", 즉 조선 여성들의 출산력이었다. 그리고 양측 모두 도시에서 직업 활동을 하는 젊은 세대 여성들과 이들에게 나타나는 높은 미혼율을 일종의 '사회문제'로서 인식하게 되었다.

1930~40년대는 식민지 조선에서 여성들의 노동시장 참여가 본격화된 시기로, 1930년대 후반에 이르면 여성 노동인구가 남성 노동인구의 3분의 1을 넘어설 만큼 증가한다.[35] 이렇게 도시에서 직업 활동을 하는 젊은 세대 여성들의 독신 비율은 특히 높았다. 1930년 『조선국세보고』에 따르면 조선반도 전체를 기준으로 15~19세 여성의 미혼율이 33.2퍼센트, 20~24세 여성 미혼율이 2.3퍼센트인 데 반해, 경

성부의 15~19세 여성 미혼율은 69.6퍼센트, 20~24세 여성 미혼율은 20.6퍼센트에 달하는 수준이었다.[36]

김수얼의 살인 사건이 일어난 지 3개월이 지난 1939년 10월, 경성부 사회과는 "결혼난 완화"를 위한 정책 수립의 기초자료를 마련하기 위해 조선 최초로 "결혼표"를 작성하겠다는 계획을 발표한다. 이 조사의 대상이 된 것은 1933~39년에 경성부 내 공립·사립 고등여학교와 여자 실업학교 17개교를 졸업한 1만 2000명의 졸업생이었다.[37]

1940년대에 본격적으로 도입된 '출산력' 조사[38]의 예비적인 형태로서 기획된 경성부의 "결혼표 작성" 계획은 실제로는 집행되지 않은 것으로 보이지만,[39] 식민지 당국의 정책 방향성을 보여 준다는 점에서 주목할 만하다. 식민지 당국은 "미혼율의 증가"를 중요한 인구 문제로 인식했으며, 이 "사회문제"의 해결을 위한 정책적 개입이 필요한 집단으로 "공립·사립 고등여학교"와 같은 인텔리 "여학생" 계층뿐만 아니라 "여자 실업학교" 졸업생을 지목했다. 이런 정책은 도시의 젊은 세대 여성들의 노동시장 진출을 "결혼난"과 출산율 저하를 일으키는 중요한 원인으로 전제하고 있었다.

1939년 살인 사건의 주인공인 김수얼과 김순애는 사회적 관심의 대상으로 새롭게 포착되기 시작한 '여자 실업학교' 졸업생에 속했다. 이들은 '실업학교'라는 근대적인 교육기관을 통해 "부기, 주산, 타이프라이터"[40]와 같은 신식 기술을 습득하고, 이를 기반으로 근대적 직업 세계(금융조합의 "여서기")에 뛰어든 미혼 여성들이었다. 『조선일보』는 이 두 여성을 "'일생 직업여성으로 살며 서로 독신으로 지내자'고 학창 때 맹세한 동성연애의 두 여성"[41]으로 소개했는데, 이런 설명은

'동성연애' 관계만큼이나 이들이 속한 인구 집단의 특성("직업여성"과 "독신")이 중요한 관심의 대상이었음을 보여 준다.

여성의 강력 범죄와 '정상성'

1939년의 살인 사건은 여성 '동성연애'에 대한 기존의 이해 방식(여성 적이고, 일시적이며, 이성애적 규범과 대립하지 않는 관계)으로는 도무지 해석 되기 어려운 정체성의 다양한 충돌 양상을 보여 주었다. 무엇보다 김 수얼과 김순애는 '여성의 경제적 독립'이라는 새로운 조건이 학창 시 절에 제한되지 않는, 장기적 관계의 가능성을 확대한다는 점을 증명 했다. 그녀들은 근대적인 직업 활동을 통해 얻은 소득을 바탕으로 2 년 동안 "동거 생활"을 이어 오고 있었다. 이들의 직장인 소사 금융조 합과 고양 금융조합이 지리적으로 상당히 멀리 떨어져 있었다는 점 을 고려해 볼 때, 이들이 함께 '하숙집'을 구해 생활한 것은 의식적인 선택이었을 것이다. 이렇게 사적인 친밀성의 공간을 만들고 유지해 나갈 수 있는 능력은 분명 이전의 '동성연애' 연인들에게는 낯선 것이 었다.

　여성 '동성연애' 정사에 대한 기존의 서사에서 '집'은 혈연과 혼인 을 통해 규정되는 공간으로, 두 사람의 관계를 가로막는 장애물 이상 의 의미를 갖지 않았다. 이들이 서로 만나고 관계를 발전시켜 나간 곳 은 집이 아니라, 학교·일터·교회·영화관·사진관과 같이 근대에 새 롭게 등장한, 집 밖의 공적 공간들이었다. 또한 이들은 자살을 결행하 는 순간에도 의식적으로 집을 벗어난 장소들을 선택하는 경향이 있 었다. 월미도 앞바다, 축항부두, 현해탄, 거제도 앞바다, 한강과 같은 곳들은 집을 탈출해 낯선 장소(특히 관광지)로 여행을 하는 행위 역시 '동성연애' 정사의 패턴화된 요소였음을 보여 준다.[42]

이와 대조적으로, 김수얼과 김순애의 사건에서 '집'은 두 사람의 관계를 매개하는 중요한 장소로 등장한다. 사건 당일 김수얼은 당시 자신과 별거 상태에 있던 김순애에게 이제까지 자신이 보인 과도한 질투에 대한 사과 편지를 보내고, 자신들의 '집'으로 방문해 줄 것을 요청했다.[43] 물론, 김수얼이 범행에 사용할 칼뿐만 아니라 범행 후 자살을 실행하기 위한 양잿물까지 미리 준비해 두었던 점으로 볼 때, 이런 초청은 다분히 계획된 것이었다. '집'은 두 사람의 관계를 유지하게 한 기반인 동시에, 관계가 파국을 맞았을 때 김수얼이 살인의 무대로서 의식적으로 선택한 장소였다. 이 살인 사건에서 '집'이 지니는 예외적 중요성은 1930년대 후반 경제적 자율성을 기반으로 독립적인 생활과 대안적 친밀성을 추구하는 새로운 여성집단이 조선 사회에 등장하기 시작했음을 보여 준다.

또한, 김수얼은 공격성이나 능동성 등 소위 '남성적인 것'으로 정의된 자질들[44]을 드러냄으로써 관찰자들을 당혹스럽게 만들었다. 『조선일보』가 이 사건을 "더 큰 인간악적 정신의 비상한 변태작용"[45]의 결과로 호들갑스럽게 발견한 것은 김수얼의 살인에 담긴 그러한 개성 때문이었다.

남성들 사이에서 일어난 이와 유사한 치정 범죄는 이미 여러 차례 기사화된 바 있었지만,[46] 여성 '동성연애'가 살인과 같은 흉악 범죄에 연루되어 소개된 것은 1939년 김수얼의 사건이 처음이었다. 이전까지 신문지상에 등장하는 여성 '동성연애'의 연인들은 주변 상황(부모의 학업 반대, 가정불화, 처지의 비관 등)으로 인해 심각한 우울과 비관에 빠졌거나, 혹은 동무의 처지에 대한 지나친 동정과 연민 때문에 함께 동반자살에 이르게 되는 수동적인 인물로 그려지는 것이 보통이었다. 여성의 '수동성'은 비단 자살 사건뿐 아니라 여성범죄 전반의 성격을 특징짓는 본질적인 특수성으로 이해되고 있었다.

근대 범죄학은 범죄 통계의 작성을 통해 여성의 강력 범죄율이 매우 낮으며 재범이 드물다는 사실을 발견하고 있었다. 특히 살인 범죄를 저지른 범인의 절대다수는 남성으로,[47] 동시대 세계 각국의 통계들은 여성이 저지른 살인 범죄가 남성 살인 범죄의 10퍼센트 수준에 불과함을 보여 주었다.[48] 그러나 조선의 경우는 이와 매우 다른 양상을 나타냈다. 조선 여성의 살해율은 남성 살해율에 육박할 정도로 매우 높았으며, 특히 남편을 살해하는 범죄("본부 살해")가 주를 이루었다.[49] 이렇게 본다면 김수얼은 1930년대 조선에 출현한 수많은 여성 살해범들 중 한 명에 불과했다.

그러나 조선 사회에서 "본부 살해"는 여타 흉악 범죄들과는 다른 사회적 위상을 가지고 있었다. 우생학적 관점에서 조혼을 비판하고 자유결혼을 지지[50]하는 입장에 섰던 당대 조선의 지식인들은 이런 유형의 범죄가 조선의 봉건적인 가족제도로부터 기인한다고 보았다. 따라서 범죄를 저지른 여성들은 당시 범죄학이 전형적으로 그려 냈던 선천적인 범죄자가 아니라, 오랫동안 구습에 속박되어 고통받다가 "참으려야 참을 수 없는 최후의 발작"으로 범행에 이른 "사회제도의 희생자"들로 이해됐다.[51]

범행의 동기뿐 아니라 범행 방법 역시 이 여성범죄인들의 '정상성'

을 보여 주는 근거로 해석됐다. '본부 살해' 범죄를 저지른 여성들을 변호하는 다수의 글을 쓴 김정실은 범죄를 저지른 여성의 72퍼센트가 독약, 18퍼센트가 폭력을 사용했다는 범죄 통계에 주목했다.[52] 이렇듯 여성살해범의 대부분이 약이나 양잿물 같은 독약을 선택한 것은 "비밀을 지키고 천성이 약한 체질을 가진" 여성에게는 "두들기고 찌르"는, 소위 "용기와 힘"이 필요한 남성적 범행 방식이 적합하지 않기 때문으로 설명되었다. 그에 따르면 범행 방식에서 나타나는 성별 차이는 "본능적 또는 유전적 발로"이다.[53] 이렇듯 '본부 살해' 범죄는 범행 동기와 방식에서 '수동적'이고 '여성적'인 특성을 나타내며, 따라서 범행을 저지른 여성들은 흉악 범죄에 연루되었음에도 불구하고 여성의 '정상성'으로부터 근본적으로 이탈한 존재로 인식되지는 않았다.

1939년 김수얼의 살인이 주목받게 된 것은 여성이 흉악 범죄를 저질렀다는 사실 자체가 아니라, 그 사건이 여성범죄에 대한 기존의 해석으로 수렴되지 않는 의외성을 보여 주기 때문이었다. 이 사건에서는 김수얼을 극단적인 상황으로 밀어 넣은 더 큰 힘, '봉건적 가족제도'의 폭력 등을 찾아볼 수 없었다. 김수얼의 행위는 '동성연애'와 '질투' 같은 격렬한 개인적 감정에 의해 동기화되었으며, 살인을 능동적으로 계획한 것으로 보였다. 또한 김수얼은 소위 범죄학이 여성에게 적합한 것으로 정의한 '약물'과 같은 범행 방식을 사용하지 않았다. 대신 그는 "식도로 난자해 처참을 극한 살인을 한 다음 다시 자기 생명까지 잔인하게 학살"[54]하는 방식을 택했다.

리사 두건Lisa Duggan은 여성의 폭력 범죄가 남성의 그것과는 달리,

항상 젠더와 섹슈얼리티의 경계에 대한 첨예한 논쟁을 불러일으켜 왔다고 지적한 바 있다. 폭력적인 여성범죄자는 '남성적'이라고 정의된 활동에 참여함으로써 젠더의 경계를 침범하는 자로 여겨진다. 바로 그러한 사실 때문에 폭력은 여성의 '정상성'을 가늠하는 일종의 경계의 표지boundary marker로 기능하게 된다.[55] 1939년 김수얼 살인 사건이 사람들의 주의를 끈 것은 바로 이 지점이었다.

김수얼과 김순애의 관계는 여성 '동성연애'에 대한 이전의 논의에서는 거의 고려된 바 없었던 주제들 ― 여성의 섹슈얼리티와 공격성, 경제적 자립, 교육 등과 같은 다양한 이슈들 ― 을 제기했다. 이 사건을 통해 드러난 새로운 정체성의 요소들은 여성 '동성연애'에 대한 기존의 이해 방식으로는 충분히 해석되기 어려웠다. 『조선일보』가 전문가의 자격으로 "정신병 의학의 대가"[56] 명주완에게 분석을 의뢰하게 된 배경에는 당면한 현상을 분석하는 데에 보다 과학적이고 전문화된 지식이 필요하다는 인식이 자리 잡고 있었다.

정신의학의 등장과 '전문가'의 시대

명주완이 김수얼의 살인 사건에 대한 논평을 요청받은 것은 그가 조선의 첫 신경외과 전문 병원을 개업한 지 1년 반, 박사학위를 취득한 지 9개월 정도 된 시점이었다.[57] 이후 한국 "정신의학의 뚜렷한 이정표를 이루는 대표적인 정신과 의사"[58]로 평가받게 되는 명주완의 앞에는 당시 중요한 과제가 놓여 있었는데, 신경정신과의 전문적 지위를 확립하는 것과 정신의학 지식을 일반에 대중화하는 것이었다.

명주완은 대학에서 경력을 쌓느라, 다른 신경정신과 동료들보다 비교적 늦게 개업의로 출발했다. 하지만 그보다 먼저 개업을 했던 동료들 가운데 신경정신과 전문 병원을 개업한 이는 없었는데, 이는 1930년대 후반에 아직 정신의학이 임상적으로 뿌리 내리지 못하고 있었기 때문이다. 김수얼의 살인 사건이 일어난 1939년에 전체 관립·공립 병원의 '정신병자' 이용률은 평균 0.11퍼센트 정도에 불과했으며, 조선인만을 대상으로 산출했을 때의 수치는 더욱 낮았다.[59] 정신질환을 "나병"과 같은 '저주받은 병'으로 여기는 대중의 편견으로 인해, 치료를 목적으로 근대적 병원을 방문하는 환자들의 수 자체가 매우 적었으며, 대부분의 신경질환은 내과에서 치료하고 있었기에 신경정신과 전문 병원의 수익 전망은 불투명한 상황이었다. 명주완은 1970년대에 행한 회고에서, 당시 경제적 난관이 예상됨에도 불구하고, 후배들이 신경정신과에 관심을 가지게 하기 위해서는 전문 병원의 개업이 반드시 필요한 일이라고 생각했다고 개업의 변을 밝힌 바 있다. 결국 그는 "시설비는 외도하다 써버린 셈 잡고, 하다 안 되면 보험회사 외무사원 노릇을 해서라도 입에 풀칠이야 못하겠느냐"라는 비장한 결심으로 전문 병원 개업에 나섰다. 결과적으로, 이런 도전은 성공적이었다. 명주완은 김수얼의 살인에 대한 논평을 쓰던 1939년이 되자, 개업 2년 만에 2층짜리 병원을 지을 만큼의 경제적 수익을 낼 수 있게 되었다.[60]

명주완은 당시 "최첨단 뉴미디어"[61]로 부상하고 있던 라디오방송의 교양 프로그램에 전문가 자격으로 종종 출연했는데, 이런 대중매체의 활용은 정신의학에 대한 일반의 이해가 여전히 낮았던 상황에서 그가 병원을 안정적으로 경영할 수 있도록 한 요인이었다. 1930년대 후반, 방송 청취 여건 개선과 전시체제로 인한 뉴스 수요 증가에 힘입어 조선인들 사이에서도 라디오 보급률은 꾸준히 증가하고 있었다. 이 시기 라디오 프로그램들은 식민당국의 국민정신 총동원 계획에 적극적으로 동원되는 한편, 각계 전문가들이 담당하는 다양한 위생 강연과 계몽 강좌 등을 청취자들에게 제공함으로써 "새로운 유형의 대중적인 사회교육"의 장을 제공하는 역할을 했다.[62]

명주완이 라디오방송에 참여한 1930년대 말 조선 사회에서는 정신질환자의 처리 문제가 매우 예민한 사회적 이슈로 등장하고 있었다. 인구에 대한 우생학적 관심이 커지고 국가의 인구관리가 본격화됨에 따라, 정신질환은 단지 질병이 아니라 "국민의 질적 저하"로 이어질 수 있는 "중대한 원인"으로 재발견되고 있었기 때문이다. 일부 전문가들은 '정신질환자가 악질의 유전적 소질을 후세에 남기는 것은 가족적으로나 사회적으로 커다란 문제를 낳을 수 있기 때문에 민족 위생과 사회 방위, 범죄 방지를 위해 이들을 대상으로 단종법을 실시해야 한다'는 주장을 강력히 개진하고 있었다.[63]

<가정시간>과 같은 라디오방송 교양 프로그램이 정신의학과 관련된 내용을 편성한 것은 바로 이런 동시대적 관심을 반영한 것이었다. 그리고 이제 막 개업의로 출발한 명주완은 정신의학 분야의 전문가로서 미디어를 통해 정신질환의 유전과 관련된 지식, 일상에서의 정신질환 예방과 관련된 지식을 대중에 전달할 기회를 얻을 수 있었다.[64]

라디오방송이 그가 조선 상류층 가정의 청취자[65]들과 접속하는 통로였다면, 신문지상에서의 꾸준한 노출은 좀 더 광범위한 대중에게

그를 알릴 기회를 제공했다. 기존 의료 전문가들이 '가정의학 상담란' 같은 코너에 주로 노출되어 온 것과 달리, 명주완은 범죄 사건 등을 다루며 정신의학의 영역을 사회면으로 확장했는데, 1939년 김수얼의 살인 사건 논평은 그가 참여한 첫 번째 범죄 논평이었다.

'정신위생' 시대의 '변질자'들

1939년 『조선일보』는 명주완에게 두 건의 살인 사건에 대한 논평을 의뢰했다. 하나는 김수얼의 살인이고, 다른 하나는 17세의 신문 배달부가 10세 아이를 유인해 살해한 후 그 아이의 집에 협박장을 보내 돈을 요구한 유괴살인 사건이었다.[66] 같은 시기에 일어난 수많은 범죄 가운데 이 두 사건이 선정된 것은 편집부에게 여성범죄와 소년범죄가 특별히 '정신질환'과 관련된 사안으로 인식되었음을 보여 준다.

이 사건들에 대한 논평에서 명주완은 범행의 배후에 놓인 정신의학적 동기를 진단하기 위해 "변질자"라는 개념을 중요하게 사용했다. 그에게 있어 "변질자"는 "보통 사람도 아니고 그렇다고 정신병자도 아닌 중간에 있는" 존재이며, 정상적인 사람과 "지적 생활"에서는 차이가 없지만 "감정생활과 의지 생활"에서는 구분된다.[67] 이런 정의는 동시대 서구 범죄학이 사이코패스psychopath를 정의한 방식과 매우 유사하다.

20세기 초까지 범죄학자들은 정신적인 결함이나 지적 장애가 (범죄의 직접적인 원인이 아니더라도) 범죄와 매우 밀접하게 연관되어 있다는 가설을 수용하고 있었다. 그러나 인지능력 테스트의 도입은 범죄자의 대다수가 정상 범위의 IQ를 가지고 있음을 보여 주었다. 따라서 범죄학자들은 기존의 이론을 통해 설명할 수 없는 잔여의 죄수들을 설명하기 위한 방편으로 "체질적 사이코패스"constitutional psychopath와 같은 정신의학적 진단명을 법제도에서 활용하기 시작했다. 이런 범주의 도입으로, 미치거나 정신적으로 결함이 있는 것으로 진단되지 않은 죄수들은 '사이코패스'라는 범주로 재분류되었다.

사이코패스 개념의 등장은 '광기'insanity의 전통적인 범위를 확장했을 뿐만 아니라, 새로운 일탈 인구들을 범주화하는 효과를 낳았다. 사이코패스는 자기중심적이고 이기적이며 반사회적인 성격에 신경질적이고 짜증을 잘 내며 의지가 약한 인물로 묘사됐으며, 상습적 범행, 약물과 알코올 사용, 불안정한 노동 패턴을 보이는 사람들에게 흔히 붙여지는 명칭이 되었다.[68] 명주완 역시 자신이 생각하는 "변질자"의 전형적인 인물형으로 "일이 없어 오락가락하는 게으름뱅이" "의지부정자" "공상하고 실지를 똑같이 생각하고 행동하는 병적 허언자" "이홍분자"를 들고 있는데, 이는 그가 "변질자" 개념을 사이코패스와 매우 유사한 방식으로 사용하고 있음을 보여 준다.[69]

당대 서구에서는 '사이코패스'로 통칭된 이 새로운 광인 집단의 처리가 중요한 사회문제로 등장하고 있었다. 1929~34년에 단종법을 제정한 독일, 덴마크, 노르웨이, 핀란드, 스웨덴 등의 국가들은 유전성 질병뿐만 아니라 특정한 사회적·행동적 특질 역시 사회로부터 제거되어야 할 위험으로 규정했다. 이에 따라 빈곤자, 알코올중독자, 절도범, 상습 범죄자, 부랑자, 매춘부, 성폭력범, 성적 이상행동을 보이는 자, 일하지 않고 빈둥거리는 사람workshy 등이 단종의 대상으로 광범위하게 포함되었다.[70]

명주완의 「정신위생 이야기」, 『동아일보』, 1938. 12. 5.

명주완은 사회적 일탈 행동을 "정신병"이자 제거되어야 할 사회적 위험으로 인식했다는 점에서 서구의 정책 입안자들과 같은 관점을 공유했다. 그가 1930년대부터 대중 강연에서 꾸준히 강조한 "정신위생" 운동은 "범죄자, 부랑자, 불량소년 등의 발생 예방, 치료, 개선, 생활지도"[71]를 실질적인 목표로 삼은 것이었다. 그의 관점은 1960년에 실시한 "정신위생" 강의에서도 분명하게 드러난다. 명주완은 이 강의에서 "개체가 사회 환경에 대한 적응에 실패했을 때" 이 모든 것은 정신의 결함으로부터 초래된 것으로 봐야 하며, 사회적 적응에 실패한 이들은 모두 "일종의 정신병 환자"라고 선언했다.[72]

이렇듯 명주완이 서구 정책 입안자들과 '변질자'에 대한 특정한 이해를 공유했음에도, 이 문제를 어떻게 해결할 것인가에 대해서는 여타 의료인들과는 다른 구상을 가지고 있었다.[73] 그는 '정신병'이 "자손을 멸망케 시키는" 위험한 질병이고 환자들에게 단종법을 도입하는 것이 필요하다고 보았지만, 이런 정책을 '변질자'에까지 확대하는 것은 "너무 지나친 경향"이라고 비판했다.[74]

단종수술에 대한 견해의 차이는 명주완이 '변질자' 문제에 있어 "유전"보다는 "환경"75의 영향을 중요하게 고려했기 때문이다. 명주완은 범죄성이나 반사회적 행동(소위 '변질자')이 생물학적 요인을 통해 결정되지 않으며, 환자들을 기존 사회규범에 적응하도록 강제하는 "예방" 활동을 통해 개인의 정신적 '건강성'이 유지될 수 있다고 보았다. 그에게 있어, 근대화와 함께 기하급수적으로 증가하고 있는 '변질자'의 발생을 예방하고 이들을 치료·개선하는 것은 생물학이 아닌 정신의학이 담당해야 할 영역이었다.76 그리고 1939년 김수얼 살인 사건의 두 여성 당사자들은 치료와 개선이 필요한 "변질자"로서 그에게 발견되었다.

미혼·만혼 여성과 '위생결혼' 담론

명주완은 1939년 살인 사건에 대한 논평에서 "어떤 사람이 정상적인 사람이고 또는 어떤 성격의 사람이 변질이냐 하는 것은 구별하기에 대단히 힘 드는 일"이라고 선언하면서 정신적인 '정상성'과 '비정상성'의 경계가 대단히 모호함을 시인했다. 그럼에도 그는 이 사건의 당사자들 중 '변질자'가 포함되어 있을 것이라는 결론에 도달하는데, 여기서 그가 발견한 '비정상성'은 두 여성이 특별한 친밀성 ― '동성연애' ― 을 맺고 있다는 사실 자체는 아니었다.

명주완은 다른 논자들의 기존 견해들과 마찬가지로, 여성의 '동성연애'가 주로 "사춘기" "여학교"의 "젊은 여자"들 사이에서 관찰되는 현상이며, 소녀들이 이성애로 나아가는 과정에서 경험하게 되는 일반적인 심리 발달 과정의 일부라고 보았다. 여성의 '동성연애'를

"이성과 이성이 결합되기 전의 하나의 고독한 계단"이라고 보는 이런 이해 방식을 따르자면, 여성의 '동성연애' 자체를 '정상성'에서 이탈한 "변태"로 판단할 근거는 존재하지 않았다.[77]

명주완이 두 여성에게서 '변질자'의 '비정상성'을 발견한 것은 오히려 다음의 사실이었다. 이들의 관계가 극단적인 살인 사건과 같은 방식으로 나타났다는 점, 그리고 근본적으로 두 여성이 이성애 관계로 나아가는 것을 거부한 채 계속해서 "동성연애" 단계에 머물러 있었다는 점이다. "이십을 넘어 이성의 필요를 느끼고 남자와의 결혼생활을 실천하여도 조금도 부자연하지 않은 나이에 달하였음에도 불구하고 그저 동성연애에 빠져 있다는 것부터가 극히 부자연한 생활일 뿐 아니라 이는 확실히 둘 중의 누구든지 하나는 변질자라는 것을 증명하는 것"[78]이라는 명주완의 단언은 '동성연애' 경험보다는, 적정 '연령'에 '결혼' 제도로 진입했는지의 여부가 정신적 건강을 판단하는 데 더 중요한 기준으로 설정되고 있음을 보여 준다. 이런 관점은 "정신위생"과 더불어 대중 강연에서 그가 자주 다루었던 또 다른 주제인 우생학적 "위생결혼"에 대한 주장에서 분명하게 확인할 수 있다.

김수얼의 살인 사건이 일어난 지 세 달 후인 1939년 10월 6일, 일본 의회에서는 단종법 관련 법안이 제안되었다. 이를 계기로 『조선일보』는 조선에서도 "어떻게 하면 우량한 종족을 번영시키면서 행복스러운 결혼을 누리게 할 수 있을까?"라는 주제로 전문가 좌담회를 개최했고, 이때 '정신병 연구'의 권위자로서 명주완의 의견을 요청했다. 명주완은 이 자리에서, 이상적인 결혼의 형태는 건강한 자녀를 생산할 수 있는 '위생결혼'이라고 강조하고, 이를 위해서는 결혼이 "적당

상궁들의 동성애를 파격적으로 묘사했다고 평가되는 영화 <내시>(신상옥, 1968).

한 연령"에 이루어질 필요가 있다는 점을 강조했다.[79]

'출산율 증가'라는 당대의 목표는 '혼인연령'을 낮추려는 시도로 모아지고 있었다. 1941년 일본에서 각의 결정된 "인구정책 확립 요 강"은 1960년 기준 1억 명의 일본 민족 인구에 도달하기 위한 시책으 로, 결혼연령을 10년간 3년 정도 앞당길 것을 제시했다.[80] 이런 흐름 에서, 1930년대 후반부터 의학상 튼튼한 아이를 가장 많이 낳을 수 있 는 "결혼적령기", 즉 "최적 결혼연령"(남자 25세, 여자 21세)에 대한 사 회적 선전이 강화되었다.[81]

명주완은 정신의학의 영역에서 "최적 결혼연령"과 정신적 '건강 성'을 결합하는 논리를 생산하고 유통시키는 데 동참했다. 그는 '위 생결혼'에 대한 글에서, 이미 우생학적 위험이 경고되어 왔던 "조혼"

뿐만 아니라, 최근 조선에 만연한 "만혼" 역시 건강상 매우 큰 위험을 갖는다고 주장했다. 이런 "만혼의 폐해"는 여성에게 "히스테리 등 정신적 타격"을 줌으로써 "정신질환"을 유발하고 직접적으로 치명적인 영향을 미친다는 것이다.[82]

하지만 보다 근본적으로, "사회 환경에 대한 적응" 여부를 정신적 '건강성'의 기준으로 보는 그의 관점에서 본다면, "최적 결혼연령"과 "위생결혼"이 요구되는 시대에 경제적인 자립을 유지하며 결혼제도에 편입되지 않은 여성들, 즉 김수얼·김순애와 같은 도시의 미혼 여성 인구는 이미 존재론적으로 질환 상태에 있는 '변질자'들이었다.

'동성연애'의 모호한 위상

정신의학 분과의 전문화와 대중화에 관심을 가졌던 명주완은 다양한 사회적 일탈 행동을 치료할 수 없는 '유전'의 결과가 아니라, 환경의 산물인 '정신건강의 결함'으로 재정의함으로써 정신의학적인 예방과 개입이 가능한 영역으로 새롭게 규정했다. 이것은 "정신병학"이 관장하는 영역들이 일상으로 확장되는 과정이었다. 특히 1939년 김수얼의 살인은 이전까지 '여학생 시절 여성들의 일반적인 경험'으로 이해돼 왔던 '동성연애'를 정신의학의 주제로 재발견하는 계기가 되었다.

명주완은 김수얼의 살인 사건을 분석함에 있어, '여성의 성욕'과 같은 '동성애' 정체성의 고유한 측면에는 거의 관심을 기울이지 않았다. 대신 그는 이 사건을 우생학적 규범 안에 위치시키고, 조선의 "인구 현상" 차원에서 이해했다. 그가 김수얼의 사건에서 우려스럽게 발견한 사회적 일탈 행동은 두 여성이 맺고 있었던 특별한 친밀성 자체가 아니라, 도시공간에 급속도로 증가하고 있는 만혼 여성인구의 존재였다.

우생학적인 "위생결혼"이 여성의 정신적 '정상성'의 기준으로 등장한 결과, '정신병'으로서의 '동성연애'의 위상은 매우 모호한 것이 되었다. 여성 '동성연애'자들은 "일이 없어 오락가락하는 게으름뱅이" "의지부정자" "공상하고 실지를 똑같이 생각하고 행동하는 병적 허언자" "이홍분자"와 함께 비생산적인 위험 인구('변질자')로 발견되기는 했지만, "만혼" 여성집단의 한 구성원으로서 이 범주에 포함된 것이다.[83] 일반 여성과 구분되는 특유의 욕망과 정체성을 지닌 집단으로서 여성 '동성애자'를 이해하는 작업은 아직 공론장에 등장하지 않고 있었다.

여성 '동성연애'에 대한 이런 이해 방식은 1960년대 중반 이후 한국 대중문화에 육욕적인 "레스비안" 이미지가 본격적으로 등장함으로써 근본적인 도전을 받게 되었다. 성해방 시대의 개발국가에 막 당도한 "레스비안"에 대한 서구적 재현과 지식이 어떤 방식으로 한국 사회에 수용되는지, 그리고 여성의 성욕에 대한 새로운 담론이 만들어지는 과정에서 '동성연애'에 대한 기존 지식과 제도가 어떤 상호작용과 변형을 이루었는지에 대해서는 추가적인 연구가 필요하다.

1 「깨어진 동성애 파약破約한 여자를 난자 자기마저 음독 신음(인천)」, 『동아일보』, 1939. 7. 11.

2 「의학박사 명주완 씨 담談 정신병학의 메스로 갈라본 살인 삼각애 사건」, 『조선일보』, 1939. 7. 12.

3 기사는 "이것은 주로 여학생 사이에, 여학교 중에 기숙사들이 있는 학교 사이에 있는 일"로 "남자 편으로 치면 짝패라 할 만한 사랑"이며, 이를 "유행어로 말하면, 이른바 동성애"라고 설명하고 있다. 「요때의 조선 신여자」, 『신여성』, 1923. 11.

4 G. M. Pflugfelder, *Cartographies of desire: Male-male sexuality in Japanese discourse, 1600-1950*, Univ of California Press, 1999, p. 249.

5 제니퍼 로버스턴은 당시 일본에서 'S'가 '시스터'Sisters 혹은 '소녀'를 의미하는 일본어 '쇼죠'しょうじょ '섹스'Sex의 앞 글자를 딴 약자로 이해됐다고 설명한다. Jennifer Robertson, *Takarazuka: Sexual Politics and Popular Culture in Modern Japan*, Berkeley; University of California Press, 1998, p. 68.

6 황신덕·허영숙·류○준·이덕요, 「여류명사의 동성연애기」, 『별건곤』, 1930. 11, 120~124쪽.

7 「삼대 여성이 본 문화 반세기」, 『동아일보』, 1939. 1. 3.

8 후루카와 마코토는 일본에서 호모섹슈얼리티homosexuality의 번역어가 "동성교접" "동성적 색정" "동성(간) 성욕" 대신 "동성애"로 정착하게 된 과정 자체가 당시 부상하고 있었던, 여학생들 사이의 친밀한 관계에 대한 사회적 관심의 결과라고 주장한다. 그에 따르면, "동성애"라는 번역어가 정착된 후 1930년대까지 일본에서 이 용어는 여학생의 전유물로 여겨졌다. 후루카와 마코토古川誠, 「同性"愛"考」, 『イマーゴ』 6-12, 1995, 206쪽. (스기우라 이쿠코, 「일본 '레즈비언 전후사' 다시 읽기」, 『일본비평』 11, 서울대학교 일본연구소, 2014, 115~116쪽에서 재인용)

9 일본에서도 여학생 간의 친밀한 관계는 "타자와의 관계에 있어서 자신을 헌신하고

애정을 쏟는"다는 점에서 "여성에게 부여된 젠더규범"과 근본적으로 충돌하지 않는 것으로 여겨졌다. 아카에다 카나코赤枝香奈子, 『近代日本における女同士の親密な関係』, 角川学芸出版, 2011, 190쪽; 201쪽; 205쪽. (스기우라 이쿠코, 앞의 글, 118쪽에서 재인용)

10 현루영, 「여학생과 동성연애 문제 — 동성애에서 이성애로 진전할 때의 위험」, 『신여성』, 1924. 12.

11 George Chauncey, "From sexual inversion to homosexuality: Medicine and the changing conceptualization of female deviance." *Salmagundi* 58/59, 1982.

12 『조선일보』는 「철로의 이슬 된 이륜二輪의 물망초」(1931. 4. 11~17)라는 제목으로 5회에 걸친 기획 기사를 내보냈으며, 『동아일보』는 「두 여성 자살과 시비」(1931. 4. 16~4. 22)라는 제목으로 5회에 걸쳐 독자들의 의견을 받아 게재했다. 대중잡지 『별건 곤』과 『신여성』 역시 특집을 통해 이 자살 사건을 다루었다.

13 「작부 2명이 정사, 동성연애가 염세증이 되어 월미도 앞에 허리 매」, 『시대일보』, 1924. 5. 6.

14 「동성애 만담」, 『동아일보』, 1932. 3. 17.

15 「청춘 두 여성의 철도에서 자살 사건과 그 비판」, 『신여성』, 1931. 5.

16 김수진, 「1920~30년대 신여성 담론과 상징의 구성」, 서울대학교 박사논문, 2005, 97쪽.

17 「철로의 이슬 된 이륜의 물망초(4) 저급한 통속소설을 탐독 애독 야릇한 성격과 홍양의 가정」, 『조선일보』, 1931. 4. 14.

18 「철로의 이슬된 이륜의 물망초(5) 한강에서 실패. 최후로 기념촬영」, 『조선일보』, 1931. 4. 17; 「홍수紅愁와 녹한綠恨을 실은 춘풍. 청춘 양여성 철도 정사」, 『동아일보』, 1931. 4. 10.

19 이 사건에서 여학교 졸업생들인 두 여성은 분홍색의 허리끈으로 몸을 함께 묶고 소매에 돌을 매단 채 바다로 뛰어들었다. Pflugfelder, Gregory M., ""S" is for Sisters: Schoolgirl Intimacy and 'Same-Sex Love' in Early Twentieth-Century Japan", Barbara Molony & Kathleen Uno eds., *Gendering Modern Japanese History*, Cambridge; Harvard University Press, 2005, p. 153.

20 「작부 2명이 정사. 동성연애가 염세증이 되어 월미도 앞에 허리 매」, 『시대일보』,

1924. 5 6; 「축항부두에 동성애 정사(미수)」, 『조선일보』, 1936. 6. 5.

21 「철로의 이슬 된 이류의 물망초(5) 한강에서 실패. 최후로 기념 촬영」, 『조선일보』, 1931. 4. 17; 「홍수와 녹한을 실은 춘풍. 청춘 양 여성 철도 정사」, 『동아일보』, 1931. 4. 10. 가족들은 두 여성의 뜻을 따라 이들을 함께 화장해 주었다.

22 박차민정, 『조선의 퀴어 — 근대의 틈새에 숨은 변태들의 초상』, 현실문화, 2018, 240~271쪽.

23 두 여성이 졸업한 경성부기학교는 입학 자격과 연령이 "불문"으로 공고돼 있다. 그러나 같은 6개월 코스의 경성여자부기전수학원이 "보통학교 졸업 정도의 학력이면 무시험으로 입학 가능"인 것으로 보아, 부기학원은 보통학교 졸업 정도의 학력이 기대되었던 것으로 추정해 볼 수 있다. 「중등 이상 남녀학교 입학 안내(13)」, 『동아일보』, 1934. 2. 16; 「여자 부기학원 상교 승격 준비. 신입생도 모집 중」, 『조선일보』, 1931. 9. 9.

24 「청춘 두 여성의 철도에서 자살 사건과 그 비판」, 『신여성』, 1931. 5.

25 우생학의 창시자인 프랜시스 골턴은 1883년 발간한 저서 『인간능력 발달론』(Inquiries into Human Faculty and its Development, Macmillan & Co., Ltd., London, 1883)에서, 우생학을 "육성을 통해서 인류를 개선하는 학문"으로 정의했다. 신영전, 「식민지 조선에서 우생운동의 전개와 성격 — 1930년대 우생優生을 중심으로」, 『의사학』 15-2, 대한의사학회, 2006, 133쪽.

26 우생학적 입장에서 유전성 지적 장애인 등의 생식 능력을 없애는 일에 대해 규정한 법률. 미국에서 최초로 입법화되었고 그 후 독일, 스웨덴, 노르웨이 등지에서도 제정되었다. 『표준국어대사전』 참조.

27 김호연, 「우생학, 국가, 그리고 생명정치의 여러 형태들, 1865-1948」, 『동국사학』 66, 동국역사문화연구소, 2019, 273쪽.

28 유전성 질환자에 대한 국가의 강제 단종을 합법화한 「국민우생법」이 1940년에 공표됐으며, 1960년에 일본 민족인구 1억 명을 달성하기 위한 시책을 제시하는 「인구정책확립요강」이 1941년 1월 22일 각의 결정되었다. 김인수, 「출산력 조사를 통해 본 일본의 인구정치, 1940~50년대」, 『사회와 역사』 118, 한국사회사학회, 2018, 187쪽.

29 중일전쟁 발발로 인해 조선인의 신체가 직접적인 징발의 대상이 되는 1937년 이전

까지 식민지 조선에서 전염병 이외에 체력과 복지 문제와 관련해 당국의 직접적인 개입이나 투자가 이루어진 사례는 거의 없다. 신동원, 「'건강은 국력' 개념의 등장과 전개」, 『보건학논집』 37-1, 서울대학교 보건환경연구소, 2000, 47~48쪽.

30 결혼상담소는 1940년 12월 경성에, 1943년 7월 전주와 군산에 각각 설치되었다. 「가정 결혼은 인생의 꽃밭 젊은이의 고민을 풀고 행복스런 결혼을 하자」, 『매일신보』, 1941. 1. 14; 「결혼상담소 설치 전주와 군산 두 곳에」, 『매일신보』, 1943. 7. 17. (소현숙, 「일제시기 출산통제 담론 연구」, 『역사와 현실』 38, 한국역사연구회, 2000, 46쪽에서 재인용)

31 제1회 국세조사는 1925년에 실행될 예정이었으나, 경비상의 문제로 인해 임시 호구조사로 대체되었다. 1930년 국세조사는 다음 9가지의 조사 항목을 포함했다. ① 씨명 또는 성명, ② 가정에서의 지위, ③ 성별, ④ 출생연월일, ⑤ 배우자 관계, ⑥ 직업, ⑦ 출생지, ⑧ 민족 또는 국적, ⑨ 독서의 정도. 「국세조사원 6만 5000명」, 『동아일보』, 1930. 9. 7.

32 「조선의 첫 국세조사」, 『동아일보』, 1930. 10. 1.

33 「조선의 인구 현상(상)」, 『동아일보』, 1930. 12. 11; 「조선의 인구 현상(하)」, 『동아일보』, 1930. 12. 12; 「조선에 재주한 인종별 인구 수」, 『동아일보』, 1930. 12. 29.

34 '조선우생협회'의 발기인들 중 한 명인 의사 이갑수는 직접 '국민우생결혼상담소'를 개소하여 운영했다. 신영전, 앞의 글, 134쪽; 142~143쪽.

35 이수자, 「한국 사회의 근대성과 여성주체 형성」, 조옥라·정지영 엮음, 『젠더, 경험, 역사』, 서강대학교 출판부, 2004. (김은정, 「1930~40년대 서비스직 여성의 노동 경험을 통한 '직업여성'의 근대적 주체성 형성과 갈등에 관한 연구 — 미용사 L의 생애구술을 중심으로」, 『한국사회학』 46-1, 한국사회학회, 2012, 68~69쪽에서 재인용)

36 조사는 이런 미혼 여성들이 주로 근대적 서비스업을 포함한 상업과 교통업, 공무 자유업에 종사하고 있다고 밝혔다. 강이수, 「일제하 여성의 근대 경험과 여성성 형성의 차이」, 『사회과학연구』 13-2, 서강대학교 사회과학연구소, 2005.

37 「결혼난의 타개 명안은?」, 『동아일보』, 1939. 10. 12.

38 '출산력 조사'fertility survey는 국가와 지역의 출산력 수준을 파악하거나 출산력에 영

향을 미치는 요인을 밝혀내기 위해 실시하는 조사로, 그 내용은 인구학적 기본 사항, 학력, 직업 등 사회경제적 속성, 자녀에 관한 가치의식, 출생 억제 행동에 관한 사항 등이다. 일본 인구문제연구소는 1940년에 전국 단위의 출산력 조사를 진행했으며, 출생 속도, 연령별·직업별·소득 계급별·교육 정도별·지역별 출산율 등이 조사되었다. 김인수, 앞의 글, 178쪽; 188쪽.

39 김인수는 식민지 조선에서 출산력 조사가 실시된 사례는 드물다고 지적하면서, 조선총독부가 1944년 2~3월에 걸쳐 도시 5곳과 농촌 7곳(경기도 평택군 송탄면, 전북 남원군 운봉면, 경북 영천군 금호면, 경남 김해군 김해읍 내동리, 황해도 서흥군 용평면 월탄리, 평북 구성군 서산면 입석동, 함남 정평군 신상면)에서 조사를 진행한 사실이 자료를 통해 확인된다고 밝혔다. 김인수, 위의 글, 195~196쪽. 경성부 사회과의 "결혼표"는 후속 보도나 그와 관련해 남겨진 자료가 발견되지 않는 점으로 미루어 볼 때 계획 단계에서 무산된 것으로 추측된다. 당시 예정된 사업이나 통계조사가 예산상의 어려움 등으로 인해 무산되는 일은 흔치 않게 목격된다.

40 「중등 이상 남녀학교 입학 안내(13)」, 『동아일보』, 1934. 2. 16.

41 「질투로 표변한 동성애. 의동생 자살(척살)코 음독. 가해자는 필경 절명」, 『조선일보』, 1939. 7. 11.

42 이동의 제약으로 인해 당대 여성자살이 대부분 '집'의 반경(집안, 우물, 냇가) 안에서 이루어지는 경우가 많았다는 점을 고려해 보면, 이런 장소의 선택은 의식적으로 '집'을 배제한 결과라고 볼 수 있다. 박차민정, 앞의 책, 256~259쪽.

43 「질투로 표변한 동성애. 의동생 자살(척살)코 음독. 가해자는 필경 절명」, 『조선일보』, 1939. 7 11.

44 독일 프라이부르크 의과대학에서 세균학을 전공해 의학박사 학위를 취득한 의사 정석태는 이와 같은 아이디어를 '남성과 여성의 차이는 정자와 난자의 성질의 차이에 의해 결정된다'는 주장으로 표현했다. 남성의 성욕은 난자 안으로 돌입하는 정자의 성질을 따라 능동적이고 적극적인 반면, 여성의 성욕은 정자의 요구에 응하는 난자의 수동적 성질에 따른다는 것이다. 그는 이 차이가 성욕뿐만 아니라 신체와 정신 전반을 지배하며, 이것이 양성에 서로 다른 본성과 사회적 역할을 부여하게 하는 결정적이고

자연적인 요인이라고 보았다. 정석태, 「성욕의 생리와 심리 — 남녀 양성의 성욕 고考」, 『별건곤』, 1929. 2.

45 「의학박사 명주완 씨 담談 정신병학의 메스로 갈라 본 살인 삼각애 사건」, 『조선일보』, 1939. 7. 12.

46 1937년, 수원읍에 거주하는 22세의 남성 안장성은 3년 동안 '동성연애' 관계에 있었던 연인의 결혼에 분노해 그를 찌르고 살인미수 혐의로 3년형을 선고받았다. 「동성애의 원도怨刀. 신혼 친우를 자상」, 『조선일보』, 1937. 3. 26; 「동성애로 살인미수한 안장성에 3년 역. 경상지방법원의 단죄」, 『조선일보』, 1937. 5. 1.

47 프랜시스 하이덴손, 『여성과 범죄』, 이영란 옮김, 나남출판, 1994. 30쪽; 조앤 벨크냅, 『여성범죄론 — 젠더, 범죄의 형사사법』, 윤옥경 외 옮김, 박학사, 2009, 112~113쪽. (소영현, 「야만적 정열, 범죄의 과학 — 식민지기 조선 특유의 (여성)범죄라는 인종주의」, 『한국학연구』 41, 인하대학교 한국학연구소, 2016, 530~531쪽에서 재인용) 근대 범죄학의 '아버지'로 불리는 롬브로소는 이런 통계적 사실에 대해 사회진화론적 설명을 시도한 바 있다. 그는 범죄에 나타나는 성별 차이가 여성들의 "손상된 다양성", 완전한 진화에서의 실패, 더 낮은 진화단계의 종들과 여성이 갖는 유사성을 보여주는 증거라고 주장했다. David G. Horn, "This Norm Which Is Not One: Reading the Female Body in Lombroso's Anthropology", Jennifer Terry ed., *Deviant Bodies: Critical Perspectives on Difference in Science and Popular Culture*, Bloomington; Indiana University Press, 1995, p. 117.

48 구도 다케키工藤武城, 「朝鮮特有の犯罪 — 朝鮮婦人の本夫殺害犯の婦人科學的考察(一)」, 『朝鮮』 166, 1929. 3, 40쪽. (소영현, 앞의 글, 530~531쪽에서 재인용)

49 "본부 살해"는 "조선 특유의 비극적 범죄"라 칭해질 정도로 빈번하게 목격되었다. 소영현, 위의 글, 530쪽.

50 조혼은 충분한 교육 기간을 확보할 수 없게 만들어 우량한 배우자를 선택하기 어렵게 하기 때문에 우생학적 관점에서 특별히 위험한 것으로 인식되었다. 소영현, 위의 글, 549쪽.

51 김정실, 「여성범죄(11) — 본부를 살해한 이는 본래 악독한 이였던가 환경은 어떠하

였나」, 『동아일보』, 1933. 12. 23; 김정실, 「본부 살해의 사회적 고찰(2)」, 『동아일보』, 1933. 12. 10.

52 출전이 밝혀져 있지는 않지만, 이 통계는 조선의 여성범죄에 대한 과학적 고찰을 시도한 구도의 연구에서 인용된 것으로 보인다. 구도는 조선총독부 사법부 관료였던 고쿠분 산카이國分三亥가 1911년부터 1915년에 형무소에 수감 중인 본부 살해범 128명을 조사해 진행한 연구 「朝鮮特有の犯罪-朝鮮婦人の本夫殺害の婦人科學的考察」와 국세조사, 사법성 행형통계연표, 조선총독부 통계 연표를 활용하여 『朝鮮特有の本夫殺害犯の婦人科學的考察』(1933)을 집필했다. 소영현, 앞의 글, 541쪽. 한국에서는 『조선 특유의 범죄 ─ 남편 살해범에 대한 부인과학적 고찰』(구도 다케키, 최재목·김정곤 옮김, 영남대학교 출판부, 2016)이라는 제목으로 번역·출간되었다.

53 김정실, 「여성범죄(9) ─ 그 무서운 살해의 방법은 무엇무엇이었나」, 『동아일보』, 1933. 12. 19.

54 「의학박사 명주완 씨 談談 정신병학의 메스로 갈라 본 살인 삼각애 사건」, 『조선일보』, 1939. 7. 12.

55 L Duggan, "The Trials of Alice Mitchell ─ Sensationalism, sexology, and the lesbian subject in turn-of-the-century America", *Signs: Journal of Women in Culture and Society* 18-4, 1993, p. 808.

56 「의학박사 명주완 씨 談談 정신병학의 메스로 갈라 본 살인 삼각애 사건」, 『조선일보』, 1939. 7. 12.

57 그는 「살리실산의 운영」이라는 논문으로 1938년 9월에 교토제국대학에서 의학박사 학위를 취득했다. 「신新 의박醫博 명주완 씨」, 『조선일보』, 1938. 11. 16.

58 임지연, 「1960~70년대 한국 정신의학 담론 연구」, 『의사학』 26-2, 대한의사학회, 2017, 185쪽. 명주완은 해방 후 조선신경정신의학회를 조직했으며, 한국전쟁 중 군에 입대해 군 정신의학 활동을 한 후, 1960년 서울대학교 의대 학장에 취임했다. 1964년 서울시 의사회장, 1966년 대한의학협회장, 1970년 조선의대 정신과 주임교수 및 부속병원장을 지내며 한국 정신의학의 발전에 중요한 기여를 한 인물로 평가된다. 조두영, 「한국 정신분석 운동의 여명기와 명주완」, 『정신분석』 22-2, 한국정신분석학회,

2011, 66쪽.

59 이방현, 「식민지 조선에서의 정신병자에 대한 근대적 접근」, 『의사학』 22-2, 대한의 사학회, 2013, 554쪽.

60 「노교수와 캠퍼스와 학생<112> 명주완(5) 비장한 결심으로 정신과 의원 개업」, 『경 향신문』, 1974. 2. 2.

61 김영희, 「일제시기 라디오의 출현과 청취자」, 『한국언론학보』 46-2, 한국언론학회, 2002, 150쪽.

62 김영희, 위의 글, 178쪽.

63 「단종법」, 『동아일보』, 1935. 3. 8; 김사일(제대병원 암정내과), 「우생학상으로 본 단종법, 단종법이란 어떤 것(중)」, 『동아일보』, 1938. 6. 29. (이방현, 앞의 글, 541쪽에 서 재인용)

64 「정신위생 이야기」, 『동아일보』, 1938. 12. 5; 「방송프로」, 『동아일보』, 1939. 4. 5; 「방 송해설」, 『동아일보』, 1940. 3. 22; 「정신위생 이야기」, 『동아일보』, 1938. 12. 5; 「방송 프로」, 『동아일보』, 1939. 4. 5; 「방송해설」, 『동아일보』, 1940. 3. 22.

65 그가 출연한 라디오 프로그램들은 조선어로 방송되는 '제2방송'으로, 청취자의 대 부분은 조선인이었으리라고 추정해 볼 수 있다. 1930년에 가장 저렴한 보급형 수신기 는 50원 정도로, 고용인 50인 이상의 대기업에서 일하는 조선인 남자 성년공의 월 소 득이 22원 50전, 쌀 한 가마가 4~5원이었다(1934년 기준). 이는 1930년대에 라디오는 주로 상류층에 속한 사람들만 구입할 수 있는 사치품이었음을 보여 준다. 김영희, 앞 의 글, 162쪽.

66 「정신병학상으로 감정하면 무감정 변질자의 소위. 명주완 씨 담談」, 『조선일보』, 1939. 12. 9; 「의학박사 명주완 씨 담談 정신병학의 메스로 갈라 본 살인 삼각애 사건」, 『조선일보』, 1939. 7. 12.

67 「의학박사 명주완 씨 담談 정신병학의 메스로 갈라 본 살인 삼각애 사건」, 『조선일보』, 1939. 7. 12.

68 1918년 뉴욕의 싱싱 교도소 수감자의 약 20퍼센트가 "체질적인 열성 즉 사이코패 스"라는 진단을 받았으며, 1919~26년 뉴욕 주의 한 남성 소년원에서 사이코패스로 분

류된 재소자의 비율은 11.6퍼센트에서 50.8퍼센트로 증가했다. 같은 기간 정신적 결함을 가진 재소자의 진단율은 가파르게 하락했다. Estelle. B. Freedman, "'Uncontrolled Desires' — The Response to the Sexual Psychopath, 1920-60", *The Journal of American History* 74-1, 1987, pp. 87~89.

69 「정신병학상으로 감정하면 무감정 변질자의 소위. 명주완 씨 담談」, 『조선일보』, 1939. 12. 9.

70 김호연, 앞의 글, 280~299쪽.

71 "정신위생" 운동은 일본에서 1920년대 중반부터 부상하기 시작한 것으로, 조사와 통계 등을 통해 "정신병자 등의 발현이 사회의 안녕을 해치고 질서를 어지럽힌다는 것"을 대중에 알리고 "정신병"을 방지할 "정신병학적 지식"을 보급하며, 이를 실시할 기관들을 설치하기 위한 운동으로 정의된다. 특히 "범죄자, 부랑자, 불량소년 등의 발생예방, 치료, 개선, 생활지도"와 "저능자의 발생 예방, 특수교육, 사회적 보호의 방법을 연구"하는 것이 이 운동의 실질적인 목표로 제시되었다. 스기타 나오키杉田直樹, 『小精神病學』 7, 東京: 金原商店, 1929~35 추정. (이방현, 앞의 글, 538~539쪽에서 재인용)

72 그는 1960년 당시 전국적으로 9만 명으로 추산된 불량 소년소녀 모두가 "일종의 정신변질자"라고 선언하고, 이들을 방치할 때 일어나는 사회적 파문을 고려해 국가가 적극적인 대책 수립에 나서야 한다고 주장했다. 명주완, 「정신위생이란 무엇인가」, 『경향신문』, 1960. 11. 21.

73 당대 우생담론에 참여한 조선의 의료인들은 주로 '유전'의 차원을 강조했다. 예를 들어, 경성의전 출신 의사 양봉근은 정신병의 가장 중요한 원인이 유전이라고 강조하고, 특히 일본과 같이 "혈족 혼인을 함부로 하는 민족"에 변질자와 정신병이 많다고 언급했다. 「정신병이 늘어 감은 문명의 영향(다)」, 『동아일보』, 1930. 12. 9.

74 그는 일본의 입법 과정에서 역시 "변질자" 처리에 대해 충분한 주의가 필요하다고 재차 경고하기도 했다. 「[가정] 자자손손의 복락을 위해 위생결혼을 실행합시다 명주완 씨 담談」, 『조선일보』, 1939. 10. 6.

75 「의학박사 명주완 씨 담談 정신병학의 메스로 갈라본 살인 삼각애 사건」, 『조선일보』, 1939. 7. 12.

76 임지연은 명주완의 의사 모델의 특징을 '부권주의paternalism 의사 모델'로 설명한 바 있다. '부권주의 모델'이란, 아버지가 자식을 위하여 모든 결정을 하듯, 환자 본인의 의지나 선호와는 무관하게 의사가 환자에게 최선이라고 생각되는 치료를 수행하는 모델이다. 임지연, 앞의 글, 2017, 188쪽.

77 현루영, 「여학생과 동성연애 문제 ― 동성애에서 이성애로 진전할 때의 위험」, 『신여성』, 1924. 12.

78 「의학박사 명주완 씨 담談 정신병학의 메스로 갈라 본 살인 삼각애 사건」, 『조선일보』, 1939. 7. 12.

79 「[가정] 자자손손의 복락을 위해 위생결혼을 실행합시다 명주완 씨 담談」, 『조선일보』, 1939. 10. 6.

80 이외에도, 부부의 출생아 수를 5명으로 늘릴 것, 보건소를 설치하여 영유아 사망율을 획기적으로 낮출 것이 제안되었다. 김인수, 앞의 글, 187쪽.

81 「조혼을 장려하여 출산율을 올리자」, 『매일신보』, 1942. 9. 2. (소현숙, 앞의 글, 46쪽에서 재인용)

82 「방송프로」, 『동아일보』, 1939. 4. 6; 「[가정] 자자손손의 복락을 위해 위생결혼을 실행합시다 명주완 씨 담談」, 『조선일보』, 1939. 10. 6.

83 「정신병학상으로 감정하면 무감정 변질자의 소위. 명주완 씨 담談」, 『조선일보』, 1939. 12. 9.

'기모노'를 입은 여인[*]

식민지 말기 문학과 영화의 에스닉 크로스드레싱

이화진

신체, 민족, 젠더 — 크로스드레싱의 정치적 독해

의복은 민족과 계급, 젠더, 신분, 직업, 종교 등을 나타내는 기호로서 그 나름의 범주·규범·경계를 함축한다.[1] 이미 연극학이나 의상학, 젠더 연구 등에서 논의되어 온 것처럼 크로스드레싱cross-dressing은 기호로서 의복의 특이성과 의복과 신체 사이의 유연성을 이용해, 자명하게 여겨지는 사회문화적 범주와 체계를 교란하는 행위이다. 일반적으로는 여성의 남장男裝이나 남성의 여장女裝처럼 이성애적으로 규범화된 사회에서 반대 성별의 것으로 인식되는 옷을 입는 행위를 '크로스드레싱'이라고 한다. 그러나 크로스드레싱의 수행 행위가 야기하는 경계의 교란과 위반은 젠더뿐 아니라 민족과 인종, 문화 전반에

---

[*] 이 글은 필자의 논문 「'기모노'를 입은 여인 — 식민지 말기 문화적 크로스드레싱의 문제」(『대중서사연구』27, 대중서사학회, 2012)를 수정·보완한 것이다.

서 논의될 수 있다.

자신의 문화적 배경과 거리가 먼 타자의 문화를 의복을 통해 전유하는 문화적 크로스드레싱cultural cross-dressing은 이미 근대 초기부터 지역적·민족적 경계를 가로지른 장소의 이동과 서로 다른 민족 간의 접촉과 교류를 가시화하는 옷 입기 방식이었다.[2] 그러나 식민지와 제국의 관계에서의 문화적 크로스드레싱, 정확히 말해 민족의상을 바꿔 입는 에스닉 크로스드레싱ethnic cross-dressing은 제국과 식민지를 둘러싼 여러 층위의 관계성이 중첩된 것이다. 서구의 제국주의 국가들과 달리, 피부색이나 외모로 민족 간의 차이를 구별하기 어려웠던 제국 일본에서는 의복이 일본인, 조선인, 대만인, 만주인 등을 외양으로 식별할 수 있는 거의 유일한 기준이었다. 의복은 민족의 동일성과 다른 민족과의 차이를 동시에 표지했다. 그리하여 여러 민족이 각각 다른 의복을 걸치고 있는 장면은 식민자와 피식민자가 비대칭적인 힘의 관계에서 공존하고, 서로 반응하며, 그들 간의 서로 뒤얽힌 이해와 실천이 발생하는 '접촉지대'contact zone와 '문화횡단'transculturation을 시각화했다.[3] 그러나 옷이란 살갗이 아니라 언제든 입고, 벗고, 갈아입을 수 있는 것이기에, 에스닉 크로스드레싱은 제국 일본에서 민족 간 경계의 유동성과 그 불안정성을 강력하게 시사했다.

다카시 후지타니Takashi Fujitani는 『총력전 제국의 인종주의』에서 식민지 말기에 제작된 선전영화 〈망루의 결사대〉望樓の決死隊(이마이 타다시, 1943)를 '다민족 공동체'로서 제국 일본의 형성을 그린 영화로 분석한 바 있다. 여기서 등장인물의 의복은 제국의 민족적 다양성 및 유동성과 연관된다. 일본어로 제작된 이 영화에서 인물들의 민족성을 식

별할 수 있는 신체적 차이는 "각각 다른 옷을 입고 있다는 점"[4]뿐이다. 국경 지대의 마을 사람들이 입고 있는 화복和服과 조선복, 만복滿服 등의 민족의상은 각각 일본인·조선인·만주인으로 구성된 제국의 민족적 다양성을 제유적으로 형상화한다. 그런데 어떤 장면에서는 이런 의복의 다양성이 국경 마을의 불안을 시각화하기도 한다. 영화의 도입부에서 국경 마을의 실질적인 지도자인 '다카츠' 경부보가 반일 게릴라의 동향을 파악하고자 만복을 입고 만주인으로 위장했듯, 국경 지대에서 의복은 때로 민족 간의 경계를 교란하면서 '비적'匪賊 혹은 '적이 아닌 자'非敵를 명료히 식별할 수 없게 한다. 의복이란 본래 신체에 고정된 것이 아니라 누구든 언제든 바꿔 입을 수 있는 것이기 때문이다.

식민지 말기는 일상의 차원에서 표준화와 균질화를 지향한 의복 통제가 극대화된 시기였다. 조선인의 시각적 도상icon 그 자체였던 '흰옷'이 경제적 효율성을 이유로 제도적으로 배제되기도 했다.[5] 그런데 <망루의 결사대>에서 보듯, 이 시기의 문화 텍스트에서는 민족의상을 전경화前景化한 장면과 크로스드레싱이 관습적으로 자주 등장한다. 이런 장면은 "내선"內鮮['내지 일본과 식민지 조선'을 이르던 당시의 용어]이 "형체形도 마음心도 피血도 살肉도 모두 한 몸一體이 되어야 한다"[6]라는 '내선일체'內鮮一體 이념의 강력하고 극적인 동화주의를 문화적으로 코드화한 것이다. 내선일체 캠페인은 조선어 대신 일본어를 상용하고 오랫동안 몸에 붙여 온 구태의 습속들을 개선하라고 요구했지만, 언어와 습속을 하루아침에 바꾸는 일은 사실상 불가능하다. 크로스드레싱은 옷만 갈아입으면 누가 일본인이고 누가 조선인인지 쉽게 알아차릴 수 없는 일본인과 조선인의 신체적 유사성을 활용해, 내선일체라는 불가능한 임무를 누구나 실천할 수 있다고 도해했다. 실제로 '몸'을 바꾸는 것이 불가능하기 때문에 '옷'을 바꿔 입어 보여 주는 것이었다.

조선총독 미나미 지로南次郎가 조선복을 입고 지방 시찰을 했다거나, 재조선 일본인 사회의 여성지도자 쓰다 세츠코津田節子가 대외 활동 시에 조선복을 즐겨 입었다거나 하는 일화는 식민 통치자나 지도자가 내선일체를 솔선하는 취지에서 식민자의 호혜를 과시하는 퍼포먼스였다. 피식민자의 의복을 겹쳐 입은 식민자들은 본래의 민족성을 훼손하지 않으면서 모범적인 실천가로서 자기를 재현했다. 그런가 하면, 조선을 대표하는 여배우 문예봉과 김신재가 기모노로 성장盛裝하고 촬영한 스튜디오 컷이나 도쿄로 가는 길에 경성에 들른 만주국의 스타 리샹란李香蘭이 조선복을 입고 촬영한 모습은 식민지 출신 여배우의 신체를 '내선일체'나 '선만일여'鮮滿一如['조선과 만주는 하나와 같다'는 의미]와 같은 관제적 슬로건이 체화되는 장으로 삼고 제국을 향한 문화적 교량으로 배치한 것이다. 이때 리샹란의 크로스드레싱이 '대동아'의 여러 경계에 걸쳐 있는 존재로서 자기를 재현해 온 내력과 연관된다면, 기모노를 입은 문예봉은 '반도영화'[제국 일본의 입장에서 조선영화를 지시하는 용어]의 상징으로서 자신이 구축해 온 기존의 페르소나와 단절되는 한편, 기모노가 함축해 온 '일본적인 것'으로서의 고유성과 '일본인의 경계'를 교란한다.[7]

내선일체를 선전하는 유명인의 공적 퍼포먼스에서 행위 주체의 민족성이나 젠더, 그리고 소속된 사회에서의 위치에 따라 크로스드레싱의 효과는 다층적이었다. 그러나 이들의 크로스드레싱은 상대적으로 매우 안전한 패싱passing이었다. 유명세만큼 그 상징성과 파장이 크다고 하더라도, 민족·인종·지역을 초월하는 트랜스내셔널trans-national한 존재로서의 자기 재현은 어디까지나 그들의 이름과 얼굴 아래 복속된다. 옷을 바꿔 입었다고 해서 민족성이 오인되거나 그 사회적 지위가 박탈될 위기에 처하지는 않는 것이다.

이 시기의 문학과 영화에서 나타나는 등장인물들의 에스닉 크로스드레싱은 유명인의 공적 퍼포먼스와 마찬가지로, 일본을 중심으로 한 '다민족 공동체'의 이념으로 수렴된다. 하지만 허구적인 이념을 일상의 차원에서 가장 친숙하고, 신체의 차원에서 가장 몸에 가까이 닿아 있는 옷을 매개로 통속화하는 지점들은 여러 겹에서 다시 읽힐 여지가 있다. 문학과 영화에서 크로스드레싱은 변장한 스파이의 '침투'에서 민족과 지역 간의 '접촉', 더 나아가 민족을 초월한 우애와 결속을 확인하는 '교환'에 이르기까지 다양한 층위에서 여러 양태로 나타난다. 여기서 크로스드레싱의 수행 과정과 그 전후의 변화, 행위 주체와 그것을 바라보는 시선 주체의 긴장과 심적인 동요 등이 더욱 풍부한 해석의 가능성을 연다.

이 글은 식민지 말기 문학과 영화 속의 에스닉 크로스드레싱을 식민지와 제국 사이의 불평등하고 비대칭적인 관계에서 신체·민족·젠더를 재정치화하는 장면으로 독해하고, 그 다층성을 포착하고자 한다. 이를 위해 다음의 세 지점을 문제화할 것이다.

첫째, 이 시기 문학과 영화에서 크로스드레싱은 일본인과 조선인 사이의 우정·연애·결혼 같은 '친밀한 관계'와 결부되어 있다. 불평등

기모노를 입은 김신재. (한국영상자료원 제공)

하고 비대칭적인 권력관계에 있는 식민자와 피식민자가 친구, 동료, 연인, 부부 등의 관계로 등장하는 이유는 무엇인가.

둘째, 에스닉 크로스드레싱을 수행하는 주체는 주로 여성이다. 서사의 메인 플롯을 이끌어 가는 남성들은 대체로 양복이나 국민복을 입고 근대의 보편적인 시공간, 그리고 황민화皇民化의 시공간으로 나

기모노를 입은 문예봉. (한국영상자료원 제공)

아가는 반면, 여성의 조선복, 기모노, 치파오 등은 제국의 다민족적인 환상을 부각시키면서 의복으로 감춰진 남성들의 민족성을 대리표지한다. 따라서 크로스드레싱의 수행자가 여성이라 하더라도, 거기에 어떤 욕망이 투사되었는가는 세밀하게 검토되어야 한다.

셋째, 신체적 유사성에 바탕을 둔 에스닉 크로스드레싱은 동질성과 유사성 사이의 끊임없는 긴장을 내포한다. 크로스드레싱이 함축한 연극성theatricality은 경쾌한 유희에서 생존을 위한 은폐에 이르기까지 다양한 프레임을 만들어 낸다. 이 글에서는 크로스드레싱의 프레임이 만들어 내는 환상과 프레임이 접촉하는 현실 사이의 긴장 속에서 식민자와 피식민자 모두 식민지의 불안을 공유하는 존재들이었음을 숙고할 것이다.

식민지에서 '그대'의 옷을 입는 일

일찍이 『무정』(1917)에서 '영채'와 처음 만나는 '병욱'을 '일복日服 입은 여인'으로 등장시킨 이광수는 내선일체 이념을 전면에 내건 장편 『진정 마음이 만나서야말로』心相觸れてこそ(1940, 이하 '『진정』'으로 표기)[8]의 도입부에서 도발적으로 의복을 활용한다. 인수봉을 등반하다가 조난당한 '다케오'와 '후미에' 남매는 경성제대 의학부 출신의 '충식'에게 구조돼 '석란'의 간호를 받는다. 의식이 들자 빈한한 조선인의 집에서 하얀 조선복을 입고 누워 있는 자신들을 발견한 다케오는 흡사 조선인이 되는 악몽이라도 꾼 것처럼 불쾌감을 느낀다. 그러나 이내 충식과 석란의 '아름다운 마음'에 감격하고, 석란이 자신들과 "유일하게 다른 점은 그녀가 입고 있는 옷뿐"(16쪽)인 것 같다고 생각하게 된다.

『진정』에서 '내선'의 차이가 옷 한 겹의 두께에 불과하다는 다케오의 깨달음은 이후 일본인 다케오-후미에 남매와 조선인 충식-석란 남매가 민족의 벽을 넘어 우애를 나누고, 그것이 제국 일본에 대한 헌신으로 확장되는 서사의 동력이 된다. 다케오는 이런 자신의 깨달음을 충식의 아버지이자, 과거 '불령선인'不逞鮮人['불온하고 불량한 조선 사람'이라는 의미로 일제에 순응하지 않는 조선인을 이르던 당시의 용어]이었던 '김영준'에게 설명할 때, 여동생 후미에의 조선복 차림을 예로 든다.

조윤정은 후미에가 조선복을 입는 것은 "자신의 신체를 내선일체의 '기관'으로 만드는 과정으로서 의미를 갖는다"[9]라고 했는데, 이 크로스드레싱에서 후미에의 능동성은 재고할 필요가 있다. 사실 이 장면에서 조선복을 입은 후미에는 그녀 자신이면서 오빠 다케오에게 소속되어 있기 때문이다. 다케오가 조선복을 입고 있는 후미에를 '구세대 조선인' 김영준에게 보이는 것은 자신의 소유물을 '증여'하는 행위에 가깝다. 이 증여는 일차적으로 내선일체에 대한 자신의 '진심'을 전달하고 충식-석란 남매를 초대하고자 그 부친의 허락을 구하기 위한 것이지만, 궁극적으로는 전장戰場에서 부상당한 다케오 앞에 군의관 충식과 간호부 석란이 나타나고, 석란이 다케오의 눈과 입과 귀를 대신해 가는 것으로 되돌려 받는다. 다시 말해, 일본인이 먼저 조선인에게 '호혜'를 베풀자, 조선인이 그보다 더한 헌신으로 '답례' 한 것이다. 일본인 남매의 호의와 조선인 남매의 헌신은 표면적으로는 자발적이고 도덕적인 행위, 곧 우정이라는 이름 아래 포섭되지만, 실질적으로는 식민자와 피식민자 사이의 위계와 힘의 불균형에 따른 증여와 교환이다.[10] 이것이 평등하고 공평한 교환이 될 수 없음은 자명하다.

이 소설에서 석란과 후미에, 그리고 다케오를 유동하는 조선복은 "조선인도 일본인도 결국 다를 바 없다는"(35쪽) 동질성을 증명하는 장치로 이용되면서, 다른 한편으로는 민족적 특수성과 문화적 고유성을 각인하며 제국 안에서의 차이를 부각시킨다. 출정하는 다케오를 전송하는 석란의 조선복은 경성역 플랫폼이라는 장소성과 더불어, 일본인 무리 속에 있는 "색다른 견송인見送人"의 존재를 각인시킨다. 이렇게 석란의 조선복이 환기하는 민족적 특수성은 제국을 구성하는 일부로 환원될 뿐, 식민지에 대한 제국의 지배를 부정하거나 그것을 초월하려는 의지를 포함하지 않는다. 이광수는 충식-석란 남매가 화복을 입고 식민자의 경계와 규범을 침범하는 상황을 허락하지 않았다. 그가 구상하기에, 이 조선인 남매가 '황민'이 되는 길은 전쟁에 참여할 수 있는 제복, 즉 군의복과 간호복을 입고 "그것을 위해 싸울 수 있는 조국"을 얻었을 때에야 열린다. 충식-석란 남매와 다케오-후미에 남매가 진정 마음으로 만나는 곳은 전장이어야만 했던 것이다.

피식민자 입장에서 '그대'君, きみ가 기꺼이 '나'僕, ぼく의 옷을 입을 때, '나'는 '그대'에게 '나'의 존재를 인정받는다. '나'가 '그대'의 옷을 입을 때, '나'는 비로소 '그대'와 '하나'가 된다. 『진정』의 경우, '나'의 옷은 조선복이지만, '그대'의 옷은 전장의 제복이다.

'내지인'인 '그대'와 '조선인'인 '내'가 함께 "대동아공영의 초석이 되자"라는 제목의 영화 <그대와 나>君と僕(히나쓰 에이타로, 1941)는 직접적·간접적으로 『진정』의 영향 아래 있다. '히나쓰 에이타로'日夏英太郎라는 이름으로 활동했던 조선인 감독 허영은 기회가 있을 때마다 이 영화가 얼마나 내선일체 이념에 충실하게 제작되었는지를 강조하곤 했다.[11] <그대와 나> 역시 『진정』과 마찬가지로 일본인과 조선인 사이의 우정과 연애를 그리며, 여성들의 크로스드레싱을 통해 내선일체의 이념을 코드화한다. 영화는 조선인 최초의 전사자 이인석을 기

념하는 프롤로그로 시작해 군복을 입은 조선인 지원병들의 출정 장면으로 막을 내린다. 주인공인 조선인 지원병 '가네코 에이스케'(조선명 '김영길' 분)를 중심으로 한 남성들의 애국열, 그리고 일본인과 조선인 사이의 우애와 결속이 주된 내용으로 전개된다. 여기에 조선인 지원병 에이스케와 맺어지게 될 일본 여성 '미츠에'(아사기리 교코朝霧鏡子 분)와 그의 친구 '백희'(김소영 분)[12]의 우정이 서브플롯으로 전개되면서 영화의 주제를 뒷받침한다 .

2009년에 일본에서 발굴된 <그대와 나>의 불완전판 필름은 백희의 크로스드레싱 장면을 담고 있다. 필름에서 백희는 세 벌의 옷을 입고 등장한다. 처음에 그녀는 양장 차림이다. 시나리오상 미츠에와 백희가 여학교를 졸업하고 부여에 휴가 오는 설정인데, 이때 백희는 미츠에와 마찬가지로 양장을 하고 부여를 방문한다. 그런데 부여박물관장 '구보 료헤이'의 부탁으로 에이스케가 이들에게 백마강을 안내할 때, 백희는 사공이 노 젓는 배 위에 조선복을 입고 다소곳이 앉아 있다. 백희의 세 번째 의상은 백마강에서 돌아온 후 미츠에가 갈아입혀 주는 기모노다.

시나리오에서 백희의 의상이 조선복으로 지정된 장면은 미츠에의 오빠인 '아사노 겐조'의 출정을 전송하는 장면과 백마강 나들이 장면 뿐이다. 백희는 평소 양장을 입고 일본어로 의사소통하지만, 특정 상황에서는 조선복을 입음으로써 그녀의 민족성을 명시한다. 그리고 이 장면에 이어 조선복에서 기모노로 갈아입는 백희의 크로스드레싱은 '조선인의 일본인화'라는 의미를 갖게 된다. 양장에서 조선복, 그리고 기모노로 갈아입는 백희는 적어도 시각적으로는 '모던 걸'에서

'조선 여성', 그리고 '일본 여성'으로 여러 번 몸을 바꾼다.

　<그대와 나>의 시나리오는 백마강 나들이에서 돌아온 후 미츠에와 백희가 서로의 옷을 바꿔 입는 상호교환 장면을 설정한다. 언니 '후사코'를 통해 에이스케와의 '내선결혼'을 권고 받은 미츠에는 확답은 하지 않지만, 에이스케와 조선문화에 대한 관심으로 내선일체에 대해 좀 더 적극적인 태도를 보이게 된다. 백희와 서로 옷을 바꿔 입는 행동은 이를 간접적으로 증명한다. 미츠에는 먼저 자신의 기모노를 백희에게 내어 주고 백희가 벗어 놓은 조선복을 입는데, 이 장면에서 크로스드레싱을 능동적으로 주도하는 미츠에와 수동적으로 대응하는 백희의 모습은 이제까지 우정이라는 이름의 친밀한 관계에 은폐되어 있었던 두 사람 사이의 위계와 불균형을 확연히 드러낸다.

　시나리오와 달리, 현존 필름에서는 미츠에의 조선복 차림이 확인되지 않는다. 백희에게 기모노를 입혀 주는 미츠에의 방과 구보 박물관장과 에이스케가 대화하는 거실이 교차 편집된 부분에서 필름이 중단되기 때문이다.13 필름에서 미츠에는 백희에게 기모노를 입힘으로써 백희를 또 다른 자기이자 자신의 그림자인 '분신'으로 만든다. 백마강에서 각각 다른 의복 체계로 분리되었던 두 사람은 함께 기모노 차림이 됨으로써 보다 근원적인 일본의 시간 속에서 비로소 '하나'가 되는 듯 보인다. 에이스케의 신부인 양 조선복을 입고 에이스케 곁에 앉는 미츠에를 보여 주는 시나리오와 달리, 영화는 백희와 미츠에가 같은 옷을 입고 방을 나서게 됨을 예고한다. 미츠에의 방에서 기모노를 입은 백희는 에이스케를 '대체'하며 '미츠에-에이스케'의 결합을 암시하는 것이다. 백희를 자신의 분신이자 에이스케의 대체물로

<그대와 나>에서 백희(김소영 분)의 의복 변화.
위에서부터 사진의 오른쪽, 왼쪽, 가운데 있는 여자가 백희이다.
(한국영상자료원 제공)

삼고 있는 미츠에는 지금 일종의 '인형 놀이'를 하고 있는 셈이다.

흥미롭게도 시나리오에서나 영화에서나 미츠에는 백희에게 자신의 기모노를 입히면서 갑작스레 자신의 오빠 겐조와 결혼할 것을 제안한다("정말 잘 맞아. 백희 상. 우리 오빠한테 시집 안 올래?"). 화제가 옷 입는 문제로 옮겨 가면서 결혼 문제가 다시 거론되지는 않는다. 이 순간 미츠에는 왜 백희와 겐조의 결혼을 떠올렸을까. 그녀는 왜 자신과 에이스케 사이의 혼담을 오빠 겐조와 백희의 결혼과 함께 생각하는 것일까. 미츠에의 머릿속에 '미츠에-에이스케'와 '백희-겐조'가 나란히 배치되는 이유는 무엇일까.

시나리오는 여학교 시절부터 결혼과 출산으로 국가에 봉공해야 한다는 재생산에의 강요에 둘러싸인 그녀들의 상황을 비교적 상세하게 전개한다. 물론 봉공의 미덕을 강조하고, 미츠에가 에이스케와의 결합을 긍정적으로 받아들임으로써 그녀 개인과 국가의 이해가 합일되는 지점을 그리기 위해서다. 표면적으로 '미츠에-에이스케'의 결합을 이끄는 것은 미츠에의 형부인 구보 료헤이다. 그는 호적법이 개정되면 충청남도로 원적을 옮기겠다고 할 만큼 부여에 애착을 가진 일본인인데, 조선인 지원병 에이스케의 애국열에 감동하여 처제와의 내선결혼을 추진하는 참이다. 그런데 미츠에의 입장에서는 자신과 에이스케를 실질적으로 매개하는 것이 출정 병사인 오빠 겐조다. 미츠에는 겐조가 출정하는 경성역에서 출정 병사를 전송하는 조선 청년 에이스케를 알게 되고, 이후 지원병훈련소에 입소한 에이스케와 편지를 주고받거나 면회를 갖는다. 부여에서 미츠에가 에이스케에게 마음을 여는 것도 겐조가 보낸 편지에 경성역에서 만난

잊을 수 없는 조선 청년, 즉 에이스케에게 받은 감동이 적혀 있었기 때문이다.[14]

미츠에가 내선결혼을 권고받은 후 친구 백희를 오빠 겐조와 결합시키려는 것은 『진정』의 다케오-후미에 남매와 충식-석란 남매의 결합과 마찬가지로 증여와 교환의 관계를 연상시킨다. 분신과 다름없는 백희를 자신과 피를 나눈 오빠 겐조와 결합시킴으로써 미츠에는 사실상 백희와 겐조를 모두 얻게 되는데, 이것이 '미츠에-에이스케'의 결합과 합당한 교환으로 셈해지고 있다고도 볼 수 있다. 형제와 동족을 공유함으로써 그들 간의 결속은 단단해질 것이다.[15]

'미츠에-에이스케'와 '백희-겐조'의 결합과 같은 사적인 결속들을 내선결혼이라는 국책과 연결해 가는 과정은 마치 근친상간과 동성애에 대한 억압을 공적으로 해소해 가는 것처럼 읽힌다. 미츠에와 백희가 서로 옷을 바꿔 입고, '미츠에-에이스케'가 결합하게 되는 데에는 '미츠에-백희' '미츠에-겐조' 혹은 '료헤이-에이스케-겐조'와 같은 관계가 숨겨져 있다. 조선 남성 에이스케에게 일본 여성 미츠에와의 결혼은 '일본인 되기'의 의례이다. 이 의례를 통해 그는 비로소 일본 남성과 동등한 자격을 갖춘, '사랑받을 만한 존재'로 격상된다.[16] 이 숨은 관계들이 '미츠에-에이스케'의 결합을 이끌며, 사적인 결속을 통해 제국의 이해에 공모하도록 한다. 미츠에와 백희의 민족을 초월한 특별한 우정은 실상 구보 료헤이와 가네코 에이스케, 그리고 아사노 겐조가 식민적 관계를 초월해 다져 가는 제국 남성들의 동성사회적 연대homosocial bond 안에 포함된 것이다.

'공간 침입자'의 크로스드레싱

일본인과 조선인의 우정과 연애, 결혼을 모티프로 한 영화와 소설에서 크로스드레싱 장면은 이들 간의 친밀한 관계를 바탕으로 둘 사이의 동등성을 희구하는 것으로 이어진다. 식민자가 먼저 피식민자의 옷을 입거나 식민자가 피식민자에게 자신의 옷을 입혀 주거나, 이 증여와 교환을 통해 더욱 친밀하게 결속됨으로써 식민자와 피식민자가 서로 '동등한' 지위를 갖는다는 환상을 만들어 내기 때문이다. 이런 측면에서 식민지 말기의 문학에 대한 연구들은 내선연애와 내선결혼을 다룬 소설들이 식민지 조선과 제국 일본의 관계를 남녀의 연애 관계로 젠더화하고 여기에 식민자와의 동화同化 혹은 위계 전복에 대한 식민지 남성의 욕망을 투사하고 있다고 분석한다.[17]

이효석의 소설 역시 그러한 자장 안에서 다뤄지고 있다. 화가 '도제욱'을 놀래 주기 위해 조선 여성 '주연'과 일본 여성 – 나중에 혼혈로 밝혀지지만 – '미호코'가 서로의 옷으로 바꿔 입는 「봄옷」春衣裳(1941)이나, 동거 중인 '현'과 외출할 때 조선복으로 차려입기를 즐기는 일본인 여급 '아사미'가 등장하는 「엉겅퀴의 장」薊の章(1941)[18]에서 일본 여성의 조선복은 그녀의 맵시와 관능적 매력을 더욱 돋보이게 만드는 것으로 비춰진다. 남성은 일시적으로나마 그녀를 "혈연의 한 사람인 것처럼"(114쪽) 느끼고, 민족의 일원으로서의 자기 존중감을 얻는다. 조선복으로 갈아입고 관능적인 매력을 뽐내는 이국 여성은 피식민자 남성이 만들어 낸 환상이겠지만, 이효석은 크로스드레싱을 취미나 취향과 연결시키면서 그 유희성을 부각시킨다. 때문에 이효석 소설의 크로스드레싱은 오히려 식민자-피식민자 사이의 동화同化의

환상을 비트는 것으로 읽힐 수도 있다.

「봄옷」과 「엉겅퀴의 장」에서 일본인 여성이 크로스드레싱을 수행하는 동안, 조선인 남성은 그녀의 유희를 지켜본다. 이로써 그들은 '연기하는 여성'과 '구경하는 남성'의 관계가 된다. 일종의 극중극처럼 여성은 '무대 위의 배우'로, 남성은 '무대 위의 관객'으로 전환되는 것이다. 이 관계에서 조선인 남성은 그녀가 만드는 환상의 프레임의 경계에서 관객처럼 시선을 던지거나 그녀의 연기에 참여한다.

이런 크로스드레싱의 연극성을 매우 극적으로 보여 주는 것이 「엉겅퀴의 장」이다. 현은 나들이할 때 조선복을 곱게 차려입은 아사미를 "여느 때의 아사미가 아니라 다시 새롭게 태어난 다른 사람인 것 같은 느낌"(114쪽)으로 바라본다. 그는 아사미가 벌이는 코스튬 플레이의 목격자이자 '무대 위의 관객'이다. 특히 덕수궁을 산책하는 동안 현과 아사미의 대화는 역할 놀이를 하듯 작위적으로 전개된다. 지금 아사미는 마치 기품 있는 가정부인처럼 덕수궁 산책을 즐기고 있으며, 파트너인 현은 그녀의 연기에 기꺼이 동조하고 있다.

"이렇게 옛날 그대로의 고풍스런 건물 사이에 있으니까 저도 이 의상대로 이 땅에 태어나 여기서 자란 것 같은 느낌이 들어요. 이 행복감 속에서 이대로 조용히 죽고 싶을 만큼요."

"그런 기분을 짓밟고 박해는 항상 외부에서 밀려오는 거야."

"언제 다시 한번 비원에 가요. 옛날 궁인들이 거닐던 그 우아한 자연 속을 조용히 걸어 보고 싶어요."

"그야 좋지. 어디서든 당신은 굉장히 예쁠 거야. 옛날 왕비처럼 아주 기품이 있어 보일 걸."

　박물관 안을 한 바퀴 쭈욱 돌아보고 후원으로 들어가자 아이들 놀이터에는 엄마들의 손에 이끌려 온 어린아이들이 우글우글 모여 있고, 노랗게 물들기 시작한 등나무 아래에도 사람들의 모습이 드문드문 움직이고 있었다. 새들을 키우고 있는 망 앞의 인파 속에 섞여 구관조의 매끄러운 발음에 귀를 기울이고 있을 때였다.

　"누군가 했더니, 미호코 상 아냐."

　드높은 목소리에 깜짝 놀라 돌아보니 양복을 입은 중년의 사내가 히죽히죽 웃음을 머금고 서 있었다.

　"뒷모습이 너무 근사해서 따라와 봤는데 자넨 줄 알고 깜짝 놀랐다네. 참 한복[원문은 '朝鮮服' — 인용자]이 잘 어울려. 음, 걸작이야."

　미호코는 가게에서 부르는 아사미의 이름이었으므로, 어쨌든 사내는 가게에 오는 손님 가운데 한 사람임에 틀림없었다. (115~116쪽)

덕수궁에서 아사미의 크로스드레싱은 민족성뿐 아니라 계층과 신분도 교란한다. 현실에서 그녀는 무능력한 조선 지식인 남성과 동거하는 '일본인 여급'이지만, 이날 덕수궁이라는 특정 장소에서 조선복을 입은 아사미는 남편과 함께 한가롭게 고궁을 산책하는 조선의 '부르주아 가정부인'을 연기하는 것이다.[19] 일본 여성인 아사미의 신체를 둘러싼 환경 — 조선복과 덕수궁 — 이 조화를 이루는 반면, 아사미와 현 사이의 차이 — 민족, 계층, 교양 — 는 비가시화된다. 그러나 아사미를 '미호코'라고 부르는 한 중년 남성의 목소리가 이들의 행복한 산책을 방해하면서, 아사미와 현이 즐기던 극중극의 프레임이 노출되고, 두 사람은 한꺼번에 연극적 유희 바깥의 현실로 끌려 나오고 만다. 아사미의 민족성과 여급이라는 신분이 탄로됨과 동시에, 현 역시 그 중년 남성과 마찬가지로 그녀의 가게에 드나드는 손님 중 하나로 추락해 버린다. '외부에서 밀려온 박해'는 조선의 부르주아 부부인 척 연기했던 아사미와 현 모두의 기분을 짓밟은 것이다.

이효석은 크로스드레싱의 연극성과 그 유희적인 측면을 가시화함으로써 패싱이 중단되는 순간을 포착한다. 아마도 「엉겅퀴의 장」에서 두 사람의 가장 행복한 시간일 덕수궁 산책은 중년 남성의 개입이 없더라도 언젠가는 깨져 버릴 환상이다. 현이 그의 오랜 식성(마늘)을 포기할 수 없듯, 덕수궁(장소)과 조선복(의복) 사이에 끼어들어 있는 아사미(신체)의 민족적 이질성이 완전히 해소될 수 없기 때문이다.

타자의 공간에서 그 자신의 이질성을 비가시화하기 위해 타자의 옷을 따라 입는다고 해도, 그것이 '타자 되기'를 영구화하지는 않는다. 의복에 어울리는 언어와 몸가짐, 일련의 예의작법을 배우고 체득한다고 해도 타자에 가까워질 뿐, 완전히 동일화되는 것은 불가능에 가깝다. 그때까지 자신을 형성해 온 언어와 오랜 습속들을 완전히 잊어버리는 것이 그보다 우선되기 때문이다. 아사미가 완벽하게 조선의 부르주아 가정부인으로 행세하려면, 그녀의 모국어와 이제까지 그녀를 형성해 온 자질들 — 가령, "미호코"라는 일본인 여급의 이름 — 을 잊거나 모르는 척해야 했던 것처럼 말이다.

사실 조선인의 공간, 혹은 조선인과 공유하는 공간에서 조선복을 입어 보는 일본인들은 조선의 언어나 예법에 무지하더라도 특별한 긴장감을 느끼지 않는다. 그들이 조선복을 입어 보는 것은 문화의 고유성과 개개인의 사람됨에 대한 호기심, 더 나아가 상호 존중과 신뢰에서 우러난 행동으로 그려진다. 조선복을 입는다고 해도 '조선의 식민자'라는 그의 지위에는 변함이 없다.

그런데 일본인의 공간에서 조선인이 크로스드레싱을 수행하는 것은 피식민자로서의 민족적 이질성을 감추어야 하는 상황과 연결될 때가 많다. 식민지 시기 일본이나 일본의 점령 지역에 이주한 조선 여성들은 일본인 사회에 적응하기 위해 먼저 조선복과 조선어를 버리고 일본식 몸가짐과 예의작법을 터득해야 했다고 증언한다.[20] 재일본 조선인들의 '황민화'를 추진한 협화協和 단체들은 '내선융화'와 '내선일체'를 위하여 조선 여성들이 조선복과 조선어를 버리고 기모노와 일본어를 취해야 한다는 캠페인을 벌이기도 했다.[21]

김성민이 일본에서 발표한 장편 『녹기연맹』綠旗聯盟(1940)[22]은 내선일체를 선전하는 소설이지만, 피식민자에 대한 폭력적인 시선에 대한 대응으로 화복이나 양장을 차려입고 일본식 이름을 만들며 일본어로 대화함으로써 일본인 사회에 숨어드는 피식민자들의 연극을 흥미롭게 전개한다. 조선인 남씨 집안 남매와 일본인 고마쓰바라小松原 집안 남매 사이의 연애와 결혼을 그린 『녹기연맹』은 『진정』이나 <그대와 나>와 마찬가지로 '오빠—누이' 관계를 기본 구조로 하면서 내선 간의 연애나 결혼을 남성들 간의 우정과 연대 문제와 결합시킨다. 그러나 이 소설은 또한 일본인과 조선인의 결합에서 피식민자가 경험하는 차별을 전면화함으로써 내선일체 이데올로기의 균열을 만들어 내는 전복적인 텍스트로 독해될 수도 있다.

전반부인 "현해탄을 건너다"玄海を越ゆ는 도쿄, 후반부인 "아시아의

백성"亞細亞の民은 경성을 배경으로 하는데, 남씨 남매들은 도쿄에서
나 경성에서나 자신이 조선인이라는 사실을 항상 의식하는 경계적
존재로 살아간다. 오빠 '명철'은 사관학교 진학 건으로 부친의 경제
적 원조가 끊기자 불안정한 상태를 돌파하기 위해 사관학교 친구인
'고마쓰바라 야스시게'의 여동생 '야스코'에게 청혼하지만 실연당
하고, 이를 통해 쉽사리 넘을 수 없는 민족의 벽을 실감한다. 오빠의
연애를 위해 분투하던 동생 '명희'는 야스시게의 형 '야스마사'와 갑
작스럽게 — 실상은 강간 — 관계를 갖고 임신하지만, 조선인이기에
고마쓰바라 집안의 며느리로 인정받지 못한다. 명희는 임신과 동거,
결혼으로 이어지는 과정에서 조선인이라는 이유로 일본인 종업원
의 수발을 받지 못하고, 좀처럼 일자리를 얻지 못한다. 그러나 이들
남매는 이런 시련을 통해 일본인 사회에서 일본인인 척하며 사는 법
을 체득해 간다.

이 소설에서 피식민자들은 의복과 신체, 그리고 장소 사이의 긴장
을 의식하면서 화복과 조선복, 양장(혹은 군복) 사이를 오간다. 남매가
제일 먼저 민족적 차이를 비가시화하기 위한 은폐 전략으로 삼는 것
은 화복이나 양장 차림이다. 명희는 집에 놀러온 고마쓰바라 남매에
게 보여 준 하얀 저고리에 옥색 치마 차림이 도쿄에서는 너무 눈에 띄
는 복장이라는 사실과 조선복에 대한 일본인들의 편견을 잘 알고 있
다. 그녀는 일전에 백화점에서 화복을 입은 명철이 조선어로 말하고,
조선복을 입은 자신이 일본어로 말할 때 판매원들이 지었던 묘한 표
정을 유쾌하게 회상한다. 이 일화에 대해 "결코 바람직한 취미는 아
니"(264쪽)라는 야스시게의 대꾸에 명희가 일견 수긍하는 이유는 외양

만으로 민족성을 쉽게 판별할 수 없는 그들의 복합적인 정체성이 가시화되었을 때, 식민자가 갖는 당혹과 불안을 그녀가 어느 정도 즐기고 있었기 때문이다. 이처럼 의복과 언어를 능동적으로 선택함으로써 자신에 대한 타자의 판단을 모호하게 흐려놓을 수 있었던 명희는 일련의 시련과 부딪침으로써 "그들의 애정 어린 비호 속에는 결국 그만큼의 경멸이 들어 있었던 것"(317쪽)을 비로소 이해하게 된다. 명희가 결국 '미와코'라는 이름으로 찻집에 취직하고, 일본군 장교로 경성에 부임하는 명철을 기모노 차림으로 배웅하는 것은 이런 자각의 결과다.

한편, 아버지를 격노하게 만들고 야스코에게도 실연당한 명철의 이중고는 그 자신이 일본군 장교로 경성에 부임해서도 완전히 해소되지 않는다. 일본군 부대에 속해 같은 군복을 입고 병사들을 지휘하더라도 그가 여전히 '다른' 존재라는 사실을 기억할 수밖에 없으며, "숙명적인 민족성의 차이"(275쪽)를 잊을 수 있을 거라 생각한 경성의 조선인 거리에서도 일본군 제복을 입은 그 자신이 얼마나 진기하며 반민족적인 존재로 비춰지는지 알게 된다. 그를 둘러싼 장소와 의복, 그리고 모호한 정체성 사이의 긴장은 도쿄에서도 경성에서도 해소되지 않는다. 『녹기연맹』에서 명철과 명희 남매는 어떤 옷을 입을지를 끊임없이 선택하지만, 그들이 걸쳐 입는 옷들 — 화복, 조선복, 양장, 군복 등 — 은 어느 것도 그들 자신이 누구인지를 분명하게 확정하지 못하고 어디까지나 차선의 선택에 그칠 뿐이다.

「엉겅퀴의 장」과 『녹기연맹』은 의복을 능동적으로 선택해 타자가 점유한 공간에서 자신의 특이성을 비가시화하려는 인물들을 보여 준다. 이들은 자신의 신체가 위치한 장소와의 긴장을 놓치지 않으며, 때로는 '장소 = 신체 = 의복' 사이의 동질성을 위반한 자신을 드러냄으로써 크로스드레싱의 유희를 즐기기도 한다. 이 소설들은 특정 공간에서 민족적으로 이질적인 타자들, 즉 '공간 침입자'[23]를 가시화하는 크로스드레싱의 프레임을 노출시킨다. 그리하여 크로스드레싱을 내선일체 이데올로기를 구현하는 문화적 실천 행위로 재현하기보다, 내선일체라는 구호 자체를 통속화해 버리거나 그 구호의 (불)가능성을 시험대 위에 올려놓는다. 이런 프레임들이 현실과 만나는 접촉면에서 구체적으로 어떤 현상이 발생하는지는 다음 장에서 살펴보자.

패싱, 동화, 불안 ─ 긴자의 '조센 꾸냥'

쇼치쿠松竹에서 나름의 스타일로 <아리가토 씨>有りがたうさん(1936), <바람 속의 아이들>風の中の子供(1937) 등을 연출했던 시미즈 히로시清水宏 감독이 조선에서 촬영한 <친구>ともだち(1940)[24]는 민족과 계급을 넘어선 소년들의 우정을 그린 문화영화이다. 일본 내지에서 이제 막 전학 온 '요코야마 준'은 낯선 조선에서의 학교생활에 적응하기가 쉽지 않고, 반에서 유일하게 조선복을 입고 다니는 '이성춘'은 자존심 때문에 다른 아이들과 어울리지 못한다. 영화는 다른 이들의 시선을 의식하는 주변적 존재인 이들이 하굣길에서 이야기를 주고받고, 팔씨름을 하고, 옷을 바꿔 입으며 친해지는 과정을 보여 준다.

문부성 추천으로 일본과 조선에서 개봉되었을 당시, 경성에서 관람한 재조선 일본인 관객 중에는 이 영화가 재미없다고 불평하는 이들이 적지 않았다. 조선에서 활동하던 영화평론가 미즈이 레이코水井

れい子는 두 아이가 길에서 옷을 바꿔 입고 집으로 돌아가는 설정은 실제로는 절대 일어날 수 없는 일이라고 지적했다.25 영화 속 크로스드레싱과 관련해 재조선 일본인 관객의 반응은 두 가지 측면에서 해석할 수 있다. 우선 당시 기사에 표현된 대로, 옷의 치수를 상관하지 않고 갑작스럽게 길에서 옷을 갈아입는다는 설정 자체가 비현실적이라고 받아들였다는 것이다. 문면에 표현되지 못하는 다른 한 측면은 '내선일체'라는 총독부의 구호 아래 조선인들과 더불어 살아가야 하는 그들의 '속내'와 관련된다. 국책상 터놓고 말할 수는 없지만, 일본 소년이 가난한 조선 소년의 남루한 옷을 입고, 조선 소년이 일본 소년의 복장으로 집으로 돌아가는 설정 자체가 불쾌했던 것이다.

재조선 일본인에 대한 준 우치다Jun Uchida의 연구가 밝히고 있듯, 조선에 살고 있는 일본인들은 "조선인의 지위가 조금이라도 향상되었다고 생각되면 그것이 곧 자기들의 손실로 이어진다고 하는 제로섬적인 식민자의 정신 구조", 즉 "식민자의 파라노이아paranoia"26를 노골적으로 드러내곤 했다. 그들은 조선인들과 마찬가지로 총독의 통치를 받으며 내지 일본인들에 비해 정치적·법적으로 불안정한 지위에 있었던 데다가, 조선인보다 수적으로 소수였다. 때문에 총독부의 내선일체 정책에 소극적일뿐더러 일부는 반감을 품고 조선인의 권리에 대해 과민하게 반응했다.

'내선일체'는 식민지 조선인을 제국주의 전쟁에 동원하고자 주창된 구호였는데, 이것이 역으로 일본인의 경계를 허물고 일본인들의 지배적인 지위를 위태롭게 할지도 모른다는 불안이 재조선 일본인들을 궁지로 몰았다. 일선동조론日鮮同祖論['일본 민족과 조선 민족의 조상은 하나'라는 주장으로, 일제의 식민 지배를 정당화하는 논리로 사용되었다]을 비롯해 "반도에 와서 내지인을 보면 모두 조선인처럼 보입니다. 얼굴까지 영향을 받는 겁니다"[27] 같은 방문 인사의 인사치레가 조선인과 재조선 일본인을 동질화하려 들 때 그들은 웃을 수도 울 수도 없는 처지였던 것이다. 그들에게는 내선일체가 조선인과 일본인의 동등한 권리 부여를 의미하지 않으며 내선 간에 존재하는 엄격한 위계를 흔들지 않는다는 점을 확인받는 것이 중요했다.

그런데 일본인과 조선인 사이의 에스닉 크로스드레싱은 외견상 민족 간의 차이를 지우는 데서 그치지 않고, 피식민자가 식민자의 안정적인 위치를 위협할 잠재성도 내포했다.[28] 영화에서 소년의 조선복은 가치중립적인 기호가 아니라, 명백히 피식민자의 의복이면서 주변인이자 가난한 하층계급 자녀의 옷이다. 그럼에도 조선복이 마냥 신기하기만 한 요코야마에게는 그것으로 표지되는 소년의 처지(민족, 계급)가 전혀 문제되지 않는다. 요코야마는 이 가난한 조선인 동급생을 동정하거나 편견을 갖기보다 어떻게 하면 함께 즐겁게 놀 수 있는지에만 골몰한다. 옷을 바꿔 입기 전에 두 소년은 어느 쪽으로도 기울지 않는 팔씨름을 통해 "나도 강하고, 너도 강하다"(50쪽)라는 동등한 힘의 균형을 확인하는데, 이는 두 소년이 하나가 다른 하나를 힘으로 제압하는 관계가 아니라 평등하고 수평적인 관계임을 보여 준다.[29] 이런 관계에서 서로 옷을 바꿔 입는다는 설정은 적어도 식민자의 지위에 불안을 느끼는 재조선 일본인들에게는 위계 전복의 의미로 받아들여질 수 있었다.

이런 그네들의 속내에도 불구하고 내선일체를 선전하는 문학과 영화가 계속해서 발표되고, 각종 사회적 이벤트들이 끊임없이 개최됐다. 영화 <그대와 나>의 스튜디오 촬영 중의 어떤 이벤트 역시 '내선의 친선'을 도모하기 위한 것이었는데, 이번에는 그 무대가 제국의 중심, 도쿄의 긴자銀座였다.

1941년 12월 『삼천리』에 공개된 영화 <그대와 나> '내지 촬영일기'에서 조선의 여배우 김소영은 태어나서 처음으로 기모노를 입고 촬영한 후, 미츠에를 연기한 아사기리 교코, 그리고 그녀의 일행과 함께 조선복을 입고 긴자 거리를 활보한 경험을 적고 있다.[30] 김소영은 그들의 소위 '긴부라'銀ぶら[긴자 거리를 산책하는 일]를 이렇게 기록했다.

> 오늘은 아사기리 양과 똑같이 조선옷을 입고 나가기로 약속했기 때문에 똑같이 하늘색 저고리에 흰 치마를 입고 나갔다. 아사기리 양은 어쩌나 조선옷이 잘 어울리는지 몸매 고운 조선 아가씨 이상이었다. 함께 온 동무는 조선옷이 아름답다고 칭찬이 놀랍다. 우리 3인은 은좌銀座 산보를 하고 저녁을 먹고 나니 비가 오기 시작했다. 할 수 없이 상점에 들어가 지우산을 하나 사가지고 나와 코롬벵コロンベン이라는 낏다점에 들어갔다. 손님들이 눈이 뚱그래서 우리들을 쳐다보며 "조센 꾸냥, 멋지네"朝鮮 クーニャン, 素晴しい라고 야단들이다. 우리들은 아까 거리에서 몇 번인가 그런 소리를 들었기 때문에 그닥 신통하지도 않았다.[31]

김소영의 촬영일기에서 그 자신이 인상적으로 기록하는 것은 두 가지다. 일본 여성인 아사기리에게 조선복이 "몸매 고운 조선 아가씨 이상"으로 퍽 잘 어울렸다는 것과 긴자 사람들이 조선복을 입은 이들의 모습에 감탄을 아끼지 않았다는 것이다. 이 부분에서 김소영이 전달하려던 바는 일본 여성이 조선복을 입어도 그 여성이나 옷의 고운 자태가 조금도 줄지 않으며, 조선복을 입은 여인들이 제국 일본에서 가장 화려한 장소인 긴자에서 만난 사람들도 탄복할 만큼 아름다웠다는 점일 것이다.

제국의 최첨단 문화와 소비의 거리 긴자에서 조선복을 입은 여성들이 양장과 기모노 차림의 군중 사이를 활보하는 것은 대단히 장소특정적site-specific인 이벤트였다. 이 거리에서 유난한 특이성을 발산할수록 그녀들은 그 내부의 차이에도 불구하고 동질적인 집단으로 가시화된다. 긴자에서 아사기리와 그 친구는 민족적 패싱에 완벽하게 성공한 듯 보인다. 그런데 패싱의 확인 혹은 오인의 말이라고 할 "조센 꾸냥"朝鮮クーニャン이라는 수군거림이 노역장이나 하층민 주거지가 아니라 제국의 메트로폴리스 한가운데서 맵시를 뽐내고 있는 이들을 향하고 있다는 것은 어떤 의미인가. '젊은 미혼 여성'을 가리키는 중국어 '꾸냥'姑娘, クーニャン과 '조센'朝鮮의 합성어인 이 말이 담고 있는 경멸적인 뉘앙스는 이 이벤트가 내선일체를 '고매한 정신'으로서 구현해 보이는 데 사실상 실패했다는 것을 암시한다. 아무리 조선복의 맵시가 곱고 아름다웠을지라도 『모던 일본 조선판』에 실린 도쿄 히비야 공원에서 촬영된 조선 기생들의 화보32와 아사기리와 김소영의 차림새를 겹쳐 보는 것도 무리가 아니다. 긴자에서 조선복을 입은 그녀들은 일본인의 이국적이고 식민적인 '조선 취향'에 부합하는 제국 박람회의 전시품과도 같다.

사실 아사기리 교코에게 조선복은 이날 처음 입어 본 옷이 아니었다. 그녀는 이전에 시미즈 히로시 감독의 <여인전심>女人轉心(1940)에서 조선 여성 '이정원' 역으로 출연했다. 그러나 스크린에서 조선인 여성을 연기하는 그녀와 긴자 거리에서 조선복을 입은 그녀는 전혀 다른 프레임 안에 놓인다. 긴자에서 아사기리는 스크린의 신예가 아니라 "조센 꾸냥"이라는 구경거리에 지나지 않는다. 조선복을 입고 자신에게 쏟아지는 묘한 시선을 느끼며 걸어가는 그녀에게 긴자는 이제까지 기모노나 양장을 입고 산보했던 그 거리가 아닌 것이다. 아사기리에게는 도쿄 한복판에서 조선 여성으로의 완벽한 패싱이 그저 유쾌하기만 한 경험은 아니었을 것이다. 그녀는 겨우 옷 한 벌을 바꿔 입었을 뿐이지만, 그녀를 조선 여성으로 오인한 '내지인'들의 야릇한 시선과 야단스러운 반응은 그 어느 때보다 위협적이었을 것이기 때문이다. 그날 긴자 거리에서 아사기리는 조선 여성에 대한 폭력적인 시선을 간접적으로 경험하면서 자신이 "조센 꾸냥"이 아니라는 사실에 안도했을지도 모른다.

해방적인 항해를 기대하며

식민지 말기 일본인과 조선인 사이의 우정과 연애, 결혼 등을 다룬 문학과 영화에서 에스닉 크로스드레싱은 서로 간의 친밀한 결속을 구현하는 문화 코드였다. 그러나 역설적이게도 이런 에스닉 크로스드레싱은 일본인과 조선인이 얼마나 서로 '진정으로' 만나기 어려운지를 환기시킨다. 식민자와 피식민자가 편견 없이 같은 언어로 소통하며 평화롭고 화목하게 어울리는 장면들은 실상 '이상적인 식민지 풍경'에 대한 환상에 가깝다. 이들 개개인은 같은 시공간에 거주하면서 각각의 분리된 영역에서 자기의 삶을 살아가는 존재들이다. 식민지와 제국 사이에서 그들은 끊임없이 마주치고 부딪치고 스쳐 가지만, 일상적인 삶의 차원에서 둘 사이는 긴장으로 가득 차 있다.

식민자와 피식민자는 그들 사이의 드라마가 펼쳐지는 식민지라는 장에서 각자 자신의 배역을 연기했다는 알베르 멤미Albert Memmi의 말33을 떠올려 본다면, 식민지에서 타자의 의복을 입는 것은 자기 안에서 타자성을 발견하고 타자의 배역을 연기하는 일이 될 수도 있을 것이다. 그러나 의복에 내포된 식민 권력의 헤게모니는 의복을 바꿔 입는다고 해서 해소되지 않는다. 식민자와 피식민자가 '지배'와 '피지배'라는 비대칭적이고 불균형적이며 적대화된 관계에도 불구하고 서로 만나야만 했을 때, 타자의 의복은 서로에 대한 혐오나 분노, 공포와 불안 등을 일시적으로 상쇄하거나 은폐하는 것이었다고 할 수 있다.

식민자가 피식민자의 의복을 입는 것은 자신의 신체에 타자의 의복을 걸침으로써, 타자와 최소한으로 접촉하고 자신이 침해받지 않는 가장 적당한 거리를 유지하는 것이다. 일본인이 내선일체의 슬로건을 몸소 실천한다는 명분으로 조선복을 걸치는 것은 제 나름의 관습과 생활 방식으로 살아가는 조선인이라는 '가난한 이웃'에게 베푸는 호혜 이상이 아니다. 식민자가 피식민자에게 먼저 호혜를 베푸는 것은 피식민자가 '배은망덕한 조선인'이 되지 않기 위해 과잉된 답례를 하리라 기대하기 때문이다. 결국 식민자의 호혜는 식민자로서의 안정적인 지위를 보장받기 위한 일이다. 이런 점에서 식민자의 크로스드레싱은 매우 타산적이다.

한편, 피식민자의 크로스드레싱은 식민자와 동화되려는 상승의 욕망을 내포한 것이다. 조선 여성이 기모노를 입는 것은 내선일체를 실천한다는 미명 때문이든 생존 때문이든, 식민자의 지배 권력에 굴복하여 피식민자의 표지가 소거되고 민족적 기원이 멸실하는 것을 의미했다. 그러나 이런 굴욕적인 상황에도 불구하고 식민자의 의복을 입은 피식민자는 식민자의 불안을 자극하며 식민 권력에 도전할 수도 있었다. 식민자의 조선복 차림에 화답하여 피식민자가 화복을 입는 상황은 동등한 교환이 아니라 때로는 역전逆轉이며 전복顚覆이 될 수 있었다. 피식민자의 크로스드레싱은 그 자체로 불온한 것이었다.

식민지 말기 일본인과 조선인 간의 에스닉 크로스드레싱은 같지도 다르지도 않은, 식민지의 친밀한 이웃에 대한 환상을 만들고, 부수고, 다시 만들었다. 살갗을 감싸는 아주 얇고 가벼운 천을 통해 타자가 얼마나 가깝고도 먼 곳에 있는지를 끊임없이 되묻는 것이다. 이런 작업에서 특히 여성의 에스닉 크로스드레싱이 민족을 초월한 남성들 간의 연대를 강화하는 여성교환으로 배치되었다는 점은 비판적으로 새겨볼 대목이다.

어쩌면 영화 <아가씨>(박찬욱, 2016)는 한국에서 식민적이고 가부장적인 문화 코드였던 에스닉 크로스드레싱을 유희적으로 비틀어 정치화한 텍스트라고 할 수 있을 것이다. 자신의 욕망을 이루기 위해 제3자와 공모해 상대를 희생양으로 삼는 책략을 세웠던 '히데코'(김민희 분)와 '숙희'(김태리 분)는 서로 옷을 입히거나 벗기는 행동을 반복하면서 점차 경계를 풀고 친밀한 관계가 된다. 민족과 계급, 신분 차이를 아랑곳하지 않는 두 사람의 사랑은 둘만의 새로운 계략과 통쾌하게 얽히고, 이때 의복의 유동성은 조선도 일본도 아닌 제3의 공간으로 두 사람을 이끈다. 양장을 하고 신분을 숨기고 이성애자 커플로 위장한 두 여성의 주체적인 크로스드레싱은 (비록 가부장적인 그늘에서 완전히 벗어나지 못했다고 하더라도) 그들을 구속해 온 남성들의 계약과 계략을 쓸모없는 것으로 만들어 버리는 해방적인 항해의 출발이다.

1 문화적 기호로서 의복에 대한 연구로는 다음 논의들을 참조할 수 있다. 다이애나 크레인,『패션의 문화와 사회사』, 서미석 옮김, 한길사, 2004; 마릴린 혼·루이스 구렐, 『의복 ─ 제2의 피부』, 이화연 외 옮김, 까치, 1988; Marjorie Garber, *Vested Interests: Cross-Dressing and Cultural Anxiety*, Routledge, 1992.

2 크로스드레싱의 문화적 개념 확장에 대한 것은 크리스틴 거스Christine Guth의 연구에서 시사받았다. 거스는 19세기 말과 20세기 초 세계 각지를 여행하며 코스모폴리탄적인 생애를 향유했던 찰스 롱펠로우Charles Longfellow와 오카쿠라 카쿠조岡倉覺三의 경우를 고찰하면서, 이들이 의복을 시공간을 초월하는 "강력한 미학적 언어"로 발견하고, 이국적인 의복을 착용함으로써 의복을 개인적 스타일로 활용하는 한편, 개인과 사회, 그리고 민족 정체성에 대한 생각을 표현했다고 본다. Christine Guth, "Charles Longfellow and Okakura Kakuzo: Cultural Cross-Dressing in the Colonial Context", *Positions: east asia cultures critique* 8-3, Winter 2000, pp. 605~636.

3 '접촉지대'와 '문화횡단'에 대해서는 메리 루이스 프랫,『제국의 시선 ─ 여행기와 문화횡단』(1992), 김남혁 옮김, 현실문화, 2015.

4 다카시 후지타니,『총력전 제국의 인종주의 ─ 제2차 세계대전기 식민지 조선인과 일본계 미국인』, 이경훈 옮김, 푸른역사, 2019, 504쪽.

5 식민지 말기의 의복 통제에 대해서는 공제욱,「일제의 의복 통제와 '국민' 만들기 ─ 백의 탄압 및 국민복 장려를 중심으로」,『사회와 역사』 67, 한국사회사학회, 2005; 안태윤,「일제 말 전시체제기 여성에 대한 복장 통제」,『사회와 역사』 74, 한국사회사학회, 2007.

6 南次郎,「連盟本來の使命論議より實行へ ─ 窮極の目標は內鮮一體總和親·總努力にあり」,『總動員』1939年 7月号, 57~58쪽.

7 조선과 만주의 여배우들을 '대동아공영'大東亞共榮의 문화 교류의 상징으로 배치하는

프로파간다 기획에 대해서는 이화진, 「'국민'처럼 연기하기 — 프로파간다의 여배우들」, 『여성문학연구』 17, 한국여성문학학회, 2007.

8 이광수, 『진정 마음이 만나서야말로』(1940), 이경훈 편역, 평민사, 1995, 9~99쪽. 이하 제목은 『진정』으로 약칭하고, 인용은 번역본에서 해당 쪽수만 표기한다.

9 조윤정, 「내선결혼 소설에 나타난 사상과 욕망의 간극」, 『한국현대문학연구』 27, 한국현대문학회, 2009, 255쪽.

10 이 시기 문학과 영화에 나타나는, 증여를 매개로 한 호혜적 관계를 식민주의적 맥락에서 어떻게 해석할 것인가에 대해서는 더 논할 필요가 있다. 마르셀 모스Marcel Mauss의 증여론을 비롯한, 증여의 윤리와 관련한 여러 논의에 대해서는 김성례, 「증여론과 증여의 윤리」, 『비교문화연구』 11-1, 서울대학교 비교문화연구소, 2005.

11 「<그대와 나>君と僕를 말하는 좌담회」, 『삼천리』, 1941. 9, 112~118쪽. <그대와 나>는 현재 2009년 일본 NFC를 통해 발굴된 16밀리미터 필름 2롤(25분) 분량의 불완전판만 남아 있다. 이 글에서 영화 <그대와 나>의 내용 및 구성은 시나리오의 원문과 번역본을 함께 참고했으며, 인용은 번역본을 따랐다. 히나쓰 에이타로, 「너와 나」, 『해방 전(1940~1945) 상영 시나리오집』, 심원섭 옮김, 이재명 외 편역, 평민사, 2004.

12 사운드트랙의 훼손이 심해 발음을 정확히 알아듣기 어렵지만, 영화에서 '이백희'李白姬의 이름은 일본식으로 '하키'はっき로 발음된다. 이 글에서는 편의적으로 '백희'라고 적는다.

13 <그대와 나>의 시나리오는 촬영 전에 일부가 수정되었다고 알려져 있어, 당시 상영된 필름이 시나리오와 다르게 전개되었을 가능성도 있다. 「조선군 보도부 작품 <그대와 나>의 촬영 진행하다」, 『영화평론』 1941. 9(한국영상자료원 한국영화사연구소 엮음, 『일본어 잡지로 본 조선영화』 1, 한국영상자료원, 2010, 284쪽). 현재 필름에서 크로스드레싱 장면이 그저 중단된 것이라면, 사라진 필름에서 미츠에는 조선복으로 갈아입었을 것이다. 만약 크로스드레싱 장면이 이것으로 완료되었다면, 다음 시퀀스에서 미츠에와 백희는 둘 다 기모노 차림으로 등장하게 될 것이다.

14 다카시 후지타니는 <그대와 나>에서 미츠에의 오빠 겐조가 출정하던 기차역에서의 에이스케는 '여성화된 존재'였으나 그의 충성과 애국심을 겐조가 승인함으로써 미

츠에와 결혼할 수 있는 '남성'의 자격을 인정받는다고 설명한다. 다카시 후지타니, 앞의 책, 588~590쪽.

15 이런 측면에서, 『진정』과 <그대와 나>의 크로스드레싱은 친족 간의 결합이 '여성의 교환'을 통해 이루어진다는 클로드 레비-스트로스Claude Levi-Strauss의 주장을 환기시킨다. 그러나 식민자와 피식민자 사이의 동성사회적 연대를 '여성의 교환'이라는 인류학적 개념으로 설명할 때, 제국과 식민지 사이의 불평등한 관계 및 식민지의 특수한 정치적 맥락을 소거하고 문제를 지나치게 원시화하거나 보편화할 위험도 있다.

16 에이스케의 내선결혼은 흑인은 "나를 사랑해 주는 백인 여성을 통해서만 나는 백인화될 수 있는 것" "백인 남성처럼 사랑받을 수 있는 것"(프란츠 파농, 『검은 피부, 하얀 가면 ― 포스트콜로니얼리즘 시대의 책읽기』, 이석호 옮김, 인간사랑, 1998, 83쪽)이라는 프란츠 파농Frantz Fanon의 말을 연상시킨다.

17 심진경, 「식민/탈식민의 상상력과 연애소설의 성정치 ― 내선결혼의 문제를 중심으로」, 『민족문학사연구』 28, 민족문학사연구소, 2005; 김주리, 「동화, 정복, 번역 ― 한국근대소설 속 혼혈 결혼의 의미」, 『다문화콘텐츠연구』 8, 중앙대학교 문화콘텐츠기술연구원, 2010; 조윤정, 앞의 글.

18 이효석의 「봄옷」과 「엉경퀴의 장」은 원문 외에 이효석의 『은빛 송어 ― 이효석 일본어 작품집』(송태욱 옮김, 김남극 엮음, 해토, 2005)를 참조했다. 이하 인용은 번역본의 해당 쪽수만 표기.

19 김수연은 「엉경퀴의 장」에서 아사미의 크로스드레싱이 '조선 여성'이라는 민족적 범주와 '부르주아 구여성'이라는 계급적 범주의 교차를 중층적으로 보여 준다고 하면서, 이 패싱이 오히려 아사미 자신에게 위협이 된다는 점을 지적한다. 이에 대해서는 Su Yun Kim, "Racialization and Colonial Space: Intermarriage in Yi Hyosŏk's Works", *The Journal of Korean Studies*, 18-1, Spring 2013, pp. 44~45.

20 김미선은 식민지 시기 중국 천진과 만주국 안동으로 이주했던 두 여성의 구술을 통해 식민지 여성의 이주 경험을 연구했다. 이들 여성은 이주한 도시에서 창씨명과 일본어를 사용하며 일본인처럼 살았는데, 조선인이라는 것이 알려졌을 때 차별받은 경험이 있었기 때문이다. 두 사람 모두 외모와 일본어 발음이 일본인의 것과 거의 차이가

없었으며, 일본문화를 배우기 위해 부단히 노력하고 일본식 예의작법과 경어 표현 등을 습득해, 주변 일본인조차 이 여성들이 조선인이라는 사실을 몰랐다고 말한다. 김미선, 「식민지시대 조선 여성의 제국 내 이주 경험에 관한 연구 — 양충자(중국 천진)와 이종수(만주국 안동)의 구술을 중심으로」, 『여성과 역사』 11, 한국여성사학회, 2009, 20~22쪽.

21 「白衣から — 和服へ衣替へ / 若い鮮女がだんだん 内地娘になつてゆく」, 『大阪毎日新聞 朝鮮版』, 1929. 5. 15; 「色服和服を奬勵し朝鮮同胞の内地化 — 公娼廢止朝鮮では研究する 池田警務局長歸來談」, 『京城日報』, 1935. 2. 5; 「朝鮮人勞動者に和服は結構 / 大阪府下の協和事業」, 『京城日報』, 1937. 6. 10 등.

22 金聖珉, 『綠旗聯盟』, 羽田書店, 1940 및 대통령소속친일반민족행위진상규명위원회, 『친일반민족행위관계사자료집 ⅩⅥ — 문예작품을 통해 본 친일협력』(도서출판 선인, 2009)에 수록된 번역본을 참조. 이하 인용은 오역이 없는 한 자료집의 해당 쪽수만 병기한다.

23 너멀 퓨워, 『공간 침입자 — 중심을 교란하는 낯선 신체들』, 김미덕 옮김, 현실문화, 2017.

24 시미즈 히로시 감독이 <경성>京城(1939)을 촬영하던 중 착상해 즉흥적으로 촬영한 2롤(13분) 분량의 <친구>는 대일본문화영화제작소大日本文化映画製作所에서 제작하고 쇼치쿠가 배급했으며 문부성 추천작으로 선정되어 일본과 조선에서 개봉되었다. 필름은 현존하지만 사운드가 유실된 상태이기에 이 글에서 영화의 내용과 구성은 『映画読本 清水宏 即興するポエジ蘇る「超映画伝説」』(田中真澄・佐藤武・木全公彦・佐藤千広編集, フィルムアート社, 2000, 50~51쪽)에 수록된 감독의 시나리오와 당시 관련 기사들을 참조했다. 이하 인용은 해당 쪽수만 표기.

25 미즈이 레이코, 「조선영화 제작계를 돌아보며」, 『신영화』新映畫, 1942. 11(『일본어 잡지로 본 조선영화』 2, 한국영상자료원 한국영화사연구소 엮음, 한국영상자료원, 2011, 284쪽).

26 준 우치다, 「총력전 시기 '내선일체' 정책에 대한 재조선 일본인의 협력」, 곽준혁・헨리 임 엮음, 『근대성의 역설 — 한국학과 일본학의 경계를 넘어』, 후마니타스, 2009,

268쪽.

27 「文人の立場から菊池寛氏等を中心に半島の文藝を語る座談會(二)」, 『京城日報』, 1940.
8. 14.

28 헬렌 길버트와 조앤 톰킨스는 연극에서 피식민자의 크로스드레싱을 "식민 지배자
의 의복 규범에 내재한 권력에 저항하려는 의식적 전략"으로 위치 지으면서, 의복을
통해 "식민화된 육체성의 정의를 능동적으로 표명하고 신체의 헤게모니적 위치에 저
항"할 가능성에 대해 언급한 바 있다. 헬렌 길버트·조앤 톰킨스, 『포스트 콜로니얼 드
라마 ─ 이론·실천·정치』, 문경연 옮김, 소명출판, 2006, 339쪽.

29 이런 측면에서, 샤론 하야시Sharon Hayashi는 <친구>가 '식민적 우정의 프로파간다'
임에도 불구하고 '평등과 교환 가능성에 대한 우화'로 읽힐 수도 있다고 지적한다.
Sharon Hayashi, "Nagotiating mobile subjectivities : Costume play, landscape, and be-
longing in the colonial road movies of Shimizu Hiroshi", Tina Mai Chen & David S.
Churchill eds., *Film, history and cultural citizenship: Sites of Production*, New York:
Routledge, 2007, pp. 28~29.

30 김소영, 「조선군 제작 지원병 영화 <그대와 나>의 내지 촬영일기」, 『삼천리』, 1941.
12, 88쪽.

31 김소영, 위의 글.

32 「히비야공원에 등장한 조선기생 삼인조」(모던일본사, 『일본 잡지 모던일본과 조선
1940』, 윤소영·홍선영·박미경·채영님 옮김, 어문학사, 2009).

33 Albert Memmi, Howard Greenfeld(trans), *The Colonizer and The Colonized*,
Boston: Beacon Press, 1965/1991.

틀린 색인*

'여성국극 프로젝트'1와 타자들의 기억술

정은영

페티시즘과 "아카이브 충동"2 사이

내가 순천 여자하고 결혼식 한 사진도 있어. 애기까징 낳고 젖먹이 띠 어 놓고 내가 좋아서 이리까지 찾아왔어. 순천서 공연할 무렵에 순천 서 찾아오는 여자 중에 예식장을 하는 여자가 있어. 그래서 우리 단원 들이 전부 하객이 돼가지고……. <u>사진이 그렇게 나와 있어.</u> 그 여자가 웨딩드레스 입고 나는 모닝구 입고……. 결혼식 하면서 그런 사진을 찍어 보자고 그러더라고. 그래서 그러자 그랬지 뭐라고 그래?3

---

* 여성국극 아카이브를 시도하는 필자의 프로젝트. 2016년과 2017년 서울의 신도 아트스페이 스와 싱가포르의 난양기술대학 현대미술센터Nanyang Technologycal Univercity Centre for Contemporary Art Singapore, NTU CCA에서 각각 선보인 개인전의 제목이기도 하다.

여성국극 남역배우 조금앵과 그의 팬의 '가상 결혼식', 1950년대 말 추정. (고故 조금앵 제공)

여기 한 장의 이미지가 있다. 보다 구체적으로 말하자면, 여기 과거
의 어느 순간을 기록한 한 장의 흑백사진이 있다. 이 사진은 1950년
대 남한의 흥행가를 풍미한 여성국극 남역배우 조금앵 선생이 그의
열렬한 팬과 함께 '결혼 예식'을 연출해 찍은, 일명 "가상 결혼식 사
진"(1950년대 말 추정)이다. 여성국극 연구자들과 팬들에게도 비교적
널리 알려져 있는 이 사진의 행방은 현재 묘연하다. 2008년 겨울 조금
앵 선생과의 인터뷰에 따르면, 이 사진은 언젠가 모 교수가 여성국극
연구에 필요하다며 요청해 빌려간 뒤 돌려주지 않았다. 사진은 2012
년 8월, 선생의 임종4 때까지도 주인에게 돌아오지 않았다.

　여성국극 연구를 시작하면서, 이 같은 사진을 비롯한 '(물질적) 자료'를 편집증적으로 찾아 헤맨 적이 있다. 여성국극에 관한 공식적인 역사서나 아카이브가 존재하지 않았기 때문에 어떤 식의 흔적이라도 중요한 '역사적 사료'가 될 가능성이 있다고 믿었고, 아주 작은 연결성을 가진 것이라도 그것을 '자료'의 범주에 속한 것으로 인식하고 추적하는 데 많은 힘을 쏟았다. 더 많은 자료를 입수하는 것이 더 좋은 연구를 하는 길이라 확신했으며, '(널리 알려지지 않은 자료를) 내가 찾았다/나만 보았다'라는 감각이 대단한 권위를 보장하는 듯했다. 데리다는 일찍이, 이런 총체적 진실을 향한 아카이브의 욕망, 그러나 언제나 실패함으로써 끝내 상실에 이르게 되는 이 욕망을 "열병"이라 이른 바 있다.[5] 내가 여성국극 리서치를 시작할 무렵인 2008년부터 그 후 약 5년 동안, 이전에 비해 비교적 다양한 분야에서 '여성국극'이라는 이 매혹의 영역에 뛰어들어 연구 논문은 물론, 다큐멘터리나 극영화, 만화 등 예술 창작으로서의 성과물을 생산하고자 하는 이들 또한 늘어났다. 소수의 노인들만 남은 작은 커뮤니티에 모처럼 찾아든 젊은이들과 그로 인한 활기는 여성국극 부활에 대한 기대감마저 불러일으켰지만, 동시에 연구 선점, 자료 선점에 대한 욕망의 경합 등 이들 간의 보이지 않는 경쟁심과 팽팽한 긴장감 또한 "열병"처럼 퍼져 나갔다.

생존한 1세대 배우들과의 인터뷰 내용은 언제나 '확인되지 않는' 과거 장면에 관한 구술이 절반 이상을 차지했으므로 노인들의 흐릿한 기억이나 윤색된 경험을 명백히 증거할 어떤 사료들은 늘 절실했다. 구술을 통한 연구에서, 노인들의 기억이 과연 역사적 사실을 담보하는지는 의심받기 일쑤였고, 영화, 미술, 서사 등의 재현 예술은 '재현'의 근간이 될 법한 '역사적 의미의 유/무'라는 판단 앞에서 늘 불안을 양산했다. 짐작컨대, 일생을 '배우'라는 정체성만을 좇으며 살아온 여성국극 공동체의 성원들이 여성국극과 자신들에 관한 잡다한 물건들을 '역사적 사료'라는, 이른바 지식장에서나 통용될 중요한 가치를 담지한 것으로 인지하기는 힘들었을 것이다. 물론, 여성국극 공동체 내부로부터 추동된 '자료화'를 기대하는 것은 불가능했지만, 간혹 '과거'란 '역사'이기도 하다는 점을 어렴풋이 인지하고 있는 이들도 없진 않았다. 그러나 여성국극의 쇠퇴 이후 배우들 개개인의 인생 또한 수월하지는 않았으므로, 당신들이 간직해 왔던 몇몇 자료들이 삶의 무게보다 더 중한 것은 아니었다. 대본, 공연 포스터, 공연 사진, 동료나 팬과의 기념사진 따위의 물건들은 고된 삶의 시간을 버티지 못하고 상당량 버려지거나 흩어져 사라지곤 했다.

그나마 운 좋게 남겨진 자료들 중 사료로서의 가치가 있다고 여겨진 몇몇은 연구자들의 레퍼런스로 쓰이기도 했지만, 주인에게 돌아오지 않는 일이 잦았다. 그런 이유 때문에, 혹은 실로 노인들의 노파심과 의심 때문에, 나아가 이런 기록들이 공적·역사적 자산으로 인지되지 않은 채 '사유화'되는 경향 때문에 자료에 대한 접근 자체가 거절당하거나 차단되는 일도 빈번했다. 여성국극이 생겨나고 그 역사를 만들어 온 지는 고작 70여 년밖에 되지 않았으니 어딘가에 남겨진 사진들이 자연적으로 부서지거나 분해되어 완전 소멸했을 가능성은 적을 것이다. 특히 사진이나 포스터, 리플렛, 대본 등의 '인쇄물'들은 '복수성'이라는 매체적 특징을 가졌으므로, 아마도 사력을 다해 찾으려 든다면 어느 소유권자의 소중한 사적 저장소에 고요히 잠든 자료들을 분명히 발견해 낼 수 있을 것이다. 실제로 누가 어떤 자료를 가지고 있다는 이야기들을 자주 전해 듣기도 했고, 언제나 그 자료들을 직접 보고 질감[6]하고 싶었지만, 나는 차츰 그 실물 자료들을 향한 물신화된 집착을 멈추기로 결정했다. 역사적 실증주의에 매몰된 페티시스트가 되고 싶지는 않았던 것이다.

다시 이 한 장의 이미지로 돌아가 보자. 고故 조금앵 선생은 오랫동안 이 '가상 결혼식' 사진과 그 사진을 둘러싼 이야기를 여러 사적·공적 인터뷰를 통해 재차 언급했다. 일생에 걸쳐 그리 기억하고 싶지 않은 세 번의 이성애 결혼을 하고, 그에 따른 세 명의 "각성바지" 아이를 출산해 키운 경험이 있는 그에게 오직 이 '가상 결혼식'만이 "기억할 만한" 일생의 사건이었기 때문이다. 이 사진 촬영을 요청한 팬 역시 이미 결혼해 아이를 낳아 기르는 흔한 이성애자 가정주부였다. 오로지 '스타'를 향한 자신의 사랑의 마음을 담은 '기념물'을 남기고 싶었던 그는 '결혼식'이라는 매우 상징적인 순간을 기획했다. 마침 지인의 사업장이 예식장이었다는 특장점이 작동하기도 했지만, 무엇보다 그 팬의 간청이 거절되지 않았으므로 이 사진은 남겨진다. 당시 여성국극계의 대스타였던 남역배우 조금앵은 거절은커녕 한술 더떠, 극단의 단원들을 몰고 가 결혼식 하객의 역할을 주고, 결혼사진을 더욱 실제처럼 보이도록 연출했다.

다소 장난스러운 해프닝에 불과한 것일 수도 있지만, 그들은 '결혼'을 공연/수행함으로써, 스타와 팬의 잊지 못할 추억을 남기는 동시에 예기치 않은 '동성 결혼식'의 장면 또한 남기게 된다. 더구나 인생에 걸쳐 세 번의 이성애 결혼을 했던, 그러나 누차 실패한 결혼을 했던 조금앵에게 남겨진 '유일한' 결혼사진이 ('가짜'이긴 하나) '동성 결혼'의 순간이라는 것은 매우 의미심장하다. 여기서 '사진'은 과연 '진실로서의 과거'를 소환하는 기억술로서 합당한가? 혹은 이 사진은 '진실'을 재현하지 않으므로 무의미한가? 어쩌면 벤야민이 말했듯, 이 사진에는 '미래'가 의미심장하게 깃들어 있기에 과거를 여전히 소환하는가?7 이 이미지들은 실증주의적 역사 위에 세워진 권위의 아카이브에 소장되는 것으로서 소임을 다하는가? 이 소장물에 부여되는 '색인화'indexicalitize는 어떻게 가능한가. 이 색인화는 무엇을 목표하는가. 무엇보다, '이미지'는 어떻게 '역사'가 되는가.

이 사진의 '실물'을 입수할 수 없었던 나는 여러 경로로 사진의 행방을 추적하다가 그다지 선명하지 않은 하나의 복제된 이미지를 얻게 된다. 그리고 그것을 디지털 스캔해 10메가바이트 남짓의 'jpeg' 파일을 얻는다. 저작권이나 소유권을 상실한, 무엇보다도 사진 인화지의 물성이 소실된, 그리고 어쩌면 사진의 뒷면에 남겨졌을지도 모르는 사적인 메모와 기록을 전혀 상상할 수 없는, 오로지 0과 1의 정보 값으로만 구성된 하나의 '디지털 이미지'. 며칠간 반복해서 이 이미지의 구석구석을 살피고, 그것을 거듭 확대하거나 축소하면서 이 이미지에 담긴 '진실'을 알고자 노력했다. 물론 확대할수록 더 선명하게 드러나는 것은 결코 의미를 생산하지 않는 수많은 사각의 픽셀들이나 망점들뿐이었다. 이 이미지는 억지로 해상도를 올렸기에 선예도를 조금 잃고 인화지의 본래 크기를 파악하기 힘들게 되었지만, 적어도 픽셀이 거슬려 보이지 않는 수준의 퀄리티를 확보하게 되었고, RGB와 CMYK로, 비트맵 방식과 벡터 방식으로 정보 값을 수없이 교환하고 변환하면서 종종 프린트된 이미지로, 혹은 무빙 이미지로, 썸네일로, 망점으로, 소문으로, 사건으로, 예술로, 또한 역사로 각종 매체와 플랫폼들을 넘나들게 되었다. 이 이미지의 디지털화와 반복적 복제, 그리고 거듭된 열화를 무릅쓰고라도 '역사적 아카이브'의 목적에 순응하는 것은 늘 우선되어야 할 가치인가? 이런 과정이 이제는 의심할 바 없이 박물관과 기록원의 주요 기획인 '디지털 아카이브'로의 이행에 필수적인 것이라면, 이 이미지의 진실은, 역사적 가치는 어느 단계에서 발견되고 공식화되는가.

이 한 장의 이미지를 둘러싼 의미의 지층과 질문들은 10여 년간의 '여성국극 프로젝트'를 쉼 없이 이끌었다. 한 시절을 풍미한 여성국극 남역배우와 그 팬이 만들어 낸 한순간의 해프닝, 소실된 증거물과 잊힌 역사, 그러나 남겨진 이미지와 퀴어적queer 상상력의 중첩과 불화, 혹은 역동이 단숨에 저 과거의 순간을 현재의 정동으로 이동시키는 것은 가능할까? '여성국극 프로젝트'는 내가 이 이미지와 처음 마주한 그 순간에 단단히 뿌리내렸고, 그 순간에 대한 재해석과 재건의 가능성을 부단히 질문하고 증명하고 또 실패하는 시간이었다. 그 시간은 충만했지만, 때로는 잘못 구성된 인덱스를 뒤지는 듯 혼란스럽기도 했다. 하지만 그 혼란 속에서야 비로소 다른 가능성을 상상할 수 있었던 것 또한 사실이다. 그러므로 '여성국극 프로젝트'는 '혼란' 그 자체를 받아들여 (다른) 아카이브를 재건하는 일이기도 했다. "아카이브 충동"이란, 핼 포스터Hal Foster의 말대로, "발굴의 장소"로서의 아카이브가 "구축의 장소"로의 전환[8]을 요청함으로써만 가능한 일일지도 모르겠다.

해방이 돼서 처음 한 일이 여성국악 동호회의 결성이다. 그때 서울에

는 국극사, 조선창극단 등 남자들이 이끄는 예술 단체가 있었다. 그런

데 이들은 모든 게 남성 위주였고 여성들은 퍽 푸대접받는 편이었다.

이에 항시 불만을 품고 있다가 내가 주동이 돼서 순전한 여성단체를

만든 것이다. 회원으로는 박귀희, 김소희, 임춘앵, 정규색, 임유앵, 김

정희 등 30여 명이었다. 이 단체가 결성된 것은 1948년 봄께였다. 내

가 첫 회장으로 뽑혔다. 우리는 첫 공연으로 김아부 씨가 각색한 <옥

중화>를 그해 10월 말에 시공관서 선보였다.10

1948년 해방 공간에서 거의 최초의 여성예술인 조직이라 할 만한 '여

성국악 동호회'를 창단한 박녹주11는 1974년 한 신문 지면에 자신의

인생 서사를 연재하며 위와 같이 썼다. 안타깝게도, 이들이 함께한 첫

작품인 여성창극 <옥중화>는 대중으로부터 철저히 외면당했다.12

이는 가장 대중적인 사랑극이자 판소리 다섯 마당 중 독보적이라 할

수 있는 <판소리 춘향전>을 각색한 작품이었지만, 관객들은 '여성'

이 연기하는 남자 '이몽룡'을 받아들이지 못했다. 이 작품에서 이몽

룡은 여성국극의 창시자이자 톱스타인 임춘앵이 연기했는데, 당시

임춘앵조차도 남역 연기를 하는 것에 대한 충분한 내적 동기가 없었

으며, 심지어 배역을 잘 이해하지도 못했던 것으로 전해진다.13

<옥중화>의 실패를 딛고 제작한 <햇님 달님>은 이듬해인 1949

년 시공관(현 명동예술극장)에서 공연되어 큰 성공을 거둔다. 이 작품은

푸치니의 오페라 <투란도트>(1926)의 한국식 번안작이지만 "민족오페라"라는 수사를 사용해 홍보되었다. 식민지기 일본을 통해 경험한 서구의 공연 미학은 근대 미학에 대한 상상의 단초가 되었고, 이것은 '새로움'을 꾸준히 갈망해 온 여성국극의 전략이 되었을 것이다. 또한 이는 근대국가 만들기가 한창 진행 중이던 해방 공간에서 민족국가 담론의 권위를 선취하려는 여성국악 동호회의 욕망을 엿볼 수 있는 대목이기도 하다. 이 작품 이후 여성국극은 장르 공연으로서 대단한 성공을 거뒀고, 비록 여성국악 동호회는 와해되지만 이후 다양한 여성국극 극단들의 창립이 줄을 이었다. 1950년, 여성국악 동호회에서 나온 임춘앵은 '여성국극동지사'라는 새로운 단체를 창립하고, 같은 해에 국도극장에서 <황금돼지>라는 새 작품을 공연한다. 이 작품은 여성국악 동호회가 크게 흥행시킨 <햇님 달님>의 후편을 표방하고 있었다. <황금돼지>는 여성국극의 장르적 출발을 알림과 동시에 기록적인 흥행작이 되었고, 나아가 임춘앵을 여성국극의 실질적인 창시자이자 전설적인 남역배우로 회자되게 했다.[14]

1950년대에 들어 여성국극은 대중의 사랑을 한 몸에 받기 시작했고, 한국전쟁 중에도 피난을 다니며 공연을 했다고 하니 그 인기를 미루어 짐작할 수 있다. 임춘앵이 이끈 '여성국극동지사 임춘앵과 그 일행'은 한국전쟁 이전부터 1960년대 후반 쇠퇴기에 이르기까지 대부분의 공연작들에서 놀라운 성공을 기록했고, 이는 수많은 여성국극 공연들과 극단들을 형성하는 토양이 되어, 여성국극이 대중문화를 지배하는 한 시기를 만들어 낸다.[15] 이미 전쟁 이전부터 극단의 운영 체계는 물론, 연출과 구성의 토대가 만들어져 있었고, 배우들의 연기

시공관에서 열린 <바우와 진주목거리> 공연 후 단체 사진, 1953. (조영숙 제공)

훈련 또한 지속적인 공연을 통해 점차 강화되었다. 종전 후인 1953년 이후에는 '전쟁'이라는 물리적·심리적 상흔을 공연 관람으로 위로받으려는 대중의 지지가 뒤따르기도 했다. 당시, 전쟁으로 인해 모든 것이 폐허가 된 상황에서 민중이 가장 가깝게 만날 수 있는 문화예술 공연은 오직 여성국극뿐이었다고 해도 과언이 아니다. 이는 여성국극이 "이야기가 불가능한 시대의 유일한 희망"이라는 상찬[16]과 동시에, 그저 전쟁에 따른 대중의 상처와 열패감에 대한 보상일 뿐이라며 여성국극의 문화적 가치를 폄훼하는 비난의 근거가 되기도 했다.[17]

종전 이후 흥행사에 다시없을 기록을 갱신하고 또 갱신하며 공연을 둘러싼 수많은 이야깃거리를 남기던 여성국극은, 그러나 1960년

대구극장 분장실에서 배우·스태프들과 담소 중인 임춘앵, 1950년대 추정. (조영숙 제공)

대 후반부터 급격하게 쇠퇴한다. 하나의 장르 공연이 태동하고 쇠퇴하는 데에 20여 년 남짓의 짧은 시간이 소요되었다는 것 역시 흥행사의 유일무이하고도 기이한 기록일 것이다. 여성국극이 태동한 1948년부터 쇠퇴기로 접어드는 1960년대 말에 이르기까지 여성국극 공연을 다룬 신문 기사들은 현재 신문 기사 데이터베이스를 검색해 보면 700여 건을 훌쩍 넘어서는 것으로 확인되지만, 1960년대 중반부터 그 수는 손에 꼽힐 정도로 현저히 줄어든다.[18]

이 쇠퇴의 원인으로는 할리우드 영화와 같은, 보다 근대적인 양식과 스펙터클한 드라마의 대중적 보급, 시스템을 다듬지 못하고 후배 배우를 양성하지 못했던 극단의 과실, 연기에만 몰두한 채 시대의 움직임을 따라잡지 못한 여성국극 인력들의 시대정신 결여 등이 흔히 거론돼 왔다.[19] 여기에 공연/젠더 연구자 김지혜는 가부장제의 성별 분업으로 인한 경제적 손실을 주요 원인으로 덧붙여야 한다고 주장한다. 다시 말해, 극단의 마케팅, 홍보, 재정 관리 등의 행정 및 운영 업무를 남성들이 주도하면서, 여성배우들은 그저 무대에 서는 일 외에는 자신들의 공연을 지속시킬 경제적 자본을 축적할 수 없었다. 즉 여성국극 단체들은 남성 사업부에 의한 악의적인 횡령이나 손실 등의 금전 사고를 막지 못했고, 그로 인해 공연을 유지할 수 있는 현실적인 자원들을 고스란히 잃게 되었다는 것이다.[20] 또한 김지혜는 1960~70년대 군부 독재정권의 전통문화 제정 사업이 '여성만으로 이루어진' 여성국극을 의도적으로 누락시켜 전통문화의 영역으로 진입할 수 없도록 남성국악인들과 공모했다는 혐의를 강하게 제기한다.[21] 이와 같은 분석은 전통을 구성하고 공식화하는 데에 국가적 기획과 정치권력의 개입이 크게 영향을 미친다는 것을 드러냈다는 점에서 에릭 홉스봄Eric Hobsbawm이 제출한 '만들어진 전통'[22] 개념의 핵심을 간파한다.

게다가 '여성'들로만 이루어진 조직의 붕괴가 남성들이 주도적으로 이끈 다른 공연 조직들에 비해 빠른 속도로 진행되었고, 재기의 가능성과 기회로부터도 번번이 멀어지기만 했다는 것은 여성국극 연구에 있어 성별 관점에서의 분석이 필요하다는 점을 주지시킨다. 무대를 잃은 '여성'배우들은 대개 결혼시장으로 내몰리거나, 요릿집 등에서 여흥을 돋우는 노래를 부르고, 약장수를 따라다니며 초라한 장터 공연에 가끔씩 등장하는 방식으로 다시 한번 전통적 성역할에 굴복하면서 생계를 이어갈 수밖에 없었다. 또한 일부는 당대 스타 배우로서의 자존감을 지키기 위해 초라해진 무대에 결코 서지 않았으며, 해외로 이주하거나 완전히 다른 분야로 이동하기도 했다.23 여성국극은 이렇게 역사에 커다란 빈 공간을 남긴 채 기록되지 못하고, 후속 세대와 미래를 기약할 수 없는, 이른바 몰락의 역사를 걷게 된다.

1980년대 이후, 여성국극이 지녔던 당대의 권위를 되찾기 위한 몇몇 움직임들이 드물게 시도되었다. 국가 문화기금 사업에 의존해 현재까지 200여 편의 작품이 제작되는 등 아쉽지만 의미 있는 공연들이 선보이기도 했다. 1990년대 이후로는 여성국극과 관련된 연구·서적을 비롯한 재현물들이 드물지만 꾸준히 생산되고 있다. 그러나 여성국극의 부활을 꿈꾸는 치열한 움직임 속에서도 많은 1세대 배우들이 노환이나 질병 등으로 인해 무대에 서는 것이 불가능해지거나 세상을 등지는 경우가 많아졌다. 2012년 8월, 기록적인 폭염 속에서, 투병 중이던 조금앵 선생이 영면했다. 이로써 여성국극 1세대 '니마이'['남역 주연'을 이르는 여성국극 은어]24는 생존과 거취가 공식적으로 확인되지 않은 김경수 선생을 제외하면, 아무도 남지 않게 되었다.

사라져 가는 전 세대의 종적에 더해, 후속 세대가 절대적으로 부족한 여성국극의 무대는 거의 소멸했다고 볼 수 있다. 그러나 이 소멸 이후에도 여전히 그 자리에 남겨진 이들의 몸을 타고 전해져 오는 불완전한 목소리와 수행들은 어떻게 들리고 보여야 할까? '여성국극 프로젝트'는 해방 이후 근대국가의 욕망 속에서 태동하고 쇠퇴한 '여성국극'이라는 특수한 장르 공연을 분석하면서, 성별 관념과 전통/역사의식에 드리운 억압에 가까운 통념을 비판적으로 해체하고자 한

정은영, <정동의 막>, 단채널 비디오, 15분 36초, 2013. (작가 제공)

일종의 민족지 연구로서의 예술 프로젝트다. 그리고 한편으로는, 배제되고 소실된 역사의 주변에 남겨짐으로써, 명백히 존재했으나 잊혀야 했던 이들의 삶을 끈질기게 추적하고자 한 프로젝트이기도 하다. '잘' 들리고, '잘' 보이게 하려는 "착한" 재현의 의지가 아닌, 이미 가시성의 영역에서 멀어져 버린 존재들의 삶을 그 자체로 긍정하고 존중하는 태도로서의 재현의 방법론을 부단히 가다듬는 일. '역사적 복권'과 '가시성'이라는 일견 당연해 보이는 목적에 거리를 두고, 어째서 그 목적이 당연한지를 묻고 또 묻는 일을 행하는 것. 그것은 규범적 재현을 거부함으로써, 역설적으로, 끝내 재현을 포기하지 않으려는 의지의 표현이기도 하다.

누가, 어떻게 역사를 쓰는가 ― 상상의 계보학

국악예술학교서 나는 성음이 아주 좋은 여학생을 발견했다. 이름이 이옥천이었다. 교감한테 이야기해서 나의 집에 와서 직접 배우라고 했다.[25]

내 나이 열일곱에 나의 스승 박녹주 선생께서 <흥보가>를 일러주실 적에 <놀보가>는 천하디천한 고로 여자들은 부르기 사납다고 여기까지만 일러 주셨으니 이것으로 끝을 맺습니다.[26]

1960년대 말, 여성국극의 쇠퇴기에 여성국극계에 진입한 2세대 배우 이등우(본명 이옥천)는 현재 생존하는 가장 탁월한 남역배우이다. 빼어난 남역배우로의 일신을 기대했으나 여성국극의 쇠락과 함께 무대를 잃고 이후 다시 전통 판소리계로 돌아간 그는, 국악계에서도 여성창자唱者로서는 흔치 않게 남성적인 기개와 성음을 구현하는 것으로 유명하며, 매우 과장된 발림(제스처)과 연극적인 연행 양식을 보여 준다. 그는 또한, 성별 관념과 역할, 위계 등이 엄격한 보수적인 한국 국악계에서 유일하게 남복을 하고 공연하는 여성창자로서 상당히 이례적이고 독자적인 전복의 이미지를 보여 왔다. 대중적으로 잘 알려졌을 뿐 아니라 판소리 다섯 마당 중에서도 꾸준히 사랑받는 <흥보가>는 소리의 기교가 매우 남성적인데다 내용적으로는 해학의 성격이 짙고 노골적인 성적 표현이 많아 여성창자들에게 좀처럼 전수되지 않았지만, 이등우는 <흥보가> 전수자(서울특별시 무형문화재 제32호 판소리 흥보가 예능보유자)로서 남다른 역량을 보이며 다수의 공연을 이어 왔다. 그러나 <흥보가>의 마지막 부분인 '놀보 박 타는 대목'은 많은 창자들의 완창 공연에서 종종 생략되곤 하는데, 이는 특히 여성창자들의 공연에서 흔히 있는 일이다. 이등우의 스승 박녹주는 그녀의 스승인 명창 김정문에게 여성창자가 부르기에 적합하지 않다는 이유로 이 대목을 전수받지 못했고, 이등우 역시 같은 이유로 박녹주로부터 이 대목을 전수받지 못했다.27

한국의 전통소리는 스승이 소리를 '주고' 제자가 그것을 '받는' 형식의 전수 과정이 매우 중요하다. 대개 이 과정은 (악보나 창본이 존재하더라도) 입에서 입으로 성음과 기교를 전하고, 소리를 받은 제자가 스스로 그것을 훈련하는 '독공'의 과정을 거치는 것이 일반적이다.28 각 창자들은 '더늠'29이라 이르는, 창자들이 독창적으로 변형시킨 고유의 창법을 계발하기도 하는데, 이를 통해, 전수받은 원본에 대한 일종의 독자적 해석 체계를 갖게 되며, 다듬어진 더늠은 해당 창자의 장기가 된다. 따라서 소리내림에 있어서 소리의 '원형'은 실상 구분하기 어려울 뿐더러, 이등우의 사례를 통해 알 수 있듯, 전수의 과정이란 매우 임의적이고 자의적인 '선별' 과정을 거치며, 각 창자들의 해석과 기량에 따라 맥락의 변형 또한 거치게 된다. 이처럼, 전통의 원전을 거슬러 추적할수록 그것에 다다르기 어렵고, 모종의 복잡한 상황과 맥락을 거쳐 현대에 도착한 '전통'이라는 개념은 텅 빈 기호이기 쉽다. 여성국극은 판소리를 기반으로 하지만 전통 판소리의 규율에서 다소 벗어나, 근대적 대중음악의 형식을 가미한 소위 '연극소리'를 선택하고 있으므로 소리를 배우고 훈련하는 과정이 비교적 짧고, 또 소리를 내는 기술이 없는 사람도 '연기'를 주로 하는 배역을 맡아 무대의 일원이 될 수 있었다.[30]

애초에 판소리가 가진 '노래·말·행위'라는 요소들은 이미 창극이 태동한 1900년대 초에 분창화·장면화되면서, 보다 근대적이고 서구적인 형태의 연극·뮤지컬의 형식을 닮아 갔다. 여기에 여성국극은, 내용적으로는 신파적 요소를, 형식적으로는 노래와 춤, 화려한 무대를 비롯한 스펙터클을 가미하면서 서구식 뮤지컬 형태에 가까운 공연으로 인기를 끌었다. 특히, 여성배우가 분하는 남성 배역의 부드럽고 로맨틱한 태도는 유독 여성에게 억압적인 가부장제 사회에서 자유연애를 갈망해 온 여성들에게 이상적인 형태의 연애와 성애의 감각을 제공했다. 전통 연희의 고답적인 형식에 순종하지는 않지만, 그러나 그 근거지를 완전히 떠나지는 않은 '이종'異種을 생산하는 방식

정은영 개인전, <틀린 색인>, 신도예술공간 전시 장면, 2016. (사진 홍철기, 작가 제공)

정은영 개인전, <틀린 색인: 여성국극 프로젝트>, 싱가포르 NTU CCA 전시 장면, 2017.
(NTU CCA 제공)

으로 여성국극은 전통과 현대의 경계 영역에 어색하게, 그러나 단호하게 자리했다. 물론, 여성국극이 취하는 이런 전통의 '변칙적' 재건은 여전히 "판소리와 창극 모두로부터의 타자이자, 전통과 현대성 모두로부터의 비대칭적 존재"[31]로 치부될 뿐이었다.

창극 극작가 박황은 그의 저서 『창극사 연구』(1976)[32]의 절반가량을 할애해 여성국극의 출현과 쇠퇴에 대해 기술하는데, 여성국극의 출현이 한국 창극계를 혼란으로 내몰았음은 물론, "창극 부재" 현상을 초래한 "속죄할 수 없는 죄과"를 남겼다며 강분한다.[33] 또한 그는 여성국극이 "예술적 작품의 진가"를 모르는 식자층 이외의 무지한 대중의 호기심을 자극한다고 보면서, 여성국극은 창극 예술이 아니라 "코스튬 플레이"와 같은, 대중의 "비속저조한" 취미일 뿐이라고 일축하기도 한다.[34] 여성국극을 폄훼하는 박황의 언술은 대중의 취향을 무조건 저속한 것이라고 간주하며 비웃는 대중혐오에 기반할 뿐만 아니라, 여성국극의 장르적 특징과 형식적 방법론을 "전통적 창극예술"에서 분리시키고 폄훼하려는 전략의 일환이다. 음악학자 주성혜는 이런 평가에 반박하며 '전통 예술의 본질'이라는 관념에 의문을 제기하는데,[35] 그는 이런 유類의 여성국극에 대한 폄훼가 여성국극이 장르적·실험적으로 취하고 있는 '연극소리'를 '정통 판소리'와 비교하면서, 전통 자체에 대한 성찰 없이 그저 대립각을 만들고 소리의 우열을 가르는 데에만 전념할 뿐이라고 역설한다.[36] '전통'의 권위에 대한 맹신과 권력화는 '역사'를 향한 그것과도 같이, 그 구조와 수행의 문제를 되묻지 않기 때문에 경계를 요한다. 그 권위와 권력에 동의함으로써 가능한 것은 '해방'이나 '확장'이라기보다는 '정박'과 '협소

정은영, <(오프)스테이지/마스터클래스>, 퍼포먼스, 1시간 25분,
페스티벌 봄 공연 장면, 2013. (사진 김청진, 작가 제공)

화'일 뿐임을 예술은 언제나 실천적으로 폭로해 오지 않았던가.

두 개의 분리된 공연으로 만들어진 <(오프)스테이지>(정은영, 2012)와 <마스터클래스>(정은영, 2012)는 각각 여성국극 1세대 배우 조영숙의 구술(<(오프)스테이지>)과 2세대 배우 이등우 및 그의 제자들이 행하는 남역 훈련의 과정(<마스터클래스>)을 재현한다. 이 두 개의 공연은 이후 하나의 작품으로 통합되어 1·2·3세대 남역배우들의 계보를 강조하는 연출이 추가·수정된 후, 2013년 서울에서, 그리고 2014년 요코하마에서 <(오프)스테이지/마스터클래스>(정은영, 2013)라는 제목으로 재연되었다. 이 작품들에는, 이제 단절되었다고 알려진 여성국극 남역 연기의 전승 과정과 표현들이 공식적으로 체계화된 수직적 교육 방법을 떠나서도, '구술' '감정' '기억' '흉내' 등의 비공식적이고 수평적인 여러 계기와 자극들을 통해 여전히 이어지고 있다는 주장이 깔려 있다. 이때, 남역 연기의 기술은 '남성-배역'에 대한 각 배우들의 분석과 이해에 따라 그 표현을 달리할 수 있으며, 사회적 통념에서 거의 벗어나지 않는 전형으로서의 성별 표현은 어떤 '남성성' 혹은 '여성성'으로도 잘 포획되지 않는 독자적인 것일 수 있다. 따라서 이들의 무대는 신체와 정신, 그리고 성적 지향이나 행위 표현들이 '성별'이라는 규범에 언제나 매우 안정적·정상적으로 통합되어 있다는 믿음을 흔들어 도발한다.

한편, 이등우의 이미지로부터 시작하는 <섬광, 잔상, 속도와 소음의 공연>(정은영, 2019)은, 전통과 현대성 모두로부터 환대받지 못한 채 잊힌 여성국극의 역설적인 현전으로서의 표상이자, 현대 퀴어공연의 계보를 상상하게 하는 단초로서 이등우의 남성 표현들을 배치한 후, 현대 퀴어공연자 4인의 존재를 부각한다. 백스테이지에서 분장을 통해 서서히 남성으로 변해 가는 이등우의 모습과 남역 연기에 관한 그 자신의 구술은 판소리 <춘향가> 중 이몽룡이 부르는 '사랑가'로 이어지고, 텅 빈 객석을 바라보며 공연되는 그의 섬세한 춤사위는 한량무37가 전제하는 전형적인 남성의 태도를 슬그머니 전유한다. '전통' 혹은 '규범'이라고 이름 붙은 것의 '재연'에 겹쳐진 사라진 무대와 텅 빈 아카이브, 그리고 죽음을 기다리는 노인의 회상과 한숨으로 채워진 역사의 검은 공백들. 이 같은 작업은 과거의 이미지를 경유해 어떻게든 해독하고, 질감하고, 호출하기로 작정한 '퀴어 역사'로의 끈질긴 걸음을 내딛어 보자고 제안한다. 이는 "아카이브 열병" "전통의 재발견"38 "상상의/퀴어의 계보학"39 등 어떤 호명으로든 들려 오는, '기억'과 '기록'에 대한 긴급하고도 반복적인 요청일 것이다.

'재현'이라는 역설 — 타자들의 역사를 위하여

배치Assemblage는, 또렷이 보이고 들리고 읽히고 만져지는 하나의 정체성 혹은 양식으로서의 퀴어성을 대신하고, 우리가 사건, 공간 그리고 육체에 내재하는 강도, 감정, 기운, 정동, 질감 등에 익숙해지도록 한다.40

기억하기 위해서는 상상해야 한다.41

재스비어 푸아Jasbir Puar는 '교차성'으로서의 정체성 모델을 제안해 온 근래의 퀴어정치학 담론을 '배치/아상블라주'Assemblage라는 개념으로 이동시키고자 한다. 들뢰즈의 '아상블라주' 개념에서 착안한 푸아의 '배치'는 "흩어져 있으나 서로 연루된 일련의 조직망으로, 공표와 해소, 인과관계와 결과를 한데 모으"[42]는 가능성인 데 반해, 구별 짓기·인식·명명·안정화에 대한 요구를 불러일으키는 교차성 모델은 "정체화 과정에 담긴 허구성과 수행성을 부정"한다고 본다.[43] 푸아는 또한 교차성 모델이 "다양성을 관리하는 도구이자 자유주의적 다문화주의가 외는 주문"일 뿐 아니라, 국가장치라는 통치의 규율과 공모한다고 비판한다. 결국 교차성 모델은 구조 내에 '차이'를 포섭시키는 방식으로 정체성이라는 복잡성을 하나의 틀에 가두기 위해 작동해 왔다는 것이다.[44] 푸아는 퀴어정치학이 '배치' 모델을 관점화함으로써 국가 차원의 통제와 감시가 분류해 내는 인종, 성별 등의 고정성에 도전할 수 있으며, 인식론적 의지 대신 존재론적인 생성들, 즉 "알 수 없고, 보이지 않고, 들리지 않는 것을 지지함으로써 존재하기(들)를 넘어선 생성되기(들)"를 가능케 할 것이라고 본다.[45]

무엇보다, '퀴어 배치'에 대한 푸아의 논의는 인식론적인 앎이 존재론적인 앎으로 자리를 이동함으로써 더 많은 '육체-성'들의 구체적 정동을 깨우치게 한다는 점에서 영감을 준다. <섬광, 잔상, 속도와 소음의 공연>이 취하고 있는 존재론에 대한 환기는 대개의 퀴어예술을 장악하는 정체성정치에의 맹목적 신뢰와 시각예술이 당연시하는 '시각성'이라는 정언명령으로부터의 해방을 이끌고자 강조되었다.[46] 이 작업은 이등우의 이미지 이후에 우리에게 도착한 4인의 퀴어퍼포

정은영, <섬광, 잔상, 속도와 소음의 공연>, 오디오비주얼 설치, 가변크기, 2019.
(사진 김경호, 작가 제공)

머들의 수행을 다시 배치하는 것에 역점을 둔다. 남성 중심적이고 성
별화된 연극계에서 늘 독자적이고 위반적인 캐릭터를 제공해 온 레
즈비언 연극배우 이리, 페미니스트-퀴어 접점으로서의 드랙 문화와
커뮤니티를 마련하고자 분투해 온 드랙킹 퍼포머 아장맨, 장애여성
극단 '춤추는허리'의 연출가이자 장애인 배우로서 매우 예외적인 행
위미학을 만들어 온 서지원, 트랜스젠더로서 경험하는 몸의 불협과
분절의 감각을 음악적 형식으로 적극 도입하는 전자음악가 키라라의
무대와 음악. 이들의 실천은 안정적인 장르 공연을 탈주하는 형식적
도전과 자신의 신체 경험이 견인하는 '불편하고 이상한' 몸의 변칙적

수행 사이를 진동하며, 거의 사라질 뻔한 여성국극의 역사를 '퀴어공연'이라는 맥락으로 다시 소환한다.

이등우로부터 4인의 현대 공연자들로 이어지는 이 '상상적' 계보는 서로 간의 이미지적 '유사성'을 경유해 인식론적으로, 또한 존재론적으로도 어떤 '불안정성'을 향해 가는데, 이는 퀴어공연자들의 퍼포먼스가 매우 비순응적이고 불안정한 자리에서 시작된다는 점, 그 '불안정성'이 반복적으로 수행됨으로써 퀴어함을 재차 구성해 낸다는 것에 관심을 둘 뿐, '정체성'이라는 안정적인 통합성을 향할 필요가 없다는 생각에서 비롯된 것이다. 이들은 수행함performing으로써만 퀴어함을 실천queering할 수 있다는 것에 동의하면서, 적통의 계보와 구분되는, 체계화되지 않은 산발적인 감각과 정동을 통해 서로와의 연결감을 상상한다. 곤혹스러울 정도로 손에 잡히지 않는 이미지, 거의 착취에 가까운 극단적인 명멸의 속도, 그리고 부서진 듯 잘게 쪼개진 비트의 폭주하는 사운드는 언제나 이 세계와 불화함으로써만 존재해 온 퀴어한 몸들의 존재론 그 자체다. 따라서 이 작업은 정상성이나 안정성의 지붕 아래로 포섭되지 않는 동시에, 멀고 먼 땅에 스스로를 유배시키지 않으려는 "존재하기"의 재편이자 쉼 없는 "생성하기"의 전략을 구사한다.

오랫동안 '퍼포먼스 아트'는 신체에 요구되는 안정적 통합성과 정상성의 관념을 미학적이고 정치적인 차원에서 재차 거절하고 문제화해 왔다. 여성국극이 고수해 온 한국 판소리 전통의 근간인 '구음 전수'oral transmission라는 존재론적 원칙은 이 작업에서 보다 신체적이고 수행적인 차원으로 그 의미를 확장하고, 움직이는 몸들 사이를 흐르

정은영, <변칙 판타지>, 퍼포먼스, 1시간 25분, 남산예술센터 공연 장면, 2016.
(남산예술센터 제공)

거나 멈추거나 유예되거나 중첩됨으로써 '퀴어한 몸들의 상호적 전수'inter-body tramsmission라는 방법론으로 이동을 시도한다. 따라서 이 작업은 '퀴어링'queering으로서의 공연performing을 감각하는 순간들을 새롭게 배치해 예술실천에서의 '퀴어적 전회'queer turn를 반복적으로 환기하려는 노력인 동시에, 공적 역사 바깥으로 질주하는 퀴어미학의 정치적 근간을 확보하려는 열망의 산물이다.

한편, 2016년 서울에서의 초연 후 여전히 공연 중인 작품 <변칙 판타지>(정은영, 2016~)는 여성국극의 마지막 세대로서 더 이상 설 자리가 없는 한 남역배우의 우울하고 불안한 고백의 목소리를, 혐오와 배제의 정치학이 만연한 현실에서 스스로의 존재를 노래하고 축하하는 퀴어 합창단의 목소리와 만나게 하는 다큐멘터리 공연이다. 이 스토리의 실존 인물이자 극중 주인공인 남은진은 실재하는 자신과 극중 배역으로서의 자신이 일치하는 동시에, 양자 모두로부터 거리를 두는 방식으로 '자신'이라는 캐릭터를 이해해야만 한다. 그는 무대에서의 반복적인 수행을 통해 자기의 역사를 각자의 방식으로 서사화하는 목소리들과의 대화를 통해, 그리고 이 세계를 구성하는 크고 작은 사회적·정치적·역사적 전회들과의 교차를 통해, 스스로를 매번 새롭게 사유하고 다시 배치하게 된다. 그럼에도 이 작품 전체를 견인하는 주요한 대사, "저는 기억으로 남겨질 것 같지는 않습니다"를 발음할 때, 남은진은 매번 그의 아주 작고 사적인 기억마저도 억압하려는 거대 역사의 폭력에 번번이 무너지곤 했다. 그럴 때마다 나는 이 재현이 윤리적으로 가능한지를 재차 질문해야만 했다.

누가, 무엇을 기억하는가. 재현은 타자들의 '기억술'로서 마땅한

가? 조르주 디디-위베르만Georges Didi-Huberman이 "기억하기 위해서는 상상해야 한다"라고 말했을 때, 그는 "불가능하지만 불가결한"[47] 이 미지의 딜레마를 이해하기 위해서 상상해야만 하는 기억의 자리를 '넓혀 내는' 일, 즉 "모든 것을 무릅쓴" 재현의 소임이 윤리적으로 다시 사유될 필요가 있음을 주장한 것이었다.[48] 그는 모든 것을 무릅쓰고 상상하는 것은 이미지의 "어려운 윤리"를 요구하는 것이라고 쓴다. 그리고 그 윤리는 "전형적인 비가시적인 것(심미가의 게으름)도 아니고 끔찍함의 성상(신앙인의 게으름)도 아니고 단순한 기록(학자의 게으름)도 아닌" 것이라 부연한다.[49] 그렇다면, "역설"로서의 이미지라는 진실, "역사의 눈"이며 "볼 수 있게 만들려는 끈질긴 사명"인, 종종 "시각적 중단 상태"에서 혹은 "어떤 취소 덕분에 만들어진"[50] 이미지 재현의 비연속적·비균질적 복잡성에 주의를 기울여 보자. 하물며 '불안정화'에 대한 부단한 의지로써 존재를 재현하고자 하는 어떤 퀴어한 실천이, 불가능하며 불확실한, 그럼에도 잔존하는 그들 육체의 감각을 끈기 있게 기억하고자 하는, 그 퀴어한 존재의 역사 쓰기 열망을 무어라 설명할 수 있을까.

결손의 이미지만이 남겨진 텅 빈 아카이브. 부재하는 역사의 불가능한 재현. 불화하는 신체의 부적절한 욕망. 거절된 진술과 배격된 선언. 불안정성 위의 위험한 거주지. 오직 불온한 감각만이 경계 위의 삶을 증명하는 이 모든 역설적 실존과 퀴어한 의지를 어떻게 정언적으로 기술할 수 있단 말인가. '여성국극 프로젝트'의 지난 10년간의 여정은 예술실천의 비언어적 수행과 퀴어미학의 변위적 상상력에 온전히 빚지고 있다.

주

1 2008년에 시작해 현재까지 지속 중인, 여성국극 리서치를 기반으로 한 필자의 미술
 프로젝트이자, 이 프로젝트에 속한 30여 점의 창작물을 지칭한다. 대개의 작품들은
 필자의 웹 아카이브 sirenjung.com에서 열람할 수 있다.

2 미술비평가 핼 포스터의 저술 「아카이브 충동」An Archive Impulse에서 빌린 표현이다.
 Hal Foster, "An Archive Impulse", *October* 110, The MIT Press, 2004, pp. 3~22.

3 2008년 12월 12일 조금앵 선생 댁 방문 인터뷰 기록 영상 부분. 강조는 필자의 것. 이
 인터뷰는 필자의 작품 <웨딩>(2012)에도 쓰였다.

4 「여성국극, 마지막 배우와 함께 스러지다」, 『한국일보』, 2012. 8. 7.

5 Jacques Derrida, *Archive Fever: A Freudian Impression*, University of Chicago Press,
 1996.

6 '질감하다'라는 말은 '질료의 물질성과 텍스처'로 인해 발생하는 의미를 지시하기 위
 해 필자가 즐겨 쓰는 고유한 표현이다.

7 발터 벤야민, 『발터 벤야민 선집2 — 기술복제시대의 예술작품/사진의 작은 역사』,
 최성만 옮김, 길, 2007, 159쪽.

8 Hal Foster, ibid., p. 22.

9 이 장에서 여성국극의 역사를 기술한 부분은 2016년 출간된 『전환극장』 가운데 필자
 의 박사논문을 발췌·재구성한 「여성국극의 짧은 역사 — 태동과 쇠퇴」를 축약해 다듬
 은 것이다. 정은영·양효실·김영옥·나영정·방혜진·안소현, 『전환극장』, 윤수련·유
 지원·이성희 옮김, 포럼에이, 2016.

10 박녹주, 「나의 이력서」(26), 『한국일보』, 1974. 2. 12.

11 중요 무형문화재 제5호 판소리 홍보가 예능보유자.

12 반재식·김은신, 『여성국극 왕자 임춘앵 전기』, 백중당, 2002, 98쪽.

13 여성국극 1세대 남역배우 조영숙의 증언에 따르면, 이 작품은 연극적인 연출이 미진
 한 채 겨우 노래를 이어 부르는 정도의 구성이었으므로 관객들이 크게 흥미를 느끼지

못했을 것이라고 한다. 반재식·김은신, 위의 책, 94~95쪽.

14 김기형 외, 『여성국극 60년사』, 문화체육관광부, 2009, 89~112쪽; 반재식·김은신, 앞의 책, 100~487쪽.

15 김기형 외, 앞의 책, 89~112쪽; 반재식·김은신, 앞의 책, 100~487쪽.

16 여성국극 1세대 배우들을 심층 면접해 보면, 전쟁의 상흔에 관한 여러 에피소드와 배우 자신의 견해가 빠짐없이 등장한다. 이들은 전쟁 이후 희망을 잃어버린 세대에게 여성국극이 일말의 기쁨과 감동을 줄 수 있었다는 사실에서 오늘날까지도 큰 자부심을 느낀다. 한편, 2013년 경기문화재단이 기획·진행한 '2013 예술로 가로지르기/썸머 아카데미'에서 필자의 강연(2013. 8. 7)에 관객으로 참석한 소설가 김훈은 어린 시절에 여성국극을 관람한 것이 "이야기가 죽은 시대에 이야기의 힘을 알려 준 유일한 문화적 경험"이었다고 회고하기도 했다.

17 김지혜, 「1950년대 여성국극의 공연과 수용의 성별정치학」, 『한국극예술연구』30, 한국극예술학회, 2009, 252쪽.

18 김기형 외, 앞의 책, 219~239쪽 중 신문 기사 연보 참조.

19 반재식·김은신, 앞의 책, 606~615쪽.

20 김지혜, 「1950년대 여성국극의 단체 활동과 쇠퇴 과정에 대한 연구」, 『한국여성학』27-2, 한국여성학회, 2011. 조영숙 선생은 쇠퇴기에 극단이 겪은 고충을 비교적 선명히 기억한다. 조영숙 선생과의 수차례에 걸친 심층 인터뷰 내용은 필자의 작품 <(오프)스테이지>(2012)에서 조영숙 본인의 구술과 연기를 통해 상세히 전달되었다.

21 김지혜, 위의 글.

22 에릭 홉스봄 외, 『만들어진 전통』, 장문석·박지향 옮김, 휴머니스트, 2004.

23 김지혜, 앞의 글; 조영숙, 『무대를 베고 누운 자유인』, 명상, 2000.

24 당시의 연극 및 공연 용어들은 일제 통치의 영향으로 인해 대부분 일본어로 표기·상용되었다. 조영숙은 자서전 『끄지 않은 불씨 ─ 중요 무형문화재 '발탈' 보유자 조영숙 자서전』(수필과비평사, 2013) 143쪽에서 여성국극 남역배우의 공식 명칭에 대해 다음과 같이 밝히고 있다. "공연 작품이 정해지면 대본을 인쇄하게 된다. 그때 첫 페이지인 '이찌마이'いちまい(一枚)에는 공연 단체를 이끄는 단장 이름과 작품명이 들어간

다. 그리고 두 번째 페이지인 '니마이'にまい(二枚)에는 남녀 주연급들의 명단이 들어간다. 그리고 세 번째 페이지인 '산마이'さんまい(三枚)에는 비중 있는 남녀 조연급들의 명단이 들어가는 것이다. 그래서 '니마이 = 주연' '산마이 = 조연'이라는 의미가 성립된 것이다. 공연 활동을 시작한 지 채 일 년이 안 되는 햇병아리 시절의 1952년 겨울, <대춘향전> 공연 때 이런 얘기를 처음 들었다. 광복이 된 후에도 연극인들은 일제강점기 당시 습관처럼 쓰던 일본말을 연극 용어로 계속 써왔던 것이다." 조영숙의 말처럼, 역할을 칭하던 명칭들은 이후에도 그대로 굳어졌으며, '남자 악역'을 지칭하는 '가다끼'がたき(敵), '여자 악역'을 지칭하던 '팜프' 등이 또한 남아 있으나, 그 유래와 습성에 대한 정통한 논의는 없다. '니마이'는 당시의 여성국극 남역 스타로서의 위상과 아우라를 포함하는 단어이기 때문에 표준어가 아님에도 사용했다.

25 박녹주, 「나의 이력서」(37), 『한국일보』, 1974. 2. 27.

26 『판소리 명창 이옥천』(이옥천 구술, 노재명 편저, 채륜, 2014)의 특별부록 '이옥천 판소리 오디오 CD 3'.

27 이등우(이옥천)의 생애에 관해서는 이옥천 구술, 노재명 편저, 위의 책을 참고했다.

28 임명진·김익두·최동현·정원지·김연호, 『판소리의 공연예술적 특성』, 민속원, 2003.

29 판소리 명창이 소리와 사설 및 발림을 독창적으로 짜서 연행한 판소리의 한 대목으로서, 해당 명창의 장기로 인정되고, 또 다른 창자들에 의해 널리 연행되어 후대에 전승된 것. 한국민속대백과사전 참조.

30 여성국극 배우의 소리 기량에 대해서는 배우들마다 견해가 다르다. 그러나 여성국극 초창기, 소리를 제대로 낼 줄 아는 배우들은 주로 '권번'(기생학교)에서 기생 수련을 한 경우가 다수였던 터라 '소리를 할 줄 아는 여성 = 기생 출신'이라는 등식으로부터 벗어나고자 의도적으로 소리 이수를 피하는 경우가 많았음은 분명하다. 필자의 2015년 작 <노래는 부르지 않을 것입니다>는 1세대 남역배우 이소자의 이와 같은 구술을 바탕으로 제작된 것이다.

31 방혜진, 「정은영의 <여성국극 프로젝트> ― 사후적 리허설」, 정은영·양효실·김영옥·나영정·방혜진·안소현, 앞의 책, 138쪽.

32 박황, 『창극사 연구』, 백록출판사, 1976.

33 박황, 위의 책, 260쪽.

34 박황, 위의 책, 201쪽.

35 주성혜, 「전통예술로서의 여성국극 — 주변적 장르를 통한 중심적 가치관 읽기」, 『낭만음악』 20-3, 낭만음악사, 2008.

36 주성혜, 위의 글, 171~173쪽.

37 경남 중요 무형문화재 제3호. 벼슬에 오르지 못한 호반을 일컫는 '한량'은 풍류를 알고 의기 있는, 호협한 사나이를 이르기도 한다. 한량의 노는 모습을 춤으로 표현한 것이다. 두산백과사전 참조.

38 필자가 주요 스피커이자 퍼포머로 참여한 아르코미술관 프로젝트 <Traditional (Un)realized>(김현진 기획, 2014)는 '전통 재발견 프로젝트'라는 주제로 기획됐다.

39 필자의 2019년 제58회 베니스 비엔날레 한국관 프로젝트는 미셸 푸코의 "지식의 고고학"(미셸 푸코, 『지식의 고고학』, 이정우 옮김, 민음사, 1992)을 의식한 "상상의/퀴어의 계보학" 쓰기를 목표로 했다.

40 재스비어 K. 푸아, 「퀴어한 시간들, 퀴어한 배치들」, 이진화 옮김, 『문학과사회 하이픈 — 페미니즘적-비평적』 116, 2016년 겨울, 101쪽.

41 조르주 디디-위베르만, 『모든 것을 무릅쓴 이미지들 — 아우슈비츠에서 온 네 장의 사진』(2004), 오윤성 옮김, 레베카, 2017, 51쪽.

42 재스비어 K. 푸아, 앞의 글, 101쪽.

43 재스비어 K. 푸아, 위의 글, 101쪽.

44 재스비어 K. 푸아, 위의 글, 101쪽.

45 재스비어 K. 푸아, 위의 글, 101~102쪽.

46 작업 과정에서 퍼포먼스 연구자 윤수련과 주고받은 이메일을 통해 '시각성'에 대한 질문을 놓치지 않을 수 있었다. 작업 계획안을 검토해 주고 날카로운 질문을 던져 준 윤수련에게 감사드린다.

47 조르주 디디-위베르만, 앞의 책, 63쪽.

48 조르주 디디-위베르만, 위의 책, 64쪽.

49 조르주 디디-위베르만, 위의 책, 64쪽.

50 조르주 디디-위베르만, 위의 책, 64~65쪽.

워커힐의 '디바'에게 무대란 어떤 곳이었을까*

1960~70년대 유흥업과 냉전시대의 성문화

김대현

1960년대 말에서 1970년대 초 한국
에서는 고고댄스와 소울·사이키 음악, 그리고 '시스터즈'로 통칭되
는 여성그룹들이 인기를 휩쓸었다.[1] 지금으로 치면 '걸 그룹'에 해당
하는, 듣는 음악에서 '보는 음악'으로의 전환이 이 시기에도 있었던
셈이다. 무대에 선 여성들의 기예와 열정, 그리고 무대 위의 그들에게
쏟아지던 매혹과 경탄의 시선들은 마치 하나의 완결된 풍경처럼 보
인다.

그러나 무대 위에서 카리스마를 뿜어내던 '시스터즈'들과 그들에

---

* 이 글은 <아시아 디바 — 진심을 그대에게> 전시 도록에 수록된 필자의 기고문 「워커힐의
"베트콩"과 살롱의 "호스테스", 무대 위의 디바 — '적선지대'赤線地帶 위의 여성과 젠더」(서
울시립 북서울미술관, 2017)와 해당 전시에서 선보인 필자의 스크랩북 『더 뮤즈 앤 더 몬스터』
The Muse and the Monster(2017)의 내용을 보완·재구성한 것이다.

게 쏟아지던 인기를 하나의 문화적 현상으로 대접하기 위해서는, 화려한 무대 위를 벗어나 그들이 어떤 사회적 조건에 처해 있었는지를 함께 살펴보는 것이 중요하다. 지금도 마찬가지지만, 그 시절 여성연예인들 또한 당대의 규범적 여성성을 충실히 수행할 것을 요구받았고, 이를 위반할 경우 가십과 스캔들의 공세가 잇따랐다. 당대 여성연예인들이 주로 섰던 무대는 다양한 형태로 성업하던 유흥업소였고, 그곳과 그 주위에는 '접대'로 상징되는 '여성거래'the traffic in women2의 문화와 더불어 다양한 종류의 성매매가 성행했다. 그러한 조건들이 함께 음미될 때, 그녀들이 섰던 화려한 무대는 새삼 다른 문화적 의미를 획득하게 된다.

연예인의 무대와 성매매 현장에는 여성뿐만 아니라 여장남자, 간성intersex 등 다양한 젠더gender를 수행하는 사람들이 함께 존재했다. 남성과 남성성, 여성과 여성성의 관계가 필연적이지 않다는 데서 사회적으로 구성된 남성성·여성성, 즉 '젠더'의 개념이 나왔으므로, '젠더'라는 말은 자연히 다양한 성별 실천의 스펙트럼을 포괄하게 된다. 하지만 개인이 수행하는 다양한 젠더가 존재한다고 해서, 그들이 남성성·여성성의 이원 젠더binary gender 속 성차별, 즉 젠더 구조로부터 자유로운 것은 아니다.3 더욱이 여성과 비규범적 성애·성별 실천 당사자들이 함께 존재했던 유흥업소와 그 주변은 그러한 성차별이 예리하게 드러나는 현장이었다.

개발독재의 시대이자 한국 대중문화의 찬란한 태동기로 기록되는 1960~70년대에 여성과 비규범적 성애·성별 실천 당사자들이 경험한 현장으로서 '무대'는 어떤 곳이었을까. 과연 그곳에서 '디바'들은 무엇을 꿈꾸었을까. 그 시절 화려하고 기이하고 처연했던 그곳으로 함께 돌아가 보자.

미8군 "위안공연"에 선 10대 소녀와 여대생들

1970년 5월 19일, 김시스터즈가 내한했다. 미국 활동을 위해 고국을 떠난 지 12년 만이었다. 가수 이난영과 작곡가 김해송의 두 딸 김숙자·김애자, 이난영의 오빠이자 작곡가인 이봉룡의 딸 김민자, 이 세 사람으로 구성된 김시스터즈는 한국 최초로 미국에 진출한 걸 그룹으로 평가받는다. 이들은 귀국을 기념하여 개최된 서울 시민회관의 무대에서 일제시기 이난영의 대표곡인 <목포의 눈물>(1935)을 부르며 눈물을 쏟았다.

1950년대 김시스터즈를 시작으로,[4] 한국의 여성가수들은 미국과 일본, 동남아시아 등으로 활동 무대를 넓혀 온 바 있다. 1960년대 말엽에도 펄시스터즈, 김상희, 쉘리 리 등 많은 여성가수들이 해외에서 활동했다.[5] 주목할 만한 것은 이들 중 상당수가 주한미군을 대상으로 한 "위안공연"에서 데뷔 무대를 치렀다는 점이다. 1953년 7월 한국전쟁이 휴전을 맞은 후 미군이 한국에 잔류하고, 1955년 7월 26일 미美육군 제8군 사령부가 일본에서 서울 용산으로 이전함에 따라, 미군기지가 주둔했던 다른 아시아 지역들처럼 한국 또한 미군을 대상으로 한 연예산업이 크게 부흥했다. 한국 연예기획사들은 '쇼단'을 결성해 미8군 무대에서 오디션을 통과하고, 이후 미군 클럽을 도는 형태로 미군에게 엔터테인먼트 서비스를 공급했다. 미8군의 엄격한 심사를 통과하기 위해 연예기획사들 또한 가수들을 체계적으로 교육·훈련

「금의환향한 세계적 보컬 트리오 김시스터즈
—12년 만에 목 놓아 부른 모정 엘리지」, 『명랑』 174, 1970. 8.

시키는 관행이 생겨났고, 이에 따라 미8군 무대를 거쳐 간 수많은 한국인 아티스트들이 탄생했다.[6]

김시스터즈는 1953년에 결성되었는데, 결성 당시 이들은 "10살을 갓 넘은 어린 몸"이었고, 그들의 데뷔무대는 "부산의 GI 클럽"이었다.[7] 이들은 곧 미8군 무대에서 선풍적인 인기를 모았으며, 1959년 1월 6일 미국 데뷔와 순회공연을 위해 미국행 비행기에 탑승했다. 이들의 도미渡美를 성사시키는 데 일익을 담당한 "맨 맥킴"은 "미군의 위안"을 목적으로 결성된 "GI 쇼단"의 단장으로 7년간 재직한 사람이다.[8] 김시스터즈는 이후 1975년에 은퇴할 때까지 미국 로스앤젤레스와 라스베이거스를 중심으로 활발한 활동을 벌여 나갔다.

미성년일 때 미8군 무대로 데뷔한 여성가수의 사례는 또 있다. 박활란은 1963년에 무려 7살의 나이로 미8군 전속 가수로 데뷔했고,[9] 그해 11월 한국연예협회가 주최한 '스타 탄생의 날'에서 아동 부문 2등상을 수상하며 '스타'로 선정됐다.[10] 이후 그녀는 미8군 무대의 '천재소녀'로 이름을 날렸으며, 1970년까지 "14세의 재즈 싱어"로 활동을 이어 나갔다. 또한 1964년에 창단되어 당시 10대의 나이로 데뷔한, 다섯 자매와 사촌 남동생으로 구성된 '톱 스텝스' 또한 미8군 무대가 그들의 첫 무대였다. 그들은 1968년도에 실시된 미8군 '스테이지' 인기투표에서 최고득점을 기록했으며, 이후 "라스베이거스의 흥행사 J. J. 피츠제럴드 씨"에게 발탁되어 1969년 9월부터 1년 계약 조건으로 미국행 비행기에 올랐다. 이처럼 미8군 무대는 "재능 있는 연예인의 비밀 창고"였다.[11]

여대생 출신 가수들 또한 데뷔를 미8군 무대에서 치르는 경우가 많았다. 리마 김의 경우, 수도여고를 졸업하고 숙명여대 음대 성악과에 재학하던 중, 1960년 말에 미8군 무대로 데뷔하여 이듬해까지 활동했다. 그녀는 "미8군 스페셜 서비스의 '독獨 쇼'를 제공하는 스타 싱어로 픽업"되었으며, 1961년 해외로 진출하여 10년간 일본, 동남아시아, 유럽, 미국, 아프리카 순회공연에 나섰고, 1971년 귀국했다.[12]

1968년 소울·사이키, 고고의 붐을 타고 신중현 작사·작곡의 <두 그림자>(1968), <커피 한 잔>(1968) 등으로 스타가 된 펄시스터즈는 중앙대 도서관학과에 재학 중이던 배인순, 명지대 영문과에 재학 중

이던 배인숙 자매가 결성한 그룹이다. 이들은 1967년 4월, 역시 미8
군 무대에서 데뷔했으며, 1968년부터 "일반 무대"에 서기 시작했
고,[13] 1972년 4월에는 2년 전속 계약 조건으로 일본에 진출했다.[14] 펄
시스터즈의 인기 이후 한국 가요계는 소위 '시스터즈' 열풍이 불었는
데, "이시스터즈" "화니시스터즈" "준시스터즈" "돌시스터즈" 등
이 데뷔했고, 공교롭게도 모두 미8군 무대 출신이었다. 이들은 대부
분 실제로 자매이거나 사촌지간이었으며, 드물게는 급우인 경우도
있었다. 당시 대중오락 잡지 『선데이서울』은 이들을 "눈요기" "귀요
기"에 대한 대중의 욕망을 충족시키는 "인기 여성보컬 팀"으로 소개
했다.[15]

해외여행이 자유롭지 않던 당시, 외국 무대에 활발히 진출하는 여
성가수들에 대해 언론은 비상한 관심을 쏟았고, 그 과정에서 여성가
수들은 다양한 종류의 가십과 스캔들에 쉽게 노출됐다. 이들은 한편
으로는 "대한의 딸",[16] 혹은 "한국의 정부가 행하여 온 여러 가지의
외교 선전보다 더욱 많은 효과를 거두어"주는 국위선양의 상징으로
부각됐지만, 다른 한편으로는 외래 문물에 지나치게 노출된 존재로
묘사됐다. 그중 유독 관심을 끌었던 것은 그들의 연애와 결혼이었는
데, 가령 김시스터즈의 경우 "부디 성공하여 결혼은 우리나라에 와서
우리나라 사람과 하라"라는 모친의 언급이 보도되었고,[17] 일본에 진
출한 펄시스터즈에 대해서는 인터뷰 중 "아무래도 한국 남자들이 훨
씬 미덥"다는 멤버들의 답을 들은 후 "그래도 '한국 남성이 제일 좋
다'고"라는 문구가 기사의 소제목으로 내걸렸다.[18] 여성가수들이 해
외에 진출해 활동하더라도, 그들을 성적 대상화sexual objectification할 수

「본지 독점: 「펄·시스터즈」의 고백적 수기 — 「구설」과 악몽, 해운대의 나흘」,
『주간경향』 28, 1969. 6. 1.

있는 주체는 '한국 남성'이어야 한다는 발상이었다.

이런 인식에 정면으로 배치되는 것이 곧 여성연예인들의 해외 결혼이었다. 당대의 대중오락 잡지들은[19] 외국인과 결혼했거나, 이따금 파경을 맞는 여성연예인들의 사례를 흥미 있는 시선으로 보도했다.[20] 이들 중 일제시기에 데뷔해 <나는 17살이에요>(1938), <아리랑 목동>(1958) 등의 히트곡을 부른 박단마는 한국에서 1957년까지 활동하다가 미군 병사와 결혼했는데, 이것이 비난거리가 되어 그해에 한국을 떠났고, 13년 만인 1970년에 귀국했다. 귀국 길에서 그녀는 "그립던 고국의 강산과 친지 동료 연예인들을 다시 마주하고 싶던 마음이 간절했지만 사실 겁이 나서 방문을 아직까지 연기했던 것"이라고 속내를 털어놓았다.[21]

미8군의 "위안공연"을 통해 한국 연예계에 데뷔한 여성가수들은 미군뿐 아니라 한국 남성들의 시선으로부터도 자유롭지 않았다. 당시로서는 특권에 가까웠던 해외 무대 진출에 성공한 여성들도 '한국여성'으로서 마땅히 지켜야 할 젠더규범이 있다는 식의 압력으로부터 자유롭지 않았던 것이다. MBC 10대 가수 청백전에서 가수왕으로 꼽히며 인기몰이를 하던 1969년, 부산에서 외국인들과 데이트를 했다는 스캔들에 휘말린 펄시스터즈는 자신들의 심경을 토로한 "고백적 수기"를 『주간경향』에 전재했다. 다음과 같이 마무리된 이 글은 당대 사회가 여성연예인들을 어떤 식으로 순치馴致했는지를 생생하게 보여 주는 증거이다.

> 여러분의 '펄'은 순결하다는 것을 말씀드리며 앞으로 기대에 어긋나
>
> 지 않도록 힘껏 노력하겠으니 계속 귀엽게 보살펴 주시기를 바랍니다.
>
> ─ 1969년 5월 펄시스터즈 배인순, 배인숙22

살롱, 비어홀, 워커힐…… "뒷골목"의 무대들

1960~70년대는 명실공히 살롱과 비어홀의 시대였다. 이곳들은 당시 한국 유흥 문화의 중심에 서 있었다. 1962년에 제정된 「식품위생법」에서 규정한 '살롱'은 다방, 음악 감상실과 함께 주류 판매가 금지된 업장이었지만, 실제 살롱들 중에는 술 파는 곳이 많았다.23 살롱과 비어홀들은 당시 대중가수들의 주요 활동 무대이자 수입원이 되었다.24 각 업장마다 유명 연예인을 초빙하기 위해 애를 썼으며, 그 유명 연예인들이 부업으로 살롱을 차리는 경우도 많았다.25 더불어 당대의 비어홀들은 자기 업장에 초대되는 가수들의 "뒷골목 수입"을 자기 업장을 홍보하는 광고의 소재로 활용하기도 했다.26

또한 대부분의 살롱에는 소위 "호스티스"가 배치됐다. 이곳들에서는 "여자+술+무드"가 따라붙었으며,[27] 여성 스트립쇼를 선보이는 살롱도 있었다.[28] 1972년 서울에는 호스티스들만 모여 사는 아파트가 존재할 정도로 호스티스의 수가 많았는데,[29] 1970년 『선데이서울』 좌담회에 참석한 호스티스들은 "우리는 떳떳한 직업여성"이라고 밝히기도 했다.[30] 1972년에는 살롱·비어홀에서 일하는 여대생 호스티스의 사연이 기사화됐는데, 그는 "술집여자라고 덮어 놓고 나쁜 여자라는 인식이 고쳐졌으면 좋겠다"라고 술회했다.[31]

모든 호스티스들이 직접적인 성매매 경험 당사자였던 것은 아니었지만, 이들의 "접객" 행위는 "술집여자"라는 낙인을 자주 동반했고, 실제로 이들은 성매매의 가능성에 노출되기도 했다. 미군정 아래 1946년 5월 공창제가 폐지되고, 5·16 군사쿠데타 이후 1961년 11월 9일 「윤락행위등방지법」의 제정으로 성매매가 불법으로 선포된 이후에도, 일제시기 이래 법령에 존재했던 '예기'藝妓, '작부'酌婦 등의 명칭은 1962년 제정된 「식품위생법」과 동同 법의 시행령 및 시행규칙을 통해 '접객부'라는 이름으로 존속했다. '접객부'의 요건과 준수 사항도 지난날 '예기' '작부'의 그것과 대동소이했다.[32] 이 법에 따라 카바레, 바, 요리점 등이 법정法定 유흥영업으로 지정됐지만, '업태 위반'이라 일컬어지던, 일반음식점 허가를 얻어 광범위하게 행해지던 유흥업소 불법 영업의 관행은 지속됐다. 법정 유흥업소와 일반음식점, 그리고 거기에서 일하는 '접객부'와 '호스티스'의 경계는 모호했다.[33]

물론 미군기지 주위의 기지촌과[34] 정부에 의해 묵인·관리되는 성매매 집결지 또한 건재했고, 인신매매를 통해 여성을 이곳으로 팔아 넘기는 범죄 사례도 빈번했다.[35] 그러나 당대 성매매 현장은 비단 이런 공간에만 국한된 것이 아니라, 일반음식점을 비롯해 "접객"이 벌어지는 유흥업소 전반에 퍼져 있었다. 그리고 그곳 가운데 적지 않은 수는 공교롭게도 당대의 인기 연예인들이 활발히 활동하던 공간이었다.

관광호텔은 당시 대중문화와 유흥업, 성매매 현장이 하나로 겹쳐지던 대표적인 공간이었다. 당시에 성업하던 관광호텔 중 한 곳으로는 워커힐 호텔이 있는데, '워커힐'은 한국전쟁 당시 미8군 사령관을 역임한 워커Walton H. Walker 대장의 이름을 딴 것이다. 워커힐 호텔은 5·16 군사쿠데타 발발 이후 중앙정보부에 의해 착공됐으며, 국군 공병부대와 육군 형무소 수감자들이 공사에 동원됐다.[36] 호텔 건설의 목적은, 이전까지 주로 일본이 담당하던 주한미군의 "(성적) 휴식과 오락"Rest and Recreation, R&R을 담당하는 휴양지 및 위락 시설을 한국에도 만들어 주한미군의 외화를 흡수하는 것이었다.[37] 이런 의도는 1950년대부터 한국에서 급증한 미군 대상 "위안공연"의 연장선상에 있는 것이다.

워커힐 호텔이 개관한 1963년 4월 8일, 미국 재즈의 명인 루이 암스트롱Louis Amstrong이 내한해 호텔 내 퍼시픽 나이트클럽에서 개관 기념 공연을 선보였다. 이 공연에는 당시 18세였던 가수 윤복희가 함께 무대에 섰는데, 그녀 역시 당대의 다른 가수들과 마찬가지로 1959년부터 미8군 무대에서 활동했다.[38] 이후 워커힐 호텔의 나이트클럽에서는 선정적인 의상을 입은 여성댄서들의 라인댄스로 구성된 하니비 쇼Honey Bee Show가 유명세를 탔고, 이들은 이후 일본과 동남아시아 등지에 진출하기도 했다.[39] 또한 국외의 유명 아티스트들뿐만 아니라 한국 가수들 또한 워커힐 호텔 나이트클럽 무대에 초청됐는데, 그곳은 당시 가수들에게 중요한 활동 무대 가운데 하나였다.

가령 "워커힐·댄싱·클럽 1기생" 출신의 걸 그룹 '점블스', 혹은 '점블시스터즈'는 김시스터즈의 후예로 일컬어졌으며, 1967년 3월부터 1968년 9월까지 홍콩·필리핀·태국·베트남·말레이시아·싱가포르·라오스에서 순회공연을 가졌다. "창설 당시의 워커힐 댄싱 팀은 국제적 수준을 지향한 것이어서 선발, 훈련도 제법 까다로웠"으며, "용모, 신체 조건은 물론 학력도 고졸 이상"인 여성을 뽑았다고 한다. 당시 이들을 다룬 한 대중오락 잡지는 "연예 무대가 청각만으로 만족할 수 없을 바엔 푸짐한 눈요깃거리도 중요한 구실이 아닐 수 없다"라는 언급을 빼놓지 않았다.[40] 미국의 유명 도색잡지인 『플레이보이』 *Playboy* 1968년 12월호에는 "워커힐의 가수"라고 소개된 김미자의 전라 사진이 등장했다. 관계자의 확인 결과, 이 여성이 워커힐 호텔 무대에 선 적은 없는 것으로 밝혀졌는데,[41] 이처럼 워커힐 호텔은 미군 남성과 한국인 남성들에게 일종의 성애화sexualize된 공간으로 자리 잡았다.

워커힐 호텔은 주한미군에 의한 수익이 기대만큼 크지 않아 개관 초기 적자를 면치 못하다가, 1965년 한일 국교 정상화 이후 한국을 방문하는 일본인 관광객이 늘어나면서 점차 흑자 경영으로 올라섰다. 이 일본인 관광 급증 현상에는 "기생관광"이라는 이름의 성매매 관행이 깊숙이 개입해 있었고,[42] 이에 따라 관광호텔은 외국인 관광객을 대상으로 한 성매매의 온상으로 자리 잡았다. 당시 관광호텔에서 발생한 성매매 사례들을 연이어 보도한 대중오락 잡지들의 기사에 따르면,[43] 성매매여성들은 주변 유흥업소에 고용되거나, 호텔 주변

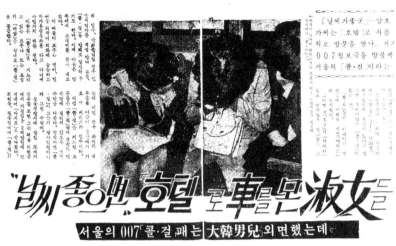

「"날씨 좋으면" '호텔'로 차를 몬 숙녀들 — 서울의 007 '콜·걸' 패는 '대한남아' 외면했는데」,
『선데이서울』160, 1971. 10. 31.

을 배회하면서 "호텔보이"들의 알선을 거쳐 외국인 성구매자 남성
을 만났다.[44] 아래 기사에 소개된 성매매 알선 수법과 "웨이터"·"포
주"·성매매여성에게 돈이 분배되는 방식은 성매매 집결지에서 일반
적으로 벌어지던 관행과 유사하다.[45]

콜걸들은 여관이나 셋방 등에 마련된 비밀 아지트에 대기한다.
　　그러면 각 호텔의 웨이터들과 연락망을 갖고 있는 포주들이 주문을
받아 필요한 콜걸을 승용차에 태워 호텔로 보낸다. 콜걸들과 함께 잡
혀 와 윤락행위방지법 위반으로 구속된 포주 마 씨는 '메트로' '사보
이' '오양' 호텔 등의 웨이터들과 연락망을 펴놓고 있었다는 것.
　　콜걸들이 약속된 시간에 호텔에 가면 미리부터 안면이 있는 웨이터

가 안내를 하며 객실의 열쇠를 손에 쥐여 준다. 포주와 콜걸의 연락은 주로 전화가 이용된다.

　대화는 미리 정해진 암호로 이루어진다. "날씨가 좋군" 하는 말은 봉(외국 관광객)이 생겼다는 뜻이고 "비가 올 것 같다"고 응답하면 어느 때라도 부르면 갈 수 있다는 의미.

　이들이 외국인들에게 받는 화대는 하룻밤에 50~60달러.

　그러나 이 돈은 웨이터와 포주의 손을 거치고 나면 한화로 4000~5000원가량만이 콜걸들의 손에 떨어진다. 웨이터들이 소개비로 화대의 30퍼센트를 떼어내고 나머지 돈 중에서 절반은 포주의 몫으로 떼어지는 데다가 방세, 식대, 침구대 등을 또 물어야 하기 때문.[46]

이처럼 당대의 유흥업소는 연예인들의 활동 무대인 동시에 성매매가 수행되던 현장이었다. 그 공간에서 가장 화려한 위치에 있었을 여성 연예인들 또한 유흥업소 종업원들에게 부여된 성적 낙인들로부터 종종 자유롭지 않았다. 1965년 베트남전쟁 발발 후 1973년까지 베트남 현지에서 약 1만 회가량의 위문공연이 성사되었고, 이때 많은 연예인들이 주월駐越 장병 위문공연단으로서 베트남 땅을 밟았다.[47] 이들 가운데 1947년, KBS의 전신인 서울중앙방송국의 전속 가수 1기로 발탁되어 활동했던 송민도도 있었는데, 그녀는 이후 베트남에서 쇼단이 해체되자 동료 가수가 경영하던 식당에서 일을 돕고 그곳에서 노래를 불렀다. 이것이 와전돼 1969년, 그녀가 "기지촌의 전락녀"가 되었다는 소문이 한국에 퍼지는 일이 발생했다.[48] 일반음식점과 유흥업소를 둘러싼 '접객'과 성매매의 모호한 경계, 그리고 그곳에 기생한 낙인들은 화려한 활동 이력을 자랑하는 인기 여성가수 또한 피해 갈 수 없었다.

상대적으로 인기를 얻지 못한 신인일 경우 이런 위험은 더욱 노골적이었다. 1971년 한 여성 신인가수는 재일교포 위문공연차 일본 오사카와 후쿠오카를 방문했을 때, 현지의 나이트클럽 사장으로부터 "손님들에게 술을 따르라"라는 접대를 요구받았다. 당대의 여성가수들이 활동하던 유흥업소가 어떤 공간이었는지를 극명하게 드러내는 사례이다.

> "나는 가수이지 호스티스는 아니었어요." 이는 최근 일본 각지의 나이트클럽 공연을 마치고 귀국한 햇병아리 가수 L양이 실토한 사연. 한국 싱어들의 이른바 재일교포 위문공연의 한 단편을 비춰 준 말이다. …… "술을 어떻게 따라요?" 하고 거부했다. 그러자 사장은 단번에 인상이 일그러지며 "이봐. 너의 사장(흥행회사)과는 그렇게 약속이 돼 있어. 왜 어기지. 그럼 좋아. 우리 클럽에선 그런 사람 필요 없으니 나가 주지" 하고 호통을 치는 것이었다.[49]

유흥업 현장에서의 비규범적 성애·성별 실천

워커힐 호텔의 전속 쇼단 등 당대 유명 인사들이 거쳐 간 시민회관 무대에,[50] 1965년 6월 25일 한 여성이 무대에 섰다. "토미 리 무어"라는 미국 이름을 가진 24세의 "이영길 양"이었다. 그녀는 어렸을 적 미군 부대의 "하우스 보이"로 지내다가 미군 상사 "콘렛 A. 무어"의 양자로 입양돼 미국으로 건너갔고, 그곳에서 스스로 "전혀 남성임을 느끼지 못"하고 "남성들만 보면 가슴이 울렁거리는" 자신을 발견하고는 줄곧 "여자 행세"를 해왔으며, 이것을 빌미로 양부로부터 버림받았다. 그녀는 1964년 8월부터 미국에서 스트립쇼에 출연해 돈을 벌다가, 자신의 지정성별assigned sex이 발각돼 현지 경찰에 의해 연행된 뒤 "자진 귀국" 형식으로 한국에 송환됐다.

이영길을 무대에 세운 사람은 다름 아닌 당대 최고의 코미디언 서영춘이었다. 서영춘은 당시 <여자가 더 좋아>(김기풍, 1965)라는 영화에서 여장남자를 연기했는데, 그 경험에 비추어 이영길에게 연민을 느끼게 되었고, 이에 그녀와 함께 시민회관 무대에 서기로 마음먹었다고 한다. 이영길의 소원은 "완전한 여자"가 될 수 있도록 "성전환수술"을 받는 것이었고, 그녀의 공연이 끝난 후 서영춘은 관객들에게 말했다. "여러분, 이 아가씨는 완전한 여성은 아니지만 보시는 바와 같이 분명한 여성입니다! 이 아가씨를 도와주십시오."[51]

2001년 데뷔한 가수 하리수 이전에 한국에서 유명 연예인과 함께 활동한 "분명한 여성"이 있었다는 사실은 다소 놀랍다. 그러나 위 기록이 증언하는 바와 같이, 당대의 유흥업소에는 시스젠더cisgender 이성애자 여성뿐만 아니라 비규범적 성애·성별 실천 당사자들 또한 존재했다. 물론, 유흥업 현장의 수많은 여성 중 연예인으로서 화려한 무대에 올라 자신의 기예를 뽐낼 수 있었던 사람은 소수에 불과했다.

여성뿐만 아니라 비규범적 성애·성별 실천 당사자들이 유흥업소 주변에서 종업원으로 일한 사례들은 많았다.[52] 1950년 음식점에서 '접대부'로 일한 여장남자를 시작으로,[53] 1960~70년대에는 주점의 '접대부',[54] 혹은 다방의 '레지'로 일했던 여장남자들의 존재가 꾸준

「고발: 마짜 떼자 전차, 남자끼리의 그 징그러운 서울 「보갈」족 —
역逆SEX 지대에서 탈출한 두 청년의 체험적 폭로」, 『주간경향』 203, 1972. 10. 22.

히 보고된다.[55] 여장을 하지 않은 남성의 경우에도 기지촌에서 미군
남성과 주기적인 성관계를 맺은 사례가 있고,[56] 1964년 성매매여성
과 내연 관계인 남장여자의 존재가 언론에 보도되기도 했다.[57]

유흥업소·성매매 집결지와 같이 성애화된 공간에서 비규범적 성
애·성별 실천 사례가 다수 보도됐다는 것은 다양한 질문을 가능하게
한다. 실제로 당사자들이 그곳에 많이 있었을 수도 있고, 당대 언론의
성적 낙인을 동반한 재현 방식이 유독 그곳의 사례들을 앞다투어 보
도하게 했을 가능성도 있다. 여기서 한 가지 흥미로운 것은, 현재까지
한국의 게이 게토gay ghetto로 기능하고 있는 종로·이태원이 공교롭게
도 당대의 성매매 집결지였다는 사실이다.[58] 예컨대, 게이와 트랜스
젠더 여성을 지칭하는 은어인 '보갈'이라는 용어가 현재까지 전해지
고 있는데, 이는 '성매매여성'을 뜻하는 비어卑語인 '갈보'를 뒤집은 말
이다. 이 말의 또 다른 유래로는 "성관계가 복잡한 사람들" "공인되

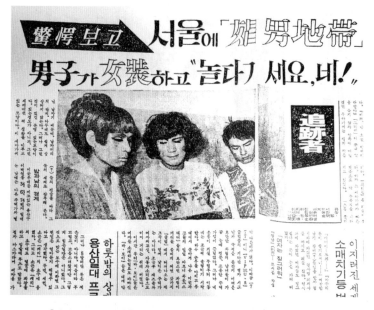

「경악 보고: 서울에 「창남지대」, 남자가 여장하고 "놀다 가세요, 네!"」,
『주간경향』 78, 1970. 5. 27.

지 못한 성性의 외로움, 빈번한 섹스, 게토화된 공간의 축축함" 등이
언급되는데, 이 역시 과거 '비규범적 성'을 수행하는 사람들이 함께
딛고 서 있던 공통의 사회적 조건을 암시한다.59

그런가 하면, 1968년에 '종삼'이라 불리던 종로3가의 성매매 집결
지가 일제히 철거된 후 그곳 성매매여성들 중 일부는 "콜걸"의 형태
로 성매매를 지속했는데,60 1970년대에 접어들자 이 지역에 들어선
것은 다름 아닌 게이들의 크루징cruising 장소로 활용된 극장과 그 주변
의 게이 업소들이었다.61 더불어, 1970년대 이래 가라오케カラオケ 반
주기가 보급되면서 유흥업소의 악단은 반주기로 차츰 대체됐는데,

이에 따라 한국에서 가장 큰 악기 종합상가였던 종로3가의 '낙원상가'가 쇠퇴하자, 이곳 악기 창고로 사용되던 공간에 게이 업소들이 자리 잡았다.[62]

그뿐 아니라, 당시 대표적인 기지촌 중 한 곳인 이태원 주변에서는 여장남자들이 미군을 상대로 성매매를 수행하기도 했다.[63] 아래 기사에 따르면 이 여장남자들의 수는 10명 내외였고, 소위 "스타"의 인기를 누리는 이들도 있었다고 한다.

> 스타의 인기 누리는 자도
>
> 잡아들여도 경찰은 골치
>
> …… 그중에서도 명진明珍이라는 아가씨(?)는 무서운 인기를 몰아왔다. 명진은 그 방면에서는 천부의 복(?)을 타고난 인물이다. 김명진은 '나나'라는 애칭으로 불리는 27세의 아가씨 아닌 청년이다. 아니 아가씨다. 남자의 성기를 가지고 있지만 8세 때부터 여장을 하고 다녔으며, …… 미모도 그런대로 갖추었다. 말씨며 모든 행동을 다른 창남들처럼 애써 꾸밀 필요도 없다. 그는 자연스럽게 그런 행동을 할 수 있었으며, 그런 식의 유희를 원하는 변태 성욕자들에게는 모든 게 갖춰진 이상적인 사나이다. 명진의 인기는 높을 수밖에 없다. 이태원동 일대의 그런 창남이 약 10명으로 추산되고 있으나 대부분 불경기에 떨어졌을 때도 명진만은 유독 그 빛을 잃지 않은 이유도 여기에 있다.[64]

음식점·다방·호텔·기지촌을 잇는 광범위한 유흥업과 성산업의 저변에서 비규범적 성애·성별 실천 당사자들은 성매매여성들과 유사한 성격의 낙인을 경험했다. 유흥업과 성매매가 이원젠더 구조의 성차별을 예리하게 드러내는 현장이라고 할 때, 그곳에 존재했던 여성들과 비규범적 성애·성별 실천 당사자들은 모두 그 성차별을 직간접적으로 경험하는 여성성 수행의 당사자들이었던 셈이다.

냉전과 유흥 — "굿거리good girl 춤"부터 "섹스간첩"까지

1950~60년대 "댄스홀"과 "카바레" 등은 원칙적으로 '접객부', 즉 "댄서"를 직접 고용하게 되어 있었다. 이 댄서들은 성매매여성들과 마찬가지로 '보건증'을 소지하고 성병 검사를 받아야 했다. 물론 유흥업소들의 운영 관행이 으레 그러하듯, 이 원칙은 잘 지켜지지 않았다. 업주들은 댄서를 정식으로 고용하지 않았고, 임의로 고용한 여성들을 마치 그녀들이 자발적으로 모인 것처럼 업소에 배치하는 "아르바이트"의 형태로 업소를 운영했다.[65]

1960년대 후반으로 들어서면 소울·사이키 음악의 등장과 함께, "고고댄스"라 통칭되는 '노 터치 댄스'가 크게 유행했다. 이는 어떤 형태로든 업소에 고용된 여성과의 '터치'가 있었던 종래의 사교댄스에 비해, 파트너 없이 혼자 출 수 있는 춤이었던 까닭에 보다 건전한 춤으로 취급되기도 했다.[66] 고고댄스의 열풍은 워커힐의 쇼에도 반영되었는데, 고고댄스로 새롭게 구성된 워커힐 하니비 쇼가 1970년대 중에 선보임으로써 그 인기는 절정에 달했다.[67] 가수들은 고고댄스를 추는 댄서들과 함께 무대를 꾸몄고,[68] 외국인 "고고걸"들이 내한공연을 갖기도 했다.[69] 이 음악과 댄스의 유행세는 급기야 1970년,

'노 터치 댄스'를 한국화하자는 데까지 이르게 된다. MBC의 코미디 프로그램 <웃으면 복이 와요>(1969~85)의 전속 안무가 김완률은 국산 '노 터치 댄스'를 창안하여, 이를 "굿거리 춤", 영어로는 "Good Girl/착한 여자"라고 명명했다.[70] 무대에서 몸을 흔드는 여성의 존재와 그들에게 쏟아지는 성적 대상화의 시선은 여전히 건재했다.

1971년 12월 6일 국가비상사태가 선포되고, 이에 앞서 10월 1일 「퇴폐풍조정화세부시행계획」이 공포되면서, 고고클럽은 대대적인 단속에 직면했다. 새벽 4시까지 가능하던 영업시간이 밤 11시로 제한되면서 일부 고고클럽들이 문을 닫는 한편,[71] 12월 10일부터 문화공보부·내무부·법무부·보건사회부·문교부·서울시 합동단속반이 단속에 나선 결과 "카바레, 나이트클럽, 바, 비어홀" 등 31개 업소가 임시 영업정지 및 경고 처분을 받았다.[72]

이듬해인 1972년에는 고고클럽을 둘러싼 범죄가 중점적으로 조명되었고,[73] 한 잡지에는 고고댄스가 젊은이들이 "울분을 발산하는 춤"이며, 세간의 오해와 달리 그 젊은이들이 대학생은 아닐 것이라는 내용의 좌담회 기사가 실리기도 했다.[74] 연예계·방송계에서는 "사치, 나약, 비탄조"를 추방할 것을 천명했고,[75] 고고클럽에 대한 정보를 제공하던 대중오락 잡지들은 "저속하고 과장된 광고와 퇴폐적이고 음란한 내용은" 일절 게재하지 않겠다는 결의를 지면에 싣기도 했다.[76]

유흥 문화에 얽힌 성에 대한 낙인은 종종 냉전 체제의 심급으로까지 확장되었다. 성을 불온한 것으로 재현하는 관습은 1950년대부터 이어지던 것으로, 해당 시기 소련의 "섹스간첩"의 존재가 과장되어 보도되는가 하면,[77] 미국 공무원들 중 400여 명이 동성애를 하는 "변

1972년 대대적인 단속에 직면한 고고클럽과 고고춤은,
1960년대만 해도 혼자서 출 수 있다는 이유로 건전한 춤으로 여겨지기도 했다.

태 성욕자"이며, 그들은 정부를 태업시키기 위해 소련의 사주를 받고 잠복한 존재들이라는 내용이 기사화되기도 했다.[78] 또한 성매매 집결지를 가리키는 "적선지대"赤線地帶라는 말은 홍등가의 풍경을 묘사한 것이기도 했지만, 이른바 '빨갱이'와 연결되는 이미지이기도 했다. 정작 소련 측에서 '누드'가 자주 등장하는 "옐로영화"는 곧 혁명이 일어날 수 없도록 하는 "부르주아사회"의 술책이라고 치부했던 것을 생각하면 흥미롭다.[79]

이런 시각은 1960년대 말에서 1970년대 초까지 이어졌다. 가령 한

...國産노터치 댄싱 '굿거리'춤

【IRL】노동복─ 안무가 金完律씨가 창산명계 보급중!

고고, 소울등 외래(外來)의 노터치 댄스
도심지 젊은이들의 주요무용 레퍼터리
되는 가운데 국내 대중무용계의 원로 M
C-TV의 안무가 金完律씨가 토속리듬
굿거리 장단에 맞춰 「굿거리」춤을 고
보급해서 화제。이태리의 국제무도협회
최근 등록된 「굿거리」 춤이란?

8분의 6박자

MBC-TV 인기 코미디 프로「웃으면 福이 와요」의 전속 안무가(按舞家)이자 전 쇼무용단을 이끄는 쇼안무가가 최근 우리 고유의 토속적인 사교춤을 개발·보급, 토속적인 장단을 개발해내어 화제가 되고있다.

씨는 쇼무용계의 리더로서 지난 30년간 「워커힐」스테이지에서 온갖 쇼무대의 안무를 도맡아 온 본인. 클래식 발레에서 모던 댄싱까지 뚝딱 국내 댄싱의 원로. 하나의 소재를 안무로 전달하는 코믹스타일의 유머 댄싱을 「웃으면 福이와요」를 통해 무용화를 늘 브라운관을 통해 쇼씨가 개발한 우스꽝스러운 면이 있었다.

안무가(按舞家) 경 씨는 30여년 동안 …

익살 제스처

코믹한 면을 최대

솔로·매치·그룹등

「고고 댄싱」으로시작, 서구(西歐)예서 붙어온 노터치 댄싱이 소울음악이니, 사이키 델릭 음악이니 하는 새음악 더불어 온갖 해괴한 이름과 함께 파생되는 실정이에요. 그러나 우리도 우리 고유 …

「세계에 퍼지는 국산 노 터치 댄싱 '굿거리' 춤 ― 국제무도협회엔 'GOOD GIRL'로 등록, 안무가 김완률 씨가 창안, 맹렬 보급 중」, 『주간경향』107, 1970. 12. 16.

국군이 베트남에 파병되어 있던 1968년, 『선데이서울』은 워커힐 호텔 근처를 배회하는 "유격창녀군"遊擊娼女軍, 즉 성매매여성을 가리켜 '베트남 공산주의자'를 의미하는 "베트콩"이라고 명명했다.[80] 이처럼 냉전 체제 아래에서 성 문제는 소위 상대 진영이 구사하는 "술책" 혹은 "간첩" "베트콩"에 즐겨 비유됐다. 한편 1967년 동백림 사건에 개입하기도 했던 "사상검사" 이종원은, 1969년 『주간경향』과의 인터뷰에서 "음란 범죄"에 대한 대대적인 단속을 예고하면서, "자유국의 붕괴를 초래한다는 점"에서 "에로와 공산당은 같"으며, "섹시 무

드는 이적利敵의 하나"라고 못 박았다.[81]

　그러나 성에 대한 국가의 통제는 대체로 임의적이고 성긴 것이었다. 정부의 퇴폐풍조 단속에도 불구하고 유흥 문화는 계속되었다. 유흥업소들의 유서 깊은 생존 전략에 따라, 댄스 플로어가 설치된 형태로 영업하던 조선호텔 지하의 '투머로우' 고고클럽은 1972년 5월 24일, 무대와 객석이 배치된 형태의 "나이트클럽"으로 업종을 변경한 후 재개장했다.[82] 미8군 무대로 데뷔해 유흥업소 무대에 섰던 여성가수들, 미군의 외화 및 외국인 관광 수익을 이유로 노골적으로 묵인된 기지촌, 그 밖에 사회 전반에 널리 퍼져 있던 유흥업소와 그곳에서의 성매매 관행, 그리고 그곳에서 살아가던 여성들과 비규범적 성애·성별 실천들 또한 존속했다.

"이것이 나의 가장 즐거운 시간"

아리랑 아리랑 고개는, 할렐루야

우리 님이 넘던 고개여, 할렐루야

그 고향 산천 고개는, 할렐루야

우리들이 가고픈 고개여, 할렐루야

They say Korean girl is nice, hallelujah

(한국 여자들은 착하지요, 할렐루야)

She eats lots of lots of rice, hallelujah

(쌀을 많이많이 먹지요, 할렐루야)

What the reason she's so nice, hallelujah

(그렇게 착한 진짜 이유는, 할렐루야)

She drinks sake with a rice, hallelujah

(밥 먹을 때 사케를 마시기 때문, 할렐루야)

1963년, 김시스터즈와 이난영이 미국의 유명 쇼 프로그램 <에드 설리번 쇼>The Ed Sullivan Show(CBS, 1948~71)의 무대에 함께 올랐다. 모녀와 조카로 구성된 이 네 명의 한국 여성들은, 이날 미국 관객들 앞에서 <노를 저어라, 마이클>Michael Row The Boat Ashore(1960)의 개사곡을 불렀다. 위 인용문은 이 날 이난영과 김시스터즈가 함께 부른 가사 일부이다.83 즉 이 무대는 '아리랑'으로 상징되는 민족주의적 국위선양의 이미지와, '사케'로 상징되는 '순종적인 동양(일본) 여자'라는 서구 남성들의 판타지를 적극 활용한 것이었다. 이처럼 '무대'란, 그곳에 오른 공연 당사자가 선보이고 싶은 것과, 그들을 바라보는 사람들의 욕망이 모두 투영되는 장소다. 무대 위에서 자신을 드러내고 연기하는 이들이 느꼈을 영광과 애수는, 동시에 무대 밖 관객들에게 매력적으로 포장되어 팔리는 상품이기도 했다.

1970년 5월 19일, 12년 만에 김시스터즈가 내한했을 때, 당시 언론은 "환락가 미국 라스베이거스에서도 손꼽히는 디저트 호텔 나이트클럽에서 주 2만 달러(약 100만 원)를 받고 일하고 있을 만큼 세계 무대의 귀염둥이로 성장"했다며 그녀들의 동정을 대서특필했다. 그들의 모친이자 고모인 이난영은 김시스터즈가 미국에 있던 1965년에 유명을 달리했고, 임종을 지키지 못한 김시스터즈는 관중으로 가득 찬 시민회관에서 이난영의 히트곡인 <목포의 눈물>을 부르며 눈물을 쏟았다. 세계적인 스타로 일약 발돋움한 비결을 묻는 기자들의 질문에, 자매는 다음과 같이 말했다. "무대에선 항상 '이것이 나의 가장 즐거운 시간'이라 생각하면서 노래하라는 엄마의 가르침을 조금도 잊지 않고 순종했던 결과로 봅니다."[84]

당대 여성연예인들에게 무대란 과연 어떤 공간이었을까. 앞서 보았듯, 그들이 활동했던 유흥업소는 성매매와 '접객' 문화, 그로 인한 성적 낙인이 교차하던 곳이었다. 여성연예인들은 그 문화와 낙인으로부터 자유로울 수 없었으며, 그곳의 바깥에도 그녀들을 '한국 여성'으로 규정하려는 젠더규범들이 거미줄처럼 얽혀 있었다. 무대에 선 그녀들의 모습은 사람들의 요구에 떠밀린 것이었든 스스로가 원한 것이었든, 다분히 성애화된 것이었고 여성성을 과잉 재현했다. 그런 한계를 감당하면서까지 당대 '디바'들이 몸소 열정을 쏟던 화려한 무대란 과연 어떤 의미였을까.

김시스터즈보다 5년 앞서 시민회관 무대에 올랐던 이영길은 관객들 앞에서 "연붉은 가운"을 입고 "경쾌한 밴드의 리듬 속에 숨 가쁜 춤"을 추었다. 공연이 끝나자, 관객들은 그녀에게 우레와 같은 박수갈채를 보냈다. 미국에서 양부에게 버림받고 경찰에 넘겨져 한국으로 추방당할 때에도 포기할 수 없었던 '여자이고 싶다'는 꿈을 지닌 그녀가 시민회관 무대에서 갈채를 받을 때,[85] 그 순간 그녀는 세상이 잠시 자신의 것이 되는 선경仙境을 보았을 것이다.

유흥업소 무대와 무대 바깥의 업소에서 활동했던 당대 여성들과 비규범적 성애·성별 실천 당사자들은 성산업의 광범위한 저변과 성적 대상화, 섹스어필에 대한 냉전적 시선으로부터 결코 자유롭지 않

남女子가 되고싶어

쇼舞臺에 선 '스트립퍼' 君

美國서 돌아온 李君 어제 市民會舘서 「데뷰」

觀客들 同情의 拍手

徐永春氏가「픽·업」…後見人으로 돌보겠다고

所望은 "빨리 性轉換手術을"

◇예기치 않았던 무대. 「코미디언」 서영춘씨가 「이상한 아가씨」를 소개하고있다. 〈시민회관에서〉

1965년 6월 25일, 이영길이 코미디언 서영춘의 소개로 시민회관 무대에 올랐다.
「쇼 무대에 선 스트리퍼, "소망은 빨리 성전환 수술을" — 미국에서 돌아온 이 군」,
『조선일보』, 1965. 6. 26.

았다. 하지만 무대 위에서 여성성을 과잉 재현하는 방식으로 존재할지라도, 그녀들에게 '무대'는 모든 사회적 악조건과 소문들 가운데 비로소 자기 자신으로서 우뚝 설 수 있는 드문 순간을 제공했다. 무대에서 느낀 '무언가가 해소되는 듯한 감동'은 무대 바깥의 온갖 억압의 중층들과 분리될 수 없었겠으나, 그 억압의 조건들은 거꾸로 그녀들의 무대를 더욱 절박하고 소중한 것으로 만들었다.

무대 위의 '디바'들은 제한된 운신의 폭 가운데에서도, 오직 무대에서만큼은 스스로를 매혹적으로 드러내 보이고, 보는 이들을 압도할 수 있었다. 무대를 둘러싼 온갖 정치적·사회적·문화적 규범과 이데올로기들이 교차하는 가운데, 당대 여성 및 비규범적 성애·성별 실천 당사자들의 눈에 비친 '디바'의 무대는 더없는 선망의 대상인 동시에, 그들이 겪는 것과 비슷한 사회적 조건과 성적 낙인을 암시하는, 그리하여 묘한 동질감을 불러일으키는 장면이었을 것이다. 그 무대에서 마치 섬광처럼 보였던 '선경'의 찰나들이, 어쩌면 여기 오늘날에도 의외의 몸들이 발명해 내는 수많은 무대들 가운데 거듭 도래하고 있을지 모른다.

> 이태원 클럽을 많이 다녔는데, 제가 스테이지에 올라가서 춤을 췄으니까 자연스럽게 많은 사람 눈에 띄었죠. …… 게이들의 마음속에 응어리진 끼를 대신 풀어 준달까요? 어떤 분이 그러더라고요. "보는 것만으로도 일주일 동안 묵었던 끼가 풀리는 것 같다"고. 그 말을 듣고 기분이 정말 좋았어요. 그런 점에서 저를 좋아해 주시는 것 같아요. …… 유명한 여자가수인 엄정화, 이효리 씨를 많이 따라 하는 편입니다. 퀴어 퍼레이드 시즌에 이효리 씨의 <미스코리아> 의상을 갖춰 입고 클럽에 가서 공연을 했는데, 그날은 정말 잊을 수가 없어요.86

1 신현준·이용우·최지선,『한국 팝의 고고학 1960 — 한국 팝의 탄생과 혁명』, 한길아
트, 2005, 7~9장 참조.

2 "레비스트로스는 원시적 호혜성 이론에 결혼이 선물 교환의 가장 기본적인 형태라
는 생각을 덧붙이면서, 결혼에서 가장 소중한 선물은 바로 여성이라고 말한다. 그는
근친상간에 대한 금기는 그러한 교환이 가족들과 집단들 사이에서 이루어지도록 보
장해 주는 일종의 메커니즘으로 볼 때라야 가장 잘 이해될 수 있다고 주장한다. ……
여성이라는 선물의 결과는 여타 선물 상호작용의 결과보다 더 심대하다. 왜냐하면 여
성교환에 따라 생성되는 관계는 단지 호혜관계에 불과한 것이 아니라 친족의 하나이
기 때문이다. 파트너를 교환함으로써 인척관계가 성립되며, 그들의 자손은 피로써 연
결된다. …… 여성들이 선물이라면, 파트너를 교환하는 사람은 남성들이다. 그리고
상호교환으로 사회적 연계라는 거의 신비스러운 힘을 부여하는 대상은 선물이 아니
라 바로 그 파트너들이다. 이런 체계의 관계들이 그러하므로, 여성들에게는 자신의
교환으로 혜택을 누릴 수 있는 입지가 전혀 없다. 남성이 여성을 교환하도록 관계가
지정되는 한, 그런 교환에서 나온 산물 ― 사회적 조직 ― 의 수취인은 남성이다." 게
일 루빈,『일탈 ― 게일 루빈 선집』, 임옥희·조혜영·신혜수·허윤 옮김, 현실문화,
2015, 108~110쪽 및 1장 참조. (중략은 인용자의 것, 이하 동일)

3 샌드라 하딩은 '젠더'를 다음 세 가지 측면으로 구분했는데, 첫째는 언어와 상징 차원
에서 작동하는 젠더 상징주의, 둘째는 노동의 성별분업 등 사회적 행동에 개입하는 젠
더 구조, 셋째는 개인의 정체성 수행에 해당되는 개인적 젠더가 그것이다. 샌드라 하
딩,『페미니즘과 과학』, 이재경·박혜경 옮김, 이화여자대학교 출판부, 2002, 24~25쪽.

4 「장고와 가야금·째즈의 세계일주 ― 미국 간 김시스터즈의 최근 소식」,『명랑』49,
1960. 1, 110~114쪽;「김시스터즈 무대와 굿바이 ― 손목인 씨가 보내온 재미 우리 연
예인 소식」,『주간경향』34, 1969. 7. 13, 12~13쪽;「금의환향한 세계적 보컬 트리오 김
시스터즈 ― 12년 만에 목 놓아 부른 모정 엘리지」,『명랑』174, 1970. 8, 136~141쪽.

5 정홍택, 「특집: 해외의 한국학자·예술가 ─ 연예, 자리 잡혀가는 인기」, 『신동아』 24,
   1966. 8, 292~295쪽; 「하일라이트 ─ 두 번째 동남아 순회공연 앞둔 「점블스」」, 『선데
   이서울』 16, 1969. 1. 12, 38~39쪽; 「하일라이트: 라스베가스행 꿈속의 펄시스터즈 ─
   데뷔 1년 만에 스타로」, 『선데이서울』 33, 1969. 5. 11, 44~45쪽; 「방콕서 노래하는 한
   국의 미녀 ─ 쉘리 리(이유림) 인기 끌어 계약 연장 공세도」, 『선데이서울』 43, 1969. 7.
   20, 33쪽; 「연예 화제: 라스베가스로 가는 한국의 6남매 ─ 춤 노래 연주와 코메디 상연
   1년 계약」, 『선데이서울』 63, 1969. 12. 7, 24~25쪽; 「ZOOM UP ─ 동경 스테이지의
   김상희」, 『주간경향』 88, 1970. 8. 5, 49쪽; 「동경 간 펄시스터즈 '쥰과숙'으로 활약 ─ 「
   CBS-소니」와 2년 전속 계약까지 맺은 그 현지 생활의 전부」, 『주간경향』 195, 1972. 8.
   27, 26~27쪽; 「돌아온 「펄시스터즈」 ─ "동경의 인기" 잠시 고국 팬 곁으로」, 『주간경
   향』 198, 1972. 9. 17, 9쪽; 「표지 아가씨와의 미니데이트: 펄시스터즈 ─ 은상 탄 것은
   여러분 응원 덕, 첫 곡 일본서 반응이 좋대요」, 『주간경향』 207, 1972. 11. 19, 36쪽.

6 신현준·이용우·최지선, 앞의 책, 24~35쪽.

7 「금의환향한 세계적 보컬 트리오 김시스터즈 ─ 12년 만에 목 놓아 부른 모정 엘리지」,
   『명랑』 174, 1970. 8, 138쪽.

8 「장고와 가야금·째즈의 세계일주 ─ 미국 간 김시스터즈의 최근 소식」, 『명랑』 49,
   1960. 1, 111쪽.

9 「7세부터 재즈곡으로 이국 병사 뇌살시킨 박활란 ─ 미8군 스테이지 누비는 14세 소
   녀가수」, 『명랑』 178, 1970. 12, 196쪽.

10 「「스타 탄생의 날」에 신인 18명 등장」, 『동아일보』, 1963. 11. 16.

11 「라스베가스로 가는 한국의 6남매 ─ 춤 노래 연주와 코메디 사연 1년 계약」, 『선데
   이서울』 63, 1969. 12. 7, 24쪽.

12 「니그로 가수의 구혼에 당황했던 그 밤…… ─ 노래의 집시 10년, 리마 김의 체험적
   세계 주유기」, 『주간경향』 132, 1971. 6. 16, 14쪽.

13 「하일라이트: 라스베가스행 꿈속의 펄시스터즈 ─ 데뷔 1년 만에 스타로」, 『선데이
   서울』 33, 1969. 5. 11, 44쪽.

14 「동경 간 펄시스터즈 '쥰과숙'으로 활약 ─ 'CBS-소니'와 2년 전속 계약까지 맺은 그

현지 생활의 전부」, 『주간경향』 195, 1972. 8. 27, 26쪽.

15 「연예계 정보: 눈요기, 귀요기 「시스터즈」 풍년 — 인기여성 보컬·팀의 그 신상명세서를 펼쳐 보면」, 『선데이서울』 132, 1971. 4. 18, 28~29쪽.

16 「금의환향한 세계적 보컬 트리오 김시스터즈 — 12년 만에 목 놓아 부른 모정 엘리지」, 『명랑』 174, 1970. 8, 138쪽.

17 「장고와 가야금·째즈의 세계일주 — 미국 간 김시스터즈의 최근 소식」, 『명랑』 49, 1960. 1, 112쪽.

18 「동경 간 펄시스터즈 '쥰과숙'으로 활약 — 'CBS-소니'와 2년 전속 계약까지 맺은 그 현지 생활의 전부」, 『주간경향』 195, 1972. 8. 27, 27쪽.

19 1956년 창간한 월간지 『명랑』은 스스로를 "오락 잡지의 선구자" "대중오락 잡지의 개척자"라 명명했고, 1960년대 말 주간지 붐에 힘입어 창간된 『선데이서울』 또한 "어디를 들춰 봐도 재밌는" 대중오락 잡지로 평가되었다. 김지영, 「1950년대 잡지 『명랑』의 '성'과 '연애' 표상」, 『개념과 소통』 10, 한림대학교 한림과학원, 2012, 175쪽; 박성아, 「『선데이서울』에 나타난 여성의 유형과 표상」, 『한국학연구』 22, 인하대학교 한국학연구소, 2010, 161쪽.

20 「팝·싱거 낸시·리 「워커힐 쇼」에 컴백하다」, 『명랑』 178, 1970. 12, 208~210쪽; 「'12일간의 단꿈'…… 가수 최영의 허망한 국제결혼 — 미국인 억만장자 '필립스'와 깨어진 사랑의 내막 전부」, 『주간경향』 117, 1971. 3. 3, 12~14쪽.

21 「인생유전 13년의 기록 — 돌아온 유랑의 가수 박단마, '내 나라 사람 무서워 못 왔었다'」, 『주간경향』 80, 1970. 6. 10, 20쪽.

22 「본지 독점: '펄시스터즈'의 고백적 수기 — '구설'과 악몽, 해운대의 나흘」, 『주간경향』 28, 1969. 6. 1, 21쪽.

23 「신풍속 일러스트 르포 — 밤이면 탈바꿈 고급의상 살롱, 패션에다 술과 갬블과 그리고」, 『주간경향』 78, 1970. 5. 27, 38~39쪽. 일반음식점 허가를 받고 살롱을 운영하며 술을 팔았던 경우, 해당 업장은 경찰에 의해 즉결심판에 넘겨지기도 했다. 「업태 위반 음식점 22개소를 즉결에」, 『동아일보』, 1968. 5. 25. 당시에 일반적으로 행해졌던 유흥업소의 '업태 위반' 사례에 대해서는 김대현, 「1950~60년대 유흥업 현장과 유흥

업소 종업원에 대한 낙인」, 『역사문제연구』 39, 역사문제연구소, 2018, 2장 1절 참조.

24 「특별조사: 아가씨의 유혹받는 살롱가 MC들 ― 그들의 신상, 수입, 인기의 비결은」, 『선데이서울』 131, 1971. 4. 11, 26~27쪽; 「특별조사: 「쇼」하는 맥주홀에 손님이 와글와글 ― 생겼다 하면 「홀」 어떻게 장사하길래」, 『선데이서울』 133, 1971. 4. 25, 80~81쪽.

25 「1급 정보: 패티 김, 길옥윤의 살롱 개업작전 ― 파레스호텔 200평에 딜럭스판으로」, 『선데이서울』 74, 1970. 3. 1, 24~25쪽; 「연예·방송: 타령조 살롱 차린 김세레나 ― 주유소 할까 잠수선 살까 망설인 끝에」, 『선데이서울』 78, 1970. 3. 29, 18~19쪽; 「특별조사: 스타 부업, 그 집의 술값·음식값 ― '나이트·클럽' '살롱' '통닭집'의 무드와 특징」, 『선데이서울』 98, 1970. 8. 16, 18~19쪽.

26 「전면광고: 일급정보 ― 가수들의 뒷골목 수입을 파헤쳐 본다, 연 100만 원부터 연 3000만 원까지의 수입의 흑막!」, 『선데이서울』 174, 1972. 2. 6, 83쪽.

27 「특별조사: 여자+술+무드에 좋아 좋아 하다가 ― 「살롱」선 얼마쯤 털리면 신사냐」, 『선데이서울』 26, 1969. 3. 23, 20~21쪽.

28 「특별조사: 홀랑 벗고 춤추면 유혹도 많아 ― 살롱가에 진출한 스트리퍼들의 생활과 수입」, 『선데이서울』 136, 1971. 5. 16, 24~25쪽.

29 「남성에겐 천국, 호스테스 아파트 ― 20대 미혼 아가씨들만 모여 사는 이색 아파트」, 『선데이서울』 186, 1972. 4. 30, 18~19쪽.

30 「"새해엔 벗지도 벗기지도 마셔요, 네": 서비스업체의 아가씨들이 말하는 손님 훈 ― 호스테스」, 『선데이서울』 118, 1971. 1. 3, 34~35쪽.

31 「여대생 호스테스의 꿈과 고민과 현실 ― 가정교사 한다고 가족과 애인을 속여 가며」, 『선데이서울』 189, 1972. 5. 21, 15쪽.

32 일제시기 이래 법령에 존재했던 '예기' '작부' 등의 명칭은 「식품위생법」에서 '접객부' 등으로 이어졌다. 한국이 법령 및 행정규칙을 통해 유흥업소 여성종업원을 어떻게 명시적으로 관리해왔는가에 대해서는 박정미, 「한국 성매매정책에 관한 연구 ― '묵인-관리 체제'의 변동과 성판매여성의 역사적 구성, 1945~2005년」, 서울대학교 박사논문, 2011 참조. 더불어 일제시기 유흥업의 존재 양태와 총독부의 관리 정책에 대해서는 박정애, 「총동원체제기 조선총독부의 '유흥업' 억제정책과 조선의 접객업 변동」,

『한일민족문제연구』17, 한일민족문제학회, 2009 참조.

33 김대현, 「1950~60년대 유흥업 현장과 유흥업소 종업원에 대한 낙인」, 『역사문제연구』39, 역사문제연구소, 2018, 2장 2절 참조.

34 박정미, 「한국 기지촌 성매매정책의 역사사회학, 1953-1995년 — 냉전기 생명정치, 예외상태, 그리고 주권의 역설」, 『한국사회학』49-2, 한국사회학회, 2015.

35 「뉴스의 배후: 드러난 구직 아가씨 매매 비밀조직 — 구인광고로 찾아오는 아가씨 낚아 윤락가에」, 『선데이서울』115, 1970. 12. 13, 16~17쪽; 「"형부, 형부" 따르던 처제를 창녀촌에 — 취직 부탁하자 뚜장이에게 팔아」, 『선데이서울』177, 1972. 2. 27, 20~21쪽; 「쇼킹 고발: 올봄에 소녀 50명 팔았다, 자백한 여인도 — 무작정 상경에서 윤락의 함정까지, 드러난 서울역 주변 "인육 시장"의 진상」, 『주간경향』183, 1972. 6. 4, 38~39쪽.

36 손정목, 「서울 도시계획 이야기8 — 동부 서울 개발을 선도한 워커힐 건설」, 『국토정보』176, 국토연구원, 1996. 12, 114~124쪽.

37 신시아 인로, 「매매춘의 동반자들」, 산드라 스터드반트·브렌다 스톨츠퍼스 엮음, 『그들만의 세상 — 아시아의 미군과 매매춘』, 김윤아 옮김, 잉걸, 2003, 33~39쪽.

38 「김형찬의 대중음악 이야기(13) 만능연예인 윤복희(상)」, 『국제신문』, 2016. 4. 4.

39 워커힐30년사편찬위원회, 『워커힐 30년사, 1963~'93』, 워커힐, 1993, 112~116쪽; 「연예 화제: 일본 원정 떠나는 8인의 쇼걸 — 「워커힐」과 자매 맺은 「후지미랜드」」, 『선데이서울』73, 1970. 2. 22, 20~21쪽.

40 「하일라이트 — 두 번째 동남아 순회공연 앞둔 「점블스」」, 『선데이서울』16, 1970. 1. 12, 38쪽.

41 「『플레이·보이』지에 한국 아가씨의 누드: '워커힐'에서 노래 부르는 가수 — 그 이름 김미자」, 『주간경향』6, 1968. 12. 12, 72~73쪽.

42 「추적자 2: 기생파티가 최고더라, 외화수입의 '인기품목' — 일인 관광객이 서울 와서 즐긴다는 「나이트 라이프」의 이색지대」, 『주간경향』195, 1972. 8. 27, 34~35쪽; 이하영·이나영, 「'기생관광' — 발전국가와 젠더, 포스트식민 조우」, 『페미니즘 연구』15-2, 한국여성연구소, 2015.

43 「특집, 위험한 청춘: 「아케이드」 아가씨의 '콜걸' 조직 — 외국인 손님에게 낮엔 물건 팔고 밤엔 몸 팔아」, 『선데이서울』 139, 1971. 6. 6, 16~17쪽; 「호텔과 콜걸, 그 신형 비밀 조직의 내막: 프론트-포주-여자들-고객에 이르는 다각적 수법 점검」, 『주간경향』 148, 1971. 10. 6, 18~19쪽; 「"날씨 좋으면" '호텔'로 차를 몬 숙녀들 — 서울의 007 '콜걸' 패는 '대한남아' 외면했는데」, 『선데이서울』 160, 1971. 10. 31, 20~21쪽; 「쇼킹 내막: 드디어 빨가벗기운 일류호텔 콜걸망 — 악덕 포주는 폭력 전과자, 석 달 동안 4000여 불 벌어들인 여덟 아가씨는 부채만」, 『주간경향』 190, 1972. 7. 23, 32~33쪽.

44 「이 강산 좋을시고: '워커힐'에 '베트콩' 있다 — 그러나 안심하셔요 그것은 유격창녀군」, 『선데이서울』 5, 1968. 10. 20, 56쪽.

45 반성매매인권행동 이룸·역사문제연구소 인권위원회(김대현·김아람·장원아·한봉석), 『청량리 — 체계적 망각, 기억으로 연결한 역사』, 이룸, 2018, 81~88쪽.

46 「"날씨 좋으면" '호텔'로 차를 몬 숙녀들 — 서울의 007 '콜걸' 패는 '대한남아' 외면했는데」, 『선데이서울』 160, 1971. 10. 31, 20쪽.

47 노재명, 『신중현과 아름다운 강산』, 새길, 1994, 42~43쪽.

48 「봄의 연예가·와이드특집: 사이곤에서 보내온 송민도의 기막힌 사연 — 그녀는 월남에서 과연 무엇을 하고 있을까?」, 『주간경향』 19, 1969. 3. 30, 14~15쪽.

49 「놀랐지 정보: 접대부냐 가수냐, 도일 가수 — 일본공연 갔다 온 신인 가수의 고백」, 『주간경향』 128, 1971. 3. 21, 115쪽.

50 「워커힐 전속 쇼단 시민회관서 공연」, 『중앙일보』, 1967. 9. 16.

51 「미국서 스트립 생활한 고아, 성전환 수술 돈 없어 못해. 누가 내게 온정을……」, 『조선일보』, 1965. 6. 25; 「쇼 무대에 선 스트립퍼, "소망은 빨리 성전환 수술을" — 미국에서 돌아온 이 군」, 『조선일보』, 1965. 6. 26.

52 김대현, 「1950~60년대 유흥업 현장과 유흥업소 종업원에 대한 낙인」, 『역사문제연구』 39, 역사문제연구소, 2018의 3장 참조.

53 「화제의 주인공 조영희 군 까까중 접대부」, 『경향신문』, 1950. 2. 4; 「여장미남 「조 군」의 전일담」, 『경향신문』, 1950. 2. 7.

54 「돋보기 — 정체 드러난 여장 접대부」, 『경향신문』, 1966. 5. 23; 「여장 20대 청년 동

침하다 들통」, 『경향신문』, 1975. 11. 25.

55 「여장으로 5년간 <레지> 노릇한 소년, 취직시켜달라고 경찰에」, 『동아일보』,
1957. 12. 22; 「여장남자 다방종업원, 2명 즉심」, 『경향신문』, 1979. 6. 14.

56 류승, 「여자보다 좋았다 — 어느 동성애욕자의 폭로적 고백수기(5)」, 『부부』 5-4,
1965. 4, 253~255쪽.

57 「쇠고랑 찬 남장여인 — 양공주 출신의 3인조, '처' 데리고 미군 등쳐」, 『조선일보』,
1964. 3. 3.

58 김대현, 「1950~60년대 한국의 여장남자 — 낙인의 변화와 지속」, 만인만색연구자
네트워크, 『한뼘 한국사 — 한국사 밖의 한국사』, 푸른역사, 2018, 139~140쪽.

59 김대현(터울), 「종로3가 게이 게토와 게이커뮤니티의 위치」, 『친구사이 소식지』
99, 2018. 9. 30.

60 「콜걸로 들끓는 서울의 여관·호텔 — 사회정화 위한 고발, 종3 폐지 그 후」, 『주간경
향』 35, 1969. 7. 20, 76~78쪽; 「풍속르포 '종삼': 무허가 직업소개소 200여 개나 몰려 —
구 창녀가 전화 놓고 어엿한 주인 행세」, 『주간경향』 81, 1970. 6. 17, 84~85쪽; 「특별조
사: 종삼 이후 서울의 탕아와 밤의 여인 — 이래도 좋은가 번져가는 윤락의 실태」, 『선
데이서울』 114, 1970. 12. 6, 14~16쪽; 「뉴스 특집: 여자도 마음먹기 따라선 — 종로 밤
의 여왕 '민마담'이 잡혔는데, '콜걸' 왕초 20년에 사내들은 모두 내 사위라더니」, 『선데
이서울』 129, 1971. 3. 28, 18~19쪽.

61 김대현(터울), 「종로3가 게이 게토와 게이커뮤니티의 위치」, 『친구사이 소식지』
99, 2018. 9. 30.

62 「'전설의 명인을 찾아서' 인터뷰록 원본」, 『선계이서울 — 지보이스 스토리북 창단
17주년 특별판』, 2019. 9, 76쪽.

63 이에 대해서는 루인, 「캠프 트랜스 — 이태원 지역 트랜스젠더의 역사 추적하기,
1960~89」, 『문화연구』 1-1, 한국문화연구학회, 2012.

64 「경악 보고: 서울에 '창남지대' — 남자가 여장하고 "놀다가세요, 네!"」, 『주간경향』
78, 1970. 5. 27, 80~81쪽.

65 김대현, 「1950~60년대 유흥업 현장과 유흥업소 종업원에 대한 낙인」, 『역사문제연

구』 39, 역사문제연구소, 2018, 62~64쪽.

66 김상우, 『스트리트 댄스 ─ 현대 대중 무용의 역사』, 좋은땅, 2014의 3장 1절 참조.

67 「연예·방송: 고고춤을 추는 금발의 8인조 아가씨 ─ 음악과 '패션'을 곁들인 시민회
관 무대」, 『선데이서울』 81, 1970. 4. 19, 20~21쪽.

68 「리마 김의 서울스테이지 ─ 리마 김과 와일드·캐츠」, 『주간경향』 133, 1971. 6. 23,
52~53쪽.

69 「미국인 고고걸, 서울에 첫선」, 『주간경향』 73, 1970. 4. 22, 6~7쪽.

70 「세계에 퍼지는 국산 노터치 댄싱 '굿거리' 춤 ─ 국제 무도협회엔 'GOOD GIRL'로
등록, 안무가 김완률 씨가 창안, 맹렬 보급 중」, 『주간경향』 107, 1970. 12. 16, 12~13쪽.

71 「주간 스포트: 뒷골목 ─ 된서리에 쩔쩔매는 '고고·클럽'」, 『선데이서울』 158, 1971.
10. 17, 74쪽. 물론 이전에도 클럽에서의 '누드 댄스' 등에 대한 단속은 간헐적으로 진
행되었다. 「누드로 춤을 추는 비밀 홀이 어디냐 ─ 일제 단속에 장바구니 낀 가정주부
도」, 『선데이서울』 154, 1971. 9. 19, 24~25쪽.

72 「'커튼'에 얼굴 묻고 "슬로 퀵퀵" 하더라 ─ 퇴폐풍조 단속반이 환락의 밤을 덮쳤더
니」, 『선데이서울』 168, 1971. 12. 26, 14~15쪽.

73 「폭력과 겁탈이 휩쓴 '고고'의 밤 ─ 깨진 컵으로 위협, 알몸으로 벗기고 밤새도록 난
행」, 『선데이서울』 187, 1972. 5. 7, 20~21쪽.

74 「YOUNG ZONE: 울분 토하는 고고가 아니라 기쁨에 뛰노는 댄스로 ─ 대학 유일을 자
랑하는 서강인 '프로미네이드' 회원들」, 『주간경향』 188, 1972. 7. 9, 42~43쪽.

75 「사치·나약·비탄조는 저만큼 가라 ─ 연예·방송계에 부는 새바람」, 『선데이서울』
168, 1971. 12. 26, 28~29쪽.

76 「언론 자율정화에 관한 결의 ─ 한국주간신문협회 『선데이서울』」, 『선데이서울』
170, 1972. 1. 9, 13쪽.

77 「본지 독점, 세계의 화두: 공포의 애욕 ─ 지상 최대의 섹스간첩 전모」, 『명랑』 46,
1959. 10, 162~164쪽.

78 「미 관리 변태성욕자 다수」, 『동아일보』, 1950. 5. 22.

79 「주간 스포트: 누드는 자본사회의 혁명 방지책 ─ 소련 언론인들 공산주의식 결론」,

『선데이서울』78, 1970. 3. 29, 84쪽.

80 유흥업소에 고용된 성매매여성은 "정규군"正規軍이라 불렸다. 「이 강산 좋을시고: '워커힐'에 '베트콩' 있다 — 그러나 안심하셔요 그것은 유격창녀군」, 『선데이서울』 5, 1968. 10. 20, 56쪽.

81 「에로에 선전포고, 사상검사 이종원 — 음란범죄 단속반 지휘자가 그리는 '해부도' 는」, 『주간경향』 34, 1969. 7. 13, 10~11쪽.

82 「뒷골목 — 투머로우 나이트클럽 고고 형태 벗고 새 출발」, 『선데이서울』 191, 1972. 6. 4.

83 김시스터즈의 미국 활동을 다룬, 필자와 동명이인인 김대현 감독의 다큐멘터리 <다방의 푸른 꿈>(2015)에서 발췌했다.

84 「금의환향한 세계적 보컬 트리오 김시스터즈 — 12년 만에 목 놓아 부른 모정 엘리지」, 『명랑』 174, 1970. 8, 141쪽.

85 「쇼 무대에 선 스트립퍼, "소망은 빨리 성전환 수술을" — 미국에서 돌아온 이 군」, 『조선일보』, 1965. 6. 26.

86 임근준 외, 「이 구역의 막장 여왕은 나야 — 앤초비 오일」, 『여섯 빛깔 무지개 — 본격 LGBT 휴먼 사이언스 로맨틱 다큐멘터리』, 워크룸프레스, 2015, 402~408쪽.

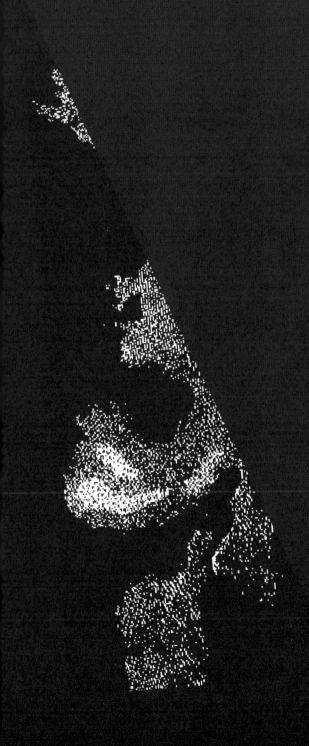

2

'톰보이'와 '언니부대'의 퀴어링[1]

1980년대 '이선희 신드롬'과 '치마가 불편한 여자들'

한채윤

이 글은 어느 TV 칼럼니스트가 쓴 「양희은, 이선희, 이상은, 엠버」라는 칼럼의 한 문장에서 시작됐다. 그는 그 글에서 '에프엑스'f(x)의 멤버인 엠버를 '여자답지 않다는 이유로' 괴롭히는 대중의 반응을 두고, "엠버를 대하는 한국 사회의 시선은 이선희와 이상은을 경험한 나라치곤 폭력적이기 짝이 없다"[2]라며 한탄했다. 이 구절을 읽는 순간, 머리를 한 대 맞은 듯했다. 정말 그러하지 않은가. 이미 1980년대에 대표적인 '톰보이'tomboy 스타일의 가수 이선희와 이상은을 최고 스타의 반열에 올려놓았던 이 나라는 어찌하여 2010년대의 아이돌 스타인 엠버에 대해서는 이렇게까지 무례하단 말인가. 과거에 비해 '남자 같은 여자'에 대한 사회적 포용이 줄어든 탓일까. 아니, 애초에 '포용'이 있었다는 전제가 맞는 것일까. 과거에 톰보이 스타에 대한 거부감이나 무례함이 적었던 것은 과연 포용력 때문이었을까. 나는 꼬리를 물고 이어지는 질문들 속을 헤매다가 질문의 방향을 바꿔 보기로 했다.

1980년대에 이선희와 이상은은 어떻게 당대의 성별규범을 어기고도 스타가 될 수 있었을까. 여성가수에게는 금기사항이었던 '안경'을 쓰고 '바지'를 입고 '넥타이'까지 맸던 이선희는 어떻게 한국 대중음악사에서 최초의 '언니부대'를 만들어 내며 시대의 아이콘이 될 수 있었을까. 또 1980년대와 2000년대의 톰보이에 대한 반응이 이토록 달라진 이유는 무엇일까. 이 글은 이런 질문들에 대한 답을 찾기 위해 1980년대 '이선희 신드롬'을 중심으로 한국 톰보이 스타일 가수들의 활약과 계보를 살펴볼 것이다.

'탈코르셋'의 원조, 이선희 신드롬

이선희는 1984년 7월 29일, 제5회 MBC <강변가요제>(1979~2001)를 통해 데뷔했다. <J에게>라는 노래로 대상을 탔고, 바로 그다음 날부터 수많은 사람들의 사랑을 받는 초특급 스타가 되었다.[3] 압도적으로 뛰어난 그의 가창력에 기반을 둔 이 인기 몰이는 불과 데뷔 5개월 만에 MBC 연말 가요 시상식에서 '올해의 최고 인기가요상' '올해의 신인 가수상' '올해의 10대 가수상'을 동시에 수상하는 신기록으로 이어졌다. 바지와 넥타이, 그리고 안경으로 대표되는 이선희의 독보적인 스타일은 '이선희 신드롬'을 탄생시켰다.

흔히 이선희를 '보이시하다'라든지 '바지를 입은 여성가수' 정도로 표현하지만, 역사적으로 보자면 1984년 이선희의 등장은 그전까지 한국 사회에서 단 한 번도 본 적 없는, 누구도 상상해 본 적 없는 새로운 여성가수의 탄생이었다. 이는 '어느 연예인이 특정 패션을 유행시켰다' 정도로 평가하고 끝낼 일이 아니다. 여기에는 이제 갓 스물을 넘긴 여성이 당대 여성에게 부과되는 성별규범을 거부하며 오로지 '자기다움을 지키고 싶다'라는 이유 하나로 사회적 고정관념에 저항했고, 마침내는 자신의 모습을 모두가 인정하도록 대중과 사회를 길들인다는 놀라운 서사가 깔려 있다. 이선희는 2001년에 모 방송국과 인터뷰를 하며, 데뷔 당시에 받았던 사회적·문화적 압력에 대해 이렇게 설명했다.

> 피디 선생님이, '여자는 무조건 예뻐야 되는데, 너는 예쁘지도 않지, 그렇다고 네가 몸매가 죽여서 드레스를 입을 것도 아니지. 거기다 끼지 말라는 안경까지 끼지, 너 큰일 났다. 너는 스타로서는 모든 게 다 안 맞는다. 그러니까 제발 한 가지만이라도 말을 들어라. 그러면 넌 클 수 있다.' 제 앞에서 그 분이 몇 번이나 저한테 그렇게 말씀을 하셨는데, 음, 그래도 계속 고집스럽게 밀고 나갔어요. 한 3~4개월 밀고 나가니까, 나중에 조선일보에 그런 칸이 나왔어요. 만화로. '이선희 안경 주세요.' 그리고 이선희다운 스타일, 넥타이 매는 거, 그게 유행이 되니까 그다음에는 전혀 그런 말씀이 없으시더라고요. '그래, 그건 네 거야. 네가 안경을 벗으면 이상하고, 넥타이를 안 매면 이상해.' 그렇게 되더라고요.[4]

또 다른 인터뷰에서도 이선희는 자신의 복장을 지적하는 방송 피디 PD에게, '그게 노래하고 무슨 상관이냐'라고 대들기도 했다고 회상했다.[5] 여성가수에게 무대의상은 종종 신체의 정상성normality을 증명하는 장치처럼 여겨진다. 이선희가 치마를 입지 않는 '진짜 이유'에 대해, '흉터가 있어서, 털이 많아서, 다리가 못생겨서'라는 소문이 심심찮게 돌았고, 그걸 특종으로 받아쓰는 기자들도 있었다. 여성이라면 누구나 '입고 싶어 할' 치마를 입지 않을 때에는 신체 어딘가에 결함이 있을 것이라고 여긴 것이다. 주변에서 안달을 내는 것과 달리, 정작 당사자인 이선희는 이런 반응들을 신경 쓰지 않았다. 외모와 관련된 루머를 잠재우기 위해 치마를 입을 수도 있었겠지만, 그는 오히려 치마를 입고 광고를 찍으면 고액의 전속 계약금을 주겠다는 대기업의 제의를 거부할 정도로 자기 원칙을 지키는 일에만 관심을 가졌다.6

사실, 이선희는 세상에 자신의 존재를 알렸던 첫 무대에서 뽀글뽀글한 파마머리를 하고, 파란색 치마를 입은 채 노래를 불러야 했다. 당시 남이섬에서 열린 MBC <강변가요제> 생중계를 담당한 피디는 청바지를 입고 무대에 서려는 이선희에게 '여대생은 치마를 입어야 한다'라며, 의상을 바꾸지 않으면 무대에 올리지 않겠다고 으름장을 놓았다.7 결국 이선희는 한 청소년에게 급히 치마를 빌려 입고 무대에 섰다. 어색하기 짝이 없던 파마머리는 음악 활동을 반대한 아버지가 혹시나 방송을 볼까 봐, 출연 전날 동네 미용실에서 난생 처음 한 것이었다. 비록 시작은 이러했지만, 이후 이선희는 그 어떤 이유로라도 자기 자신이 아닌 모습으로 무대에 오르는 일이 없었다.

이선희는 화장도 거의 하지 않았다. 1990년 방송된 KBS <가요톱텐>(1981~98)에서 사회자 임성훈은 이선희에게 "화장을 하신 건가요?"라고 묻는다.8 이선희는 "올해부터 하기 시작했는데 화장을 막

이렇게 하는 게 아니고요. 좀 아까도 양하영 선배님이 화장을 하면서 덤으로 '야, 너도 좀 해야겠다'며 이쪽에서 하나 해주시고, 저쪽에서 또 하나 해주시고. 그래서 하다 보면 다 되더라고요"라고 설명한다. 이 말에 임성훈은 "자꾸만 하다 보면 화장법도 늘게 되겠죠. 내년쯤 되면 이선희 씨의 얼굴이 더욱 더 성숙해지는 모습을 볼 수 있지 않을까 싶은데"라고 말하다가 방청석의 소란을 의식하고는, "팬들은 아마 그 얼굴을 원하지 않을 거예요. 그렇죠?"라고 말을 돌린다. 그러자 '언니부대'를 이룬 팬들은 아주 우렁차게 "네!"라고 답한다. '여자라면 화장을 해야 한다'라는 공식마저도 이선희와 그의 팬들에게는 이미 뛰어넘은 허들이었다.

또, 이선희는 데뷔 때부터 지금까지 단 한 번도 머리를 길게 기른 적이 없다. 근래 단발머리 정도를 유지하지만, 하늘을 찌를 듯한 인기를 누렸던 20대 시절에는 쇼트커트 스타일을 고수했다. 물론, 가끔 팬들을 위한 깜짝 선물로 긴 머리 가발을 쓰거나 치마를 입은 모습을 보여 주기는 했다. 하지만 여성이 '긴 머리'와 '치마 입은 모습'을 일종의 '이벤트'로서 보여 준다는 발상, 즉 여성의 여장女裝 기획이 가능하다는 것 자체가 이미 기존의 성별규범을 뒤집은 것이다. 여성다움보다 자기다움을 더 중요하게 여길 줄 알았던 그는(그 자신이 의도하지는 않았겠지만) 이제 와 생각해 보면, '탈코르셋'의 원조라고 할 만하다.

'치마가 불편한 여성가수'라는 강력한 롤 모델

1989년 1월, 한 연예 주간지에 한 장의 사진과 함께 「여가수 바지 삼총사 정수라 장덕 이선희」라는 기사가 실렸다.9

바지 차림을 고집하는 가요계 삼총사 정수라, 장덕, 이선희. 연예계 누구라도 한번 본 적이 없다는 그들의 각선미는 지금도 베일(?)에 감싸져 있다. 따지고 보면 이들의 바지 고수의 변(?)은 만만치 않다. 여자의 바지패션 태동이 바로 여성해방 운동의 일환이라는 것. 하지만 색상과 디자인의 다양함은 이들이 한창 나이의 여성임을 엿보게 한다.

이보다 1년 앞서 발표된 다른 잡지 기사에도 "바지 삼총사"라는 표현이 사용된 걸로 봐서, 이 별명은 이미 연예계에서 공인된 표현인 듯하다.[10] 정수라·장덕·이선희의 각선미는 지금까지 "베일(?)에 감싸져 있다"라는 서술이나 여성이 바지를 고집스럽게 입는 일이 "여성해방 운동의 일환"이라는 해석은 지금 봐도 흥미롭다. 그 말을 가수들이 직접 한 것인지, 기자가 마음대로 쓴 것인지는 알 수 없다. 다만 이 기사에서 분명히 드러난 한 가지는 '여자는 여자다워야 한다'라는 당시의 사회적 통념이다. 이 인터뷰에서 기자는 세 가수에게 "색상과 디자인의 다양함"이나 "한창 나이" 등을 운운하며, '그래도 당신들은 여자이므로 여성다움을 감출 수는 없을 거야'라는 자신의 믿음을 증명하려 안간힘을 쓴다.

1980년대에 이선희가 출연한 방송을 살펴보면, 바지를 입는 여성 가수에 대한 세간의 추궁과 의심이 얼마나 집요한지를 알 수 있다. 1986년 3월 12일, <가요톱텐>에서 이선희가 <갈바람>(1985)으로 2주 연속 1위를 했을 때, 진행자 임성훈이 "봄이니까 복장에 변화를 줄 때"라고 말하자, 이선희는 깜짝 놀라는 표정을 짓는다. 이어 임성훈이 "스커트를 언제 입으실 생각입니까"라고 묻자 이선희는 잠시 당황하지만 이내 단호한 표정으로 "바지를 입다 보니 편해 가지고 (치마 입을) 생각을 안 해요"라고 답한다. 임성훈이 "그러니까 올 봄에도 곁에 이 패션은 바뀔 가능성이 없군요"라고 아쉽다는 듯이 말하자, 또 다른 진행자 왕영은은 "이선희 씨가 치마 입은 건 영영 못 보겠군요"라고 덧붙이며, "이선희 씨는 자신의 여자로서의 매력은 어디에 있다

「'바지 삼총사'로 불린 정수라, 장덕, 이선희」,
『TV 가이드』, 1989. 1. 28.

고 생각을 하세요?"라고 묻는다. 이 질문이 뜬금없게 느껴졌는지 이선희는 머뭇거리다가 아주 작게 "모르겠어요"라고 답한다.

1987년 2월 3일에 방송된 MBC <화요일에 만나요>(1986~90)에서 진행자 김청도 이선희가 바지만 입는다는 점을 환기하며, "혹시 주무실 때는 어때요?"라고 묻는다. 이선희가 "잠옷도 바지"라고 답하자 공동 진행자인 이수만은 한술 더 떠서 "그럼 나중에 결혼은 하실 거죠? 그럼 웨딩드레스도 바지로 된 걸로? 웨딩드레스 때는 치마를 입으실 겁니까?"라고 묻는다. 이선희는 이런 질문에조차 빙그레 웃으며 "그때가 돼 봐야 알 거 같아요"라고 답한다. 또 1989년 2월 5일 <연예가중계>(1984~2019)에서 진행자 윤형원은 궁금해서 못 견디겠

1986, 1987년 "학생 가장 돕기" 부산 공연 티켓.
1987년 티켓에서도 이선희는 바지 한복을 입고 있다. (필자 제공)[11]

다는 듯이, '항상 바지만 입지만 설날엔 그래도 치마저고리 한복을 입지 않는지'를 물어본다. 이선희는 한복 바지와 치마를 모두 가지고 있다고 답한다. 심지어 1992년에 이선희의 결혼을 보도할 때에도 기자들의 관심은 이선희가 드디어 안경을 벗고 웨딩드레스를 입었다는 사실에 쏠릴 정도였다.

이처럼 이선희는 활동 기간 내내, 왜 치마를 입지 않느냐는 질문을 숱하게 받았다. 그럼에도 그의 소신이 흔들리지 않은 것은 놀라운 일이다. 그는 자신이 바지만 입는 이유에 대해 '치마를 입으면 불편하다. 어색하다. 거기에 신경이 쓰여서 다른 일을 못 한다'라고 밝혔다. 가끔 '학창 시절에 교복 치마만 입어야 했기에 지겨워서 이제는 바지를 입는다'라는 설명을 덧붙이기도 했다.

바지만 입는 이선희를 두고 흔히 '남성적'이라고 하지만, 이는 충분한 설명이 되지 않는다. 핵심은, 이선희가 바지만 입었다는 데 있는 게 아니라 치마를 불편하게 여겼다는 데 있다. '남성 = 바지' '여성 = 치마'라는 성별규범의 공식이 작동하는 사회에서는 여성이라면 누구나 당연히 치마를 편하게 여길 것이라고 전제한다. 소설이나 TV 드라마를 보면, 이곳저곳을 우당탕탕 뛰어다니는 말괄량이 소녀라 할지라도 모두 치마를 입고 있지 않은가. 이런 사회에서는 여성이 치마를 불편해할 수 있다는 사실이 대중적 상상력의 차원에서 전혀 고려되지 않는다. 그래서 이선희가 아무리 치마가 불편하다고 거듭 말해도 사람들은 이 말을 이해하지도 기억하지도 못한 채, '왜 치마를 입지 않느냐'라는 질문만 지겹도록 반복한다. 이 질문은 이선희의 대답이 부족하거나 설득력을 갖지 못해서 반복되는 게 아니다. 거듭된 질문은 그 자체로 결국 이선희가 사회에 순응하기를 요구하는 압력으로 작동한다.

이선희는 이런 질문들의 무게를 견디면서 '바지만 입는다'라는 자신의 원칙을 지켰고, 결국 사회로 하여금 그를 받아들이게 만들었다. 대중가수로서 이선희가 고집스럽게 유지한 일관성은 적어도 '치마 입는 것을 즐기지 않는, 바지만 입는' 여성도 있을 수 있다는 사실을 당대 사회에 확실히 주지시켰다.

그런 면에서 나는 이선희의 덕을 톡톡히 봤다. 나는 대여섯 살 때부터 치마보다 바지를 더 좋아했지만, 치마가 불편하다는 것, 치마를 입으면 주눅 들고 자신감이 사라진다는 것을 사람들에게 설명할 수 없었다. 치마가 싫다고 하면, 사람들은 외모를 치마에 어울리도록 가꾸면 된다고 말했다. 하지만 이선희의 등장 이후 내겐 유효하게 쓸 수 있는 카드가 생겼다. 치마를 입으라는 참견에는 단 한 마디의 말이면 충분했다. "저, 이선희 팬이에요!" 이 대답은 긴 설명을 필요로 하지 않았다. 여자가 바지를 입는 것, 넥타이를 매는 것, 안경을 쓰는 것은 '여자답지 못한 것'이 아니라, '써니 스타일' 혹은 '이선희 닮았다'라는 말로 받아들여졌다. 철없이 연예인을 따라하는 것이라 여긴대도 상관없었다. 중요한 건, 이선희의 등장으로 인해 분명 어떤 이들에겐 자유를 누릴 가능성이 더 커졌다는 것이다.

1980년대에 이선희가 개척한 새로운 기준 덕을 본 이들이 얼마나 많을까. 근래에 영화 <원더우먼>(페티 젠킨스, 2017)이나 <겨울왕국> 1·2(크리스 벅·제니퍼 리, 2013/2017), <캡틴 마블>(애너 보든·라이언 플렉, 2019) 같은 영화들이 수없이 많은 여자 어린이들에게 '무엇이든 될 수 있다'라는 꿈을 갖게 해주었듯, 이선희의 등장으로 인해 우리는 그간 한국에 없던, 여성(성)의 새롭고 강력한 롤 모델을 갖게 되었다.

"멋지고 못된 소년풍"과 "철저한 남자"

1980년대라는 시대적 배경을 염두에 두고 질문의 답을 찾는 과정에서, 우리는 두 가지 지점을 추가로 검토해 봐야 한다. 첫째는, 1980년대에 세계적으로 '여성복'이나 '남성복'으로 구분되지 않고 성별 구

1980년대 중반 잡지에 실린 이선희의 모습. 단정한 느낌의 안경, 넥타이, 바지 정장이
이선희의 트레이드 마크였다. (출처 미상, 필자 제공)

분이 모호하거나 양쪽의 특징을 조화시킨 앤드로지너스룩androgynous
look이 크게 유행했다는 점이다. 둘째는, 평소에 양복 정장만 입는다는
이유로 '남장여자'라는 수식어가 늘 따라다녔던 유명 정치인이자 사
회사업가인 김옥선이 한국 사회에 이미 존재했다는 점이다. 그가 세
번째로 국회의원에 당선된 것이 1985년 제12대 국회의원 선거였으
니, 1980년대에 이선희나 이상은과 같은 톰보이들이 스타가 될 수 있
었던 것도 자연스럽겠다는 추측이 가능하다. 하지만 이런 설명은 너
무 그럴듯해 보여서 오히려 의심스럽다. 과연 한국 사회가 정말 '중성
적'인 여성에 호의적이었을까.

앤드로지너스룩의 영향으로 당시 서구 여성들에게는 주로 어깨심

을 넣어 실루엣을 강조한 파워 슈트에 바지를 입는 스타일이 유행했다. 파워 슈트는 커리어 우먼들의 자존심을 세워 주는 스타일로 각광을 받았는데, 국내에서도 이선희뿐만 아니라 거의 모든 여성연예인들과 패션에 관심이 많은 사람들 사이에서 유행했다. 게다가 프린스, 데이비드 보위, 보이 조지, 그리고 바짝 세워 깎은 머리로 강렬한 남성적 이미지를 강조한 애니 레녹스 등 성별 경계를 교란시키는 팝스타들의 활약이 두드러지던 때였기에, 앤드로지너스룩은 자연히 국내에서도 이슈가 되었다. 하지만 이것이 대중문화 전반에 보편적으로 받아들여졌다고 하기는 어렵다. 예를 들어, 1980년대에 한국에서 '톰보이'라는 단어는 '남자 같은 여자'를 의미하기보다는 동명의 유명 의류 브랜드를 지칭할 때가 더 많았다.[12] 즉 한국 사회에서 앤드로지너스룩은 화제가 되기는 했지만, 사회의 성별규범을 흔들 정도는 아니었다.

1984년 8월 21일자 『경향신문』에 실린 「남성복 스타일의 여성패션 인기」라는 제목의 기사[13]는 "넥타이, 바지와 윗저고리, 혁대 등 남성적인 차림도 여성에게 오면 이상하리만큼 애교스럽고 멋지고 못된 소년풍의 분위기가 다시 한번 쳐다보게 되는 패션이 된다. 학생이거나 직장 여성에게 다 같이 평상복으로 어울리는 차림은 흰 면으로 된 셔츠를 입고 숙녀다운 넥타이를 매는 것"이라며 타이 매는 법을 설명해 준다. 하지만 이 기사는 "남장이라고 해서 남장여자 국회의원이 하듯 철저히 남자로 변신해 버린다면 여성적 매력은 없어진다"라는 경고로 끝맺는다.

여기서 말하는 "남장여자 국회의원"은 김옥선이다. 김옥선은 1967

년에 제7대 국회의원 선거 지역구 단위에서 당선된 유일한 여성이다. 그 뒤 제9대 (1973~75) 국회의원으로 재선에 성공했다. 김옥선은 1975년 국회에서, 당시 서슬이 퍼렇던 박정희 정권을 '독재정권'이라고 비판한 대가로 국회의원직을 사퇴하고 참정권을 박탈당한 이력이 있다. 하지만 이런 정치 이력에는 전혀 관심 없다는 듯, 기자는

1967년 제7대 국회의원선거에서 충청남도 국회의원 후보로 나선 김옥선의 선전 벽보

여전히 김옥선 의원의 "여성적 매력"을 운운하고 있었다.

1960년대 이래 등장한 남장여자의 사회적 수용을 설명하기 위해서는 '전후'戰後라는 역사적 배경을 고려해야 한다. 한국전쟁 이후 남성이 죽거나 다쳐서 제 몫을 할 수 없게 된 경우, 즉 사라진 아들이나 남편, 아버지의 자리를 여성이 메꿔야 할 때 여성의 남장은 용인되었다. 김옥선도 자신이 남장을 한 이유를 '일정 때 학병에 나가 행방불명된 오빠 대신 78세 된 노모에게 아들 노릇을 하고 사회사업에 기여하기 위해서'라고 밝혔다.[14] 1982년에 보도된 "남장 여사장"에 대한 또 다른 기사를 보자.

분명히 여자이고 긴 눈꼬리에는 아직도 여성다움의 고운 티가 남아

있는데 짧은 머리에 감색 신사복 바지, 하늘색 Y셔츠의 남장은 그녀
가 스웨터 공장의 사장이 되기까지 전몰 미망인으로서 살아 온 인생
이 얼마나 고생스럽고 어려웠나 하는 것을 한마디로 대변해 준다. 권
씨는 그녀가 사는 동네나 친지 사이에서 그녀의 이름보다 '남장한 여
사장' 또는 '억척이'로 더 잘 알려져 있다.15

이 기사에서 남장여자는 성별규범을 넘어서는 위험한 존재가 아니
다. 오히려 그는 기존 '남성의 역할'을 여성이지만 남성의 모습으로 수
행했다는 점에서 성별규범을 적극적으로 수용한 안전한 존재로 받아
들여졌다.16 그러다 이제 어떤 역할도 '남성만 할 수 있는 것'은 아니라
며 '바지를 입고 넥타이를 매는' 새로운 젊은 여성들이 나타나자, 『경
향신문』 기자는 재빨리 이를 "멋지고 못된 소년풍"의 패션으로 명명
하되, "철저히 남자로 변신"하는 것과는 구별한다. "소년풍"일 수는
있지만, "남자"여서는 안 되는 것. 여기서 "소년"은 아직 '철저히' 성
인이 되지 않은 존재다. 그렇다면, 1980년대에 이선희와 이상은은 성
별규범을 '어기고도' 스타가 될 수 있었던 것이 아닐지도 모른다. 오
히려 톰보이들은 아직 '성인이 되지 않은 존재'인 소년으로 받아들여
졌기 때문에 사회적으로 수용될 수 있었던 것이 아닐까. '남성'이 아
니라 '소년', 바로 그 소년을 닮은 소녀를 허용했던 것이다.

'건전한 소녀'로서 허락된 톰보이

익히 알려져 있다시피 1980년대는 전두환 정권의 3S정책, 즉 섹스
sex·스크린screen·스포츠sports의 시대였다. 하지만 또 한편으로는 허울

좋은 '자율화'의 시대이기도 했다. 1954년에 제도화된 야간 통행금지와 1970년대에 대대적으로 시행된 장발 단속이 1988년 「경범죄처벌법」 개정으로 인해 전면 해제됐고, 1983년부터 교복자율화 정책도 실시됐다. <애마부인> 시리즈로 대표되는 에로영화의 전성기였고, 청소년 관람불가 영화라도 뻔히 그 내용을 눈치 챌 수 있게 하는 영화 포스터들이 누구나 지나다니는 동네 골목마다 붙어 있었다. 비디오테이프를 재생하거나 TV 방송을 녹화할 수 있는 VTR도 대중화되었는데, 이는 곧 포르노 영화의 안방 보급을 의미했다. 부모님이 출타 중일 때 친구 집에 모여 소위 '빨간 테이프'를 보는 것이 은밀한 청소년 문화로 자리 잡은 것도 이때부터다. 하이틴용 화장품이 출시되기 시작했고, 청소년 대상 잡지에는 10대 청소년들의 성적 호기심을 자극하는 연애, 섹스, 임신, 성매매 등에 대한 기사가 실렸다. 이성 교제를 단속할 뿐 제대로 된 성교육은 없었다. 오히려 여성청소년의 섹슈얼리티에 대한 경계와 감시가 강화됐다.[17]

한편, 중산층의 확장은 부모로부터 용돈을 받는 10대 청소년들을 구매력을 갖춘 새로운 소비 집단으로 떠오르게 했다. 청소년들은 소위 '메이커'라 불리는 의류 및 신발에 관심을 쏟고, 롤러장이나 분식집에 모여 방과 후 시간을 보냈다. 특히 10대들은 대중문화 산업의 주요 소비자였다.[18] 휴대용 카세트를 소지해 취향대로 음악을 즐기고, 좋아하는 가수의 앨범을 모으며, 공개방송과 콘서트를 따라다니고, 사진을 수집하며 팬클럽 활동에 참여했다.

1986년에는 김완선이 '섹시 퀸'의 이미지를, 1987년에는 이지연이 '청순한 소녀'의 이미지를 내세우며 데뷔했다. 두 사람 모두 데뷔 당

1980년대 말 잡지 화보. 당대 인기스타였던 세 사람이 한 무대에 올랐다. 왼쪽부터 가수 이상은, 이선희, 이지연. 하단에는 "선희언니, 이 부분은 어떻게 해야 하죠?"라는 문구가 적혀 있다. (출처 미상, 필자 제공)

시 18살이었다.[19] 이들은 열렬한 남성 팬덤을 거느렸다. 바로 이때 이상은이 혜성처럼 나타났다. 1988년 8월 6일, 제9회 MBC <강변가요제> 생방송 무대에 176센티미터의 큰 키에 짧은 머리를 한 18세 대학생이 등장했다. 흰색 운동복 바지에 운동화를 착용하고, 탬버린을 흔들며 다리를 올렸다 내렸다 하는 식의 막춤을 거침없이 추는 그의 모습은 모두에게 신선한 충격이었다. <담다디>라는 노래로 대상을 받은 순간, '지금 제일 생각나는 사람의 이름을 불러 보라'는 사회자 이수만의 말에, 그는 "마이클 잭슨"이라고 외치는 엉뚱한 매력까지 선보이며 바로 스타 탄생을 알렸다.

1988년 10월 18일자 『동아일보』 기사는 이상은의 매력을 "개구쟁

이 소년을 연상시키는 씩씩한 허스키"라고 평가한다.[20] 1988년 12월 24일자 『한겨레신문』의 「가요계를 휩쓴 '싱그러운 선머슴애'」라는 기사는 그가 "청소년 특유의 도덕성과 정의감을 놀라울 정도로 깊게 간직"하고 있다고 진술한다.[21] 1988년 12월 29일자 『경향신문』도 비슷한 어조다. "패션 모자에 뭉툭한

데뷔 초 이상은. 하단에 "보이시 걸, 프레시 걸"이라는 뜻의 영어 문구가 적혀 있다.
(출처 미상, 필자 제공)

목구두, 껑충한 바지 차림을 하고 선머슴처럼 무대를 휘젓는 그녀의 싱그러운 매너가 10대 팬들을 사로잡은 것"이라고 분석했다. 이 기사는 "'인기 정상에 있다고 생각될 때 치마를 입겠다'며 음악에의 열정만은 막을 수 없다는 뜻을 야무지게 표현한다"[22]라는 언급으로 끝맺는데, 이는 마치 '바지를 입는' 이상은의 선택이 '여성 되기'를 잠시 미뤄 뒀을 뿐임을 뜻한다고 주장하는 듯하다.

이처럼 1980년대에 '보이시한' 소녀는 '남자가 되고 싶은 건방진 소녀'라기보다는 '남자를 모르는 건전한 소녀'에 가까웠다. 당대 여성가수들의 성별규범 위반은 '성인 여성'과 '성인 남성' 간의 경계를 가로지르는 것이 아니라, '소년'과 '소녀' 간의 경계를 가로질렀다. 이는 '성별규범을 어기는 것'이 아니라 '성인이 되는 일을 유예하는 것'이라고 해석됨으로써 오히려 건전하게 여겨졌다. 이선희의 단정한 바

혼성 그룹 '세대교체'의 데뷔 앨범(1989) 표지. 가운데가 임주연이다.

지 정장 차림이나 이상은의 자유롭고 창의적인 옷차림은 성별규범에 대한 도전이나 저항의 표시라기보다는 건전하고 열정적인 태도의 산물로 읽혔다.

이런 흐름은 (대중적으로 많이 알려지지는 않았지만) 이선희와 이상은의 계보를 이을 만한 톰보이형 가수 임주연을 통해서도 확인할 수 있다. 1989년 1월에 데뷔한 '세대교체'라는 혼성 3인조 그룹의 메인 보컬을 맡은 임주연은 다른 두 명의 남성 멤버와 동일한 의상을 입고 같은 안무를 소화했다. 더군다나 '세대교체'는 대중에게 강렬한 인상을 남기기 위해 데뷔곡인 <사랑의 도전자>(1989) 무대에 쌍절곤을 이용한 안무를 넣기도 했다. 멤버 간의 성차가 전혀 드러나지 않았으므로 시청자들은 이들이 '혼성' 그룹이라는 것을 믿기 어려워할 정도였다. '세대교체'는 당시 10대 청소년들에게 인기 있었던 휴대용 카세트 광고를 찍을 정도로 유명해졌지만, 남성 멤버들의 군 입대로 인해 8개월 만에 해체됐다. 임주연은 1990년 6월에 솔로 앨범을 내고 활동을 재개했지만 큰 호응을 얻지는 못했다. 다만, 임주연이 솔로로 데뷔한 직후 몇 달간 집중적으로 나온 기사들이 그를 명백하게 '매력적인 톰보이'로 여겼다는 점은 중요하다. 당시 연예잡지 『포토뮤직』은 무려 6쪽짜리 패션 화보 기사를 실었는데, 임주연을 다음과 같이 묘사한다.

당시 잡지에 실린 임주연의 모습.
"보이시한 멋을 강조한 유니섹스 모드"라는 문구가 적혀 있다.
『포토뮤직』, 1990. 9. 1. (필자 제공)

솔로 데뷔 이후 <그냥 내버려둬>가 방송을 타면서 가수 임주연에 대한 시선 집중도가 높아지고 있다. 화장을 하지 않아 투명하게 비치는 피부와 머쓱한 표정 그리고 선머슴아 같은 행동. 소녀인 듯 소년인 듯 유니섹스한 멋을 풍기는 그녀는 그 까닭에 더욱 매력적이다. 소년처럼 웃고 소년처럼 자유롭게 행동하며 소년처럼 걸쳐 입은 그녀. 보이시한 멋을 강조한 유니섹스와 만난다.[23]

1970년대 양희은의 청바지가 시대와 불화하는 20대의 낭만과 저항을 의미했다면, 1980년대 이선희와 이상은, 임주연의 바지는 새롭게 시대의 주체로 떠오른 10대들의 자유와 열정을 의미한다. 구시대의 여성상에서 벗어나 더 자유롭게 열정을 뿜어내려는 신세대의 변화를 막을 수는 없었기에 사회는 또 다른 틀을 만들어 그들을 그 안에 두려고 애썼다. 그것이 바로 톰보이들을 '소년을 닮고 싶은 소녀' '소년을 동경하는 소녀'로 상정한 이유다. 당대 사회는 '10대 때는 누구나 한때 동성 친구를 좋아한다. 성인이 되어 진정한 이성애를 경험해 보기 전에 보이시한 동성 친구를 좋아하는 것은 자연스럽다'라며 톰보이 가수들의 대중적 인기를 합리화했다. 10대 여성들이 남성이 아니라 여성을 좋아한다는 것은, 청소년들이 성인들의 전유물로 여겨지는 (이)성애적 욕망을 드러내는 것보다는 차라리 동성에 대한 애정을 과시하는 것이 더 안전하고 건전하다는 이유로 용인됐다. 바로 이 지점에서 성별규범이 지금과는 다르게 작동하는 순간, 즉 "어떻게 저럴 수 있었지?"라고 새삼스레 놀라워할 만한 1980년대의 퀴어링queering 모먼트가 생겨났다.

여성가수와 '언니부대'의 절절한 사랑고백

이선희에 대한 평가 중 빠지지 않는 것은 한국 대중가요 역사상 최초로 '언니부대'를 형성했다는 점이다. 남성가수들이 열광적인 여성 팬들을 이끌고 다니는 것은 당연하게 여겨졌지만, 이선희는 한국 대중가요사에 없던 풍경을 만들어 냈다. 이선희가 무대에 등장할 때마다 "사랑해요 언니!"를 외치는 여성 팬들의 목소리가 들려 왔다. 특히 이선희 최대 히트곡 가운데 하나인 <알고 싶어요>(1986)의 무대는 매우 드문 장면을 남겼다. <알고 싶어요>의 가사는 연인에게 자신을 얼마나 사랑하는지 묻는 질문으로 이뤄져 있다. 이선희가 "달 밝은 밤에 그대는 누구를 생각하세요"라고 부르면 팬들은 짧은 간주를 틈타 "써니 언니요"라고 답한다. "잠이 들면 그대는 무슨 꿈 꾸시나요"라는 소절 뒤에는 "언니 꿈요"라고 외친다. 마지막에 "진정 날 사랑하나요"라고 하면 팬들은 더욱 크게 "네"라고 화답한다. 여성가수와 여성 팬들이 서로 절절한 사랑을 고백하는 장면은 각종 쇼 프로그램의 공개방송 때마다 재연됐고, 이는 매주 전국으로 방송됐다. 사람들은 '여자가수를 여자들이 저렇게까지 좋아하다니 희한한 일'이라며 신기해했다. 이런 장면들 때문에 이선희는 활동 기간 내내 '여자가수인데도 왜 남자 팬보다 여자 팬들이 더 많을까요?'라는 질문을 숱하게 들어야 했다.

이런 장면에 동조하고 공모한 것은 이선희의 팬들만이 아니었다. 1986년 KBS 음악 프로그램 <쇼86>(1986)에서 방송된 <괜찮아>(1985) 뮤직비디오에서 이선희는 연상의 여자(배종옥 분)를 짝사랑하는 동생으로 나온다. 이선희가 맡은 역할의 성별은 모호하게 그려지는데, 어느 쪽이든 놀라운 설정이 아닐 수 없다. 배종옥은 긴 파마머리에 치마를 입고 화장을 한 성숙한 여인으로 보이는 반면, 이선희는 동그란 안경을 쓰고 바지 정장을 귀엽게 차려입고 있다. 이선희는 배종옥이 다른 남자를 만나면 금세 절망하고 혼자 우울해하다가, 배종옥이 남자와 헤어져 슬퍼하면 얼른 달려가 그녀를 위로해주는 순수한 열정을 가진 연하의 '누군가'로 등장한다.[24] 과연 뮤직비디오에서 이런 장면을 연출한 피디와 제작팀의 속마음은 무엇이었을까.

이런 경우도 있었다. 1992년 이선희는 당대 최고의 스타 남성가수

변진섭과 듀엣 무대를 꾸미는데, 두 사람은 베르디의 오페라 <라 트라비아타>(1853)에 나오는 아리아 <축배의 노래>를 불렀다.[25] 남녀가 무도회에서 사랑에 빠지는 순간을 묘사한 노래인지라 모든 백업 댄서들은 드레스와 턱시도를 입고 완벽하게 이성 간 만남을 연출했으며, 변진섭도 양복 정장을 입었다. 그런데 이선희 또한 흰색 블라우스에 정장 바지를 입었다. 이선희는 마치 성악가처럼 메조소프라노 파트를 완벽하게 소화하는 동시에 드레스가 아니라 '바지를 입은 여성'의 모습으로 무도회장에 등장했다. 이런 장면은 1980년대 최고의 인기 만화였던 <베르사유의 장미>에서나 보던 것이 아닌가.

남녀 성별에 따라 정해진 각각의 의복과 몸짓이 있다고 명확히 구분할 정도로 이성애 규범이 강력한 사회에서 이선희는 (본인은 그저 자기다움을 지키려고 한 것뿐일지라도) 무대를 끊임없이 '퀴어하게' 만들었다. 특히 이선희가 백업 댄서들과 무대를 연출하는 방식과 그 효과는 꽤 기묘했다. 지금은 가수들이 자신만의 백업 댄스팀을 구성하지만, 1980년대에는 방송국 소속 댄스 팀이나 별도의 전문 댄스팀과 함께 무대를 꾸렸다. 그런 탓에, 자신의 뜻대로 무대의상을 골라 입은 이선희가 전형적인 성별이분법에 맞춰 정해진 의상과 안무를 소화하는 남녀 백업 댄서들과 나란히 한 무대에 서면, 이선희는 남녀 그 어느 쪽과도 성별 동일시가 일어나지 않았다. 흔히 여성가수들은 남성댄서들과 춤을 출 때 성별 대비가 일어나고, 그래서 더욱 '여성스럽게' 보이기 마련이지만, 이선희는 무대 정중앙에서 가죽 재킷을 입고 주먹을 불끈 쥔 채 노래했다. 또한, 여성가수가 여성댄서들과 춤을 춘다면 그중 가장 눈에 띄게 아름다운 주인공 역할을 맡곤 하지만, 이선희는 달랐다. 아라비안 무희 스타일의 여성댄서들과 춤을 출 때, 이선희는 빨간 넥타이를 매고 금빛 단추가 달린 남색 더블재킷 옷자락을 힘차게 펄럭이며 댄서들 사이를 누볐다.

이선희가 만들어 낸 '언니부대'의 존재는 '남자가수의 팬은 여자, 여자가수의 팬은 남자'라는 기존의 공식을 전복시켰다. 이에 대해 가요 평론가들은 저마다의 분석을 내놓았다. 문화평론가 강헌은 "'오빠부대'로 불렸던 10대의 수용층이 한국 대중음악 시장의 헤게모니를 장악해 가던 1980년대 중반, 소녀 팬들로부터 지속적인 열광을 받을 수 있었던 거의 유일무이한 존재였던 이선희의 무기는 평범하고 친근한 이웃집 언니 같은 보이시한 이미지 속에 도사리고 있는 카리스마 짙은 보컬이었다"라고 평가한다.[26] 그런데 이상하다. "이웃집 언니 같은 보이시한 이미지"라니. 아무리 내 기억을 헤집어 봐도 이선희처럼 '보이시한' 이웃집 언니는 없었다. 전교생 중에서도 보이시한 학생은 손에 꼽을 정도였다.

이선희가 '보이시해서' 여성에게 인기가 많았다는 분석은 '여성은 남성에게 끌리기 마련'이라는 전제를 벗어나지 못한다. 이 전제에 깔린 빈곤한 상상력은 '여성이 여성을 좋아할 수 있다'라는 사실을 이해하거나 설명할 수 없기 때문이다. 이선희가 "평범하고 친근"하게 느껴진 것은 진한 화장을 하거나 화려한 의상을 입지 않았기 때문일 것이다. 다른 연예인들의 의상은 10대들이 쉽게 구할 수 있는 옷이 아니었던 반면, 단발머리에 동그란 안경을 쓰고, 화장을 하지 않고, 바지에 조끼나 셔츠를 받쳐 입는 이선희의 모습은 비교적 평범하고 친근하게 느껴졌을 것이다. 따라하기에 어렵지 않은 스타일이었던 것이다.

그런 면에서, "치마를 절대 입지 않으며, 마이크를 잡으면 상상할 수 없는 고음을 자연스럽게 내는 디바의 출현은 가요계는 물론, 남자 가수에게만 빠져 있는 여학교에도 신선한 바람으로 등장한다"[27]라는 가요평론가 최성철의 분석이 더 설득력 있다. 실제로 이선희가 치마를 절대 입지 않겠다고 고집을 부릴 때 소위 '어른들', 성역할에 대한 사회적 통념을 가진 이들조차도 감히 그의 고집을 꺾을 수 없었던 것은 그가 너무나도 뛰어난 가창력을 가졌기 때문이다. 이선희의 등장은 마치 '슈퍼맨뿐 아니라 원더우먼도 있음'을 알게 된 것과 같은 신선한 충격을 주었다. 이런 히어로에게 추앙자들이 생기지 않는 것이 더 이상하다. 1989년, 음악잡지『뮤직라이프』에 실린 기사를 보자. 이 기사는 이선희를 "써니 스타일로 써니 군단을 만들어 내는 만능 소녀"로 묘사하고 있다.

> 5년의 데뷔 이래 거의 써니 스타일을 고집해 온 그녀는 신비스런 스타의 이미지로 팬들의 많은 의구심을 불러일으켰었다. 방송 출연이나 공연 장소에 거의 치마를 걸치지 않는 가수로도 커다란 이슈로 떠오르고 있는 그녀의 강한 매력의 포인트가 바로 이 점이다. 한결같은 요청에도 불구하고 그녀의 무대의상은 일자바지와 정장 스타일을 고집한다. 그러한 면들이 그녀를 좀 더 유심히 지켜 강한 집합체 같은 '써니 군단'이 형성되는 듯싶다. 그녀의 히트곡 <한바탕 웃음으로>로서서히 89년을 정리하며 보다 기찬 스타일로 90년을 기약하는 그녀는 만능 소녀 같은 이미지로 우리를 뜨겁게 할 예정이다.[28]

1991년, 서울시 시의원으로 활동하던 때의 이선희. 「시집가는 시의원 가수 이선희 "내가 먼저 청혼했어요"」, 『TV 가이드』, 1991. 12. 28. (필자 제공)

요컨대, '바지만 입는' 이선희의 선택을 '보이시하다'는 뜻으로만 해석하는 것은 한계가 있다. 여성 팬들은 이성을 흠모하듯 이선희의 '남자 같은' 외모에 끌린 것이 아니다. 핵심은 이선희가 보여 준 고집과 주체성에 있다. 이선희는 '여자는 이래야 한다'라는 식의 따분한 훈계는 귓등으로 흘려들은 채, 자기가 원하는 것을 '자기다움'으로 지켜 냈다. 여성연예인은 무조건 얼굴과 몸매가 예뻐야 대중의 사랑을 받을 수 있다고 피디들은 생각했겠지만, 이선희와 그의 팬들은 그런 고정관념에 갇히지 않았다. 이선희 팬들이 가장 좋아하는 이야기는 '이선희가 노래를 부르는데 그의 엄청난 성량으로 인해 무대 스피커가 터져 고장나 버렸다'라거나, '이선희가 고음을 낼수록 마이크가 입으로부터 점점 멀어져서 배꼽까지 내려가더라'라는 식의 에피소드들이다. 팬들은 이선희의 파워풀한 가창력 자체를 사랑했고, 자신이 좋아하는 일에 최선을 다하려는 자세에 진정 감탄했다.

이선희는 서울시 시의원으로서 활동하고,[29] 결혼을 하고, 아기를 낳아 기르는 어머니로서 대중에 모습을 드러낼 때에도 여전히 바지 정장

차림에 넥타이를 맨, 쇼트커트 스타일이었다. 다시 말해, 그에게 '보이시한 패션'은 단지 콘셉트가 아니었다. 그럼에도 이선희를 '보이시한 매력으로 여성 팬들을 사로잡은 스타'라고만 평가한다면 우리는 너무 많은 것을 놓쳐 버린다. 여성이 바지 입는 것을 '남자 같다'라거나 '보이시한 스타일'이라고 손쉽게 일축해 버리는 것 자체가 우리의 빈곤한 상상력을 반영하는 것은 아닐까. 그간 우리는 '보이시'나 '톰보이'라는 단어로 얼마나 많은 성별 표현의 욕망과 상상력, 그리고 그 실천을 납작하게 해석해 왔는가.[30]

'성별 표현' 통제에서 '성적 지향' 통제로

1990년대 중반을 지나면서 한국 가요계는 대형 연예기획사 중심으로 재편된다. H.O.T.(1996), S.E.S.(1997), 젝스키스(1997), 핑클(1998) 등 보이 그룹과 걸 그룹들이 본격적으로 등장했다. 대중문화장에 전면적으로 내세워진 '소년'과 '소녀'는 '아직 성인이 되지 않았기에' 순수하지만 바로 그 점 때문에 역설적이게도 더욱 '성적인 존재'가 되었다. 사회가 청소년들을 보호하겠다며 만든 「청소년보호법」(1997)은 청소년 유해 매체물의 기준으로 '동성애'를 명시했다. '성인/남성/이성애' 중심의 사회는 청소년의 성을 윤리와 도덕의 영역으로 밀어넣으며 청소년의 '정상적'인 섹슈얼리티의 반대편에 동성애를 배치해 놓았다.[31] 이제 연예기획사들은 1980년대에 이미 입증된 바 있는, 톰보이 스타일의 대중적 가치는 알았지만, 이를 '콘셉트' 이상으로 활용하는 과감한 기획력을 보여 주지는 않았다.

1997년, <뿌요뿌요>와 <바다> 등의 노래를 히트시킨 혼성 그룹

유피의 베스트 앨범(1999).
오른쪽에서 두 번째가 이정희.

카사 앤 노바의 데뷔 음반(2005).

'유피'UP에는 랩을 담당하는 귀여운 미소년 스타일의 멤버 이정희가
있었다. 그는 톰보이 가수의 계보를 이을 만했지만, 3집과 4집의 연이
은 실패로 1999년에 팀이 해체되면서 가수 활동을 짧게 마무리했다.
뒤이어 2005년 5월에는 "한국 최초의 캐릭터 그룹"을 표방한 2인조
그룹 '카사 앤 노바'가 등장했다. 태권도 유단자이면서 춤 실력이 상
당한 두 명의 멤버로 이루어진 그들은 짧은 머리에 힙합 스타일의 복
장을 한 채 무대에 올랐다. 데뷔 초, 이들의 기획사는 의도적으로 멤
버들의 성별을 분명하게 밝히지 않는 전략을 썼다. 그러다가 이 그룹
이 혼성 듀오인지 남성 듀오인지에 관한 의혹이 증폭되자, 데뷔 두 달
후인 7월에 자청해서 기자회견을 열었다. 그 자리에서 멤버들은 자신
들의 주민등록증을 보여 줌으로써 주민등록번호 뒷자리 숫자가 '2'
로 시작한다는 것을 증명했고, 좋아하는 남성연예인들의 이름을 열
거하며 자신들은 레즈비언이 아니니 오해하지 말라는 당부까지 붙였
다.[32] 대체 왜 이런 기자회견까지 해야 했을까.

1980년대에서 1990년대 초까지 '소년을 닮은' 소녀의 보이시함은 분명 사회적으로 용인되는 범위 안에 있었다. 하지만 1990년대 중반부터 조금씩 달라지기 시작했다. 1990년대 후반부터 걸 그룹과 보이 그룹을 중심으로 가요계가 재편되고 아이돌 산업이 크게 성장하면서, '소녀' '소년'은 더 이상 '아직 성인이 되지 않은, 성별이 모호한 존재'가 아니었다. '카사 앤 노바'의 대응은 1980년대에 행해진 '성별 표현'에 대한 느슨한 통제가 1990년대 중반에 들어서자 '성적 지향'에 대한 엄격한 통제로 바뀌었음을 보여 준다. 이제 '보이시함'은 단지 스타일이나 개성의 문제가 아니라 성적 지향의 정상성 문제와 연결되었다.

대중적 인기를 크게 끌지 못한 '카사 앤 노바'의 활동은 2007년 이후 뜸해지지만, 바로 그해 '보이시한 여성' 스타일은 완전히 다른 방식으로 다시 한번 부각되었다. 이미 결혼해 자녀까지 두었던 중견 여성가수 장혜진이 '톰보이'를 아예 앨범 타이틀로 걸고 남장 콘셉트로 뮤직비디오를 찍고 노래를 홍보한 것이다. 그는 한 인터뷰에서 "애니 레녹스라는 유명한 80년대 팝가수가 있어요. 그 가수가 1984년 그래미 어워드에 나와 <스윗 드림즈>라는 노래를 부르는데 너무 멋있게 느껴졌죠. 외모도 남자고 목소리도 굵어서 당연히 남자라고 생각했는데 알고 보니 여자였어요. 그때 이후 이 콘셉트를 꼭 한번 해보고 싶다는 생각을 늘 해왔죠"[33]라고 밝혔다.

TV드라마에서도 '남장여자' 캐릭터가 대박을 쳤다. 남장여자 캐릭터의 인기는 <커피프린스 1호점>(MBC, 2007)으로 시작해 <바람의 화원>(SBS, 2008), <미남이시네요>(SBS, 2009), <성균관 스캔들>(KBS2,

2010), <아름다운 그대에게>(SBS, 2012), <구르미 그린 달빛>(KBS2, 2016) 까지 이어졌다. 물론, 남성의 세계로 들어가기 위해 시도되는 여성의 남장은 더욱 낭만적인 이성 간 연애를 펼치기 위한 설정이었다. 남장을 하고 남성인물과 로맨스 관계를 이루는 탓에 극중에서는 동성애자로 보이지만, 시청자들은 그가 여성임을 알기에 이런 서사들은 이성애자가 고난을 극복하고 사랑을 성취하는 과정으로 읽혔다. 결국 남장여자 캐릭터를 통해 재현된 톰보이들은 이성애 규범성을 전복하는 것이 아니라 오히려 강화하는 결과를 초래했고, 오직 '이성애를 하는 것이 확실한' 톰보이들만 사회적으로 환영받았다.

이런 흐름에서 엠버는 2009년, 대형 기획사 'SM'을 통해 다국적 걸그룹 '에프엑스'f(x)의 멤버로 데뷔했다. 데뷔 당시 엠버에 대한 기사는 "톰보이" "중성적 매력" "미소년" 등의 표현 일색이었다. '누니'와 '언빠'라는 말도 유행했다. '누니'는 '누나라고 불리고 싶은 언니'를 뜻하고, '언빠'는 '언니지만 오빠로 부르고 싶다'는 욕망의 표현이다. 즉 엠버를 두고, 연상의 여성 팬들은 스스로를 '누니', 연하의 여성 팬들은 '언빠'라고 칭했다.

엠버가 데뷔한 지 한 달 만에, 「걸 그룹 안에 보이 멤버 있다?」라는 제목으로, 엠버 외에도 '포미닛'4minute의 전지윤, '투애니원'2NE1의 씨엘, '소녀시대'의 수영, '카라'의 니콜 등을 언급하며 "향후 걸 그룹들의 여성 팬 확보를 위한 톰보이들의 활약이 더 커질 것"이라고 전망하는 기사가 나왔다.[34] 하지만 이후 톰보이들의 활약은 더 커지지 않았다.[35] 이들의 성적 지향이 정상성의 범주를 위반하는 것이 아닌지 끊임없이 경계하는 이성애 규범성이 매우 강력하게 작동했기 때문이다. 이제 톰보이는 전형적인 방식으로 '여성스러움'을 부각하지 않는 정도, '털털한 성격'의 여성이나 '기가 세 보이는' 여성을 지시하는 말로 확장됐다. 그러다가 2010년대 중반, 이런 흐름을 정확히 반영하는 새로운 단어가 등장했다. '걸크러시'girl crush.

'여자가 여자를 좋아하거나 여자에 열광하는 현상'을 지칭하는 '걸크러시'는 여성에 대한 여성의 강력한 호감과 열광이 결코 '성적 끌림'은 아니라는 것, 그리고 성적 끌림까지 포함하는 열광이 아니라면 이 여성들은 이성애자일 것이라고 전제한다.36 바꾸어 말해, '걸크러시'는 '동성애 = 동성끼리의 성행위'라는 동성애에 대한 편견을 작동시키면서 이성애 규범성을 강화한다. 이는 '걸크러시'라는 말이 유행하는 이 시대가 엠버에게는 고난의 시기인 이유이기도 하다. 엠버의 외모를 두고 '성별 논란'을 운운하는 기사들은 마치 그 논란의 책임이 엠버에게 있다고 말하는 듯하다. '진짜' 여성인데도 굳이 남성으로 보이는 외모를 유지하려는 데에는 특별한 '의도'가 있을 것이라고 의심하는 것이다. 마치 여성의 '보이시'한 외모는 그가 자신을 남성이라고 착각하는 가짜 남성이기 때문이거나, 다른 여성들에게 어필하려는 동성애자의 전략이라도 되는 양 말이다.

2015년, 엠버는 솔로 앨범을 내고 활동을 시작했다. MBC 예능 프로그램 <일밤 — 진짜 사나이>(2013~19)에 출연하면서 대중적 인지도가 높아졌고, 그만큼 더 외모에 대한 공격에 시달렸다. 그해 3월, 엠버가 MBC 쇼 프로그램 <황금어장 — 라디오스타>(2007)에 출연했을 때를 보자. 진행자 김구라는 아예 대놓고 엠버에게 동성애자가 아니냐며 캐묻기 시작한다.37 "동성을 좋아하는 사람들이 있는데 그런

엠버의 솔로 앨범 <borders>(2016).

분들에게 프러포즈를 받은 적이 있는지"라는 질문에, 엠버는 "많이 받았죠. 미국에서 그런 친구도 많았다"라고 답하며, 하지만 자신은 그런 사람이 아니라고 말했다. 김구라는 재차 "엠버는 남자를 좋아하냐"라고 물었고, 엠버는 그렇다고 답하며 자신의 이상형을 설명한다. 그 방송에서 엠버는 무척 해맑게 웃었지만, 몇 달 후인 7월 26일, 자신의 인스타그램에 "나는 거의 모든 인생을 톰보이로 살았다. ……만약 우리가 다 같이 같은 멜로디의 노래를 부르면 어떻게 하모니가 존재하겠는가. 남들과 다르다고 해서 마음대로 판단하지 말라"라는 글을 올렸다. 이어 2016년 4월 20일, 엠버는 "넌 언제 여자처럼 할 거야"라는 질문에 대해 "저는 여자예요. 여자는 원하는 스타일로 사는 거예요. 이런 거 조금 그만합시다"라는 답을 트위터에 남겼다.

그럼에도 엠버는 계속 괴롭힘을 당하는 것 같다. 엠버는 2017년 10월 16일, 자신의 유튜브 채널에 <나의 가슴을 찾아서>라는 제목으로 악플러들에게 답하는 영상을 올린다. 그리고 2018년 7월 15일에는 "오랜 시간 다른 사람들의 편견으로 인해 제 몸을 창피하다고 여겼어요.…… 하지만 이제는 이런 제 자신을 사랑할 줄 아는 사람이 될 거예요. 완벽하지 않아도"라는 글을 올리기도 했다. '톰보이'로 산다는 것, 자기 자신답게 산다는 것은 왜 이다지도 힘들어야 할까.

퀴어, 혹은 '자기다운' 사람들의 계보

2018년 4월 12일, MBC <뉴스투데이>(2002~)의 임현주 아나운서가 안경을 쓰고 뉴스를 진행하자 뜨거운 논란이 일었다. 물론 임현주 아나운서가 처음은 아니다. 1985년에 이미 MBC의 이은경 앵커가 안경을 쓰고 뉴스를 진행한 바 있고, 2016년, 2017년에도 있었다.[38] 나는 이 논란에서 임현주 아나운서가 "(안경을 쓰니) 뉴스를 준비할 시간이 많아졌다"라고 말한 것이 인상적이었다. 이 말은 이선희가 '왜 치마를 입지 않느냐'고 활동 기간 내내 질문 받을 때, '치마가 불편하다. 바지를 입으면 편하고 노래에만 집중할 수 있어서 좋다'라고 답한 것과 상통하기 때문이다.

2000년대 초, 이선희는 어느 라디오 인터뷰[39]에서, 과거 왕성하게 활동했던 때를 회상하며 '그때는 남자들을 이기고 싶다는 생각도 있었다'라고 속내를 털어놓은 적이 있다. '방송계의 관행'을 운운하며 '여자'라는 이유로 할 수 없는 것들이 있다는 편견에 갇히고 싶지 않았다는 의미다. 그래서 더 열심히 노래를 불렀다고 이선희는 말했다. 이 말은 단지 그가 '성실하게 살았다'는 것만을 의미하지는 않는다. 나는 가수 전영록이 자신은 전성기 시절에도 방송 출연이나 사진 촬영을 한다고 해서 화장을 한 적은 없다고 말한 인터뷰[40]를 우연히 접한 뒤, 이선희의 말을 좀 더 잘이해할 수 있었다. 그때나 지금이나 대부분의 남성들은 화장을 하지 않지만, 적어도 방송에나오는 남성연예인들은 화장

조용필& 이선희 Ⅰ
"이제 우리 차례다
선희 너 나보다 목소리가 크면
혼 날줄 알아" "물론이죠 (아뇨~)"

1980년대 말 잡지에 실린 화보.
가수 조용필과 한 무대에 선 이선희.
그는 당대 여러 가수들과 협연했고,
누구와 함께하든 '자기다움'을 잃지
않았다. (출처 미상, 필자 제공)

을 했을 것이라고 나는 생각했었다. 1980년대를 풍미한 다른 남성가수들이 화장을 하지 않고 안경을 쓴 채 활동했음에도, 이선희만 단지여자라는 이유로 화장과 치마, 콘택트렌즈를 끊임없이 권유받았다면 그가 무엇에 저항했는지는 더 분명해진다.

이제 우리는 우리가 써온 언어들을 돌아봐야 한다. 가수로서 노래에 더 집중하고 싶다는 의지를 갖고 이를 실천하는 여성을 가리키는표현으로서 우리는 '보이시하다'라는 단어 외에 무엇을 더 가지고 있는가. 예를 들어, 이선희를 두고 "만년 소녀"라는 수식어를 사용하는것은 세월의 흔적이 드러나지 않는 이선희의 동안童顔에 대한 찬사의

표현이기도 하지만, '화장과 치마를 멀리하는 여성'에 대해 '소녀' 이상의 수식어를 찾아내지 못한 결과이기도 하다. 이런 빈곤한 어휘력과 납작한 상상력은 결국 비규범적인 스타일을 고수하는 한 가수를 그가 동성애자인지 아닌지 끊임없이 의심하며 괴롭히는 것으로 이어진다.

화장을 하지 않는 것, 바지를 입는 것, 넥타이를 매는 것, 그리고 안경을 쓰는 것 등이 누군가의 성적 지향을 가늠하기 위한 기준이 되어야 할 까닭은 없고, 그의 성별을 확인하기 위한 지표가 될 수도 없으며, 그의 외모와 능력을 평가하는 잣대로 쓰여서도 안 된다. 그런데 이 모든 기준들은 특히 여성에게 더욱 강력하게 작동한다. 이런 한국 사회에서 '바지를 입은' 여성가수의 계보로 '양희은-이선희-이상은-엠버'를 언급하게 될 때 우리는 무엇에 주목해야 할까. 이들이 더욱 파격적인 '성별 역전'이나 '성규범 해체'까지 나아가지 못했다고 아쉬워하는 것이 최선일까.41 어쩌면 이들의 이름으로 '여성다움'과 '남성다움'이라는 이분법적 사고가 만연한 사회에서도 끈질기게 '나다움'에 대한 질문을 던진 여성가수들의 계보를 만들 수 있지 않을까. 물론, 더 많은 여성가수들을 이 계보에 포함시킬 수 있을 것이다.42

이 글이 이선희와 톰보이 가수들을 중심으로 이들의 무대와 팬들이 어떻게 1980년대 한국 사회를 '퀴어링'했는지를 살펴보려 한 이유도 바로 이것이다. '퀴어'queer는 단지 동성애자, 양성애자, 트랜스젠더 등의 정체성을 규정하거나 이 정체성들을 하나로 묶어 호명하는 단어가 아니다. 퀴어는 이분법적 성별규범에 맞춰 살라고 강제하는 사회적 요구에 순순히 따르지 않고, 삶의 가장 중요한 기준을 '자기다움'에 두는 것, 좀 이상하다고, 남들과 다르다고 끊임없이 지적을 받아도 굴하지 않는 것, 즉 세상을 다르게 보는 시각이자 행동, 그리고 힘이다. 이 모든 것을 시도하고, 도전하고, 실험하고, 실천하고 그리고 버티는 과정을 '퀴어링'이라고 말할 수 있지 않을까.

1 이 글을 쓰는 데 루인과 오혜진의 도움이 컸다. 훌륭한 연구자이자 아키비스트인 루인이 1980년대의 여러 자료들을 찾아준 덕에 보다 풍부한 해석이 가능했고, 성실하고 뛰어난 편저자인 오혜진이 글의 방향을 함께 고민하고, 내가 포기하고 싶을 때마다 격려해 준 덕에 원고를 완성할 수 있었다. 두 분에게 감사한 마음을 남긴다.

2 이승한, 「양희은, 이선희, 이상은, 엠버」, 『한겨레』, 2016. 3. 25.

3 당시 이선희의 폭발적 인기는 그의 대표곡 <J에게>가 MBC FM 라디오에서 하루에 16회나 방송됐다는 전무후무한 기록을 통해서도 알 수 있다. 이는 한 방송국에서 거의 1시간 30분 꼴로 같은 노래가 흘러나왔다는 의미다.

4 <토요 스타클럽 ― 스타다큐 이선희 편>, SBS, 2001년 4월 7일 방송분.

5 임진모, 「순수와 샤우트로 80년대를 대표한 만년 소녀 이선희 ― 대중예술산책 4」, 『우리 대중음악의 큰 별들』, 어진소리, 2004.

6 「이선희, 1억 8000만 원 줘도 바지는 못 벗겠어요」, 『선데이서울』 1010, 1988. 6. 5.

7 당시 PD는 신호승으로, 그는 1980년대 인기 쇼 프로그램인 MBC <토요일 토요일은 즐거워>의 PD이기도 했다.

8 <가요톱텐>, KBS, 1990년 2월 18일 방송분.

9 「가요계 바지 삼총사 정수라 장덕 이선희」, 『TV 가이드』 9-3, 1989. 1. 28.

10 월간 『여학생』 1988년 1월호에 '바지 삼총사 세 사람이 치마만 입기로 선언을 한다'라는 기자의 상상을 담은 기사가 실려 있다.

11 원고에 실린 도판 다수는 1980~90년대에 필자가 직접 스크랩하고 보관해 온 자료로, 독자들의 이해를 돕기 위해 사진을 촬영하거나 스캔해 본문에 실었다. 가능한 한 출처를 밝혔으나 출처 미상인 경우도 있다.

12 '톰보이'는 1977년에 설립된 의류회사로, 현재 신세계 그룹의 계열사로 운영되고 있다. 1970년대 여성복은 주로 재래시장에서 판매하는 저가의 일상복, 혹은 고가의 정

장 브랜드였는데, 의류회사 '톰보이'는 '편안하지만 세련된 캐주얼 의류'를 기치로 내걸며 시장을 개척했다. '네이버 뉴스 라이브러리'에서 1980년대로 기간을 한정해 '톰보이'를 입력했을 때 검색되는 기사들은 모두 이 브랜드에 관한 것이다. 즉 당시 '톰보이'라는 용어는 이 브랜드를 지칭하는 경우 외에 다른 용도로는 거의 쓰이지 않았다.

13 「남성복 스타일의 여성패션 인기」, 『경향신문』, 1984. 8. 21.

14 「집념의 남장 '올드미스'」, 『동아일보』, 1967. 12. 14.

15 「권예주 씨(52) 다이섬유 사장 스물두 살에 전쟁미망인 되어 이제 어엿한 남장 여사장」, 『매일경제』, 1982. 6. 26.

16 1960년대부터 1980년대까지 '남장여자'에 대한 기사들을 살펴보면, '여성과 함께 사는 남자인 줄 알았더니 사실은 여자였다'는 경우를 지칭할 때가 많다. 이런 때에도 사회는 그에 대해 강한 비난을 하기보다는, 여자가 남자 역할을 감쪽같이 했다는 점을 놀라워하고, 오히려 그가 성별을 바꾸어야 했을 만큼 힘든 삶을 살았다고 생각해 그를 다소 안쓰럽게 보기도 했다.

17 이런 흐름을 잘 보여 주는 영화가 <수렁에서 건진 내 딸>(이미례, 1984)이다. 담배 피우고 술 마시고 화장하고 남자와 섹스도 하는 '타락'한 10대 딸을 부모가 진심 어린 노력을 기울여 다시 착실한 10대의 모습으로 돌아오게 한다는 내용이다.

18 10대 청소년들이 라디오방송의 주 청취자층이 되면서 프로그램 편성에도 변화가 생겼다. 저녁 시간부터 심야까지 진행되는 프로그램들은 명실상부 청소년을 위한 방송으로 자리 잡았다.

19 1987년에 데뷔해서 스타가 된 10대 가수로는, 성인 장르로 여겨진 트로트 장르에서 큰 인기를 끈 '여고생 가수' 문희옥도 있다.

20 「'씩씩한' 허스키 매력…… "여고 때 꿈 이뤘어요."」, 『동아일보』, 1988. 10. 18.

21 「가요계 휩쓴 싱그러운 선머슴애」, 『한겨레신문』, 1988. 12. 24.

22 「가수 이상은 양 <담다디> 선풍 몰고 온 "신데렐라"」, 『경향신문』, 1988. 12. 29.

23 「'소년처럼……'을 그린 임주연의 BOYISH SHOCK!」, 『포토뮤직』 3-9, 1990. 9. 1.

24 <쇼86>, KBS, 1986년 6월 21일 방송분. 이날 함께 방송된 이선희의 <혼자 된 사랑>(1985) 뮤직비디오 역시 통상적인 여성가수의 뮤직비디오에서는 쓰이지 않는 장

면들로 가득하다. 이 영상에서 이선희는 바지 정장에 넥타이를 매고 긴 우비를 입은 채 우울한 표정으로 벽에 기대 서 있거나, 눈을 맞으며 바닥에 앉아 있는 모습으로 등장한다. 무엇보다, 안경을 쓴 여성의 희로애락이 화면에 담기는 것은 그때나 지금이나 드문 일이라는 점에서 이선희의 안경은 여전히 중요하다. TV드라마에서도 돋보기를 쓴 노년 여성이 아닌 한, 혹은 '연애나 외모를 꾸미는 것에 무관심한 여성'이라는 캐릭터를 부각하는 경우가 아닌 다음에야 안경을 쓴 여성인물은 거의 등장하지 않는다. 비록 짧은 분량이지만 이선희의 <혼자 된 사랑> 뮤직비디오는 안경을 쓴 여성인물의 사랑과 실연을 담아냈다는 점에서 기록해 둘만 하다.

25 <토요일 토요일 즐거워>, MBC, 1992년 5월 16일 방송분.

26 강헌, 「"'강헌의 가인열전"<14> 이선희」, 『동아일보』, 2011. 10. 10.

27 최성철, 「거부할 수 없는 반추의 미학 — 이선희」, 『대중음악가 열전 — 음악 너머, 사람을 향한 시선』, 다할미디어, 2017.

28 「이선희, 한바탕 웃음으로 1990년을 향하여」, 『뮤직라이프』 97, 1989. 12.

29 1991년, 이선희는 민주자유당 소속으로 서울시의회 시의원 선거에 출마해 마포구 갑 지역에서 당선됐다. 훗날 2014년 4월 14일에 방송된 쇼 프로그램 <힐링캠프, 기쁘지 아니한가>(SBS, 2011~16)에서 이선희는 '이미 소속사가 상의 없이 시의원 후보에 등록을 완료한 상태였다'라고 회고했다. 데뷔 이후 이선희는 전국을 돌며 줄곧 '소년소녀 가장 돕기' 콘서트를 열어 후원금을 모았고, 이를 관련 단체에 전달하는 과정에서 시청이나 구청의 비협조와 비리를 보며 현실의 부조리함을 느꼈기에 "시의원이 되면 이런 부조리를 바꿀 수 있지 않을까"라고 생각했다고 한다. 1993년에는 당시 야당이었던 민주당으로 당적을 옮겼다. 시의원으로 있는 동안 이선희는 특히 여성인권 문제에 관심을 가졌는데, 탈성매매 여성 감금 시설 폐쇄와 일본군 '위안부' 피해생존자들을 위한 '나눔의 집' 건립 기금 마련 등 여러 활동을 했다.

30 중장년층의 여성들과 이야기를 나누다 보면, 중·고등학교 학창 시절에 동성 친구에게 사랑 고백을 받아 봤다고 자신의 경험담을 털어놓는 이들이 많다. 그런데 그들 대부분은 자신이 인기가 있거나 사랑을 받았던 이유가 단지 '머리가 짧고 보이시해서'라고 설명한다. 하지만, 정말 그럴까. 짧은 머리를 하고, 운동을 잘했던 모든 여성들이

그런 경험을 가지고 있는 건 아니다. 이런 논리라면 여성이 남성을 좋아하는 이유도 남성의 '짧은 머리' 때문이라고 해야 한다. '내가 보이시한 여성이기 때문에 동성 친구에게 인기 있었다'라는 해석은 자신을 그저 '남성을 대체'한 여성, '가짜 남성'인 여성으로 만들고, 동성애를 유사 이성애로 만든다. 이런 해석은 여성들이 자기 자신을 유일한 한 명의 인간으로, 나름의 특별한 매력을 가진 사람으로 수용하는 것을 막아 버리고, '자신은 남성의 대체물로서 잠시 존재했을 뿐, 학교를 졸업하고 나면 '진짜' 남성에게 어울리는 '여성적인' 여성으로 변신할 것'이라고 생각하도록 종용한다. 그러나 어떤 여성이 다른 여성으로부터 사랑을 받는다면, 그건 분명 그 여성에게 어필하는 고유한 매력이 있기 때문이지, 그가 '남자 같아서'가 아니다.

31 류진희, 「"'청소년을 보호하라?'", 1990년대 청소년 보호법을 둘러싼 문화지형과 그 효과들」, 『상허학보』 54, 상허학회, 2018.

32 「카사 앤 노바, 이지혜가 "여기 여자화장실이에요"(?)」, <마이데일리>, 2005. 7. 12.

33 「장혜진, '댄스-남장' 그녀가 보여 준 두 가지 파격 변신」, <뉴스엔>, 2007. 9. 11.

34 「걸 그룹 안에 보이 멤버 있다?」, 『스포츠경향』, 2009. 9. 17.

35 2015년에 데뷔한 걸 그룹 '아이스'의 멤버 킴미는 2018년 2월에 아예 톰보이 콘셉트로 활동한다고 선언한 적도 있다. 2018년 9월에 데뷔해 지금까지 활발히 활동하고 있는 '공원소녀'에도 강렬한 톰보이 스타일을 유지하는 '미야'라는 멤버가 있다.

36 박주연, 「여자가 여자를 좋아하면 다 걸크러쉬야?」, <일다>, 2019. 8. 16.

37 <황금어장 ― 라디오스타>, MBC, 2015년 3월 4일 방송분.

38 2016년 JTBC 강지영 아나운서, 2017년 KBS 유애리 아나운서도 안경을 쓰고 뉴스를 진행한 적이 있다.

39 <임백천의 뮤직쇼>(KBS FM, 2001~03)에 출연했을 때다.

40 임진모, 「80년대 오빠부대의 성장언어와 추억일기 ― 전영록」, 앞의 책.

41 최지선, 「바지 입은 여자가 된 가수들」, <피디저널>, 2009. 9. 28.

42 남성 중심적인 사회에서 남성가수에 대한 평론은 넘쳐나지만 여성가수에 대한 평론은 너무 부족하다. 예를 들어, 임진모의 『우리 대중음악의 큰 별들』에 등장하는 26명의 가수들 중 여성가수는 9명이다. 최성철의 『대중음악가 열전 ― 음악 너머, 사람

을 향한 시선』에는 총 36명의 가수들 중 여성가수가 단 3명 등장한다. 2012년에 임진모가 출간한 『가수를 말하다 ─ 영혼으로 노래하는 우리 시대 최고의 가수 41』(빅하우스, 2012)는 총 42명(팀)의 가수를 소개하지만 그중 여성은 단 10명이다.

할리퀸, 『여성동아』, 박완서[1]

1980년대 여성독서사와 '타자'들의 책읽기

오혜진

『행복한 책읽기』의 행간

1980년대의 가장 유명한 독서가로 문학평론가 김현을 꼽는 데 이견을 제기할 사람은 별로 없을 것이다. 이제는 독서일기 유類의 전범이 된 그의 저작 『행복한 책읽기 — 김현의 일기 1986~1989』(문학과지성사, 1992)에는 그가 1980년대의 마지막 4년 동안 한국 독서계의 최전선에서 읽어 치운 도서 380여 권의 목록이 빼곡하다. 이 목록에 포함된 책들의 범위는 시, 소설, 문예이론, 사회과학, 종교, 사진, 판화 등 온갖 장르에 걸쳐 있으며, 원서와 번역서, 지역 동인지와 외국 잡지 등 언어와 지역, 국적도 가리지 않는다. 그야말로 전천후다. 게다가 이 일기들이 매일 혹은 불과 며칠 간격으로 작성된 걸 생각하면 중독에 가까울 정도의 다독多讀이다. 이런 독서 양태에 '행복한 책읽기'라 이름 붙였으니 그에게 '독서'란, 직업적 의무를 넘어서며 '오락'이나 '취미'라고만 할 수도 없는 무엇이다.

김현, 『행복한 책읽기』 초판 표지. (필자 제공)

　2015년 12월 현재 31쇄를 찍었다는 이 책이 한국 독서계·지성계
에서 차지하는 위상은 남다르다. 이 1942년생 한 비장애-시스젠더-
이성애자-남성-선주민-지식인의 독서 기록은 그의 비평세계 전반은
물론, ('문학과지성사'로 대변되는) 한국 지성계가 걸어 온 '사유의 궤적'
으로 갈음된다. 그래서 독자는 이 일기에 등장하는 책들의 목록을 일
별함으로써 1980년대 출판독서계의 소우주를 그려 보고 싶은 유혹
을 느낀다. 이 독서 기록을 따라 읽다 보면 우리는 1980년대가 시의
시대이자 대하소설의 시대, 무크지와 동인지의 시대였다는 문학사

적 상식을 단번에 확인하게 되는 것이다. 게다가 김현은 자신이 읽은 모든 것들에 '역겹다/읽을 만하다/아름답다'라는 식으로 서열화된 가치를 매기는 엄격한 판정가이기도 했으니, 그의 독서편력기는 곧 1980년대 지식계를 질서화하는 기율로까지 여겨진다. 무엇보다 그는 이 모든 텍스트효과를 예측한 듯, 유고가 될 이 개인적 기록의 출판을 생전에 예비했었다.[2]

이 책에 따르면, 김현은 책만 읽은 게 아니라 영화·연극·TV드라마·미술 전시도 자주 봤다. 특기할 것은, 오직 그럴 때에만 "마누라"를 대동했다는 점이다. "롤랑 조페의 <미션>을 마누라와 함께 보러 갔다"(1987년 1월 2일자), "마누라, 아이들과 함께 더스틴 호프먼의 <레인맨>을 보러 갔다"(1989년 5월 13일자) 같은 식이다. "마누라"는 이 책에 딱 여섯 번 등장하고, 그중 한 번은 김현을 집에서 내쫓아 갈 곳 없는 그로 하여금 임권택의 신작 영화 <아다다>(1987)를 보러 가게 했다. 즉 이 책에서 이름 한 번 등장하지 않는 "마누라"는 김현이 독서가 아닌 다른 일을 할 때에만 모습을 드러내거나, 혹은 김현의 독서를 중단시키는 사람이다. 반면, 독서를 할 때 김현은 철저히 혼자다.

"마누라"가 '독서 외 존재' '반독서의 존재'로 묘사되는 것에서 보듯, 이 책에서 (영화 관람과 달리) '독서'는 누구와도 공유될 수 없는 지극히 사적인 작업으로 재현된다. 그래서 우리는 이 책에 의도적으로 '전시'된 그 고독의 시간을 '김현'이라는 한 지성인의 까다롭고 드높은 미적 취향이 형성되는 과정으로 상상할 수 있다. 물론, "마누라"의 문화적 취향은 김현에게도 독자에게도 전혀 관건이 아니다.

하지만 궁금하지 않은가? 김현이 영화나 연극 관람 경험을 기록할 때에만 드물게 소환하는 "마누라". 김현이 홀로 충만한 독서 시간을 가질 때 "마누라"는 대체 뭘 할까, 무슨 책을 (안) 읽을까. 김현과 얼마나 비슷하거나 다른 문화적 취향을 가졌을까. 그녀는 김현과 함께 본 영화들을 어떻게 기억할까. 그녀도 자신의 독서 및 영화 관람 경험을 어딘가에 기록했을까? 하지 않았다면 그건 왜일까. 결코 재현되지 않는 그녀의 독서, 여기서부터 이야기를 시작해야 한다.

"책 안 읽는 여자들"? 1980년대 여성독서사의 딜레마

'변혁과 운동의 시대'[3]라는 호명에 걸맞게도 1980년대는 새로운 지식과 정보가 대대적으로 생산·유통된 시기였다. 1980년 신군부의 언론 통폐합 조치에 의해 폐간된 『창작과비평』이 8년 만에 복간됐고, 『문학과지성』 또한 『문학과사회』로 제호를 바꿔 창간되는 등 잡지 및 무크지들의 "홍수 사태"가 벌어졌다. 서점의 대형화 및 월북·납북 인사들의 작품 해금 조치도 당대 출판독서계의 양적·질적 성장을 보증하는 지표다. 게다가 당시 활발하게 전개된 ISBN 준비 논의에서 보듯, 도서산업의 전산화·자동화에 바탕을 둔 각종 독서 통계 수립이 시도됐으며, 유의미한 베스트셀러 집계가 가능해진 것도 바로 이때다. 요컨대 1980년대는 '책이 안 팔린다'라는 출판독서계의 넋두리가 여전히 후렴처럼 반복되긴 했지만, 출판인들 스스로 '출판 강대국 10위권 진입'을 점칠 만큼 자신감을 가진 때이기도 하다.[4]

그런데 흥미롭게도, 1980년대는 '여자들이 책을 죽어라 안 읽는' 시대로 기록되기도 했다. '출판독서계의 급성장'과 '여성독자의 부재', 이 상충하는 두 현상은 어떻게 양립 가능한가.

전반적인 독서층이 얇은 가운데 특히 여성들이 책을 안 읽는다는 사실은 오래 계속되어 온 지적. …… 종로1가 청구서림의 주인은 "주부가 책을 사러오는 경우는 거의 없다"고 고개를 젓는다. 드물게 주부들이 서점에 들르는 건 여성잡지가 새로 나오는 월초 정도라고. "여자들은 어려운 책은 잘 안 읽는다"고 점원 아가씨는 말한다. 20대 직장여성들에게는 잡지 중에서도 부피가 작고 내용이 가벼운 것들이 많이 나간다. 직장인들이 많은 광화문 근처 서점 안에서 여성들이 찾아오는 쪽은 문학 가정 종교 도서 코너. 문학 도서 중에서는 수필과 소설이 제일 잘 나간다.[5]

대형서점에서는 베스트셀러 문학작품의 주요 독자층으로 이십대 안팎의 젊은 여자들을 꼽는다. 젊은 여자들은 대량 구매력을 가진 독자층으로 지금까지 베스트셀러에 많은 영향을 미쳐 왔다고 한다. 그러고 보면 역대 베스트셀러들의 면면이 여성 취향이 강했다. 감성을 자극하는 서정적인 내용, 경쾌한 재미, 자유분방함, 부담스럽지 않은 교훈들을 담은 책들이 베스트셀러로 존립해 왔기 때문이다. 특히 수필류는 자유, 사랑, 진실, 방황, 젊음의 고통 같은 거의 공식화된 내용 구조를 지니고 있다.[6]

1980년대 출판독서사에 인상 깊게 기록된 현상들 중 하나는 '서정시와 수필집의 지속적인 득세'다. 흔히 1980년대 독서사는 사회과학서적과 역사서 및 노동문학의 전례 없는 인기로 표상되곤 하지만, 당대 독서시장 조사에서 가장 널리 주목된 것은 무명인사들의 서정시집[7]

과 '여류' 시인들의 수필집8이 베스트셀러를 넘어 스테디셀러로까지 자리매김하는 장면이다. 이는 여학생과 주부들의 '얄팍한' 독서취향이 당대 독서사에 만들어 놓은 가시적인 결과이자 출판계의 급격한 규모화를 초래한 문화적 '사건'이었다. 무엇보다, 이는 당대 사회분석의 주요 프레임이었던 '변혁'과 '운동'의 논리로는 결코 해명되지 않는 '기현상'이기도 했다.

이처럼 1980년대 베스트셀러의 절대비중을 차지한다는 여성독자의 존재가 꽤 오랫동안 '부재' 혹은 '부정'의 방식으로만 말해졌다는 사실은 좀 놀랍다. 당대 베스트셀러 현상을 분석한 대부분의 논의들은 하나같이 한국 독서계의 '여성화' 현상을 지적했고, 심지어 "출판계의 우먼파워"9 같은 특집마저 등장할 정도였으나, 여성독서에 관한 담론은 여전히 해방 전부터 이어진 '여성독자 부재론' 및 '지식으로서의 남성독서/취미로서의 여성독서'라는 지루한 이분법만을 복창했다.10 "일 년에 한 권도 읽지 않는 독서 (비)국민"이라는 오명이 한국인들에게 씌워진 이래, 여성은 '독서 안 하는 한국인' 담론을 위해 상시적으로 준비된 부정적 참조물이었다. 특히 미혼 여성과 주부들의 '독서혐오'는 가장 가혹한 질타의 대상이 됐다.

여성독자에 대한 이 같은 레토릭은 그 전통이 너무나 오래된 것이기에 이를 교정하는 데에 진땀을 빼는 것은 연구자의 의욕을 꽤 꺾는일이다. 다만, '대중적인 것=여성적인 것'이라는 코드가 상식으로 여겨져 온 또 하나의 역사를 떠올리자면 두 역사를 동시에 설명하는 일은 필연적으로 "역사의 비역사적 타자"11로 간주돼 온 여성독자의 재현 문제를 경유하게 된다. '가장 책 안 읽는 집단'이면서 동시에 '베스트셀러의 절대적 지분을 차지'한다는 여성독자에 대한 모순적 진단.

하지만 1980년대 여성독서의 자리를 공백으로 남겨 둔다면 결코 해명될 수 없는 한국 독서사·지성사의 문제적 국면들은 많다. 이를테면, 1980년대에 마치 신화처럼 각인된 노동문학과 대하소설, 사회과학서적의 유례없는 대중화는 여성독자의 전폭적인 참여 없이 가능했을까? 그 '중후한' 독서들과 아무렇지도 않게 양립해 온 서정시와 에세이의 지속적인 유행은? 1970년대 민중민족운동의 일환으로만 논의돼 온 여성주의가 1980년대에 독자적인 이론과 운동의 영역을 새롭게 개척함으로써 페미니즘의 발흥을 예비한 역사 또한 여성독자의 존재론을 경유하지 않고서는 해명 불가능하다. 이는 '여성독자 부재-여성운동 및 이론의 비등-여성문학의 비가시화'라는 부정교합의 이미지로 묘사되는 1980년대 여성지성사의 부문별 온도차를 설명할 핵심 고리이기도 하다.12 게다가 1980년대 '여성독자 부재론'에 안주한다면, 1990년대에 본격적으로 전개되는 '여성문학의 시대'와 '영 페미니즘'의 역사적 근거도 망실하게 된다. 요컨대, 1980년대까지 이어진 '여성독자 부재론'이라는 오랜 명제는 1980년대 독서사의 남성 젠더화를 별 의심 없이 승인하고, 1990년대 여성문학 및 여성운동의 득세를 돌출적·비역사적인 것으로 간주하게 한다.13

그렇다면 여성독서사의 구명과 재평가를 위한 가장 적절한 방법론은 무엇일까. "여성주의 비평에 공적 목소리를 부여"하려 했던 문학연구자 리타 펠스키Rita Felski는 그의 저서 『페미니즘 이후의 문학』(2003)에서 서구 문학사상 가장 '어리석은 독서광'으로 평가되는 두 인물을 제시한다. 중세 로망스를 지나치게 읽은 탓에 "망상"에 빠져

'풍차'를 '괴물'로 착각하고 '창녀'를 '아름다운 여인'으로 혼동한 '돈키호테'(미겔 데 세르반테스 사아베드라, 『돈키호테』, 1605), 그리고 "진부한 인물"들이 잔뜩 등장하는 연애소설에 깊이 빠져든 나머지 가상의 남자주인공과 "간통"을 저지르는 '엠마 보바리'(귀스타브 플로베르, 『마담 보바리』, 1857)가 그들이다. 둘은 '미련한 독서'를 수행한다는 점에서 공통적이지만, 펠스키가 주목한 것은 각각 남성독자와 여성독자의 전형stereotype으로 이해되는 돈키호테와 엠마 보바리에게 그간 서구 문학사가 부여해 온 서로 다른 의미다.

돈키호테는 이제는 사라져 버린 기사도의 마법에 과도하게 집착하는 인물로, 이는 중세 로망스의 문법을 조롱하고자 한 작가 세르반테스에 의해 의도된 것이다. 돈키호테는 중세 로망스 주인공의 그것과 같은 '영웅적인 성취'를 이루지는 못하지만, 대신 근대소설의 주인공에게 부여된 핵심 사명인 "세속적 좌절"을 수행한다. 무엇보다, 그는 여전히 전통적인 로망스의 남성주인공처럼 미지의 영토를 가로지르며, 모험을 위해 가족을 버리고, 위협적인 상대와 전투를 펼치는 등 흥분을 좇아 도전할 자유를 갖는다. 그의 유아론적 세계에 개재한 이상주의는 우스꽝스럽지만 통렬한 숭고미를 자아낸다. 그는 결코 '행동'을 멈추지 않는다.

반면, 로맨스를 애독한 엠마 보바리에게 독서는 그녀가 속한 지루하고 억압적인 가부장적 환경으로부터 '내면적으로' 탈출하기 위한 것, 즉 행동을 '대신'하는 것이다. 그녀는 종종 소설의 인물과 현실의 인물을 혼동하는, '속기 쉽고 자기기만에 빠지는 경향이 심한' 여자로 묘사된다. 그리고 잘 알려져 있다시피, 그녀는 18세기 이후 중산층 여성이 독서대중으로 부상하고, 즐거움을 위한 독서가 '여성적' 영역에 속하게 되면서 '여성독자'에 대한 가장 대중적인 이미지가 됐다. '책 읽는 여자'에 들씌워진 나른하고 감상적인, 나르시시즘적이고 에로틱한 이미지의 연원이 여기에 있다.[14]

리타 펠스키의 이 간명한 비교가 새삼 환기하는 것은, 성별화된 독서사 및 독서표상 체계에 기대지 않고 여성독서사를 해석하기 위한 새로운 방법론이 필요하다는 것이다. 그도 그럴 것이, 여성독서사 연구는 '여성은 앎의 타자'라는 오랜 통념, '취미와 오락, 가벼움, 감상성, 낭만성, 현실도피' 같은, 여성독서에 대한 부정적이고 여성혐오적인 논변과 싸우는 일에 다름 아니다. 물론 우리는 여성독서에 대한 이 같은 전형적인 편견에 대항하기 위한 몇 가지 싸움의 기술들을 이미 알고 있다.

첫 번째는, 여성들이 읽어 온 책들의 목록을 조사해 결코 '가볍지 않은' 종류의 책들도 거기 포함돼 있음을 증명하는 것이다. 흔히 남성들의 전유물로 간주되는 각종 사회과학서적 및 철학·과학 이론서들의 목록을 발굴해 여성독서의 스펙트럼을 넓히고, 이를 최근 확장된 '민중사'나 '노동사'의 범주, 즉 '아래로부터의 역사' 혹은 '소수자의 문학사'에 등재함으로써 '공적' 역사에 편입시키는 것이다.[15]

두 번째는 여성들이 널리 읽었다고 이야기되는 '가벼운' 책들에 대한 '세밀한 읽기'와 '뒤집어 읽기'inverse reading를 통해 그것들에 부여된 기왕의 부정적인 평가들을 반박하거나, 그 텍스트들이 지닌 전략적 성격과 전복성을 강조하는 것이다.[16] 여성 자기계발서나 주부잡지, 로맨스소설 같은 'B급' 독서물들에 드러난 여성독자들의 '선망' 혹은

'현실도피'가 지닌 저항의 정치학 등을 구상해 볼 수 있겠다.

　세 번째는 여성독자의 성립 및 성장 과정에 대한 역사적 논구를 통해 이를 근대 국민국가의 경계 및 범주가 형성되는 과정으로 의미화하는 것이다.[17] 이는 여성독서에 대해 특별한 가치평가를 하지 않으면서도, 그것에 전통적으로 부여돼 온 규범과 규율의 성격을 문제화함으로써 여성독서가 일종의 (반)주체화 기획으로 작동할 수 있음을 암시하는 방법이다.

　1980년대 '여성 베스트셀러'로 대표되는 여성독서에 대한 지배적 표상과 '하위문화'로 분류되는 여성의 비정전적 독서 양태를 고루 점검하려는 이 글 또한 위의 세 가지 방법을 모두 참조할 것이다. 여성독서의 정치적·미학적 특징들을 무조건 퇴행적이라거나 체제순응적이라고 보는 기존의 평가를 심문에 부치는 것은 이 글이 수행할 가장 기본적인 과제다.

　다만, 이 글은 여성독서(사)를 섣불리 '전복'과 '변혁'의 가능성으로 의미화하는 일부 페미니스트들의 관성적인 해석에 대해서도 신중하려 한다. 그런 접근법이 지닌 '전략적' 가능성을 부인할 수는 없지만, '여성적인 것'과 '대중적인 것'과 '위반적인 것'의 자동적 동일시는 또 하나의 억압적인 도식을 생산할 수도 있기 때문이다. 이는 '비정전적 텍스트의 연구가치를 주장하기 위해서는 그것이 반드시 '전복적인 것'으로서 정당화돼야 한다'는 가정에 반대한 영문학자 앤 츠베코비치Ann Cvetkovich의 주장과 상통한다. 혹자는 1980년대 여성독서물들이 지닌 '통속성·감상성·현실도피성'이 당대의 금기와 구속을 위반하는 환상·쾌락·카니발과 같다며 열광할지도 모른다. 하지만 펠스키가 사려 깊게 분석한 빅토리아 시대의 여성소설가 마리 코렐리Marie Corelli의 매혹적인 작품들이 그렇듯, 1980년대 여성독자들의 애독서들이 진정 흥미로운 이유는 '위반'에 대한 지식인의 낭만적 기대를 충족시켜 주기 때문이 아니라, 오히려 그런 목적론적 읽기의 '불가능성'을 드러내기 때문이다.18

타자들의 "행복한 책읽기"(1) ─ 10대 여성들의 하이틴로맨스 읽기

TV드라마 <응답하라 1988>(tvN, 2015~16)에서, 하루 종일 집과 이웃집과 학교, 기껏해야 '봉황당' 골목의 '평상'을 벗어나지 않는 쌍문동 여자들이 대체 뭘 하며 여가 시간을 보내는지 살펴보자.19 눈길이 간 대목은 여고생 '성덕선'(혜리 분)이 학교에서 친구들과 하이틴로맨스 문고본들을 은밀히 돌려 읽다가 선생님에게 적발되자 황급히 책을 감추는 장면이다. 반면, '쌍문동 태티서', 즉 '주부들'은 전혀 책을 읽지 않는다(단 한 장면에서, 라미란이 연기한 '정봉 엄마'가 여성잡지를 들춰 보긴 한다. 이 '엄마'들의 여가 활동은 대부분 음주, 가무, 수다, 고스톱, 약간의 미용과 운동으로 이뤄진다).

'하이틴로맨스를 읽는 여학생들' 그리고 '책을 전혀 읽지 않는 주부들'이라는 이 재현이 인상적인 이유는 그것이 여성독자에 대한 당대 담론의 주요 내용을 정확하게 반영하기 때문이다. 여학생들의 독서물을 '애정물'로, 주부들의 독서를 '독서 부재' 혹은 '여성잡지'로 한정한 후, 이를 긴급히 시정해야 할 한국 독서문화의 '후진적 양상'으로 언급하는 기사들은 흔했다. 그런데 이런 진단은 정말 자명한 것일까?

'자유와 교양의 시대'였던 1970년대[20]에 '여성의 교양'이 강조되면서 "60년대식 여성에 비해 70년대식 여성은 독서열에 있어선 월등한 곳이 있는 듯하다. …… 무엇보다도 교양미가 있어야 된다는 것을 자각하고 있는 것이 70년대 여성이기도 한 것이다"[21]라거나, "출판물은 대개 여성독자를 얻어야 기업적으로 성공한다고 한다. 그만큼 여성독자가 많다는 이야기다"[22]라는 진단이 나올 만큼, 독서시장에서 여성독자가 차지하는 비중은 작지 않았다. 『나의 누이여 나의 신부여 — 루 살로메의 사랑과 생애』(H. F. 페터스, 김성겸 옮김, 문학출판사, 1977), 『이사도라 던컨 — 나의 예술과 사랑』(이사도라 던컨, 구희서 옮김, 민음사, 1978) 등 1970년대 후반 출판독서계의 이목을 끈 여성전기물 붐은 "번역물이 판치는" 출판시장에서 유일하게 단행본 시장의 흥성을 초래한 획기적인 현상으로 기록되기도 했다.[23] 그럼에도 여학생과 주부의 독서는 지속적으로 부정되거나 평가절하되면서 독서담론의 사각지대에 놓였다. '소녀 취향'과 '여성 취향'은 '후진적' 독서 양태를 지시하는 가장 경멸적인 수사였다.

　하지만 이 같은 구래의 담론을 걷어 내고 여성들의 (비/반)독서를 적극적으로 의미화하고자 한다면 그녀들의 '행복한 책읽기'였던 하이틴로맨스와 여성잡지 읽기를 그냥 지나칠 수 없다. 특히, 하이틴로맨스의 서사적 전형성에 대한 편견을 조금만 누그러뜨린다면, 그리고 텍스트에 대한 '세밀한 읽기'만이 비평의 유일한 방법론이라는 믿음을 조금만 제쳐 둔다면, 우리는 당대 여학생들의 하이틴로맨스 읽기가 이후 전개되는 하위문화와 대중문화의 지배적 특성을 예시하는 매우 의미심장한 문화실천이었음을 확인할 수 있다.

할리퀸, '후진' 독서시장의 무법적 열정

여중고교생들 사이에 외국 상류사회, 청소년 또는 성인 남녀의 애정 행각을 그린 저질 로맨스소설이 선풍적 인기를 끌고 있어 바람직한 독서 지도가 시급한 실정이다. 이 같은 연애소설을 읽기 위해 <u>여학생들은 5~6명씩 계를 조직해 책을 공동으로 구입, 서로 돌려 가며 읽는가 하면 학교 앞 서점이나 만홧가게에서는 이런 책들을 많이 준비해 놓고 몰려드는 학생들을 상대로 대본업을 하고 있다.</u> 또 서울 광화문 종로 등의 대형 서점 소설문고 코너에서는 서서 정신없이 이런 책을 읽고 있는 여학생들의 모습을 흔히 볼 수 있다.

이 같은 로맨스소설들은 미국과 유럽 등 전 세계 지식층 여성들이 가장 많이 읽는 책이라는 TV 및 잡지의 요란한 광고 공세와 함께 갈수록 인기를 더해 가고 있으며 그 종류는 더욱 많아지고 내용은 더욱 선정적으로 되어 가고 있다. 출판업계가 불황을 겪던 지난 79년 S출판사가 '하이틴로맨스'라는 이름으로 연애소설을 한두 권씩 내놓아 여학생들로부터 좋은 반응을 얻자 '아메리칸 로맨스' 시리즈를 내놓았으며 뒤이어 M생활사가 '실루엣 로맨스'를, D출판사가 '파름문고'를, C출판사가 '팅커벨 로맨스'를 냈고, '핫 로맨스' '애플북스' '할리퀸 문고' 등이 잇달아 나왔다. 월간지처럼 정기적으로 서점에 쏟아져 나오는 이 책들은 현재 500여 종이 넘으며 '파름문고'의 경우 120여 호까지 나왔다. <u>이들 로맨스소설은 대부분 서구 작품의 번역판인데 '하이틴로맨스'와 '할리퀸 문고'는 영국, 독일, 프랑스 등 유럽의 청소년들 사이에서, '아메리칸 로맨스'와 '실루엣 로맨스'는 미국에</u>

서 성인용으로 출판된 것들이다. 이들 책의 내용은 대부분 대재벌의 자녀들이나 귀공자들이 아프리카나 유럽의 지중해, 그리스 등 세계적 관광지를 배경으로 여행하면서 일어나는 에피소드와 애정 행각을 다룬 것들인데 애정 묘사 등이 청소년들에게 낯 뜨거울 정도로 노골적인 부분이 많다.

　…… 여중학생인 동생이 밤새워 읽는 책이 어떤 책인지 알아보기 위해 이 책들을 읽어본 연세대 박소미 양(식생활학과)은 "완벽한 미모를 갖춘 여주인공과 준수한 외모 재능과 재산을 갖춘 남주인공이 세계적 휴양지에서 벌이는 애정 행각의 내용들이어서 놀랐다"며 우리나라 청소년들에게 외모 중시, 이혼 자유, 성 개방, 부에 대한 선망 등 잘못된 가치관을 심어 줄 것 같다고 걱정했다. 연구 목적으로 이들 책들을 많이 읽은 서울대 대학원생 김현주 양은 "이 소설들은 대부분 남녀의 '만남-헤어짐-만남'의 해피엔딩으로 구성돼 있고 스토리는 우연의 연속으로 이어져 있다"고 지적하면서 문학적 가치가 전혀 없고 여학생들에게 서구식 연애에 대한 환상을 부추기는 등 잘못된 영향을 끼칠 우려가 크다고 말했다. 소설가 정채봉 씨는 "청소년을 대상으로 한 '성장기 문학'이 우리에겐 없어 외국의 3류 소설이 무분별하게 들어와 판을 치는 것"이라며 학부모들이 자녀들의 독서 내용에 관심을 갖고 독서하고 대화하는 풍토를 조성해 가야 한다고 강조한다.24

당대 여학생들의 하이틴로맨스 심취를 심각한 사회문제로 지적하는 위 기사는 하이틴로맨스의 장르적 특성을 간명하게 설명한다. 위 기사의 분석처럼, '평범하고 연약한 서양 여성'과 '구릿빛 피부의 상류층 남성' 간의 연애(감정)를 다루는 하이틴로맨스는 서구 부르주아의 생활양식에 근거한 제국주의적 상상력과 가부장제의 성적 질서를 노골적으로 드러내며, 유사한 서사 패턴을 반복 재생산하는 까닭에 텍스트 각각의 심미적 자질을 주장하기는 쉽지 않다. 더구나 이 소설들은 관습적인 성역할과 젠더의식, 신분상승의 욕망을 답습하므로 페미니스트들에게조차 구원의 여지가 없는 것으로 간주됐다. 이 소설들이 한국의 '불건전한' 독서문화의 단면이자, 시급히 청산돼야 할 '후진적' 현상으로 치부된 것도 무리는 아니다.

인상적인 것은, 당대 여학생들을 비롯한 10대 여성들이 이토록 판에 박힌 연애서사를 반복하는 이 조그만 문고본들을 바탕으로 전례를 찾기 힘들 만큼 역동적인 독서문화를 만들어 냈다는 점이다. 물론, 캐나다의 한 출판사 이름을 따 '할리퀸'Harlequin25이라고 불린 이 하이틴로맨스 서사 열풍은 한국에만 국한된 현상은 아니었다. 1970년대부터 전 세계적인 로맨스 붐을 주도한 할리퀸 출판사의 시리즈물은 1980년대에 이르면 98개국에 걸쳐 1억 6800만 권가량 팔렸다.26 한국에서는 1979~86년까지 500권가량이 불법으로 출간되다가, 1986년부터 정식 간행됐다.27 즉 여성독자들의 하이틴로맨스 읽기 열풍은 한국만의 특수하고 '후진적'인 독서 양태라기보다는, 대량 출판 시대에 접어들어 이미 형성돼 있는 글로벌한 독서시장에 한국 여성들이 적극적으로 참여한 결과다. 당시 국내에 출시된 수종數種의 하이틴로맨스 시리즈들이 밝히고 있듯, 이 시리즈는 서구 '여류' 소설가들의 작품을 번역한 것이었으며, (서구 하이틴로맨스의 대상 독자가 '성인 여성'이었던 것과 달리) 여학생을 비롯한 10대 여성독자만을 겨냥해 제작한 기획 상품이었다.

이 파름문고의 정체라는 게 참으로 알싸한데, 주로 유명 (일본) 만화나 영화를 소설로 옮긴 축약본에 가깝다고 보면 맞을 것 같다. 당시만해도 일본 대중문화가 정식으로 수입되지 못하던 때라, 두둑한 지갑을 들고 이태원이나 명동으로 나가 '원서'를 구할 수 있는 사람이 아닌 바에야 이런 식의 '해적판'을 통해서 조금씩 맛볼 수밖에 없었다.

그때 탐독했던 파름문고 책들로는 『나일강의 소녀』(해적판 만화로도 돌았는데, 『나일강의 소녀』 『신의 아들 람세스』 등의 제목이 붙어 있던 이 작품의 원제는 『왕가의 문장』이다), 『말괄량이 캔디』 『올훼스의 창』 『베르사유의 장미』 『유리가면』 『유리의 성』(1984년 방영되었던 김수현 작가의 드라마 <사랑과 진실>이 『유리의 성』과 꼭 닮아 있었다) 등이 있다.

재미있는 것은 원작의 장대한 줄거리를 최대한 압축하면서도 주인공들의 러브신은 원작 만화(영화)에 없던 장면까지 고무줄처럼 늘려가며 살을 덕지덕지 덧붙이는 방식으로 전개되었다는 것.28

이 텍스트들에 '후진성'이 있다면 그것은 서사 자체의 '저열함'에 기인한다기보다는, 우선 이 책들이 출판계의 오랜 관행이자 당대의 골칫거리였던 '해적 출판' 및 '불법 유통'의 대표적인 사례였다는 점, 그리고 허술하고 자의적인 번역을 아무렇지도 않게 감행하는 대량생산 출판물이었다는 점에서 찾아질 것이다. 특히 1980년대 초반에 한국에서 발간된 하이틴로맨스 시리즈들은 대부분 일본 쇼각간小學館에서 출판된 것을 중역했다는 혐의를 갖는데,29 이때 번역자·중역자가 어디까지 역술譯述에 개입했는지에 대해서는 상세하게 밝혀진 바 없다. 게다가 이 시리즈들은 샬로트 램Charlotte Lamb 같은 실존 유명 작가의 작품들을 중심으로 선전되기도 했지만, 대부분의 경우 한국독자에게 작가와 역자에 대한 정보를 제공하는 데에 별 관심이 없었다.30 심지어 가상의 작가를 내세워 그의 약력 및 대표작들을 날조해 책날개에 소개하는 뻔뻔한(!) 마케팅도 서슴지 않았으니, 애초에 근대적 개념의 저자성authority이나 작가적 오리지널리티, '문학성'을 염두에 둔 것은 아니었음을 알 수 있다.

예컨대, 동광출판사에서 출시한 '파름문고'는 일본 원작 만화·영화의 내용을 축약해 소설화한 것인데도 원작의 작가명을 밝히지 않은 채, 서양 이름을 가진 가상의 작가를 내세웠다. 1977~85년에 연재된 쇼지 요코庄司陽子의 동명 만화가 원작인 『남녀공학』(강훈규 옮김, 1981)은 '윌리엄 스크랜턴'이라는 정체불명 작가의 작품으로 소개됐으며, 1975~81년에 연재된 이케다 리요코池田理代子의 만화 <올훼스의 창>을 소설화한 『올훼스의 창』(문용수 옮김, 1984)의 작가는 '마리 스테판 드 바이드'로 표기되어 있다. 특히 『올훼스의 창』은 원작에 없는 사건을 만들어 내는 등 주요 내용을 매우 과감하게 변형·훼손(!)하는 창의력도 뽐냈다. 지금도 일본 원작보다 파름문고를 먼저 접한 독자들은 무엇이 원본인지 혼란스럽다는 기록을 남긴다.31 '후진' 독서시장의 이 이종적이고 변칙적인 출판물들은 근대 출판법과 저작권, '원작/원본'의 아우라, '문학성'의 법칙 등을 가볍게 무시한 채, '텍스트'

의 이동과 번역에 부여된 무법적·초법적인 자유를 만끽하며 모든 에
너지를 오로지 '소녀'들의 새로운 환상과 쾌락법칙을 발명하는 데에
쏟았다. 과연 "문학성"이나 "원작/원본"에의 종속 여부를 따져 이
서사들을 '삼류' 'B급' '아류' 등으로 분리해 줄 세우는 일은 이 가공할
만한 열정의 계기와 동인動因, 그 효과에 관심 갖는 일보다 반드시 중
할까?

보편적인 '환상의 형식' 혹은 '한국식' (비/반)주체화 기획

하이틴로맨스의 전 세계적 열풍은 그것이 여성들에게 보편적인 "환
상의 형식"32으로 기능했음을 보여 주지만, 어디에서나 동일한 텍스
트효과를 초래했다고 단언할 수는 없다. 예컨대, 하이틴로맨스 서사
는 대부분 '금발의 서구 여성'과 '이국에서 만난 상류층 남성'의 로맨
스를 다루는 까닭에 한국의 독자들은 인종적·계급적으로 남성주인
공과 여성주인공 중 어느 쪽에도 이물감 없이 동일시하기는 어려웠
다. 특히 '서남아시아'(당시 표현을 따르자면 "중동")를 배경으로 전개되
는 '중하층 서양 여성'과 '상류층 중동 남성'의 로맨스는 '아라비아 로
맨스'라는 별도의 시리즈를 구축할 만큼 하이틴로맨스의 인기 플롯
중 하나였는데, 이를 번역·각색한 일본 '할리퀸 만화'의 재현 양상과
그 수용 효과는 특정 서사의 문화횡단transculturation과 관련해 간단치 않
은 쟁점들을 환기시킨다.

일본에서 수행된 할리퀸 소설의 만화화 양상을 분석한 홍신실과
손윤미의 탁월한 연구에 따르면, 작가와 독자가 모두 '여성'인 하이
틴로맨스는 '동양=미개=여성' 대 '서양=문명=남성'이라는 기존 오

리엔탈리즘의 공식을 뒤집는 듯 보이지만, '중하층 출신의 평범한 서양 여성'이 '야성적인 상류층 동양 남성'을 '사랑할 만한' 인물로 길들인다는 플롯은 여전히 '정신적으로 성숙한 서양'이 '('석유 부자' 등으로 표상되는) 오직 부만을 축적했을 뿐 정신적으로는 미숙한 동양'을 포용한다는 제국주의적 상상력을 답습한다. 여기서 더욱 첨예한 쟁점이 되는 것은, 이 같은 식민주의적 상상력이 내재된 서구 하이틴로맨스를 번역할 때 작동하는 '동양' 국가이자 구舊 제국인 일본의 정치적·문화적 자의식이다. '대동아공영권'과 같은 역사적 사례에서 보듯, 결코 서양이 아니지만 다른 아시아 지역과 스스로를 구분해 온 일본은 원작에 개재한 제국주의적 문화 기획에 마음 편히 이입하지 못한다. 그리하여 일본에서 선택된 만화화 전략은(비록 표지에서는 서사의 이국성을 강조하기 위해, 스크린톤을 이용해 남성주인공의 피부색을 어둡게 표현할지라도) 본문에서 서남아시아 출신 남성주인공의 피부색을 백인 남성의 것과 다르지 않게 처리하고, 백인 여성주인공의 금발 역시 그대로 유지하는 것이다.[33]

이처럼 원작에 내재한 오리엔탈리즘이 일본의 자기분열이 반영된 각색을 거치면서 서사적·회화적 굴절을 경유하는 장면은 하이틴로맨스의 천편일률적인 서사가 독자를 수동적 존재로 만든다고 비판하는 기왕의 평가를 재고하게 만든다. 게다가 그마저도 일본어 번역본을 한국어로 중역해 접해야 했던 구 식민지 한국의 10대 여성들이 처한 특수한 독서 조건을 고려한다면, 하이틴로맨스의 독자들을 동질적인 존재로 간주하는 안이한 주장이야말로 의심돼야 한다. 전 세계의 서로 다른 역사적·문화적 독서 조건을 지닌 여성독자들이 당대 서

1979년에 삼중당에서 해적판으로 처음 출간된 이래, 1980년대에 여러 출판사들이
지속적으로 발간한 하이틴로맨스 문고본들. (필자 제공)

구 로맨스 각본의 전형인 하이틴로맨스를 어떤 방식으로 각색해 소
화했는지에 대해서는 아직 충분히 밝혀지지 않았다.

　이런 문화적 각색을 통한 로컬화 전략은 각 출판사들이 밝힌 하이
틴로맨스 시리즈 '기획의 변'에도 확연히 드러난다. "아름다운 세대
를 위한 작은 이야기"(애플북스, 홍신문화사), "인생을 살면서 언제나 꿈
을 지니고 열심히 사는 여성들의 책"(할리퀸 문고, 아이피에스)이라는 광
고 문구를 내세우면서도 출판사들은 당시 '독서의 적'이라고 지탄받
던 하이틴로맨스 출간에 대해 한사코 변명해야 했다. "성인 여성독자

인구의 부족" 때문이라거나, "고급한 책은 팔리지 않기 때문"이라는 해명들이 그것이다.

출판사들의 이런 분열은 각 작품들의 편집양식에도 흥미롭게 나타난다. 예컨대, 『베르사유의 장미』『올훼스의 창』등으로 유명한 파름문고(동광출판사) 시리즈에는 뜬금없게도 로맨스소설이 아닌 루이제 린저의 『옥중일기』(김일남 옮김, 1988)가 포함되는데, 이것의 원작은 작가가 제2차 세계대전 때 직접 체험한 수용소 생활을 바탕으로 1946년에 출간한 『옥중기』다. 루이제 린저가 1960년대 이래 한국에서 '여성교양'의 강렬한 상징으로 통용돼 온 역사[34]를 상기한다면, 이는 1980년대에 대표적인 '반反교양'의 독서물로 간주돼 온 하이틴로맨스의 '불건전한' 성격을 조금이나마 희석시키려는 의도에서 삽입됐다고 추측할 수 있다. 물론 그럼에도 10대 여성들의 흥미에 어필해야 했던 『옥중일기』는 수용소의 비참한 현실을 묘사하는 원작의 어두운 내용과 비장한 정서에 개의치 않은 채, 각 챕터 서두와 말미에 예의 그 다이아몬드들이 반짝이는 '순정만화체'의 삽화를 그려 넣었다.

또한 '애플북스'(홍신문화사)에 포함된 『푸른 학창 시절』(데보라 켄트, 홍가영 옮김, 1984)은 가족과 함께 멕시코로 여행을 떠난 미국인 소녀 '신디'가 그곳에서 만난 의사 지망생인 멕시코 소년 '알렉산드로'와 사랑에 빠지는 내용인데, 이 책의 말미에는 「여학생의 사랑과 미래」라는 편집부의 글이 수록된다. (대부분의 독자들이 무시해 넘겨 버렸을) 이 글은 '휴양지에서 만난 이국 남성과의 짜릿한 로맨스'라는 소설 내용과 무관하게, '미국에서는 17세 자녀들을 어른으로 대우하며 인생을 스스로 개척하게 한다는 점' '푸른 학창 시절에 젊은이들이 진정 찾아야 할 보배로운 것은 로맨틱 이상의 무엇'이라는 교훈적 메시지를 설파한다. 서구 하이틴로맨스가 한국 10대 여성들에게 '원작 그대로' 수용돼서는 안 된다는 당대 한국사회의 불안과 강박은 계몽과 쾌락, 고급독서와 저급독서 등에 대한 분열을 노정하며 '한국식' 하이틴로맨스 특유의 '균열'과 '부조화'의 양식을 성립시켰다.

그렇다면 한국의 10대 여성독자들은 왜 매끄러운 동일시도 어렵고 천편일률적인 서사를 반복하는 하이틴로맨스 시리즈를 줄기차게 읽어댄 것일까? 첫 번째 이유는, 여학생들이 4~5명씩 계를 만들어 하이틴로맨스를 입수해 돌려 보곤 했다는 진술에서 보듯, 이들에게 하이틴로맨스 읽기가 '취향의 공동체'를 형성하는 강력한 계기였다는 점이다. 예컨대 (주)아이피에스에서 펴낸 '할리퀸 문고'는 책 말미에 '애독자를 위한 선물코너'를 마련했는데, 이는 독자가 할리퀸 마크 5장을 오려 해당 출판사로 앙케이트 엽서를 보내면 클래식 대전집, 유니세프 카드, 레코드판, 카세트테이프 등의 경품을 우송해 주는 이벤트를 위한 것이다. 이는 물론, 하이틴로맨스의 소비를 유희적 실천으로 여기는 독자들의 수용관습을 기민하게 감지·반영한 마케팅 전략이다. 여기서 알 수 있는 것은, 당대 10대 여성들에게 '독서'는 사적인 시간에 홀로 고요히 행하는 내밀한 일이 아니라는 점이다. 그녀들에게 독서는 얼마든지 다른 사람들과 떼 지어 시끄럽게 떠들며 할 수 있는 것이었고, '걸작'으로 회자되는 책일수록 더럽혀지거나 함부로 찢긴 곳이 많았다.

더 중요한 이유는, 하이틴로맨스의 소구력이 서사 그 자체보다는 독자들이 경험하는 '장르적 유희'의 쾌감을 자극한다는 데에 있다.

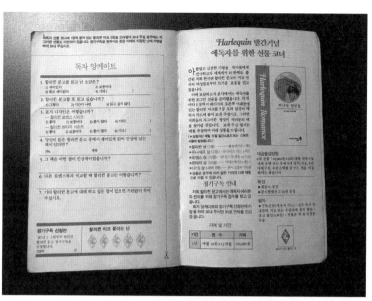

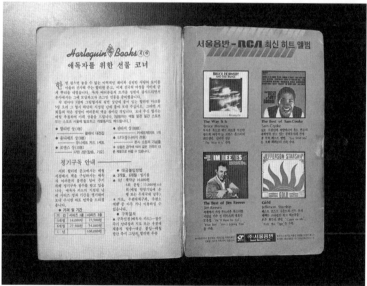

1980년대에 할리퀸 문고의 여러 시리즈를 공급한 (주)아이피에스의 지면광고.
"할리퀸 문고를 읽고 난 소감" "표지 디자인" 등에 대한 의견을 적고,
"할리퀸 마크"를 5장 오려 붙여 출판사로 보내면 "팝송 대전집"이나
최신 레코드판 등의 경품을 우송해 준다. (필자 제공)

10대 여성독자들이 1980년대 내내 (심지어 1990년대 '순정만화' 붐을 거쳐, 오늘날 '웹소설'의 형식으로 생산되는 '로맨스소설'의 유행까지) 대량생산된 동종 동형 로맨스서사의 충실한 독자로 남을 수 있었던 것은, 그 서사들의 장르문법을 일종의 '게임'처럼 즐기는 법을 터득했기 때문이다. 일례로, 캐나다의 '할리퀸 문고'는 기존 '할리퀸로맨스'HR 시리즈에 더해 '할리퀸판타지'F를 신설했고, 뒤이어 "로맨스와 추리소설의 묘미를 한꺼번에" 즐기는 것이 가능한 '할리퀸서스펜스'HS 시리즈를 출시했다.35 이처럼 하이틴로맨스 내에서 판타지, 추리, 스릴러, 모험, 과학, 역사, 에로 등 온갖 장르의 배합이 실험되면서 하이틴로맨스는 10대 여성들의 서사시장에서 일종의 마스터플롯으로 기능했다.36

무엇보다, <응답하라 1988>에서 성덕선이 "키스밖에 안 나온다. 맨살을 더 보여달란 말이야"라며 실망한 채 책을 내던지는 장면이 보여 주듯, 하이틴로맨스는 성적 관계 및 성애에 대한 10대 여성의 욕망을 실험할 수 있는 드문 장르였다.37 하이틴로맨스가 "섹스가 있는 신데렐라 이야기" 혹은 "여성들의 포르노그래피"라고 불리는 이유가 여기에 있다. 하지만 성애에의 욕구를 자극한다는 점에서는 이성애자 남성이 즐기는 포르노그래피와 비견될지 몰라도, 하이틴로맨스는 그것을 향유하는 주체가 '여성'이라는 점에서 이미 기존 포르노그래피나 '야설'과는 전혀 다른 수용 효과를 낳는다. 하이틴로맨스의 여성독자들은 '드라마틱한 로맨스의 주인공'이자 '성애의 향유자'라는 양성성의 문법을 동시에 체현하게 되기 때문이다.

진화심리학에 입각해 로맨스소설과 슬래시소설(원작에 등장하는 남성인물 간의 성애적 관계를 중심 서사로 설정한 2차 창작물)에 투영되는 여성 욕망의 상통성을 분석한 도널드 시먼스Donald Symons와 캐서린 새먼 Catherine Salmon의 연구에 따르면, 로맨스소설 여성독자의 양성적 수행 performance은 '이상화된' 남성주인공의 재현을 통해 명확하게 드러난 다. 로맨스소설의 남성주인공은 '생물학적'(?) 남성성보다는 여성에 의해 그 신체적·지적·기질적인 특징들이 '로맨스'에 적합하도록 섬 세하게 조율된 '전사들'이라는 것이다.[38] 그리고 이는 1990년대 여성 독자가 '여성이 삭제된 남성 동성서사'인 팬픽fanfic을 즐기는 이유를 분석한 문학연구자 류진희의 지적대로, 이제 "여성들로 가능해지는 시장이 아닌" '여자들의 시장'(뤼스 이리가라이Luce Irigaray)이 출현하고 있 다는 징후다.[39]

이는 '대중적인 것=감상적·체제순응적인 것=여성적인 것'이라 는 기존 대중문화 공식의 내포를 완전히 뒤바꾼다. 이제 대중문화는 '여성성'의 내용으로 분류돼 온 '감상성'과 '체제순응성' 때문에 '여성 적인 것'으로 규정되는 것이 아니라, '여성이 서사를 향유하는 방식', 즉 '남성성'과 '여성성'의 유동적 변환 가능성을 활용한 젠더실험을 적극적으로 끌어들임으로써 대중성과 시장성을 확보하기에 '여성' 의 욕망과 만난다. 요컨대, 1980년대 여학생들의 하이틴로맨스 읽기 는 당대 남성젠더화된 독서문화의 '사각지대' 혹은 '후진성'이라는 부정적 표상과는 무관하게, '대중적인 것'의 개념과 그 향유의 문법 을 새롭게 편성·조율하는 역동적인 문화적 실천이었다. "근대성의 문화를 형성하는 데" 있어 로맨스와 멜로드라마 같은 평가절하된 대 중장르에는 그 "장르적 형식에 수동적으로 규정당하는 측면만 있는 것이 아니라 그것들 나름의 독특한 규정적인 성격도 있다"라는 리타 펠스키의 단언[40]이 이 경우에도 유효한 셈이다.

타자들의 "행복한 책읽기"(2) — 주부들의 '여성잡지' 읽기

여성지 담론과 고학력/중산층 여성독자의 행방

1980년대 각종 신문기사와 관련 담론에 의하면, '주부'는 언제나 '가장 책을 안 읽는 집단' 중 하나였다. 이 자료들에 따르면, '주부'들이 유일하게 읽는 독서물은 『여성동아』『주부생활』『가정조선』『여원』 등과 같은 여성잡지·주부잡지다. 여성지를 읽는 것은 '후진적' 독서에도 미치지 못하는, 오히려 "독서를 안 하기 위한 독서"(반독서)로까지 이야기되며 당시 '지식인'들에게 신랄한 비난의 대상이 됐다. 그런데 아래 기사들을 읽어 보면, 주부들이 행한 '여성지 열독' 현상의 진짜 문제가 뭔지 곰곰이 생각해 보게 된다.

> (가) 현재 우리나라의 여성지들은 주부 대상과 미혼 여성 대상으로 2대별할 수 있지만 광고의 내용이 패션 위주인가, 아닌가 하는 점과 부부간의 성생활을 다루고 있느냐, 혼전 또는 신혼 성지식을 다루느냐 여부를 제외하고는 큰 차이가 없다는 것이다.
>
> 그런데 여성지들의 이 같은 경향 즉 <u>선정적 섹스 기사와 화제 위주 내용</u>들이 화려한 패션 광고와 함께 독자들에게 어떤 영향을 줄 것인가 하는 점에 대해서는 논란이 구구한 것 같다.
>
> 한국잡지협회의 권오중 부장은 과거의 옐로우페이퍼(저질잡지)를

기준으로 현재의 것을 보아서는 안 되지만 내용이 천편일률적인 것은 사실이라고 말한다. 여성잡지가 원색화되고 섹스물을 다루는 것을 긍정적으로 보고 있는 사람도 적지는 않은데 소설가 조정래 씨는 우리나라의 경우 결혼생활 10년의 주부 80퍼센트가 진정한 성생활을 즐기지 못한다면서 성의 문제가 금기시되고 있는 한 여성지의 이런 현상은 필연적이며 필요하다고 말한다. 시조시인 이근배 씨는 과거 60년대에 붐을 이루었던 주간지 독자들이 70년대에는 대중소설 독자로 돌아섰는데 주부 독자층 개발을 위해 긍정적인 일이라고도 말한다.

88년 올림픽에 대비 언젠가는 포르노 영화 등 섹스산업이 개방되어야 하지 않겠느냐고 말하는 여성지 긍정론자들은 일본의 경우처럼 문학지에서 여성지를 발간해 순수문학은 나름대로 키우면서 그 적자를 보전해야 한다는 논리를 펴고 있다. 우리나라 주부들의 현재 독서 수준으로는 단행본 쪽으로 곧바로 돌리기는 어렵다는 이들은 그들이 곧 여성지에 식상하게 되고 따라서 문예지를 찾게 될 것이라고 낙관론을 편다.

…… 문학평론가 원불갑 씨는 여성지의 그 같은 경향은 일시적인 돈벌이 현상일 뿐이며 독서인구로의 발전을 기대하는 것은 착각이라고 일축한다. 책을 안 읽기 위해 읽는 것이 여성지라고 주장한 그는 잡지문화의 나라로 일컬어지는 일본의 경우, 반세기가 넘은 지령의 잡지가 수없이 많아도 결코 눈요기 정도밖에 보여 주지 않는다고 말한다. 문제는 한 달에 한 권 정도의 여성지를 읽고 독서로 착각하는 데 있다는 그는 독자들이 이들 잡지를 무조건 신뢰할 때 문제는 크다고

설명한다. 평론가 김우종 씨도 물질적인 가치에 의해 정신적인 가치가 자리를 빼앗기는 결과라고 우려한다. 본격문학에 대한 기대나 뿌리가 없이 오락적인 잡지문화와 상업주의 문화가 싹튼다면 결국 변태문화가 탄생되고 악화가 양화를 구축하듯 순수작가는 채널을 잃을 것이라는 것이다. 서울대학교의 이 모 교수는 여성잡지가 공도 있지만 해가 더 크다면서 새로운 감각이나 시도 없이 일본 잡지를 본뜬 편집 방식을 답습하는 것은 지양해야 한다고 말한다. 그러나 독자들에게도 문제가 전혀 없지는 않으며 여성지들은 계층, 학력 등 수준에 따른 내용으로 분화하고 현실감 있는 광고를 게재하는 등 변화가 요구된다고 지적하고 있다.[41]

(나) 여성잡지 등 가벼운 책을 즐겨 읽는 이 같은 여성독서 경향에 대해 문학평론가 유종호 이대 교수는 "신문이나 잡지를 보는 것은 독서라고 할 수 없다"고 말한다. 시류에 따른 흥미 있는 주제를 가볍게 읽어 머리를 식히는 일도 필요하지만 '생각하게 만드는 책'을 읽는 것이 더욱 중요하다고 강조한다. 유 교수는 자신에게 흥미 있는 주제를 찾아 그 분야에 대해 점진적으로 끈기 있게 책을 찾아 읽으면 어느덧 한 분야의 전문가가 될 수 있을 것이라며 주제별 독서법을 권한다. 이때 육아 영양 등 '여성 관계 분야' 뿐 아니라 사회, 과학 등에 폭넓게 눈을 돌려 '공부하는 아내' '공부하는 어머니'의 모습을 보여 주는 것도 좋다는 것.[42]

인용문 (가)는 '주부들의 여성지 읽기'와 관련해 다양한 논점들을 제시한다. 우선 "선정적인 섹스 기사와 화제 위주" "일본 잡지를 본뜬 편집방식"과 같은 여성지 자체의 문제가 있는가 하면, 여성지를 "일시적인 돈벌이"의 대상으로 삼는 생산 주체의 문제가 있다. 그보다 더 눈여겨 볼 것은 "여성지"("물질문화")가 "문예지"나 "본격문학"("정신문화")과의 대별 구도에 놓여 언급되고 있다는 점이다. 여성지의 독자가 본격문학의 독자층으로 "개발"될 수 있다면 여성지 읽기를 한정적으로 허용하겠지만, "우리나라 주부들의 현재 독서 수준"으로는 "독서인구로의 발전을 기대할 수 없다"는 것, 여성지가 표방하는 "오락적인 잡지문화와 상업주의 문화"가 "변태문화"를 탄생시키고, 그로 인해 "순수작가는 채널을 잃을 것"이라는 서술에 이르면, 결국 여성지 읽기에 대한 비난이 실은 "본격문학" "문예지" "순수작가"를 보호하기 위한 것이었다는 심증을 굳히게 된다. '고급'과 '저급', '본격'과 '상업', '변태'와 '순수'라는 이 고리타분한 이분법적 위계가 문화에 관한 논의를 얼마나 경직되고 협소하게 만드는지에 대해서는 이미 많은 연구가 제출돼 있으므로 이 글에서는 생략한다. 다만, 여성지를 읽는 '독자'의 욕망과 이들이 처한 정치적·문화적 상황을 암시하는 대목만은 좀 더 들여다보자.

인용문 (가)에 언급된 한 논자는 "성의 문제가 금기시되고 있는" 한국의 상황에서 "결혼생활 10년의 주부 80퍼센트가 진정한 성생활을 즐기지 못한다"는 점을 언급한다. 이 서술은 주부들이 여성지에 기대하는 바가 오직 '성적인 것'이라고 예단한다는 점에서 의심할 필요가 있지만, 당대 여성들이 처한 모종의 사회적 '억압'이 있다는 사실만은 시사한다. "신문이나 잡지를 보는 것은 독서라고 할 수 없다"

라는 한 논자의 언급을 보도한 인용문 (나)는 "육아 영양 등 '여성 관계 분야'뿐 아니라 사회, 과학 등에 폭넓게 눈을 돌려 '공부하는 아내' '공부하는 어머니'의 모습을 보여 주는 것도 좋다"라며 특정 주제들을 성별화하고, 여성독서의 목적을 좋은 "아내" "어머니"가 되는 것으로 규범화한다. 둘 다 여성독서가 처한 이중구속double bind의 내용을 짐작하는 데 부족함이 없는 기사들이다.

주목할 것은, 두 인용문 모두 주부 독자층의 "흥미"와 "욕구"를 언급하고 있다는 점이다. (가)의 서두에는 "그동안 여성잡지가 판매 호조를 보여 온 것은 여성이 소비 주체가 되어 간다는 추세와 함께 주된 독자층인 주부 및 직장여성들의 교양·오락 욕구를 충족해 주었기 때문"이라고 명시돼 있으며, (나) 역시 "자신에게 흥미 있는 주제를 찾아" 독서를 하라는 엄중한 충고를 곁들이고 있다. 그렇다면 그간 주부들은 어떤 "흥미"와 "관심사"를 가지고 있었으며, 언제 그것을 잃어버렸을까. 그 "흥미"와 "관심사"들은 어떻게 충족될 수 있었을까.

교육받은 여성의 생애사를 분석한 이혜정의 연구43에 따르면, 고등교육을 경험한 여성들이 가시화되기 시작한 것은 1970년대부터다. 당시 고등교육 기관의 여성 비율은 평균 26.7퍼센트인데, 1980년대에는 대학 수의 급증과 함께 성별 교육불평등 현상이 점차 완화된다. 이때 강조돼야 할 것은, 1970년대에 고등교육을 받은 소수의 여성들은 곧 대졸 여성에게 굳게 닫혀 있는 노동시장의 구조를 직면하게 된다는 점이다. 이는 고학력의 여성조차 자신의 '공부'를 이어가거나, 전공을 살려 취업하는 일을 포기하게 만들었다. 이들 대부분은 '좋은 아내'와 '좋은 어머니'라는 규범적 역할에 순응하기를 택하고는, 미처 충족되지 않은 교육열을 자녀 세대에 '과잉'의 방식으로 실현했다. 중요한 것은, 여성의 '교육'과 '공부'가 오직 가정생활을 위한 것으로만 의미화되던 당대 사회에서 대부분의 여성들은 필연적으로 자신의 다양한 흥미와 관심사, 경력의 '단절'을 경험했다는 것이다. 주부들을 성생활이나 화제 위주의 천편일률적인 관심사만을 가진 존재로 규정하거나, 이들에게 더 다양한 "흥미"를 찾아볼 것을 주문하는 준엄한 충고에는 여성들이 (결혼과 출산 외에) 어떤 방식으로 사회와 접속 (불)가능한지에 대한 질문이 누락돼 있다.

물론, 그럼에도 주부들은 규범화된 역할을 넘어 자신의 '흥미'와 '관심사'를 개발하려는 노력을 멈추지 않았다. 당대 수많은 '이동문고'와 '이동도서관' '어머니독서회' 등의 독서캠페인[44]들은 언제나 "자녀와 함께 책 읽는 어머니의 모습"만을 강조했지만, 그와 무관하게 여성들이 이 크고 작은 독서모임을 통해 어떤 흥미와 지식, 관심사들을 개발했으며, 그 독서 네트워크에서 어떤 사회적 경험을 축적했는지에 대해서는 자세히 알려진 바 없다.

'반독서'와 '여성문학' 사이, 박완서의 책읽기와 글쓰기

여성잡지는 해방 이후부터 1980년대에 이르기까지 여성수필 장르와 함께 줄곧 '가벼운 오락'이나 '저질' 읽을거리로 치부돼 왔다. 그런데 정말 '여성지 읽기'는 청년 시절의 흥미와 관심사를 잃어버린 주부들의 권태와 무료, 그것에의 순응만을 증빙할 뿐일까. 이쯤에서 1970년에 작가생활을 시작해 단편·장편 소설, 수필, 서평 등을 가리지 않고 40여 년간 왕성하게 활동한 박완서의 등단 지면이 당시 대표적인 주부잡지 『여성동아』였다는 사실을 환기할 필요가 있다. 그가 평소에 주부잡지와 그것을 읽는 여성들의 욕망에 꾸준히 관심 갖지 않았다면, 어떻게 "어느 날 갑자기" '여성동아 장편소설 공모'에 응할 수 있었겠는가.

아무튼 어느 날 나는 갑자기 소설을 쓰기 시작했다. 좀 더 정확하게 말하면 1970년 봄 어느 날 단골 미장원에 가서 내 차례를 기다리며 뒤적이던 『여성동아』에서 여류 장편소설 모집이란 공고를 보고 갑자기 가슴이 두근대며 소설을 쓰고 싶어졌던 것이다. 이것이 『여성동아』와의 인연의 시작이다.

그전까지의 나는 문학지망생이었다기보다는 문학애호가였다고나 할까. 매달 애독하는 문예지도 있었고, 신인 등용문으로서의 추천제나 신춘문예라는 것에 대해서도 알 만큼은 알고 있었는데, 그런데 단 한 번도 응모해 본 적이 없었고, 응모하고 싶어 본 적도 없었는데, 느닷없이 『여성동아』의 공고란에 강하게 사로잡혔던 것이다.

응모 마감까지는 3개월 남짓 남아 있었다. 나는 쓰기 시작했다. 그러나 사실에 처음 해보는 이 일에 대해 가족들에게 심한 부끄러움을 탔다. 그래서 철저하게 몰래 하기로 작정했다. 가족들 몰래 그 일을 하기란 여간 힘든 일이 아니었지만, 나는 평생 처음 나만의 일을 가졌다는 것과, 가족들에게 비밀을 가졌다는 것으로 매일매일 아슬아슬하리만큼 긴장했고, 행복했고, 그리고 고단했다.

…… 이 글 처음에서도 언급했지만 내가 하나의 작품을 이룩한 게 작가가 되기 위한 피나는 노력이나 준엄한 각오에서가 아니라, 순전

히 중년으로 접어든 여자의 일종의 허기증에서였던 것이다. 그렇다면 내 글쓰기란 내 또래의 중년 여인들이 흔히 빠져드는 화투 치기, 춤추기, 관광 여행하고 무엇이 다른가. 문학이란 절대로 심심풀이 삼아 할 수 있는 안이한 게 아니지 않나. 나도 문학애호가의 입장에서 문학이란 것에 대해 그만한 까다로운 주문을 할 줄도 알았고, 안이하게 낳는 문학에 대해 경멸을 보낼 줄 아는 안목도 있었다.[45]

박완서는 왜 문예지의 "추천제"나 "신춘문예" 같은 기성 등단제도가 아니라 『여성동아』의 공고를 보고서야 비로소 "쓰기 시작"했을까. 두말 할 것 없이, 그 자신이 바로 그 '잡스럽고' '한가한' 여성수필과 주부잡지의 충실하고 오랜 독자였기 때문이다. 박완서에게 여성지는 "겨우 한글을 해득할 수 있는 여성으로부터 최고 학부를 나온 여성까지 광범위한 독자층"을 가진 매체[46]였다. 그토록 경시되던 '여성수필'이라는 장르에 의탁해 자신의 등단 경험을 술회[47]한 위 글에서, 박완서는 '여성들의 행복한 책읽기'는 결코 '문학'일 수 없다고 훈계해 온 이들에게 겸손하고도 단호한 일갈을 남긴다. 문학에 대한 "그만한 까다로운 주문"이나 "안목"은 자신에게도 있노라고. 1968년에 결성돼 현재까지 이어지는 『여성동아』 장편소설 당선작가들의 모임 '여성동아 문우회'[48]의 존재는 박완서 말고도 그런 여자들이 아주 많다는 것을 증명한다.

1970~90년대에 꾸준히 발표된 박완서의 수필집들을 검토해 보면, 그가 당대 여성지와 베스트셀러는 물론, 온갖 주제와 장르를 망라하는 문화예술의 성실한 독자이자 애호가였음을 알 수 있다. 윤흥길의

「창백한 중년」(1977)과 신춘문예 당선작 「서울, 1986년 여름」(전진우, 1986), 『25시』(콘스탄틴 게오르규, 1949), 『뿌리』(알렉스 헤일리, 1976) 같은 국내외 소설, 시집 『한하운 시초』(한하운, 1949), 이효석의 수필 「낙엽을 태우면서」(1938)와 소설 「메밀꽃 필 무렵」(1936), 투르게네프의 『그 전날 밤』(1860)이 포함된 일본 신초샤新潮社의 세계문학전집, 문학잡지 『문예』와 『현대문학』, 『미래의 충격』(앨빈 토플러, 1970) 같은 사회과학서, "네 개의 일간지"의 사설과 TV평란, 『또 하나의 문화』를 위시한 여성이론 잡지, 미국 TV드라마 <월튼네 사람들>The Waltons(KBS)과 <초원의 집>Little House on The Prairie(MBC), 코미디 프로그램 <유머 1번지>(KBS2, 1983~92), 다큐멘터리 <중공 기행, 연변을 가다>와 롤랑 조페의 영화 <미션>(1986), 시몬 드 보부아르의 소설 『위기의 여자』(1967)와 이를 극화한 연극 <위기의 여자>(극단 산울림, 1986), 그리고 각종 방송극에 이르기까지 박완서는 자신이 접할 수 있는 모든 '문화적인 것'들에 맹렬하게 탐닉했고, 그것들에 대한 짧거나 긴 기록을 지속적으로 남겼다. 다만 그는 김현처럼 자신의 독서 메모가 '출판돼 마땅한 것'이라는 식의 특권적 의미를 부여하지는 않았다. 그는 오히려 '여성수필'이라는, 당대 지성사가 가장 하찮게 여겨 주변화·비가시화해 온 장르를 통해 자신만의 독서 기록을 남겼다. 이 사회가 (기록되지 않거나 '기록'이 불가능한) '여성의 독서'를 의미화·역사화하는 일에 관심 갖기 시작한 것은 최근의 일이다.

　문화에 대한 위계화된 인식에 굴하지 않은 독서 체험을 자신의 가장 중요한 문학적 자원으로 삼은 박완서의 지적·문화적 갱신을 확인하는 일은 흥미진진하다. 1970년대에 그는 "여성이란 본질적으로 어느 정도의 교양이라는 것은 갖출 수는 있어도 고도의 학문이나 예술 창작에는 적합지 못하다는 것은 거의 누구나가 인정하는 일"[49]이라거나, "남녀는 사람이 만든 법이나 제도상으론 평등해야 된다고 생각하지만, 자연이 부여한 본질적인 불평등이랄까 차이랄까 그런 것은 인정하고 받아들여야 한다고 생각한다"[50]와 같은 패배주의적이고 여성혐오적인 의견을 자주 피력했다. 여성운동이 최하층 여성을 외면한 엘리트 중심의 운동이라고 생각해 "여권운동은 우선 인권이 보장되고 난 연후에 시작해도 늦지 않다"[51]며 당시 지식인 남성들의 편견을 승인하는 모습도 보였다. 이런 생각들은 기실, 전통적인 부덕에 대한 자연발생적 분노와 함께, 그럼에도 결국 그것에 순응해야 한다고 주장한 당대 여성수필들의 소박한 메시지와 크게 다르지 않다.

하지만 이윽고 흥미로운 일이 벌어진다. 박완서는 1987년 2월 27일, 여성문화이론지 『또 하나의 문화』가 「페미니즘 문학과 여성운동」이라는 제목으로 꾸린 좌담[52]에 참여한다. 이 자리에서 박완서는 줄곧 "나는 한 번도 내가 페미니즘 문학을 해야지 하고 의식해 본 적이 없어요. 페미니즘 문학은 굳이 의도하지 않아도 좋은 문학을 만들어 가는 과정에서 저절로 만들어지는 거 아닐까요"라며 다소 수세적으로 임했다. 그러자 해당 잡지의 동인이자 시인인 고정희는 "훌륭한 문학 속에 페미니즘이 자연스럽게 포함된다는 것은 너무 소극적인 자세가 아닐까"라며, 박완서의 소설 「엄마의 말뚝」(1979)에서 "엄마라는 여성은 역사의 상처를 나타내기 위해 소도구로만 쓰이고 있"음을 날카롭게 지적한다.

팽팽한 긴장감이 돌았던 이 좌담 경험과 함께 박완서의 수필들을

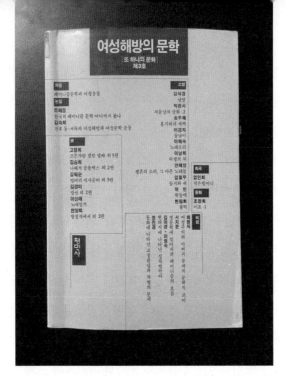

「페미니즘 문학과 여성운동」이라는 제목의 좌담이 실린
『또 하나의 문화』 3호 표지. (필자 제공)

돌아보면, 1980년대에 접어들어 그의 관심사가 눈에 띄게 변한다는 점을 확인할 수 있다. 그는 『또 하나의 문화』 창간호에 「성차별을 주제로 한 자서전」이라는 글을 기고해 "나와 나의 어머니의 딸에 대한 모순된 생각"을 성찰하는가 하면, 이후 남아선호사상, 가족법, 동성동본혼인금지법, '매 맞는 아내'를 위한 '여성의전화' 개통 등과 같은 현안들에 능동적인 관심을 보이며 여성주의 담론장에 적극적으로 참여한다.[53] 1984년에 대표적인 주부잡지인 『주부생활』에 연재한 『떠도는 결혼』(이후 『서 있는 여자』로 개제)은 단번에 '여성문학' 논의의 의제로 부상[54]했으며, 『또 하나의 문화』 편집 참여 경험은 그로 하여금

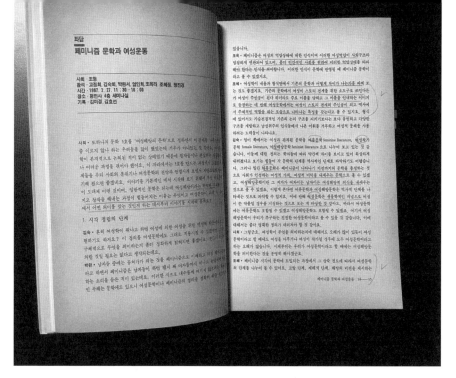

1987년에 박완서가 참여한 『또 하나의 문화』 3호 특집 좌담 「페미니즘 문학과 여성운동」.
'여성문학에 대한 시각'과 '여성문학의 전망'등이 의제로 다뤄졌다.
이 자리에서 박완서는 "정말 우리가 사회적으로 영향력 있는 일을 하고자 하면
아주 대중적이라고 생각해 왔던 것에 관심을 가지고 접근해 가야 한다"는 주장을 피력했다. (필자 제공)

'여성화된' 도덕인 '부덕'婦德 이데올로기를 거절하고 '해방운동으로
서의 여성문학'을 사유하게 했다.

　이 대목에서 거듭 강조돼야 할 것은, 박완서의 이런 지적·사상적
변모가 당대 '고급문화'와 '저급문화'를 망라한 온갖 문화들을 섭렵
하며 자신의 관심사를 갱신해 온 결과라는 점이다. '여성'으로 젠더
화된 중산층에 대해 탐구하며, 오랫동안 주변적 위상을 점해 온 여성
지와 여성수필을 강력한 '자기발화'의 양식으로 삼아 온 그에게 페미
니즘과의 접속은 그저 '우연'이라고만 설명할 수 없다. 오히려 기성

문학사·지성사의 위계질서와 무관하게 행해진, 정전canon과 비정전을 망라하는 박완서와 여성들의 게걸스럽고 치열한 문화실천이야말로 '여성문학' 및 '여성지성'의 비선형적 계보를 성립시킨 동력이라고 말해야 옳다. 미용실에서 『여성동아』를 뒤적이는 한 중년 여성의 초상과 한국문학계가 공인한 '대작가' 박완서의 존재는 결코 분리되지 않는다. "독서를 안 하기 위한 독서"로 일컬어지던 '여성수필'과 '여성잡지'의 열렬한 독자이자, '여성문학'의 가능성을 가장 성실하게 고민해 온 작가 박완서의 문화적 행보와 그 연속성은 오직 남성의 독서만을 '지적 자원'으로 의미화해 온 기존 문학사·지성사의 재귀적인 성격을 은밀히, 그러나 보란 듯이 무효화한다.

*

다시 김현의 "마누라" 이야기로 돌아가 보자. 그녀가 남긴 독서일기의 존재 여부는 아직 밝혀지지 않았고, 혹여 그것이 발견되더라도 그녀는 자신의 기록을 의미화하는 일에 매우 금욕적일 가능성이 높다. 그만큼 독서는 줄곧 성별화돼 왔고, 여성조차 여성의 책읽기와 글쓰기가 지닌 가치를 의심해야 했던 역사는 깊다. 이때 음미돼야 하는 것은, '소극적인 정치의식, 천편일률적인 서사, 문학성 결여, 저질 취미, 반지성주의' 등으로 끊임없이 평가절하된 여성수필, 하이틴로맨스, 여성잡지 등이 1980년대 여성들의 열렬한 애독서가 될 수 있었던 이유다. 그것들은 '독창성, 급진성, 참신함'과 같은, '예술'에 대해 응당 기대되는 거의 모든 가치들과 무관했지만, 분명 당대 여성들의 사상적·문화적 스펙트럼과 그 갱신을 가장 탄력적으로 추진·감당하는 양식이었다.

그렇다면 '생물학적(?) 여성이 쓴, 생물학적(?) 여성의 신자유주의적 성공서사'로서 '여성서사'의 정의를 확정해 규범화하려는 교조적인 의지[55]가 득세하는 오늘날, 과연 여성이 축적해 온 읽기와 쓰기의 역능은 충분히 복잡하게 고려되고 있을까. 그때 주장되는 '여성서사'는 '할리퀸'과 『여성동아』 그리고 '박완서'를 잇는 이 보이지 않는 점선, 결코 손쉽게 기록되지도 발견되지도 않는 '여자들의 독서일기'와 그 행간에 대해 어떤 설명을 제공하는가. 그 설명은 지금 당신의 읽기와 쓰기를 서사화하는 데에도 충분히 흥미로운가.

1 1980년대 독서 체험에 대한 이야기를 들려주신 여러 인터뷰이들 덕에 이 글이 완성될 수 있었다. 특히 이메일을 통해 자신의 하이틴로맨스 독서 경험과 그 전후 맥락에 대한 상세한 이야기를 나눠 주신 '책갈이' 님께 깊이 감사드린다.

2 "김현 선생과 맺어 온 어떤 인연으로 인해, 이 유고 일기 원고는 선생이 마지막으로 입원해 있던 병원 병상에서 나에게 맡겨졌었다. …… 선생은 이 유고의 출판을 스스로 의식하고 있었다. 다시 말해, 선생은 이 책이 출판되었을 때의 공적인 의미를 고려하고 있었던 듯이 보인다. 선생은 사생활의 기록 또한 꼼꼼히 해왔다고 하는데, 이 유고에는 그러한 부분들이 일부를 제외하고는 거의 지워져 있다. 새로이 정리하면서 그것들을 잘라 버린 것이다(실제로 어떤 부분들은 그 잘라 버린 흔적을 남기고 있다). 선생은 타계하기 전 일기의 원본들을 모두 없애 버렸다고 말했다." 이인성, 「해제 — 죽음을 응시하는 삶-읽기와 삶-쓰기」, 『행복한 책읽기 — 김현의 일기 1986~1989』, 문학과지성사, 1992, iv~v. (중략은 인용자의 것, 이하 동일)

3 '운동'과 '저항'이라는 키워드로 1980년대 학술운동과 사회과학 잡지의 활성화 현상을 정리·분석한 사례로는 천정환의 『시대의 말 욕망의 문장 — 123편 잡지 창간사로 읽는 한국 현대 문화사』(마음산책, 2014) 중 「1980년대 — 운동으로서의 잡지, 저항으로서의 독서」 참조.

4 처세서와 자기계발서, 수필과 에세이 붐, '의식화' 교육과 '교양' 및 '전공' 독서, 컴퓨터의 유입, 무협소설의 유행과 서점의 대형화, 서정시집과 '중간층 대중독자의 형성' 등 1980년대 출판독서사의 쟁점들에 대한 흥미로운 해석으로는 천정환·정종현, 『대한민국 독서사 — 우리가 사랑한 책들, 지知의 현대사와 읽기의 풍경』, 서해문집, 2018.

5 「여성들 쉬운 책만 읽는다」, 『동아일보』, 1982. 10. 11. (밑줄은 인용자의 것, 이하 동일)

6 허정구, 「베스트셀러의 유행과 유형」, 『샘이깊은물』, 1989. 8, 87쪽.

7 『시문학』 3호(1988)의 특집 '집중분석: 세칭 베스트셀러 시집' 참조. 이 특집에는 정

의홍의 「『홀로서기』의 독자수용론」, 백운복의 「소외의 서정과 고통의 인식 — 서정윤의 『홀로서기』」, 심상운의 「대중성 획득의 생활시 — 도종환의 『접시꽃 당신』」, 안수환의 「시와 신 — 이해인의 일련의 시집」, 박진환의 「베스트셀러 시집의 실상과 허상」이 수록되어 있다. 그밖에도 최두석의 「대중성과 연애시 — 도종환 서정시집 『접시꽃 당신』, 실천문학사, 1986」(『창비 1987』, 1987. 6) 등 참조. 당대 서정시의 베스트셀러 현상에 대한 연구로는 김경숙, 「한국 근·현대 베스트셀러 문학과 독서의 사회사 — 1980~1990년대 베스트셀러 시의 '사랑' 담론」, 『한국문학이론과비평』 29, 한국문학이론과비평학회, 2005; 류근, 「'80년대 이후 베스트셀러 시집 연구 — 서정윤, 도종환, 류시화, 최영미, 기형도, 문태준」, 중앙대학교 석사논문, 2010.

8 안건혁, 「"'인기 수필집 거의 '빛 좋은 개살구'"」, 『경향신문』, 1989. 5. 22; 엄혜숙, 「우리 시대 에세이의 현 주소 — 유안진을 중심으로」, 이우용·박노해·염재웅·엄혜숙·임규찬, 『베스트셀러 — 우리 시대의 '잘 팔린 책'들 전면 비판』, 시대평론, 1990; 이명호, 「새롭게 싹 틔워야 할 진보성의 씨앗 — '신달자 문학'의 베스트셀러화 현상을 생각한다」, 『출판저널』 76, 1991. 당대 '여성수필'에 대한 연구로는 권대근, 「1980년대 여성수필의 정체성 연구」, 동아대학교 박사논문, 2004.

9 『출판문화』 1989년 6월호 '여성과 출판' 특집 중 박현숙(깊은샘 대표)의 「권두언: 또하나의 고정관념 — 여성과 출판」, 이영혜(디자인하우스 대표)의 「누가 버지니아 울프를 두려워하랴」, 유은영(출협 사업부)의 「출판계 여성인력 현황」 및 「출판계 우먼파워의 주역들」 참조.

10 정성관, 「애정소설, 여성잡지 즐겨」, 『매일경제』, 1982. 5. 12; 「여대생 애정소설 많이 읽는다」, 『동아일보』, 1982. 5. 27; 정성관, 「여성지 특성이 없다」, 『매일경제』, 1982. 5. 17; 「여성들 쉬운 책만 읽는다」, 『동아일보』, 1982. 10. 11; 「주부가 읽는 책 흥미 위주 가벼운 내용」, 『동아일보』, 1987. 9. 26.

11 리타 펠스키, 『근대성의 젠더』(1995), 심진경·김영찬 옮김, 자음과모음, 2010, 267쪽.

12 1980년대가 한국 페미니즘 운동사에서 '제2의 물결'로 지칭되는 급성장의 시기이자 변곡점이었음에도 '여성문학'에 대한 문학계의 논의가 비교적 일천했다는 점은 숙고할 만하다. '여성의 인간화' 혹은 '여성해방'이라는 여성주의 담론 및 운동과 맞물려

'여성주의문학' '여성해방문학'을 본격적으로 의제화한 것은 문학계가 아니라, 『또하나의 문화』(1986년에 발간된 2호에 실린 고정희의 「한국 여성문학의 흐름 ─ 시와 소설을 중심으로」와 1987년 4월에 발간된 3호 '여성해방의 문학' 특집 참조)나 크리스챤아카데미와 같은 여성주의 운동 진영이었다. 그 내용은 주로 '여성해방문학'에 미달한 한국 여성문학의 현 수준을 검토해 앞으로 나아갈 방향을 제시하는 것이었다. 물론 일부 여성비평가들과 여성주의 운동가들 또한 '여성문학'의 의제화를 논했지만(김영혜, 「여성문제의 소설적 형상화 ─ 『고삐』『절반의 실패』『수레바퀴 속에서』를 중심으로」, 『창작과비평』 64, 1989년 여름; 이명호·김희숙·김양선, 「여성해방문학론에서 본 80년대의 문학」, 『창작과비평』 67, 1990년 봄) 이는 당대 문학계에 적극적으로 수용되지 않았다. 1980년대 문학 전반을 점검하는 염무웅·전영태·김사인·이재현의 좌담 「80년대의 문학」(『창작과비평』 57, 1985년 가을)에는 아예 '여성주의문학'이라는 안건 자체가 등장하지 않는다. 이처럼 1980년대 여성문학의 비가시화에 전면적으로 이의를 제기하며, 당대를 '여성문학의 시대'로 재규정할 것을 제안한 최근 논문으로는 이혜령, 「빛나는 성좌들 ─ 1980년대, 여성해방문학의 탄생」, 『상허학보』 47, 상허학회, 2016.

13 페미니즘을 비롯한 1990년대의 정체성정치가 신자유주의로의 경사를 촉진시킨 보수적 선택이었다는 일각의 논의는 그 부분적 타당성에도 불구하고 당대 운동의 역사적 근거와 맥락을 고의적으로 누락시키고 있다고 판단된다. 서동진, 「플래시백의 1990년대 ─ 반기억의 역사와 이미지」, 『영상예술연구』 25, 영상예술학회, 2014.

14 리타 펠스키, 『페미니즘 이후의 문학』(2003), 이은경 옮김, 여이연, 2010, 44~95쪽.

15 천정환, 「서발턴은 쓸 수 있는가 ─ 1970~80년대 민중의 자기재현과 '민중문학'의 재평가를 위한 일고」, 『민족문학사연구』 47, 민족문학사연구소, 2011; 허윤, 「1980년대 여성해방운동과 번역의 역설」, 『여성문학연구』 28, 한국여성문학학회, 2012.

16 Janice A. Radway, *Reading the Romance: Women, Patriarchy, and Popular Literature*, University of North Carolina Press, 1984; 엄혜진, 「신자유주의시대 한국의 자기계발 담론에 나타난 여성주체성과 젠더관계 ─ 1990년대 이후 베스트셀러 여성 자기계발서 분석을 중심으로」, 서울대 박사논문, 2015 및 '연애, 결혼, 사랑, 모성' 등과 같은 여

성서사의 '클리셰'에 대한 분석 참조.

17 천정환, 『근대의 책 읽기 — 독자의 탄생과 한국 근대문학』, 푸른역사, 2003; 히라타 유미, 『여성표현의 일본 근대사 — <여류작가>의 탄생 전야』(2000), 임경화 옮김, 소명출판, 2008; 윤금선, 「근현대 여성독서 연구」, 『국어교육연구』 45, 국어교육학회, 2009; 기무라 료코, 『주부의 탄생 — 일본 여성들의 근대와 미디어』(2010), 이은주 옮김, 소명출판, 2013; 정미지, 「1960년대 '문학소녀' 표상과 독서양상 연구」, 성균관대학교 석사논문, 2010.

18 리타 펠스키, 『근대성의 젠더』, 254쪽.

19 <응답하라 1988>은 등장인물들이 속한 사회를 집과 학교, 시장과 기원으로 국한한 채, 거의 모든 일상생활을 쌍문동 '봉황당' 골목에서 해결하게 했다. 인물들은 그곳에서 '무람없는' 자유(불가피하게 서로의 사생활을 침범할 자유)를 누리지만, 조금만 멀리 나가도 '최루탄'과 '화염병', 미행과 연행이 횡행하는 '밖'이 있음을 상기한다면, 그 골목은 마치 섬이나 가두리양식장처럼 폐쇄적인 공간으로 재현된 것이었다.

20 1968~75년까지 실시된 '대통령기쟁탈 전국자유교양대회'를 중심으로, 박정희 정부가 내건 '교양' 이데올로기의 성격과 통치성의 문제를 구명한 연구로는 천정환, 「박정희 군사독재시대의 '교양'과 자유교양운동 — 교양의 재구성, 대중성의 재구성」, 권보드래·천정환, 『1960년을 묻다 — 박정희 시대의 문화정치와 지성』, 천년의상상, 2012; 김경민, 「1960~70년대 '독서국민운동'과 '마을문고' 연구」, 성균관대학교 석사논문, 2012.

21 이병주, 「70년대식 여성(10): 잡화도 갖가지… 핸드백」, 『동아일보』, 1978. 1. 12.

22 「여대생이 본 오늘의 여대생(15) 책을 읽으며」, 『동아일보』, 1978. 9. 22.

23 「출판가 새 바람, 여성전기 붐」, 『동아일보』, 1978. 9. 15.

24 정성희, 「여중고생 저질 로맨스소설 선풍」, 『동아일보』, 1987. 2. 2. 그밖에도 김경희, 「성인용 번역판 연애소설, 여중고생에 이상인기」, 『동아일보』, 1984. 5. 30; 문일, 「미혼 여성 겨냥 기획출판 활발」, 『매일경제』, 1987. 2. 12; 「청소년소설 외설 판친다」, 『동아일보』, 1989. 12. 1 등 참조.

25 '할리퀸 엔터프라이즈'와 한국어판 출판계약을 맺은 것은 (주)아이피에스의 '할리

퀸 문고'다.

26 이주라, 「삼중당의 하이틴로맨스와 1980년대 소녀들의 사랑과 섹슈얼리티」, 『대중서사연구』 25-3, 대중서사학회, 2019.

27 한상정, 「프랑스의 감성소설과 연애소설에 나타난 '감성성'의 연구 — 순정만화의 '감성성'의 이해를 위하여」, 『한국언어문화』 35, 한국언어문화학회, 2008, 207쪽.

28 김용언, 「중학생인 나를 더럽힌 소설, "다락방에서…"」, <프레시안>, 2012. 9. 7.

29 1979년에 한국에서 처음으로 할리퀸 로맨스를 출간한 삼중당의 '하이틴로맨스' 시리즈는 일본어 번역판을 중역해 출간한 해적판이었다. 이주라, 앞의 글, 69~70쪽.

30 당시 어떤 하이틴로맨스 시리즈도 이름을 제외한 역자의 정보를 제공하지 않았으며, 저자 정보 역시 없거나 극히 소략했다. 대부분의 작가들은 해당 시리즈를 통해 수회 소개되지만, 아래와 같은 소개만으로 작가의 이력이나 대표작에 대한 정보를 얻는 것은 어려운 일이다. "데보라 켄트. 1948년 뉴저지 주에서 출생한 이 여류작가는 남편도 소설가여서 부부 작가로 널리 알려져 있는데, 대학에서 석사학위를 받은 후 한때 사회사업가로 활약했다. 이 작품은 하이틴 독자를 위해 집필한 최초의 소설로, 지은이가 멕시코에서 여러 해 동안 살면서 겪은 체험을 생생하게 작품에 투영한 아름다운 이야기이다." 데보라 켄트, 『푸른 학창 시절』(애플북스), 홍가영 옮김, 홍신문화사, 1984. "플로라 키드. 결혼하여 세 명의 아이를 낳을 때까지는 스코틀랜드에 살다가 후에 캐나다로 이주하여 지금은 네 자녀의 어머니가 되어 있다. 그녀는 「내 생활이 사랑으로 가득 차 있기 때문에 사랑을 주제로 한 얘기를 쓰고 싶어진다」고 말한다. 그걸 반영이나 하듯이 그녀의 작품들에는 모두 삶에 대한 뜨거운 열망이 나타나 있다." 플로라 키드, 『건방진 남자』(할리퀸 로맨스), 이명성 옮김, 도서출판 엘리트[(주)아이피에스 공급], 1987.

31 고여주, 「어린 시절의 금서 목록 — 금서 목록과 길티 플레저에 대한 변명」, <채널예스>, 2017. 8. 8. '파름문고' 각 권의 특징 및 원작과의 차이 등을 상세하게 비교한 자료로는 다음을 참조. 카프리티나, 「파름문고 목록 및 관련 자료 — 원작 정보와 파름문고판 정보」, 2016. 10. 27. (http://blog.daum.net/capritina/16)

32 리타 펠스키, 『근대성의 젠더』, 258~259쪽.

33 홍신실·손윤미, 「할리퀸소설의 만화화와 오리엔탈리즘 젠더담론의 재구성」, 『영어영문학』 17-3, 미래영어영문학회, 2012.

34 김미정, 「'한국-루이제 린저'와 여성교양소설의 불/가능성 ― 1960~1970년대 문예공론장과 '교양'의 젠더」, 『움직이는 별자리들 ― 잠재성, 운동, 사건, 삶으로서의 문학에 대한 시론』, 갈무리, 2019.

35 캐나다 '할리퀸 로맨스'의 하위 카테고리로는 서사장르 및 인물·사건·배경의 기본 설정에 따라 HA, HD, HH, HN, HI, HLL, HMR, HM, HP, HR, HSR, HB, HS, HT, HTB, HDW, HE, HMB 등으로 분류되며, 미국 '실루엣 로맨스'는 SD, SIM, SIM, SR, SB, SN, SS, SSe, SYT, SHLI, HS, HQ 등으로 나뉜다. 자세한 내용은 삼월토끼, 「로맨스소설의 역사 ― 할리퀸 장르 총정리」, <로맨시안>.

36 그런 의미에서 하이틴로맨스의 심미적·정서적 장치를 적극 활용한 TV드라마 <응답하라> 시리즈의 '남편 찾기'에 대한 여성시청자들의 열렬한 호응은 주목할 만하다. 이들은 여성주인공의 남편이 누군지 정말 궁금해서가 아니라, 그간의 서사를 통해 학습한 장르문법과 장치들을 근거로 결과를 추론하는 재미에 몰입한 것이다. 물론 이런 감각은 컴퓨터 전자출판 및 저렴한 복사 기술과 같은, 일정량 이상의 책을 지속적으로 제작·배포할 수 있는 물적 토대 및 장르의 분화가 충분히 진행된 문화적 저변이 존재해야 가능하다. '출판 선진국'으로 불리는 서구 및 일본에서 '독서시장의 허리'로 간주되는 대중문학(장르문학)이 큰 비중을 차지하는 현상은 장르문법을 활용하는 재미를 적극 추동하는 추리·로맨스 서사의 발달 및 분화와 깊은 관련이 있다.

37 물론, 당시 한국에서는 국가검열로 인해 성애 장면의 표현이 원작만큼 자유롭지 않았다. 대한출판문화협회가 1980년대에 발간한 잡지 『출판문화』는 거의 매호 '배포 금지 및 등록 취소' 처분을 받은 출판사나 책의 제목 및 그 사유를 적시했는데, 그 대상은 '이적표현물'을 제외하면 대부분 "미풍양속"을 해치는 성애 장면 묘사다. 그럼에도 여성의 섹슈얼리티에 대한 규범적인 재현에 머문 '여대생문학'과 달리, 하이틴로맨스가 성(애)에 대한 10대 여성의 욕망과 호기심을 적극적으로 소환해 대중적 호응을 얻었다는 분석은 이주라, 앞의 글 참조.

38 "누군가 '로만토피아'romantopia라고 부를지 모르는 로맨스소설의 세상은 유토피아

적이며, 성적인 여성들의 포르노토피아에 대한 대응-판타지이다. 포르노 여배우가 미심쩍게도 남성스러운 성적 성향을 전시한다면, 로맨스소설은 재니스 래드웨이의 말처럼 '여성의 기준에 맞게 남성성을 가상적으로 변형시킨다'". 도널드 시먼스·캐서린 새면,『낭만전사 — 여자는 왜 포르노보다 로맨스소설에 끌리는가?』(2001), 임동근 옮김, 이음, 2011, 99쪽.

39 류진희,「동성서사를 욕망하는 여자들 — 문자와 이야기 그리고 퀴어의 교차점에서」, 권김현영·김주희·류진희·루인·한채윤,『성의 정치 성의 권리』, 자음과모음, 2012, 212쪽. 이 글은 팬픽에서 징후적으로 나타난 '여자들의 시장'의 출현을 계기로, 주류 대중문화에서 '동성애 코드'를 적극 차용하게 된 현상을 논한다. 그밖에 "로맨스소설을 읽는 많은 여성들은 슬래시 팬이 아니더라도 남/남 로맨스소설을 즐기고, 주인공한 명 혹은 두 명 모두와 동일시를 할 수 있었다"라며 로맨스소설과 슬래시소설이 매개하는 서사적 수행의 상통성을 논한 연구로는 도널드 시먼스· 캐서린 새면, 앞의 책, 107~124쪽 참조. '팬픽'을 통해 1990년대 동아시아 여성들이 축적한 비규범적 성애서사에 대한 인식과 감수성이 2000년대 이후 'BL' 서사의 향유를 통한 여성주체화 전략을 가능케 했다는 주장은 오혜진,「'"포스트-아포칼립스"'를 향한 미지未知의 미러링 — 이자혜의 <미지의 세계>」,『지극히 문학적인 취향 — 한국문학의 정상성을 묻다』, 오월의봄, 2019.

40 리타 펠스키,『근대성의 젠더』, 259쪽.

41 정성관,「여성지 특성이 없다」,『매일경제』, 1982. 5. 17.

42 김순덕,「책 읽는 주부… 풍요로운 가정」,『동아일보』, 1986. 10. 2.

43 이혜정,「1970년대 고등교육을 받은 여성의 삶과 교육 — '공부' 경험과 자기성취 실천을 중심으로」, 서울대학교 박사논문, 2012.

44 「자녀와 함께 동화 읽는 어머니독서회 아파트 단지 주부 10여 명 매달 2번씩 모임」, 『경향신문』, 1983. 3. 28;「장바구니 끼고 독서삼매」,『경향신문』, 1987. 3. 25;「주부가 읽는 책 흥미 위주 가벼운 내용」,『동아일보』, 1987. 9. 26.

45 박완서,「중년 여인의 허기증」,『박완서 산문집2 — 나의 만년필』(원제:『혼자 부르는 합창』, 진문출판사, 1977), 문학동네, 2015, 161~167쪽.

46 박완서, 「'여자가 더 좋아'에 대하여」, 『박완서 산문집3 ― 우리를 두렵게 하는 것들』 (원제: 『여자와 남자가 있는 풍경』, 한길사, 1978), 2015, 275~276쪽.

47 작가 스스로 '발언'이라는 명칭을 따로 부여할 만큼 '수필' 장르는 박완서에게 사회적 개입을 가능케 한 긴요한 양식이자 '여성주의적 글쓰기'를 실험할 수 있는 장으로 기능했다는 지적은 김현주, 「발언의 글쓰기와 작은 도덕 ― 박완서론」, 『한국 근대 산문의 계보학』, 소명출판, 2004.

48 황인찬, 「'여성동아 문우회' 회원들, 박완서 선생 추모문집 발간」, 『동아일보』, 2011. 5. 4.

49 박완서, 「참 비싼 레테르도 다 있다」, 『박완서 산문집1 ― 쑥스러운 고백』(원제: 『꼴찌에게 보내는 갈채』, 평민사, 1977), 문학동네, 2015, 156쪽.

50 박완서, 「지붕 밑의 남녀평등」, 『박완서 산문집1 ― 쑥스러운 고백』(원제: 『꼴찌에게 보내는 갈채』, 평민사, 1977), 문학동네, 2015, 168쪽.

51 박완서, 「여권운동의 허상」, 『박완서 산문집1 ― 쑥스러운 고백』(원제: 『꼴찌에게 보내는 갈채』, 평민사, 1977), 문학동네, 2015, 185쪽.

52 조형·고정희·김숙희·박완서·엄인희·조옥라·조혜정·정진경·김미경·김효선, 「페미니즘 문학과 여성운동」, 『또 하나의 문화』 3, 1987.

53 1980년대 중반 이후 발표된 박완서의 수필집 참조. 박완서, 『박완서 산문집5 ― 지금은 행복한 시간인가』(자유문학사, 1985); 『박완서 산문집6 ― 사라져 가는 것에 대한 애수』(원제: 『서 있는 여자의 갈등』, 나남, 1986); 『박완서 산문집7 ― 나는 왜 작은 일에만 분개하는가』(햇빛출판사, 1990), 문학동네, 2015.

54 "'떠도는 결혼'일 때는 재미있는 가정소설쯤으로 읽히던 것이 『서 있는 여자』가 되자 남녀평등에 대한 강렬한 욕구를 가진 여자들이 찾는 소설이 되고 말았던 것이다. 같은 욕구나 갈등을 가진 여자끼리 모인 작은 집안에서 그 책을 읽고 토론하는 자리에 참석을 요청받는 일도 자주 생겼다. 그 자리에 다 참석하지는 못했지만 여자문제를 정면으로 다룬 읽을거리를 찾는 여자가 얼마나 많은지를 확인한 셈이었다." 박완서, 「서 있는 여자의 갈등」, 『박완서 산문집6 ― 사라져 가는 것에 대한 애수』(원제: 『서 있는 여자의 갈등』, 나남, 1986), 문학동네, 2015, 115쪽.

55 박주연, 「'여성서사'는 한계가 없다 ― 여성창작자 토크쇼 "여성주의, 스토리텔링을 질문하다"」, <일다>, 2019. 7. 12; 김효진, 「페미니즘의 시대, 보이즈 러브의 의미를 다시 묻다 ― 인터넷의 '탈BL' 담론을 중심으로」, 『여성문학연구』 47, 한국여성문학학회, 2019.

한없이 투명하지만은 않은, <블루>[*1]

이은혜와 1990년대 '순정만화 읽는 여자들'

허윤

순정만화의 시대, 이은혜의 등장

여성들의 독서문화사에서 1990년대는 바야흐로 순정만화의 시대
다. 교실에는 언제나 이미라의 <인어공주를 위하여>(1990)나 강경옥의
<별빛 속에>(1986), 이케다 리요코池田理代子의 <베르사유의 장미>(1972)
같은 만화책들이 돌아다녔고, 여성들은 짬이 날 때마다 학교나 집 근
처의 만화방에서 시간을 보냈다. 아파트 상가, 주택가의 모퉁이 어디
에나 책대여점이 있었고, 그곳에서 1980년대에 인기를 끈 대본소 만
화에서부터 하이틴로맨스 소설, 소년만화, 순정만화 잡지 『댕기』나
『윙크』 등을 쉽게 찾아볼 수 있었다. 요즘 스마트폰을 이용해 웹툰을
보듯, 1990년대의 독자들은 책대여점을 통해 만화잡지와 출판만화
를 접했다. 1990년대 초반부터 여자고등학교나 여자대학교 근처를

---

* 이 글은 필자의 저서 『이은혜』(커뮤니케이션북스, 2019)의 일부를 수정·재구성한 것이다.

간행물 명	출판사	창간 시기	구분	발행 빈도
『댕기』	육영재단	1991. 12.	청소년 순정지	격주간
『나나』	예원문화사	1992. 1.	청소년 순정지	월간
『윙크』	서울문화사	1993. 8.	청소년 순정지	격주간
『화이트』	도서출판 대원	1995. 5.	성인 순정지	월간
『나인』	육영재단	1995. 6.	성인 순정지	월간
『밍크』	서울문화사	1995. 7.	아동 순정지	월간
『이슈』	도서출판 대원	1995. 12.	청소년 순정지	격주간
『파티』	학산문화사	1997. 8.	청소년 순정지	월간
『케이크』	시공사	1999. 7.	청소년 순정지	격주간
『해피』	도서출판 대원	2000. 7.	청소년 순정지	월간
『주티』	학산문화사	2000. 10.	청소년 순정지	월간

[자료1] 1990년대 한국 만화잡지 현황

중심으로 여성 전용 만화방이 생기기 시작했고, 여성독자층의 읽을
거리 문화가 활성화됐다. 순정만화를 통해 "여성들의 정서적 문화동
맹"2이 형성됐다는 평가는 이런 분위기에서 성립했다.

1990년대 한국만화는 장편 위주의 책대여점용 만화에서 만화잡지
중심으로 변화했으며, 만화잡지 판매 시장, 서점용 단행본 판매 시장
등 다변화된 시장으로 인해 판매 부수를 상회하는 독자 수를 확보할
수 있었다. 게다가 10대 청소년들의 구매력이 높아지면서 서점용 단
행본 시장이 개인용 판매 시장으로 전환되기도 했다.3 1985년 여성
만화작가들의 동인 집단인 '나인'은 동인지 『아홉 번째 신화』를 발간
해 인기를 끌었고, 1988년 창간된 순정만화 전문 잡지 『르네상스』이
래로 다양한 순정만화 잡지들이 창간됐다. 이 덕택에 순정만화 작가
들은 세대별·콘셉트별로 각각 서로 다른 지면을 확보할 수 있었다.

[자료1]에서 보듯, 순정만화 잡지의 창간은 1990년대 내내 계속됐다. 지면이 늘어나자, 신인 작가가 발굴되고 새로운 문제의식이 개발되면서 다양한 성격의 작품들이 등장하는 토대가 마련됐다. 만화를 'B급 문화'로 여기며 사회악으로 취급하던 과거 분위기와 달리, 1980년대 후반부터는 만화를 영화와 사진을 잇는 '제9의 예술'[4]로 인정해야 한다는 목소리가 높아지고, 문화산업으로서 만화의 가능성에 주목하기 시작했다. 이는 폭력적이고 선정적인 일본만화에 비해 건전한 '우리 만화'를 육성해야 한다는 다짐으로 이어졌다.[5] 이런 변화의 중심에 섰던 것이 순정만화다.

1990년대 한국 순정만화는 소재와 주제를 다양화하고 영역을 확장하면서 종래의 '순정만화' 개념에 도전했다. 1999년 『한겨레』 기사는 순정만화가 "로맨스에 대한 환상을 버리고 대학, 액션, 동성애 등 새로운 소재와 영역으로 확장하고 있다"라고 진단하기도 했다.[6] 그런데 순정만화의 질적 성장에 대한 이런 평가 일부는 굳이 '고급문화'라는 잣대를 빌려 순정만화의 가치를 규정한다는 점에서 문제적이다. '순정만화'라는 장르 자체를 그대로 인정하고 분석하는 것이 아니라, 문학과 같은 다른 예술 양식에 대한 미학적 기준을 근거로 평가하기 때문이다.

1980년대 순정만화의 서사성을 연구한 김은혜는 '순정만화'가 여성서사 만화에 대한 멸칭이라고 정의한다. 1980년대에 등장한 황미나, 김혜린, 신일숙 등의 만화가들은 "시대상을 기민하게 작품 속에 투영했으며" 당대를 살아가는 여성의 입장에서 증언해 왔다는 것이다. 예컨대, 시대물이나 SF 등 다양한 장르를 넘나드는 여성작가들의 활약은 '여자들이 좋아하는' '로맨스가 중심인' 등의 수사로 이야기 되곤 하는 순정만화의 범위를 확장했다는 평가를 받았다. 이때 순정 만화의 가치를 주장하는 논의는 자연스레 순정만화의 미학적 성격을 입증하는 것으로 이어진다. 황미나, 김혜린 등의 작품은 시대상을 세 밀하게 묘사하고 역사의식이나 사회비판적 메시지를 전달하는 리얼 리즘적 세계관을 가지고 있으며, 이는 이들의 만화가 '순정만화'라는 장르에 갇히지 않은 증거라는 것이다.[7]

하지만 이런 분석을 받아들이면, 순정만화를 본래 '가치 없는 이야 기'로 규정해 온 기존의 젠더화된 편견에서 벗어날 수가 없다. 영문학 자 타니아 모들스키Tania Modleski가 지적하듯, 다양한 세대적·계급적· 교육적 배경을 가진 많은 여성들이 하이틴로맨스나 대중매체가 제공 하는 오락물을 즐기지만, 공론장은 그것들을 본격적으로 논의할 만 한 가치가 있다고 여기지는 않는다. 이런 편견에 대항해, 페미니스트 들은 대중서사에 내포된 정치적 의의를 적극적으로 해석하고자 했 다. 그러나 이 시도는 단지 기존의 남성 중심적인 대중문화 연구사에 분류를 하나 더하거나 그저 고급문화의 개념을 빌려 오는 방식으로 이루어져서는 안 된다. 대중서사의 정치성을 분석하기 위해서는 별 도의 비평 방법이 필요하다.[8] 순정만화에 대한 연구 역시 마찬가지 다. 어쩌면 가장 '전형적인' 순정만화들을 검토하고 이를 통해 순정 만화의 규범을 재질문함으로써, 순정만화의 젠더화와 이를 추동하 는 성정치의 의미를 분석할 수 있을 것이다.

그런 관점에서, 이 글은 1990년대에 가장 '순정만화다운' 작품들 을 발표한 작가 이은혜를 살펴보고자 한다. 이은혜의 만화는 '여자가 쓰고, 여자가 주인공이며, 이성 간의 낭만적 사랑을 묘사한' 순정만화의 전형으로 분류된다. 1986년 『르네상스』에서 <가을 소나타>로 데뷔한 그는 남녀 주인공을 중심으로 한 삼각관계 로맨스를 탐색했고, 특유의 감성적이고 아름다운 일러스트로 인기를 끌었다. 이은혜의 대표작 <점프트리 A+>(『댕기』, 1991)는 고등학생을 주인공으로 내세우며 큰 성공을 거두었다. 이은혜는 특정한 역사적 시공간을 배경으로 설정하지 않고, 드라마틱한 비밀이나 사건을 쫓지 않으면서, 10대의 평범한 일상을 만화로 그려 냈다. 이은혜의 세계관을 완성한 <블루>BLUE(『윙크』, 1993)는 미술이나 무용을 전공하는 대학생을 주인공으로 내세워, 1990년대에 확산되고 있던 대중문화 산업의 일면을 재현하면서 일약 신드롬을 일으켰다.

1997년 당시 7권까지 출간된 <블루> 단행본은 70만 부가량 판매됐으며, 이 인기는 출판만화 최초의 오리지널사운드트랙 음반 발매, 일러스트레이션을 활용한 다양한 미디어 믹스 작업으로 이어졌다. <블루>의 주인공이 표지에 그려진 노트가 400만 권이 팔릴 만큼 <블루>는 대중적으로 성공했다. 그뿐만 아니라 이은혜는 국내 만화가로서는 최초로 팬클럽을 가진 작가였다. 그의 팬클럽인 '으녜리[이은혜] 사수대'는 1995년에 정규 회원이 100명이었고, 지역마다 지회가 있을 정도였다.[9] 이처럼 이은혜 만화 신드롬은 1990년대의 문화적 코드를 보여 주는 대표적 사례이자, 성공한 순정만화의 전형적 표본으로 검토될 수 있다.

그러나 이은혜에 대한 본격적인 논의는 거의 이루어지지 않았다. 이은혜는 많은 팬을 거느린 인기 작가였지만, 1990년 후반부터 본격화된 순정만화 연구에서 "멋진 분위기와 멋진 느낌"을 가진 슈가 코믹 작가로만 분류되었다.[10] 이은혜 만화는 '이웃사촌이나 첫사랑 오빠를 중심으로 한 삼각관계' '여러 남자들로부터 사랑받는 여주인공'이라는 순정만화의 클리셰cliché들을 남발한다는 이유로 학술적 연구의 가치가 없다는 평가를 받았다. 게다가 이은혜가 <블루>의 연재를 중단하며 침체기에 들어간 사이, 순정만화 시장의 지형이 크게 변화했다. 1997년에 제정된 「청소년보호법」은 청소년에게 유해한 미디어를 차단한다는 이유로 만화 매체를 제재했으며,[11] IMF 이후 출판 시장이 악화되면서 수많은 만화잡지들이 폐간됐다. 2000년대 이후에는 서사의 전개 방식이나 이미지 구성 등이 출판만화와는 완연히 달라진 형태의 웹툰webtoon 시장이 펼쳐졌다. 그로 인해 1990년대를 사로잡았던, 수많은 순정만화 작가들과 독자들의 성격이 제대로 논의되지 못한 채 학술연구의 초점은 2000년대의 문화 콘텐츠로 이동해 버렸다.

이 글은 이은혜를 중심으로 '순정만화 붐'이라는 1990년대의 문화적 현상을 독해해, 여성들의 독서문화사에서 순정만화가 점한 위치를 재검토하고자 한다. 1990년대에 순정만화는 시장의 팽창과 독자수의 증가를 통해 양적·질적 성장을 거듭했다. 특히 이은혜 만화는 어릴 적부터 함께 성장한 친구라든가 고등학교 동아리·대학교 친구들의 일상을 묘사해 '내 주변에도 있을 법한 이야기'라는 평가를 받았다. 현실적이면서도 동시에 낭만적인 판타지를 제공하는 등장인물들은 1990년대의 대중문화 코드를 흡수해, 당대적이고 감각적인 세계관을 완성했다. '순정한 사랑 이야기'라는 순정만화의 정의[12]에 가

<블루> 1~7권, 서울문화사, 1997. (네이버 블로거 @Linus 제공)

장 충실한 그의 작품들은 1970년대의 일본식 '소녀만화'나 1980년대의 하이틴로맨스 읽기 열풍으로부터 이어지는 1990년대 여성독서 문화의 일면을 드러낸다. '순정'이 당대 여성들의 공통감각으로 자리매김하는 과정에서 이은혜 만화의 영향력은 절대적이었다.

만들어진 '순정'과 감성의 문법

1990년대는 한국 문화장이 이전에 비해 질적으로 변모한 시기였다. 문화연구자 천정환은 1989~91년 소련연방의 해체와 자본주의 세계 체제의 승리가 한국 사회의 문화장과 출판시장에 미친 영향에 대해 정리하면서, "출판 자본의 '집적 집중화'가 가속되었다"[13]라고 지적

<블루> 일러스트 화보집, 서울문화사, 1997.

한다. 베스트셀러를 중심으로 한 독서문화가 강력해졌다는 것이다. 특히 1990년대 베스트셀러 목록 중 눈에 띄는 것은 '사랑'을 주제로 한 서정시의 대중적 부상이다. 류시화의 『그대가 곁에 있어도 나는 그대가 그립다』(푸른숲, 1991), 원태연의 『넌 가끔가다 내 생각을 하지 난 가끔가다 딴 생각을 해』(영운기획, 1992), 이정하의 『너는 눈부시지 만 나는 눈물겹다』(푸른숲, 1995) 등이 연간 베스트셀러 목록에 이름을 올렸으며, 양귀자의 『천년의 사랑』(살림, 1995) 같은 '지고지순한 사 랑'을 다룬 소설도 인기를 끌었다. 바야흐로 '순정한 사랑의 시대'였 던 것이다.14

　'순정'의 개념에 대해 논의한 서은영은 식민지기 순정소설에서부 터 순정만화에 이르기까지, '순정'은 장르를 넘나들면서 '감상적'이 고 '감정적'인 것을 지칭했으며, 이것이 '여성적인 것'으로 젠더화되 었다고 지적한다. 식민지기에 '순정'은 청년의 의기를 나타내는 말이 었으나 이후 문학 담론으로 유입되면서 '순수함'이라는 의미가 강조되었고, 감성적·감정적 단어인 '순정'의 주체로서 '소녀'를 호명해 여성성을 할당받았다는 것이다.[15] 이처럼 '순정'이라는 용어는 그 외연이 좁아지면서 젠더화되었다.

역대 정부들의 만화 검열도 순정만화가 다룰 수 있는 범주를 '순결한 사랑'으로 제한했다. 박정희 정부는 만화가 아동·청소년에게 해로운 영향을 미칠 수 있다고 강조하면서, 만화를 대상으로 광범위한 검열을 시행한다. 1961년 12월 '한국아동만화자율회'는 "만화계 정화"라는 미명 아래 조직됐으나 아동만화 작가들을 강제적으로 가입시키고, 원고에 대한 사전 심사를 진행했다. 실질적인 검열이었다. 또한, 1968년에도 문화공보부 산하에 '한국아동만화윤리위원회'를 신설하여 공식적으로 사전 심사를 실시했다.

> 순정물 만화에서, 어른과 소녀 사이 또는 국민학생 간의 교우 관계를 이성 간의 교제(애정)로 착각케 하는 내용이라든가 성인 사회의 어두운 이면을 필요 이상의 강조 등은 각별한 주의를 환기함. (1968. 10. 2).

> 이성 간의 연애 관계를 묘사, 표현해서는 안 된다. (1968. 10. 19).[16]

이성 교제로 여겨질 만한 장면과 사회비판적 메시지를 차단하는 이 규정은 순정만화에서 이성애조차 재현할 수 없게 만든다.

> 한 컷 안에 남자, 여자애가 있으면 안 돼요. 공간에서 선정적인 분위기를 준다고 해서 저 뒤에 할아버지가 지나가야 되고. 남녀가 이렇게 마

주봐도 안 돼요. 그래서 얘기를 해도 한 사람은 다른 데 쳐다보고 있

고, 한 사람은 이쪽 보고 얘기하고. 그리고 애교머리도 잘라도 안 되

고, 치마가 무릎 위로 올라가도 안 되고, 눈물을 그려도 안 되고……17

초기 순정만화 작가 민애니는 1960~70년대에, 교우 관계를 이성 간
의 교제로 착각하게 해서는 안 된다는 규정 때문에 한 컷 안에 남녀 인
물이 함께 등장하거나 서로 마주보면서 이야기하는 장면이 금지되었
다고 말한다. 게다가 남녀 관계뿐 아니라 여성을 묘사하는 데도 제한
을 받았다. 당시 한국만화에 대한 검열은 여성 등장인물의 목걸이나
귀걸이 같은 장신구, 옷차림 등에 대해서까지 아주 세세하게 이루어
졌다.

　1980년대 전두환 정부도 크게 다르지 않았다. 만화가 황미나의 진
술에 따르면, 1980년대에 벌어진 만화 검열 사태는 결국, 그릴 수 있
는 것은 '순정한 사랑'밖에 남지 않는 상황으로 이어졌다.

어느 날, 심의를 받던 가운데 이 작품은 출판할 수 없다는 이야기를 들

었어요. 이유가 무엇인지 물어봤더니 등장인물 가운데 악역으로 나

오는 캐릭터가 있는데, 그 인물이 나쁜 놈이라는 사실을 명확히 알 수

없기 때문이라고요. 결국 '두목은 나쁜 놈이야!'라는 대사를 넣어

서 수정했지만, 그 이후가 더 문제였어요. 여주인공 남자친구의 부모

가 이혼했는데 그게 문제가 되기도 했고, 판자촌도 등장하면 안 되었

죠. 돈을 못 번다는 이야기도 안 되었고, 내용상에 부익부 빈익빈 이야

기가 들어가는 것도 안 되었어요. 나중에는 '(등장인물의) 걸음걸이

위의 인터뷰에 보듯, 1980년대 전두환 정부의 문화정책 하에 가족, 빈곤, 계급갈등, 우울한 정서 등은 모두 검열의 대상이었다. 특히 만화 분야에서는 '건강'하고 '명랑'한 것만 그려야 한다는 규범이 더욱 강화됐다. 사회나 역사·민중·시민에 대한 묘사는 삭제 요구를 받는 일이 허다했기에, 순정만화가 그릴 수 있었던 것으로는 오직 '순결한 사랑'만 남게 된 것이다. '순정'의 젠더화는 검열이 만들어 낸 효과였다.

흥미로운 것은, 이렇게 만들어진 좁은 의미의 순정만화가 규범적인 것으로 여겨지고 있다는 점이다. 순정만화의 개념을 논의한 한상정은 순정만화의 역사를 '가족/순정만화'의 시대(1957~62), '소녀만화'의 시대(1963~76), '감성만화'의 시대(1977~현재)로 구분하면서, 우리가 '순정만화'라고 부르는 것은 감성적 스토리, 유려한 장식성, 목적의식적인 연극성 등을 바탕으로 한 1990년대의 '감성만화'에 해당한다고 정의한다.19 이런 구분은 그가 '순정'의 성격을 '어린아이의 순수한 감정'이라는 사전적 정의에 의거해 제한했기 때문이기도 하지만, 검열과 통제를 통해 형성된, '여성적이고 감상적인 것이 곧 순정만화'라는 공통감각이 장르규범처럼 존재하고 있음을 보여 주기도 한다. 이은혜의 작품들은 이런 과정을 거쳐 형성된 '규범적' 순정만화, 즉 사랑과 연애를 중심으로 한 등장인물의 갈등과 연극적 내레이션, 화려한 일러스트 등 장식성을 바탕으로 한 감성만화의 특성을 잘 드러낸다.

순정하지 않은 '순정'의 세계

순정만화의 '순정'은 여성들이 쓰고 읽는, 사랑에 관한 이야기로 정의되곤 한다. 여성 대상의 읽을거리인 순정만화는 순수하고 낭만적인 사랑 이야기를 묘사하리라고 기대되는 것이다. 그렇다면 이은혜의 순정만화는 어떨까. 우선, 순정한 사랑의 세계를 그린 초창기 작품들의 서사는 비극적으로 귀결된다. 예컨대, '서로를 절대적으로 사랑하는 연인'이라는 코드는 순정만화나 멜로드라마에 자주 등장하며 이은혜 만화에서도 예외가 아니다. 하지만 서로를 사랑하는 연인은 외부적 요인으로 인해 그 사랑을 이룰 수 없다. 주인공은 불치병을 앓다가 사망하는 연인을 애도한다.

이은혜의 초기작 <댄싱 러버>(1989)에는 이런 순정한 사랑이 등장한다. 여성주인공 '유채린'의 성공을 위해 안무가이자 댄서로서 헌신하던 남성주인공 '서지우'는 자신을 좋아하는 유채린의 감정을 알면서도 언제나 그녀로부터 일정한 거리를 유지한다. 심지어 유채린이 첫 콘서트를 성공적으로 마치자, 그녀의 곁을 떠나기까지 한다. 그러나 이런 상황에도 쉽사리 변하지 않는 유채린의 마음이야말로 '순정한 사랑'이라는, 순정만화의 공식을 충족시킨다. 유채린은 서지우가 병으로 쓰러져 입원했다는 소식을 듣고 그와 재회한다. <댄싱 러버>는 재회한 연인이 앞으로 대면할 투병 생활이나 죽음과 상관없이, 서로에 대한 사랑을 확인하는 과정까지만을 다룬다. 사랑을 확인하는 장면에서 멈춤으로써 독자들은 그들에게 닥칠 미래와 관계없이, 순정한 사랑을 읽고 즐길 수 있게 되는 것이다.

순결한 세계의 호모소셜한 우정

이은혜의 대표작 <블루>는 1993년 창간된 격주간 발행 만화잡지 『윙크』에서 연재를 시작했다.[20] <블루>는 출생의 비밀과 삼각관계, 우울한 천재 예술가 등 <점프트리 A+>(1992)·<댄싱 러버>와 같은 이은혜의 전작前作들에 나왔던 주제나 배경이 종합적으로 등장한다. <블루>의 초반부 중심 갈등은 어릴 적부터 친구였던 두 남자 '홍승표'와 '이해준', 그리고 여성주인공 '채연우'의 삼각관계에서 시작된다. 서사의 중반을 지나면, 등장인물들이 대학에 진학해 만난 여성 '신현빈'을 중심으로, '신현빈-이하윤-홍승표'의 삼각관계, '신현빈-이해준' '채연우-이해준' 사이의 갈등이 추가된다.

천재적인 재능을 가진 댄서 이해준과 감성적인 글을 쓰는 홍승표, 이해준과 홍승표의 사랑을 받는 연약한 '공주' 채연우, 세 사람은 우정과 사랑으로 얽힌 관계다. 홍승표와 이해준은 둘도 없는 친구이지만, 채연우를 두고 긴장 관계를 이룬다. 하지만 두 남자는 갈등을 표면화하지도 못한다. 홍승표는 채연우를, 채연우는 이해준을 사랑하지만, 홍승표가 늘 이해준에게 자신의 사랑을 양보하기 때문이다. 이 과정에서 이해준은 홍승표와 채연우 중 누구도 선택하지 못한다. 오히려 이해준이 가장 사랑하는 것은 홍승표로 보일 정도다. 결국 이해준과 채연우는 결말에 이를 때까지 커플이 되는 데에 실패한다. 이들의 삼각관계를 통해 강화되는 것은 홍승표와 이해준의 우정뿐이다.

홍승표와 이해준, 채연우의 관계는 호모소셜homosocial한 공동체의 표본으로 읽힐 수 있다. 퀴어이론으로 18~19세기 영문학 작품들을 검토한 이브 세즈윅Eve Sedgwick은 남성 지배적 사회에서는 호모소셜한

<블루>의 주인공들. 왼쪽부터 홍승표, 채연우, 이해준, 신현빈, 이하윤.

욕망과 가부장적 권력의 유지 및 이양을 위한 구조가 연관되어 있다고 지적하면서, 두 남자가 여성을 교환·거래함으로써 권력을 유지시키는 장면을 분석한다. 아버지, 혹은 남자 형제가 외부의 남성에게 여성을 '증여'하는 것이 친족 구조의 본질이라면, 이성애 결혼을 통해 강화되는 것은 두 남성의 연대라는 것이다. 세즈윅이 보기에, 여성에 의해 매개되는 남성들의 관계는 사실상 남성들의 성애적erotic 거래를 가리는 스크린일 뿐이다.[21] 이는 에로틱한 라이벌과 두 라이벌을 연결시키는 유대감은 사랑하는 사람에 대한 유대만큼이나 강렬하고 강력하다는 점을 바탕으로 한다.[22]

　이 분석에 따르면, 삼각관계가 비가시화하는 것은 남성들의 유대다. '두 명의 남성과 한 명의 여성'이라는 삼각관계 구도는 여성을 이성애적 욕망의 대상으로 둔 남성 간의 경쟁 관계가 아니라, 오히려 남성들의 호모소셜한 욕망을 보여 준다는 것이다. 따라서 이 구조에서 가장 중요한 것은 '여성과 남성의 관계'가 아니라, 서로에게 친밀감을 표현할 수 있는 방법이 이것(여성을 교환하는 것)밖에 없는 두 남성의 관계다. 홍승표와 이해준이 채연우를 두고 경쟁하지만, 둘의 우정을 위해 채연우를 서로에게 양보하는 것은 이 때문이다. 가장 순정한 이성애 관계는 가장 강력한 동성 관계이기도 한 것이다.

'오빠들의 세계'와 사랑의 지연

이은혜 만화는 근친성애적 욕망을 불온하지 않게 재현한다. 가족 관계가 후경화되는 반면 형제 관계는 직접적으로 재현되며, 어머니를 증오하는 반면 그 어머니로부터 인정받기 위해 노력한다. <점프트리 A+>에서 중요한 것은 평범한 여고생 '유혜진'과 그의 오빠 '유현목'의 관계다. 뛰어난 오빠 유현목에 비해 평범한 유혜진은 학교 선후배로부터 '유현목의 동생답지 않다'는 말을 줄곧 듣는다. 하지만 유혜진은 그럴수록 기가 죽는 것이 아니라 오히려 오빠를 자랑스러워하는 긍정적인 성격의 인물이다. 서사 전반에서 유혜진에게 중요한 영향을 미치는 것은 오빠다. 유혜진과 유현목은 서로 가장 친밀한 사이이며, 유혜진에게는 '브라더 콤플렉스'라는 말이 따라다닌다. 유혜진은 유현목이 부모님이나 후배들과는 연락을 하면서 자신에게는 연락을 하지 않는다거나, 그가 여자친구와 함께 있는 모습을 볼 때 노골적으로 불쾌해한다. 이들 남매의 지나친 유대감은 사실상 근친성애에 가까운 감정이다. 이는 이은혜 만화가 유사가족적 '오빠들'의 세계를 그리고 있는 것을 통해서도 확인할 수 있다.

<댄싱 러버>의 서지우는 유채린에게 보호자로서 '오빠'의 역할을

한다. 그는 어릴 적부터 무대에 선 유채린을 격려해 왔고, 그녀의 성공을 돕는다. 서지우뿐 아니라 댄싱팀 '댄싱 러버'의 멤버들이나 작곡가이자 프로듀서인 '하제' 역시 일종의 '오빠'다. <점프트리 A+>에서는 오빠들의 수가 늘어난다. 유혜진이 동아리에서 만나는 남성 인물들은 유현목의 닮은꼴들로, 유현목의 빈자리를 채우는 '오빠' 역할을 수행한다. 이들은 같은 동네에 살며, 같은 학교에 다니고, 유혜진의 가족과도 알고 지낸다. 이 '오빠들'이 만드는 세계는 일종의 근친성애적 로맨스로 이어진다. 오빠의 후배이기 때문에 이미 친숙했던 '김승주', 그리고 J. T. A. 클럽에서 만난 이웃 '오태준' 사이에서 망설이며 고민하는 유혜진의 청춘 성장 스토리는 작품을 끌고 나가는 핵심이다.[23]

이은혜 만화는 가족을 서사 전면에 거의 등장시키지 않지만,[24] 예외적으로 <블루>는 어머니를 둘러싼 갈등이 남성주인공의 성격을 형성하는 핵심 요인으로 등장한다. <블루>의 두 남성주인공 홍승표와 이하윤은 어머니와의 단절로 인해 타인과 관계 맺는 데 실패하는 인물들이다. 재벌의 아들인 홍승표는 히스테릭한 39살의 어머니를 돌보며 그로부터 해방되지 못하고 있다. 10대 시절 아이를 낳았지만 가족의 반대로 결혼하지 못한 어머니는 실연과 외로움, 상처로 인해 신경쇠약의 상태다. 홍승표는 자신의 어머니가 친할머니로 인해 쫓겨났으며 수면제와 술 없이는 잠들지 못한다는 것을 알고는, 집을 나와 어머니와 함께 살기로 결심한다. 그는 어머니를 자신의 "첫 번째 사랑"으로 묘사하면서, 스스로를 번번이 사랑에 실패하는 인물로 규정한다. 할머니와 채연우, 신현빈에 이르기까지 주변의 여성들은 홍승표에게 사랑을 주지 않는다. 특히 홍승표의 사랑과 헌신에도 불구하고 자살을 선택한 어머니는 홍승표가 언제나 자신의 사랑을 유예하게 되는 원초적 동기다.

여성 팬들을 몰고 다니는 가수 이하윤은 이혼한 어머니가 프랑스로 이주하여 공부를 계속하겠다고 결정함으로써 어머니와의 혹독한 분리를 경험한다. 그는 사랑하는 어머니로부터 거절당했다는 기억 때문에 '누구에게도 사랑을 주지 못하는 사람'으로 성장한다. 이하윤이 자신을 좋아하는 여자 '하아미'와 섹스나 동거는 할지언정 안정적인 관계를 형성하지 못하는 것은 이 상처 때문인 것으로 묘사된다. 이은혜의 작품 세계에서 '어머니'는 주인공이 겪는 고통의 근원이거나 주인공을 절대 이해하지 못하는 인물로 재현된다. 남성주인공들은 그런 어머니와 단절되어 있고, 그로 인해 고통 받는다. 이은혜 만화에서 부모 세대, 특히 어머니와의 단절은 친구나 사촌 등 동년배와의 교류가 심화되는 것으로 이어진다. 홍승표의 사촌형은 홍승표의 곁에서 그를 정서적으로 지원하며, 가족들 사이의 관계를 봉합하는 역할을 수행한다.

이하윤의 여성편력이나 홍승표의 유예된 욕망은 모두 순정한 사랑을 완성하는 데 장애물이 된다. 이는 이은혜의 순정만화에서 '사랑의 결실'이 서사의 핵심 요소가 아니라는 점을 보여 준다. 등장인물들의 사랑은 언제나 좌절되고 지연된다. 이 좌절과 지연에서 생겨나는 갈등이 서사적 긴장감을 고조시킨다. '신현빈은 홍승표와 이하윤 가운데 누구와 커플이 될 것인가' 혹은 '김승주와 오태준 가운데 유혜진의 선택을 받는 것은 누구인가'라는 질문들이 독자의 집중을 이끄는 것이다. 중요한 것은 사랑의 지연과 좌절에서 형성되는 정동일 뿐, 사랑을 성취함으로써 얻는 행복이 아니다. 신현빈과 홍승표의 사랑이 이루어진 것으로 정리된 <블루>의 결말이 독자들로부터 비판받은 것은 이 때문이다. 신현빈과 홍승표의 재회는 두 사람의 이별과 성장을 지켜본 독자들에게 갑작스러운 것이었다. <블루>는 별다른 부연 설명 없이, 오직 두 사람이 만나는 장면이 담긴 결말부의 일러스트만으로 둘의 사랑이 성공적으로 이루어졌음을 암시했다. 서사적 설득력을 얻지 못한 이 결론은 독자들에게 실망감을 안겨 주었다. 이은혜 만화의 독자들에게 익숙한 것은 사랑의 성취보다는 사랑의 지연, 혹은 그 지연에서 생겨나는 긴장감이기 때문이다.

'오빠와의 사랑'에서 '오빠들 간의 사랑'으로

이은혜 만화의 여성인물들은 댕기머리 중학생에서부터 실력파 댄스가수, 잡지사의 편집장, 일러스트레이터까지 다양한 직업을 가진 생활인들이다. 이들은 1990년대 문화산업의 발달을 배경으로 등장했으며, 평범하게 학교에 다니고 회사에서 일하는 여성으로 그려졌다. 이는 이은혜뿐 아니라 원수연, 이정애, 박희정 등 당시 활동한 작가들의 작품에서 공통적으로 나타나는 특징이다.

그런데 이 작가들 간에도 차이는 분명 있다. 원수연이 <렛LET 다이>(1995)에서, 박희정이 <호텔 아프리카>(1995)에서 퀴어한 섹슈얼리티를 고민하고 형상화한 데 반해, 이은혜의 작품들은 이성애 중심적 서사, 그것도 '삼각관계'라는 틀에서 벗어난 적이 거의 없다. 이은혜 만화는 여성들의 '상상 가능한 자유'로서 사랑을 제시했음에도,

표면 서사의 층위에서는 이성애 정상성의 바깥을 좀처럼 상상하지 않는다. 그런 점에서 보면, 이은혜 만화의 로맨스는 낭만적 사랑의 판타지를 제공하는 데 불과하다는 혐의에서 벗어나기 어렵다.

영미권 로맨스소설의 독자를 연구한 재니스 래드웨이Janis Radway는 여성들이 로맨스를 읽는 것은 가부장제로부터 해방되어 일시적인 행복과 정서적 구원을 얻기 위해서라고 설명한다. 여성독자들에게 로맨스는 오롯이 자신만을 위한 시공간에 몰입할 수 있는 도피처이며, 가부장적 현실을 부정할 수 있는 합법적인 방법이라는 것이다.[25] 이런 여성들의 독서 행위는 이정옥이 지적한 것처럼 '소극적 저항'으로서 독해될 수 있다. 여성들에게 로맨스 읽기는 가부장적 체제로부터 도피와 탈출이 가능하다는 낙관적 전망을 제시함으로써 대리 만족을 안겨 주기도 하며, 강간과 슬픈 결말 등의 폭력성은 가부장제의 억압을 환기시켜 주기도 한다. '가부장제로부터 도피와 탈출을 시도하는 일시적인 독립선언'인 로맨스 읽기는 적극적인 저항에는 미치지 못하지만, 거기에는 일탈적 쾌락이나 즐거움과 같은 소극적 차원의 저항성이 내포되어 있다.[26]

순정만화를 읽는 여성독자들의 독서 역시 이런 소극적 저항의 목적에서 출발한다. 삼각관계와 낭만적 사랑은 현실의 모순을 견딜 수 있게 한다. 하지만 순정만화의 독서 체험은 여기서 끝나지 않는다. 여성독자들 역시 순정만화의 세계가 '현실'이 아니라는 것을 알고 있기 때문이다. 이들은 순정만화에 나타나는 성별 고정관념이나 가부장적 세계관을 비판하고, 그에 대한 자신의 목소리를 내기도 한다.[27] 순정만화의 수용자를 연구한 곽선영은 순정만화 잡지의 독자란을 분석하고, 설문 조사와 심층 면접을 통해 순정만화를 읽는 수용자의 태도를 살펴본다. 그는 순정만화에서 여성독자들은 성애적인 대상으로 등장하는 여성인물이 아니라, 보다 편안하게 느껴지는 여성인물을 접하게 된다는 점을 주요하게 읽어 낸다. 남성을 성적으로 대상화함으로써 생겨나는 '위반의 쾌락' 또한 순정만화 독자들의 욕망을 구성하는 강력한 요인이다. 여성독자들은 순정만화를 통해 '미소년' 같은 남성상에 대한 취향과 선호를 전면화함으로써 지배적인 성별규범을 역전시킨다는 것이다.[28]

아니나 다를까, 삼각관계를 중심으로 한 이은혜의 세계에서 은밀한 '동성애적' 욕망을 읽어 낸 독서 경험은 이후 성별규범과 성애에 대한 보다 노골적이고 다양한 서사 실험으로 이어진다. 이를테면, <블루>의 홍승표와 이하윤, 김승주와 오태준의 관계를 매개로 발생하는 야오이의 성적 상상력은 1996년 H.O.T.의 데뷔와 함께 본격화된 한국형 팬픽fanfic 시장과 만나 폭발한다. 순정한 사랑 이야기를 통해 가부장적 현실에 저항해 온 순정만화의 여성독자들은 이제 팬픽·야오이 같은 서브컬처 장르에서 '아름다운 남성 간의 사랑'을 실험한다. 원수연이나 이정애가 출판만화 시장에서 동성애를 이야기할 수 있었던 것은 한국에 '야오이'라고 불리는 BL(Boy's love) 시장이 이미 형성돼 있었고, 해적판 BL물의 독자층 규모와 충성도가 상당했기 때문이다.[29]

남성아이돌 그룹의 멤버들을 짝짓는 팬픽의 상상력은 여성들이 사랑을 사유해 온 방식을 뒤흔들었다. 순정만화를 중심으로 '오빠와의' 연애와 사랑의 낭만을 꿈꾸던 소녀들은 이제 아름다운 '오빠들 간의' 섹스를 즐기는 BL 장르의 독자로 거듭났다. 1990년대 후반부터 여성독자들의 서브컬처로 자리 잡은 팬픽은 사회적으로 금기시된 남성 동성애를 적극적으로 생산하고 유통시킴으로써 금기를 무화시키고, 규범적 여성상으로부터 벗어난다. 남성들 간의 섹스를 상상하고 남성을 성적으로 대상화하는 여성들은 성에 대해 무지할 것을 강요하는 사회적 규범을 위반하며 쾌락을 경험한다.[30] 물론, 이 이동은 예견된 것이었다. '가장 순정한 사랑'을 그리는 듯 보였던 이은혜 만화에서조차 '순정'의 얼굴은 하나가 아니었기 때문이다.

1 이 글의 제목은 일본에서 아쿠타가와상을 수상한 무라카미 류의 장편소설 『한없이 투명에 가까운 블루』(1976)를 패러디한 것이다. 청춘 세대의 상실과 우울을 대변하는 문화적 코드로서 '블루'라는 상징을 내세운 이 소설은 1990년대 한국의 젊은이들에게 큰 인기를 끌었다.

2 권김현영, 「순정만화 여성들의 친밀한 정서적 문화동맹」, 『여성과 사회』 12, 창작과 비평사, 2001, 119~120쪽.

3 박세형, 「한국 출판만화 유통의 문제점과 개선 방안 연구」, 『만화애니메이션연구』 3, 만화애니메이션학회, 1999, 358~397쪽.

4 1911년에 이탈리아의 영화평론가 리치오토 카누도Ricciotto Canudo는 연극·회화·무용·건축·문학·음악에 이어 '영화'를 '제7의 예술'로 규정했다. 이후 '사진'이 '제8의 예술'로, '만화'가 '제9의 예술'로 언급된다.

5 「꼼꼼한 구성 없으면 일日 만화 못 눌러」, 『동아일보』, 1996. 5. 22; 「"어린이에 나쁜 영향 주는 일본풍 만화 보면 가슴 아파"」, 『경향신문』, 1996. 8. 23. 이 두 편의 기사는 만화가 황미나의 인터뷰로, 일본만화와의 비교를 통해 한국만화를 발전시켜 나가야 한다는 입장을 취한다.

6 「순정만화 세상 향해 문 활짝」, 『한겨레』, 1999. 3. 18.

7 김은혜, 「1980년대 여성 서사만화 연구」, 전북대 박사논문, 2017.

8 Tania Modleski, *Loving with a Vengeance: Mass Produced Fantasies for Women*, Archon Books, 1982, p. 11.

9 김성종, 「여성만화가 4인 돌풍」, 『경향신문』, 1995. 5. 15.

10 박인하, 『누가 캔디를 모함했나 — 순정만화 맛있게 읽기』, 살림, 2000, 216~224쪽.

11 류진희는 청소년보호법이 1990년대 섹슈얼리티 담론에 미친 영향을 분석하면서, 성적 실천과 무관한 청소년을 생산하는 청소년보호법의 문제에 대해 비판했다. 「청

소년 보호를 위한 유해 매체물 규제 등에 관한 법률」로 제안된 청소년보호법은 청소년에게 음란성·폭력성·잔인성·사행성을 조장할 우려가 있거나 반사회적·비윤리적이고 정신적·신체적 건강에 유해하다고 판단되는 매체를 제재 대상으로 규정함으로써 사실상 검열의 근거로 작동했다. 청소년보호법은 35차례 개정되었으나 유해 매체물 심의 기준은 처음 설계한 그대로 유지되었다. 이는 '청소년 유해 매체'라는 애매한 기준이 '만화'와 같은, 아동·청소년을 대상으로 한 장르들을 구속하고 있었음을 보여준다. 특히 청소년보호법 제정 당시 제재대상 항목에 '동성애'가 포함됨으로써 1990년대 후반 한국 만화계에서 펼쳐진 다양한 섹슈얼리티 실험들은 거세될 수밖에 없었다. 1995년에 원수연이 <렛 다이>(1995)를 통해 동성애 소재를 대중적인 출판만화에 등장시키며 새로운 서사를 실험했던 것과 같은 작업이 더 이상 불가능해진 것이다. 류진희, 「'"청소년을 보호하라?", 1990년대 청소년보호법을 둘러싼 문화 지형과 그 효과들」, 『상허학보』 50, 상허학회, 2018, 97~121쪽.

12 순정만화의 장르적 정의에 대해서는 여러 의견이 존재한다. 좁은 의미에서 순정만화는 순정한 사랑을 중심으로 한 로맨스물을 지칭하지만, 넓은 의미에서는 여자들이 읽고 쓰는 만화 전체를 지시하기도 한다. 박인하, 앞의 책.

13 천정환·정종현, 『대한민국 독서사 — 우리가 사랑한 책들, 지知의 현대사와 읽기의 풍경』, 서해문집, 2018.

14 1980년대 후반부터 서정윤의 『홀로서기』(청하, 1987)와 같은 시집이 연간 베스트셀러에 오르면서, 순정한 사랑의 감각이 주요하게 재현되었다. 1990년대는 그야말로 사랑시 전성시대였다. 김경숙은 이를 '기획된 사랑'이라고 칭하면서 출판이 보수화되었다고 지적한다. 김경숙, 「1980~1990년대 베스트셀러 시의 '사랑' 담론」, 『한국문학이론과비평』 29, 한국문학이론과비평학회, 2005, 201~237쪽.

15 서은영, 「'순정' 장르의 성립과 순정만화」, 『대중서사연구』 21, 대중서사학회, 2015, 147~177쪽.

16 손상익, 『한국만화통사』(하), 시공사, 1998, 274쪽.

17 노수인, 「한국 순정만화와 일본 소녀만화의 관계 연구 — 순정만화가들과의 심층인터뷰를 중심으로」, 이화여자대학교 석사논문, 1999, 54쪽 중 만화가 민애니 인터뷰.

18 김성훈, 「만화가 황미나 — 한국만화계의 '큰언니'」, <네이버 캐스트>, 2009. 4. 3.

19 한상정은 순정만화의 정의를 보다 분명히 하기 위해 '순정만화 붐'이 일어난 시대를 세분화하여, 각 시기에 별도의 명칭을 부여한다. 어린아이들의 순수한 감정을 드러낸 1시기를 '순정만화'로, 일본식 만화의 영향권에 있었던 2시기를 '소녀만화'로, 감성적 스토리, 유려한 장식성, 목적의식적인 연극성 등을 바탕으로 하는 3시기를 '감성만화'로 지칭하는 것이다. 한상정, 「순정만화라는 유령 — 순정만화라는 장르의 역사와 감성만화의 정의」, 『대중서사연구』 22-2, 대중서사학회, 2016, 297~325쪽; 「프랑스의 감성소설과 연애소설에 나타난 '감성성'의 연구 — 순정만화의 '감성성'의 이해를 위하여」, 『한국언어문화』 35, 한국언어문화학회, 2008, 207~230쪽.

20 『윙크』는 신일숙의 <리니지>(1993~95), 강경옥의 <노말 시티>(1993~2001), 이은혜의 <블루> 독점 연재를 선언하면서 만화잡지 시장에 뛰어든다. 창간호 표지는 이은혜가 맡았으며, 한동안 이은혜의 일러스트가 포함된 브로마이드나 엽서 등을 부록으로 제공해 독자를 모았다.

21 이브 세즈윅은 18~19세기 영국 소설에 나타난 '두 남자와 한 명의 여자'라는 삼각관계가 실상은 두 남성의 유대를 강화시키는 역할을 한다고 지적하면서, 남성의 우정, 멘토십, 라이벌 구도, 그리고 이성애와 동성애 섹슈얼리티는 서로 친밀하고 유동적인 관계에 있다고 설명한다. Eve Kosofsky Sedgwick, *Between Men: English Literature and Male Homosocial Desire*, Columbia University Press, 1985.

22 르네 지라르, 『낭만적 거짓과 소설적 진실』, 김치수·송의경 옮김, 한길사, 2001. 지라르의 이 구도는 프로이트의 '동성애' 인과관계학에 기대고 있다. 남자아이는 강력한 아버지와 사랑하는 어머니 사이의 역학에서 거세 공포로 인해 아버지와의 동일시를 택한다는 것이다. 아이에게 욕망과 동일시는 아버지의 역할에 도달하기 위한 것이다. 이처럼 라이벌 관계와 사랑은 많은 면에서 등가를 이룬다. '나'는 라이벌이 이미 선택한 사람을 사랑하게 되며, 라이벌과의 유대감이 '나'의 행동이나 선택에 있어 다른 어떤 변수보다 더 결정적인 역할을 한다는 점에서 그렇다. 지라르는 이 구조를 두 명의 남자가 한 명의 여자를 향해 경쟁하는 관계라고 분석한다.

23 '여러 오빠들 가운데 연인 찾기'라는 설정은 tvN에서 방영한 <응답하라> 시리즈

(2012~15)에서 반복된 '남편 찾기' 구도이기도 하다. '남편 찾기' 구도의 쾌락은, 독자들이 미션에 적극적으로 참여하면 그에 따른 리워드가 주어진다는 게임화gamifi-cation의 법칙에 기인한다. 이를테면, <점프트리 A+>에서 유혜진이 누구를 선택할 것인지를 두고, 독자들 간에 일종의 게임이 벌어진다. 만화를 함께 읽는 친구들끼리 각각 '승주 파' '태준 파'로 나뉘어 경쟁하는 것이다.

24 이은혜의 유일한 가족극은 <금니는 싫어요>(1992)로, 독자들의 연령대가 상대적으로 낮았던 잡지 『나나』에서 연재되었다.

25 Janice Radway, *Reading the Romance: Women, Patriarchy, and Popular Literature*, University of North Carolina Press, 1991(rev. ed.).

26 이정옥, 「로맨스, 여성, 가부장제의 함수관계에 대한 독자반응 비평 ― 재니스 A. 래드웨이의 <로맨스 읽기: 가부장제와 대중문학>을 중심으로」, 『대중서사연구』 25-3, 대중서사학회, 2019, 349~383쪽.

27 라현숙, 「출판만화의 여성 장르에서 나타나는 의미투쟁에 관한 연구 ― 『아르미안의 네 딸들』을 중심으로」, 『연구논총』 30, 이화여자대학교 대학원, 1996, 193~236쪽; 김은미, 「세대별로 살펴본 순정만화의 페미니즘적 성취」, 『대중서사연구』 13, 대중서사학회, 2005, 37~61쪽.

28 곽선영, 「여성장르로서의 순정만화의 특성에 관한 연구 ― 수용자 분석을 중심으로」, 『만화애니메이션연구』 5, 만화애니메이션학회, 2001, 237~269쪽.

29 한국에서 '동인문화'(남성캐릭터 간의 동성애적 관계를 묘사하는 작품을 즐기는 문화)가 수용되는 과정을 연구한 김효진은 1980년대부터 만화동회회가 주도하는 동인문화가 존재했으며, 1990년대 들어 PC통신이 활성화되고 해적판 야오이물이 등장하면서 한국 순정만화 팬들에게도 호응을 받았다고 지적한다. 이를 보여 주는 대표적 사례가 이정애다. 이정애는 자신이 일본만화 및 실험성이 높은 동인지로부터 영향을 받았다고 이야기한 바 있다. 김효진은 아이돌 그룹의 팬픽 문화에도 일본 아이돌 '쟈니스' 팬덤과 팬픽 문화가 영향을 미쳤다고 진단한다. 김효진, 「한국 동인문화와 야오이 ― 1990년대를 중심으로」, 『만화애니메이션연구』 30, 만화애니메이션학회, 2013, 263~291쪽.

30 박세정, 「성적 환상으로서의 야오이와 여성의 문화 능력에 관한 연구」, 이화여자대

학교 석사논문, 2006; 류진희, 「동성서사를 욕망하는 여자들 — 문자와 이야기 그리고 퀴어의 교차점에서」, 권김현영·김주희·류진희·루인·한채윤, 『성의 정치 성의 권리』, 자음과모음, 2012.

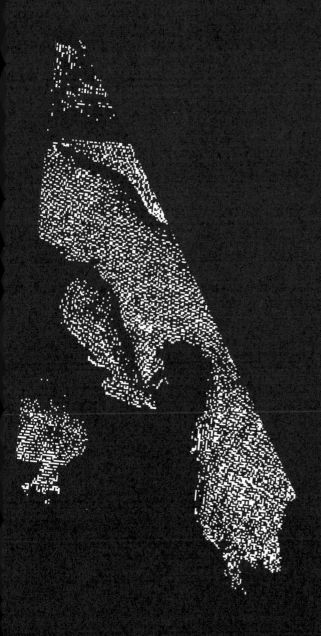

3

'한국적 신파' 영화와 '막장' 드라마의 젠더*

2000년대 전후 '통속'의 두 경로

이승희

통속의 두 판본, '신파'와 '막장'

지식사회에서 오랫동안 대중예술이 '저급'한 지위에 있었던 것은, 그것이 근대적 시간관념에 역행하는 반동反動의 시도들이거나 근대적 진보에 태만한 정체停滞 그 자체로 간주되었기 때문이다. 대중예술은 그저 자본주의가 만들어 낸 필요악이거나 혹은 '고급'에 미달하는 사이비 예술이었을 따름이다. 1990년대 이후에서야 역사 기술의 프레임 안에 등재되기 시작했고, 이제는 '고급예술'과 짝을 이루던 이것을 계속해서 '대중예술'로 불러야 할지도 다소 곤혹스러운 시대가 되었다. 그럼에도 여전히 대중예술은 그것과 구별되는 고상하고 진지하며 품격 있는 어떤 범주와 구별 혹은 분리되는 것으로 인식되고 있다.

---

* 이 글은 필자의 논문 「'신파'와 '막장'의 시간성」(『민족문학사연구』 67, 민족문학사연구소, 2018)을 수정·보완한 것이다.

만약 '여전히' 대중예술이라는 하위계급이 필요하다면, 이는 아마도 근대 이후 대중예술이 감당해 온 몫이 남아 있다는 의미일 것이다. 그 몫이란 표면상 근대적 예술의 윤리적 목표에 불필요하다고 판단되는 세속적인 것들의 처리였으며, 이 잉여들의 진정한 정체는 — 코젤렉Reinhart Koselleck의 용어를 빌면, 경험과 기대 사이의 시간적 차이를 하나의 개념으로 만든 — '진보'의 잔여물이다.[1] 그 진보의 주체가 식민 (국가)권력이든 조선 사회이든 정치적·윤리적 실재가 그에 상응할 수는 없었기에, 이 간극에서 발생하는 모종의 충격은 어떤 식으로든 흡수되어야만 했고, 대중예술이란 바로 그 지체遲滯된 잉여들이 시간적 순서 없이 뒤섞여 저장된 곳이라 할 수 있다. 그리하여 통속의 시간은 해소되지 못한 잉여들이 누적되고 서로 침투하면서 느리게 흘러간다.

대중예술에서 '감정'이 중요한 것은 바로 이 감정을 통해 근대적 시간관념과 '불화'하는 대중의 소리가 드러나기 때문이다. 어떤 감정들은 제거하고 싶어도 좀처럼 사라지지 않는다.

근대적 사고로서 부적합하다는 판정을 받은 지 1세기가 지났어도, 대중예술의 특정 감정들과 대중의 친연성은 여전하며 대중예술의 생산자들은 그 점을 매우 잘 알고 있다. 이 끈질김, 즉 "감정이 바뀌기 어려운 것은 습관 그리고 그와 관련된 인지의 초창기 뿌리 때문"일 수 있다. 철학자 마사 누스바움Martha Nussbaum에 따르면 감정의 지속성은 그 메시지를 이해할 수 없을 정도로 오래된 내력을 가진 것일 수 있으며, 이는 그 감정의 변화를 위해서는 많은 것을 투자해야 함을 시사한다.[2] 감정의 변화가 수반되지 않는 사회적 과정은 질적인 변화를 수반하기 어렵다. 감정은 "인간 지성의 본질적 요소"이기 때문이다.[3]

사회학자 잭 바바렛Jack Barbalet 또한 감정이 하나의 사회현상으로서 사회과정의 영향 내지 결과로 간주될 수 있음을 주장한다.[4] 우리가 통속의 시간에 대한 이해를 구하거나 감정에 귀 기울이고자 한다면, 그것은 현재보다 더 나아지기를 바라는 기대에서일 것이다.

'신파'는 이런 점에서 주목될 필요가 있다. 20세기 초 한반도에 정착한 이래로, 신파는 그 반대편에 놓인, 가장 이상적인 가치 범주를 위해 필요한 부정적인 짝패로서 활용되어 왔지만, 이 오래된 내력을 그렇게 도구적으로 일축해 버릴 수는 없다. 비록 신파의 유래가 진고개 일본인극장이나 1910년대 번안소설과 무관하지 않고[5] 그 속성 또한 대중예술의 특성과 공통된다고 해도, 신파는 역사적으로 동일성을 유지했다고 보기 어렵다. 특히 지금 우리가 지각하거나 상상할 수 있는 미적 특질로서 '신파'가 응결된 첫 번째 국면은 3·1운동에서 만주사변에 걸쳐 있다. 구체적으로 그것은 탈식민적 가능성에 대한 기대와 좌절을 연쇄적으로 체감했던, 즉 근대적 시간의식의 중단을 강제했던 식민지 검열의 문화적 결과이다. 객관 세계에 대한 주체의 절대적인 무력감 속에서도 이를 완전히 수락하지 않는 주체의 이율배반적인 태도가 때로는 공격적으로, 때로는 방어적으로 표현된 약자의 메시지, 이것이 바로 신파성의 핵심이다.

그러나 문화의 정치적 사고가 중단되는 1930년대 중반 이후 신파는 변곡점을 지난다. 여성수난 서사가 신파를 대표하는 것으로 재정위되면서 신파의 주인공은 여성인물로 축소되고, 분노는 소거된 채 연민의 감정만이 남는다. 이제 신파는 '저급한' 관객을 대상으로 하는 극장에서 필요 이상의 감상성을 자아내는 하위문화로 젠더화된다.6 해방 이후 이 신파의 세계는 여전히 '해방'되지 못한 가부장제하 여성의 삶에서 꽃을 피우지만, 이내 과소화過小化 과정을 밟게 된다. 냉전적 질서화가 국가주의와 결합하는 정치적 과정이 도래하면서 신파의 입지는 점점 줄어들고, 1950년대에 이르러 신파는 동시대적 가치가 감소한 '과거'이거나 '식민지적인 것'이 된 것이다.7

그리고 그 후로 많은 시간이 흘렀다. 근대적 시간의식은 근본적인 회의에도 불구하고 아직 폐기되지 않았고, 국가의 제도적 검열 또한 최근까지 지속됐다. 이전과 같은 신파의 응집력을 찾기는 쉽지 않아 보인다. 신파가 오래전부터 '눈물'과 깊은 관련을 가진 것으로, "과잉의 감상성, 즉 눈물 짜내기의 의도와 그렇기 때문에 미학적으로 열등한 무엇과 관련"8한 것 정도로 사용돼 왔다면 달라진 것이 없다고 하겠지만, 지금의 신파는 강렬하게 응결된 식민지 시대의 어떤 형질과는 분명히 다르다. 반세기 이상의 시간이 흐르는 동안 3·1운동에 맞먹는 복수複數의 원체험들이 있었고 그 적층이 신파를 비가역적인 것, 환원 불가능한 것으로 만들었기 때문이다. 또 한편으로 반근대적인 미적 표현의 출구가 열렸고, 신파의 변신變身을 촉진하는 문화산업도 성장해 왔다. 아직 신파의 몫이 남아 있되, 그것은 이전과는 다른 무엇이라 가정해도 좋을 것이다. 분명히 말할 수 있는 것은, 신파의 지속성에도 불구하고 비평적 수준에서든 관습적 표현에서든 이 어휘에 달라붙어 있던 여러 수준의 개념적 함의는 더 이상 중요하지 않거나 다른 용어로 대체됐다는 점이다.

그런데 언제부턴가 변화의 징후가 나타났다. 첫째는 '한국적 신파'의 등장이다. 2000년대로 접어들면서 한국영화의 어떤 특성을 지시하기 위한 용어로 '신파'가 다시 소환되고 여기에 '한국적' '한국형'이라는 꾸밈말이 붙여졌다. 가장 최근의 사례로 2017년에 흥행한 영화 <신과 함께 ― 죄와 벌>(김용화)은 '한국적 신파'가 매우 실정적인 힘을 발휘하는 것임을 확인시켰다. 의아한 것은 '신파'란 그런 꾸밈말을 붙일 필요가 없을 만큼 토착화된 것으로서 지극히 통속적인 문화물의 대명사로 간주되었음에도 새삼 그것의 국적이 강조되고 있다는 사실이다. 이런 용법은 현재 한국영화의 어떤 특징적인 국면을 드러낼 뿐만 아니라, 여기에 동원된 '신파'의 함의에도 일정한 변화가 일어나고 있음을 의미한다.

둘째는, '막장' 드라마의 등장이다. 이 용어의 쓰임새는 과거 '신파'에 필적할 만한 성격을 보여 준다. 2000년대 후반, 일련의 TV드라마에 이 이름이 붙여지고, 이 드라마들의 연이은 대대적 성공에 화들짝 놀란 저널리즘은 앞다투어 이 현상을 분석하기 시작했다. '막장'이라는 용어의 필요는 그 지시 내용이 '신파'나 다른 유사어와 여러모로 비슷하더라도 다른 말이 대체할 수 없는 뚜렷한 변화가 일어났음을 시사한다.

거의 동시기에 출현한 두 현상은 과연 무엇을 지시하는 것일까. 100여 년이 넘도록 소멸되지 않는 '신파'의 위력과, 그런 종류의 역사의식이나 감정에는 아랑곳하지 않고 거침없이 등장한 '막장'의 도전 사이에는 과연 무엇이 놓여 있는가. 이것이 바로 이 글이 종국에 답하고 싶은 질문이다. 이 관계의 시간성에 주의를 기울여야 하는 이유는 그것이 결국 '대중'에 매개되기 때문이고, 이 대중이 모든 역사적 과정의 주체이기 때문이다.

'한국적 신파', 보편성이라는 신화

신파의 국적

1990년대에는 거의 사용되지 않은 '신파'라는 용어가 담론상에 재등장한 것은 2002년부터이다. '신파'는 외화 <아이 엠 샘>(제시 넬슨, 2001)이 눈물로 사람들의 마음을 정화시키는 "제대로 된 신파"[9]라는 평을 받은 이후, 2003년 영화 몇 편에 사용되다가,[10] 그해 연말에 개봉된 <실미도>(강우석, 2003)가 대성공을 거두고 잇달아 <태극기 휘날리며>(강제규, 2004)가 흥행 신화를 쓰면서 화려하게 귀환한 것이다.[11] '한국적 신파'라는 말도 이때부터 사용됐으며, 그 후로 신파는 동시대 한국영화 비평에서 빠질 수 없는 해석의 도구가 되었다. 비평계는 2012년 <도둑들>(최동훈)의 대성공을 근거로 신파 코드 없이도 영화가 흥행할 수 있다는 사실에 고무됐으며 신파의 효력은 이제 떨어지고 있다고 전망했으나,[12] 수개월 후 개봉한 <7번 방의 선물>(이환경, 2013)은 신파가 여전히 한국영화 흥행의 강력한 보증수표임을 입증했다. 또한 한국영화의 수출 실적이 저조한 것은 "한국 감성에만 치중한 콘텐츠" 때문이라고 우려했지만,[13] <국제시장>(윤제균, 2014)에 이어, 실험적인 좀비 영화 <부산행>(연상호, 2016)이 대내외적으로 큰 성공을 거두면서 이제 신파는 당분간 그 가치를 보존할 이유가 충분해 보였다. 실제로, 이후 개봉한 <신과 함께 — 죄와 벌>은 이를 입증해 보였다.

'신파'가 한국영화의 비평 용어로 복권됐지만, 그 의미는 단순했다. '한국인에게 보편적으로 호소하는 감성적인 무언가'이거나, '눈물을 강요하는 부자연한 것'이다. 분명한 것은 — '신파적'인 대작들

'한국적 신파'의 시작을 알린 영화들. <실미도> <태극기 휘날리며> <7번 방의 선물>.

의 흥행이 증명하듯 — '한국적 신파'가 현재 한국영화의 성공 여부를 결정하는 관건이 되고 있다는 사실이다. 곽경택 감독은 "주요 소구 관객에 따라서 신파를 어느 정도 넣어야 하는지가 결정"된다고 말한다.14 즉 신파는 마케팅 차원에서 양적으로 조절 가능한 대상이며, 이제는 기술적인 차원에서 신파를 탄력적으로 구사하는 능력이 곧 관객 대중과 소통할 수 있는 미덕이 된다. 유치하고 촌스럽지만 않다면, 신파가 사건에 대한 가치판단을 부여하고 행동의 동기를 제공하는 서사의 주요 구성 요소로서 인정되는 것이다. 물론 그 사용처는 대부분 국소적이다. 신파는 다분히 형용사적인 것으로 사용되며, 다른 무언가와 쉽게 접합articulation할 수 있는 성질로 인식된다.15

이때 흥미로운 것은 영화 제작진이 전략적으로 활용하는 신파 코드가 젊은 관객층에서도 호소력을 얻고 있다는 사실이다.16 속칭 '오글거릴' 수 있는 촌스러운 문법을 세련되게 다듬을 수만 있다면, 신파 장면은 건조하고 정글 같은 일상에서는 좀처럼 경험하기 힘든, 죽어 있던 감정의 세포를 깨우는, 그리하여 자신에게 소중한 것을 깨닫게 하는 찰나일 수 있다. 또 한편으로, 이해관계가 없거나 상충됨에도 불구하고 감정이입을 용이하게 하는 영화적 장치 덕분에 거부감이 느껴지지 않을 수도 있다. 어떻게 보면, 신파의 호소력이란 차라리 할리우드 영화가 찡한 감동을 위해 사용하는 클리셰cliché와 닮아 있고, 이런 법칙에 익숙해진 관객의 반응처럼 보이기도 한다. 실제로 외화를 대상으로 종종 '신파'라는 용어를 사용하거니와, 신파의 지시 대상과 할리우드 영화에서 대미를 장식하는 '감동적'인 장면을 분별하기도 쉽지 않다.

그렇다면 '한국적 신파'는 상업영화의 장르적 관습을 지시하는 별칭일 따름일까. 그렇게 이해해도 무방하지만, 이 경우 특정 감정의 생성이 사회적·역사적으로 맥락화될 수 있음이 고려되어야 한다. 한국에서 '신파적'이라는 평가를 받은 영화가 다른 문화권에서는 전혀 다른 질감으로 해석될 수 있고, 그 역도 가능하다. 담론상으로 방만하게 사용돼 온 '신파'라는 용어에 '한국적 신파'라는 용법이 추가된 맥락을 찾아내는 일은 또 다른 작업을 요한다. 이는 동질적이지 않은 관객 대중이 서로 접점을 이루는 감정의 영역을 발견하는 과정이다. 저널리즘이 만들어 낸 것이든 아니든, 신파에 국적을 부여한 것에 동의하도록 하는 감정의 영역은 관객 개인으로 환원되지 않는, 사회적인 성격을 띠기 때문이다.

<쉬리>(강제규, 1999) 이후 블록버스터 영화들이 잇달아 성공한 2000년대 중반, 김소희는 당시 이 영화들의 흥행 요인을 '집단적 무의식'으로 이해했고, 그중 <실미도> <태극기 휘날리며>를 신파적

인 영화로 꼽았다.17 그는 <실미도>에서 "내부 인물들의 정서"가, <태극기 휘날리며>의 "감정 표현"이 신파적이라고 말하는데, 그 논거는 단편적으로 언급될 뿐이라서 그가 말하는 신파의 무의식을 이해하기 어렵다. 그로부터 10여 년이 흐른 뒤, 송경원은 세 편의 영화 <강철비>(양우석, 2017), <신과 함께 — 죄와 벌> <1987>(장준환, 2017)에 묻어나는 — 뿐만 아니라 최근 한국영화에서도 발견되는 — '한국 사회의 오랜 습관'을 지적한다. 그것은 언론에서 무책임하게 사용되는 '한국적 신파'에 관한 것인데, 송경원은 이를 '환상' '정신승리'로 바꿔 부른다. 이는 "위장된 만족, 회피와 변명, 행간의 외면"으로서, "보여 주지 않아도 좋을 것을 전시하고 보여 줘야 할 것을 생략한다. 그 끝에 도달하는 것은 전설의 서사, 승리의 기억, 달콤한 환상이다". 즉 <신과 함께 — 죄와 벌>은 지옥에서나마 정의(또는 상식)가 구현된다는 환상을, <1987>은 6월 항쟁의 함성을 승리로 기억하고 싶은 환상을, 그리고 <강철비>는 민족주의적 관점에 입각해 마음 한편에서 바라마지 않던 환상을 전시한다는 것이다. 그리고 이를 모성의 신화, 민중의 신화, 민족의 신화로 요약한다. 그가 말하고 싶은 것은 이런 특질들을 '한국적 신파'로 부를 것인가 아닌가의 문제가 아니라, "한국적 신파란 방만한 용어의 속살"이 바로 통속의 신화를 소비하는 것이라는 점, 그리고 이런 신화에 매달리도록 하는 "탈출구 없는 현실"에 대한 안타까움이다. 그리하여 "현재 한국영화들은 통속의 드라마가 주는 리얼리티를 알리바이 삼아 리얼-실재를 지우는 중이다."18

말하자면 '한국적 신파'는 여전히 국소적이거나 표층적인 표현상의 영역을 지시하지만 그렇게 표현되는 '집단적 무의식' 혹은 '통속의 신화'가 '한국'에서 '보편적'이라는 점을 드러낸다. 그럼에도 그 지시 대상이 왜 '신파'와 '한국'의 결합으로써 표현되어야 하는지에 대해서는 좀처럼 의문을 표하지 않는다. '한국인'의 '집단적 무의식'을 '신파'로 이해하려는 시도도 놀랍거니와, 그 '신파'에 굳이 국적을 표시하는 것은 더욱 기이하다. 중요한 것은 신파의 집단성을 국적으로 공인하는 '한국적 신파'라는 정의가 일반 대중에도 널리 자연스럽게 받아들여지고 있다는 점이다.

어떻게 그것이 가능했을까. 이와 관련해, 새로운 내셔널리즘nationalism의 도래와 천만 관객 영화의 상관성을 고찰한 손희정의 연구는 시사적이다. 그는 "생존주의라는 왜곡된 형태의 개인주의와 '비빌 언덕으로서의' 새로운 전체주의 사이의 기묘한 공생" 관계에서 배태된 이 새로운 내셔널리즘을 'K-내셔널리즘'이라고 명명한다. 이것은 "K-팝, K-드라마, K-필름, K-코스메틱 등 'K'로 환원되는 온갖 문화 상품들을 네이션nation 자부심의 기반으로 삼으면서 정체성을 형성하는 것"이자, "초국적 자본/제국주의"에 "적극적으로 동조하고 그 일부가 되고자 하는 자본화된 자유주의적 내셔널리즘"이며, 이것이 바로 천만 관객의 (사극) 영화를 가능케 했다는 것이다.[19] 매우 흥미로운 이 통찰은 '한국적 신파'라는 조합의 비밀 역시 그와 무관하지 않은 맥락속에 있음을 암시한다. 저열한 촌스러움의 대명사였던 신파가 21세기에 다시 호명되었을 때, 그것은 이제 자부심까지는 아니더라도 긍정하고 싶은 가치로 격상되던 중이었고, 여기에 '한국적'이라는 수식어를 덧붙임으로써 그런 사회적 심리를 '보편적인 것'이라고 보는 관점에 날인한 것이다.

남성젠더가 불러낸 통속의 신화

문제는 긍정하고 싶었던, 한국인에게 '보편적인 것'이라고 간주하고 싶었던 그것의 정체이다. 이를 확인하기 위해서는 '신파'라는 기표를 계속해서 사유하는 것이 필요하다. 이 용어에 들러붙은 시간성은, 이를테면 '모성/민족/민중의 신화'라는 '보편성'을 개별적이고 구체적인 것으로 혹은 계급적이거나 젠더적인 것으로 다시 사유해야 할 필요를 상기시키기 때문이다. 말하자면 백 년의 시간을 순서 없이 담고 있는 '신파'는 — 현재 이 말이 '살아 있다'는 그 자체로 — 이제 그 '환상의 속살'을 드러내라는 '통속'의 압력이다. '신파'라는 말이 거의 쓰이지 않았던 1990년대 이후로 페이드인fade-in 또는 페이드아웃fade-out 된 것들 혹은 전경/후경을 나란히 병치해 이 환상이 어떻게 '한국적 신파'의 내용을 이루게 되었는가를 되돌아볼 필요가 있다.

사실 이 문제는 1990년대 이후 한국영화사의 추이를 진단해 온 성과들에 이미 담겨 있기도 하고, 그 추이를 충분히 체감한 한국 대중영화사의 직접적인 경험과도 관련된다. 1990년대 후반부터 '남자들'이 울기 시작했다.[20] <접속>(장윤현, 1997)과 <8월의 크리스마스>(허진호, 1998)가 다소 절제된 감정을 내세운 반면, <편지>(이정국, 1997)와 <약속>(김유진, 1998)은 아예 작정하고 관객의 눈물을 유도하려는 심산을 드러냈다. 이 영화들은 1990년대에 진행되고 있던 여러 융기 현상 가운데 하나였을 뿐이지만, 이 눈물들은 이후 한국영화의 어떤 추이를 나타내는 징후가 된다.

남성인물이 울기 시작한 것은 1987년 이후의 사회과정과 연관 있겠지만, 더 직접적으로는 외환 위기와 맞물려 있다. 국가가 IMF에

구제금융을 신청한 일자가 1997년 11월 21일이고, 공교롭게도 그다음 날 개봉한 영화가 <편지>이다. 절묘하게도 외환 위기는 남성인물의 눈물이 봉인 해제되고 남성 중심 서사의 만개를 불러온 발화 지점이 된 셈이다. 남자들은 계속 울었다. <친구>(곽경택, 2001), <파이란>(송해성, 2001), <거룩한 계보>(장진, 2006), <열혈남아>(이정범, 2006), <해바라기>(강석범, 2006)와 같은 '변종 남성 신파' 조폭 영화들이 줄을 이었고,21 <주먹이 운다>(류승완, 2005)는 '눈물을 갈구하는 남성 신파'로 간주되었다.22 그리하여 주유신에 따르면, 남성 중심 서사의 영화적 재현은 "한편으로는 '역사'를 남성적 주체성을 재구성하기 위한 상상적 자원으로 전유하고, 다른 한편으로는 남성성의 위기를 해결하는 동시에 남성적 주체를 '아버지'의 역할로 재중심화하는 장으로서 가정과 가족 관계를 적극적으로 동원하는 전략"을 취한다. 이 과정에서 남성 주체는 '민족적 자아'로 확장되거나 '가족적 자아'로 본질화된다.23 전자에 <쉬리> <실미도> <태극기 휘날리며> 등의 한국형 블록버스터가 있다면, 후자에는 <효자동 이발사>(임찬상, 2004), <가족>(이정철, 2004), <주먹이 운다> 등의 가족 멜로영화가 있다. 즉 "역사의 상처를 각인하고 있는 피 흘리는 투쟁적 주체로서의 남성과 따뜻하고 자기희생적인 아버지라는 두 가지 이미지"24가 2000년대 중반 한국영화를 장악한 셈이다.

확실히 1990년대 후반부터 2000년대 중반까지 전개된 한국영화의 흐름에는 매우 이채로운 점이 있다. 눈물을 흘리는 남자는 ─ 허문영의 표현을 빌려 말하자면25 ─ '소년'이었고, 이들에게는 아버지가 없으며, 그 주변에는 사라진 여성들 대신 형제애를 나눌 동성이 존재

대표적인 '남성 신파' 한국영화들, <파이란> <해바라기> <주먹이 운다>.

한다. 이 뚜렷이 부조된 이미지는, 그러나 얼마 지나지 않아 존재감이 없어 보이기도 했다. 한국영화는 양적 성장과 함께 매우 다양한 영화들을 흥행에 성공시켰고, 신파 코드와 같은 '한국적 정서'가 줄어드는 것처럼 보였지만,26 앞서 언급했듯 '한국적 신파'는 건재했고, 성장한 소년들은 통속 신화의 주인공으로 돌아왔다. 이 과정은 정통 멜로 장르가 정점을 찍은 순간부터 하강세를 보이다가27 '단종'28되어 간 시간과 겹쳐져 있다. 그러나 이 전성기가 여성 멜로와 남성 멜로의 교차점에 있음을 생각하면, 이 맥락 역시 남성 중심 서사의 중심화 과정에 있었던 셈이다. 그런 점에서 최근 한국영화의 가장 가까운 기원은 1990년대 후반부터 시작되었다고 해도 과언이 아니다.

그렇다면 최근 '모성/민족/민중의 신화'는 역사적 연원이 있는 이 주제들이 이 시간과 만나 이루어진 결과라고 이해해도 좋지 않을까. 신파와 깊은 인연이 있는 이 오래된 주제들은 매우 위풍당당한 모습으로 관객 대중의 마음을 사로잡았지만, 이는 그 소년들이 '눈물'로써 십수 년 동안 젠더를 지운 후에 '남자'가 되어 돌아왔다는 점을 은폐하는 것이기도 하다.

1990년대 후반 한국영화의 변화에 대해 학계와 비평계는 외환 위기로 심화된 남성성의 위기가 핵심이었다는 일치된 진술을 하지만, 이 변화의 진실은 IMF를 알리바이 삼아 한국영화의 남성젠더가 비로소 그 모습을 드러낸 것이라는 데 있다. '피식민-분단-전쟁-독재'라는 일련의 역사에서 누적되어 온 억압들을 해소하면서, 지금까지 은폐된 채 존재해 온 한국영화의 젠더가 가시화된 것이다. 가부장을 잃은 '고아'와 '오빠'로서의 콤플렉스를 애써 감추면서 '보편적 개인'임을 표명해 왔던 남성 주체가 이제 '소년'의 모습으로 그 자리에 들어선 모양새다. 1세기 가까이 성장하지 못한 남성젠더의 표상은 비교적 정직해 보인다. 비로소 민주 정부가 들어선 정치적 변화에 대한 안도감은 마침 외환 위기와 맞물리면서 '눈물 흘리는 소년'의 등장을 자연스럽게 만든 것이다.

그러나 그 소년에게서 자신을 민족과 국가에 동일시하려는 보편적 주체에의 욕망이 사라진 것은 아니다. 사전 심의가 공식적으로 폐기됨으로써 표현의 자율성이 증대된 것은 한국영화의 남성젠더가 마음속에 품어 본 미래를 현재화할 수 있는 시간이 도래했음을 의미한다. 이런 맥락에서, 그 오랜 이념 시비를 넘어, 이념을 대신할 문화적 혈통으로서의 민족주의와 남성연대 중심의 가족주의를 전면에 내세운 <공동경비구역 JSA>(박찬욱, 2000)와 <태극기 휘날리며>(2004)가 등장할 수 있었다. 두 영화의 성공은 민족주의와 가족주의가 한국인의 뇌관임을 다시 한번 입증했고, 특히 이 영화들에 호응한 대중은 가족주의가 다른 무엇보다도 선차적인 가치라는 데 동의를 표했다.

과연 이 신화는 신뢰할 만한 것인가? 대중적 호소력을 지닌 민족주의와 가족주의가 '보편의 언어'로서 승인받기는 쉬웠을 것이다. 그와 달리, 초라하고 비루한 모습으로 재현된[29] 일상의 남성 주체는 관객의 이해와 연민을 요구했지만, 그에 대한 관객 대중의 반응은 앞선 두 영화에 비해 시큰둥했다. 환상의 속살은 먼 데 있지 않다. 연민을 호소하는 남성 신파의 주인공에게는 비극적 고결함이 없다. "공동체에 대해 발언하지 않고 적자생존의 논리에 내던져진, 생존에 급급한 남자들의 자기연민" "이 남자들이 과연 연민의 대상이 될 자격을 갖추고 있는지"[30] 의심스럽다. 가족적 결핍을 알리바이로 삼는 남성 주체로 재현되는 한, 이들의 고통은 사사로운 것이 되고 관객 대중의 감정이입은 가능할지언정 그것은 연민으로 확장되지 않는다. 이는 대작들에서도 마찬가지이다. "주인공들은 자신이 속한 공동체가 지닌 결함 때문에 고통스러운 상황에 직면하지만, 공동체의 문제 자체엔 관심을 갖지 않는다."[31] 식민지 시대의 '박 첨지'와 '홍도'가 자신들에게 강제된 부당한 상황에 대한 분노와 억울함을 말할 길이 없어 매우 과잉된 감정을 통해 표했던 비극적 결기가, 이들에게는 없다.[32]

'한국적 신파'는 바로 이렇게 1990년대 후반 이후 한국영화의 남성 젠더가 불러낸 보편성의 신화이다. 이 신화는 '신파'가 100여 년 동안 해소되지 못한 잉여들, 즉 식민지 유산으로서의 신파성이 냉전문화로 용해되는 과정에서 누적되어 온 피로와 자기방어가 '국적'을 가진 '보편적' 감정으로 세공된 결과이다. 더욱 문제적인 것은 '한국적 신파'의 힘이 이른바 '천만 관객'에서 나왔다는 사실이다. '신파'라는 용어가 본격적으로 사용되기 시작된 <실미도>와 <태극기 휘날리며>는 한국인 공통의 역사적 기억과 정치적 과정이 남긴 참담함을 상기하면서, 각자에게 가장 소중한 것은 공동체의 인정과 가족의 안녕뿐임을 확인시킨다. 이로써 동심원을 이뤄야 할 타인에의 관심은 확장되지 못한다. 가족주의와 민족주의는 항상 자신의 가족과 민족이 아닌 영역과의 분리를 전제로 하는 잠재적 배타성을 가진다. 이때 모성의 신화는 필수적일 수밖에 없다. 가족주의와 민족주의는 가족/민족/국가 공동체의 안녕이 여성의 희생을 대가로 보장될 수 있다고 주장하면서도, 그 희생과 헌신에 대한 죄의식 또한 간직하기 때문이다. '한국적 신파'에 등장하는 '눈물'의 대부분은 바로 그러한 죄의식으로부터 나온다. <신과 함께―죄와 벌>의 신파가 그 예다. '한국적 신파'의 정체가 이런 것이라면 매우 비관적이다. 눈물을 알리바이 삼아, 지속적으로 타인의 희생을 불가피한 일로 만들기 때문이다. 이런 의미에서 '한국적 신파'에는 신파성이 없다.

막장드라마, 탈신파의 쾌락

익숙하면서도 낯선 '막장' 신드롬

대중서사에 대한 부정적 평가가 어제오늘 일이 아니고, 그럼에도 대중이 선호하는 것임을 항상 인정해야만 했던 사실은, TV드라마에서도 예외가 아니다. 여기에 '막장'이라는 어휘까지 조합됨으로써 TV드라마는 더는 받을 비난이 없는 마지막 단계, 즉 '막장'에 도달한 것처럼 보이기도 한다 — "오늘날 막장의 콘셉트들은 인간의 성악설을 신봉한 듯 인륜을 저버리고 순리를 거부한 군사들이 두서없이 출몰한다. 극악한 여자, 저급한 남자 아니면 사이코패스 또는 편벽증자들이 '막말'과 '막된 짓'을 자행하는 것이다. 거기엔 배신과 복수가 얼룩져 있고 반륜과 역천逆天의 궤변이 횡행한다."[33] 물론 이런 식의 비평은 시청률이 미미한 수준이었다면 나오지 않았을 우려이지만 시청자 대중의 반응은 폭발적이어서, 어떻게 해서든 이 사태를 설명해 보고자 하는 엄청난 양의 분석과 전망이 제출됐다. 여하튼 이 "맛있는 불량식품"[34]에 대해서는 속수무책이었다.

<조강지처 클럽>(문영남,[35] SBS, 2007~08)에서부터 시작된 '막장' 담론은 2008년에 잇달아 방송된 <흔들리지 마>(이홍구, MBC, 2008), <너는 내 운명>(문은아, KBS1, 2008~09), <에덴의 동쪽>(나연숙, MBC, 2008~09)을 거치면서 확산되었고, 해를 넘긴 <아내의 유혹>(김순옥, SBS, 2008~09)이 그 신드롬을 이끌면서 확실한 입지를 구축했다. "막장 바이러스의 창궐"[36]은 매우 우려될 만한 현상으로 지적됐고, 신작 드라마가 나올 때마다 막장을 비껴갈 수 있을지 탐지하는 일이 하나의 의례가 되었다. 막장드라마의 기원도 올려 잡았다. 가장 자극적이고 통속적인 성격을 띠던 아침드라마가 일일드라마로 탈바꿈한 것이 현재의 막장드라마라거나,[37] 수년 전 엄청난 논란을 일으켰던 <인어아가씨>(임성한, MBC, 2002~03)를 원조로 삼는 것[38] 등이 그러하다.

'막장드라마' 역시 그것의 엄밀한 정의를 내리는 일은 쉽지 않다. 이 신조어에 대한 일반적 이해는 '보통 사람의 상식과 도덕적 기준을 초과하는 내용, 즉 억지스러운 상황 설정, 얽히고설킨 인물 관계, 불

륜, 출생의 비밀 등 자극적인 소재로 구성된 드라마'라는 것이다.[39] 선행 연구도 이 틀에서 크게 벗어나지는 않는다. "극도로 고도화된 극적 효과를 추구하면서 비상식적이고 개연성이 떨어지고 예상하지 못한 대사, 상황, 사건들을 설정, 혼합하여 사회적인 파장을 일으키는 드라마",[40] 또는 "무리한 설정들이 얽히고설켜 자극적으로 전개되는 드라마"[41] 정도로 요약된다. 이런 정의라면 아마도 막장드라마의 역사는 훨씬 더 거슬러 올라가 더 많은 드라마를 포함해야 할 것이다.[42] 모든 면에서 현실보다 과장된 정도가 '극단성'極端性을 띤다는 점은 분명하지만, 그 정도란 어디까지나 상대적이다. 그렇게 따지자면 막장드라마는 모든 시대에 존재할지도 모른다. 막장드라마를 정의하기 어려운 또 하나의 이유는 — 일반의 이해와는 달리 — 그것들이 지닌 뚜렷한 작가주의적 색채로 인해 그 성격을 통일적으로 이해하기 어렵다는 점이다. 막장드라마가 여기저기서 양산된다고 해도 이를 이끌었던 작가는 결국 임성한, 문영남, 김순옥 등으로 압축되는데,[43] 이들의 드라마를 하나로 묶는다면 아주 느슨한 정의만 가능할 것이다.

물론 이 글의 목표는 막장드라마의 장르적 정식화, 그리고 그 정의를 내리는 데 있지 않다. 다만, 한국영화에서 '한국적 신파'가 특정 시점부터 파고를 일으키면서 일정한 신호를 보내 왔던 것처럼, 막장드라마가 이전의 통속극과 닮아 있으면서도 새로운 신호를 보내고 있음에 주목하려는 것이다. 따라서 이 현상을 경향적으로 읽어 내면서 그중에서도 가장 새롭게 인지되는 변화를 적극적으로 해석하는 것이 필요하다.

'막장' 현상이 처음 사회적으로 주목되었을 당시부터 최근에 이르기까지, 막장드라마의 출현이 미디어 산업구조의 변화로부터 초래된 것이라는 점에는 많은 평자들이 대체로 의견의 일치를 보인다. 언론 미디어에 실린 기사나 비평은 물론이거니와 학술연구에서도 이 관점은 유지되고 있다. 단적으로 말해서, 막장드라마는 다매체 다채널 시대 지상파의 생존 전략에 따른 결과이다. 드라마 외주 제작이 보편화됨에 따라 방송사로부터 할당되는 제작비에 비해 배우의 출연료가 상승하는 상황에서, 막장드라마는 톱스타 없이 대본만으로도 일정한 시청률을 올릴 수 있었기 때문이다.[44] 막장드라마에서 작가주의가 유지될 수 있는 것도 바로 이런 맥락에서 이해될 수 있다.

드라마의 생태계를 고려한 이런 관점은 매우 타당하지만, 드라마의 시장구조에서 공급자[판매자]를 우위로 보는 한,[45] 수용자 변수는 지워진다. 수용자의 수동성을 전제하는 미디어 효과 이론의 근저에는 TV드라마 시청이 비인지적인 동기, 즉 감정의 영향 아래에 있다는 잘못된 믿음이 있다.[46] 물론 감정의 조작 가능성을 전면 부인하기는 어렵다. 감정이입은 이해관계와 상관없이 발생할 수 있지만, 이 가능성은 그로 인해 생성된 감정이 반드시 영구적으로 지속된다는 것을 의미하지는 않는다. 오히려 막장드라마의 상당수는 감정이입이 어려운 경우가 많고, 오히려 '욕하면서 보는' 식의 윤리적 논쟁을 만들어 낸다. 이때의 즐거움이란, 특정 인물에 대한 비난을 통해 시청자 자신이 그보다 도덕적으로 우월하다는 안도감, 악惡의 연쇄적인 도발에도 불구하고 결국 악이 패배하고 선善이 승리하는 '정의'의 실현을 지지하는 마음과 결합돼 있다. 만약 막장드라마가 어떤 즐거움도 선사하지 못한다면, 시청자 대중은 언제든 다른 채널이나 매체를 선택할 수 있다. 시청자 대중은 '이것밖에 없어서' 마냥 받아들여야 하는 수용자가 아니다. 미디어 산업구조의 변화가 막장드라마 출현의 계기는 될 수 있겠지만, '막장드라마'라는 명명이 부상할 정도의 신드롬이 생겨난 원인은 시청자 대중의 선택에서 찾아야 한다.

이 관점에서 보면, 막장드라마의 소비를 막장 현실/정치와 연계해 이해할 수도 있다. 강도 높은 스트레스에 시달리던 한국인들에게 막장드라마가 일종의 탈출구 기능을 했다는 해석이 많으며,[47] 좀 더 구체적으로는 이명박 정부에 들어서 발생한 변화에 대한 대중의 문화적 반응으로 보기도 한다. 즉 막장드라마는 탈권위주의를 표방한 이전 정부와 달리, 기득권층에 모든 혜택이 몰리는 조건에서의 승자독식·권위주의가 부활한 사회상을 반영한다는 것이다.[48] 나아가, 막장드라마의 확산 시점이 2008년이라는 점에서 그것의 가장 유력한 계기로 광우병 파동을 언급하기도 한다 ─ "아무리 화내고 욕해도 달라지는 게 없는 현실, 피할 수 없으면 즐기는 태도는 지난 일 년여 간 이나라에 살면서 우리가 황병으로 쓰러지지 않기 위해 '명박산성'에 오르고 '닭장차 투어'를 돌며 터득한 비법이기도 하다."[49] 간단하게 말해, 이명박 정부 시기의 '막장 현실'을 반영한 것이자 그로부터 받은 온갖 스트레스를 배설하는 출구, 그것이 바로 막장드라마라는 것이다.

그러나 이는 막장드라마 현상에 대한 시야를 좁힌 감이 없지 않다. 오히려 막장 현실을 신자유주의 시대의 질서로 구체화해, 그 전조가 이미 1990년대 후반, 즉 외환 위기에서 시작됐고, 그것이 TV드라마

시청자층의 고령화 현상과 맞물리면서 2008~09년 사이에 증폭된 현상으로 이해하는 것이 좀 더 설득력 있다.[50] 문제는 그 이후로 3, 4년간 막장 담론이 소강상태에 놓이다가 2013년 하반기부터 다시 화제성 있는 막장드라마의 등장에 힘입어 재개되었다는 점이다.[51] 여기서 막장드라마가 트렌드에 따라 주기적으로 현상하는 장르로 정착될 가능성을 읽어 낼 수도 있다. 그렇다면 이는 곧 막장드라마가 신자유주의 시대의 산물임을 입증하는 것이기도 하다. 이에 관해 박숙자는 막장드라마에 재현된 경쟁 관계와 신자유주의 시대의 서바이벌 세계가 유비관계에 놓여 있음에 주목하고, 막장드라마가 신자유주의적 질서를 내재화한 새로운 양식임을 주장한다. 이때 경쟁을 촉발하는 감정은 — 신자유주의 맥락에서 주체의 열정으로 긍정되기도 하는 — 시기심이고, 드라마는 불법적·탈법적 경쟁을 '삶의 기술'처럼 극화한다. 이 연구에 의하면 막장드라마의 이면은 사필귀정의 질서가 사라진 때 승패를 통해 상대방을 압도하는 서바이벌 세계이다.[52]

일견 현실과 막장드라마의 관계는 필연적으로 보이지만, 양자 사이에는 아무것도 증명된 바가 없다. 이를테면 막장드라마가 신자유주의적 질서를 내재화한 양식이려면 신자유주의적 인식론이 서사의 구성 원리가 될 수 있음을 증명하는 더 많은 표본이 필요하다. 또한 현실 세계에서의 감정과 재현 세계에 대한 감정은 구분되어야 한다. 시청자 대중의 감정이란 쉽게 말해 투–트랙two-track, 즉 한편으로는 사적인 차원의 환유로 경험되고 다른 한편으로는 공적인 차원의 은유로 경험된다. 따라서 막장드라마가 막장 현실을 반영한 것이든 막장 현실에서 받은 스트레스를 해소하는 것이든, 그럴 만한 계기적 요소들이 텍스트에 구성돼 있어야 한다.

오히려 수용자 연구를 통해 막장드라마의 신자유주의적 성격에 접근한 양진샘·이설희의 연구가 더 참고할 만하다. 이 연구는 스스로를 끊임없이 통제하고 계발하도록 하는 강력한 질서이자 원리로서의 신자유주의가 20대로 하여금 막장드라마의 주된 시청자로 알려진 장년층과는 다른 수용을 하도록 한다고 주장한다. 즉 20대의 수용 양상은 스트레스를 푸는 한 순간의 유희거리로서의 '키치적 수용', 악인 캐릭터에 감정적 동일시를 하는 '정서적 수용', 가족·지인과 함께 시청하거나 온라인 커뮤니케이션을 통한 '관계적 수용', 막장드라마를 부정적으로 정의하면서도 재미있다는 평을 내리는 '모순적 수용' 등 네 가지로 설명된다.[53]

막장드라마의 호소력을 20대 수용자의 경험에서 찾은 이 연구는 막장드라마의 성격을 이해하는 데 매우 중요한 단서를 제공한다. 플랫폼이 다변화되는 상황에서, 그것도 지상파 방송에서 높은 시청률을 기록하기가 점점 더 어려워지는 조건 속에서, 젊은 세대의 지지를 받지 못한다면 그와 같은 신드롬이 가능하지 않기 때문이다. 다만, 연구 결과를 단지 여러 차원의 수용 양상 중 하나인 1/n로 간주하여 그 성과를 스스로 제한한 감이 없지 않다. 수용의 여러 갈래들은 이를 성립시키는 텍스트성과 연계하여 해석될 필요가 있다. 막장드라마에는 이전부터 지속되어 온 장르적 관습뿐만 아니라 새로운 형식적 요소들이 함께 구성돼 있고, 막장드라마를 통해서'만' 표현될 수 있는 메시지를 가지고 있다는 점이다. 앞서 '막장'이라는 용어의 방만한 용법과 아울러 드라마의 작가주의적 성격 때문에 막장드라마를 정의하기가 쉽지 않다고 언급한 바 있다. 그 상당 부분은 경험적으로 매우 익숙한 장르적 관습에 의존해 있으면서도 차이의 스펙트럼은 꽤나 넓은 형편을 지적한 것이다. 새로움은 이 스펙트럼에 깃들어 있다. 이 관점에서 대표적인 세 작가의 차이를 보면 막장드라마 신드롬의 심층에 좀 더 다가갈 수 있을 것이다.

막장드라마의 진화 ─ 임성한·문영남·김순옥의 드라마들

막장드라마의 연원으로까지 언급되는 임성한 드라마[54]는 단적으로 말해 김수현 드라마를 품위 없게 세속화한 진지함으로 시청자를 훈육한다. 임성한 드라마는 온갖 자극적인 설정으로 많은 논란을 일으키면서 높은 시청률을 유지했지만, 그 인기는 <아현동 마님>(MBC, 2007~08) 즈음부터 하락세를 보인다. 여전한 논란 속에서도 일정 정도의 시청률이 나왔지만 예전만 못했는데, 공교롭게도 이때가 막장드라마(담론)의 기점이라는 사실은 작가의 극작술이 이제 낡은 것이 되어 가고 있음을 시사한다. 자극의 정도는 점점 거세졌지만, 그 수위가 시청자뿐만 아니라 제작진과 배우들의 이해력을 초과했고, 시청자를 가르치려는 작가의 고압적인 세계관이 계속되면서 특히 젊은 시청자의 반감을 샀던 것으로 보인다. 결국 작가는 <압구정 백야>(MBC, 2014~15)를 끝으로 은퇴를 선언한다.

문영남 드라마[55]는 그와 정반대의 경로를 밟은 경우다. 가족드라마로 공고한 위치를 다졌던 문영남 작가는 <조강지처 클럽> ─ 막장드라마 담론이 시작된 바로 그 드라마 ─ 에서부터 180도 달라진다. 즉 여전히 가족드라마의 틀을 유지하면서도 이 장르가 입고 있던 옷을 뒤집어 내보이는데, 이때 드러나는 가족 구성원들의 민낯은 차마 못 봐줄 정도로 희화화돼 있다. "극중 캐릭터들의 상황은 주변에서 한 다리만 건너면 어렵지 않게 찾아볼 수 있을 법한 '현실적'인 이야기들이지만, 이들이 한데 모이면서 어느새 '비현실적' 요소로 탈바꿈"[56]되는 것이다. "한국산 B급 가족멜로"[57]에 딱 들어맞는 사례가 아닐까 싶은데, 캐릭터들은 지나칠 정도로 과잉돼 있다. 등장인물의 이름부터가 남다르다. 이를테면, <조강지처 클럽>의 인물 이름은 '한복수, 한원수, 한심한, 한선수, 안양순, 나화신, 길억, 이기적, 복분자, 최현실, 모지란, 이화상, 정나미, 양미리' 등이다. 통념적으로 보면 지상파 방송에서 어떻게 저런 무모하고 낯선 시도를 할까 싶을 정도이다. 그런데 시청자의 반응은 뜨거웠고, 이는 그의 새로운 드라마 전략이 대중에게 기존의 가족드라마와는 다른 만족을 준 것으로 보인다. 문영남 드라마의 특징은 훈훈한 가족드라마가 은폐해 온 가부장제의 또 다른 얼굴을 ─ 목불인견目不忍見의 캐릭터들을 통해 ─ '날것'으로 가공하고, '관계적 수용'을 용이하게 한다는 점이다. 가족드라마의 가족주의적 가치를 역설하면서도 이를 조롱하는 메시지의 중층성은 젊은 세대의 수용자마저 그의 드라마에 잠시 머물게 하는 효과가 있었던 셈이다. 이 강점이 사라지면 평작에 그치고, 그 빈도가 잦아지면 문영남 드라마의 신화는 계속되지 못할지도 모른다.

김순옥 드라마[58]도 문영남 드라마와 마찬가지로 막장드라마에서 가장 빛이 난다. 2017년에 방송된 <언니는 살아 있다>(SBS)는 그의 막장드라마가 계속해서 진화하고 있음을 보여 준다. 김순옥 드라마는 막장드라마 가운데 가장 혁신적이라 할 만하다. 그 파격성은 누구도 시도해 보지 않은 것이며, 그리하여 드라마의 기본도 배우지 못한 졸작이라고 비난받기도 했지만, 김순옥 드라마의 힘은 바로 거기에서 나온다.

> <아내의 유혹>은 비록 날지는 못하나 시속 65킬로미터로 질주하는 타조를 닮았다. 그리고 등장인물 또한 죄다 타조의 품성을 지녔다. 겁에 질린 타조가 빠른 다리를 버리고 모래에 고개를 처박아 버리듯 이들은 위기에 몰리면 생각지도 못한 극단적인 행동으로 상황을 모면하려 한다. 비밀을 밝히라 추궁 당하면 다짜고짜 그릇을 깨고 그 조각 위에 딛고 서서 결백을 증명한다거나, 신분이 노출될 위기에 처하자 도망가는 대신 기습 키스로 위기를 넘기는 인물들.59

너무나 적절해서 할 말을 잃게 하는 이 '타조'의 비유는, 사건의 개연성과 인과적 질서, 인물의 심리적 사고에는 아무 관심 없어 보이는 <아내의 유혹>이 드라마의 본령을 한참 일탈한 것임을 보여 준다. 그러나 더 핵심적인 것은 이 모든 것의 속도가 '타조'의 것이 아니라 '치타'의 것이라는 데 있다. 작가는 시청자에게 인물의 캐릭터 구축 과정과 사건의 전후 맥락을 납득하는 데 필요한 충분한 시간을 주지 않는데, 마치 그럴 필요가 없다는 식이다. 이는 작가의 의도다.60 시청자의 재핑zapping을 방지하고 시청자로 하여금 꼼짝없이 다음 회를 보게 만들고자 의도된 전략이다. 그러나 이를 시청률 상승을 위한 속도전이라고만 해석한다면 이는 막장드라마 신드롬의 주역인 시청자 대중을 지워 버리는 일일 것이다.

서사의 열쇠는 초반부에 던져진다. 주인공이 부당하고 억울한 상태에 놓이게 된 모든 비밀이 종국에는 만천하에 드러나게 될 것이라고. 그러나 마지막 비밀의 문을 여는 데 사용되는 열쇠는 맨 처음의 그것이 아니다. 처음부터 끝까지 사용되는 열쇠의 개수는 사건들의 수효에 육박한다. 치타의 속도로 달리는 사건들의 연속, 문제 해결의 신속성은 그만큼 많은 열쇠를 필요로 한다. 드라마의 대단원은 지연되지만 이에 이르는 모든 단계의 시간은 가속화를 전제로 한다. 할리우드에 슈퍼히어로가 있다면, 한국 TV드라마에는 그 짧은 시간 안에 그 모든 어려운 것을 해내는 '구느님들'[61]이 있다. 시청자가 특정 드라마의 장면을 건너뛰고 싶다는 충동을 느낄 겨를이 없다. 이 세계의 리듬을 타기 시작하면 실패하는 일 없이 게임의 단계를 신속하게 밟게 되는 편안함이 있다.[62] 이런 감각은 적어도 TV드라마에서는 새로운 것이다. 더욱이 이 게임에 참여하는 인물들은 서로 다른 사회적 관계를 드러내면서 각각의 억울함과 명분을 지닌 채 소리 지르며 호소한다. 모두 '최선'을 다해 전쟁을 치른다. 유독 '신애리'(<아내의 유혹>, 김서형 분), '연민정'(<왔다! 장보리>, 이유리 분), '양달희'(<언니는 살아 있다>, 김다솜 분) 등의 악인이 그의 드라마에서 빛나는 것은, 시청자로 하여금 사건의 과잉만큼이나 이들의 욕망을 반복적으로 관찰하게 함으로써 '타조'와 닮은 그녀들에게 얼마간의 안쓰러움을 느끼게 만든 작가의 치밀한 구성 덕분이다.

이런 점들 때문에 막장드라마는 '신자유주의적 질서의 형식화'라고 주장되기도 하지만, 김순옥 드라마는 엔딩에서 통념적인 권선징악을 포기한 적이 없다. 악의 축은 대체로 상위 계급(재벌, 부자)이며 악

김순옥 작가의 <언니는 살아 있다> 공식 포스터.

인들은 이곳에 거주하거나 이곳을 탐하는 자이다. 이미 그곳에 있다
가 축출당한 주인공에게는 연민을 느끼지만, 악다구니를 써가며 자
신이 그에 도달하기 위해 희생자를 만들어 내는 악인에게는 얼마간
의 동정이 허락되더라도 처벌이 당연시된다. <언니는 살아 있다>에
이르러 악의 힘은 악인들의 연대로 인해 더 세졌지만, 그 몰락은 이들
내부에서 시작되고, 선한 유사 가족 간의 연대는 상호 신뢰 속에서 악
인의 몰락에 기여하는 것으로 매조지를 한다. 만약 김순옥 드라마가
정상 속도를 유지한다면 그야말로 평작이거나 그 이하일 확률이 높
다. 그만큼 김순옥 드라마의 속도는 여러 계층과 세대의 지향과 문화
를 접합하는 허브 역할을 한다. 속도의 메시지는 분명하다.—'절대적
세계란 없다, 그러니 더 이상 무력감을 느낄 필요가 없다, 우리는 더
이상 이율배반적인 분열증을 겪지 않아도 되며, 감정을 과장하여 호
소하지 않아도 된다, 복수하면 된다!'

탈신파의 쾌락

혹자는 막장드라마 현상을 "문화의 퇴행" "복고화의 다른 이름"63이라고 일갈한다. 혁신적 사고가 멈추고, 비슷한 관습이 되풀이되는, 쉬운 돈벌이일 따름이라는 것이다. 막장드라마의 출현이 미디어 산업구조의 결과라는 것은 의심할 여지가 없어 보이지만, 세상의 어떤 대중문화도 그러한 제도적 결과와 연루되지 않은, 특히 산업적 이유가 작용하지 않는 것은 없다. 그뿐만 아니라 '막장'이라는 딱지를 붙이는 일도 불공평하기 짝이 없다. 케이블이나 종편에는 막장드라마가 명함을 못 내밀 정도로 수위가 높은 장르물들이 꾸준히 방송되고 있으나, 그것들은 '문화의 퇴행'이라는 식의 비난을 받지 않는다. 다른 지상파 드라마의 경우도 마찬가지다. 혹자는 '막장이냐 아니냐'의 기준이 드라마의 완성도라고 말한다. 이 기준에 의하면 <돈꽃>(이명희, MBC, 2017~18)은 '명품'일 수 있어도 '막장'일 수는 없다.

막장드라마에 대한 이런 식의 차별적 시선은 이미 본 적 있다. 신파가 젠더화된 이래로 심심찮게 불거진 일이다. '신파'와 마찬가지로 '막장' 드라마는 현실의 모든 부정不正/不淨을 담아내는 기능을 담당하면서도 비평적 제물이 되었다. 막장드라마는 그 어휘가 말해 주듯, 가장 끝자락에 위치한다. 새로운 경향의 이 드라마들에 다름 아닌 '막장'이라는 이름을 얹힌 이상, 이 프레임으로부터 벗어나기는 쉽지 않다. TV드라마는 갱신을 거듭하고 있고, 막장드라마 또한 그중 하나이다. 혹자에게는 'B급 가족 멜로'이고 혹자에게는 '컬트'64일 수 있다. 그 갱신이 어떤 맥락에서 어떤 문화적 함의를 띠는가는 별개의 문제이다.

문제는 제작비나 완성도 혹은 소재가 아니다. 관건은 익숙하면서도 새로운 시도가 담긴 여성캐릭터들의 공격적 행보이며, 이들에게 시선을 고정시킨 여성시청자들의 투명한 욕망이다. 남성캐릭터들은 악하거나 무능하며, 선할지라도 조력자 역할만을 감당한다.65 막장드라마 열풍에 남성시청자까지 승선했다고는 하지만,66 대부분 마지못해 가족과 시청하는 이들일 것이며, 그렇지 않더라도 통계에는 좀처럼 잡히지 않는 'shy-막드 팬'일 것이다. 임성한 드라마의 퇴장은 이미 막장드라마의 본령이 그곳에 있지 않음을 암시하고, 문영남 드라마의 낯선 시도는 막장드라마(담론)의 도화선이 바로 가부장주의에 대한 양가적 감정에 있음을 함축하면서 이를 희화적으로 풀어낸다. 가장 새로운 막장드라마는 김순옥의 것이다. 김순옥 드라마의 세계는 기존 질서를 회복하기 위해 안간힘을 쓴다는 점에서는 낡았지만, 시간의 가속화를 통해 인물들의 욕망을 투명하고 경쾌하게 그려냄으로써 새로운 감정의 윤리를 제안한다. 거기에는 현실을 과장하는 모방이, 게임의 단계를 밟아 가듯 소망을 성취하는 놀이가 있다.

확실히 막장드라마의 출현은 여성시청자들이 더 이상 신파에 붙들려 있지 않다는 신호이다. 주어진 환경과 부당하게 겪는 고통에 대해 무력하기만 한 여성캐릭터에게 연민을 느끼기는커녕 그 상태를 더는 두고 볼 수 없다는 데에 대한 암묵적 동의이다. 여성캐릭터 스스로 진실을 밝혀내거나 복수하는 과정은 그 속도에 비례해 통쾌함을 소비하는 쾌락 그 자체이며, 심지어 주인공을 고통에 빠지게 한 악인(그룹)에게도 충분한 알리바이를 제공한다. 이 과정에서 극단성은 불가피하다. 이 극단성은 막장 현실에 대한 과장된 미메시스mimesis이자

신파적 세계에 대한 명백한 부인이며, 시청자에게 이것은 탈신파의 쾌락 그 자체이다. '한국적 신파'가 남성젠더의 내면이 보편성으로 가공된 결과라면, 막장드라마는 여성젠더의 현실을 다분히 키치적인 감각으로 전달하는 판타지이다. 말하자면, 막장드라마는 '한국적 신파'에서 지워진, 보편성의 신화에서 탈락된, 잉여의 세계이다. 감정의 과잉을 통해서가 아니라 캐릭터와 사건의 과잉을 통해 메시지를 전달하는 막장드라마, 그것의 존재 의의는 아마도 신파 혹은 멜로드라마가 부재한 한국영화의 반대편에서 다음과 같이 소리치는 것일지 모른다. "언니는 살아 있다!"

1 라인하르트 코젤렉의 '진보' 개념에 관해서는 라인하르트 코젤렉, 『지나간 미래』 (1979), 문학동네, 한철 옮김, 1998, 388~415쪽 참조.

2 마사 누스바움, 『감정의 격동』, 조형준 옮김, 새물결출판사, 2015, 423쪽.

3 마사 누스바움, 위의 책, 29쪽.

4 J. M. 바바렛, 『감정의 거시사회학 — 감정은 사회를 어떻게 움직이는가』, 박형신·정수남 옮김, 일신사, 2007, 27쪽.

5 '신파'는 근대 초기 재조선 일본 거류민이 관람하던 신파극을 모방한 데서 유래했는데, '진고개'는 일본인 극장이 운집해 있던 곳이며 이곳을 드나들던 조선인들이 단체를 조직하여 신파극을 공연하기 시작했다. 이때 『매일신보』에 연재된 일본 번안소설이 신파극으로 공연돼 대중적 성공을 거두면서 신파극이 정착되는 데 기여했다. <장한몽>과 <쌍옥루> 등이 그 대표적인 사례이다. 근대 초기 일본인 극장에 대해서는 홍선영의 「1910년 전후 서울에서 활동한 일본인 연극과 극장」(『일본학보』 56, 한국일본학회, 2003)과 「경성의 일본인 극장 변천사」(『일본문화학보』 43, 한국일본문화학회, 2009)를 참조.

6 신파의 용법과 이론에 대한 필자의 자세한 논의는 「'신파'와 '막장'의 시간성」, 『민족문학사연구』 67, 민족문학사연구소, 2018, 제2장 참조.

7 해방 이후부터 한국전쟁을 거쳐 1950년대에 이르는 이 시기에 대해서는 「'신파-연극'의 소멸로 본 문화변동 — 탈식민 냉전문화로의 이행」(『상허학보』 56, 상허학회, 2019) 참조.

8 이호걸, 「파시즘과 눈물 — 1960~70년대 한국영화에서의 신파적 눈물과 정치」, 『영화연구』 45, 한국영화학회, 2010, 350쪽.

9 김태우, 「<아이 엠 샘>은 신파다」, <오마이뉴스>, 2002. 11. 7.

10 <첫사랑 사수 궐기대회>(오종록, 2003), <선생 김봉두>(장규성, 2003), <나비>(김현성, 2003), <원더풀 데이즈>(김문생, 2003, 애니메이션) 등. 뒤 세 편은 모두 영화평

론가 김소희에 의해 사용됐다.

11 신파 담론은 영화계에서만 진행된 것은 아니다. 언론은 장윤정의 노래 <어머나>가 크게 히트하면서 트로트가 화려하게 부활했고, 트로트를 활용한 개그도 인기를 끌었으며, "신파의 현대적 변형"을 가한 드라마들이 흘러넘친다고 언급하면서 대중문화의 중심에 신파가 있음을 기사화했다. 「신파는 힘이 세다」, 『한겨레21』, 2005. 1. 14.

12 이은주, 「한국영화 제2의 전성기 비결은」, 『서울신문』, 2012. 9. 4. 이 기사는 애국주의나 신파 요소가 들어갔으나 흥행 성적이 좋지 못한 영화의 예로, 2011년의 <마이웨이>(강제규)와 <퍼펙트게임>(박희곤), 2012년의 <코리아>(문현성)를 꼽았다.

13 「한국적인 정서 고집 말고 영화 수출 전략 다시 짜야」, 『매일경제』, 2014. 8. 17.

14 김도훈, 「태풍이 왔다! — 곽경택 감독 인터뷰」, 『씨네21』, 2005. 12. 20.

15 이 점에 있어서는 이호걸이 질 들뢰즈와 펠릭스 가타리의 '리좀'rhizome에서 영감을 받아 만든 신파 개념, 즉 '특이한 눈물들 사이의 접속선들이 만들어 내는 흐름'과 유사한 측면이 있다. 이호걸은 신파가 여러 정치담론, 이를테면 자유주의, 사회주의, 민족주의, 그리고 파시즘 등과 접속해 왔음을 주장한 바 있다. 이호걸, 앞의 글; 『눈물과 정치 — <아리랑>에서 <하얀 거탑>까지, 대중문화로 탐구하는 감정의 한국학』, 따비, 2018.

16 <국제시장>의 윤제균 감독은 다음과 같이 해석한다. "50대 이상 중장년층 관객은 실제 겪었거나 익히 알고 있는 이야기라서 잔잔하게 느끼는 정도다. 크게 흐느끼는 관객도 별로 없다. 오히려 10대 관객이 펑펑 운다. 10, 20대 관객에게 한국은 경제적으로 나뮈로 보나 강대국이고 선진국이다. 영화 속 이야기가 일종의 문화적 충격으로 다가온 모양이다." 맥스무비 취재팀, 「'천만 2관왕 <국제시장> 윤제균 감독 ② "울리는 장면도, 웃기는 장면도 잘랐다"」, <맥스무비>, 2015. 1. 13.

17 김소희, 「'집단 무의식'의 흥행성」, 『경향신문』, 2006. 7. 27.

18 송경원, 「<강철비> <신과 함께 — 죄와 벌> <1987>이 기댄 한국적 신파라는 환상」, 『씨네21』, 2018. 1. 30.

19 손희정, 「<광해>와 <명량>의 흥행은 무엇의 표상인가? — 폐소공포증 시대의 천만 사극과 K-내셔널리즘」, 『영화연구』 65, 한국영화학회, 2015, 112쪽.

20 정덕현, 「남자들 울기 시작하다」, <OSEN>, 2006. 12. 12.

21 이준목, 「남자의 눈물을 이용하는 조폭영화」, <데일리안>, 2005. 12. 4.

22 김소영, 「눈물은 근육을 잠식한다, <주먹이 운다>」, 『씨네21』, 2005. 4. 13.

23 주유신, 「눈물과 폭력 ─ 남성 멜로와 액션에서의 남성 정체성과 육체」, 『영상예술연구』 8, 영상예술학회, 2006, 62~63쪽.

24 주유신, 위의 글, 81쪽.

25 허문영, 「한국영화의 '소년성'에 대한 단상」, 『씨네21』, 2004. 4. 6.

26 「한국영화 제2의 전성기 비결은」, 『서울신문』, 2012. 9. 4.

27 강명석·라제기, 「멜로, 이젠 별로!」, 『한국일보』, 2006. 12. 20.

28 이견이 있을 수 있겠으나 황희연은 <건축학개론>(이용주, 2011) 이후 한국 극장가에서 멜로영화가 '단종'됐다고 말한다. 황희연, 「그 많던 멜로영화는 다 어디로 사라졌을까?」, 『영화천국』 57, 한국영상자료원, 2017. 9. 10, 20쪽. 『영화천국』 57호에는 '멜로영화 실종에 관한 안내서'라는 기획 아래 멜로영화의 계보·대담·칼럼이 실려 있다. 멜로영화에 대한 개황을 알고자 한다면 이 특집은 만족할 만한 안내서다.

29 남다은, 「무력함과 자기연민에 빠진 한국의 남자 아웃사이더들을 비판한다」, 『씨네21』, 2006. 12. 7. 그러한 영화들이 관객을 무장 해제시키는 '사람 냄새'를, 남다은은 "모호한 '사람 냄새'의 신파"로, '소년성의 성장을 마비시키는 마취제'로 표현한다. 이 글이 언급하고 있는 영화는 2005년의 <주먹이 운다> <싸움의 기술>(신한솔), 2006년의 <비열한 거리>(유하), <열혈남아> <라디오스타>(이준익), <애정결핍이 두 남자에게 미치는 영향>(김성훈) 등이다.

30 남다은, 위의 글.

31 허문영, 앞의 글.

32 '박 첨지'와 '홍도'는 식민지 시대 희곡의 주인공들이다. <박 첨지>(유진오, 1932)는 가중되는 봉건적 수탈과 농민에게 불리한 근대화, 그리고 기득권층을 위한 법제도에 대한 박 첨지의 분노를 통해 농민의 계급적 자각을 제고하는 프로연극이며, <사랑에 속고 돈에 울고>(임선규, 1936)는 기생 출신의 홍도가 시집에서 온갖 음해와 멸시 끝에 살인을 저질러 자신이 뒷바라지했던 오빠에게 체포되는 비극을 그린 대표적인 대

중극이다.

33 임의택·오명환, 「TV '막장' 드라마의 현황과 개선방안에 관한 연구」, 『한국고등직업교육학회 논문집』 10-4, 한국고등직업교육학회, 2009, 355~356쪽.

34 임의택·오명환, 위의 글, 356쪽.

35 이 글에서는 영화 제목에는 연출한 감독의 이름을, 드라마 제목에는 극본을 쓴 드라마작가 이름을, 개봉·방영 연도와 함께 괄호 안에 표기했다.

36 하어영, 「드라마에 막장 바이러스 창궐」, 『한겨레』, 2009. 1. 4.

37 문주영, 「불륜·복수·폭력·살인미수…… 갈 데까지 간 '막장드라마'」, 『경향신문』, 2009. 1. 6.

38 강명석, 「가족드라마 탈 쓴 '막장드라마'」, 『한국일보』, 2008. 12. 23.

39 인터넷상에 제시되어 있는 '위키백과'나 '오픈사전' 등이 그 예이다.

40 양진샘·이설희, 「20대의 '막장' 드라마 수용에 관한 연구 — <오로라공주> <왔다! 장보리> 수용자를 중심으로」, 『CONTENTS PLUS』, 한국영상학회, 2015, 167쪽.

41 최지희, 「막장드라마의 민낯」, 홍석경 외, 『드라마의 모든 것 — 막장에서 고품격까지, 지상파에서 케이블까지』, 컬처룩, 2016, 229쪽. 최지희는 막장드라마를 일정한 경향성이 있는 하나의 장르로 간주하고 그 공통 요소로 ① 인물관계의 과도한 얽힘, ② 이렇게 얽힌 인물관계가 거의 가족 중심이라는 것, ③ 주인공들의 캐릭터 설정이 과도하게 극단적이라는 점, ④ 엿듣기로 드러나는 개연성 없는 사건 전개 방식 등을 꼽았다(233~238쪽).

42 1990년대까지 거슬러 올라가 <애인>(최연지, MBC, 1996) 등을 꼽는 것도 같은 맥락이다. 최성락·윤수경, 『우리는 왜 막장드라마에 열광하는가 — 드라마 '오로라 공주'로 보는 한국 사회 대중심리』, 프로방스, 2014, 27~28쪽.

43 또 한 사람의 작가를 꼽자면 서영명이 있을 수 있겠으나, 그는 막장드라마 신드롬의 중심에 서지는 못했다.

44 이화정, 「"'막장드라마의 모든 것" 쪽대본 모르면 말을 마」, 『씨네21』, 2009. 1. 20; 임의택·오명환, 앞의 글, 357~358쪽; 최지희, 앞의 글, 230~231쪽.

45 임의택·오명환, 앞의 글, 363쪽.

46 막장드라마를 보는 이유를 "텔레비전 시청이 단순히 이성과 합리성에 의해 통제되는 것이 아니며 감정의 영향을 받아 무의식적으로 즐기게 되는 현상"(최지희, 앞의 글, 243쪽)으로 설명하는 방식이 바로 그 예이다. 또한 막장드라마를 시청하는 중장년층 여성을 옹호하기 위한 목적에서라고 해도 단지 "순수하게 드라마가 좋아서 드라마를 시청하는 아줌마들"이라는 접근 또한 마찬가지이다. 김혜원, 「아줌마가 '막장드라마' 배후 조종했다고? ― 막장드라마 왜 보냐고 아줌마들에게 묻다」, <오마이뉴스>, 2009. 1. 12.

47 김환표, 『드라마, 한국을 말하다』(ebook), 인물과사상사, 2013, 367~368쪽.

48 박주연, 「시어머니 악녀 캐릭터 '해도 너무해'」, 『위클리 경향』 808, 2009. 1. 13.

49 최지은, 「놀라운 '막장 명품'의 세계」, 『한겨레21』 744, 2009. 1. 12.

50 이영미, 「꽃보다 막장 ― MB시대와 막장드라마」, 『요즘 왜 이런 드라마가 뜨는 것인가 ― 이영미 드라마 평론집』, 푸른북스, 2014, 73~95쪽.

51 이영미는 2009년 하반기부터 진행된 막장드라마 이슈의 감소에 대해, 막장드라마의 증상이 '대세'가 되다 보니 화젯거리에서도 밀려나게 되었다고 지적한다. 그러나 더 중요한 변화로 든 것은 TV드라마에서 "소박한 상식과 믿음이 회복되기 시작"했다는 점인데, 이 변화가 2009년 봄과 여름 사이 두 전직 대통령이 타계한 사실과 깊은 관계가 있음을 암시한다(이영미, 위의 글, 90~95쪽). 충분히 고려해 볼 수 있는 진단이라 생각되지만, 몇 년 후 재개된 막장드라마의 화제성까지 아우른다면 보완된 해석이 필요하다.

52 박숙자, 「시기심과 고통: 자기계발 서사에 나타난 감정 연구 ― 막장드라마 <아내의 유혹>을 중심으로」, 『비교문화연구』 46, 경희대학교 비교문화연구소, 2017.

53 양진샘·이설희, 앞의 글, 172쪽.

54 <보고 또 보고>(MBC, 1998~99), <온달 왕자들>(MBC, 2000~01), <인어아가씨>(MBC, 2002~03), <왕꽃 선녀님>(MBC, 2004~05), <하늘이시여>(SBS, 2005~06), <아현동 마님> <보석비빔밥>(MBC, 2009~10), <신기생뎐>(SBS, 2011), <오로라공주>(MBC, 2013), <압구정 백야> 등이 있다.

55 <폴리스>(KBS2, 1994), <바람은 불어도>(KBS1, 1995~96), <정 때문에>(KBS2,

1997~98), <남의 속도 모르고>(MBC, 1999~2000), <결혼의 법칙>(MBC, 2001), <그 여자 사람 잡네>(SBS, 2002), <애정의 조건>(KBS2, 2004), <장밋빛 인생>(KBS2, 2005), <소문난 칠공주>(KBS2, 2006), <조강지처 클럽> <수상한 삼형제>(KBS2, 2009~10), <폼 나게 살 거야>(SBS, 2011~12), <왕가네 식구들>(KBS2, 2013~14), <우리 갑순이>(SBS, 2016~17) 등이 있다.

56 박세연, 「'조강지처 클럽' 불륜 — 막장 혹평 불구 이유 있는 인기(종영②)」, <뉴스엔>, 2008. 10. 5.

57 최지희, 앞의 글, 245쪽.

58 <빙점>(MBC, 2004~05), <그래도 좋아!>(MBC, 2007~08), <아내의 유혹>(SBS, 2008~09), <천사의 유혹>(SBS, 2009), <웃어요, 엄마>(SBS, 2010~11), <다섯 손가락>(SBS, 2012), <가족의 탄생>(SBS, 2012~13), <왔다! 장보리>(MBC, 2014), <내 딸 금사월>(MBC, 2015~16), <언니는 살아 있다>(SBS, 2017) 등이 있다.

59 유선주, 「[막장드라마의 모든 것] 울화를 삭여라, 다 복수해 주마!」, 『씨네21』, 2009. 1. 20.

60 "제일 신경 쓰는 부분이 매회의 엔딩이다. 다음 회를 보게 만들어야 하기 때문에 시청자분들이 궁금하도록 끝낸다. 일일연속극이라고 해도 스피디하게 가는 게 중요한 것 같다. 같은 얘기를 가지고 질질 끌면 채널이 돌아간다. 매일 미니시리즈 쓰는 자세로 쓴다. 계속 비밀이 나오는데. 이틀을 안 끌려고 한다." 「<아내의 유혹> 김순옥 작가 인터뷰」, 『스포츠조선』, 2009. 1. 8.

61 '구느님'은 <아내의 유혹>의 주인공 '구은재'(장서희 분)의 전지전능함을 일컬어 네티즌들이 만들어 낸 용어이다.

62 이는 <신과 함께 — 죄와 벌>과 더불어 논의 가능한 '게임 세대'의 대중문화 생산 및 수용 문제에 관련된다. 김순옥 드라마의 이 특징은 게임에서 비롯되는 지각 방식의 변화가 대중서사에도 영향을 미칠 수 있음을 의미한다. <신과 함께 — 죄와 벌>에 대한 젊은 세대의 호소력 가운데 게임 플롯에 관한 논의는 황진미, 「<신과 함께>, 이 한국적 가족 신파에 왜 젊은 층이 열광할까」, <엔터미디어>, 2017. 12. 27.

63 길윤형·하어영·김학선, 「문화퇴행, 안전하고 쉬운 돈벌이의 유혹」, 『한겨레』, 2009. 1. 9.

64 육상효, 「왜 막장이 인기인가?」, 『한국일보』, 2009. 3. 19.

65 「'신파'와 '막장'의 시간성」이라는 제하의 논문이 발표된 이후, 김순옥의 <황후의 품격>(SBS, 2018~19)과 문영남의 <왜 그래 풍상씨>(KBS2, 2019)가 방송되었지만, 이 글에서는 미처 다루지 못했다. 다만, 언급해 두고 싶은 것은 이 두 편 모두 전작에서 보여 준 막장드라마의 '품격'을 잃어버렸다는 점이다. 그 요인의 중심에는 아마도 이 작가들의 '빛나는' 막장드라마를 주도했던 여성캐릭터(선하거나 악하거나 이유 있는 공격적 행보를 보여 준 막드 캐릭터)가 이 드라마들에서는 실종되거나 남성캐릭터로 대체되었다는 점에 있을 것이다. 그래서 <황후의 품격>은 시청자의 공감 지수를 떨어뜨리는 난장판으로 전락하고, <왜 그래 풍상씨>는 장남의 눈물겨운 가족주의로 회귀했다.

66 권경성, 「다양한 시청층 유혹이 흥행 요인 – SBS TV 일일극 <아내의 유혹> 인기 분석, 답습 벗어나야」, <미디어오늘>, 2009. 2. 11.

촛불혁명[1]의 브로맨스*

2010년대 한국 역사영화의 젠더와 정치적 상상력

손희정

촛불광장 이후 '네이션'[2]의 재구성

우리 민족은 우수합니다. 우리 민족은 강인합니다. 우리 민족은 평화를 사랑합니다. 그리고 우리 민족은 함께 살아야 합니다. 우리는 5000년을 함께 살고 70년을 헤어져 살았습니다. 나는 오늘 이 자리에서 지난 70년 적대를 완전히 청산하고 다시 하나가 되기 위한 평화의 큰 걸음을 내딛자고 제안합니다. 김정은 위원장과 나는, 북과 남 8000만 겨레의 손을 굳게 잡고 새로운 조국을 만들어 나갈 것입니다. 우리 함께 새로운 미래로 나아갑시다.[3]

---

* 이 글은 필자의 논문 「촛불혁명의 브로맨스 — 2010년대 한국의 내셔널 시네마와 정치적 상상력」(『민족문학사연구』 68, 민족문학사연구소, 2018)을 수정·보완한 것이다.

위의 인용은 2018년 문재인 대통령의 방북 기념 연설에서 가장 큰 울림을 만들어 낸 내용으로 꼽힌 대목이다. 이 발언은 순화해서 표현하자면 '정치적 수사'이고, 그대로 말하자면 '조작된 역사'다. "5000년을 함께 살아 온 우리 겨레"라는 것은 근대국가 형성기에 등장한 '상상의 공동체'imagined communities(베네딕트 앤더슨)라는 민족 감성에 호소하는 말인 동시에, 그 '5000년의 역사'와 '8000만 겨레'에 포함되지 않는 지금/여기의 다양한 존재들을 간단히 지운다. 이 아름답고 강력한 정치적 수사는 "5000년을 함께 살아 온 우리 겨레"의 견고하다고 상상되는 단일한 정체성을 위협하는 다양한 소수자를 이방인으로 만들어 버렸다. 우리는 이 말 앞에서 "한국영화에서 괴물로 그려지는 조선족"[4]이나 "예멘 난민 반대 청원 70만 명" 등의 사건을 떠올리지 않을 수 없다. 그리고 이렇게 '선한' 의도에서 무심하게 소수자를 배제하는 것이야말로 '나중에'의 정부[5]인 문재인 정부가 그 지지자들을 결집해 내는 방식이기도 했다. 박근혜 전 대통령을 탄핵함으로써 식민과 독재의 그림자를 걷어 내고 드디어 본격적인 세대교체를 이뤄 냈다고 평가받는 문재인 정부는, 1990년대에 '문화의 시대'와 경제적 재난(IMF)을 거치면서 무너지고 있었던, 전통적인 의미에서의 '민족주의'를 이렇게 되살려 내는 중이다.[6] 이는 트랜스내셔널 시대에 대한 반동으로 활성화된 '네이션적인 것'the national의 재구축 및 전 지구적 우경화 흐름과도 연결돼 있다.

'포스트-포스트-모던' 운운하는 21세기에도 '네이션적인 것'이라는 공동체 감각은 그 성격을 달리해 왔을 뿐 충분히 해체되지 않았고, 모든 것이 유연해지는 '유연성의 시대'[7]가 초래하는 불안 속에서 오히려 익숙하고 강력한 정체성에 기대고자 하는 경향은 강화되었다. 이는 영국의 브렉시트나 미국의 트럼프 대통령 당선이 상징하듯, 전 지구적인 우경화로 이어졌다. 그렇게 68혁명 이후 사회진보 운동이 열심히 부숴 왔던 '네이션적인 것'의 잔해들로부터 서서히 네이션의 형상을 재조형하며 등장한 것이 극우 포퓰리즘populism8이다.

'포퓰리즘'은 "대중 대 엘리트"라는 전선을 긋고, 대중이 듣고 싶은 이야기를 함으로써 인기를 끄는 정치적 전략이다. 여기에서 가장 중요한 것은 오로지 자신들만이 국민을 대표한다는 주장이다. 그런 의미에서 포퓰리스트는 다원주의를 배격하고 전일주의holism을 지향한다. 예컨대, 영국의 대표적인 극우 정치인 나이절 패러지Nigel Farage 는 "오로지 중요한 것은 국민 통합"이며, "기타 인간들은 전혀 중요하지 않다"라고 말했다. "어떤 정치 행위자나 정치 운동이 포퓰리즘으로 규정되려면, 국민의 일부만 진짜 국민이라고 주장해야 하며, 오직 포퓰리스트만이 이 진정한 국민을 제대로 알아보고 그들을 대표한다고 주장해야 한다."9 극우 포퓰리즘의 핵심에는 단일한 것으로 상정된 국민국가 구성원의 정체성의 경계를 위협한다고 간주되는 이 인종과 이민족, 다문화, 그리고 성소수자에 대한 공포와 증오가 놓여 있다. 그렇게 복고풍의 국가주의가 재부상하는 것이다. 그러므로 네 이션적인 것과 극우 포퓰리즘은 서로를 상관적으로 구성한다. 네이션에 대한 대중적 상상력이 극우 포퓰리즘의 자양분이 되고, 극우 포퓰리즘이 2010년대 네이션적인 것의 성격을 결정한다. 극우 포퓰리즘은 그야말로 '네이션을 구축하는 테크놀로지'technologies of nation building 가운데 하나인 셈이다. 그렇게 '집단적인 소속감을 동원하는 힘'으로

트럼프 대통령 당선 직후, <헬-6자회담도>라는 제목으로 한국 온라인상에 유포된 이미지.
(http://bitly.kr/hell6reader)

서 네이션에 대한 상상력은 점차 이방인을 배제해 단일한 집단적 정체성을 상상하려는 경향으로 이어지고 있다.

그렇게 2016년, "헬-6자회담도"의 시대가 열린다. 미국의 트럼프, 중국의 시진핑, 일본의 아베, 러시아의 푸틴, 북한의 김정은, 그리고 남한의 박근혜로 이루어진 위 이미지는 이런 상황을 잘 보여 주는 한 장의 타블로였다. 신자유주의 진영의 극우 포퓰리즘은 국가자본주의 진영의 독재 체제와 반목하고 대립하면서도 서로 의존하는 공생 관계를 구축했다.

2016년 촛불과 2017년 대선을 지나면서 위 이미지 속 박근혜 전 대통령의 얼굴은 이제 문재인 대통령의 얼굴로 대체되었다. 그리고 이는 "미국과 한국 대통령 사이에는 지랄 총량의 법칙이 존재한다. 이는 오바마 시절에는 '이명박근혜'가, 트럼프 시절에는 문재인이 대통령이 되었다"라는 온라인상의 농담처럼, 누군가에는 그나마 다행인 일일 터다. 어쨌거나 촛불 이후 등장한 문재인 정부는 적어도 '극우' 포퓰리스트 정부는 아니기 때문이다.

하지만 정말 '총량'은 유지되고 있을까? 스스로를 '진보'로 자임하면서 '장기 집권론'을 운운하는 정치 세력으로서, 문재인 정부 역시 (극우까지는 아니더라도) 우파적 포퓰리스트 수사와 전략들을 효과적으로 활용하고 있음은 부정할 수 없다. 예컨대, 위에서 언급한 문재인 대통령의 방북 기념 연설은 '네이션'이라는 상상을 강력하게 만드는 두 개의 시간성[10]을 호출하여, 시원始原에 대한 믿음으로 근대사를 압도하고 근대 국민국가인 '대한민국'을 넘어서는 '한민족(성)'에 대한 상상력을 자극한다. 그렇게 정권의 운신의 폭을 넓히기 위한 동력을 '단군의 자손'이라는 견고한 정체성의 정치에서 찾는 것이다. 여기서 다수가 아닌 소수의 권리는 '나중에'의 문제가 된다.

한편, 2019년 일본의 '화이트리스트 배제'를 둘러싸고 시작된 아베 정부와의 갈등 상황 역시 여러 시사점을 던져 준다. 외교 갈등을 아베 지지율 상승으로 이어가려는 일본 정부의 속셈도 속셈이지만, 이 국면을 문재인 정부에 대한 국민적 지지를 끌어올리는 계기로 삼으려는 일부 지지자들의 선동 및 일본 제품 매장 앞을 지키며 자신의 불매운동 참여를 인증하는 일부 시민들의 자경단 행세는, 한 국가의 포퓰리스트 정치 전략이 그 나라가 고립돼 있을 때보다는 국제정치의 플레이어로서 활약할 때 더 효과적으로 작동한다는 사실을 보여 준다.[11] 그렇다면 (꼭 한국과 미국의 관계에만 국한할 것이 아니라, 전 지구적인 외교 정치에서 보자면) 반동적인 흐름의 총량은 유지되는 것이 아니라

서로 상관적으로 증/감하는 것일지도 모른다.

흥미로운 것은, 이런 상황에서 한국 대중이 생각하는 '네이션'에 대한 자부심의 성격이 달라지고 있다는 점이다. "우리 민족의 자부심은 무엇인가?"라는 질문에 "한글"이나 "거북선"이라는 그간의 학습된 답 대신, "촛불광장"을 말하는 시민들이 생겨나고 있다. 2019년 홍콩 시위 현장에서 한국의 민중가요 <임을 위한 행진곡>(1981)이 울려 퍼진 것12에 대해, 한 네티즌은 "K민주주의 자긍심"을 말하기도 했다. 한국의 민주주의야말로 '수출'될 정도로 선진적인 민주주의라는 의미였다. 하지만 재차 강조하는 것처럼, 네이션의 자부심이 된 "K민주주의"는 '권리의 주체인 우리'를 배타적으로 상상한다는 점에서 한계를 가진다.

'역사영화'와 '브로맨스'는 그 정치적 한계가 명확하게 드러나는 대중서사 장치 가운데 하나다. 이 글에서 살펴볼 것처럼, 지금 한국 상업영화 시장에서 유행하고 있는 역사극 장르는 전통적인 민족주의 영화의 경계를 넘나들면서 강력한 '내셔널시네마'national cinema로서 작동하고 있다.13 또한 '브로맨스'는 현재 한국 대중문화에서 가장 영향력 있는 서사적 장치의 하나이면서 동시에 현실정치에서도 매우 적극적으로 활용되는 정치 전략이다. 즉 브로맨스는 문화적인 동시에 정치적인 상상력이다. 이때 브로맨스는 '브라더 로맨스'(형제들끼리의 사랑)이면서, 소수자에 대한 혐오와 적극적 배제를 서사 구성의 요소로 삼는 '브라더 로망스'(형제들만의 이야기)이기도 하다. 역사영화와 브로맨스는 서로 만나기도 하고 헤어지기도 하면서 지금 여기에서 '우리'라는 감각을 만들어 낸다.

2010년대 한국 역사영화의 젠더와 타자들

'촛불'을 전후해 네이션 구축과 적극적으로 영향을 주고받았던 윈도우 중 하나는 스크린, 그중에서도 '역사영화'였다. 이 시기 역사영화가 추구한 흥행 코드의 계보를 추적하는 것은 대중문화의 상상력과 현실정치의 상상력이 어떻게 서로 연동되어 있는지를 확인시켜 준다.

이 시기 역사영화 열풍에는 좀 기이한 면이 있었다. 2017년에 개봉한 역사영화는 <대립군>(정윤철), <남한산성>(황동혁), <대장 김창수>(이원태), <박열>(이준익), <군함도>(류승완), <택시 운전사>(장훈), 그리고 <1987>(장준환) 등인데, 이 각각의 영화들은 임진왜란-병자호란-조선 후기-구한 말-식민지기-해방 직전-1980년의 광주, 그리고 1987년의 6·10 항쟁을 다룬다. 스크린 위에서 한국사를 다시 쓰고 있었다고 해도 과언이 아니다. 최근 들어 한국인들이 유독 "역사적 사건이나 인물에서 제재를 빌려 온 이야기", 즉 역사영화를 좋아하는 것처럼 보이기는 하지만 2017년은 좀 노골적이었다.

역사영화는 일종의 보철기억prosthetic memory14이자 스크린 메모리로 작동한다. '스크린 메모리'란, '트라우마를 가리는 기억'을 의미하는데, 이때 "고통스러운 기억은 차단되거나 덜 중요한 어떤 긍정적인 기억에 의해 가려진다."15 이는 존재가 스스로를 지키는 방법이기도 하다. 그렇게 만들어진 스크린 메모리는 보다 통합적이고 포괄적인 자기 역사, 즉 '개인적 신화'를 만드는 데 기여한다. 영화이론가들은 이 정신분석학적 개념을 '스크린 위에서 재구성되는 기억'이라는 의미로 전유하고, 이때의 '개인적 신화'를 '집단적 신화'로 해석했다. 사건과 인물의 선택과 탈각을 통해 스크린 위에서 재구성되는 기억. 그렇게 쓰인 공동체의 신화인 역사영화는 집단적 기억을 형성함으로써 네이션의 정체성을 만들고 유지시킨다. 예컨대, IMF 직후 경제적 재난이라는 트라우마를 가리기 위해 <친구>(곽경택, 2001)와 <품행제로>(조근식, 2002)를 비롯한 수많은 '향수 영화'가 스크린을 채웠던 것은 스크린 메모리의 사회적 역할을 보여 준다. 이때 발견되는 것은, 역사영화야말로 가장 단단한 '내셔널시네마'가 될 가능성이 높다는 점이다.

그런 의미에서 2017년의 역사영화 열풍을 주목해 볼 만하다. 어느 해보다 역사영화의 제작과 흥행이 두드러지기도 했지만, 그를 둘러싸고 이토록 뜨거운 논쟁이 끊이지 않았던 적도 별로 없기 때문이다. <군함도>와 <대장 김창수> <택시 운전사>를 둘러싸고 벌어졌던 갑론을박은 <1987>로도 이어졌다. 이런 열기는 2016년의 촛불광장, 2017년의 정권 교체와 뫼비우스의 띠처럼 맞물려 있다. 대중 담론의 장에서 역사는 영화를 통해 다시 '헤게모니 투쟁'의 장이 된 것이다. 기억해야 할 것은, '스크린 메모리'는 가리고자 하는 것을 가림과 동시에 "근저의 비밀을 누설한다"[16]는 점이다. 그렇다면 2017년 스크린 메모리가 가린 것은 무엇이고, 누설한 것은 무엇인가.

물론 2017년에 제작된 역사영화들은 서로 다른 역사관을 가지고 있다. 따라서 이 작품들이 통일된 역사를 만들고 있다고 할 수는 없을 것이다. 다만 유사점을 벼려 낼 수는 있을 텐데, 특히 <대립군>과 <택시 운전사> <1987>은 역사관과 정치적 태도에 있어 같은 궤도 위에 있다. 그리고 이는 2017년에 새롭게 등장한 흐름이라기보다는 한국영화의 축적된 흥행 기록으로부터 만들어진 어떤 경향을 따라가는 것이었다.

2000년대 후반 한국에서는 일련의 역사서사들이 인기를 끌고, 그 문화적 상상력이 이명박-박근혜 정부 시기의 정치적 무능이 초래한 대중의 박탈감 혹은 허무함을 메워 주었다. <연평해전>(김학순, 2015) 이나 <인천상륙작전>(이재한, 2016)처럼 '우파적 기획'의 산물이라고 평가된 역사영화들이 대체로 흥행과 비평의 영역에서 모두 실패한 반면, '좌파적 기획'의 일환으로 받아들여진 영화들이 성공한 이유는 이런 맥락에서 이해될 수 있다.[17] TV드라마로는 <한성별곡>(KBS2, 2007), <이산>(MBC, 2007), <성균관 스캔들>(KBS2, 2010), <뿌리 깊은 나무>(SBS, 2011) 등 조선 정조 시대를 다룬 작품들이 인기를 끌었고, 스크린에서는 <최종병기 활>(김한민, 2011)과 <광해, 왕이 된 남자> (추창민, 2012), <변호인>(양우석, 2013) 등이 흥행에 성공했다. 이 작품 들은 '적폐'에 대한 불신과 분노를 바탕으로, 사라진 선군에 대한 선 망과 민중의 정치적 역량에 대한 믿음을 강하게 드러냈다.

특히 <광해, 왕이 된 남자>는 매우 상징적인 작품이었다. 영화는 역모를 두려워한 왕 '광해'(이병헌 분)가 자신과 똑같은 모습을 한 '하 선'(이병헌 분)을 대역으로 내세우고, 그 대역이 선정을 베푼다는 내용 이다. 이 영화는 지도자 부재의 시대에 그 지도자의 자격이 무엇인가 를 탐구하며, 바로 그런 이유로 18대 대선을 코앞에 둔 상황에서 천만 이 넘는 관객을 매혹시킬 수 있었다. 폭압적인 정권에 맞서 싸우는 소 시민을 그리면서 동시에 세상을 떠난 '선군'에 대한 향수를 자극하는 <변호인>, 국난 앞에서 완전히 무능한 정부를 비판한 <최종병기 활> 등도 <광해, 왕이 된 남자>와 비슷한 세계관을 공유하면서 관심을 끌었다. 이런 작품들이 대중적으로 성공하면서, 여기에 녹아들어 있던 정치적이고 문화적인 태도, 특히 노무현 전 대통령 사후 '선군'을 잃은 대한민국의 정치적 좌절을 위로하는 '선군 서사'가 점차 한국 역사영화의 흥행 코드로 자리 잡게 된다.18 그 흥행 코드를 성실하게 따라가는 작품이 <대립군>과 <흥부>(조근현, 2017)이고, <택시 운전사>와 <1987>도 그 '선군 서사' 영화들과 정치적 스탠스stance를 공유한다.19

하지만 이 스크린 메모리가 가려 버린 것은 <광해, 왕이 된 남자>와 같은 작품에서 위안을 얻은 국민의 다음 선택 역시 '먹고사니즘'과 전통적 권위에 호소하는 보수 정권이었으며, 한국 사회는 지속적으로 '정의'보다는 '이기'利己를 추구하는 데 열성을 다했다는 점이다. 그리고 그 이기적 열정으로 만들어진 공동체 감각은 타자를 손쉽게 지목·배제하며 '우리'의 결속을 다지는 서사와 무리 없이 조응했다. 결국 그 '선군 서사'들을 통해 상상되는 '민중'이란, 30대 후반에서 50대 후반의, 비장애인, 이성애자(로 상상되는) 대한민국 국적의 생산력 있는 남성이었기 때문이다.

이 일련의 '선군 찾기' 영화들에서는 유의미한 여성인물을 거의 발견할 수 없다. 예컨대, 꽤 기이한 작품인 <남한산성>은 <광해, 왕이 된 남자>와는 사뭇 다른 역사관을 보여 주지만, 여성을 역사에서 제외시키는 경향에 있어서만큼은 대동소이하다. <남한산성>에는 대사를 가진 여성인물이 단 한 명 등장한다. 다섯 살 정도로 보이는 이 인물은 그나마도 남성인물들의 부성(=인간성)을 보여 주기 위한 서사적 장치20이며, 망가진 세계 이후를 암시하기 위한 미래의 이미지로 활용될 뿐이다. 여전히 역사의 주체가 특정한 남성으로만 상상될 때, 여성은 잃어버린 과거(<대장 김창수>의 '명성황후')이거나 주인공의 각성을 위해 희생되는 매개(<대립군>의 궁녀 '덕이')이거나 희망을 꿈꾸게 하는 미래(<남한산성>의 '나루', <군함도>의 '소희')로만 존재한다. 하지만 과거는 화석일 뿐이고, 현재의 매개는 반드시 사라져야 하며, 미래는 절대로 도래하지 않는다.

이렇듯 2017년은 그 어느 해보다도 스크린 위에서 여성의 '상징적 소멸'[21]이 두드러지는 해였다. 남성인물을 과대 재현함으로써 생긴 스크린의 성비 불균형과 '우리'(네이션)를 배타적인 남성연대 안에서만 상상하는 역사영화 열풍은 상관관계를 맺고 있었던 것이다. 그러나 그 '우리'에서 적극적으로 배제되는 것은 여성만은 아니었다. 외국인 이주노동자와 장애인, 성소수자와 같이, 현재 한국 사회에서 '비국민'으로 치부되는 어떤 남성들 역시 스크린에서 사라지거나 비인간화되었다. 이는 역사영화에 한국영화의 또 다른 범주를 겹쳐 보면 더욱 선명해진다. <VIP>(박훈정, 2017), <청년경찰>(김주환, 2017), <범죄도시>(강윤성, 2017). 2017년에 각각 다른 이유로 화제가 되었던 이 영화들[22]은 한국 남성에 대해 서로 비슷한 상상력을 보여 준다.

<VIP> <청년경찰> <범죄도시>에서 주인공은 대체로 여자파트너가 없는 한국 남성들이다. <VIP>의 폭력 경찰 '채이도'(김명민 분)는 이혼당했고, <청년경찰>의 '기준'(박서준 분)과 '희열'(강하늘 분)은 여자친구를 사귀지 못해 서글프며, <범죄도시>의 '마석도'(마동석 분)는 맞선 상대가 "모델은 모델인데 손 모델이라" 잔뜩 짜증이 났다. 그야말로 '위기에 빠졌기' 때문에 짝을 찾지 못했거나, 짝을 찾지 못했

기 때문에 '불완전한' 남자들이다. 그리고 한국 여자들만큼이나 이 남성주인공들을 문제적 상황으로 몰아넣는 것은 한국 사회를 '침범' 하는 '비국민'들이다. 조선족은 <범죄도시>에서처럼 유연한 자본의 흐름을 따라 국경을 넘어 들어와 한국인들의 밥그릇을 빼앗기 때문에 위험하고, <청년경찰>에서처럼 한국 여자의 난자를 탈취함으로써 국민 재생산의 흐름을 오염시키기 때문에 처단당해야 한다. 하지만 <VIP>가 그려내는 것처럼, 한국 정부는 자국의 국민을 지키기보다는 미국의 요구에 따를 수밖에 없는 신식민 상태에 처해 정치적으로 무능하기 때문에 이 '비국민'들로부터 국민을 온전히 지킬 수 없다.

그런데 이런 상상력은 꽤 익숙하다. 여자를 얻어 가부장이 될 수 없는 한국 남자들의 불안과 설움은 실제로 2011년 '일간베스트'(일베)의 등장을 통해 지속적으로 문제시된, 남성청년의 소수자혐오와 연결되어 있기 때문이다. '나와 결혼해 주지 않는 여자, 나와 연애해 주지 않는 여자'에 대한 불안은 온라인 남초 커뮤니티에서 나타나는 여성혐오의 직접적인 원인으로 분석되었다.

중요한 것은, 이런 박탈감의 근본 원인은 남녀 갈등이 아니라 남성간의 계급투쟁이라는 점이다. '위기의 남성성' 서사의 핵심은 '나와 결혼해 주지 않는 여자들은 어디로 가는가'라는 질문에 대한 남성 당사자의 대답이다. '나보다 돈 많고 지위가 높은 자들, 혹은 금수저에게 간다'가 그들의 대답인 것이다. 그래서 '돈 많은 남자와 명품을 밝히는 여자'에 대해 만들어진 환상, 즉 '김치녀' 서사가 등장한다. 그리고 이런 문답을 가능하게 하는 메커니즘에는 바로 '능력 있는 남성이 돈과 여자를 소유한다'라는 근대 가부장제의 이데올로기가 놓여 있다.

그런데 '남성 대 남성'의 싸움이란, 사실 근대 가부장체제[23]의 본질이기 때문에 이 문제를 해결하기 위해서는 '자본주의와 가부장제의 착종'이라는 구조 자체를 문제 삼아야 한다. 그러나 구조를 문제 삼지 못하고, 구조와 싸울 수 없는 남성들은 남성들 내부의 차이는 무시한 채, 여성과 남성의 차이에 집중한다. 남녀 간의 '생물학적 차이'라는 만들어진 환상이 남성 간의 계급차보다 훨씬 더 익숙하고 '본질적'이라고 '느껴'지기 때문이다. 즉 재화財貨인 여성을 남성들끼리 서로 나눠 가짐으로써 가부장체제는 '우리 남성'이라는 상상의 공동체를 만들어 내고, 여기에서 왜곡된 전선이 등장한다.[24] '김치녀'라는 허상 shadow은 그 왜곡된 전선 위에서 만들어진다.

경제적 위기는 지속되고 사회적 안전망은 무너진 21세기, 정치적 돌파구마저 보이지 않던 시절에 기획된 이 청년 액션영화들은 타자를 만들어 괴물화함으로써 한국 남자들의 내부 결속을 다지는 데 일조했다. 그와 함께 스크린 메모리는 <대립군>처럼 실패의 역사를 가능성의 역사로 바꾸려고 노력하거나, <남한산성>처럼 아주 '우아한 패배'를 재현함으로써 남성을 중심으로 한 민족의 신화를 다시 쓰고자 했다.

86세대의 건국신화 — <1987>이 선보이는 두 세계

2017년 스크린 메모리를 완성한 것은 <1987>이다. 문재인 대통령 당선 이후 개봉한 이 작품은 86세대를 중심으로 세워진 "87체제의 건국신화를 다루는 국민영화"라는 평가를 받았다.[25] <국제시장>(윤제균, 2014)이 권위주의 정권의 건국신화였다면, <1987>은 문재인이 대통령에 당선됨으로써 확실히 기득권의 자리에 오르며 승리를 선언한 86세대의 '자기서사'라는 의미다. 물론 <1987>은 1987년 민주화 운동 당시 광장으로 뛰어나왔던 여성들의 역사를 무시하고 지워 버렸다는 이유로 비판받기도 했다.[26] 그런데 <1987>의 문제는 여성의 역사를 지웠다는 점에만 있는 것은 아니다. 그보다 중요한 것은 '어떻게' 지웠는가다. 흥미롭게도 <1987>은 스크린 위에 여성인물을 등장시킴으로써 오히려 역사의 장에서 여성을 지운다.

<1987>은 크게 두 가지의 장르적 성격을 띤다. 하나는 혼란과 격동의 시절을 산 남성들의 세계를 그리는 누아르적 미학과 감성이고, 다른 하나는 비극적인 가족사/개인사를 전시하는 멜로드라마적 미학과 감성이다. 전자는 스릴러의 플롯과 폭력의 스펙터클, 그리고 콘트라스트가 강한 조명 등으로 드러난다. 후자는 군부독재에 의해 희생당한 피해자 가족의 신파적 스토리와 '이한열'(강동원 분)-'연희'(김태리 분)의 풋풋한 청춘 멜로 이미지, 그리고 때때로 반사판을 이용한 3점 조명으로 드러난다. 영화에서 이 두 장르는 섞이기도 하고 분리되기도 하는데, 남성인물들은 누아르의 세계와 멜로드라마의 세계를 넘나들지만 여성인물들은 대체로 멜로드라마의 세계에만 머무른다.

<1987>에는 유의미한 대사를 가진 여성인물이 네 명 등장하는데, '박종철'(여진구 분)의 어머니와 누나, '한병용'(유해진 분)의 누나, 그리고 한병용의 조카인 연희다.[27] 영화에서 이들은 언제나 사적 관계 안에서 정의되며, 개인적인 사건들에 포박돼 있다. 멜로드라마적 세계에 갇혀 있는 것이다. 물론 '멜로드라마적인 것'the melodramatic은 매우

정치적인 양식이기도 하다. "멜로드라마는 사회를 분석하기 위한 비옥한 토양"이라는 더글라스 서크Douglas Sirk의 말28에서 읽어 낼 수 있듯, 멜로드라마에서는 두 가지 전치轉置가 일어난다. 사회적인 문제는 개인의 문제로부터 드러나고, 사회적인 것을 개인적인 문제로 경험하는 인물의 감정적 부침과 내면은 (대사 등으로 충분히 드러날 수 없기 때문에) 화려한 미장센으로 시각화된다. 사건의 '내화'와 '외화'가 함께 일어나는 것이다.29 예컨대 <1987>에서는 '이한열의 운동화'라는 미장센이 사회적 문제의 '내화'와 개인 내면의 '외화'가 일어나는 멜로드라마적 장치가 된다. 이한열과 연희는 시위 현장에서 처음 마주쳤고, 진압군으로부터 연희를 구하는 과정에서 운동화를 잃어버린 이한열에게 연희가 새 운동화를 선물한다. 운동화는 이한열과 연희의 내밀한 관계가 외화된 물건임과 동시에 한 짝만 남은 운동화의 이미지는 야만의 시대를 증거함으로써 역사를 내화한다. 말로 충분히 표현될 수 없는 복잡한 감정의 격동은 연세대학교 시위 현장에 나뒹구는 한 짝의 운동화에서 폭발한다. 엔드크레딧에 이한열 열사의 실물 운동화 기록사진이 나오면 영화는 역사에 대한 현실감각에 바로 접속된다. 이 남은 운동화 한 짝이 촉발시키는 감정이 <1987>이라는 재현물을 반박 불가능한 '진짜 기억', 즉 진정한 역사로 완성하는 것이다.

그러므로 박종철 어머니의 절규와 시민으로서의 연희의 각성이 '가족' 혹은 '연애'라는 멜로드라마적 관계에 갇혀 있다고 해서 탈정치적이라고 평가할 수는 없다. 다만 문제는, 그렇게 개인적인 것이 사회적인 것의 알레고리가 될 때, 여성은 오직 알레고리로만 존재한다는 점이다. 이 영화에서 주요 남성인물들은 모두 실존 인물인 데 반해, 거의 유일한 주요 여성인물이 '상상의 인물'인 것은 왜인가. 왜 실존했던 여성들은 실존했던 남성들과 함께 보철기억의 장에 등장하지 않는가.

이 영화에서는 남성인물들이 역사의 반영이자 현실의 반영이라고 이해되는 것과 달리, 얼굴을 가진 역사적 주체로서의 여성들은 사라지고 여성신체는 '역사 그 자체'가 되어 버린다. 남성인물들은 실존 인물의 차용인 반면, 유일한 여성인물인 연희는 허구의 존재이기 때문이다. 많은 586세대 관객들이 이 영화를 본 뒤 성별에 상관없이 "내가 연희였다"라고 말했던 것을 기억할 필요가 있다. 연희는 실제 '인간이자 시민'이라기보다는 시대의 사명 앞에 각성한 어떤 시민성의 상징으로 받아들여졌던 셈이다. 남성들이 얼굴을 가진 시민이자 역사적 주체가 될 때, 여성은 '시민의 각성 및 성장'과 같은 '상징적인 가치'로 읽힌다. 이는 여성신체가 텅 빈 기표로서 남성감독의 메시지를 담는 그릇이 되어 온 재현 관습과도 맞닿아 있다. 그런 면에서 <1987>은 다른 '여성 없는 역사영화'들과 꽤 달라 보이면서도, 크게 다르지 않다.

'여자의 얼굴'Woman로 상상·묘사된 역사가 오히려 '여자의 얼굴'women을 결여하게 되는 이 역설.[30] 이는 역사와 여성에 대한 이중적 물신화의 결과다. 그러므로 영화의 마지막, 1987년의 광장에 울려 퍼지는 한 여성시민(문소리 분)의 목소리는 프랑스혁명을 상징하는 자유의 여신 '마리안'과 같은 상징일 뿐이다. 우리는 프랑스혁명 광장에서 동료 시민이자 여성으로서 연단에 서기를 주장했으나 "자신의 성별에 맞는 덕성을 갖추지 못한 자"라는 오명 속에서 기요틴에 올라야 했던 올랭프 드 구주를 기억하고 있다.[31]

'촛불'을 통해 탄생한 문재인 정부가 자신의 역사를 쓰는 방식은 2000년대 후반 이후 한국영화가 써온 스크린 메모리와 유사하다. 그런 의미에서 6·10 항쟁 30주년 기념행사에 참석한 문재인 대통령의 기념사는 매우 인상적이다. "오늘 우리의 민주주의를 이만큼 키운 것은 국민들이었습니다. 그 길에 4·19가 있었고, 부마항쟁이 있었고, 5·18이 있었고, 6월 항쟁이 있었습니다. 그리고 그 길은 지난겨울 촛불혁명으로 이어졌습니다." 이 연설이 암시하는 것은 이런 '민주화운동'의 결실이 지금의 문재인 정부이며, 그것이 이 정권의 '적통성'이라는 점이다.

물론 이런 역사 쓰기는 진부한 성별 고정관념을 전제로 한다. 대통령은 이 연설의 끝에 이렇게 덧붙인다. "독재에 맞섰던 87년의 청년이 2017년의 아버지가 되어 광장을 지키고, 도시락을 건넸던 87년의 여고생이 2017년의 두 아이의 엄마가 되어 촛불을 든 것처럼." 이 연설을 시각적 이미지로 그리면 정확하게 <택시 운전사>의 한 장면을 떠올리게 된다. 두 '작품'의 기획자들이 물리적으로 겹치지 않을 것임에도 불구하고 대통령의 기념사와 <택시 운전사>의 재현 전략은 매우 닮아 있다. 두 작품이 같은 역사관을 공유하고 있기 때문이다. 이 성별이분법적이고 '아버지-어머니-두 아이'로 이뤄진 '대한민국 건강가족'의 형상에 기대는 젠더화된 역사 서술에서 과거 노무현 정부의 파병이나 노동 탄압, 국가폭력의 역사는 가려지고, 현재 문재인 정부가 '나중에' 생각하겠다며 배제하고 있는 성소수자와 노동자들의 목소리 역시 고려되지 않는다. 이것이 2017 스크린 메모리의 '신화 쓰기'인 셈이다. 거짓말을 함으로써가 아니라 "말하지 않음"으로써 왜곡한다.32

'브로맨스'의 상상력과 여성의 자리

대중서사가 여성의 얼굴을 누락시키고 남성만을 역사의 주체로 상상할 때, 처단하고 극복해야 하는 '역사적 적폐' 역시 남성 네트워크로 상상된다. 그리하여 한국영화에는 두 개의 거대한 남성연대가 존재하며 그것들은 서로 투쟁한다. 예컨대, <내부자들>(우민호, 2015)에 등장하는 '이강희(백윤식 분)-장필우(이경영 분)-오 회장(김홍파 분)'의 '룸살롱 남성연대'33와 '안상구(이병헌 분)-우장훈(조승우 분)'의 '브로맨스 남성연대'가 그렇다.34

그런데 적폐와 싸우는 정의로운 남자들의 관계를 그려내는 '브로맨스 남성연대'에 대한 상상은 대중서사 영역에서뿐만 아니라 현실 정치적 상상력에서도 작동한다. 2018년 여름, '남북 해빙 모드'라는 상황과 함께 개봉하면서 화제를 불러 모았던 <공작>(윤종빈, 2018)의 브로맨스는 주목해 볼 만하다. 무엇보다, 1987년 체제의 도래와 함께 열린 1990년대 '문화의 시대'에 남과 북이 어떤 관계를 맺고 있었는지를 추적하는 <공작>은 일련의 역사영화들의 궤도에 등장하면서, '1990년대'라는, 스크린 메모리의 아직 비어 있는 자리에 조각들을 채워 넣었다. 허구임을 밝히고는 있지만, 이 영화가 스크린 안팎으로 의미망을 직조하는 방식은 문재인 정부의 역사적 적통성을 증명하는 장치들의 하나로 작동하기에 무리가 없었다.

우선, 영화 바깥에서 각종 신문과 시사 프로그램들이 <공작>의 등장인물과 사건 등의 서사 요소가 '실제'라는 맥락을 만들어 줬다. <공작> 개봉 이후, 등장인물인 '흑금성'(황정민 분)의 실존에 대한 대중적 관심이 높아지자, 언론에서는 이 영화의 내용 가운데 "어디까지가 실화"인가를 밝히는 것에 집중한 것이다. 흑금성의 북한 침투, 1996년 총풍 사건과 1997년 제2의 총풍 사건을 막아 낸 흑금성, 박채서(흑금성의 실명)의 회사 '아자 커뮤니케이션'이 주도했던 애니콜 CF 광고 촬영, 당시 여당에 의해 흑금성이 이중간첩으로 몰려 옥살이를 한 것 등 굵직한 역사적 사건에서부터 가짜 명품 시계를 좋아한 북한 관료들, 김정일의 마르티즈, "통일이 되면 술 한잔 올리겠다" 같은 대사들을 포함한 부분적 요소들까지, 영화는 박채서 본인이 인정할 정도로 역사적 사실 재현에 충실했음이 언론에 의해 공증되었다.[35] 브라운관과 모니터, 스마트폰 액정 등 다양한 윈도우들에서 흑금성의 이야기는 집단적 기억으로 구성되었고, 그 중심에 영화 <공작>이 있었다.[36]

영화 내적으로도 <공작>은 흑금성과 '리처장'(이성민 분)의 이야기를 역사적 사건들의 맥락에 자연스럽게 녹여 넣기 위해 다양한 영화적 장치들을 활용했다. 1990년대를 재현하기 위한 시대적 디테일을 살리는 것은 물론이고, 그중에서도 뉴스 클립의 활용이 돋보였다. 예컨대 흑금성이 '김정일'(기주봉 분)과 독대하는 시퀀스 이후 바로 "이제 남한 기업이 북한에 가서 광고를 찍게 되었다"라는, 당시 실제로 방송된 뉴스 클립이 이어진다. 이런 설정은 남성주인공들의 활약이 어떻게 한국 근대사를 움직였는지를 보여 주기 위한 것이다. 이를 통해 관객은 '실화'라는 환상이 주는 효능감을 즐기고, 우리가 살고 있는 이 시대의 막후에 누가 존재하는지, 그 역사적 주체의 실존을 그려 보게 된다. 이런 장치들과 함께, 영화의 마지막을 장식하는 '애니콜' CF 촬영 시퀀스에서 가수 이효리가 본인 역으로 직접 등장하는 것은 중요하다. 이효리가 몇 차례 출연을 고사했음에도 그를 캐스팅하는 데 감독을 비롯한 제작진이 공을 들인 것은 이 영화의 '현실감'을 완성하는 것이 '이효리'라는 디테일이었기 때문이다.[37]

물론 언제나 영화는 정사正史에서 지워진 역사를 복원해 내는 대항 기억이자 대안적 역사 기술로 작동하며, 흑금성의 이야기는 보수 세력이 지우고자 했던 남북한의 협잡을 폭로하는 중요한 역사적 기록이기도 하다. 중요한 것은 '그런 폭로가 어떤 정치적 상상력과 만나는가'일 것이다. 그런 의미에서 주목해 보아야 할 것은 <공작>이 '50년 만의 정권 교체'를 재현하는 방식은 기존 한국영화들이 8·15 해방을 다뤄 온 방식과 흡사하다는 점이다. 영화에서 애민·애국의 충심으로 가득 찬 흑금성과 리처장은 1997년 총풍 조작을 막아내고, 김대중은 드디어 대통령에 당선된다. 광장과 거리는 '해방의 기쁨'으로 넘실거린다. 그리고 영화의 마지막 장면이기도 한 '애니콜' CF 촬영 시퀀스의 마지막 장면은 "이 모든 것의 뒤에는 바로 이 두 남자가 있었다"라는 브라더 로맨스를 펼쳐 보인다. 한반도기를 사이에 두고 서로를 바라보며 롤렉스 시계와 넥타이핀을 흔들어 보이는 흑금성과 리처장, 두 사람은 드디어 서로에게 빠른 걸음으로 다가선다. 두 사람이 포옹을 하기 직전, 장면은 컷아웃된다. 마치 스크린이 둘의 격정적인 포옹을 도저히 감당할 수 없다는 듯 말이다. 이어지는 다음과 같은 자막.

2016년 5월 '흑금성'은 6년간의 복역을 마치고 만기 출소하였고, 2년 뒤인 2018년 5월 한반도는 11년 만에 남북 정상회담이 개최되며 또 다른 국면을 맞이하고 있다.

흑금성과 리처장의 관계는 '문재인-김정은'으로 대변되는 지금의 남북 관계가 개인의 형상으로 내화된 것이다. 두 개인들의 포옹이 현실 정치에 대한 건조한 서술로 대체될 수 있는 것은 그 때문이다. 둘의 포옹은 남북의 화해와 다르지 않다. 결국 이 자막을 통해 <공작>을 둘러싼 다양한 담론은 문재인 정부의 야사野史로 자리매김한다.

그런데 '실화'를 극화했다는 점에 방점을 찍은 이 영화에서 가장 허구적인 것이 바로 흑금성과 리처장의 관계, 그 브로맨스다. 박채서는 한 라디오 프로그램에 출연해서, 윤종빈 감독은 자신이 그냥 흘려 말한 것까지 포착해 아주 사실적으로 이야기를 구성했음을 강조한다. 다만 한 가지, 안기부에서 흑금성의 정체를 스스로 폭로해 버렸을 당시 자신이 북한이 아닌 남한에 있었다는 것만은 영화와 다르고, 그것이 이 영화의 가장 '픽션'적인 부분이라고 밝힌다.[38] 흥미로운 것은, 그러나 바로 이 장면이 흑금성과 리처장의 긴장감과 애증이 최고조가 되는 순간이라는 점이다. 이 장면을 위해 리처장이 흑금성에게 넥타이핀을 선물하는 브로맨스 장면이 필요하고, 또 이 장면이 있었기 때문에 엔딩의 '롤렉스 시계와 넥타이핀 장면'이 감정적인 설득력을 가지게 된다. 브로맨스가 대중을 설득하고 흡입하는 대중성/통속성 the popular의 영역을 담당하고 있었던 것이다. 그뿐만 아니라 흑금성과 리처장의 브로맨스가 곧 최초의 정권 교체로 이어진다는 것은 브로맨스의 상상력이 50년 만에 정권이 교체되는 남한의 그 혁명적인 순간과 긴밀한 관계가 있음을 징후적으로 드러낸다. 그렇다면 현실정치와 브로맨스의 관계는 무엇인가.

이에 대한 답을 찾기 위해 촛불광장이 열렸던 시기, 미술작품 <더러운 잠>(2017)을 둘러싸고 펼쳐진 논쟁[39]부터 살펴볼 필요가 있다. 당시 더불어민주당은 박근혜 전 대통령을 풍자한다는 의도로 여성 나체 이미지를 동원한 이구영 작가의 <더러운 잠>을 전시했고, 이는 명백히 정치를 남성의 것으로 상정한 채 여성을 오직 '성적인' 존재로만 대상화한 결과였다. 2018년 대한민국 내셔널리즘의 중심에 놓인 촛불광장과 '성숙한 민주주의'에 대한 자부심도 이와 유사한 맥락에서 이해할 수 있다. 그 '성숙한 민주주의'란, 앞서 언급했듯, 다양한 소수자를 이방인으로 구성해 배제할 뿐 아니라, 여성혐오를 경유함으로써 작동하는 남성화된 정치적 상상력의 산물이기도 했다.

'촛불정신'을 계승하고자 한 정부의 젠더의식도 이와 크게 다르지 않았다. "준비된 여성 대통령"을 슬로건으로 내건 2012년 대선 후보 박근혜의 메아리라도 되는 것처럼, 2017년의 대선 후보 문재인은 "페미니스트 대통령이 되겠다"라고 선언한다. 이는 물론 놀라운 일이었다. 공적 영역에서 '페미니스트'라는 말이 여전히 '낙인'으로 작용하는 한국 사회에서 정치인이 페미니스트를 자처하는 것은 쉽지 않기 때문이다. 하지만 이 '페미니스트 대통령'은 "성소수자 인권은 나중에, 차별금지법은 필요 없다, 낙태죄 폐지는 시기상조"라고 말하면서 '페미니스트'라는 말을 텅 빈 기표로 만들어 버린다.[40] '준비된 여성 대통령'이나 '페미니스트 대통령'이라는 말은 서로 공명하는 부분이 있었던 셈이다.

하지만 여성 의제에 무관심한 정치인이 스스로 '페미니스트'라는 단어를 언급한 것에는 2015년 이후 펼쳐진 '페미니즘 리부트'[41]라는 정치적인 맥락이 있다. 그에게는 20~40대 여성들의 표심을 잡지 못하면 선거에서 승리할 수 없으리라는 현실감각은 있었으나, '페미니스트 정치란 무엇인가'라는 질문과 그에 대한 이해는 없었다. 대한민국 여성의 사회적 위상이 변하고 있다는 현실 인식과 여성을 정치적 동료로서 인정하지 않는 태도. 이 둘의 간극을 메운 것이 바로 '브로맨스'라는 정치적 전략이다. 브로맨스야말로 '형제들의 네트워크'를 유지하면서 동시에 여성유권자들을 유혹할 수 있는 방법이기 때문이다.

브로맨스의 메커니즘에는 두 가지 차원의 혐오와 배제가 함께 작동한다. 하나는 성소수자혐오이고, 다른 하나는 여성혐오다. 브로맨스가 성공적으로 작동하기 위해서는 두 남자들 간의 성애를 상상하게 할 정도로 끈끈한 애정 관계가 존재해야 하지만, 이성애 중심적인 한국 사회에서 이 두 남성은 동성애자여서는 안 된다. 그러므로 브로맨스 관계에서는 이 남성들이 이성애자라는 것을 확인시켜 줄 여성(섹스)파트너가 필요하다. 하지만 그 여성파트너가 이 두 남성들의 관계를 방해해서는 안 되므로 그녀는 하찮게만 그려지거나 혹은 빠르게 제거된다. 브로맨스가 강조되는 영화들에서 여성인물이 무의미해지는 것은 바로 이 때문이다. 즉 브로맨스는 여성을 배제함과 동시에 오직 '코드'로서만 동성애를 활용할 뿐 동성애자의 존재는 지워 버린다. 정치적 전략으로서 활용되는 브로맨스는 대중문화 영역에서 작동하는 브로맨스와 그 메커니즘을 공유한다.

촛불을 통해 박근혜 대통령을 권좌에서 끌어내린 것은 신화로서 건재해 온 '박정희'의 목을 치는 정치적 행위였다. 하지만 여전히 권력자가 되지 못했다는 불안에 떠는 '형제들'의 여성혐오는 더 강해졌고, 이를 바탕으로 내부 결속을 다지는 '남성 원팀 정치'[42]가 시작됐다. 여당은 2018년 지방선거에서 여성 광역단체장 후보를 단 한 명도 내지 않았다.

하지만 중요한 것은, 촛불광장은 2015년 '페미니즘 리부트' 이후 여성으로서의 존재를 각성한 여성시민들이 '여성으로서' 동참한 정치적 운동이었다는 점이다. 그렇기 때문에 '형제들'은 자신들만의 혁명을 완수했다는 판타지에 젖을 때에조차, 힘을 가지기 시작한 정치적 집단으로서의 여성을 이전만큼 무시할 수 없었다. 2000년대 이후 한국영화가 남성을 중심으로 서사를 꾸려 나갈 때에도 소비자로서의 여성을 무시할 수 없었던 것처럼 말이다.[43]

그리하여 한국정치는 한국영화와 흡사하게도, 여성들을 매혹시키는 정치적 서사로서 브로맨스를 선택한다. 18세기 프랑스혁명에서 형제애가 강조됐듯,[44] 2017년 이후 한국정치에서는 브로맨스가 중요한 자원이 되는 것이다. 문재인 후보의 대통령 당선 직후 안희정 전 충남도지사가 자신의 페이스북 페이지에 올린 "오늘부터 일일이다!" 이미지, 그리고 "문재인-김정은, 오늘부터 1일" "첫눈 오면 놓아 주겠다"[45] 같은 로맨스의 수사들이 오늘날 문재인 정부의 정치적 상상력을 사로잡고 있는 이유다. '원팀 정치'에서 배제된 여성들을 정치의 적극적인 소비자로 호명하는 것. 이는 여성을 정치적 주체에서는 배제하되, 그 이야기의 소비자로 소환해 내는 묘기를 선보인다.

좀비가 되지 않기 위하여

2018년 말, 또 한 편의 퓨전 사극이 개봉했다. <공조>(김성훈, 2016)로 남남북남 브로맨스를 그렸던 김성훈 감독의 영화 <창궐>(2018)이다. 이 영화는 매우 노골적으로 '포스트-촛불혁명' 텍스트임을 자임했다. 무능한 왕(김의성 분)은 "내가 이러려고 왕이 되었나"와 같은 대사를 중얼거리며 자신이 박근혜 전 대통령의 상징임을 드러내고, 그 무능한 왕에 맞서 나라를 바로 세우려고 했으나 강골이 아니었던 세자(김태우 분)는 "상황에 내몰려 자결"함으로써 노무현 전 대통령을 떠올리게 한다. '이씨 왕조'의 적통이지만, 왕 자리에는 관심이 없고 그저 야인으로 남고 싶었던 '이청'(현빈 분)은 지속적으로 "나는 왕이 될 생각이 없다"라고 말하면서 자신이 문재인 대통령의 형상임을 강조한다. '우리 시대의 선군'인 이청은 결국 지도자로서의 뛰어난 자질과 내면에 감춰져 있는 선한 성품 덕분에 자신에게 주어진 역사적 사명을 받아들이고 횃불(=촛불) 앞에 왕으로서 나선다. 이 상황에서 스스로 왕이 되고자 했던 간신 '김자준'(장동건 분)은 '좀비 왕'으로 거듭나는데, 썩어 가는 얼굴을 하고서도 어떻게든 왕의 자리를 차지하려고 애를 쓰는 그는 '적폐'의 화신으로 해석될 수 있겠다. <창궐>을 포함해 그간 대중영화가 선보인 상상력의 계보를 살펴보자면, 이제 '민중봉기'와 '혁명'은 4·19-부마항쟁-5·18-6·10-촛불혁명으로 줄 세워져 문재인 정부의 적통성 승인으로 수렴될 것이 확실해 보인다.

그러나 그 '혁명'과 '광장'을 '남성'의 얼굴로만 구성된 편협한 시공간으로 상상해 현 정부의 건국신화에 포섭하는 것이야말로 한국의 민주주의를 만들어 온 그 수많은 '광장'에서의 목소리와 '촛불'들을 배반하는 게 아닌가. 촛불광장과 함께 도래하는 새로운 과거들, 그렇게 등장하는 새로운 스크린 메모리에는 좀 더 다양한 얼굴들에 대한 상상이 필요하다. 그것에 실패한다면 결국 86세대와 지금의 여당인 '더민주' 계열의 정치적 스탠스를 지닌 이들의 자기 신화 쓰기는 왕의 자리에서 내려오지 않는 것에만 몰두하는 김자준의 패악으로 귀결될 테니 말이다.

1 박근혜 전 대통령의 탄핵으로 이어진 2016년의 촛불집회를 '혁명'으로 평가할 수 있을 것인가에 대한 의견은 분분하다. 2019년 말 현재, 개헌은 요원하고 사회의 질적 형질전환 역시 전혀 이뤄지지 않은 상황에서 이를 '혁명'이라고 평가하기는 어려워 보인다. 그럼에도 이 글에서 '촛불혁명'이라는 표현을 쓰는 이유는, 이 글이 분석하고자 하는 정치적 전략으로서의 '브로맨스'를 활용하는 정치 세력이 이 사건을 '촛불혁명'으로 명명하고, 자신들을 주인공으로 하는 혁명 서사를 쓰고자 하기 때문이다. 이런 문제의식을 바탕으로 이 글은 맥락에 따라 '촛불' '촛불광장' '촛불혁명' 등의 표현을 사용한다.

2 특정 시공간에서 근대국가가 형성되는 시기에 '내적인 평등'이라는 환상을 바탕으로 '우리'라는 경계를 조직하고, 그 경계 내 구성원들의 단결을 추동하는 상상력으로 작동하는 'nation'을 어떻게 번역할 것인가는 까다로운 문제다. 이 글은 '민족, 국민, 종족 민족, 민족-국민, 국족' 등으로 번역되는, '세계사적 보편'으로서의 'nation'을 '네이션'으로 번역하고, 한국에서 통용되는 특수한 의미의 '민족' '국민' 역시 '네이션'으로 통칭한다. 다만, 맥락에 따라 '민족'과 '국민'도 함께 사용한다. 'nationalism' 역시 '내셔널리즘'으로 번역하지만, 맥락에 따라 '민족주의'와 '국가주의'라는 용어도 함께 사용하며, 'trans-national'은 '트랜스내셔널'로 번역한다. 필자의 '네이션' 개념 사용에 대해서는 손희정, 「21세기 한국영화와 네이션」, 중앙대학교 박사논문, 2014, 1쪽 각주 2번 참조.

3 김지환, 「[전문] 문 대통령, 첫 북北 대중 연설 "겨레 손 굳게 잡고 새 조국 만들 것"」, 『경향신문』, 2018. 9. 19.

4 한국 남성을 다시 영웅으로 만들기 위해 조선족을 괴물로 재현하는 작품에 대해서는 강경아, 「이 시대가 그려 낸 '인간'의 초상」, 『한국영화』 90, 2017. 9.

5 2017년 2월 13일, 18대 대선의 가장 유력한 후보였던 문재인은 한국기독교총연합회와의 만남에서 "동성애를 지지하지 않는다. (차별금지법) 추가 입법으로 인한 불필요

한 논란을 막아야 한다는 것이 더불어민주당의 공식 입장"이라고 말했다. 이재덕, 「[정리뉴스] 대선 주자들, 성소수자 차별금지법 관련 발언 변천사」, <향이네>, 2017. 3. 15. 이어, 같은 해 2월 16일에 '성평등 공약'을 발표하며 '페미니스트 대통령이 되겠다'라고 선언한 문재인 대선 후보가 3·8 '세계여성의 날' 기념 축사를 하는 자리에서, 한 성소수자 인권운동 단체 활동가가 "나는 여성이고 성소수자인데, 나의 인권을 반으로 나누겠다는 것입니까!?"라고 항의하자, 그 자리에 있던 문재인 후보 지지자들이 그 활동가를 향해 "나중에! 나중에!"라고 외쳤다. 이처럼, 국가의 가장 중요한 문제인 '정권 교체'를 먼저 이룬 후, 성소수자 인권 문제는 '나중에' 처리하겠다는 식으로 사안의 경중을 나누는 문재인 정부의 정치적 태도를 고려할 때 문재인 정부를 "'나중에'의 정부"라고 할 수 있을 것이다. 그리고 2020년 총선 정국에서 더불어민주당 윤호중 사무총장은 성소수자 문제에 대해 "소모적 논쟁"이라고 말해 논란을 불러일으키면서, 이런 평가가 무리한 것이 아님을 다시 한번 확인시켜 주었다.

6 '네이션적인 것'에 대한 한국 사회의 감각과 그 성격은 정치적이고 경제적인 변동을 따라 지속적으로 변화해 왔다. 이에 대해서는 신기욱, 『한국 민족주의의 계보와 정치』, 이진준 옮김, 창비, 2009. 포스트 IMF 시기에 이르러 1990년대까지 익숙했던 형식의 민족주의는 무너졌지만, 그렇다고 내셔널리즘이 사라진 것은 아니다. 이는 '한류 바람을 타고 성장한 기이한 개인주의인 대한민국주의'라고 평가받았던, 조정된 형태의 내셔널리즘으로 전환되었다. 전효관은 새롭게 조정된 '네이션'의 성격에 대해 "이 특성은 '민족주의'라기보다는 '대한민국주의'에 가까울 수 있다"라고 설명한다. 월드컵 응원 등과 같이 대한민국주의가 두드러지는 공간에서 등장하는 태극기는 "존재 불안을 해소하는 상징"으로 해석되었다. 신윤동욱은 "태극기 세대(외환 위기 이후 월드컵이나 촛불집회 등을 통해 발현된 젊은 세대의 민족주의)의 대한민국주의는 동족을 배제하는 민족주의다. 북한이 남한에 위협이 될 때에는 냉정한 태도를 보인다. 오직 대한민국의 이해利害만이 이들을 움직이는 원리다"라고 해석한다. 전효관, 「그 불안하고 기이한 개인주의」, 『한겨레21』, 2005. 4. 1; 신윤동욱, 「태극기 세대가 몰려온다」, 『한겨레21』, 2005. 4. 1. 이제 남북 관계의 해빙 모드와 함께 대한민국주의에 더해, "경제적 대박"이자 "형제"로서 북한 국민이 재포섭되고 있다.

7 지그문트 바우만, 『모두스 비벤디 — 유동하는 세계의 지옥과 유토피아』(2007), 한상석 옮김, 후마니타스, 2010.

8 2008년 미국 발 금융 위기로 시작된 대침체기The Great Recession에 특히 유럽을 중심으로 포퓰리즘 정당이 부상했다. '포퓰리스트'는 사법부와 행정부, 언론, 문화계, 교육계 등을 장악한 기득권과 엘리트주의를 비판하고 대중이 듣고 싶은 이야기를 해주면서 대중적 지지를 모으는 사람으로, 대중으로부터 사랑받을 수 있다면 정치적 대의나 신념과 상관없이 무엇이든 하고자 한다. 유럽에서는 스페인의 포데모스나 그리스의 시리자처럼 반자본주의를 추구하는 좌파 포퓰리스트 정당이 출현하기도 했지만, 포퓰리즘 성향의 정당 대다수가 정치적 우파라고 할 수 있다. 이들은 '반유대주의'나 '반이슬람' 등 인종주의에 기대 기독교적 가치와 전통을 옹호하고 다양한 소수자를 '국민'의 범주로부터 배제해 '순혈'로 상상되는 인구의 내적 결속을 다지려 한다는 점에서 '극우'라고 규정할 수 있다.

9 얀 베르너 뮐러, 『누가 포퓰리스트인가 — 그가 말하는 '국민' 안에 내가 들어갈까』 (2016), 노시내 옮김, 마티, 2017, 33~36쪽.

10 베네딕트 앤더슨은 "국민국가nation-state가 (근대에 등장한) '새롭'고 '역사적'인 것으로 생각되는 경우에도, 그들의 정치적 표현으로서의 국민국가는 언제나 태고의 과거로부터 나타나 …… 무한의 미래로 활주한다"라고 지적하면서 네이션을 둘러싼 담론의 양가적 시간성temporality을 문제 삼았다. 베네딕트 앤더슨, 『상상의 공동체 — 민족주의의 기원과 전파에 대한 성찰』(1983), 윤형숙 옮김, 나남, 2003. (중략은 인용자의 것. 이하 동일)

11 화이트리스트 배제 국면에서 필요한 것은 일본을 적으로 돌리면서 '우리'에 대한 배타적인 감각을 강화시키는 민족주의적 전략이라기보다는, 제대로 된 역사 청산을 바탕으로 동아시아 전반의 평화 구축을 위해서 무엇을 해야 하는지를 고민하는 탈식민주의적 전략이다. "'노 재팬'No Japan이 아니라 '노 아베'No Abe"라는 구호의 등장이 유의미한 이유다.

12 김광수, 「홍콩에서 울려 퍼지는 '임을 위한 행진곡'」, 『한국일보』, 2019. 6. 19.

13 영화학자 크리스 베리는 1990년대 대만영화를 관찰하면서, 기존의 고전적인 네이

션 관념에 기대는 전통적인 '민족주의 영화'와 네이션을 새롭게 조정하고 정의하는 데 관여하는 '내셔널시네마'를 구분한다. Chris Berry, "From National Cinema to Cinema and the National: Chinese-language Cinema and Hou Hsiao-hsien's 'Taiwan Trilogy'", Valentina Vitali & Paul Willemen eds., *Theorising National Cinema*, BFI, 2006. 크리스 베리의 논의에 따라 한국영화를 '민족주의 영화'와 '내셔널시네마'로 명확하게 구분하는 것은 쉽지 않지만, 네이션에 대한 감각을 기존의 그것과는 다르게 주조하는 데 영향을 주고받았던 영화들은 2000년대에서 2010년대 초반에 등장했다. 그중에서도 2010년대에 등장한 파국 서사는 주목해 볼 만하다. 대표적으로 봉준호 감독의 <설국열차>(2013)는 신자유주의의 끝에서 파국의 시대를 산다고 생각하는 대한민국 국민의 '종속성'subjecthood을 잘 보여 주는 텍스트다. 그러나 이 작품은 텍스트 내적으로는 민족에 소구되지 않지만, 외적으로는 여전히 "대한민국 제1의 감독"이 "글로벌 프로젝트를 해냈다"라는 식으로 소비되었다는 점에서 '민족주의적 작품'으로 해석될 여지가 있다. 그리고 이런 경향은 2019년 개봉한 <기생충>으로 완성되었다. 2020년 제92회 미국 아카데미 시상식에서 <기생충>이 4관왕을 차지하면서 봉준호는 국민들에게 "국뽕이 차오르는 순간"을 선사했고, '국민 감독'으로 확실히 자리매김했다. 그런 의미에서 봉준호의 영화들은 새로운 내셔널리즘의 시대에 내셔널시네마로서의 역할을 이어 나가고 있다. 한국의 내셔널시네마와 파국 서사에 대해서는 손희정, 앞의 글, 2014.

14 앨리슨 랜드버그는 공적으로 순환되는 문화적 기억을 대중문화의 테크놀로지를 통해, 마치 자신이 실제로 겪은 것처럼 경험하는 기억을 '보철기억'이라고 설명한다. 랜드버그에 따르면 이런 기억은 비록 인공적인 기억이지만, 삶과 경험에 작용하면서 개인적 기억에 축적된다. 그렇게 개인의 정체성에 영향을 주고, 나아가 집단적 동일화까지 매개한다는 것이다. Alison Landsberg, "Prosthetic Memory: Total Recall and Blade Runner", *Cyberspace/Cyberbodies/Cyberpunk*, Mike Featherstone & Roger Burrows eds., Sage Publications, 1996, p. 176. 한국영화를 중심으로 영화적 기억과 문화적 정체성의 관계를 탐구한 문재철은 한국영화가 어떻게 보철기억으로 작동하는지 분석한다. 그는 영화가 일종의 집단적이고 문화적인 기억으로서 민족정체성 형성

에 기여하는 부분이 있다고 강조하면서, "특히 영화 매체가 지닌 감각성과 직접성은 역사적 사건이나 타인의 과거를 마치 자신의 것인 양 생생하게 체험하게 해준다는 점에서 이른바 '보철기억'으로 기능한다"라고 설명한다. 문재철, 「영화적 기억과 문화적 정체성에 대한 연구 ― 포스트-코리아 뉴웨이브 시네마를 중심으로」, 중앙대학교 박사논문, 2002, 4쪽.

15 미국정신분석학회, 『정신분석용어사전』, 이재훈 옮김, 한국심리치료연구소, 2002, 497쪽.

16 미국정신분석학회, 위의 책, 497쪽.

17 예외적으로 <국제시장>(윤제균, 2014)의 성공이 있다. '풀죽도 제대로 먹지 못했던 대한민국'을 강력한 근대 국민국가로 재건한 주역으로서 '어르신'들을 조명하는 이 영화는, "아버지의 위대함을 이해하지 못하는 못된 세대"에게 교훈을 주는 작품으로 해석된다. 결국 어떤 영화가 '우파적 기획'인가 혹은 '좌파적 기획'인가의 문제는 어떤 역사적 사건과 인물을 발굴·재창조해서 어떤 의미와 정치·사회적 위상을 부여하는가의 문제와 관계될 뿐, 양자 모두 '민족주의적 내셔널시네마'로서 작동한다는 점에서는 크게 다르지 않다.

18 이렇게 선군을 그리(워 하)는 작품들은 노무현 전 대통령의 사망 이후 한국 사회의 정치적 좌절을 대중문화의 장에서 위로하고자 했던 '포스트-노무현기 역사영화'라고 할 수 있다. 이에 대해서는 손희정, 「폐소공포증 시대의 남성성 ― K-내셔널리즘, 파국, 그리고 여성혐오」, 연세대학교 젠더연구소 엮음, 『그런 남자는 없다 ― 혐오사회에서 한국 남성성 질문하기』, 오월의봄, 2017.

19 이 글에서 구체적으로 분석하고 있지는 않지만, 2017년에 개봉한 퓨전 사극 <흥부>(조근현) 역시 파국의 시대에 선군을 그리고 상상하는 작품이라는 점에서 <대립군><택시 운전사> <1987>과 같은 카테고리에 속하는 것으로 분류될 수 있다.

20 최근 한국 상업영화에서 부모와 자식의 관계는 대체로 '아빠와 딸'의 관계로 그려지는데, 이는 대중문화에서 '딸바보' 설정이 유행하는 것과 맞닿은 현상으로 보인다. '딸바보'는 결국 아버지의 서사다. 딸은 "사랑받을 만한 가치가 있을 때"에만 사랑받으며, 아버지의 시선을 통해 성애화된다. 이에 대해서는 허윤, 「'딸바보' 시대의 여성혐

오 ― 아버지 상father figure의 변모를 통해 살펴 본 2000년대 한국 남성성」, 『대중서사연구』 22-4, 대중서사학회, 2016.

21 남성의 과대 재현과 여성의 상징적 소멸에 대해서는 손희정, 「페미니즘 리부트 ― 한국영화를 통해 본 포스트페미니즘과 그 이후」, 『페미니즘 리부트 ― 혐오의 시대를 뚫고 나온 목소리들』, 나무연필, 2017. '여성의 상징적 소멸'은 게이 터크만의 논의에 기댄 개념이다. Gaye Tuchman, *Making News: A Study in the Construction of Reality*, Free Press, 1978.

22 <VIP>는 여성이 '시체' 역으로만 등장하는 가장 문제적인 사례로, <청년경찰>은 조선족 및 조선족들이 주로 거주하는 대림동 지역을 '악마화'했다는 혐의로 문제가 되었다. <범죄도시>는 다른 영화들에 비해 '착한 조선족'이 등장한다는 이유로 차오포비아(조선족혐오) 혐의에서 벗어날 수 있다고 주장됐지만, 소수자를 '선함'과 '악함'이라는 이미지에 가두고 '우리가 원하는 모습일 때에만 받아들여 주겠다'라고 말하는 것이야말로 이방인혐오가 작동하는 방식이다.

23 고정갑희는 '전 지구적 가부장체제'를 통해 가부장제가 자본주의만큼이나 중요하게 분석되고 전복되어야 할 지배체제일 뿐 아니라 "전 지구/지역적 군사체제, 정치체제, 경제체제" 등을 포함하는 포괄적 지배체제이며, "가부장체제가 따로 있고 자본주의가 따로 있는 것이 아니라 가부장체제에 자본주의적 양상이 내포"되어 있다는 것을 강조했다. 고정갑희, 「여성주의 이론 생산과 여성운동, 사회운동 ― 가부장체제의 사막에서 이론의 오아시스를 찾아나가다」, 『여/성이론』 17, 여이연, 2007, 22~23쪽. 필자는 고정갑희의 '전 지구적 가부장체제' 개념을 원용해, 가부장제와 자본주의가 착종된 것으로서의 정치적·경제적·문화적 체제를 '가부장체제'라고 명명했다.

24 실비아 페데리치, 『캘리번과 마녀 ― 여성, 신체 그리고 시초 축적』(2004), 황성원·김민철 옮김, 갈무리, 2011; 마리아 미즈, 『가부장제와 자본주의 ― 여성, 자연, 식민지와 세계적 규모의 자본축적』(1986), 최재인 옮김, 갈무리, 2014.

25 문학평론가 김명인은 자신의 개인 SNS 계정에 게시한 영화 <1987> 감상문에서, "1987년 체제의 '건국신화'를 다룬 '국민영화'의 계보에 한 정점을 찍는 작품으로 기억되기에 손색이 없다고 할 것"이라고 쓰고, "이를테면 <인천상륙작전>이나 <국제

시장> 등의 냉전/개발 세대들의 '건국신화'에 필적하는 자기 세대의 '건국신화'를 만
드는 데 성공했다고도 할 수 있을 것이다"라고 평가한다.

26 더불어민주당의 여성국회의원들과 민주화운동기념사업회, 한국여성단체연합 등
은 영화 <1987>이 촉발시킨 이 논란을 다루기 위해서 2018년 3월 7일 국회에서 '1987,
민주주의와 여성'이라는 제목의 포럼을 공동 주최했다. 이 포럼의 환영사에서 정춘숙
의원은 "최근 주목받은 영화 <1987>에서조차 민주화 운동 과정에서 여성들의 투쟁
역사는 가려져 있었습니다. 또한, 당시 주도적으로 투쟁을 이끌어 왔던 여성운동가
들, 노동운동가들은 생략되거나 함축돼 있었습니다. 1987년 6월 거리에서 선전물을
나눠 주던 여성노동자들, 최루탄을 피하며 돌을 던지던 여성들의 모습은 제대로 다루
지 못하고 있습니다"라고 쓰고 있는데, 이는 정확한 지적이었다. 민주화운동기념사
업회·한국여성단체연합, 『1987, 민주주의와 여성』 포럼 자료집, 2018. 3. 7, 24~25쪽.

27 나머지 한 명은 연희의 친구로, 유일하게 '코믹캐'를 담당하는 인물이나, <1987>의
전체 구성에 섞이지 못하고 어색하게 부유한다. 이 인물의 서사적 위치를 분석하는 것
은 무의미하다.

28 "더글라스 서크는 멜로드라마가 사회를 해석하는 데는 특별나게 비옥한 토양이라
는 것을 알았다. 단순한 러브 스토리가 아니라, 사랑을 조건 짓는 사회적 환경을 묘사
할 수 있기 때문이다. 사랑 이야기가 들어 있는 사회의 구조는 사랑 그 자체만큼이나 중
요하다." 토마스 샤츠, 『할리우드 장르의 구조』, 한창호·허문영 옮김, 한나래, 1995,
385쪽.

29 권은선, 「멜로드라마 ― 눈물과 시대의 이야기」, 문재철 외, 『대중영화와 현대사회』,
소도, 2005, 52~56쪽.

30 'Woman'과 'women'의 구분은 '표상으로서의 여성'과 '실존 여성'의 간극을 탐구한
테레사 드 로레티스의 작업을 이론적으로 전유한 것이다. Teresa de Lauretis, "Technologies
of Gender", *Technologies of Gender: Essays on Theory, Film, and Fiction*, Macmillan Press,
1987.

31 남녀 공히 함께했던 프랑스혁명에서 공화주의자들이 여성시민의 정치적 몫을 기각
한 채, 혁명을 '남성'들의 것으로 전유한 역사 및 그 남성들의 역사에서 '혁명의 얼굴'

이 된 '마리안'에 대한 분석으로는 린 헌트, 『프랑스혁명의 가족 로망스』(1992), 조한
욱 옮김, 새물결, 1999 중 4장 「나쁜 어머니」 참조.

32 이 연설의 젠더화된 서술 전략과 주류 대중서사가 '혁명의 젠더'를 상상하는 방식을
연결하면서 비판적으로 비평하는 작업으로는 오혜진, 「누가 민주주의를 노래하는가
— 신자유주의 시대 이후 한국 장편 남성서사의 문법과 정치적 임계」, 연세대학교 젠
더연구소 엮음, 앞의 책.

33 이는 여성학연구자 권김현영의 표현이다. 자세한 내용은 박정훈, 「탁현민 행정관 자
리만 문제 아냐…… '룸살롱 연대' 용인 안 돼」, <오마이뉴스>, 2017. 7. 8.

34 이 두 남성연대의 싸움에서 여자는 ① 남성들이 서로 주고받는 선물이거나 ② 남자
의 신분 상승을 위한 사다리이거나 ③ 상대방의 흠집을 잡기 위한 미끼가 된다. 이에
대해서는 손희정, 「그 사내다움에 대하여 — 음모론 시대의 남성성과 검사영화」, 정
희진·서민·손아람·한채윤·권김현영·손희정·홍성수, 『지금 여기의 페미니즘×민주
주의』, 교유서가, 2018.

35 이해리, 「영화 <공작> 첩보전, 어디까지 실화일까」, 『일요신문』, 2018. 8. 23; 김예
랑, 「<공작> 팩트 체크…… 흑금성 실존 인물 박채서가 털어놓은 진실」, 『한국경제』,
2018. 8. 17 등의 기사에서 관련 내용을 확인할 수 있다.

36 흑금성의 이야기가 대중에 의해 공식 기록으로 승인받은 것에는 '박채서'라는 인물
에게 마이크를 주면서, 1997년 당시 '50년 만의 정권 교체'에 의미를 부여하고 그 정권
의 적통으로서 문재인 정부를 위치 지은 시사 팟캐스트들의 역할이 있었다. 특히 '친
문' 성격의 팟캐스트와 공중파 라디오를 동시에 진행하고 있는 김어준의 공중파 라디
오 프로그램 <김어준의 뉴스공장>(tbs FM, 2016~)은 총 4회에 걸쳐 박채서를 스튜디
오로 초대해 인터뷰를 진행했다. 가장 중요하게 다루었던 이슈는 역시 1996년 총풍 사
건, 그리고 1997년 총풍 사건 재탕을 흑금성이 막아냈다는 남성영웅의 다이내믹한 서
사였다. 이 이야기가 더욱 드라마틱해지는 것은 <김어준의 뉴스공장>이 2018년 내
내 집중적으로 다루었던 뉴스가 '남북 해빙 모드'였기 때문이다. 데일리 뉴스로서 <김
어준의 뉴스공장>은 "기어코 문재인 정부가 이뤄 낼 역사적 과업"으로서 종전終戰 프
로젝트를 일종의 '대하소설'로서 써오던 중이었다. 그런 와중에 <공작>이 개봉하기

몇 주 전부터 프라임타임에 영화 <공작>의 광고를 내보냈고, 진행자 김어준 스스로도 "<공작>의 흥행에 뉴스공장도 중요한 역할을 했다"라고 농담조로 언급한다. 박채서의 출연은 '종전 프로젝트'를 향한 <김어준의 뉴스공장>의 지속적인 보도와 영화 <공작>이 함께 쓰는 보철기억으로서의 대중서사의 디테일이었다.

37 배진환, 「카메오 이효리, 영화 <공작>에 리얼리티를 더하다」, 『스포츠월드』, 2018. 8. 14.

38 <김어준의 뉴스공장>, tbs FM, 2018년 8월 17일 방송분.

39 <더러운 잠>과 남성 중심적 시각 메커니즘에 대한 비판으로는 조혜영, 「여성의 시선이 닿는 곳 — <더러운 잠>과 <국립극장>」, 『말과활』 13, 일곱번째숲, 2017.

40 손희정, 「페미니스트 대통령 시대의 대한민국에게 권함 — 『'성'스러운 국민』이 주는 교훈에 대하여」, 『한국여성학』 33-2, 한국여성학회, 2017.

41 '페미니즘 리부트'의 정황과 그 정치적·문화적 동역학에 대해서는 손희정, 「페미니즘 리부트 — 한국영화를 통해 본 포스트페미니즘과 그 이후」, 『페미니즘 리부트 — 혐오의 시대를 뚫고 나온 목소리들』, 나무연필, 2017.

42 2018년 지방선거에서 강원도 지역 더불어민주당 지자체장 후보들의 홍보 영상 캐치프레이즈는 '원팀'이었다. 이를 본 페미니스트들은 "그렇게 강조하지 않아도 이미 남성 원팀"으로 보인다고 비판했다. 19명의 후보자들이 모두 중년 남성이었기 때문이었다. 이에 대해서는 박정훈, 「"결과는 더불어아재당"…… 여성에게 선거는 '기울어진 운동장'」, <오마이뉴스>, 2018. 6. 22.

43 이와 관련해서는 손희정, 「페미니즘 리부트 — 한국영화를 통해 본 포스트페미니즘과 그 이후」, 『페미니즘 리부트 — 혐오의 시대를 뚫고 나온 목소리들』, 나무연필, 2017.

44 린 헌트, 앞의 책.

45 2018년, 과거 자신의 저서에서 여성을 비하하는 내용을 서술해 여성계로부터 비판을 받아 온 탁현민 당시 청와대 의전비서관실 선임행정관이 사직서를 제출하자, 임종석 당시 비서실장은 이를 반려하면서 "첫눈 오면 놓아 주겠다"라고 답했다.

'예술에 대한 폭력'과 '폭력을 흉내 내는 예술'

<퇴폐미술전>의 반복과 '미러링'

안소현

'불편하지 않은' 전시

2016년 즈음 나는 미술과 전시의 무력함에 대해 고민하고 있었다. 언제부턴가 미술 전시가 날선 질문을 소거하고 안락한 여가의 장소이기를 자처하면서, 온건하고 무난한 작품들을 선호하거나 정치적이고 비판적인 작품들의 성격을 탈색해 밋밋하게 만드는 장면을 종종 목격하게 되었다. 그런 탈색은 강압적인 검열censorship이라기보다는 차라리 합리적인 큐레이터십curatorship의 결과인 경우가 많아서 더 혼란스러웠다. 큐레이터, 특히 공공 기관의 큐레이터들은 관객을 위한 전시를 만들어야 한다는 명목으로, 신체를 노출하거나 정치적 문제를 제기하거나 어두운(심지어 물리적인 의미에서 조도가 낮은) 내용을 피하고, 아이들을 동반한 가족들도 함께 볼 수 있는 '기분 좋은', 즉 '불편하지 않은' 전시를 만들도록 노력할 것을 요청받았다. 그리고 그 '불편함'의 여부를 판단하는 기준은 대부분 모호하고 임의적이었다.

룩셈부르크의 행위예술가 데보라 드 로베르티Deborah de Robertis는 오르세 미술관에 전시된 귀스타브 쿠르베Gustave Courbet의 <세상의 기원>L'Origine du monde(1866) 앞에 다리를 벌리고 앉아 여성의 성기를 보여주는 <기원의 거울>(2014)이라는 퍼포먼스를 한 바 있다. 드 로베르티의 행위에는 슈베르트가 작곡한 <아베 마리아>(1825)의 선율과 함께 다음과 같은 내레이션이 더해졌다.

기원의 거울

나는 기원이다
나는 모든 여성이다
당신은 나를 보지 않았다
당신이 나를
물과 같은 마리아로
정자의 창조자로 생각하길 바란다[1]

퍼포먼스의 메시지는 선명했고, 질문은 날카로웠다. 그러나 오르세 미술관 관계자들은 드 로베르티를 가로막았다. 미술관은 19세기 남성작가 쿠르베가 기성 미술에 던진 파장을 긍정하고 심지어 여성미술가들에게 그 작품의 여성주의적 의미를 묻는 인터뷰 영상까지 제작했지만, 정작 그 작품에 대한 드 로베르티의 이 날카로운 질문을 들으려고 하지 않았다. 왜 미술관에서 신체를 사실주의적으로 재현한 이미지는 허용되고, 신체를 이용해 어떤 이미지를 '수행'하는 것은

PERFORMANCE ARTISTIQUE

03 juin 2014 11:55; *Act: 05.06.2014 21:28*

Jambes écartées devant «L'Origine du monde»

LUXEMBOURG/FRANCE - Déborah de Robertis, une jeune artiste luxembourgeoise, s'est fait récemment remarquer au musée d'Orsay, à Paris, en exposant son sexe devant un tableau.

Jambes écartées devant «L'Origine du monde» [HD] *par weblessentiel*

Attention, la séquence contient des images qui ne conviennent pas au jeune public.

Jeudi dernier, Déborah de Robertis a présenté une performance artistique très remarquée au musée d'Orsay, à Paris. Intitulée «Miroir de l'origine», la jeune artiste luxembourgeoise a exposé son sexe en posant sous «L'Origine du monde», de Gustave

데보라 드 로베르티의 <기원의 거울> 퍼포먼스 영상을 게시한 룩셈부르크 매체 『레상시엘』 *L'essentiel*의 기사 화면. (http://bitly.kr/deRobertis)

허용되지 않는가. 왜 남성작가가 재현한 여성신체는 허용되고, 여성 작가가 보여 주는 여성신체는 허용되지 않는가. 쿠르베가 여성의 성 기를 그린 것이 기성 미술제도에 파장을 일으키는 '수행적' 효과를 일 으키기 위한 것이라고 본다면, 재현과 수행을 구분하는 기준은 무엇 인가. 그것은 누가 어떻게 결정하는가.

이런 계기를 통해 나는 미술 전시가 사회적 금기를 다루는 방식, 그리고 그것을 '보여 줄 수 없는 것'이라고 규정하는, 즉 낙인을 찍는 과정이 궁금해졌다. 나아가 예술은 사회가 특정 대상을 '금기의 대상'이라고 판단하면 그 결과를 그저 수동적으로 받아들여야만 하는지 되묻고 싶었다. 2016년에 기획한 <퇴폐미술전>은 바로 이런 질문들에서 시작되었다.

<퇴폐미술전>(1937)과 <퇴폐미술전>(2016)

1937년 독일의 나치스는 동시에 두 전시를 열었다. 하나는 히틀러와 나치스가 추구하는 예술을 보여 주는 <위대한 독일미술전>이고, 다른 하나는 이와 대조되는, 나치스 정권이 생각하기에 비판받아 마땅한 작품들을 모아 놓은 <퇴폐미술전>이다. 전자에는 마치 그리스 로마 시대의 작품들처럼 인체의 조화와 비례를 강조한 작품들을, 후자에는 인종적·종교적·정치적 내용을 담았을 뿐만 아니라 형식적 파격을 시도한 아방가르드 예술들을 전시했다. 특히 후자의 전시에서 나치스는 아방가르드 예술 작품들을 미술관이나 화랑으로부터 압수해 그에 대한 노골적인 비난의 문구와 함께 전시했으며, 전시가 끝난 후에는 그중 다수의 작품을 소각하거나 경매를 통해 해외로 반출하고 해당 작가들의 독일 내 작품 활동을 금지했다. <퇴폐미술전> 리플렛에 실린 히틀러의 연설문은 이 전시의 취지를 명확하게 설명하고 있다.

국민 다수의 건강한 대중이 즐거워하고 마음으로 느끼며 받아들이지 못하고, 관심을 가졌다 말았다 하는 작은 파벌들에 의지한 예술은 참

1937년 나치스가 기획한 <퇴폐미술전> 전경.

을 수가 없다. 그것은 국민들의 건전한 본능을 견고히 해나가는 것이
아니라 그것을 혼란스럽게 하려 한다.

— 총통, '독일 예술의 집' 개막식 연설 중에서[2]

20세기에 가장 많은 관객을 동원한 전시 중 하나이면서 최악의 검열
사례로 기록된 1937년의 <퇴폐미술전>은 여러 측면에서 의미심장
했다. 우선 가장 눈에 띄는 부분은 우리가 역사에서 '예외적 야만'으
로 간주하는 파시즘 정권인 나치스의 검열 근거가 "다수의 건강한 대
중이 즐거워하는" "건전한 본능" 등 우리가 오늘날 특정 예술을 '금
지'의 대상이라고 판단하기 위해 동원하는 기준들과 거의 다를 바 없

다는 것이다. 심지어 그런 기준들은 '합리적 큐레이터십'이라는 미명 아래 오늘날 전시 일반을 평가하는 기준들과도 크게 다르지 않다. 무엇보다, <퇴폐미술전>에서 나치스가 아방가르드 예술 작품들을 비난하기 위해 선택한 방법과 언어들은 그 어떤 전시의 논리보다 훨씬 더 정교하고 치밀했다.

나치스의 <퇴폐미술전>은 총 9개의 주제별 그룹으로 구성됐는데, 그중에는 당연히 여성신체의 재현 방식에 대한 것도 있었다. 특히 제5그룹에서는 전형적이지 않은 여성의 누드 이미지를 제시하면서 그것에 재현된 여성들을 "매춘부" "창녀"라고 칭했다.

이 섹션은 예술에서 나타나는 타락 중에서도 특히 도덕적 측면에 대한 것이다. 전시가 보여 주는 "예술가들"에게 전 세계는 사창가에 불과한 것이 틀림없으며, 인간 종족은 매춘부와 포주만으로 구성되어 있다. 이런 포르노그래피 회화와 드로잉 중에서도 "퇴폐미술" 전에서조차 더 이상 전시될 수 없는 것들이 있는데, 그것은 관객들 중 여성들이 있을 것이기 때문이다. …… 그런 최악의 천박함, 그런 완전한 타락, 그런 노골적인 범죄가 여전히 "예술적 자유"라는 표어를 내걸고 인간의 가장 저급한 본능에 호소하는 것이 허락된다는 것은 상상할 수 없는 일이다.

뿐만 아니라 퇴폐미술의 이런 측면도 궁극적으로는 정치적인 의도를 갖고 있다는 점도 간과되어서는 안 된다. 그런 사실로부터 이런 쓰레기들은 분명히 대부분 마르크스주의자들이 말하는 계급 갈등의 분명한 메시지를 드러낸다. 또 우리는 "자본-소유 계급"의 나태한 자들과 그들의 창녀들이, 배경에 그려진 지쳐 비틀거리는 수척한 "프롤레 타리아"와 대비를 이루는 드로잉을 보게 된다. 다른 드로잉들에서는 창녀가 이상적인 것처럼 추켜세워져 부르주아사회의 여성과 대비되는데, 후자는 이런 "예술"의 창작가들의 눈에는 매춘보다 도덕적으로 훨씬 타락한 사람으로 보이는 것이다. 간단히 말해, 이 섹션에서는 볼셰비즘의 도덕적 작당이 사방에서 비명을 지른다.3

나치스의 <퇴폐미술전>은 스스로가 '퇴폐미술'이라고 규정한 작품들을 모독하기 위해 현대미술의 관례에 어긋나는 전시 방식을 택했다. 수많은 액자들을 적절한 간격 없이 여러 줄로 다닥다닥 붙여 걸거나, 그냥 바닥에 세워 두거나, 작품 위에 비난의 문구를 붙이는 식이었다. 나치스는 전시 공간과 비평 언어를 최대한 활용해, 그곳에 전시된 작품들이 왜 불온한지 대중에게 '합리적으로' 설득하려 했다.

2016년, 나는 '예외적 야만'으로 간주되는 이 전시를 패러디해 서울의 전시 공간인 '아트 스페이스 풀'에서 또 다른 <퇴폐미술전>을 기획했다. 물론, 나치스의 <퇴폐미술전>이 개최된 지 무려 79년이나 지난 시점에 이 극단적인 사례를 소환한 데에는 이유가 있었다. 1937년에 나치스가 기획한 <퇴폐미술전>의 목적은 유대인 예술가들, 그리고 자신의 정권에 대한 정치적 반대 세력을 솎아 내는 것이었다. 하지만 역사에 대한 오늘날의 관점에서 보면, 결국 나치스 정권은 절대악으로 규정되었고, '퇴폐' 예술가들의 명예는 복권되었다. 나치스가 개최한 <퇴폐미술전>이 오히려 나치스 정권의 문화적 편협함과 무지를 드러내는 선명한 징후로 기록된 것이다. 이는 예술이 그저 사회가 '보여 주어도 되는 것'이라고 허용한 대상만을 재현하고 그 기준을 따르는 것이 아니라, 오히려 예술을 통해 당대 사회의 공통감이 지닌 한계를 드러내고 그것을 비판할 수 있음을 증명한 극명한 사례다. 그리하여 2016년 <퇴폐미술전>의 리플렛에 수록된 기획의 글은 다음과 같이 시작한다.

> 예술을 둘러싼 말들에 부쩍 수동태가 많아졌다. 검열을 당했고, 예산이 삭감되었고, 공간을 빼앗겼고, 장長이 경질되었다. 그런데 이 문장들은 대개 대칭이 아니었다. 행위의 주체들이 드러나 있지 않기 때문이다. 그들은 잘 나서지도 대답하지도 않았고, 심지어 잘 확인되지도 않았다. 비대칭적 수동태로 묘사된 예술은 사회가 붙여 준 규정에 반박하고 대안을 찾느라 허둥대고 있었다. 사회가 예술을 이러저러하게 규정해 버리고 나면 예술가들 스스로 그 문제를 떠안아 전전긍긍하고 토론하고 심지어 (자신도 모르게) 그 기준에 작업을 맞추어 가는 이런 상황은 바람직한 것인가? 예술이 이 지겨운 수동성을 벗어나 먼저 사회의 경직성과 편견을 드러냄으로써 사회를 규정할 수는 없을까? 이 전시는 이런 무모한 질문에서 시작되었다.[4]

2016년 6월 23일부터 8월 14일까지 열린 <퇴폐미술전>에는 권용주·김웅현·안경수·오용석·옥인콜렉티브·임유리·장파·전소정·정덕현, 이렇게 총 아홉 명(팀)의 작가들이 참여했다. 이들의 작품 곁에는 그 작품들을 비난하는 내용의 문구를 붙였고, 안내 책자에는 1937년 <퇴폐미술전>의 논리를 최대한 참조해, 전시된 작품들의 '위험성'을 경고하는 상세한 설명을 실었다. 그리고 가능한 한 관례적이지 않은 방식으로 작품들을 설치하여 작품에 대한 모독의 의도를 부각시키려 했다. 연달아 걸린 회화 작품들의 테두리가 서로 겹쳐지게 배열했고, 작품을 벽이 아닌 서까래나 천장에 아무렇게나 걸었으며, 바닥에 눕혀 놓아 관객들이 밟을 수 있는 상태로 만들기도 했다. 작품을 설명하는 문구들 위에 '빨간 줄'을 그어 금지의 표시를 하기도 했다(물론 이 모든 것들은 작가들의 망설임 섞인 동의를 얻어 실시됐다). 그리고 나치스의 논리를 빌려 와, 이 작품들이 그냥 불쾌하기만 한 것이 아니라 실은 매우 주도면밀한 정치적 의도를 가지고 기획된 위험한 선동 장치임을 강조했다. 이를테면, 장파 작가의 회화에 붙여진 문구의 내용은, 그의 그림이 지닌 화려함 뒤에는 매우 난폭한 공격성이 숨겨져 있다고 고발하는 것이었다.

장파의 그림의 시각적 온도에 속으면 안 된다. 내장을 꺼낸 고기 같은 선홍색 여체와 쾌락에 열어젖힌 낯 뜨거운 자세들, 화려한 색과 난폭한 선들 때문에 그녀의 그림들은 뜨거워 보인다. 그래서 그 그림들은 여성의 무의식의 분출이나 무절제한 성적 충동쯤으로, 다시 말해 뭔가 불쾌할 수는 있지만 공격적이지 않은 것으로 오해되기 쉽다.

하지만 거기에는 좀 더 기분 나쁜 뭔가가 있다. 얼굴들이 아예 지워져 있거나 두 눈이 힐긋 관객을 쏘아보고 있다. 여기에는 남성에게 수동적으로 '보여지는' 대상으로서의 여성은 없으며, 철저하게 의도된 '보여 주기' 혹은 '보기'가 있을 뿐이다. 그래서 그것은 동물적 충동이 아니라 (조르주 바타유가 말하는) 의식적인 에로티즘이다. 그것은 우

2016 풀 프로덕션 <퇴폐미술전> 전시 중 장파 작품.
(사진 홍철기, 아트 스페이스 풀 제공)

리의 관음증을 일부러 끄집어내어 인정하게 하는 치밀하게 계산된 행동이다.5

나는 이런 비난조의 설명과 '무례한' 보여 주기 방식이 일종의 '갈라 짐'을 만들어 낼 것이라 기대했다. 어떤 것을 비판하는 데 동원하는 자신의 근거가 나치스가 예술에 전대미문의 폭력을 가했을 때의 논리와 얼마나 같거나 다른지 관객 스스로 비교해 보길 바랐다. 관객의 동선 중 마지막 부분에 1937년 독일 <퇴폐미술전>의 자료를 배치한 것은 그 때문이다. 관객이 2016년의 <퇴폐미술전>을 관람하면서 자신의 미적·정치적 관점이 무엇인지 스스로 충분히 확인한 후, 퇴장하기 직전에 예술에 대한 나치스의 관점을 확인하도록 한 것이다. 그리하여 만약 관객이 2016년 <퇴폐미술전>의 전시 방식을 일종의 반어적 수사, 즉 예술이 폭력을 흉내 낸 사례라고 받아들일 수 있다면, 바로 그 지점에서 사회가 예술에 가하는 폭력, 또는 예술을 통해 드러나는 사회적 폭력의 구체적 형상을 확인할 수 있으리라 생각했다.

전시를 구상하는 단계에서는 모든 것이 명확해 보였다. 특히 예술에 대한 혐오와 폭력의 언어를 학습해 흉내 내는 일은 그다지 어려워 보이지 않았다. 이미 우리 사회 도처에 혐오와 폭력의 언어들은 넘쳐 났고, 예술에 대한 직간접적인 검열과 규제 사례들도 흔했다(나중에 밝혀진 것이지만, 심지어 전시가 열린 2016년은 박근혜 정부 주도하에 문화예술계 블랙리스트가 작성되고 그 효과가 구체적으로 발휘되던 중이기도 했다). 나는 혐오의 언어와 논리를 생산하는 특정 개인과 단체들의 소셜미디어 및 그들의 언어를 별다른 비판 의식 없이 반복하거나 확대 재생산하는 언론 매체들을 일부러 찾아다니며 그들의 언어를 습득하고자 했다. 관찰해 보니, 이 폭력의 언어에는 일정한 패턴이 있었다. 이 혐오 발화를 수행하는 이들은, 부분적 현상이 전체를 보여 준다고 단정하는 '일반화의 오류'에 빠져 있었다. 또한 세간에서 관성적으로 받아들이는 도덕적 판단을 마치 결코 비켜서거나 넘어설 수 없는 막다른 골목처럼 설정해 두고, 그 이외의 생각은 아주 위험해서 사회질서를 무너뜨릴 것이라 확신했다. 이런 패턴으로 이루어진 폭력의 언어를 흉내내는 것 자체는 그리 어렵지 않았다.

그러나 전시를 만드는 과정에서 마주한 상황은 생각만큼 선명하지 않았고 내가 기대한 '갈라짐'의 양상도 예상보다 훨씬 복잡했다. 우선, 나는 이 전시가 '특수한' 역사적·사회적 맥락에 의거해 기획된 것임을 설명하기 위해 전례 없이 긴 분량의 제안서를 작가들에게 보냈다. 1937년에 열린 <퇴폐미술전>의 역사적 배경을 서술하고, 내가 이 전시를 어떤 맥락에서 어떻게 패러디할 것인지를 자세히 설명했다. 내가 초대한 작가들의 작품에는 패러디를 통해 사회적 편견과 혐오를 건드려 표면화할 수 있는 힘이 있음을 강조했고, 전시에 사용할 문구들을 작가들에게 미리 보내서 아주 사소한 표현일지라도 일일이 함께 확인했다. 물론, 전시를 제안 받은 작가들 중에는, 이 패러디 전시의 의도를 충분히 이해하고 수용했으면서도 막상 자신의 작품들에 가해진 원색적인 비난 문구를 접하자 당황한 기색을 감추지 못하는 작가도 있었다. 내가 제시한 일부 혐오 표현들에 대해 신중한 태도를 보이는 경우도 생겼다.

나 자신도 전시에 사용할 '비난'의 표현을 고르면서 고민이 깊어졌다. 내가 의미 있다고 생각해 온 작품들에 무례한 폭력의 언어를 더하는 것도 쉬운 일은 아니었지만, 더 큰 문제는 내가 이 사회가 생산한 혐오의 언어를 일방적으로 따라하는 일에 쉽게 싫증이 났다는 것이다. 근거 없는 일반화와 도덕적 선입견이 반복되면 관객들은 곧 지루해할 것이고 전시의 긴장감도 급속히 떨어질 것이 분명했다. 왜 혐오의 언어들이 끝 간 데 없이 표현의 강도를 더해 가는지 이해할 수 있었다. 이 때문에 전시의 작품 설명에서는 성급한 일반화와 도덕적 선입견을 반복하기보다는, '비난'의 뉘앙스를 유지하면서도 관점에 따라서는 예술의 미덕으로 보일 수도 있는 해당 작품의 비규범적 성격을 부각시키기로 했다.

예술가들이 남몰래 이상 감각에 호기심을 갖는 것이야 막기 힘들지만, 문제는 이들이 이런 병리 현상을 "이치에 맞는 것"으로 승화시킬 수 있다고 믿거나 어처구니없게도 그것을 다른 사람과 공유할 수 있는 방법을 찾고 있다는 것이다. 전소정이 편지라는 형식을 통해 이런 터무니없는 생각을, 못지않게 허황된 생각을 가진 어떤 이와 공유한 흔적을 보면, 병리 현상에 대한 우려는커녕 자신에게 그런 증상이 나타나지 않는다며 괴로워하는 것을 볼 수 있다. 그들은 서로의 어리석음을 자랑하듯 참고문헌과 시각 자료들을 늘어놓으면서 함께 기뻐하고 서로의 생각을 예찬하며 기대감을 감추지 않는다. 문제는 이런 병리 현상에 대한 탐닉이 소위 예술의 영역에 있다는 사람들 사이의 교류를 통해 전염병처럼 번진다는 것이다.[6]

2016 풀 프로덕션 <퇴폐미술전> 전시 중 장파 및 정덕현 작품.
(사진 홍철기, 아트 스페이스 풀 제공)

그러나 이런 '모호함'을 의도한 전략 때문인지 오히려 혼란을 느꼈다
는 관객들도 있었다. 이미 역사에 의해 절대악으로 규정된 나치스의
전시를 패러디했다는 점에서 이번 전시의 문장들이 반어적인 것임을
알아차리는 것은 어렵지 않았지만, 그렇다고 해도 이 전시를 결코 편
안하거나 유쾌하게 즐길 수만은 없었다는 의견도 있었다. 비난 문구
의 영향과 별개로, 이 전시의 작품들에는 그 자체로 관객을 '불편하
게' 하는 힘이 있었기 때문이다. 일부 관객들은 바로 이 불편함을 어
떻게 판단해야 하는지 당황스러워 했다. 반면, 이미 현대미술의 비규
범적 태도에 익숙한 관객들은 오히려 이 전시가 의도적으로 패러디

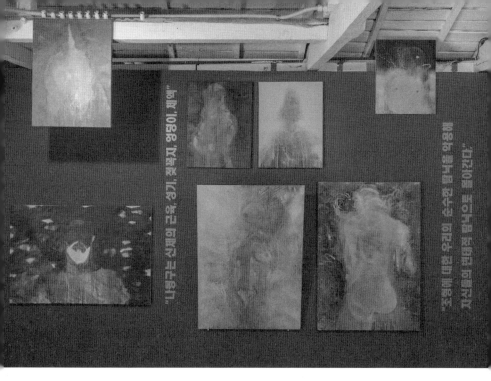

2016 풀 프로덕션 <퇴폐미술전> 전시 중 오용석 작품.
(사진 홍철기, 아트 스페이스 풀 제공)

한 혐오와 비난의 언어가 '충분히' 불온하거나 퇴폐적이지 않다고 여기기도 했다.

전시가 열리던 2016년 여름 당시에는 이런 혼란이 당연하다고 생각했다. 애초에 '전시'라는 매체가 점차 '편안'하고 '안전'한 것으로 여겨지는 데 대한 불만으로 이 전시를 기획했기 때문에 관객의 혼란은 오히려 기대한 바이기도 했다. 하지만 같은 해 가을, 온라인상에서 문화예술계의 성폭력을 고발하는 해시태그 운동이 전개되고 페미니스트 '미러링'mirroring과 그에 대한 논란이 확산되면서 내가 기획한 <퇴폐미술전>의 언어에 대해서도 다시 생각해 보게 되었다.

물론, 2016년 <퇴폐미술전>의 언어들은 비난의 형식을 취하면서도 예술의 특정 자질과 가능성에 대한 긍정과 지지의 의도를 유지했다는 점에서, 최근 논란이 된 '미러링'의 폐해 혹은 부작용과는 그 성격이 다르다. 하지만 '폭력을 흉내 내는 언어'가 지닌 예상 밖의 효과에 대한 고민마저 지울 수는 없다. 폭력을 흉내 낸 예술은 관객을 어디로 데려가는가. '폭력을 흉내 내는 언어'는 '폭력의 언어'와 어떻게 구분되는가. '폭력의 언어'가 지닌 폭력성을 고발하기 위해 고안된 '폭력을 흉내 내는 언어'는 오히려 폭력을 반복함으로써 사람들을 폭력에 더 무뎌지게 하거나 심지어 폭력을 구체적인 행동으로 실현하는 것은 아닌가.

미러링, 차이를 만들어 내는 반복

'페미니스트 미러링'은 그간 특정 대상에게 혐오와 폭력의 언어를 발화해 온 주체들로 하여금 역으로 그 언어를 듣는 대상이 되게 함으로써, 그 언어들이 '혐오'와 '폭력'의 행위였음을 깨닫게 하는 강력한 효과가 있다. 그러나 애초 혐오 발화에 내재한 폭력의 강도를 유지해야만 효과를 발휘하는("우리가 폭력을 쓰는 것은 그렇게 해야만 그들이 이해하기 때문이다") 이 미러링의 말들은 성소수자·난민·장애인과 같은 사회적 약자와 소수자들을 향하기 시작했다. 물론 온라인 집단 내부에서 그에 따른 분화가 나타나고 자성의 목소리도 있었지만, 그럼에도 내가 <퇴폐미술전>을 기획하면서 가졌던, '폭력을 흉내 내는 언어'에 대한 고민은 깊어질 수밖에 없었다.

안타깝게도 여전히 나는 이 미러링의 언어들이 어디로 향할 것인지 진단할 수 있는 혜안을 가지고 있지 않다. 점차 그 대상을 확장해 가는 미러링 언어가 스펙터클 이미지처럼 끝없이 더 큰 자극을 향해 나아갈지, 아니면 대중적 주목을 이끌어 내는 것을 넘어 그 정치적 효과를 모색하며 분화할 것인지 예언하기는 어렵다. 다만, 누군가가 사용하는 언어가 그의 행동을 결정한다는 언어사회학적 결정론을 전적으로 신뢰하지는 않고, 가정된 장에서 발생하는 '놀이'나 유머의 힘을 믿기 때문에 '폭력의 언어'와 '폭력을 흉내 내는 언어'가 완전히 동일하다고 생각하지 않는 애매한 상태에 머물면서 끝없는 질문들을 되뇌고 있을 뿐이다.

<퇴폐미술전>을 기획하고 몇몇 시행착오를 겪으면서, 또 이후 미러링의 양가성 문제를 고민하면서 어렴풋하게나마 깨달은 것이 몇 가지 있다. 첫째는 이 사회의 지배규범에 의해 '명백한 폭력'으로 규정된 행위를 반복하는 것과, '폭력이 아니었던 행위'를 반복하는 것의 효과는 분명 다를 수 있다는 것이다. 예컨대, 최근 문화예술계에서 수행된 미러링의 양상을 보면 '일간베스트'(일베)와 같은 반사회적 커뮤니티에서 통용되는 극단적인 여성혐오 언어를 그대로 가져와 반복하는 경우도 있지만, 일부 남성예술가들이 자신의 '예술적 자유'를 과시하기 위해 아무런 문제의식 없이 사용해 온, 소위 '문학적 표현'으로 여겨진 여성혐오의 언어들을 조롱할 의도로 복사하는 경우도 있었다. 전자는 이미 사회적으로 명백히 '폭력'이라고 인지된 언어와 행위를 그 주체와 대상만 바꿔 반복하는 것이지만, 후자는 기존 사회의 규범이나 질서, 상식과 같은 광범위한 차원에서 '폭력'이라고 제대로 인지되지 않던 행위의 맥락을 재구성해 반복함으로써 비로소

그 행위에 내재한 폭력성을 드러나게 하는 것이다. 물론, 유저들끼리 공유하는 특수한 문법에 의해 지탱·구동되는 커뮤니티로서의 '일베'나 '예술'이라는 장르 모두 일종의 '예외적 자율성'을 벡터로 삼는다는 점에서는 마찬가지이지만, 예술의 예외적 자율성은 이 사회의 지배규범에 의해 그 정당성이 거의 의심받지 않는 상식처럼 인정되고 있다는 점에서 그 위험성이 오히려 전자보다 훨씬 더 클 수도 있다.

둘째는 '싫증'이나 '지루함' 같은, 혐오 발언을 접하는 수용자(관객/대중)의 감각과 판단이 '폭력을 흉내 내는 언어'의 임계와 그 효과를 결정하는 데 중요한 기준이 될 수 있다는 점이다. 전시를 만드는 기획자의 입장에서, 해당 전시가 잠시 관객의 관심을 끄는 것에만 머물지 않고 관람 시간 내내 긴장감을 유지하기 위해서는 이 사회에 통용되는 혐오의 언어를 무한히 반복하기만 해서는 안 된다. 내가 큐레이터로서 중요하게 생각하는 가치들과 관련된 언어들을 선별해 그것들이 반어적 효과를 유발하는 방식으로 관객의 관심을 유지하려 했던 것은 그런 이유다. 하지만, 내가 만약 미러링의 언어와 전략, 양상 등을 좀 더 세분화해 이해하고 습득할 수 있다면 그런 소극적 방어나 '물러섬'이 아닌 다른 방식으로 수용자의 관심을 지속시킬 수도 있었을 것이다. 그런 면에서 우리는 아직 미러링의 전략적 가능성을 판단할 만한 충분한 시간을 갖지 못했다. 미러링은 일종의 '반복'이지만, 그 반복이 '충분히' 수행되어야만 어떤 종류의 반복이 그 정치적 목적을 달성하는 데에 유효한 것인지 판단할 수 있을 것이다.

셋째는 (앞의 두 사안에 대한 판단에서 비롯된 것인데) 이 모든 반복을 수행하는 일에 예술, 특히 동시대 미술이 특권적이라는 것이다. 이는 그간 예술가에게 혐오의 언어가 '예술적 자유'라는 미명하에 손쉽게 허용돼 왔다는 부정적인 면에 대한 지적이기도 하지만, 동시대 미술에서 비규범적이고 반체제적인 것이 자연스럽게 예찬의 대상으로 읽힐 만큼 강한 선재적 맥락이 작동하고 있음에 대한 이야기이기도 하다.

사실 이 두 가지는 항상 동시에 작동해 왔다. 우리는 예술이 사회 구성원들의 암묵적 합의에 의해 가정된 하나의 장場이라는 사실을 인지하고 있고, 관객은 '동시대 미술은 작가가 의도적으로 배치한 제스처를 통해 발언한다'라는 암묵적 전제에 동의한 상태에서 전시장으로 들어간다. '예술'이라는 장에서 행해지는 '모방된 폭력'은 바로 이런 가정假定 하에 허용돼 왔고, 그로 인해 좀 더 섬세한 발언의 맥락을 만들어 낼 수 있었다. 이 글 서두에 언급한 행위예술가 드 로베르티의 동작이 단지 사람들의 이목을 끌기만 한 것이 아니라, 그간 미술관이 얼마나 남성 편향적인 관점을 신화화해 왔는지를 단번에 드러내는 선명한 메시지가 될 수 있었던 것은, 작가가 배치한 장치들을 읽어 낼 준비가 이미 관객에게 충분히 돼 있었기 때문이다. 발표 당시에는 미술계에서 절대 받아들여지지 않았던 쿠르베의 작품이 어떻게 미술제도 안으로 들어올 수 있었는지, 이후 쿠르베의 작품이 어떻게 신화화됐는지, 미술계에서 남성작가와 여성작가, 혹은 '재현'과 '실제'를 구분하려 할 때 어떤 모순이 발생하는지 관객은 이미 알고 있었다. 드 로베르티는 쿠르베가 그린 여성성기를 남성성기로 대체하는 방식의 단순한 미러링을 시도하기보다는(이런 전략을 취한 작품들은 온라인에서 쉽게 찾을 수 있다), 쿠르베의 작업을 둘러싼 모순을 드러내는 데 효과적인 언어와 음악 같은 장치들을 섬세하게 배치함으로써 자신이 의도한 행위의 메시지가 '읽힐 수 있게' 만들었다.

미러링은 기본적으로 반복을 통해 차이를 만드는 행위다. 페미니스트 미러링은 그것을 때로는 유쾌하게, 때로는 폭력적으로 경험하게 해주었다. 이제 그 차이를 다양화하고 확장시키고, 사람들이 '같은 것'이라고 뭉뚱그려 말하던 것을 구분하게 하는 것은 어쩌면 '모든 것이 의미를 가진 것처럼 읽힐 수 있는' 특권을 가진 예술의 몫이라는 생각을 하게 된다. 물론 온라인의 미러링과 전시장의 미러링을 근본적으로 구분할 수 있는 명확한 기준은 없다. 다만, 여전히 가치 중심적 장인 미술이 반복을 통해 얼마나 새로운 차이를 만들어 내느냐에 따라 관객이 싫증을 느끼는 속도가 달라질 수 있을 것이다.

최근 페미니즘 운동의 대중화 전략으로서 적극적으로 활용되는 미러링은 여전히 혐오의 '강도'를 높이는 방식을 선호하는 것처럼 보이고, 이는 불가피한 것으로 여겨지기도 한다. 하지만 미러링이 예술의 문법을 활용·갱신해 보다 다양한 전략을 고안한다면, 관객은 기꺼이 그로부터 발생하는 새로운 즐거움을 찾아 이동할 것이고, 이는 또 다른 정치적 가능성을 내포할 것이다. 79년 전 나치스의 <퇴폐미술전>이 예술에 가한 폭력을 오늘의 작가들에게 반복하면서 기대한 효과가 바로 이것이다. 이 반복의 행위가 동일성에 대한 주장이 아니라, '차이'를 드러내는 기획으로 읽혔기를 바란다.

주

1 데보라 드 로베르티의 퍼포먼스 영상은 아래 온라인 기사에서 볼 수 있다.

"Jambes écartées devant l'Origine du monde", *L'essentiel*, 3. Juin. 2014.

  http://bitly.kr/deRobertis (번역은 필자의 것)

2 <퇴폐미술전>(1937) 리플렛. Stephanie Barron, *Degenerate Art: The Fate of the Avant-Garde in Nazi Germany*, Los Angeles County Museum of Art, 1991, p. 360에서 재인용. (번역은 필자의 것)

3 위의 글, p. 372.

4 <퇴폐미술전> 리플렛, 아트 스페이스 풀, 2016, 20쪽.

5 위의 책, 15쪽.

6 위의 책, 17쪽.

보이즈 러브의 문화정치와 '여성서사'의 발명[*]

'야오이'의 수용부터 '탈BL' 논쟁까지

김효진

야오이와 BL의 수용, 그 후 30년

1970년대 창작동인지를 중심으로 시작된 일본의 동인지문화가 급속하게 발달·대중화한 계기로 '야오이'ゃぉぃ의 등장을 빼놓을 수 없다. '야오이'는 기존 작품에 등장하는 남성캐릭터들 간의 관계를 호모섹슈얼 로맨스로 패러디한 작품군을 일컫는데, 작가들은 대부분 여성이며, 그녀들 스스로 자기 작품들에 '클라이맥스가 없고'ゃまなし, '완결이 없고'ぉちなし, '의미가 없다'ぃみ意味なし라고 평한 것이 어원으로 알려져 있다. 한편, BL은 '보이즈 러브'Boys' Love의 준말로, 1990년대 초반 일본의 출판시장에서 상업 장르로 확립·출판된 순수 창작물로서,

---

[*] 이 글은 필자의 논문 「'동인녀'同人女의 발견과 재현 — 한국 순정만화의 사례를 중심으로」(『아시아문화연구』 30, 가천대학교 아시아문화연구소, 2013)와 「페미니즘의 시대, 보이즈 러브의 의미를 묻다 — 인터넷의 탈BL 담론을 중심으로」(『여성문학연구』 47, 한국여성문학회, 2019)의 일부를 수정·재구성한 것이다.

남성 간의 동성애 관계를 가볍고 밝게 다룬 작품군을 지칭한다. 그러나 BL이 1990년대 이후에야 등장했고, 야오이의 전성기인 1980년대에 활동한 동인 작가들이 프로 작가로 데뷔해 BL 작품을 출판하는 사례들이 많았기 때문에 BL의 직접적인 기원을 야오이에서 찾는 견해가 지배적이다.

한국에서 아마추어 만화동아리 활동이 활발하게 전개되기 시작한 시기는 1980년대 초반으로 거슬러 올라간다. 1980년대의 아마추어 만화동아리는 주로 프로 만화작가를 지향하는 이들로 구성되어 창작을 중시하는 경향이 강했다고 알려져 있다. 이런 흐름은 1990년대 초부터 변모하는데, 그 계기로는 일본에서 야오이와 BL[1]이 수용되어 여성 만화 팬들의 창작과 소비를 이끌어 냈다는 점, 1990년대 후반 코믹월드 개최를 계기로 동아리 중심이 아닌 개인 중심의 동인지 제작 및 배포가 일반화되었다는 점을 들 수 있다.

1990년대 초반부터 현재에 이르기까지 30여 년간, 한국 여성들은 일본의 BL을 적극적으로 수용했을 뿐만 아니라 동인지와 상업출판의 형태로 직접 창작해 왔으며, 이는 아이돌 산업의 발전과 함께 아이돌 팬픽fanfic의 영역에까지 그 범위가 확대됐다. 주류 사회에서 이들을 바라보는 시각 또한 이런 상황과 함께 변화해 왔다. 여성들의 이런 문화적 실천은 1990년대에는 일본 대중문화의 악영향으로 인식됐으나, 2000년대 들어 여성들은 동성애적 서사의 적극적인 소비자로서 새롭게 평가받았다. 나아가 2010년대 이후 온라인을 중심으로 BL 시장이 확대됐고, <응답하라 1997>(tvN, 2012)과 같은 TV드라마의 재현 등을 통해 팬픽 문화가 가시성을 획득하면서 그 존재감을 명확히 드러내게 되었다.

　흥미로운 것은, 이처럼 30여 년에 걸쳐 한국 여성들의 문화적 실천
으로 자리 잡은 한국의 BL과 후조시腐女子2문화가 최근 내부 비판에
직면하고 있다는 점이다. 2018년 8월경부터 한국어권 트위터를 중심
으로 '탈BL'(탈비엘)이라는 용어를 쉽게 찾아볼 수 있다.3 '탈BL'은
BL을 탈출하거나 버리자는 운동으로, BL의 다양한 문제들을 비판
하고, 궁극적으로는 BL의 소비와 창작을 멈추자고 제안한다. 2015
년의 문화 현상으로서 '페미니즘 리부트'가 등장한 이후, '탈BL'론은
한국의 BL과 후조시문화에 대해 과거와는 다른, 내부자적 관점에 의
한 비판으로서 제기됐다. 그리고 이는 이전의 외부자적 관점, 특히 종
교적 보수파의 동성애혐오homophobia에 기반한 BL 비판과는 달리, 페
미니즘 관점에 기반하여 BL과 후조시문화의 '근본적' 모순을 지적한
다는 점에 그 특징이 있다.

　야오이와 BL이 적극적으로 수용된 지 약 30년이 지난 현재, '탈
BL'론은 어떤 배경에서 등장했는가. 이는 어떤 사회적·문화적 의미
를 지니는가. 이 글에서는 대중문화의 영역에서 한국 여성들이 주도
적·적극적으로 창작하고 소비해 온 미디어이자 여성들의 문화적 실
천으로서 BL을 규정하고 그 역사를 살펴본다. 그리고 최근의 탈BL
담론이 탄생한 배경과 그 주된 내용 및 논리를 고찰한다. 결론에서는
여성들의 문화적 실천으로서 BL이 지닌 정치적 가능성을 변화하는
사회문화적 상황과 연동하여 다시 탐색해야 할 필요성을 제기할 것
이다.

'동인녀'의 탄생과 한국 BL문화의 형성 — 1990~2000년대까지

현대 한국 대중문화의 역사를 돌이켜 볼 때, 1990년대는 중요한 기점으로 기록된다. 군부정권을 청산한 민주화와 경제적 발전, 냉전 체제 종식과 함께 진행된 신자유주의의 침투, '국제화'로 대표되는 한국 사회의 개방과 PC통신을 필두로 한 통신 기술의 발달 등 1990년대는 다양한 수준과 영역에서 그 이전 시대에는 불가능했던 '개방'과 '교류'가 일어난 시기였다.

동시에 한국 여성의 하위문화에도 큰 변화가 일어났다. 특히 '야오이'가 한국 사회에 대중적으로 보급된 계기는 일반적으로 1993년 오자키 미나미尾崎南의 <절애>絶愛(1989)와 <브론즈>BRONZE(1989)의 해적판 번역본 출간으로 간주된다. 많은 순정만화 팬들이 <절애>를 야오이 입문의 계기로 꼽는다는 점에서 <절애> 해적판 출판은 한국 '동인녀'의 탄생을 이야기할 때 빼놓을 수 없는 사건이다.[4] 그러나 여기서 주의해야 할 것은 <절애> <브론즈>는 일본 슈에이샤集英社의 소녀만화 잡지 『마가레또』マーガレット에 정식으로 연재돼 단행본으로 출판된 사례일 뿐, 아마추어 출판물인 '동인지'가 아니었다는 사실이다.

한국에 동인지 형태의 야오이가 최초로 유입·수용된 것은 1980년대 이후, 그 당시 한국 순정만화의 발전을 견인했던 아마추어 만화동호회의 활동에 힘입은 바가 크다. 추국희는 아마추어 만화동호회가 생겨나고 이들을 중심으로 동인지문화가 확산된 계기를 1970년대에 급속히 발전한 일본 소녀만화가 한국에 불법으로 수입되거나 해적판으로 출판되었던 사실에서 찾고 있다.[5] 당시 한국에 수입 또는 모방돼 출판된 일본 소녀만화는 한국 순정만화 인구의 확산에 큰 영향을 끼쳤고, 이와 함께 만화동호회를 중심으로 기존의 대본소 중심 만화 시장에서는 충족되지 않던 창작욕을 동인지를 통해 표현하고자 하는 움직임이 활발해졌다. 그러나 1980년대에는 한국 작가들이 남성캐릭터들 간의 동성애를 직접적으로 묘사한 작품이나 동인지는 매우 드물었다.[6]

1990년대 초반, <절애>와 <브론즈>가 해적판으로 출판돼 인기를 얻고 해외여행이 자유화되면서 보다 직접적으로 한국에 유입된 일본 동인지들은 그 당시 활발하게 활동하던 한국 만화동호회의 동인지에 많은 영향을 미치게 되었다. 칼럼니스트 선정우의 인터뷰에 따르면, 적어도 1995년 시점에는 한국 아마추어 작가들에 의한 야오이 만화동인지가 제작·판매됐다고 한다.[7] 이는 당시 일본 야오이 만화(이후 'BL만화'로 점차 명칭이 바뀜)의 인기가 한국에서 이어지면서, 한국의 유명 순정만화가가 동성애 묘사가 포함된 만화를 출간해 화제를 모았고,[8] PC통신과 인터넷을 중심으로 팬픽 문화가 점차 대중적으로 확산되었기 때문이다.[9]

1999년 코믹월드가 시작되면서, 전문 작가를 지망하며 창작만화를 그리던 기존의 만화동아리 활동과는 달리, 취미로서 자신이 좋아하는 만화나 소설을 패러디한 동인지를 제작하여 배포하는 새로운 아마추어 작가층이 본격적으로 등장했다. '동인녀'는 대다수가 여성인 이들을 가리키는 말로서 일본에서 유입·사용된 명칭이다. '동인녀'는 일본의 야오이·BL 및 한국에서 관련 장르의 작품들을 애호하는 여성을 일반적으로 부르는 명칭으로, '동인'同人과 '여자'를 뜻하는 한자 '녀'女의 합성어이다.[10] 한국에서 동인문화가 형성된 것이 1980

년대로 거슬러 올라간다는 점, 이를 주도적으로 이끌어 온 것이 여성 아마추어 만화작가들이었다는 점, BL이 한국에 본격적으로 수입된 것이 1990년대 초반이라는 점들[11]을 고려해 본다면, 동인녀는 한국에서 BL이 본격적으로 확산되기 이전인 1980년대부터 한국 아마추어 만화시장에서 주요한 생산자이자 소비자로서 존재하고 있었다.

박세정의 논문에 따르면, 기존 만화동호회 중심의 '전국만화동아리연합'Amatuer Comics Association, ACA[12] 이외에 1999년 동인 이벤트인 '코믹월드'가 시작되면서 동호회가 아닌 개인의 동인 이벤트 참가가 쉬워졌고, 이와 함께 패러디동인지 제작도 증가했다고 한다. 그리고 2000년대에 들어, 인터넷을 통해 일본 동인문화에 보다 직접적으로 접촉하게 되면서 일본 동인계에서 사용하는 '동인녀' 등의 용어가 유입된 것으로 보인다.[13]

흥미로운 것은, 이때 '동인녀'는 원래 동인지 제작 및 유통에 관련된 생산자를 가리켰지만, "넓게는 동인계에서 많은 여성들이 좋아하는 '야오이 코드에 대한 감수성을 갖고 있는 여성'"으로도 정의된다는 점이다.[14] 이와 관련해 장민지·윤태진은 인디/동인게임인 <어이쿠 왕자님>(대인배들, 2008)을 생산·소비하는 여성게이머의 경험을 분석하면서, "동인녀들이 동인이라는 용어 자체를 '남성 동성애물'을 통칭하는 넓은 의미로 사용하고 있다"는 사실을 언급하고 있다.[15] 여기에는 한국의 동인문화가 일본의 동인지문화와 만화문화의 소비자들로부터 출발했으며, 이후 한국 독자들이 일본의 관련 콘텐츠(야오이, BL 등)를 지속적으로 소비해 왔다는 점, 일본에서 수입된 작품들이 상업출판 영역에서 압도적인 양을 차지하는 반면, 아직 초창기 단계에 있던 한국의 콘텐츠는 동인지나 동인게임 등 아마추어 창작에 집중돼 있었다는 점, 특히 한국에서 만들어진 동인지들 대다수가 남성 간의 동성애적 관계를 다루고 있다는 점 등이 복합적으로 작용한 것으로 보인다.

2000년대에 들어, 한국의 '동인녀'는 새로운 '소비자'로서 매스미디어의 주목을 받게 된다. 당시 동성애를 소재로 한 영화가 여성관객들로부터 대중적 인기를 끌게 되면서 이들의 소비력이 강조되었기 때문이다. 구체적으로는 1990년대 매스미디어가 일본의 음란 만화로서 '야오이'의 악영향을 강조했다면, 2006년 동성애 영화 <후회하지 않아>의 감독인 이송희일의 인터뷰에서는 '동인녀'가 보다 긍정적으로 언급된다. 이때 '동인녀'에는 "미소년 동성애에 호감을 가지는 여자, 동성애 만화, 영화, 문학 등을 탐미하며 속칭 '야오녀'라고도 한다"라는 편집부의 설명이 첨기돼 있다.[16] 또한 2000년대는 인터넷의 발달과 함께 일본의 동인지문화와 실시간으로 교류가 일어나고 일본의 관련 작품들이 정식으로 번역·출판되는 시기로서, 한국에서도 창작 BL만화 및 만화·소설 동인지가 활발하게 제작된 시기이기도 하다.

그러나 이렇게 한국에서 BL이 생산·향유됨에도 불구하고 이 활동의 주체인 동인녀는 2000년대 중반에 이르러서야 매스미디어에 의해 '발견'됐다. 이때 동인녀는 주로 동성애 관련 콘텐츠를 소비하는 새로운 소비자층으로서의 측면이 강조되는 한편, 이들의 토대인 아마추어 창작 활동 중심의 동인문화는 역사적 맥락이 탈각된 채, 그것의 유희적인 측면만 부각되며 상대적으로 폄하되는 경향을 보인다.

한편, 2000년대 이후 한국 콘텐츠 산업의 발전과 세계적인 확산 현상을 고찰할 때, 소위 '동성애 코드'의 영향을 빼놓을 수 없을 것이다. 이때 케이팝K-POP 아이돌 스타는 물론이고,[17] 한국영화의 다수가 남성들 간의 호모소셜한 유대를 묘사하고 그것을 여성관객이 지지하는 구도였다는 점[18] 또한 사실이다. 성소수자에 대해 불관용한 사회적 분위기와는 달리, 2000년대 이후 한국영화 시장에서는 남성동성애를 테마로 한 작품들이 연속으로 히트했고, 이 현상이 BL에 익숙한 '동인녀' 덕분이라고 평한 영화평론가들과 매스미디어들도 적지 않다.[19] 또한 해외에서 인기를 얻은 남성 K-POP 아이돌 그룹의 경우, 아이돌 팬픽의 인기와 함께, 멤버들끼리의 커플을 만들어 팬들이 그것을 호모섹슈얼한 관계로서 소비하는 경향도 있다. 즉 2000년대 한국 문화산업에서 남성 간의 동성애 코드를 애호하는 여성소비자의 존재는 작지 않은 비중을 차지했으며, 그 영향력은 무시할 수 없을 정도였다.[20]

'후조시'의 발견과 자기성찰—2010년대

2000년대 후반이라는 시점이 흥미로운 것은 앞에서 살펴본 바와 같이 한국 사회에서 동성애를 소재로 한 콘텐츠가 대중의 호응을 얻기 시작한 시기라는 점 외에도, 일본의 '후조시'[21] 만화가 대량으로 번역·출판된 것이 바로 이때(2009년 이후)이기 때문이다. 이때 '후조시'란, PC통신 시대에 흔했던 오변환('婦女子' → '腐女子')에서 유래했다고 알려져 있으나, 실제로는 한 여성만화가가 자신의 작품에서 "후조시 婦女子가 아니라 '썩은 여자'니까 후조시腐女子다"라고 자칭한 것이 어원이 되었다고 한다.

후조시를 다룬 작품들은 크게 세 종류로 분류된다. ① 후조시 자체를 중요한 소재로 삼아 그들의 삶과 애정 관계를 그린 경우, ② 후조시의 눈으로 역사적 위인이나 기존 작품을 재해석한 경우, ③ 후조시 당사자로서 작가가 자신의 취향에 대해 소개하는 경우로 나뉘며, 2009년 이후 한국에 본격적으로 번역되기 시작했다. 특히 출판사 '대원씨아이'는 '801 시리즈'라는 명칭으로, 일본에서 각각 독자적으로 출판된 후조시 관련 만화와 소설들을 시리즈로 묶어 번역·출판하는 등 한국의 동인녀 독자들을 의식한 사업을 활발히 전개했다. 이것이 단지 한국의 열악한 출판시장에서 화제를 모으기 위한 마케팅 전략에 불과하다고 해도, 후조시 작품들을 시리즈로 엮을 만큼 그것들의 시장적 가치를 높이 평가했으며, 한국 동인녀 인구를 시장의 주체로 주목한 출판사가 많았다는 것을 짐작할 수 있다.

이렇듯 BL 팬덤의 주역으로서 후조시에 대한 관심이 늘어남에 따라, 2010년대 중반부터는 한국의 후조시들에 의한 독립출판물이 기획되었고, 그것들은 텀블벅 등의 예약 구매 방식을 통해 제작·유통되기 시작했다. 이는 2000년대 후반, 일본에서 '오타쿠'에 대한 재평가가 이뤄지면서, 여성오타쿠의 하나로서, BL을 애호하는 후조시에 대한 관심과 관련 콘텐츠가 증가한 현상과도 밀접한 관계를 맺고 있다. 한국 후조시들에 의한 독립출판물은 『잡지 후조』(2015), 『잡지 빠순』(2017), 『메타후조』(2017)[22] 등이 있는데, 이들은 한국의 오타쿠/후조시 커뮤니티에서는 그다지 좋은 평가를 받지 못했다. 특히 그중에서도 『메타후조』는 맹렬한 반발을 받았는데, 이 책이 BL·아이돌 팬픽에 등장하는 게이 표상과 관련해 실제 성소수자에 대한 배려가 부족하다고 비판하면서 스스로의 욕망을 직시하자는, 즉 후조시의 '자기성찰'self-reflection을 강조했기 때문이다.

최근의 탈BL 담론을 생각했을 때도 『메타후조』에서 제기된 후조시의 자기성찰은 매우 흥미롭다.23 이때 '메타후조'는 영어의 '메타'meta와 '후조시'의 '후조'를 합성한 것으로, 이 잡지는 10여 명의 필자가 BL 작품 및 후조시문화에 대해 분석한 글들을 모은 무크지의 성격을 띠고 있다. 이 책에서 정의하는 '메타-후조시'란, "후조시와 후조문화에 대해 어떤 문제의식을 갖고 있거나 '비평적인 거리 두기'를 시도하는"24 사람들, 구체적으로는 "자기 자신과 자기가 하는 일(덕질)에 관해 그 내부 범위 밖에서 그것을 지켜보는 또 다른 자기감시의 시점을 설정하여 자기가 하는 일의 전체 구조가 조망되면 세부 항목에 이르러 조목조목 비평하는 과정을 거칠 줄 아는, 혹은 이 사고 과정이 자연스럽게 연계되도록 훈련된 후조시"25이다. 그리고 이 기획은 "후조시 간의 어떤 위계를 매기고 낙인찍으려 함이 아니라 후조시를 말하는 후조시, 즉 자신이 누구인지에 대해 탐구하고 목소리를 높이기 시작한 후조시를 호명하여 발언의 기회를 더 만드는 것이 후조담론 활성화와 동인문화 발전에 긍정적으로 기여"26하기 때문에 의미 있는 것으로 서술된다.

이때 『메타후조』가 강조하는 후조시의 자기성찰은 두 가지 의미를 갖는다. 후조시문화가 무의식적으로 기대 온 현실의 호모포비아에 대한 비판과 BL은 남성의 표상을 빌린다는 점에서 페미니스트 시각에서 보면 문제적이라는 지적이다. 각각의 구체적 사례를 살펴보자.

(가) 야오이는 현실 속 남성 성소수자의 이미지와 그들이 처한 사회적 압력을, 당사자가 아닌 여성의 쾌감을 위해 활용하는 콘텐츠이기 때문입니다. 야오이 속의 동성애 이미지를 소비하면서 실제 성소수자에 대해서 알아보지 않는 상태로는 성소수자에 대한 왜곡된 이미지만을 학습하게 되며, 이는 함께 살아가는 동료 시민의 현실은 외면하면서 이들을 타자화시킨 이미지만을 포르노로 소비하는 호모포비아적 상황에 가담하는 것입니다.27

(나) '왜 꼭 남체의 스킨을 내세워 자신은 뒤로 물러나 모든 것을 관음하는 포지션으로 성반전의 욕구를 실현하고 상징권력을 까야 하는가?'라는 의문은 기본적으로 여성인 자신을 내세우지 않고 어디까지나 자신은 물러선 입장에 만족하는 후조시로서의 자의식과, 여성인 자신을 긍정하고 적극적으로 내세우고 강화해 나가야 할 당위를 지닌 페미니스트로서의 자의식이 서로 상충하기 때문에 나올 수밖에 없는 문제 제기이다.28

흥미로운 것은, 후조시의 자기성찰이 지닌 두 방향 중에서, 2018년 이후 등장한 탈BL 담론은 (나)의 방향만을 선택적으로 강조하고 있다는 점이다. (나)는 환언하자면, 후조시로서의 정체성과 페미니스트로서의 정체성이 근본적으로 모순·충돌한다는 인식에 기반하고 있으며, 『메타후조』에 참여하고 있는 다른 필자들도 이런 입장에 전반적으로 공감을 표하고 있는 것으로 보인다.

이처럼 '페미니스트의 시각에서 본 BL의 문제점'이 부각되게 된 직접적인 계기로서 2015년 이후 한국에서 나타난 '페미니즘 리부트' 현상의 중요성을 빼놓을 수 없다. 페미니즘 및 젠더연구, 미디어연구, 사회학과 인류학 분야에서 제출된 연구들이 한국 여성의 문화적 실천으로서 BL 및 팬픽의 의미를 높게 평가[29]해 온 데 대해 이제 페미니즘 내부에서 의문을 제기하기 시작한 것이다. 특히 최근 한국 문화산업이 주요 소비자인 젊은 여성을 타깃으로 삼아 동성애 코드를 이용한다는 사실에 대한 페미니즘의 비판이 제기됐다. 예를 들어, 손희정은 2015년에 발표한 논문 「페미니즘 리부트 ─ 한국영화를 통해 보는 포스트-페미니즘, 그리고 그 이후」에서, '한국의 후조시문화가 결국 여성을 배제한 콘텐츠의 양산에 기여한 것은 아닌가'라는 비판을 전개하는데, 이 논문은 '후조시문화는 개방적인 의미를 갖지만, 그것은 어디까지나 소비의 영역에 머물 뿐'이라고 비판하며, "그것이 시장을 확장하는 것 이외에 어떤 역할을 했는지, 그것이 실제로 여성들의 삶 자체의 어떤 근본적인 변화를 견인할 수 있었는지에 대해서"[30]는 의문을 제기하고 있다.

이 평가에 대해서는 몇 가지 반박이 가능할 것이다. 우선 ① 후조시문화의 의미가 소비의 영역에만 머물러 있다고 보는 것은 후조시의 문화적 실천이 '창작'과 '소비' 모두 포함한다는 사실을 간과한다는 점, ② 거대자본에 의한 문화산업 콘텐츠에 등장하는 남성 표상을 여성이 중심이 되는 창작문화인 BL과 후조시문화에서의 남성 표상과 동일한 것으로 볼 수 없다는 점, ③ BL이 장르로서 처음 성립한 30여 년 전부터 여성에게 BL은 해방적인 의미를 지녀 왔다는 점을 지적하고자 한다.

물론, 손희정의 논문에는 소비자로서의 후조시 비판뿐만 아니라, '페미니즘 리부트' 이후의 페미니즘이 내포한 자유주의적 경향, "타자화의 동학과 절대적인 '적대'의 세계관"[31]에 대한 경계도 분명하게 포함돼 있다. 그러나 『메타후조』에 표명된 후조시의 자기성찰이 결국 타자에 대한 인식보다는 페미니스트로서의 자의식에 대한 강조로 귀결되었던 것처럼, 이 논문의 해석 또한 (한국 페미니즘에서 '주체'를 둘러싸고 전개된 논쟁, 즉 '생물학적 여성'에 대한 중시와 맞물려 여성이 소거된 한국영화처럼) BL을 '여성이 스스로 <u>남성의 몸을 빌린</u> 결과, 여성을 배제하는 장르'라고 간주하는 주장의 근거를 제공하게 되었다.

여성서사인가, 여성혐오 서사인가 — '탈BL' 주장의 세 가지 논리

2019년 7월 시점, 탈BL에 대한 담론은 크게 세 유형으로 나뉜다. ① 게이·게이섹스 혐오에 근거한 입장, ② BL에서 설정되는 공수攻守 관계는 삽입권력을 중심으로 하며, 이는 현실에 존재하는 남녀의 권력관계를 강화·고착화한다는 비판, ③ BL이 남성 표상만을 중심으로 하며 여성을 배제하는 장르라는 비판이 그것이다.[32] 여기서는 탈BL 담론의 세 유형을 구체적으로 분석하고, 이들이 BL에 대해 질문하는 것이 무엇인지 고찰한다.

① 게이·게이섹스 혐오에 근거한 입장

이 유형은 BL에 그려지는 게이와 게이섹스가 미화되어 있다고 주장하고, 현실의 게이섹스는 '추한 남자들이 더러운 섹스, 특히 애널섹스를 하는 것'이라고 비난한다. 이 주장은 게이섹스가 반드시 애널섹스인 것도 아니고, 또한 애널섹스가 게이의 전유물이 아닌데도 이를 의도적으로 무시하고 게이혐오를 선동한다. 이 입장은 온라인 게이 커뮤니티 등에 투고되는 여성혐오적 게시물을 소개하면서, 게이가 여성을 혐오하는 이상 여성도 게이를 혐오해야 한다고 주장한다. 즉 BL은 게이를 미화하고 여성들이 게이를 맹목적으로 추종하도록 만드는 장르이므로 여성들은 탈BL해야 한다는 것이다.

보수 기독교의 세력이 강력하고 전통적으로 보수적인 성관념을 가진 한국 사회에서 게이혐오는 이미 심각한 수준이지만 앞에서 살펴본 바, 한국의 동인녀와 후조시가 BL·야오이·팬픽을 적극적으로 수용·소비하고 생산해 왔으며 2000년대 이후 제작된 게이 감독의 게이 영화 및 동성애 영화를 지지해 온 것도 주지의 사실이다. '후조시와 게이의 연합'이라고도 불릴 만한 이런 상황은 '페미니즘 리부트'라고 불리는, 2015년을 전후로 한 한국 온라인 중심의 페미니즘에서, 페미니즘은 소위 '생물학적 여성'만의 것이어야 한다는 주장, 즉 게이와 트랜스젠더 등의 성소수자와 남성장애인을 배제해야 한다는 노선이 대두되면서 점차 사라지고 있다. 자칭 '래디컬 페미니즘'을 표방하는 이들은 게이와 트랜스여성MTF을 적으로 상정해, 그들이 한국 남성으로서 가부장제 국가와 사회에서 우대받아 왔으면서도 그 특권을 인식하지 못하고 여성들의 해방운동인 페미니즘에 편승·무임승차free ride한다고 비판한다.

중요한 것은, 여기서 기존 보수 세력의 BL 비판, 즉 동성애혐오와는 다른 맥락의 BL 비판이 등장한다는 점이다. '애널섹스는 비정상이고 비도덕적'이라는 주장에 덧붙여, 이들은 판타지로서의 BL과는 달리 '현실의 게이는 성욕밖에 없는 더럽고 추한 존재'라고 단정한다. 즉 이들은 판타지로서의 BL이 여성들의 쾌락을 위해 남성 간의 동성애적 관계를 미화·대상화하는 것이 현실을 살아가는 성소수자인 게이에 대한 성적 대상화이자 착취일 수 있음을 성찰적으로 비판하는 것이 아니다. 오히려 BL을 통해 여성들이 (여성으로서 자신의 정체성을 잃고) 남성, 특히 게이들에게 동일시하게 되고, 그 결과 게이들을 동정하게 되기 때문에 문제라는 것이다. 이 유형의 탈BL론자들은 BL 팬들이 오직 판타지로서 게이를 이상화하기 때문에 BL을 애호하는 것이라고 간주하고, '외모가 추하고 나이 들었으며 병에 시달리는 게이의 현실'을 알게 되면 BL을 탈출하게 될 것이라고 가정한다.

그 결과, 이 유형의 주장은 '게이의 현실에 대한 정보를 널리 알려서' 여성들을 BL 판타지로부터 벗어나게 한다는 명목으로 게이에 대한 혐오스럽고 충격적인 일러스트나 이미지를 많이 사용한다. 래디컬 페미니스트를 자처하는 인터넷 유저들이 직접 제작해 업로드한 일러스트도 있지만, 영어로 된 혐오 이미지도 유통되고 있는 사실을 감안하면 서구의 반反동성애 세력이 제작하여 유통한 것을 한국 탈BL 지지자가 활용한 경우도 있다고 생각된다.

　② BL의 공수 관계 설정이 현실의 남녀 권력관계를 강화한다는 입장
이 입장은 BL의 공수 구도가 실제 남성과 여성의 권력관계를 그대로 쫓고 있다는 점, 즉 '공'功이 언제나 '수'受보다 강하고 삽입과 그에 수반된 권력을 독점한다고 비판한다. 이 논리에 따르면, BL의 여성독자는 공과 수 가운데 '여성(성)'의 역할에 가까운 '수'에 감정이입하게

되며 공에 의한 폭력적인 성행위를 자연스럽게 받아들이게 된다. 그리고 이는 곧 남성에 의한 여성 강간을 정당화하는 논리마저 승인하는 것으로 이어진다고 본다. 이 입장은 BL에 묘사되는 섹스의 대부분이 강간이라는 점을 증거로 내세우며, 이것이 강간 미화로 연결될 위험이 있다는 점, 결국 수는 자신을 강간한 공에게 휘둘리게 된다는 점을 지적한다.[33]

또한 이 입장은 폭력적인 '공'에 대한 동경이 남성에 대한 판타지로 연결될 수 있고, BL의 공수 관계가 여성의 남성숭배를 강화할 위험이 있다고 비판한다. BL이 공수 관계를 기본으로 성립하는 장르인 한, 이 같은 남녀의 권력 문제를 근거로 한 비판은 쉽게 사라지지 않을 것이다.

그러나 역설적이게도 이런 논리야말로 삽입섹스를 통해 구성되는 권력관계를 절대시하는 것이다. 이 논리를 따른다면 헤테로섹스에서 삽입섹스의 중요성, 그리고 그것이 상징하는 남녀 관계의 권력 차는 헤테로섹스가 존재하는 한 결코 전복되거나 역전될 수 없다. 삽입 권력을 비판하는 입장에서 출발한 이 주장은 BL이 재현하는 삽입섹스가 어디까지나 헤테로섹스의 그것을 모사한 것에 불과하다고 주장하려다 보니, 섹스에서 삽입관계가 있는 한 '남성은 주체적이고 여성은 수동적'이라는 기존의 젠더 관념을 결코 바꿀 수 없는 것으로 만드는 자가당착에 빠지고 있다.

게다가 이 주장은 공수 관계에서 나타나는 '삽입'과 '흡입' 행위를 각각 '능동성'과 '수동성'으로 이해하고 이를 곧 '권력이 있는 쪽'과 '권력이 없는 쪽'이라고 정의하는데, 이 또한 지나치게 도식적이다.

BL의 장르적 공식에 익숙하지 않은 이들에게는 공수 관계에서의 '수'가 성적 권력관계에서 약자의 위치에 있는 것으로 보일 수 있으나, BL 문화에서 상정되는 공수 관계는 그 양상이 다르다. 헤테로 로맨스소설을 읽는 많은 여성독자들이 그러하듯, BL을 읽는 많은 독자들은 대체로 수에 이입한다. 이는 서사의 표면상으로는 '공'이 권력을 가진 것처럼 묘사되지만, 관계의 주도권을 가진 쪽은 수일 때가 많기 때문이다. 공이 가진 권력은 공이 얼마나 매력적인 존재인지를 나타내고, 그런 매력적인 권력을 가진 존재가 수와 사랑에 빠짐으로써 결국 수가 관계의 주도권을 획득하게 하려는 장치, 즉 공이 수의 쾌락과 욕망을 위해 봉사하는 존재가 되는 순간을 보다 드라마틱하게 묘사하기 위해 둘의 낙차를 극대화해 두려는 장치다.

요컨대, BL에서 현실의 남녀 권력관계를 모방한 공수 관계의 설정이 필수적이라고 비판하는 논리는 오히려 삽입섹스에 의한 남녀의 권력차를 극복될 수 없는 본질적인 것으로 환원한다는 점에서 논리의 역전逆轉을 수반한다. 이 논리에 따르면 삽입섹스는 신체적으로 공수 역할이 모두 가능한 남성 동성커플보다 헤테로커플에게서 더 고정적인 형태로 이루어지며, 남성의 삽입과 여성의 흡입을 전제로 하는 한 헤테로섹스의 권력관계는 절대로 바뀔 수 없기 때문이다.

③ '여성캐릭터를 구조적으로 배제한다'는 입장

지금까지 살펴본 바, ①의 입장은 페미니즘을 주장하면서도 그 내용이 실제로는 게이와 게이의 섹슈얼리티에 대한 혐오라는 점, 이것이 실제로 성소수자에 대한 한국 주류 사회의 혐오와 연결되어 있다는 점은 분명해 보인다. ②의 입장은 BL의 공수 관계가 현실의 남녀 권력관계를 고착화하고 독자를 남성숭배로 이끈다고 주장한다. ①은 보수 세력의 주장에서 흔히 보이는 논리이고, ②는 그간 BL에 관한 일부 연구들이 이미 비판한 내용이기도 하다.

그러나 이 두 가지 모두 BL의 성립 초기, 특히 고전적인 BL 작품들을 대상으로 한 비판일 뿐, 그것이 야오이까지 포함하여 약 60년, BL이 일본을 넘어 동아시아 전반에서 상업 장르로서 성립한 지 30년 이상이 된 현재 상황에도 적합한 비판인지 의문을 제기할 수 있다. 최근 일본의 경우, BL의 상업화 역사가 길어지면서 성소수자의 현실을 반영한 작품들이 많아졌고, 독자들에게도 점차 지지를 얻고 있다.

그런데 지금부터 살펴볼 ③의 입장은 보다 복잡한 것으로, 현재 세계적인 트렌드가 된 페미니즘의 흐름과 연결되어 있다는 점에서 주의할 필요가 있다. ①과 같은 단순한 게이혐오, ②가 보여 주는 BL 장르의 역사 및 변화에 대한 무지와는 달리, ③은 여성 표상과 여성서사를 강조하는 입장에서 제기된 비판이기 때문이다. 이 입장이 BL의 문제점으로서 가장 중요하게 지적하는 것은 '여성의 배제', 보다 정확하게는 '여성캐릭터의 배제'이다.

물론 이는 최근 한국의 탈BL 논의에서만 제기된 것은 아니다. 1990년대 일본의 '야오이 논쟁'에서도 이미 비슷한 논점이 제기된 적이 있다. '야오이 논쟁'은 게이 인권운동가 사토 마사키佐藤優樹가 1992년에 무료 배포지『쇼와지르』CHOISIR에 투고한「야오이 같은 건 모두 죽어 버리면 좋겠다」라는 글에서 촉발된 논쟁으로, '게이에 대한 성적 대상화와 외모지상주의lookism, 게이의 현실에 대한 몰이해'를 야

오이의 문제점으로 비판하고 있다.[34]

논쟁은 사토의 비판에 대해 야오이 애호가들이 다양한 입장을 투고하는 방식으로 진행되었다. 그중 한 명인 쿠리하라 치요懊原知代는 야오이가 지닌 '여자 절'[35]로서의 효용도 있지만 결국 여성으로서 자신의 부적절한 욕망을 인정하고 야오이를 졸업해야 한다고 주장한다.[36] 또한 2015년 일본에서 출판된 『여자BL』女子BL이라는 BL 작가들의 앤솔로지 작품집은 (쿠리하라의 고민과 그 형태는 다르지만) 'BL문화에서 여성(독자, 캐릭터 등)의 위치는 어디인가'라는 질문을 공유한다. 하지만 일본의 경우, 이전에 비해 여성캐릭터에 적극적인 역할을 부여하는 작품이 늘어나고 있고, 여성캐릭터를 주인공으로 하지 않더라도 BL이 여성의 욕망을 표현하는 여성작가와 여성독자의 장르이며, 여성의 욕망을 표현하는 '여성서사'라는 점에 의문을 제기하는 사례들은 거의 없다.

반면, 한국의 탈BL 논의에서는 '여성캐릭터의 배제'가 곧 '여성서사의 소실'이라고 생각하는 경향이 강하다. 이것은 앞 장에서 논했던 바, 2000년대 이후 한국 대중문화 콘텐츠 다수가 남성 간의 호모소셜한 유대를 묘사했던 사실과 깊이 연결돼 있다. 이는 한국에만 해당되는 경우는 아니다. 성소수자운동과 함께 서구에서도 페미니즘이 다시 한번 주목받고 있고, 특히 할리우드에서는 여성배우에 대한 차별 문제와 '#미투'#MeToo 운동이 큰 반향을 불러 일으켰다. 또한 남성오타쿠들의 전유물로 간주됐던 게임산업에서도 '#게이머게이트'#gamergate 사건 등 여성창작자에 대한 공격이 사회적인 비판을 받았다. 이런 흐름에서, 여성캐릭터와 성소수자 캐릭터가 더 많이 등장하고 주

[자료1] 한 트위터 유저(@Designergoja)가 작성한 '여성서사' 표.
(http://bitly.kr/Fnarrative)

도적인 역할을 하는 서사에 대한 요구도 높아졌다. 여성 표상이 정치적으로 올바른 맥락에서 활용되는 작품에 대한 수요가 증가한 것이다. 현재 한국의 탈BL 주장에 찬동하는 대부분의 여성들은 이런 기준, 즉 '전체 서사에서 여성캐릭터가 어느 정도의 비중을 차지하고, 얼마만큼 주체적으로 묘사되는가'를 기준으로 대중문화 콘텐츠의 성격을 판단하고 있다. 그 결과, BL은 남성주인공의 이야기라는 점에서 이미 기준을 충족시키지 못하는 장르로 간주되는 것이다.

그렇다면 탈BL 지지자들이 바람직하다고 보는 '여성서사'란 어떤 것일까? 여기에서 2018년 중반 이후부터 인터넷상에서 쉽게 찾아 볼 수 있는 '여성서사 표'([자료1])를 소개한다. 작성자는 '고자이너b'(@Designergoja)라는 트위터 유저[37]인데, 이 표에 제시된 기준으로 보면, BL은 말 그대로 "알탕"(남성캐릭터가 많이 등장하는) 장르에 해당할 뿐만 아니라, 여성캐릭터가 악역으로 나올 때가 많다는 점에서 여성과 페미니즘에 악영향을 끼치는 다른 대중문화 콘텐츠와 아무런 차이가 없다. 이 표에 따르면, 오히려 BL은 여성이 애호하는 장르로서, 여성으로 하여금 자신의 신체를 거부하고 남성, 특히 게이에 대한 동경을 갖게 할 수 있기 때문에 위험한 것으로 간주된다. 이런 관점에는 여성작가와 독자들이 자신의 욕망을 표현하기 위해 의도적으로 남성표상을 이용한다는 BL의 장르적 전제, 즉 주체의 다중동일화multi-identification에 대한 이해가 결여되어 있거나 무시된다.[38]

이 논리를 만화로 표현한 '탈BL 웹툰'의 사례도 흥미롭다. <BL 탈출기>는 "페미니즘 창작모임"이라고 소개된 단체 '격류작가'의 만화로, 2019년 1월 20일에 해당 단체의 블로그에 업로드됐고, 2019년 3월 2일에는 'Do you know 탈BL/탈남캐?'[39] 프로젝트의 일부로도 소개됐다. 이 만화에서 가장 인상적인 대목은, 작가가 한 인터넷 커뮤니티의 포스팅을 읽고 BL의 정당성에 의문을 가지게 되었다고 서술한 부분이다. 그 포스팅의 내용은 "남자는 남자만을 동등한 사람으로 생각함/그러므로 동경하고 사랑하는 것도 남자뿐. 여성은 그저 자신의 성취 과시용 트로피로만 가질 뿐, 진정한 교감은 같은 남자끼리만 나눈다"라는 것인데, 이 문장을 읽은 작가는 지금까지 자신이 소비해온 브로맨스Bromance적 작품, 또는 BL에 나오는 "'여캐 배제하고 남캐끼리만 주연 꿰차고 메인 서사 쓰며 알탕 보글보글 끓이는' 이 모습이 너무 현실의 그것으로 보인다" "BL은 판타지라고 하기엔 우리네 현실을 너무 잘 투영했는데 단지 카메라 배율이 너무 높아 잘 안 보였을 뿐이었다"라고 술회한다.

①과 ②의 탈BL 논리는 주류 사회의 편견과 차별에 기반하거나, BL의 역사와 변화를 간과하고 있다는 점에서 이미 많은 반론이 전개

되어 왔다. 그러나 ③의 주장은 (그리 정교한 논의는 아니지만) '페미니즘의 발전과 함께 변화하는 문화산업'이라는 상황과 맞물려 'BL의 존재 의의는 무엇인가'라는 근본적인 문제를 제기하는 것으로 보인다.

탈BL 이후, 다시 BL의 정치적 가능성을 모색하다

온라인을 중심으로 최근에 대두한 BL 담론의 특징은 다음과 같다. 첫째, 'BL 비판'과 'BL 옹호'라는 두 입장 모두 '페미니즘'이라는 틀 안에서 이루어지고 있다. '탈BL'을 주장하는 입장에서 보면, BL은 여성들이 남성주인공들의 호모섹슈얼한 관계를 소비함으로써 여성 캐릭터를 배제하고 자신을 남성에게 이입하게 만든다는 점, 즉 현실 사회의 여성혐오misogyny를 반영하고 있다는 점에서 문제적이다.[40] 하지만 BL을 옹호하는 입장에서 보면, BL이야말로 여성이 주체적으로 창작하고 소비하는 거의 유일한 장르이며, 특히 여성들을 주축으로 출판시장을 형성했다는 점[41]에서 경제적인 측면에서도 중요한 장르이다. 이 두 입장 모두 페미니즘과 젠더연구에서 BL을 논의할 때 쉽게 만나는 논리이고, 그만큼 익숙한 것이다.

둘째, 탈BL 논의는 학계보다는 트위터 등 일반 대중이 사용하는 소셜네트워크SNS 및 온라인 공간을 중심으로 이루어지고 있다. 과거의 BL 비판은 주로 동성애혐오 진영에서 제기됐지만, 최근 온라인과 소셜네트워크에서의 BL 논쟁은 실제로 BL을 애호하거나 애호했던 여성들이 BL에 대한 찬반을 논하는 방식으로 이루어지고 있다. 특히 탈BL 논의에 참여하는 주체들은 대부분 젊은 여성들(주로 10~20대)로, 이들이야말로 한국에서 BL을 가장 적극적으로 소비하는 연령층으

로 간주된다.[42]

셋째, 탈BL의 계기를 외부적 요인보다는 내부적 요인, 즉 페미니즘적 자기성찰에서 찾는 경우가 많다. 대중 장르로서 BL은 여성 중심의 문화적 실천으로 평가받지만, 그 내용과 표상을 둘러싸고 다양한 비판을 받아 왔다. BL이 대중 장르로서 발생·발전해 온 일본의 경우, BL에 대한 가장 대표적인 비판인 '야오이 논쟁'은 BL 팬덤의 외부, 하지만 BL이 재현하는 남성캐릭터들과 현실에서 대응하는 존재로 간주되는 게이에 의해 제기됐다. 이에 대해 일본의 BL 팬들은 여성들의 일시적인 도피처로서 BL이 지닌 의미, 혹은 자신들에게 BL 문화가 중요한 이유 등을 강조하는 방식으로 반응했다.

그러나 한국의 탈BL 논의는 외부의 비판이 아니라, 어디까지나 여성, 그것도 대부분 본래 BL 팬이었던 여성들에 의한 페미니즘적 자기성찰의 결과라는 점이 특징적이다. 그 결과, 탈BL 논의는 BL을 창작·소비하는 쾌락을 부정하고 BL 장르의 정당성 자체를 문제시한다. 이는 어디까지나 '여성을 위한' 행동일 뿐, BL이 재현하는 남성 표상의 대상인 성소수자로서의 게이와 호모포비아에 대한 성찰과는 관계없이 진행되고 있다. 그러나 2000년대 한국에서 게이 혹은 남성 간의 동성애적 관계를 묘사한 대중문화 콘텐츠가 인기를 끌었을 때, 이를 가장 강력하게 지지한 것이 여성이 주류인 BL 팬덤이었다는 점을 고려해 보면, 이는 과거 BL 수용사와의 단절을 의미하는 것으로도 보인다.

이런 탈BL의 논리에서 공통적으로 발견되는 전제가 있다. '표상'과 '판타지', 그리고 '현실'을 모두 같은 것으로 간주한 채, 표상은 현실의 반영이고, 작가의 메시지는 콘텐츠에 직접적으로 표현되며, 그것은 해석의 여지없이 곧바로 독자에게 도달해 독자의 행동과 사고 방식을 규정한다는 전제다. 물론 콘텐츠의 힘, 그리고 표상과 판타지의 영향력을 쉽게 무시할 수는 없다. 그러나 현실과 판타지, 표상의 관계를 단순하게 파악하는 논리의 위험도 매우 크다.

특히 탈BL 논의에서 핵심적인 것은 BL의 표상과 현실의 관계에 대한 주목인데, 이 과정에서 작가와 독자의 의지 및 욕망은 전혀 고찰의 대상이 되지 않는다. 과연 '표상을 바꾸는 것'은 '현실을 바꾸는 것'과 일대일로 대응하는가? 문화산업으로서 자본의 논리에 의해 만들어지는 대중문화 콘텐츠에 대해 이런 판단은 어떤 의미를 갖는가. 무엇보다, 한국 사회의 여성혐오와 여성차별이 BL을 소비하지 않는 행위를 통해 근절되는가? 가장 중요한 이 질문들에 대해 탈BL 담론은 아무런 답을 제공하지 않는다. 오직 'BL은 여성 배제적이며 여성혐오적인 장르이기 때문에 배격되어야 한다'라는 원론적인 입장만을 반복할 뿐이다.

이와 더불어 또 중요하게 고려해야 할 것은, 이 논리에는 BL 작가 — 프로페셔널뿐만 아니라 아마추어를 포함하는 — 의 입장에 대한 인식이 결여되어 있다는 점이다. BL에 대한 모든 비판은 독자, 즉 콘텐츠의 '소비자' 입장에서만 제기되고 있으며, BL의 생산을 직접 담당하는 작가의 창작 동기, 즉 '작가들이 무엇을 어떤 방식으로 표현하고 있고, 독자와 사회에 무엇을 전하고자 하는가'에 대한 관심은 결여돼 있다. BL 작품이 독자와 사회에 끼치는 막대한 영향력만 강조된 나머지, 그 책임은 여성을 차별하는 사회도, 남성의 욕망을 강조하면서 여성혐오적인 작품을 기획·유통하는 대규모 문화자본도, 가부장적 권력을 지닌 남성도 아닌, BL 작가들에게만 물어지는 것이다.

이런 논리가 횡행한 결과, 실제로 BL 작가에 대한 공격이 발생하고 있다. BL 만화가·소설가들이 작품을 연재하는 사이트에 BL 작가들을 강하게 비난하는 내용의 코멘트들이 이어지면서, 그로 인한 스트레스를 토로하는 BL 작가들이 많아지고 있다. 특히 강간 혹은 성인과 청소년의 연애 묘사가 포함된 작품일 경우, 그것이 비윤리적이고 정치적으로 올바르지 않은 작품이라고 주장하며 작가의 윤리관을 비난하는 코멘트들이 공격적으로 작성된다.[43]

여성 중심 서사가 필요하기 때문에 BL은 근절·폐기되어야 하는가? 혹은 그렇게까지는 아니더라도 BL은 변화해야만 하는가? 변화가 필요하다는 점에 대해서는 논의의 여지가 있다고 하더라도, 그렇다면 이 논쟁에서, 약 60년 전 일본 여성들이 BL문화를 만든 이유, 그리고 30년 전 한국 여성들이 이를 열렬하게 받아들여 여성 중심의 팬문화를 만들어 온 역사의 의의는 왜 망각되고 있는가. 현재까지 BL문화에 자신을 기탁하거나, 혹은 그를 통해 욕망을 충족해 온 여성들은 정치적으로 올바르지 않은 자신을 반성하고 새로운 여성주체로서 거듭나야 하는가? 여성들의 장르로서 BL이 갖는 사회적 영향력이 실제 주류 사회에서는 무시되고 비가시화되는 한편, 탈BL 논의에서는 마치 BL이 모든 대중문화 콘텐츠를 지배하는 것처럼 논의되는 이유는 무엇인가.

일본의 만화가 요시나가 후미よしながふみ는 BL과 페미니즘의 관계와 관련해, '여성으로서 느끼는 '불편함''이라는 소제목 아래 이렇게

말한다.[44] BL은 "현재 남녀의 존재 방식에 무의식적으로라도 불편함을 느끼는 사람이 읽는 것"이지만, BL 독자들 가운데 순수하게 BL을 좋아하는 사람들은 BL과 페미니즘을 곧바로 연결하는 것을 싫어한다고 말이다. 하지만 "순수한" BL 독자들은 과연 페미니즘과 아무런 관련이 없을까? 요시나가 후미는 이렇게 말한다. "'저 페미니스트는 아닌데요'라고 하면서 [여성을 차별 대우하는] 회사에 불만을 말한다면 그거야말로 페미니즘이잖아."

탈BL을 논하기에 앞서 우리가 숙고해야 할 지점이 바로 이것이다. 대중 장르로서 BL을 구성하는 다양한 요소들, 즉 문법이나 표현, 주제, 표상하는 집단과의 관계 등은 각각 변화하는 사회 및 시대상과 필연적으로 모순되거나 갈등을 일으킨다. 그러나 BL은 단지 그런 요소들의 조합으로만 환원될 수 없다. '페미니스트는 아니지만 (여성을 차별 대우하는) 회사에 불만을 말하는 것'이 페미니즘이라면, BL 또한 그 내부의 다양한 문제점에도 불구하고 이성애 규범적 사회와 여성의 섹슈얼리티를 억압하는 사회에 대해 무엇인가를 말하고 있다는 점, 그리고 많은 여성대중이 여전히 이를 필요로 하고 있다는 점에서 우리에게 명확한 사회문화적 메시지를 전달한다.

때때로 BL이 보수적이고 체제 유지의 욕망을 표현하는 것처럼 보인다고 할지라도, 이 장르에는 사회적 소수자인 여성이 주된 창작자와 독자가 됨으로써 표현하고 충족할 수 있는 욕망과 쾌락이 있다. 콘텐츠의 '창작자'와 '소비자'라는 이중적인 정체성을 지닌 집단으로서 동인녀와 후조시에게 BL은 다양한 남성 중심적 서사를 자신들의 관점에서 재해석·재전유할 뿐만 아니라, '당사자 대 비당사자'라는 이

분법을 뛰어넘어, 타자에 대한 폭넓은 상상력과 성실한 이해를 유도하는 하나의 통로로서 기능한다. 그러므로 BL 작가인 요시나가 후미가 소녀만화 <오오쿠>大奧(2006~)와 청년만화 <어제 뭐 먹었어?>きのう何食べた?(2007~)에서 보여 줬듯, 장르로서의 BL의 의미에 천착할 뿐만 아니라 현재 진행 중인 표현 양식으로서 BL이 지닌 가능성과 그 정치적 의미를 더욱 적극적으로 탐색해야 한다.45

오염된 현실과 무관한, 지금까지 존재하지 않았던 새로운 언어로 작품을 창작하는 것은 불가능하다. 오히려 작품이 그 언어들에 새로운 의미를 부여한다.46

1 한국 사회에서 '야오이'라는 용어는 1990년대에 주로 사용되었으나, 2000년대 이후
에는 'BL'이라는 용어가 주로 쓰인다. '야오이'와 'BL'은 원칙적으로는 구분되지만 이
글에서는 그 역사적 맥락을 구분할 필요가 있는 경우를 제외하고는, '여성이 창작·소
비하는 남성동성애 서사'를 모두 'BL'로 총칭한다.

2 2010년대 이후 BL을 애호하는 여성들이 스스로를 자조적으로 칭하는 용어.

3 '탈BL'이 한국 트위터에서 2019년 초반에 많이 회자되었다는 점은 트위터의 인기 키
워드들을 수집하는 아래 사이트에서도 확인 가능하다. 이 사이트에 따르면 2019년 2
월 20일~3월 초, 그리고 8월 초에 한국 트위터에서 '탈BL' 키워드의 사용 빈도가 높았
음을 확인할 수 있다(최종 접속일 2019. 8. 19). http://bitly.kr/talBL

4 차효라, 「여성이 선택한 장르, 야오이」, 『만화세계 정복』, 만화집단 두고보자, 2003,
235쪽.

5 秋菊姬, 「失われた声を探って — 軍事政権期における韓国の純情漫画作家たちの抵抗と権
利付与」(谷川建司·王向華·吳咏梅 編, 『越境するポピュラーカルチャー リコウランからタッ
キーまで』, 青弓社ライブラリー, 2009) 중 '만화동호회' 관련 부분 참조.

6 상업만화에서는 1986년에 데뷔한 이정애가 '남성'과 '여성'이라는 이분법적 젠더규
범을 넘어, '제3의 성'을 지닌 주인공들의 연애와 인간관계에 초점을 맞춘 작품을 발표
하면서 '한국형 야오이'를 창작한 최초의 만화가로 인식되고 있다. 야오이가 한국에
수입되기 시작한 시점을 생각할 때, 일본만화 및 실험성이 높은 동인지에서 큰 영향을
받았다는 그의 언급은 참고가 된다. 노수인, 「한국 순정만화와 일본 소녀만화의 관계
연구 — 순정만화가들과의 심층 인터뷰를 중심으로」, 이화여자대학교 석사논문,
2000.

7 宣政佑, 「韓国のBL·やおい文化の流れ」, 『ユリイカ』, 2012. 12, p. 212.

8 「동성애, '홍석천 파문' 통해 본 우리 현 주소」(『문화일보』, 2000. 10. 6)라는 기사에서
는 야오이 만화에 대해 다음과 같이 서술하고 있다. "일본만화가 아이들을 사로잡은

것은 어제 오늘의 이야기가 아니다. 특히 요즘 아이들에게 가장 인기 있는 것이 남성들의 동성애를 다룬 '야오이만화'다. …… 인터넷의 야오이동호회만도 수십 개에 달한다. 우리나라에서도 <풀하우스> 등의 히트작을 냈던 중견 여성만화가 원수연의 <렛 다이>가 동성애 묘사로 논란을 빚은 끝에 지난 8월 출간됐다."

9 앞서 언급된 <응답하라 1997>도 1990년대 후반 대도시에 거주하는 여성청소년을 중심으로 팬픽 문화가 성행한 상황을 배경으로 한다. 장은선의 『한국 슬레이어스 팬픽사』(개인출판물, 2007) 또한 1997년에 SBS에서 방영된 애니메이션 <마법소녀 리나>가 PC 통신을 중심으로 팬픽 붐을 일으킨 상황을 정리하고 있다.

10 원칙적으로 '동인녀'는 아마추어 만화·소설 텍스트인 동인지를 생산·유통시키는 여성을 가리키는 말로, 아마추어 창작 활동을 하는 여성이라면 모두 이 범주에 포함된다. 그런데 기성 유통망의 개입 없이, 개인적으로 혹은 동호회를 통해 생산되고 이벤트를 통해 판매되는 이 동인지들의 상당수가 남성 간의 동성애적 관계를 그리고 있다는 점에서 '야오이·BL을 애호하는 여성'을 '동인녀'로 정의하는 경우가 많다. 이 텍스트들을 생산·판매·유통, 그리고 넓게는 수용하는 이들을 '동인', 이들의 문화를 '동인문화'라고 부른다. 박세정, 「성적 환상으로서의 야오이와 여성의 문화 능력에 관한 연구」, 이화여자대학교 석사논문, 2006, 22~23쪽 참조.

11 秋菊姬, ibid; 김효진, 「한국 동인문화와 야오이 ─ 1990년대를 중심으로」, 『만화애니메이션연구』 30, 한국만화애니메이션학회, 2013, 263~291쪽 참조.

12 만화동아리들의 연합 조직인 전국만화동아리연합 'ACA'는 1989년에 처음 결성됐다. 1990년대에는 정기적으로 동인지 행사를 개최하는 등 활발하게 활동했으나, 2000년대 이후 활동을 멈췄다.

13 노수인·남은지는 야오이를 즐겨 보는 여성들을 '여성 만화 팬'으로 부르고 있을 뿐, '동인'이나 '동인녀'라는 용어는 사용하지 않는다. 노수인·남은지, 「여성 만화 팬들의 '야오이물' 읽기 ─ PC통신 만화동호회 회원들의 인터뷰를 중심으로」(1998년 언론학회 추계 학술대회 발표문), 1998.

14 박세정, 앞의 글. 이는 실제로 개념상의 문제를 일으키기도 하는데, '동인녀'가 '동인활동을 하는 여성'을 가리키는 한편, 모든 동인 활동을 하는 여성이 야오이 및 관련 콘

텐츠를 창작하거나 애호하지는 않기 때문이다. 그러나 한국 동인문화에서 여성이 차지하는 비율이 압도적이라는 점, 그리고 이들 대부분이 BL을 애호한다는 점에서 동인녀는 BL과 떼려야 뗄 수 없는 관계에 있는 것으로 정의될 때가 많다.

15 장민지·윤태진, 「미소년을 기르는 여성들 — 인디/동인게임을 플레이하는 여성게이머 연구」, 『미디어, 젠더&문화』 19, 한국여성커뮤니케이션학회, 2011, 145~177쪽.

16 「후회 없는 팬덤 문화로 — 후회 폐인과 팬덤 문화」, 『필름2.0』, 2006. 12. (최선영, 「퀴어영화 텍스트와 여성 수용자 — 영화 <후회하지 않아>를 중심으로」, 고려대학교 석사논문, 2009, 23쪽에서 재인용)

17 케이팝의 남성 아이돌 스타들을 매개로 한국 여성 팬들이 갖는 '게이 판타지'에 대해서는 Jungmin Kwon, *Straight Korean Female Fans and Their Gay Fantasies*, University of Iowa Press, 2019, pp. 1~30.

18 한국영화의 브로맨스 설정이 여성을 '소비자'로서 소환하는 구도에 대해서는 손희정의 「촛불혁명의 브로맨스 — 2010년대 한국의 내셔널 시네마와 정치적 상상력」(『민족문학사연구』 68, 민족문학사연구소, 2018) 521~548쪽 참조. 이 글은 수정·보완되어 「촛불혁명의 브로맨스 — 2010년대 한국 역사영화의 젠더와 정치적 상상력」이라는 제목으로 이 책 3부에 수록돼 있다.

19 게이임을 커밍아웃한 문화연구자 서동진은 다음과 같이 평가했다. "동성애 관련 영화들은 그동안 흥행이 저조했습니다. 그런데 이 영화가 성공한 건, 야오이 세대가 성장해서 극복한 문제일 수도 있습니다. 영화소비자의 세대 교체를 일컫는 건지도 모르죠." 조은미, 「"우와, 저만큼 예쁘면 나 같아도……" — 사람들은 왜 <왕의 남자>에 열광하는가」, <오마이스타>, 2006. 1. 9.

20 BL 팬덤의 구성원들은 아마추어로서 동인지 등을 자비 출판하는 경우가 적지 않다는 점에서 '소비자'와 '생산자'의 성격을 모두 지니지만, 한국 문화산업의 맥락에서는 소비자로서만 소환되는 경향이 강하다. 김효진, 「'동인녀'同人女의 발견과 재현 — 한국 순정만화의 사례를 중심으로」, 『아시아문화연구』 30, 가천대학교 아시아문화연구소, 2013, 43~76쪽 참조.

21 '후조시'는 일본어 '腐女子'의 발음을 한국어로 표기한 것으로, "첫 번째는 야오이

BL로 불리는 남성 간의 동성애를 테마로 한 소설과 만화를 애호하는 여성을 가리키고, 두 번째는 오타쿠계 여성, 즉 오타쿠적 취향을 가진 여성 전반을 일컫는 것이기도 하다." 김효진, 「후조시腐女子는 말할 수 있는가? — 여성오타쿠의 발견」, 『일본연구』 45, 한국외국어대학교 일본연구소, 2010, 27~49쪽.

22 텀블벅 페이지 주소는 다음과 같다(최종 접속일 2019. 8. 19).

『잡지 후조』(https://tumblbug.com/hujomagazine)

『잡지 빠순』(https://tumblbug.com/ppassn)

『메타후조』(https://tumblbug.com/metafujo)

23 실제 이 책의 기고자들 중 반수 이상이 탈BL을 지지하는 입장을 트위터 등에서 표명했다.

24 토토메리, 「메.타.후.조? — '메타-후조'의 정의와, 왜 이 프로젝트를 시작하게 되었는가에 대하여」, 『메타후조』, 2017, 28쪽.

25 토토메리, 위의 글, 20쪽.

26 토토메리, 위의 글, 28쪽.

27 요리사안, 「후조시의 원죄 — 후조시는 왜 현실 호모에 대해 알아야 하는가」, 『메타후조』, 2017, 87쪽.

28 토토메리, 앞의 글.

29 2020년 현재, 한국에도 BL·야오이 혹은 팬픽의 가능성을 논한 학술적 연구들이 다수 축적돼 있다. 특히 류진희는 팬픽이 '팬픽이반'이라는 청소년들의 문화적 실천을 낳았다는 점을 지적하면서 "대중문화의 변태적 현상으로 부각된 팬픽이 사실은 사회적 변형을 이끌어 내는 적극적 효과를 가지고 있었다는 주장은 정당하다"라고 높게 평가하고 있다. 류진희, 「팬픽 — 동성(성)애 서사의 여성 공간」, 『여성문학연구』 20, 한국여성문학학회, 2008, 163~184쪽.

30 손희정, 「페미니즘 리부트 — 한국영화를 통해 보는 포스트-페미니즘, 그리고 그 이후」, 『문화과학』 83, 문화과학사, 2015, 14~47쪽.

31 손희정, 위의 글, 46쪽.

32 미디어연구에서 서구 팬픽션 전통의 '페미니즘적 가능성'을 강조하는 사례는 여타

연구들에 비해 그리 많지 않으며, '정치적 올바름'의 중요성이 점차 강조되는 분위기에서 팬픽션은 오히려 반동적인 것일 수 있다고 지적하는 논의가 2000년대 이후 등장했다. Christine Scodari, "Resistance Re-Examined: Gender, Fan Practices, and Science Fiction Television", *Popular Communication* 1-2, 2003. 다만, 이는 미디어연구의 전통적 관점에서 제기된 것으로, 수용과 생산이 동시에 일어나는 역동적인 커뮤니티로서의 BL 팬덤이 비주류이면서 동시에 상업 장르로서 성립한 일본 및 동아시아의 경우를 설명하기에는 불충분하다.

33 이에 관련해서 미조구치 아키코溝口彰子는 1990년대 BL의 초창기에 출판된 작품들에서 이런 특징이 나타난다고 지적한다. 미조구치는 이를 "정형 BL"이라고 부르는데, 이들이 가진 문제점을 크게 '호모포비아' '공수 역할 할당을 통한 헤테로커플의 성역할 모방' '애널섹스의 과용' '강간 묘사의 과용'으로 정리하고 있다. 탈BL 담론 가운데 ②의 입장은 이런 논의와 밀접하게 연결되어 있다. 미조구치 아키코, 『BL진화론 ─ 보이즈 러브가 사회를 움직인다』(2017), 김효진 옮김, 길찾기, 2018.

34 佐藤雅樹, 「ヤオイなんて死んでしまえばいい」, 『쇼와지르』CHOISIR 20, 1992. 5. 자세한 내용은 미조구치 아키코, 앞의 책, 99~104쪽 참조.

35 '여자 절'은 에도시대에 남편의 폭력을 견디다 못해 도망쳐 온 여성들, 이혼을 원하는 여성들이 스스로를 기탁하던 절인 엔키리테라緣切り寺에 빗대, 야오이가 사회적으로 지친 여성들이 자신을 기탁하는 도피처로서 기능한다는 점을 의미하는 표현이다.

36 미조구치 아키코, 앞의 책, 114~117쪽.

37 이 표 및 온라인상의 '여성서사' 관련 논의 내용에 대해서는 다음 포스팅을 참조(최종 접속일 2019. 8. 19). http://bitly.kr/Fnarrative

38 이에 대해서는 미조구치 아키코, 앞의 책, 80~81쪽; 270~276쪽 참조.

39 project069, 「두유 노 탈BL/탈남캐?」, 2019. 3. 2(최종 접속일 2019. 8. 19). http://bitly.kr/youknowtalBL

40 서구 팬픽션을 대상으로 이 문제에 대해 비판적으로 검토한 연구로는 Christine Scodari, ibid., pp. 111~130.

41 미조구치 아키코, 앞의 책, 21~22쪽.

42 물론, 모든 탈BL 논의가 소위 '생물학적 여성'에 의해서만 진행되고 있는 것은 아니다. '가상현실'이라는 온라인 공간의 특성을 고려하면 더욱 그렇다. 그러나 탈BL 논의에 참가하는 대부분의 사람들은 자신을 '여성'으로 정의하고 있으며, 그중 '생물학적 남성'이 있다고 하더라도 그 역시 자신을 '후조시'라는 사회적 젠더로서 정체화한 채이 논의에 참여하고 있다고 보는 것이 적절할 것이다.

43 2019년 초, 유명 BL 소설가 그웬돌린에게 '익명 질의'의 형식을 빌려, BL을 그만두고 GL(Girls' Love) 작품이나 여성서사를 쓰라는 요구를 담은 글들이 계속 투고되었다. 작가가 이를 거부하자, 그가 다른 작품을 표절했으며 여성혐오적인 표현을 사용했다는 의혹이 온라인 여성커뮤니티들을 중심으로 유포되었다. 결국 작가는 이에 대해 법적으로 대응할 것임을 자신의 트위터 계정에 천명했다.

44 よしながふみ, 『よしながふみ対談集 あのひととここだけのおしゃべり』, 白泉社, 2007, p. 82.

45 BL의 가능성을 가장 폭넓게 탐색하고 있는 작가로서 요시나가 후미를 조명하는 논문으로는 김효진, 「요시나가 후미의 「오오쿠」大奧 ─ 역사적 상상력과 여성만화의 가능성」, 『일본비평』6, 서울대학교 일본연구소, 2014, 134~163쪽; 「'당사자'와 '비당사자'의 사이에서 ─ 요시나가 후미 만화의 게이 표상을 중심으로」, 『언론정보연구』56-2, 서울대학교 언론정보연구소, 2019, 79~112쪽.

46 BL 장르뿐만 아니라 그 외 대중문화 장르에서도, 일부 표현이 문제적이라고 여기기 전에 오히려 그 표현을 통해 가능해지는 주제의식이나 작가의 메시지를 탐색할 필요가 있다. 이에 관해 필자는 젊은 여성독자를 겨냥해 소녀만화 스타일에 성적 묘사를 가미한 '틴즈 러브'Teen's Love의 작품들이 기존의 장르 문법과 표현을 답습하면서도 그를 통해 페미니즘적 메시지를 전달하는 데 성공하는 사례들을 분석한 바 있다. BL 또한 이런 관점에서 바라보는 연구들이 점차 늘고 있다. 김효진, 「여성향 만화 장르로서 틴즈 러브 만화의 가능성 ─ 후유모리 유키코의 작품을 중심으로」, 『일본연구』73, 한국외국어대학교 일본연구소, 2017, 33~59쪽.

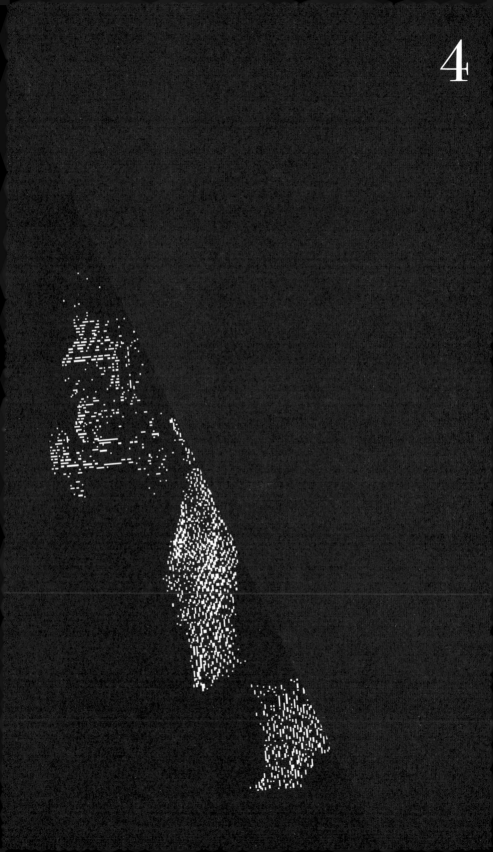

4

SNS, '소녀'[1]들의 시장 혹은 광장

2010년대 소셜미디어 문화와 10대 여성주체성

김애라

21세기의 빛나는 '소녀'들

2000년대 들어 10대 여성들은 한국 사회에서 미디어와 시장, 정치 등 다양한 영역을 통해 주목할 만한 인구 집단으로 등장했다. 이들은 평등한 교육과 성공의 기회를 누리는, 능력 있는 '알파 걸' '캔 두 걸'can do girl[2]로 표상되었다. 피겨 퀸 '김연아' '소녀시대' '원더걸스' '아이유' 등 10대 때부터 일찍이 성공한 한국의 대표적인 소녀들은 자주 미디어를 장식했다. 미디어는 이 소녀들을 통해 '연약함' '미성숙함'이라고 간주되던 소녀다움의 내용을 '전문성' '능력' '성공'으로 바꿔 쓰기 시작했다. 이들은 더 이상 학교나 가족 안에만 머물러 있을 필요가 없었다. 이제 소녀들은 '전문성과 능력은 갖추었지만, 어리기 때문에 덜 위협적이고 성적 매력이 높은 젊은 여성'으로서 대중문화장에 더욱 매력적인 형상으로 부상했다.

대중미디어를 중심으로 '알파 걸'이 소녀의 대표적 이미지로 가시화된 가운데, 광장에는 시민 주체, 정치적 주체로서 '촛불소녀'가 등장했다. 2002년 미군 장갑차 사건과 2008년 광우병 촛불 시위를 기점으로, 여초['여자 초과'. 여성이 남성보다 많은 현상을 이르는 조어] 온라인커뮤니티를 중심으로 모인 20~30대 여성과 교복 입은 10대 여성의 집회 참여가 눈에 띄게 증가했다. 특히 또래 남성들에 비해 자신의 목소리를 적극적으로 내는 시민·정치 주체로서 10대 여성들에 대한 사회적 관심은 폭발적이었다. '촛불소녀'라는 호명은 바로 이 같은 맥락에서 등장한 것이었다.

2000년대를 거치며 10대 여성들이 소비자 혹은 조직적 팬덤을 통한 '문화생산자'로부터 전문성을 예비한 미래 세대, 혹은 정치적 주체로서 한국 사회에 가시화된 한편,3 2000년대 초반 인터넷망의 대중화를 바탕으로 만들어진 온라인 광장에는 '얼짱' 소녀들이 나타났다. 2000년대 싸이월드의 '얼짱' 문화는 미디어와 소비 및 인터넷문화 생산의 주체로서 더욱 많은 소녀들을 호명하기 시작했다. 10대 여성들을 위한 소비시장이 본격적으로 등장하는 것도 이때다. 대학가를 포함한 주요 상권에는 10~20대 초반 여성들을 대상으로 저렴한 화장품을 판매하는 로드숍이 생겼고, 10대 여성들이 부담 없이 구매하기 좋은 패션상품을 판매하는 온라인 쇼핑몰도 대거 들어섰다.

이렇게 형성된 '소녀들을 위한 시장'은 2010년대 소셜미디어social media 문화에서 꽃을 피웠다. 이는 2010년대 들어 소셜미디어가 본격적으로 대중화되면서 트위터, 페이스북 등에서 영향력 있는 스피커로서, 커뮤니티로서, 나아가 경제적 주체로서 소녀들의 얼굴과 목소리가 이전과는 비교할 수 없을 정도로 가시화된 흐름을 반영한다.

2000년대의 '얼짱' 소녀들은 '페북 스타'나 '유튜버'가 되어 각종 상품의 마케터 역할을 톡톡히 수행하며 '인플루언서'influencer로 부상했다. 이렇게 소셜미디어 이용자들이 1인 미디어의 역할을 하게 되면서 콘텐츠의 생산과 유통 통로가 증가했고, 인터넷 공간은 가히 정보의 폭발이라고 할 정도로 방대하고 다양한 정보의 공간이 되었다. 그리고 마침내 10대 여성들은 스스로 콘텐츠 생산과 공유의 주체가 되었다. 또래들 사이에서 소비 정보를 공유하는 여성들에 관한 팬덤이 형성됐고, 온라인 공간에서 '셀러브리티'가 된 10대 여성들이 나타났다. 이들의 인기가 상품을 소개하고 홍보하는 데 실질적인 효과를 발휘하게 되자, 쇼핑몰의 협찬을 받거나 '블로그 기자단'으로 활동하는 이들도 생겼다. 이런 이력과 경험은 쇼핑몰 창업이나 관련 기업 취직 등 10대 여성들의 노동시장 진입에 활용됐다.

10대 여성들은 소셜미디어를 매개로 한 '소녀시장'의 인플루언서인 한편, 정치적 담론의 스피커로도 등장했다. 2018년 '#스쿨미투' '혜화역 시위' '탈코르셋 운동' 등 2010년대 페미니즘 운동의 중심에는 동시대 10대 여성들과 2000년대에 10대를 보낸 20대 초반 여성들이 있다. 온라인 문화가 본격적으로 꽃피운 2000년대 이후 온라인 광장에는 트위터를 중심으로 한 '10대 페미니스트'들과 싸이월드 '얼짱'부터 '페북 스타' '유튜버' 등의 인플루언서에 이르기까지, 유명세를 통해 경제활동을 하는 소녀들이 등장했다.

2000년 중반, 소셜미디어가 인터넷 공간의 성격과 참여 형태를 정의하게 되면서, 인터넷은 이용자들의 자발적인 참여와 정보 공유가 보장되는 민주적이고 개방적인 공간으로 여겨져 왔다. 특히 이 공간은 젊은 세대 여성들을 촛불 시위와 강남역 살인 사건 추모 시위, 혜화역 시위 등을 이끈 정치적 주체이자 각종 디지털콘텐츠의 생산자로서 가시화했다. 10대 여성들은 상호성에 기반을 둔 소통적 네트워크와 일상의 정치를 성공적으로 만들어 내면서, 온라인 공간을 여성들의 새로운 관계와 기회, 쾌락의 공간으로 향유한 것이다. 디지털 기술을 통한 새로운 정보 양식은 여성들에게 스스로 콘텐츠의 소비자이자 생산자가 되는 것을 가능케 하는 새로운 공간을 제공함으로써, 이제껏 공적 영역에서 비가시화된 젊은 여성들의 생각과 경험들을 더 많이, 더 다양한 통로를 통해 드러낼 수 있게 했다.

오늘날 10대 여성들이 소비적·경제적·정치적 주체로서 가시화되고 있는 공간인 소셜미디어는 능동성과 자유, 자율성이라는 문화적·기술적 특성에 기반을 둔다. 이 특성은 포스트페미니즘의 문제적 속성인 소비주의 및 개인주의적 가치와 결합하는 경향을 보인다.[4] 이때 '포스트페미니즘'[5]은 말 그대로 페미니즘 '이후'의 분위기를 지시하는데, 페미니즘의 목표는 이미 성취되었고 어떤 불평등도 성차별의 결과가 아니라는 판단, 그리고 공사 영역 모두에서의 성공을 추구하는 신자유주의적인 여성성을 바탕으로 한 보수적인 흐름을 가리킨다. 불평등은 성별에 의한 것이 아니기에, '경쟁'과 '성공'이라는 신자유주의적 해결책을 통해 해소될 수 있는 것으로 간주된다. 이는 결국 개인의 책임과 선택, 자유를 강조하는 자기계발의 논리 및 개별화한 개인 능력에 대한 신자유주의적 에토스와 밀착된다.

전혀 화해할 수 없을 것처럼 보이는 '페북 스타'와 '탈코르셋 운동'의 두 주체는 이런 공통의 사회적·문화적 경험을 바탕으로 동시에 탄생했고 공존한다. 팽창된 패션·뷰티 시장에서 소비의 자유를 경험한 소녀들이, 바로 그 자유를 부당한 압력의 산물로 재해석하거나 개인의 자유와 권리를 침해하는 것으로 규정하고 발언하는 주체이기도 한 것이다. 21세기의 이 '빛나는 소녀들'을 이해하기 위해서는 1990년대 이후, '소녀'가 어떤 맥락에서 호명돼 왔고 현재 어떤 장면에서 특별히 가시화되는지 살펴볼 필요가 있다.

포스트페미니즘과 '여성 되기'의 즐거움

21세기 소녀들의 부상은 한국뿐 아니라, 다른 문화권에서도 주목되는 현상이다. 1990년대 이후 소녀들의 가시성은 주로 문화 영역에서의 페미니즘 담론과 제도 영역에서의 젠더 주류화, 그리고 후기 근대 신자유주의 경제체제와의 상관관계를 중심으로 설명된다. 10대 여성(성)에 대한 최근 연구들은 오늘날 10대 여성의 사회적·문화적·경제적 위상은 10대 여성들을 단지 미성년자나 여학생이 아니라, 소비의 주체, 그리고 21세기에 재정의된 '개인주의'에 적합한 주체로서 새롭게 자리매김하게 했다고 평가한다.[6] 특히 1990년대에 등장한 포스트페미니즘적 에토스는 여성들에게 경제적·교육적·성적 주체의 지위를 부여했다.

후기근대적 신자유주의 경제체제와의 빠른 결합 속에서, 여성들을 설명하는 방식은 '선택'이나 '임파워먼트'empowerment 등의 단어에 의존하기 시작했다. 페미니즘이 제기해 왔던 '여성의 자유·권리·평등'이라는 비평적 요소들을 개인주의 담론으로 전환한 것이다. 이 과정에서 '소녀다움'은 개별화와 능력주의의 산물로 재탄생했으며, '성공적인 여성(성)'은 능력 있고 잘 교육받은, 소비할 수 있을 만큼의 임금을 버는 노동 주체이자 이성애적·여성적 매력을 유지하는 여성으로서, 전통적 여성성과 남성성 모두와 제휴했다.[7] 이제 포스트페미니즘적 소녀다움, 즉 '여성성'은 이전과는 다른 표식들을 가지기 시작했다. '여성(성)'은 더 이상 '차별'의 대상이 아니라, 적극적으로 향유하고 행사해야 할 '권리'로 재의미화됐다. 1990년대 이후 TV와 잡지 등의 대중문화와 패션·미용으로 대표되는 소비자본주의를 거치면서, 젊은 여성들에게 축하할 만한 자유이자 권리로서의 '여성성'과 '여성 되기'의 즐거움이 적극적으로 받아들여졌다. 한마디로, 여성성의 실현은 옷 입기와 화장하기, 성적 대상 되기 등으로 되돌아갔다.

그러나 이때의 '여성성'은 과거 페미니스트들이 비판했던 그것과는 다르다. 사회적 문맥이 달라졌기 때문이다. 예컨대, 화장이나 다이어트, 쇼핑, '원나잇'은 남성에 의한 여성의 종속이나 차별적 지위에 기인한 것이 아니라, 스스로 자신의 운명을 통제할 수 있는 주체로서의 새로운 여성상의 출현을 통해 가능해진 것이다. '페미니스트 주체성'과 같이, 이 적극적인 '소녀다움'은 페미니스트 담론이나 가부장제 담론으로부터의 도덕적 판단 없이 적극적인 성적 주체가 되는 개인의 권리로서 강조됐고, 그것은 여가·섹슈얼리티·사교성의 영역으로 확장되었다.

1990년대 대중문화와 소비자본주의적 공간이 포스트페미니즘을 태동시킨 공간이라면, 2000년대 인터넷 공간, 특히 SNS는 포스트페미니즘의 새로운 여성성, 즉 성적 자유와 권리의 주체로 스스로를 인식하고 패션·뷰티 시장에서의 적절한 소비를 통한 자기관리로 자신감을 얻은, 유쾌함을 사랑하는 포스트페미니즘적 주체[8]들의 쾌락 공간이 되었다. SNS는 기존의 어떤 문화적 공간이나 매체보다 훨씬 더 자유로운 전시의 공간, 고유한 개인의 공간을 제공한다. 이 공간은 전통이나 역사의 맥락으로부터 자유로우며, 사용자들로 하여금 적극적으로 자신의 전기biography를 만들고, 이를 기반으로 사회적 연결을 구축해 갈 수 있도록 독려한다.

포스트페미니즘 담론에서 소녀들에게 주어지는 의무는 일종의 프로젝트와 같다. 개인의 선택을 전시함으로써 가장 잘 표현될 수 있는 자유를 구축하라는 것이다.[9] SNS를 휘감고 있는 신자유주의적 에토스는 10대 여성들의 욕망, 특히 평등하고 독립적인 여성에 대한 이상을 적극적으로 활용한다. 이 공간에서 10대 여성들이 능동적으로 참여하는 시민이 되는 것은, 소비문화, 이성애 섹슈얼리티, 여성성을 서로 상관적으로 구성하고, 성형수술, 운동, 옷 입기, 화장하기 등의 경제적·문화적 활동을 통해 참여할 수 있는 소비문화에 몰입했기 때문이다.

포스트페미니즘 담론에서 여성들은 집안일이나 어머니 역할 등과 연관되어 정의되기보다, 양질의 교육 및 남성과 동등한 기회와 경쟁, 그리고 적극적인 성적 주체로서 정의된다. 평등을 단언함으로써, 포스트페미니스트 담론은 여성의 성취 및 개인화된 자기정의와 자기표현의 프로젝트에 여성들이 편승하도록 만들어 왔다.[10] 10대 여성들은 이 공간에서 독립적이고 개별화한, 어서 빨리 여자가 될 권리를 지닌 '자기'를 확인하는데, 이때 외모나 인맥, 평판 등은 개인의 능력이자 특정 수준에 이르기 위해 스스로 노력해 성취해야 하는 항목이 된다.

앞다투어 업로드되는 10대 여성들의 보정한 얼굴들, 끊임없이 만들어지고 소비되는 패션·뷰티를 중심으로 한 정보이자 광고이자 상품인 그것들은 포스트페미니즘의 디지털 버전을 보여 준다. 각종 소비 정보들이 끊임없이 흐르는 타임라인에서, 10대 여성들에게 '소비'는 삶의 질이나 실현돼야 할 목표로 이해되기도 한다. 10대 여성들의 SNS 참여에서 두드러지게 드러나는 '여성성/여성다움'에 대한 동경, 패션·뷰티 정보 수집과 공유를 통해 경험되는 즐거움은 (포스트페미니즘 논의가 제기해 오고 있는) 젊은 여성들을 중심으로 한 새로운 여성성·소녀다움을 가리키고 있다. '여성(성)'은 패션·뷰티 영역에 대한 정보와 상품 소비를 통해 확보될 수 있는 것이자, 소셜미디어에 형성된 '주목경제'[11]의 주요 동인動因으로서, 패션·뷰티 상품 후기나 아름다운 외모를 자원으로 하는 '얼짱' '페북 스타' '파워블로거' '유튜버' 등의 직업 전망을 가능케 한다.

놀이 혹은 노동, 소녀시장과 디지털자본주의

2010년대 소녀들의 활약상을 잘 볼 수 있는 공간은 두말할 나위 없이 소셜미디어 공간이다. 소셜미디어를 통한 이른바 '정보의 민주화'는 10대 소녀들에게 이전과는 비교할 수 없을 정도의 방대한 정보량과 그에 대한 접근성을 허락해 주었다. 정보의 통로로서 페이스북과 인스타그램 등의 소셜미디어는 10대 여성들의 가장 중요한 또래 공간이자 개인 공간으로 부상하고 있다. 10대 여성들의 소셜미디어 참여는 온갖 영역을 망라하는 정보들을 보고, 인맥을 통해 그것들을 공유함으로써 이루어진다. 소셜미디어 공간이 10대 여성들의 일상과 또래문화에서 차지하는 위상을 고려했을 때, 이 정보들은 과거 학교나 부모, 소셜미디어 등장 이전의 인터넷 검색 결과 등과는 비교할 수 없을 정도로 막대한 영향력을 가지고 있다.[12]

인터넷과 개인용 컴퓨터가 대중화되기 시작한 2000년대 초반, 10대 여성들은 본격적으로 인터넷 공간에 참여하기 시작했다. 당시 10대 여성들의 인터넷 문화는 팬덤 문화와 만화(그림), 게임, 인터넷소설 등을 생산하는 취미문화, 패션과 뷰티 정보를 중심으로 한 온라인 커뮤니티 문화, 그리고 '얼짱' 문화가 주를 이루었다. 물론 싸이월드를 중심으로 한 친목 활동은 대다수의 10대 여성들이 기본적으로 참여하는 것이었다.

10여 년이 지난 현재, 10대들의 인터넷 참여 활동의 내용은 여전히 팬덤 문화와 각종 취미, 패션·뷰티 커뮤니티 활동이 주를 이루지만, 그 참여 방식과 생산물의 형태, 영향력의 범위는 현저히 달라졌다. 소녀들의 팬덤 문화는 디지털카메라와 동영상 편집기 등 최첨단 멀티미디어 테크놀로지를 통해 높은 수준의 무대 기록과 패러디 등의 콘텐츠를 만들어 내고 있으며, 그것들은 유튜브나 페이스북, 블로그 등 SNS를 통해 수많은 사람들과 공유된다. 만화나 게임 제작, 쇼핑몰 운영과 각종 패션·화장품 후기 작성 콘텐츠도 그 생산·유통 통로가 확장됨에 따라, 이전에 비해 훨씬 다양한 장에서 그 문화적·경제적 가치를 인정받고 있다.

특히 10대 여성들이 만들어 내는 다양한 콘텐츠 가운데 돋보이는 것은 또래 네트워크를 기반으로 공고하게 형성된 '소녀들의 시장'에서의 콘텐츠다. 10대 여성들은 일종의 롤 모델로서 끊임없이 인플루언서들을 발굴하고, 그들의 신상 정보와 그들이 사용하는 화장품과 화장법을 분석해 중요한 정보로 공유한다. 이곳에서 소녀들은 또래가 업로드하는 유튜브 영상을 통해 서클렌즈를 착용하는 방법과 화장법을 배우고, SNS에 업로드할 한 장을 위해 수백 장의 사진을 찍고 고르는 노력을 마다하지 않는다. 쇼핑한 품목을 하나하나 사진 찍어, 그것을 구매한 쇼핑몰과 가격 정보, '착샷'(옷이나 신발, 가방 등을 착용하고 찍은 사진)을 공유하고, 각종 브랜드의 화장품들을 사용한 뒤 세밀한 후기를 열정적으로 기록한다.

이 '자기 전시'의 결과물들은 '프로필 사진' '헤어스타일' '데일리룩' '코디룩' '발색샷' '착샷' '맛집 추천' 등 누구에게나 필요할 법한 정보성 제목을 달고 공유된다. 그리고 이것은 다시 10대 여성들의 스타일링, 쇼핑할 품목의 목록, 만들고 싶은 얼굴, 심지어 친해지고 싶은 친구의 스타일 등에 대한 구체적인 정보로 유통된다. 이때 10대 여성들이 스스로 공유한 '나'(에 관한 것들)에 대한 정보들은 비단 누군가의 개인적 경험, 의견 정도로만 간주되는 것이 아니라, 포털 메인 페이지의 뉴스나 '오늘의 읽을 만한 글'과 추천 게시판의 이미지들, 혹은 키워드 검색으로부터 딸려 나오는 상품(브랜드)에 관한 영향력 있는 정보가 된다.

자신을 적극적으로 드러내는 10대 여성들의 정보 생산은 일차적으로는 자발적이고 개인적인 즐거움을 위한 것이지만, 동시에 소셜미디어를 활성화하는 인터넷기업의 중요한 자원으로도 기능한다. 이 10대 여성들의 포스팅들에서 다뤄지는 상품이나 특정한 기호·취향들은 현실 세계에서 욕망의 대상으로 소비됨으로써 실질적인 광고

효과를 발생시킨다. 특히 2010년대 디지털 공간에서는 SNS 기업이 제공한 플랫폼에서 이용자가 정보를 만들고 확산시키면, 그 확산된 정보를 통해 SNS 기업이 다시 광고 수익을 얻는, 이른바 '협력의 상업화'가 진행된다. 이런 이유로, 소셜미디어 플랫폼은 민주적이고 자유로운 사회 참여와 소통을 이끌어 내고 있다는 긍정적인 평가를 받기도 하지만, 그와 동시에 아주 빠른 속도로 자본과 결합하고 있다. 디지털자본주의에서 감정, 느낌, 경험, 취향 등을 포함해, 이용자들이 스스로 공유한 개인에 대한 모든 정보는 마케팅을 비롯한 각종 경제적 수익 창출을 위한 자원으로 수집·활용된다. 소셜미디어에서 개인이 자신에 관해 드러낸 총체, 수집된 개개인의 '정체성'은 네트워크와 디지털 환경을 기반으로 한 디지털자본주의에서 그 자체로 경제적 가치를 지닌다.[13]

정보를 선별·활용함으로써 드러난 감정과 욕망, '사실'을 상품화하고, 이를 통해 수익을 창출하는 소셜미디어는[14] '경제적인 것 만들어 내기'에 몰두하는 모든 주체들로부터 주목받고 있다. 10대 여성들역시 자신에 대한 정보들을 전시함으로써 자신이 '여성'임을 향유하고 기념하며, 또 그를 위한 정보들의 수집·유통에 참여함으로써 이 플랫폼의 적극적인 이용자가 된다. 즉 10대 여성들이 디지털 공간에서 이용자이자 소비자인 동시에 생산자의 역할을 하게 된 것이다.[15] 이처럼 더 많은, 더 새로운, 더 참신한 정보를 제공하는 사람들이 인터넷에서 명성을 얻고 경제적 가치를 획득하는 디지털자본주의 구조에서 정보 생산과 이를 통한 교류의 경험은 대단한 즐거움과 자존감을 가져다준다. 그리고 바로 이런 기쁨과 쾌락이 10대 여성들로 하여금 디지털 공간에 시간과 노력을 쏟아 붓도록 한다. '자유롭고 자발적인' 디지털노동을 수행하게 되는 것이다.[16]

10대 여성들의 SNS 참여, 즉 디지털노동 현상에서 관찰되는 '여성성'의 구성과 전시는 경제적 영역의 정보 및 상품의 생산·소비와 직접적으로 연결된다. 이 변화는 포스트페미니즘에 대한 비판적 통찰이 보여 주듯, 여성성과 결합한 여성노동이 가사·돌봄 노동에서처럼 사적이고 비가시적이며 무임이었던 과거와 달리, 이제 공적 영역에서 여성성의 노동이 가시화되고 있음을 뜻한다. 특히 SNS의 디지털 자본주의에서 10대 여성들은 '여성성'을 드러낼수록 더 빨리 성공적인 경제주체가 될 수 있다. 예컨대, 패션 및 뷰티 블로거에서부터 쇼핑몰 창업, 피팅 모델, '얼짱' 등 새롭게 등장한 여성들의 일은 화장이나 패션과 같이 여성과 '아름다움'의 상관관계를 전제하는 성별화된 노동의 영역을 구축한다. 이처럼 빅데이터와 인공지능 검색 플랫폼의 시대에도 성별은 끊임없이 표시되고 유지된다.

아름다움의 규범, 따르면서 창안하기

'소녀시장'Girls Market[17]은 포스트페미니즘적 이상의 실현, 주로 패션·뷰티 콘텐츠를 중심으로 형성된 소비 공간이자 성별화된 공간이다. 하지만 여성들만의 네트워크와 커뮤니티를 경험하는 예외적인 공간이기도 하다. 여성들에게는 젠더 수행의 장인 동시에 젠더 수행을 인식하는 장, 즉 여성으로서의 자기인식을 경험하는 공간인 것이다. 또한 이 장은 여성들이 '개인'으로서의 욕망을 실현하는 장이자 '여성'의 조형성을 실험하는 장으로서 경험된다.

디지털 테크놀로지의 물질적 특성인 연결성과 실시간성, 편재성 속에서 여성들은 소녀시장을 둘러싼 커뮤니티를 형성한다. 이곳에서 소녀들은 셀피selfie나 팔로워와 라이크 수, 피드백, 편집기술 등을 통해 서로에게 또래의 소녀다움·여성성·매력·아름다움을 검증받는 데 필요한 요소들을 학습한다. 그런데 아름다움을 매개로 한 소셜 네트워킹은 단지 여성젠더의 수행이라는 측면뿐 아니라, 여성들 간의 연대 형성이자 즐거움을 제공하는 놀이라는 것에 주목해야 한다. 이는 소셜미디어, 더 정확히는 '소녀시장'이라는 네트워크에서 일종의 성원권membership을 획득하는 방식이다. 여성성/소녀다움 혹은 아름다움에 대한 안목의 학습 및 추구·실천은 소셜미디어에서의 생산 활동이자, 표현하고 이야기하고 관계 맺는 일처럼 사회성을 유지하는 데 중요한 요소다. 일종의 '디지털 리터러시'로서 소녀성/아름다움에의 추구와 평가·승인이 이루어지는 것이다.

소셜미디어는 평가와 감시의 공간인 동시에, 사람들에게 자신의 어떤 모습을 보여 줄지를 스스로 결정하고 연출할 수 있는 공간이다. 10대 여성들에게 이곳은 자신의 사진을 선택·편집·전시함으로써 자신의 몸에 대한 통제력을 스스로 행사할 수 있는 장소다. 소녀시장을 매개로 끊임없이 공유되는 각종 패션·뷰티 상품 및 정보들과 함께, 10대 여성들의 몸은 기술과 소비자본의 결합 속에서 조형적이고 변형 가능한 것으로서 전제되고 있다. 개인적 수준에서의 성취를 중요하게 생각하는 포스트페미니즘의 분위기에서,[18] 여성들에게 '아름다움'은 단지 미학적 인식의 문제인 것만이 아니라, 실용적 목적으로 추구되는 '성취 가능한 것'으로 여겨진다.

소녀시장에서 가장 큰 비중을 차지하는 뷰티 콘텐츠는 주로 '비포'before와 '애프터'after, '쌩얼'에서 '풀 메이크업'으로 가는 모든 단계를 공유하고, 그 과정에서 특정 상품과 '스킬'skills이 필요하다는 사실을 환기한다. 예컨대 뷰티 크리에이터들이 만든 영상의 첫 장면에서 그들은 늘 맨얼굴에 안경을 쓴, 어찌 보면 '평범 이하'의 외모를 가진 여성으로 스스로를 재현한다. 그들은 안경 대신 렌즈를 착용한 뒤 화장을 시작하고, 이윽고 첫 화면에 등장한 얼굴과는 놀라울 정도로 다른 외모로 변해 간다. 이 과정은 단계별로 자세하게 비춰지고 또 설명된다.

이 같은 과정은 외모의 아름다움을 일종의 달성해야 할 '목표'로 자리하게 한다. 이제 아름다움은 타고나는 것이 아니라 각종 상품과 기술 등을 통해 만들어 낼 수 있는 것, 즉 '조형적인 것'이 된다. 아름다움을 얻을 기회와 자원은 누구에게나 평등하게 주어지며, 다만 이 '평등하게 주어진 아름다움의 재료와 도구들을 어느 정도로 활용해 아름다움을 실현하는가'의 문제는 개인의 능력에 따른 것이 된다.

여성의 얼굴은 이제 '비포'에서 '애프터' 사이의 무수한 과정 모두를 포함하는 것이 되었다. 아름다움은 '본래적인' 여성적 특질이기보다는 인위적으로 '만들어질 수 있는 것'이 된다. 아름다움과 한 쌍을 이루는 '소녀-여성' 젠더는 다양한 기술과 상품들을 통해 재현될 수 있다. 이를 파악한 10대 여성들은 이 조형성의 실험 과정에서 긍정적 경험을 하게 된다. 이미지 변형과 각종 뷰티 정보의 실천을 통해 스스로를 정의하고자 하는 욕망을 실현하는 것이다.

이들은 자신의 커뮤니티에서 아름다움에 관한 규범을 만들어 나가고 재강화하며, 공유된 규범을 승인하거나 불승인하는 주체다. 여성성·소녀다움은 바로 이런 장에서 형성되고, 그것은 이 네트워크에 속한 여성들 사이에서 승인의 문제가 되는 것이다. 예컨대, 소녀시장에서 또래 여성 혹은 20대 초반의 여성 인플루언서에 대한 팬덤은 그 여성의 '아름다움' 혹은 세련된 라이프스타일이라는 개인 능력에 대한 존경과 감탄에 기인한다. 그러나 뷰티 유튜버 혹은 페북 스타의 적절한 화장품 사용, 숙련된 색감 활용, 풍부한 표현력 등 여성들에게는 존경이자 감탄의 대상인 이 아름다움의 실현 능력은 남성들에게는 종종 조롱거리가 된다. 아름다움이 선천적으로 부여되는 여성의 자질이라고 믿는 사회에서 남성들은 성형이나 화장처럼 아름다움을 인위적으로 구현하는 행위를 '가짜' 혹은 '사기'라고 이해·표현하기 때문이다. 하지만 여성 인플루언서의 소셜미디어 공간에서 이런 남성들의 조롱과 비방 등이 이어질 때면, 해당 여성 인플루언서의 팬덤을 형성하는 여성들은 댓글을 달며 그 남성들과 싸운다. "항상 말하지만, 너네한테 잘 보이려고 화장 하는 거 아니니까 제발 평가 좀 그만 해."

이처럼 10대 여성들은 소녀시장에서 여성성의 조형성을 실험하는 한편, 다양한 소비를 통한 몸의 변형, 혹은 외모 꾸미기의 의미를 비이성애적으로 전유하거나 '탈코르셋 운동'의 방식으로 전복시키기도 한다. 적어도 이 커뮤니티에서 '아름다움'은 여성들을 경쟁시키는 요소로만 경험되지는 않는 것이다. 여성들만의 배타적 공간에서 10대 여성들은 아름다움을 매개로 공통의 정서를 만들고 또 경험한다.

아름다움을 성취하기 위한 여성들의 노력과 그 과정 및 결과가 소녀시장의 콘텐츠로 공유·소비되면서 여성들 간의 새로운 대화가 촉진된다. 그리고 그것은 연대감과 공동체 의식을 만들기도 한다. 이로써 일종의 여성 지식공동체가 형성되고, 그것은 여성들에게 자신의 아름다움에 대한 욕망과 실천을 이성애적 구도를 벗어나 상상하게 하는 계기와 경험을 제공한다. 요컨대, 여성들은 여성들만의 공간을 통해 여성들 간의 연대와 여성으로서의 자기인식을 경험한다. 그리고 바로 이 지점에서 #나는페미니스트다, #스쿨미투, '탈코르셋 운동' 등과 같은 '여성'으로서의 자기인식에 기반을 둔 일상 경험과 다양한 젠더 이슈에 관한 논의의 장이 열린다.

'뷰티템'부터 '탈코르셋'까지

소셜미디어 플랫폼은 관심사를 공유하는 특정 인구 집단을 중심으로 한 강력한 네트워킹과 그 내부에서의 정보를 생산·유통하는 데 특화돼 있다. 덕분에 10대 여성들은 '소비문화'와 '여성젠더 수행'이라는 관심사를 공유하는 자신들만의 아지트적 네트워크, 즉 소녀시장을 형성하고 인플루언서로서 경제적 주체가 될 수 있었다. 동시에 그 네트워크 내부에서의 신뢰에 기대어 학교나 가족, '현실친구' 등 오프라인 공간에서 쉽게 제기하기 어려운 생각이나 질문, 고민 등을 공유할 수 있는 공간 또한 형성했다. 특히 다양한 소비 상품을 통해 소녀시장을 만들고 유지시킨 자기 전시의 소셜미디어 문법은 여성들의 네트워크에서 특정 젠더 이슈에 관한 자신의 생각을 자연스럽게 이야기할 수 있는, 아니 이야기해야만 하는 담론장을 형성한다. 그리고 그 의견은 자신이 어떤 사람인지를 보여 주기 위한 방식이자 중요한 근거로서 적극적으로 활용된다.

특히 소셜미디어를 통해 비교적 이른 시기에 '여성의 자유·권리·평등'을 말하는 '페미니즘'이라는 언어에 접근할 수 있었던 경험은, 10대 여성들에게 여성들만의 네트워크에서 '젠더 수행'에 대한 질문을 공유하기에 좋은 환경을 제공한다. 물론 이는 온라인상에 존재하는 여성들만의 공간에서의 경험이 누적된 결과다. 2008년 광우병 촛불집회에서 보듯, 여성들은 이미 십수 년 전부터 뷰티와 패션 정보 공유를 주제로 하는 인터넷 여초 커뮤니티의 이름을 걸고 광장에 등장하거나 정치자금을 후원한 바 있다.[19]

이제 '소녀'라는 인구 집단의 주체성을 논할 때, 1990년대의 문화 생산자, 2000년대의 소비 주체, 2010년대의 디지털문화와 경제 주체의 형상과 더불어 오늘날 페미니즘의 대중화와 그 막강한 효과를 빼놓고 이야기하기는 어려워졌다. 동시대 페미니즘의 대중화와 소셜미디어에서의 자기 전시 및 주목경제의 디지털자본주의 메커니즘에 기반을 두고, 10대 여성들은 특정 정보의 생산·유통·수용, 그리고 '현실'에서 그 정보의 수행이 여성들에게만 작동하는 압력이라는 인식을 공유하고 있다. 2018년 트위터와 여초 커뮤니티, 그리고 일부 뷰티 유튜버 및 팬들을 중심으로 확산된 '탈코르셋 운동'이 대표적이다. 탈코르셋 운동은 그녀들이 소녀들의 시장에서 자발적으로 수행하던 '즐거운 노동'과 정확히 반대편에 있다. 1990~2000년대에 팽창한 소비시장과, '아름다움'을 권리이자 자유로 의미화한 포스트페미니즘적 소녀다움은 여전히 주류적 경향을 형성하지만, 2010년대 중반에 들어서자 이에 반대하는 소녀들의 목소리들이 등장한 것이다.

2018년 11월, #스쿨미투 집회에 나온 10대 여성. (사진 김희지, 작가 제공)

흥미롭게도, 패션·뷰티 상품을 중심으로 형성된 소녀시장은 '광장'으로의 길을 터 주었다. 유튜브나 트위터 등과 같은 상업적 주류 미디어를 통해 젠더 이슈를 공론화함으로써, 이제 10대 여성들은 페미니즘을 훨씬 더 '접근 가능한 것'으로 인지하게 됐다. 소녀들의 시장이 필연적으로 여성 커뮤니티와 여성 네트워크에 기반을 두고 있기 때문에 가능한 일이다.

디지털자본주의에서 10대 여성들의 디지털노동은 소비시장뿐 아니라 동시대 페미니즘 운동을 대중화하는 데에도 '화력'을 발휘한다. 정보·경험·생각의 공유를 일상화한 소셜미디어 문법에서, 마치 '발색이 훌륭한 립스틱'이나 '원 플러스 원one plus one으로 살 수 있는 신상템' 등 놓치기 아까운 정보들을 공유하고 또래에게 널리 알리듯, 이제 10대 여성들은 '페미니즘'이라는 좋은 의견 혹은 새롭게 알 만한 의견들을 널리 공유한다. 소녀시장에서 수행된 10대 여성들의 디지털노동에서 그랬듯, 인적 네트워크와 정보를 공유하고 싶어 하는 정보경제 시민으로서의 역할이 사실상 10대 여성들 사이의 페미니즘 대중화에 큰 역할을 한 것이다.

소녀시장에서 인플루언서를 만들고, 그에 대한 팬덤을 형성하고, 다양한 소비상품들을 '대세'로 만들어 본 경험은 온라인 담론장에서 특정 이슈를 어떻게 공론화하고 유통시키며, 어떻게 사람들을 호명해서 움직이게 할 것인지를 학습하는 과정과 같았다. '소셜미디어'라는 1인 미디어에 기댄 광장에서, 자신의 생각을 거침없이 주장하고 그것을 성취·권리·자유의 언어로 설명하는 포스트페미니스트 이상과 이를 내포한 인플루언서들의 전략은 페미니즘 정치담론의 생산·

유통·소비 전략으로서도 매우 효과적이었던 것이다.[20]

　강조하건대, 경험을 인증하는 문화와 자신의 의견·생각을 지속적으로 업로드하는 인플루언서들의 전략은 특정 이슈를 유통시키는 데 핵심적인 역할을 한다. #스쿨미투는 물론, 혜화역 시위, 탈코르셋 운동 등은 각종 고발의 증거들을 인증하고, 이를 온라인에서 유통함으로써 특정 이슈를 공론화했다. 그리고 이들은 자신이 이 운동에 참여했다는 사실을 다양한 미디어 재현을 통해 인증했고, 스스로의 참여에 의미를 부여했으며, 나아가 또래에게 참여를 권했다. 요컨대 10대 여성들은 시장적 네트워크를 활용해 정치적 공간을 창조한 것이다.

　이 같은 현상을 목도한 많은 페미니스트들과 10, 20대 여성들의 주체화 현상을 연구하는 이들은 기뻐했다. 기성 여성운동에서는 볼 수 없었던, 디지털 플랫폼에 기반을 둔 강력한 '화력' '총공'이라는 운동 방식과 이를 통해 젠더 이슈를 실제로 정치적 테이블에 올려놓는 그 힘에 열광한 것이다. 무엇보다, 소셜미디어의 소비와 셀프브랜딩 일변도의 문화에서 페미니스트 주체로 거듭난 10대 여성들의 탄생은 놀라움 그 자체였다. 소위 '빨간 약을 삼켰다'라고 표현되는, 10대 여성들의 페미니스트 정체화는 분명 축하하고 기념해야 할 변화다. 그리고 이때 온라인에서 여성만의 배타적 커뮤니티를 형성해 본 경험과 그 안에서 느낀 즐거움이 중요하게 작용했다는 점 또한 강조돼야 한다.

　다만, 이 정치적 공간의 탄생을 마냥 기뻐하기에는 약간의 어려움이 있다. 소녀시장을 구성하는 패션·뷰티 콘텐츠와 그 향유 문화는 분명 소비자본주의적으로 성별화된 문화이고, 아름다움에 대한 성별화된 욕망을 생산한다는 점에서 한계가 분명하기 때문이다. 그러므로 오늘날의 페미니즘 대중화와 여성으로서의 자기인식을 획득한 10대 여성들의 주체화와 그 성격에 대해서는 더 많은 고민이 필요하다.

현재 10대 여성들을 포함한 청년세대 여성들이 주도하는 페미니즘 담론은 '개인화' '성공'이라는 신자유주의적 가치에 기대 있으며, '여성'이라는 범주를 재강화하기도 한다. 예컨대 10대 여성들의 온라인 공간에서 페미니스트 언어는 '좋은 것으로서의 평등'이라는 기본적인 인식에 근거해, 다양한 차별, 특히 학교를 비롯해 10대 여성의 일상에서 벌어지는 차별의 경험을 드러내는 데 탁월하게 활용된다. 이는 그간 페미니즘 영역에서 충분히 조명되지 못한 지점이다. 그러나 이때의 차별은 종종 남성들에 비해 성공의 기회가 드물어서 발생한 비용과 시간의 허비, 즉 신자유주의적 합리성을 저해하는 요소로서 언급된다. 1990년대 신자유주의와 소비문화가 포스트페미니즘을 태동시켰던 맥락과 비슷하게, 일상화된 동시대 신자유주의의 이상 속에서 자란 세대에게 페미니즘의 언어는 '합리성'의 언어로 변주되는 것이다.

대중적 페미니즘은 포스트페미니즘의 '능력 있는 여성', 차별 담론과는 무관한 젊은 세대 여성들의 자유와 성공, 신자유주의가 장려하는 부단한 자기계발과 경쟁에 공정하게 참여하고 그 경쟁에서 이기는 여성들에 관한 서사를 반복적으로 보여 준다. 여성도 성공할 수 있어야 한다고 말하는 동시에 차별은 여전히 존재한다는 담론을 만드는 것이다. 화제가 됐던 배우 엠마 왓슨Emma Watson의 UN 연설부터 영화 <캡틴 마블>(애너 보든·라이언 플렉, 2019) 붐에 이르기까지, 대중적

2014년 7월에 UN 양성평등 홍보대사로 위촉된 배우 엠마 왓슨은
그해 9월 여성인권 신장 캠페인 "HeForShe" 행사 기념 연설을 통해
성평등은 여성뿐 아니라 우리 모두의 문제임을 강조했다.

페미니즘 담론은 '성공한 여성' '성공'에 대한 청년세대 여성의 욕망을 부추기는 방식으로 성차별을 선언하고 또한 그것의 종언을 말한다.

오늘날 형성된 소녀들의 광장은 포스트페미니즘적 에토스를 공유하는 동시에 다소간 플랫폼 자본주의[21]에 기대어 있다. 콘텐츠의 유통과 트래픽을 중시하는 디지털미디어 플랫폼의 문법은 대중적 페미니즘의 확산에 최적화돼 있기 때문이다.[22] 디지털 플랫폼의 문법은, 콘텐츠의 내용과 형식, 그리고 소녀시장에서 소녀다움의 내용을 조건 지었듯, 페미니즘의 내용을 조건 짓는다. 소녀들의 시장에서 페미니즘이 비가시화됐다면, 소녀들의 광장에서는 젠더 불평등이 인지되고 페미니즘은 볼거리가 풍부해지는 방식으로 가시화된다. 적어도 소셜미디어 문화에서 관찰되는 동시대 페미니즘은 신자유주의적 해결책을 통해 평등을 찾는 포스트페미니즘과 구조적으로 유사하다.

분명한 것은, 제도교육 내 페미니즘 커리큘럼이 부재하는 지금, 플랫폼 자본주의를 통해 형성된 또래 네트워크에서의 페미니즘에 관한 다양한 온라인 포스팅이 어떤 10대 여성들에게는 분명 페미니즘에 대한 보다 확장된 접근 가능성을 제공했다는 것이다. 그와 동시에 소녀들의 시장 역시 여전히 잘 굴러간다. 새롭게 등장한 또래 인플루언서나 소비상품에 호들갑스럽게 반응하지는 않더라도, 소녀들의 시장은 10대 여성들의 일상과 문화 깊숙이 안착해 있다. 한편에서는 자신의 아름다움을 전시하거나 이를 성취하는 데 필요한 상품 정보를 또래 인플루언서에게 요청하는 반면, 다른 한편에서는 페미니스트 언어로 무장한 10대 여성들이 '탈코르셋' 인증 사진을 인스타그램에 올리는 일이 동시에 벌어진다.

　놀이와 노동, 공과 사의 경계를 뒤흔드는 디지털자본주의는 적어도 10대 여성들에게 '소녀'라는 역할의 다양성을 제시하고, 극단의 정보들과 모순되는 의견들을 모두 청취할 수 있게 했다. 이런 디지털자본주의의 문법을 일찌감치 터득한 10대 여성들은 소녀시장을 거쳐 경제적 주체로 등장했고, 곧이어 광장적 공간을 창조하며 정치적 주체로 부상했다. 소녀들의 시장과 광장은 '10대 여성' '소녀'라는 그들 존재와 의미를 공적 공간에서 어떻게 드러낼지 스스로 결정하게 만든다는 점에서 비슷하다. 디지털자본주의의 인터넷 플랫폼은 특정 정체성 혹은 주체성의 치열한 대립과 공존을 빠르게 드러내고 있고, 소녀들은 이를 활용해 자기가 누구인지 말하고 있다. 지금 이야기할 수 있는 것은, 이제 '소녀'들은 자신이 누구인지 결정하고, 그 내용을 표현하고 싶어 하는 존재라는 것이다.

1 '소녀'에는 단지 '어린 여자아이'라는 뜻 외에 '아직 어린, 순수하고 무성적인, 그래서 오히려 성애적인 매력을 가진 여성'이라는 문화적 의미가 있다. 이 글에서 '소녀'라는 표현을 사용한 것은, 기존의 '소녀'라는 개념이 '어린 여성'을 대상화한 남성 중심적이고 성인 중심적인 것임을 드러내는 동시에, 이를 상대화하고자 하는 10대 여성들이 스스로 자신들을 일컫는 표현으로서 '소녀'라는 용어를 선택해 '소녀'의 개념사를 다시 쓰고 있다는 점을 강조하기 위해서다.

2 Anita Harris, *Future Girl: Young Women in the Twenty-First Century*, Routledge: New York and London, 2004.

3 이 시기에 '된장녀'라는 멸칭이 유행했고 '남성인권' '역차별'과 같은 담론이 개그 소재가 되어, 반은 진심, 반은 농담인 듯 이야기되었다.

4 김예란, 「아이돌 공화국 — 소녀산업의 지구화와 소녀 육체의 상업화」, 한국여성연구소 엮음, 『젠더와 사회 — 15개의 시선으로 읽는 여성과 남성』, 동녘, 2014.

5 이 글에서는 동시대 10대 여성주체성과 페미니즘 대중화를 설명하기 위한 이론적 틀로서 '포스트페미니즘' 개념을 활용하고 있다. 포스트페미니즘은 그것만을 별도로 분석하고 논의할 만한 정치적·역사적 배경을 가진다. 이를 본 지면에서 다 다루는 것은 불가능하므로, 이 글에서는 포스트페미니즘이 오늘날 10대 여성의 사회문화적 역할 및 의미 변화에 미친 영향에 대해서만 논한다. 다음 논의 참조. Susan Bolotin, "Voices from the Post-Feminist Generation", *New York Times Magazine* 17(Oct.), 1982, pp. 29~32; 103~116; Deborah Siegel, *Sisterhood, Interrupted: From Radical Women to Girls Gone Wild*, New York: Macmillan, 2007; Ann Braithwaite, "The Personal, the Political, Third-Wave and Postfeminism", *Feminist Theory* 3-3, 2002, pp. 335~344; Angela McRobbie, "Post-Feminism and Popular Culture", *Feminist Media Studies* 4-3, 2004, pp. 255~264.

6 David Machin & Joanna Thornborrow, "Branding and discourse: The case of

Cosmopolitan", *Discourse & Society* 14-4, 2003, pp. 453~471; Anita Harris, ibid.: New York and London, 2004; Angela McRobbie, *The Aftermath of feminism: Gender, Culture and Social Change*(Culture, Representation and Identity series), SAGE, 2009; Rosalind Gill & Christina Scharff eds., *New femininities: Post feminism, neoliberalism and subjectivity*. Springer, 2013; 김애라, 「십대 여성의 디지털노동과 물질주의적 소녀성」, 『한국여성학』 32-4, 한국여성학회, 2016, 37~81쪽.

7 Jessica Ringrose & Katarina Eriksson Barajas, "Gendered risks and opportunities? Exploring teen girls' digitized sexual identities in postfeminist media contexts.", *International Journal of Media and Cultural Politics* 7-2, 2011, pp. 121~138.

8 David Machin & Joanna Thornborrow, ibid., pp.453~471; Angela McRobbie, ibid.

9 Anita Harris, ibid.

10 Shelly Budgeon, "The contradiction of successful femininity: Third-wave feminism, postfeminism and 'new' femininities", *New femininities: postfeminism, neoliberalism, and subjectivity* by Rosalind Gill & Scharf fChristina, New York: Palgrave Macmillan, 2013.

11 '주목경제'란, 사람들의 관심과 주목이 곧 경제적 가치 창출의 자원이자 상품이 되는 경제를 일컫는다. 정보가 폭발적으로 증가하고 있는 오늘날, 사람들의 관심을 끄는 것이 희소한 일이 되면서 '주목'은 그 자체로 상품적 가치를 지니게 되었다.

12 2017년 현재 8세 이상의 대한민국 국민 약 1만 명을 대상으로 한 "2017 한국미디어패널조사"(정보통신정책연구원, 2017) 결과, SNS 이용 비율이 가장 높은 연령대는 18~24세로, 응답자의 약 79퍼센트를 차지했다.

13 Martyn Thayne, "Friends like mine: The production of socialised subjectivity in the attention economy", *Culture machine* 13, 2012.

14 Mark Andrejevic, "Surveillance and alienation in the online economy", *Surveillance & Society* 8, 2011, pp. 278~287.

15 Tiziana Terranova, "Free Labor: Producing Culture for the Digital Economy." *Social Text* 18-2, 2000, pp. 33~58; Trebor Scholz, *Digital Labor: The Internet as*

Playground and Factory, Routledge, 2012.

16 Tiziana Terranova, *Network culture: Politics for the information age*, London: Pluto Press, 2004.

17 2000년대 이후, 10대 여성과 소비시장에 관한 최근 논의들은 신자유주의와 글로벌 소비자본의 관계를 주요하게 고려하면서 시장의 구조적인 면을 강조해 왔다. Catherine Driscoll, *Girls: Feminine adolescence in popular culture and cultural theory*, Columbia University Press, 2002; Harris, ibid.; McRobbie, ibid.; 김예란, 앞의 글; Heather Warren-Crow, *Girlhood and the Plastic Image: Interfaces: Studies in Visual Culture*, Dartmouth College Press, 2014. 특히 캐서린 드리스콜은 10대 여성성과 대중 문화산업의 관계에 대한 논의에서, '소녀시장'이 대중문화산업을 경유해 소녀문화와 효과적으로 동기화되고 있다고 분석한다. 그에 의하면, 소녀시장은 '소녀성'에의 참여를 판매하기 위해 고안된 것으로, 소녀 소비자들에게 판매되는 상품들은 '여성적 청소년'이라는 의미를 포함하고 있다. 자연적이고 내재적인 것으로서의 '10대 여성'이라는 특정 소비자 집단을 구축함으로서 그 그룹에 속하기 위해 필요한 상품을 파는 것이 가능해진 것이다. 문화산업과 결합한 소녀시장은 10대 여성성에 대한 위반적인 경향을 동원하는 한편, 기존의 '소녀성' 개념을 최대한 활용하는 전략을 통해 소비주의를 팔아 왔다. 이처럼 소녀시장은 '자기의 테크놀로지'를 위한 인덱스로서 글로벌 자본주의와 국가, 부모라는 훈육 권력과 자기훈육의 접점에 위치하며, 대중문화 코드와 '여자 되기'에 관한 일반적 관행을 통해 정체성과 권력을 매개한다.

18 B. E. Duffy, *(Not) getting paid to do what you love: Gender, social media, and aspirational work*, Yale University Press, 2017.

19 '삼국카페'는 포털사이트 '다음'에 개설된 '쌍화차코코아' '소울드레서' '화장발' 카페를 일컫는다. 10대 '촛불소녀'들 및 어린아이와 함께 광장에 나온 '유모차 부대', 그리고 이 20~30대 여성들이 주축이던 온라인 커뮤니티 '삼국카페' 회원들은 2008년 광우병 촛불집회의 주역으로 평가된다.

20 「TV 안 나와도 유명세…… 중고딩 '인플루언서' 뜬다」, 『한겨레』, 2017. 3. 20; 「머리 밀고 화장품 부수고…… 1020 여성 '탈코르셋 인증' 붐」, 『한국경제』, 2018. 3. 9; 「당신도

화장품회사 만들 수 있다, 팔로어 1만 명만 있다면!」, 『한겨레』, 2019. 5. 26.

21 '(디지털)플랫폼'은 디지털기술을 기반으로 다양한 사람들과 자원을 연결함으로써 문화적·경제적 가치를 창출·교환할 수 있도록 하는 서비스 혹은 비즈니스 모델을 말한다. 대표적으로 구글이나 유튜브, 페이스북, 에어비앤비, 우버 등이 있다. '플랫폼 자본주의'는 플랫폼을 소유한 기업들이 플랫폼을 통해 제품과 서비스의 사용자와 그들이 생산한 데이터들을 독점하면서 독자적으로 경제 전반에 걸쳐 확장을 지속하는 새로운 경제생태계를 뜻한다. 플랫폼 자본주의는 시장 밖에 있던 비물질자원(인터넷 이용자들의 SNS 참여 활동과 시간, 감정, 언어, 문화 등)을 자본주의적 생산 장치로 포섭하는 경제체제라는 점에서 비판적으로 인식된다. Geoffrey G. Parker, Marshall W. Van Alstyne, and Sangeet Paul Choudary, *Platform revolution: how networked markets are transforming the economy and how to make them work for you*, WW Norton & Company, 2016.

22 Rosalind Gill, "Post-postfeminism?: New Feminist Visibilities in Postfeminist Times", *Feminist Media Studies* 16-4, 2016, pp. 610~630.

뉴트로 셀럽, '신新 영자의 전성시대'*

'예능 판'의 지각변동과 웃음의 젠더학

심혜경

지금은 '영자의 전성시대'

드디어 '예능 판'의 지각변동. 이영자는 2018 KBS 연예대상에서 최초로 여성 연예대상 수상자가 되었다. 그리고 1주일 후 2018 MBC 방송연예대상에서도 대상을 거머쥐었다. 한 해에 두 개의 대상을 받아 '2관왕'이 된 것은 유재석과 강호동에 이어 세 번째이며, 여성예능인으로서는 최초다. 그리고 곧 그녀는 2019년 제55회 백상예술대상에서도 TV 부문 여자예능상을 수상했다. 바야흐로 지금은 '영자의 전성시대'다.

혼자 사는 사람 혹은 둘이 사는 사람의 생활을 관찰하는 예능, 곱고

---

* 이 글은 필자의 논문 「개그/우먼/미디어 — '김숙'이라는 현상」(『여/성이론』 34, 여이연, 2016)에 이어 작성한 후속 논문 「개그/우먼/미디어 2 — 이, '영자의 전성시대' 아니 '이유미의 황금기를 보라'」(『여/성이론』 40, 여이연, 2019)를 수정·보완한 것이다.

도 미운 자식 혹은 한 집에 살며 각기 다른 꿈을 꾸는 부부의 모습을 살펴보는 예능, 여행하며 수다 떠는 지식인(?)들을 구경하는 예능, 게임을 하며 맹렬하게 달리는 이들을 보는 예능, 한적하고 아름다운 시골이나 바다, 해외로 나가 요리를 하거나 팔고, 먹는 것을 보는 예능 등등. 지난주에도 많은 이들이 이런 예능 프로그램들을 보며 그날의 스트레스를 해소했을 것이다. 이 프로그램들의 고정 출연자들은 대부분 남성이다. 이미 우리는 수년째 예능 프로그램들이 여성혐오의 정동을 토대로 남성 중심적 서사에 기댄 웃음과 감동을 만들어 내며 "아재 예능" 혹은 "한남 엔터테인먼트"로 불려 왔음을 잘 알고 있다.[1] 웃음은 젠더화돼 왔고, 아쉽지만 카메라 앞이든 뒤든 예능 프로그램은 여전히 남성들의 장이다.[2]

반면, 이 글의 많은 독자들은 분명 <배틀 트립>(KBS2, 2016~), <밥 블레스 유>(Olive·VIVO TV, 2018~), <전지적 참견 시점>(MBC, 2018~), <옥탑방의 문제아들>(KBS2, 2018~), <랜선 라이프 — 크리에이터가 사는 법>(JTBC, 2018~19), <구해줘! 홈즈>(MBC, 2019~), <신상출시 편스토랑>(KBS2, 2019~) 등 김숙, 송은이, 그리고 이영자가 출연하는 예능들을 '본방 사수'하며 한 주의 피로를 날렸을 게다. 지금 이 행성은 새롭게 출현한 디지털 개인 미디어들의 조력으로 말미암아 가히 '페미니즘 혁명'의 용광로이고, 그 가운데 다양한 이슈들에 대한 젠더 관점을 촉구하는 한국의 '#미투'#Me Too와 '위드유'#WITH YOU 혁명도 여전히 진행 중이다.

이에 힘입어 주류 미디어들에서도 여성 재현에 대한 관심뿐만 아니라, 미디어 조직 내 여성 인력의 역할 증대에 대한 정치경제적·사회문화적 관점의 비판과 논의가 전개되고 있다. 예능 프로그램에 대해서도, 더 많은 여성예능인들의 고정 출연과 여성에 대한 더 나은 재현 촉구, 여성예능에 대한 요구가 지속적으로 있어 왔다. 2016년 광장의 촛불로 인한 정치적 변동은 미디어 환경에도 큰 영향을 미쳤고, 앞서 언급한 (그 이전에도 미디어 재현에 대한 여성주의적 시각의 개입과 성평등에의 요구는 존재했지만) 혁명적 페미니즘의 흐름은 '예능 판'에 대한 젠더적 개입을 실질적으로 가능하게 했다. 나는 2016년 「개그/우먼/미디어 — '김숙'이라는 현상」이라는 글에서 여성예능의 가능성을 조심스레 진단한 바 있는데, 이후 오늘날까지 변화를 거듭해 온 예능 판은 (좀 서둘러 말하자면) 이제 '새로운 여성예능의 서사와 재현 방식은 어떤 것이어야 하는가'라는 질문을 던지면서 미디어의 '기울어진 운동장'을 평평하게 다지는 듯 보인다. 이 글에서 나는 '개그/우먼/미디어'의 관계를 다시금 생각하면서,[3] 지난주 우리의 피로를 시원하게 날려 준 여성예능인들과 그들이 만든, 혹은 만들 새로운 '웃음'의 성격을 생각해 보려 한다.

> 아마도 현재 유일하게 진행자로 활약하고 있는 개그우먼은 이영자 정도라고 할 수 있을 것이다. (각주 22: 이영자는 2016년 현재 <현장 토크쇼 택시> <대국민 토크쇼 안녕하세요>의 공동 진행자로 활약하고 있다)[4]

2016년, 나는 '개그/우먼/미디어'에 관한 글을 쓰면서 이영자[5]에 대해 위와 같이 한 줄로 적었다. 또한, 독자와 시청자들에게 "<무한도

전>이 그들만의 형식을 찾아내는 데에 얼마나 많은 시간이 필요했는지를 기억하라"라고 당부하면서, 갓 방영을 시작한 <언니들의 슬램덩크>(KBS2, 2016)[6]에서 출발한 시도들이 과연 여성예능의 새로운 판을 만들 수 있을지 부디 인내심을 갖고 지켜보자고 했다. 당시 나는 김숙과 송은이가 만들어 내는 새로운 예능의 흐름에 더 많은 여성예능인들이 참여하고 그녀들이 새롭게 발견되기를, 그로 인해 여성/주의적인 프로그램들이 더 많이 생겨나기를 바랐다. 박나래나 장도연 혹은 이국주가 그 중심이 될 거라고 예상했는데, 그전에 이영자가 그 주인공이 될 거라고는 미처 상상하지 못했다.[7]

그래서 오늘 나는 '개그/우먼/미디어'라는 주제를 다시 점검하고 고민하면서, 그 중심에 있는 오래된 그녀, 개그우먼 이영자를 응시한다. 지금 <대국민 토크쇼 안녕하세요>(KBS2, 2010~19), <전지적 참견 시점> <랜선 라이프>, 그리고 <밥 블레스 유>와 <신상출시 편스토랑>을 통해 "원조 먹방녀"로 불리며 '예능인 평판 1위'를 달리는 이영자만큼 '전성시대'라는 말이 잘 어울리는 개그우먼은 없기 때문이다.[8] 그럼 이, '영자의 전성시대'를 들여다보자.

아버지는 있었으되, 어머니는 없었다

최근 젊은 세대 시청자들에게 이영자는 당당한 비혼 여성으로서 전문직에서 늠름하게 맹활약하는 웃기는 여자로 '발견'되었다. 하지만 (나와 같은) 어떤 세대에게 이영자는 데뷔 때부터 지금까지 근 30년간 여성에 대한 편견 어린 시선이 가득한 이 한국 사회를 살아 낸, (좀 격하게 말하자면) 남성 중심적 미디어 체계와 가부장적인 개그계에서 끈질기게 목숨을 부지해 온 '생존자'(?)로 인식된다. 1992년에 개그맨 전유성의 추천으로 MBC에 특별 채용된 이영자(본명 '이유미')는 코미디 프로그램 <청춘행진곡>(MBC, 1988~92)의 한 코너인 "신부교실"에 출연했다. 각양각색의 예비신부들을 교육한다는 설정의 이 코너에서 이영자는 '시골에서 상경한' 예비신부 '영자'로 등장했다. 그런 의미로 보자면, 연예계에서 그녀를 낳은(?) 이는 전유성이다. '개그계의 아버지'라 불리는 그에게서 '이유미'는 '이영자'라는 이름을 받았다.9

'이영자'라는 예명은 1970년대 호스티스 멜로의 최고봉이자 청춘영화의 대표작인 <영자의 전성시대>(김호선, 1975)10의 여성주인공 이름에서 따온 것이다. 이 영화는 무작정 시골에서 상경한 젊은 여성이 도시에서 겪는 고달픈 삶을 그려 낸 사회비판적 작품으로, 당시 '영자'는 식모, 여공, 버스 안내양, 호스티스, 성판매여성 등과 같은 하층 여성을 대표하는 이름이었다. 가장의 역할을 해야 했던 영자는 곧, 소위 '타락'의 길로 접어들었다. 가부장제의 질서가 공고했던 '조국 근대화'의 시기에 영자와 같은 여성들은 계급적 착취마저 당하는 주변화된 잉여 노동자로 존재했다. 이 영화에서 영자는 내면(이성이나 감성) 없이 생존 본능만 남은 하층계급의 여성이자 성적 대상으로 형상화된다.11

혈혈단신으로 상경해 돈이 되는 일이라면 무엇이든 하던 영자에게 빈곤에서 탈출하기 위한 가장 '우아한' 방안은 낭만적 사랑을 토대로 한 이성애 결혼이었다. 결혼을 꿈꾸며 예비신부 수업을 받는 1992년 "신부교실"의 '이' 영자는 분명 '그' 영자의 후예이다. 여느 조신한 예비신부들과 달리, 거대한 몸집을 가진 '영자'는 가부장제가 권유하는 '여성다움'을 수용하지 않거나 못하는 캐릭터로 분했다. 다행스럽게도(?) '이' 영자는 성애화된 볼거리로만 간주됐던 '그' 영자와 같은 재현에서는 벗어났다. 하지만 성애화·위계화된 웃음의 메커니즘에 의해 "신부수업"에 등장하는 '이' 영자의 '여성성'은 탈각돼야 했다. 이 코너에서 이영자는 하층계급의 생존 본능을 전면화하면서 낯선 도시 생활과 근대적 삶에 대한 순진무구한 무지를 드러냈다. 그의 이런 모습은 가부장제가 정의하는 '여성성'에 대한 감수성이 결여된 존재로서 희화화되며 인기를 얻었다.

코미디 장르에서 여성들이 보여 주는 활기찬 유머에 대한 시네페미니스트 캐슬린 로 칼린Kathleen Rowe Karlyn의 성찰에서 알 수 있듯, 웃음 또는 개그·유머를 소유한 여성(타인을 웃길 수 있고, 또 웃기도 하는)은 유머와 과잉 — 육덕지고, 시끄럽고, 농을 해대는 — 을 전략으로 삼아 가부장적 규범과 권위를 손상시키는 반항자 혹은 '남성 위에 있는 여성'으로 기능할 수 있다.12 그런데 "신부교실"에서 이영자는 종종 사회가 권장하는 '이상적인 여성성'에 저항하면서 가부장적 권위를 위협하기는 했지만, 그것은 남성의 권위를 훼손하는 여성주의적 시도였다기보다는 '신부교실'에 참여하는 (자기 자신을 포함한) 여성들과 그녀들의 여성성을 희화화하는 데 그쳐 버렸다. 지금도 많은 이들이 기억하는 유행어 "살아, 살아, 내 살들아!"를 외치며 자신의 몸을 대상화하고 여성의 몸을 규격화하는 웃음 유발 방식은 명백히 남성적인 것이었기 때문이다. 이는 젠더의식이 비교적 희박했던 1990년대 시대정신의 한계이기도 하고, 웃음을 둘러싼 미디어 젠더 역학의 영향이기도 했을 것이다. 그랬다. 이영자 개그의 뿌리는 지극히 남성적인 것이었다. 그녀에게는 '이영자'라는 이름을 지어준 개그계의 '아버지'는 있었으되, '어머니'는 없었다.

이영자의 대표작들 중 하나로, "안 계시면 오라이~"라는 유행어를 남긴 "영자의 전성시대"가 있다. <기쁜 우리 토요일>(SBS, 1994~2001)에서 1994년부터 1996년까지 방영된 이 코너는 영화 <영자의 전성시대>에서 영자가 거친 수많은 직업들 중 하나인 버스 안내양을 모티프로 삼았다. 이 코너는 버스 안내양으로 분한 이영자와 홍진경이 손님으로 승차하는 스타들과 이야기 나누는 형식으로 진행된다. 여기에서 이영자는 외모가 출중한 남성스타를 우러르고 쉴 새 없이 그와 자신의 로맨틱한 관계를 설정하는 반면, 여성스타들이 출연했을 때는 그녀들의 외모를 폄하하고 그녀들을 연적으로 설정해 질투하거나 적대시하곤 했다. 못생기고 뚱뚱한 자신의 외모는 물론, 자신과 비슷한 외모의 다른 버스 승객(관객)까지 웃음의 소재로 삼는 경우도 빈번했다. 게다가 여느 개그우먼들과 달리, 이영자는 우람한 체구를 이용해 출연자들에게 적극적인 신체 접촉을 가하는 방식으로 슬랩스틱 코미디를 연출했으며, 웃음을 유발하기 위해 초대 손님에게 무리한 액션을 요구하기도 했다. 이처럼 당시 그녀의 개그 코드는 이경규나 강호동의 그것처럼 종종 폭력적이고 위압적이라는 비난을 받았다.

1990년대의 이영자는 마치 이성의 복장을 입은 사람transvestites이나 유사 남성quasi-male처럼 인식됐고, 그런 의미에서 어쩌면 '개그우먼'보다는 '개그맨'에 더 가까웠다. 심지어 그는 '개그맨'들만큼, 아니 그보다 더 웃길 줄 알았고 웃을 줄 알았다. 남성 같은, 남성을 능가하는 그녀의 개그력gag power은 그간 젠더화돼 온 웃음의 역사와 당대 미디어 시

장의 '기울어진 운동장'에
서 눈이 부시게 발휘(?)됐
다. 여성성을 추구하면서
도 배척하는 양가적인 태
도, 화려한 역동성과 거부
할 수 없는 유사 남성적 카
리스마를 동시에 지닌 이

"영자의 전성시대", <기쁜 우리 토요일> 영상 캡처.

영자는 젠더 정체성이 다소 모호한, '웃긴 여자'로서의 명성을 얻었다.

그리고 '다이어트 비디오 사건'이 있었다.13 거대한 체구와 활기찬
목소리, 개그와 유머를 위해서라면 기꺼이 '망가지는' 프로의식과 거
침없는 말솜씨로 유명해진 이영자의 명성은 그녀가 자신의 그런 몸-
특성들을 부정하고 가부장제 사회가 권장하는 몸으로 전환한 바로
그 순간, 바닥으로 곤두박질쳤다. 2001년, '영자의 전성시대'는 막을
내린 것 같았다.

이영자, 부활한 뉴트로 셀럽

나는 내심 김숙과 송은이가 후배 개그우먼들을 이끄는 롤 모델이 될
것을, 후배들에게 '판'을 벌여 주는 든든한 선배가 되기를 기대하고
있었다. 하지만 뜻밖에도 그들의 은밀한 여성/주의적 계몽의 움직임
은 50대 '꼰대 언니'에게로 역주행(?)했다. 요컨대, '그' 영자의 후예인
'이' 영자는, 2018년 이후 "빈티지 급스타"14로 부상한 김숙의 후예
이기도 하다. 물론 연배나 데뷔 시기를 보면 이영자가 김숙의 연예계
선배임이 분명하지만, 그럼에도 이영자는 김숙보다 '먼저 온 사람'인

동시에 '나중에 온 사람'이다. 2018년 이후 도래한 '영자의 전성시대'가 상징하는, '개그하고 예능하는' 여성들을 둘러싼 미디어의 호의적 판세는 분명 2016년 '김숙'이라는 현상에 기인한 것이기 때문이다. 김숙과 송은이는 단지 다수 프로그램들의 고정 진행자로 '출연'한 것만이 아니라, 여성 중심의 예능 프로그램들을 '출현'시켰다!

김숙은 남성 위주의 시각, 여성에 대해 사회가 규정한 고정적인 틀에 자신을 맞추지 않고, 끼와 개성, 재능을 단호하고 분명하게 드러내는 괄목할 만한 여성캐릭터를 창출했다. 이는 "방송국 놈들"(?)에게 젠더감수성을 불어넣는 자극이 되었을 뿐 아니라, 기존 여성예능의 주류였던 '줌마테이너'의 그늘[15]을 걷어 내고 새로운 여성연대의 플랫폼 및 시스템과의 연계를 상상하게 해 이전과 다른 형태의 예능을 기획하고 실현할 수 있게 했다.

그런 독특한 예능 캐릭터들인 김숙과 송은이의 여성/주의적 활동에 견인된 이가 바로 이영자다. 이영자의 말을 그대로 옮기자면, 죽은 듯 있던 자신의 "관 뚜껑을 열어 준" 이가 김숙이었다. 김숙은 팟캐스트 방송 <송은이 김숙의 비밀보장>(2015~, 이하 '<비밀보장>')에서 이영자와의 제천 여행 에피소드를 소개했다. 고속도로 휴게소들을 연달아 들르느라 편도 여행이 무려 6시간이나 걸렸다는 이 짧은 에피소드 음원은 이영자만의 고속도로 휴게소 맛집을 알려 주고 음식을 즐기는 방법을 들려 주었다. 이 음원은 이영자의 음식철학은 물론, 그만의 독특한 맛 표현법을 대중에 알리는 시발점이 되었다.[16]

<대국민 토크쇼 안녕하세요>에서 이영자는 유능하고 기가 센 남성진행자들을 쥐락펴락할 정도의 엄청난 카리스마를 발산하는 반

면, 고민 상담을 위해 프로그램을 찾은 일반 출연자들에게는 따뜻한 위로와 현명한 해결책을 제시하는 편안한 캐릭터로 이미 맹활약하고 있었다. 그러던 중에 김숙이 열어 놓은 달라진 예능 판에서 이영자는 여성방송인들 중 원톱one top 진행이 가능하고, '먹방'은 물론 '몸 개그'까지 소화할 수 있는 몇 안 되는 인물로 주목받기 시작했다.

#미투·#위드유 혁명을 불러온 '여성주의의 대중화'와 '젠더의식의 전 사회적 확대'라는 성난 파도 위에서 자유로운 유영을 시작한 여성예능인들이 김숙, 송은이, 그리고 이영자라는 점은 매우 흥미롭고 당연해 보인다. 연예계에서 보기 드문 '비혼 중년 여성'이라는 그녀들의 정체성은 가부장적이고 위계적인 웃음의 메커니즘에서 비껴나 새로운 여성/주의적 웃음 코드와 지형을 만들 가능성을 담지하고 있기 때문이다. 스스로를 "산송장"으로 여겨 온 이영자는 "관 뚜껑을 열어 준" 김숙과 판을 벌여 준 송은이 덕분에 부활(?)했다. 그야말로, 뉴트로 셀럽new-tro celeb[17]이 탄생한 것이다!

이영자는 송은이와 함께 2018년 <전지적 참견 시점>에 출연해 자신의 내면과 외면을 긍정하고 사랑하는 모습을 보여 주고, '먹는 행위' 자체의 즐거움을 설파해 대중과 자연스럽게 공감대를 형성했다. 이런 그의 행보를 좀 과장해서 의미화하자면, 종종 자신의 식욕과 식탐, 몸을 부정하고 놀림의 대상으로 삼으며 자조적인 웃음을 만들어 온 (이영자 자신을 비롯한) 체격 큰 여성/예능인들의 부정적인 역사를 일거에 해소했다고나 할까.[18] 이영자의 먹방은 "영자미식회" "영장금" "영자연인" "휴게도사" "이영자의 맛비게이션 ver. 2.5" 같은 '영자 용어'를 양산했다.

신자유주의 체제의 도래 이후 '욜로'YOLO와 '소확행'[19]이라는 사회현상과 함께 미디어 시장에서 '먹방'은 지배적인 트렌드를 형성했다. 그러자 남성요리사들은 발 빠르게 엔터테이너가 되었고, 백종원과 황교익으로 대표되는 사업가와 칼럼니스트들은 먹방 프로그램에 출연해 음식에 대한 역사적·사회적·경제적 지식을 '객관적'(?)으로 전달했다. 반면, 이영자의 맛 표현 방식은 어려운(?) 설명을 수반하는 계몽적인 방식과는 거리가 멀다. 그녀는 "크으으~" "푸우욱~" "촤아악~" 같은 감탄사와 온갖 의성어·의태어, 참신한 비유와 상징 및 상황 묘사를 곁들이는, 상당히 주관적이면서도 감성적인 맛 표현을 선보인다. 마치 지금 거기에서 그것을 먹고 있는 중인 듯 실감나는 그녀의 맛 표현에 시청자들은 열광했다.[20] 그 누구도 주목하지 않았던 고속도로 휴게소가 '맛집'으로 등극하고, 전국 휴게소의 매출이 배 이상 올랐다는 소식도 전해졌다. 한 기사의 표현대로, "30년간 일관되게 음식에 대한 애정을 보여 온 그 식탐의 역사가 있었기에 그의 말은 시청자에게 진정성과 신뢰감으로 다가"[21]갈 수 있었다. 개그우먼으로서, 진행자로서, 또 50대 비혼 여성으로서 비약적인 행보를 자랑하는 그녀는 이제 많은 여성대중과 여성예능인들에게 전에 없던 롤모델이 되었다.

이영자·김숙·송은이·최화정·장도연이 출연한 <밥 블레스 유> 시즌1은 2019년 12월 기준, 여성출연자들로만 구성된 유일한 예능 프로그램이자, 명실공히 #미투·#위드유 혁명이 낳은 프로그램이다. <비밀보장>의 한 코너이면서 맞춤형 재무상담 포맷으로 인기를 끈 "김생민의 영수증"이 단독 팟캐스트 프로그램으로 독립했고, 곧

<김생민의 영수증>(KBS2, 2017~18)이라는 동일한 포맷 및 제목으로 지상파 TV에 정규 편성되었다.22 그러나 "스튜핏!"과 "그뤠잇!"이라는 유행어와 함께 인기 몰이를 하던 프로그램은 #미투 정국에서 출연자 김생민의 성추행 가해 사실이 드러나며 폐지됐다. 시청자들은 이 프로그램을 기획·제작한 '(주)컨텐츠랩 비보'VIVO의 대표 송은이와 출연자 김숙에게 분노와 안타까움을 전했고, 일부 '땡땡이들'23은 '이참에 여성예능인들만 등장하는 프로그램을 만들어 달라' '부디 미식력을 인정받은 바 있는 이영자와 함께 <이영자의 메뉴판> 같은 프로그램을 기획해 달라'라고 요구했다.

<이영자의 메뉴판>제안에서 착안해 기획·제작한 것이 바로 "위대ㅊ한 언니들의 고민 해결 푸드테라픽pick"을 표방한 프로그램 <밥 블레스 유>이다. 이 프로그램은 시청자들의 일상적이고 소소한 고민들을 음식 처방을 통해 해결해 주는, 즉 '소확행'의 방법을 제시한다. 외모와 건강의 중요성을 지나치게 강조하는 미디어 환경에서, <밥 블레스 유>는 '먹는 행위'가 소통의 계기가 되고 '영혼을 잠식하는 불안'을 치유하는 '약'이 될 수 있다고 말한다. 다섯 명의 여성출연자들은 시청자들의 고민과 함께 자신들의 경험도 소개하면서 '여성들만의' 해결책을 만들어 간다. "내 이야기인 줄 알았어요"라는 식의 시청 후기에서 보듯, 이 프로그램의 구성 및 진행 방식은 여성시청자들과의 광범위한 공감대를 형성했다. <밥 블레스 유>와 <전지적 참견 시점>에서 이영자는 자신의 식탐을 주저 없이 드러내는 모습을 통해 많은 여성들, 아니 남성들에게까지 먹는 것이 죄가 아니라 큰 즐거움이 될 수 있음을 가감 없이 보여 주었다.

이영자는 <전지적 참견 시점>을 통해 인테리어와 패션에 대한 높은 안목을 선보이고, 화분을 직접 만들어 판매해 수익금을 기부하는 모습을 보여 주었으며, 간식으로 어묵을 봉투째 먹어 치우거나, 동료들을 위해 맛깔 나는 열무비빔밥을 만들어 주는 등 다채로운 면모들을 드러냈다. 그는 버거운 인생을 헤쳐 나가는 억척스런 시장 아줌마 같은 모습도, 맛있는 음식을 맛보기 위해서라면 기차를 한 손으로 멈추게 할 수도 있는 천하장사 같은 모습도 지녔다. 그는 그 누구보다도 살림과 스타일링에 관심이 많고, 자신의 주변 사람들을 야무지게 돌보는, 상당히 섬세한 감수성을 가진 인물로도 보인다. 물론, 이영자뿐 아니라 대부분의 사람들에게는 세심하면서도 적극적인, 당당하면서도 수줍은 두 가지 모습이 다 있으며, 어떤 상황에서 어떤 면모를 더 드러낼지는 본인이 선택할 일이다. (이영자의 연예대상 수상 후 여러 논자들이 이미 지적하고 있지만) 다만, 그간 한국 사회의 불평등한 젠더 구조 속에서 자주 따가운 시선을 받곤 했던 이영자가 자신의 이런 다양한 모습들을 대중에 보이고 호응을 얻기까지는 무려 30년에 가까운 시간이 걸렸다.[24]

> 밥 블레스 유 다음 화 예고편 너무 좋다ㅋㅋ 수영 에피소드인데 이영
> 자 님이 수영복 입고 뛰어드는 장면 너무너무너무 진심으로 좋다
> ─ 한 트위터 유저(@Area)의 트윗. (2018. 8. 2)

<밥 블레스 유> 시즌1의 '하계 수련회 편'(2018년 8월 9일 방영분)에 등장한 이영자의 수영복 착용 장면은 가히 2018년 예능 프로그램사상

<밥 블레스 유> 8회 하계 수련회 편. 방송 캡처.

최고의 장면 중 하나일 것이다. 그녀 스스로도 밝힌 바 있듯, 이영자가 수영복을 입고 방송에 등장한 데에는 "사회적 편견에 맞서, 나 자신을 위해 노력"하려는 의지, 인간이자 전문직 종사자로서 "버텨 보기 위한" 시도,[25] 그리고 '나의 몸'은 타인의 평가 대상이 아니라는 주장이 담겨 있다.

이후 그에 대한 미디어의 비평은 '뚱뚱한 몸매를 드러내다니 용감하다'라는 것이 아니라, '날씬하고 마른 여성의 몸만 보여 주던 방송에서 다양한 체형의 존재를 접하게 돼 좋았다'라는 논지로 변했다. 수많은 여성시청자들 또한 이영자의 수영복 착용 장면이 등장했다는 사실 하나만으로도 이 프로그램을 뜨겁게 상찬했다.[26] 물론 이는 여성예능인의 몸이 여전히 평가의 대상이라는 점을 방증하는 것이기에 씁쓸하기도 하지만(어떤 매체도 유재석·이경규·강호동이 수영복을 입었다고 이런 비평을 하지는 않을 테니 말이다), 위 인용에서 보듯, 여성시청자들은 더 이상 자신의 몸을 부끄러워하지 않으며 자기애를 뽐내는 이영자의 모습을 "너무너무너무 진심으로 좋아"했다. 그리고 얼마 안 있어 이영자는 패션지 『코스모폴리탄』(2018.12)의 표지를 장식했다. 이는 젊고 날씬한 미녀만 표지 모델로 등장시키던 패션지의 관행에서 벗어난 것으로, 변화하는 사회 분위기와 함께 이영자의 달라진 위상 또한 실감케 한 일이었다. 그녀는 탈코르셋 운동의 흐름은 물론, 자신의 몸을 긍정하는 새로운 패션 경향을 만들어 냈다는 평가를 받았다.

이쯤 되면 관에서 뛰쳐나와 하늘을 날으는 이영자에게 무한한 찬사를 보내고 싶지만, 아쉽게도 그녀는 여전히 구태舊態를 다 벗지 못했다. 개그우먼이자 자연인으로서의 이영자는 누구에게나 존경받을 만한 고매한 인품의 소유자가 아닐 뿐더러, (여성시청자들의 소망대로) 매번 가부장제를 비꼬며 기존 성별규범에서 비껴나는 언행만을 하지는 않는다. 비혼의 50대 전문직 여성으로서 수많은 "띵언"[27]들을 양산하며 여성/주의자들에게 롤 모델로서 주목받고 있지만, 이영자를 모든 면에서 완벽한 사람이라고 할 수는 없다. 이영자는 종종 자본주의적 갑을 관계나 선후배 간의 위계질서를 재현하는 강압적이고 시대착오적인 개그를 구사하고, 가부장제가 강제하는 '천생 여자'의 상을 우러르거나, 이성애 규범적 인식론에 매몰된 상황을 만들어 희화화하는 입담을 선보인다.[28] 그녀는 위계화되고 젠더화된 웃음을 만들어 내던 1990년대의 감각을 몸에 새긴 개그우먼이자, 오늘날까지 살아남은 몇 안 되는 예능인으로서 그 시대적·세대적 '꼰대성'을 여

패션잡지 『코스모폴리탄』 2018년 12월호 표지 모델이 된 이영자.
MBC <전지적 참견 시점> 2018년 12월 8일 방송 장면 캡처.

전히 가지고 있다.

그러므로 2018년 이전까지의 '영자의 전성시대', 젠더화된 개그계의 법칙을 오랫동안 몸에 새겨온 그 시절에 대한 '열정적인 거리 두기'passionate detachment가 필요할지 모른다. 그녀의 이미지와 어울리지 않는다는 이유로 본명 '이유미'를 버리고 개그우먼 '이영자'가 되어야만 했던 시절, 가부장제의 매트릭스에서 주조된 '영자의 전성시대'는 가짜가 아니었을까. 물론, 20여 년간 체화해 온 '영자 시절'의 부정적인 경험이 오늘날 '신新 영자의 전성시대'의 긍정적인 밑거름이 된 것은 분명하다. 오히려 그렇기 때문에 이영자의 진정한 황금기는 이제야 시작됐다고 할 수 있다. 보라, '신新 영자의 전성시대'가 드디어 도래했다. '아버지의 시대'를 보내고 영도zero-degree의 죽음을 겪은 후, 동료들과 나란히 오늘의 예능 판을 다지는 이영자는 이제야 자신의 삶을 찬란하게 긍정하기 시작했다!

'여성/주의적' 예능의 가능성과 성평등한 웃음

아마도 (여성)시청자들은 지난 20년간 남성 진행자와 출연자들이 선사한 젠더화된 웃음에 (쓴)웃음을 보태거나 정색할 수밖에 없었을 게다. 대부분의 지상파 예능 프로그램들은 남성예능인들을 압도적으로 많이 기용했고, <런닝맨>(SBS, 2010~)의 배우 송지효의 경우처럼 (그녀의 인기와 활약상은 논외로 하고) 소수의 여성출연자들을 구색 맞추기 식으로 배치하곤 했다. 여성출연자들을 주축으로 구성한 KBS 2TV의 주말 예능 <여걸 식스>(2005~07) 이후, 지상파 TV에서 여러 명의 여성예능인들이 고정 출연하는 프로그램은 MBC every1의 <무한걸스>(2007~13)가 유일할 정도로, 여성예능인들을 주요 캐릭터로 설정한 프로그램들은 거의 기획되지 않았다. 성공한 '아재 예능'의 스핀오프spin-off29 격으로 '여성 판' '여성 특집'이 종종 기획됐을 뿐이다. KBS의 경우 <1박 2일>(KBS2, 2007~)과 <인간의 조건>(KBS2, 2013~16) 모두

'여성 편'을 특집으로 기획한 바 있으며, <청춘불패>(KBS2, 2009~12)는 <1박 2일>의 '걸 그룹' 버전이라 할 수 있다. MBC는 '지상파-남성 판-원본' 대 '케이블 채널-여성 판-스핀오프'라는 짝패를 만들어 '<무한도전>(MBC, 2006~18)과 <무한걸스>(MBC every1)' '<라디오스타>(MBC, 2007~)와 <비디오스타>(MBC every1, 2016~)'의 방식으로 제작·편성했다. <일밤 — 진짜 사나이>(MBC, 2013~19)도 '여군 특집' 스핀오프를 일회성으로 제작했다.

이처럼 남성/주의적으로 구성된 예능 프로그램에 여성패널들을 그대로 배치할 때 부작용이 발생했다. 한 명의 리더가 중심이 되어 위계적인 구조를 형성하고, 힘과 모략을 이용해 서로 경쟁하는 기존 남성예능 프로그램 형태에 여성예능인들은 잘 어울리지 않았다. 일방적으로 주어진 틀의 구색을 맞추는 방식으로 기획된 스핀오프 프로그램들에서 여성예능인들은 맹활약했음에도 불구하고 늘 원본의 성과를 따라갈 수 없었고 그렇기 때문에 호평을 받을 수도 없었다.

자의든 타의든, <무한도전>과 <1박 2일>로 대표되는 '아재 예능'의 시대는 일단락되었다.[30] 누구나 느낄 수 있을 만큼 지상파 미디어는 분명 무언가 달라지고 있다. 특히, 2017년 이후에는 <까칠남녀>(EBS1, 2017~18)를 시작으로 <뜨거운 사이다>(OnStyle·Olive, 2017)와 <바디 액츄얼리>(OnStyle·Olive, 2017)처럼, 주로 여성들이 등장해 젠더와 관련된 내용을 주제로 이야기를 나누는 토크쇼들이 유례없이 생겨나 화제가 되었다. "남자 판"이었던 지상파 예능 프로그램에 안정적으로 자리 잡지 못하던 송은이와 김숙은 '팟캐스트'라는 대안 미디어에 둥지를 틀었고, 그녀들이 제작한 팟캐스트 방송 <송은이 김숙의 비밀

보장>은 미약하나마 새로운 여성예능 프로그램의 시작을 알렸다.

2016년 '김숙'이라는 현상 이후, 새롭게 태어난(?) 김숙, 송은이, 그리고 2018년 이후의 이영자가 기존의 남성 중심적인 웃음과 거리를 둔, 색다른 예능 프로그램을 상상하고 만드는 데에 주축이 되고 있다는 점을 부인할 수는 없을 것이다. 특히 "팬츠 씨이오"pants CEO('바지만 입는 사장') 송은이가 운영하는 (주)컨텐츠랩 비보는 규모가 작은 신생 외주 제작사임에도 "제작사가 콘텐츠의 힘으로 방송국하고 대등한 조건의 계약을 맺고 저작권을 인정받은 좋은 사례"[31]로 평가받을 만큼 <밥 블레스 유>를 성공적으로 제작했다. 이처럼 지금의 미디어는 사회 변화에 부응하는 새로운 서사와 전에 없던 포맷을 기획하는 데에 열중하고 있다. 그 외에도 "연기 경력 도합 120년을 자랑하는 대한민국 대표 배우 3인방의 할리우드 도전기"를 그린 <할리우드에서 아침을>(tvN, 2019), 세 명의 배우가 시골에서 세 끼를 스스로 해결하는 모습을 관찰하는 <삼시세끼 산촌편>(tvN, 2019), 데뷔 21주년을 맞은 1세대 아이돌 걸 그룹 '핑클'의 특별한 여행을 보여 주는 <캠핑클럽>(JTBC, 2019), 한 날 한 시에 새 싱글을 발매할 '케이팝K-POP의 대세' 걸 그룹 6팀의 컴백 대전을 담은 <퀸덤>(Mnet, 2019), '스타의 의뢰를 받은 대한민국 최고의 전문가들이 살롱에 모여 머리부터 발끝까지 해당 스타를 완벽하게 변신시켜 주는 메이크 오버 토크쇼' <언니네 쌀롱>(MBC, 2019~) 등 조금은 색다른 기획으로 여성패널들을 중심에 둔 프로그램들이 다수 생겨났다.

김숙, 송은이, 그리고 이영자를 주요 패널로 기용한 프로그램들은 <언니들의 슬램덩크> <밥 블레스 유> <주말 사용 설명서>(tvN,

2018~19)처럼 '여성예능'으로 대표되는 프로그램이거나, <전지적 참견 시점> <랜선 라이프> <서울 메이트>(Olive, 2017~19), <옥탑방의 문제아들> <배틀 트립> <구해줘! 홈즈> <신상출시 편스토랑>처럼 색다른 예능 프로그램에 대한 고민이 깃든, 즉 주제나 출연진·제작진의 성비, 웃음 코드에 있어 '성별 편향이 없는'gender-less 것들이다. 이 프로그램들은 가부장제를 당연한 것으로 간주하지 않으며, 가부장제에 포섭되지 않는 이들을 희화화하거나 비하하지 않는다. 비혼 남녀가 등장한다고 해서 무조건 그들 간의 연애 가능성을 전제한 채 (비)웃음을 만들지 않으며, (부)적절한 외모에 관한 품평을 삼간다. 실례로, <배틀 트립>에서는 남녀 스타가 짝을 이루어 오직 '여행'을 테마로 함께 해외를 방문했고, <전지적 참견 시점>은 남성스타를 스스럼없이 뒷받침하는 기혼 여성매니저의 직업적 전문성에 초점을 맞추기도 했다. <구해줘! 홈즈>는 비혼 여성들끼리 함께 사는 공간, 혹은 비혼 남성이 셰어하우스를 찾는 사례 등을 소개함으로써 '정상가족'이 아닌 다양한 가구 형태 및 그와 관련된 생활 정보들을 흥미로운 콘텐츠로 만들었다. 불과 몇 년 전까지 '아재 예능'의 전매특허였던 가부장적 웃음은 줄고, 다채로운 형식과 내용의 예능을 통해 무지갯빛 웃음을 만들려는 시도는 늘어나는 추세다.

이런 흐름과 함께, 남성 중심적인 기존 예능 프로그램들에서도 웃음의 젠더와 윤리, (종종 강박적 형태를 띠긴 하지만) 정치적으로 올바른 웃음의 필요성에 대한 인식이 생겨나고 있다. 연출진의 성비 구성을 조정하고 젠더감수성을 강화하는 것은 물론인데, 그 결과는 여성출연진의 확대를 통해 확인할 수 있을 것이다. 각각 전소미와 안영미를 고정 패널로 영입한 <런닝맨>과 <라디오스타>, 박나래를 '무지개회장'으로 추대한 <나 혼자 산다>(MBC, 2013~) 등의 경우처럼, 현재까지 장수하는 예능 프로그램들은 작으나마 변화를 꾀하고 있는 듯 보인다. 심지어 중년 남성의 독보적인 취미인 '낚시'를 주제로 삼은 버라이어티 <나만 믿고 따라와, 도시어부>(채널A, 2017~)조차 여성예능인 장도연을 영입했다(현재는 하차했다).

이쯤에서 다시 '개그/우먼/미디어'의 관계를 생각해 보자. 지금 한국은 지상파이건 개인 미디어이건 간에 다양한 플랫폼을 통해 나와 타인의 일상을 시시콜콜 들여다보는 프로그램들이 셀 수 없을 만큼 범람하는 시대이다.[32] 이런 시기에 여성예능의 오늘을 진단하고 내일의 안녕을 준비하는 것이 한 줌의 흙을 옮기는 것에 불과한 것처럼 느껴질 수도 있지만, 미디어 시장의 '기울어진 운동장'을 조금이라도 더 평평하게 다지는 일을 멈출 수는 없다. 과연 성평등한 여성/주의적 예능 프로그램은 무엇이며, 여성예능인의 역할은 어떤 것일까. 새롭게 등장하는 예능 프로그램들에서 여성(성)과 젠더 이데올로기는 기존의 그것과 어떻게 다르게 재현될까. 더 많은 여성예능인들이 참여하는 성평등한 예능 프로그램은 모든 시청자들이 공감할 만한 예능의 신세계를 선사할 수 있을까. 과연 우리는 어떤 여성/주의적 예능 프로그램을 요구하고 옹호해야 할까.

주지하다시피, #미투·#위드유 혁명과 동시에 문학계와 영화계에서 '여성서사'의 개념과 형식에 관한 논의가 한창 진행 중이다.[33] 특히 지난 몇 년간 영화계에서는 서사와 재현의 성평등 정도를 가늠하는 장치로서 벡델 테스트Bechdel Test와 마코 모리 테스트Mako Mori Test를 주로 활용해 왔다.[34] 그런데 미디어가 주목하는 대중적인 의미에서의 '여성서사' 개념은 여성이 주도적인 역할을 하며, 타인에 대한 공감과 이해의 감성을 내세우는 멜로드라마 장르에 국한돼 있는 것 같다. 하지만 이와 달리, 최근 한국의 적극적인 여성관객들은 '여성을 주인공으로 한' '여성 창작자나 제작자가 만든' '꾸밈노동을 벗어나' '탈코르셋'과 '탈성애'를 주제로 한 여성 이야기'를 '여성/주의적 서사'로서 명명·지지하고 있다. 이들은 가부장적 서사에 대한 보이콧과 함께, 여성주의적 서사에 대한 팬덤을 형성하며 여성서사의 확산을 전망한다. 단지 여성적 경험을 서사에 기입하는 것뿐 아니라, 여성의 이야기를 새로운 서사의 관습으로 만들어 내는 것 자체가 여성주의 운동이자 활동의 일환이 되는 것이다.

하지만 여기에서 한 걸음 더 나아간 여성서사는 창작자나 제작자의 젠더와는 무관하게, 불평등한 젠더의 역사와 현실을 인식하고, 자신의 경험을 성차별적 구조에 대한 사유를 통해 파악하며, 이를 다양한 장르문법들을 활용해 서사화하는 과정이자 결과물이어야 할 것이다. 방송 프로그램의 경우 기획·제작·편성의 모든 과정에서 성평등을 위한 제안들, 예컨대 지상파 미디어에 대한 최소한의 "안내"guide로서 지난 2019년 2월 여성가족부가 배포한 『성평등 방송 프로그램 제작 안내서』(부록을 포함한 개정판)를 참조할 수도 있을 것이다.[35] 특히 대중적 영향력이 큰 예능 프로그램에 관해서는 이론적·실천적인 면에서 여전히 "#우리에겐더많은여성서사가필요하다".

우리는 여전히 더 많은 여성예능인들이 좀 더 많은 프로그램에서 맹활약하기를, 다양하고 멋진 여성예능인들이 더 많이 등장하기를 촉구한다. 종종 우리끼리 '덕질'하고 싶은 여성/주의적 예능 프로그램들도 필요하겠지만,[36] 남녀노소가 공히 즐기는 프라임타임prime time의 예능 프로그램들에서도 보다 성평등한 웃음과 재미를 보고 싶다.

마지막 질문. 2018년 이전에 전개된 '영자의 전성시대'를 버리고, '신新 영자의 전성시대'를 제안할 필요가 있을까. 여성주의자로 정체화하고 있지 않은 여성예능인의 행보를 여성주의의 틀로 분석하는 일은 어떤 의미를 가질까. 자신을 특별히 '여성주의자'라고 선언·분류하지 않은 누군가가 (스스로 의도했든 그렇지 않든 간에) 가부장제의 틀에서 저벅저벅 걸어 나와 '자기다운' 삶을 사는 모습을 보는 것, 그 행보에서 여성/주의의 가능성과 다양성을 타진해보는 일은 멋지지 않은가? 특히 그녀가 카리스마 있으면서도 다정다감한 언행으로 미디어 시장에서 '선한 영향력'[37]을 행사할 수 있는 사람이라면 말이다. 주지하다시피, 오늘의 여성주의자는 스스로를 여성주의자로 정체화함으로써 완성되는 존재라기보다는 여성주의적 실천을 통해 비로소 존재하는 "과정 중의 주체"subject in process다. 독자-관객과 비평가-이론가로서의 우리가 여성주의적 독해를 시도하는 데 성역이나 경계는 없다.

우리에게는 (아버지가 호명한) 그 '영자'보다는 (후배-동료의 호명으로 관속에서 나온) 자신의 황금기를 새롭게 만드는 이 '영자'로서의 '이유미'가 필요하다. 그렇게 도래한 '신新 영자의 전성시대'에는 제2·제3의, 더 많은 '이유미'들이 나타날 것이다. 이영자/이유미의 승승장구를 바라지만, 부디 그녀가 "예능계의 대모"라는 가부장적 찬사에 매몰되지는 않았으면 좋겠다.[38] 지금 그녀의 행보가 가치 있는 이유는 가부장적 조직 사회에서 끝내 살아남은 전문직 비혼 중년 여성으로서의 그녀가 성평등에 대한 인식과 감수성을 배워 가며 '탈-꼰대'의 길을 모색하고, 변화하는 예능 판에서 새로운 여성서사의 가능성을 보여 주는 '뉴트로 셀럽'이기 때문이다.

1 최지은, 『괜찮지 않습니다 ― 최지은 기자의 페미니스트로 다시 만난 세계』, 알에이 치코리아, 2017; 손희정 외, 한국여성노동자회·손희정 기획, 『을들의 당나귀 귀 ― 페미니스트를 위한 대중문화 실전 가이드』, 후마니타스, 2018.

2 '젠더화된 웃음'에 대해서는 심혜경의 「개그/우먼/미디어 ― '김숙'이라는 현상」(『여/성이론』 34, 여이연, 2016) 64~66쪽 참조. 동서양을 막론하고 웃음은 젠더화돼 왔다. 비극의 카타르시스를 본질로 삼던 위계화된 문학이 근대에 이르러 희극의 웃음을 작가·주인공·관객이 하나가 되는 민주적 순간으로 의미화하며 희극의 계급성을 복원해 냈지만, 거기에서 여성이 작가·주인공·관객이 되기는 어려웠다. 게다가 여성이 성적인 웃음의 소재가 되고, 여성의 웃음이 성애화된 유혹과 관련되어 이해되는 문화에서 여성이 '개그우먼'이 된다는 것, 즉 웃고 웃기는 것을 전문직으로 갖는다는 것은 쉽지 않은 일이다.

3 '개그우/먼(맨)'gag wo/man은 '희극인'이라는 의미의 한국화된 외래어다. '개그'는 '연극, 영화, 텔레비전 프로그램 따위에서 관객을 웃기려는 대사나 몸짓'을 일컫는 말이고, '개그맨'은 '개그 작가나 개그에 능한 희극배우'를 일컫는 말이다. 같은 의미의 외래어로는 '코미디언'comedian이 있는데, '코미디언'의 사전적 정의는 '농담, 재미있는 이야기를 하거나 유명한 사람들의 행동이나 말을 따라해 대중을 웃게 하는 일을 직업으로 둔 사람'이다. 한국에서 '개그맨'은 1980년대 코미디언 전유성이 만들고 정착시킨 용어로, 주로 텔레비전에서 활동하는 희극인을 지칭하면서 '코미디언'만큼 널리 사용된다. 이 글에서 '개그맨'을 사용하는 이유는, 한국의 희극인은 개그 작가에 준할 만큼 코너 구상에 참여하고, 장르적으로도 스탠딩 코미디보다는 극화된 양식 안에서 희극배우 역할을 담당한다는 특징이 있기 때문이다. (코미디언과 달리) '개그맨'이 남성희극인을 지칭하는 말로 구조화되자, 곧 여성희극인을 '개그우먼'으로 구분해 칭하기 시작했는데, 이렇게 '개그맨'과 '개그우먼'으로 용어가 분리된 것은 개그계와 예능판에서의 성차별적 구조가 엄연히 존재한다는 방증일 것이다.

4 심혜경, 앞의 글, 2016, 70쪽.

5 이영자의 본명은 '이유미'이다. 대학에서 연극을 전공한 그는 연극배우를 하다가 1991년 <MBC 개그 콘테스트>와 1992년 <청춘행진곡>(MBC, 1988~92)의 코너 "신부교실"에서 인기를 얻으며 연예계에 발을 디뎠다. 프리랜서로 활동하던 그는 <기쁜 우리 토요일>(SBS, 1994~2001)에서 신동엽과 함께 공동 MC를 맡으며 KBS까지 활동 영역을 넓혔다. 1997년 SBS <아이 러브 코미디>에서 MC 겸 연기자로 활약했고, 이후에도 주로 예능 프로그램의 진행자로 활동하다가, 2001년 다이어트와 지방흡입 수술 사건으로 활동을 중단했다. 2003년 <일요일 일요일 밤에>(MBC, 1981~)의 '경제야 놀자 — 이영자 편'으로 복귀했으나 '거짓말 방송'으로 대중에게 재차 외면당했다. 2008년부터 <웃음을 찾는 사람들>(SBS, 2003~10)의 코너 "내일은 해가 뜬다"로 본업인 코미디 활동을 본격적으로 재개했지만 좌절을 맛보았다. 그 뒤, 주로 토크쇼 진행자로 활약했는데, <현장토크쇼 택시>(tvN, 2007~17), <대국민 토크쇼 안녕하세요>(KBS, 2010~19) 등에 출연했다. 2000년대 초반에는 예원예술대학교 코미디학과 교수로 재직하며 후학을 양성했다. '신新 영자의 전성시대' 이전(?)까지 그의 이력이다.

6 <언니들의 슬램덩크>는 시즌1(KBS, 2016)과 시즌2(KBS, 2017)로 방송됐다. 김숙을 중심으로 한 5인의 "걸 크러쉬" 멤버들이 '꿈계'에 가입해 펼치는 꿈 도전기이다.

7 2019년 MBC 연예대상 대상은 박나래의 품에 안겼다. 2018년의 대상 수상자인 이영자가 2019년의 여성 대상 수상자에게 상을 주는 장면, 즉 여성예능인들의 대상 시상과 수상 장면은 보기 드문 광경이었다. 2019년과 2020년의 예능은 2018년의 '뉴트로 셀럽' 이영자를 경유해 박나래, 장도연, 그리고 이국주 등이 그 중심이 되고 있다.

8 강홍일, 「다시, 영자의 전성시대」, 『여성동아』 662, 2019. 2.

9 2019년 4월에 방영된 <집사부일체>(SBS, 2017~) '전유성 편'에서 이영자는 자신을 연예계로 이끌어 준 진정한 '사부'이자 '개그계의 아버지'로서 전유성을 소개한 바 있다. 2019년 4월 21일 방송분.

10 조선작의 연작소설 『영자의 전성시대』(1973)가 원작이다.

11 노지승, 「영화 <영자의 전성시대>에 나타난 하층민 여성의 쾌락 — 계층과 젠더의 문화사를 위한 시론」, 『한국현대문학연구』 24, 한국현대문학회, 2008, 436쪽, 각주 40.

12 특히 1장 "The Unruly Woman"에서 그녀는 시트콤 <로잔느>의 주인공 '로잔느 아놀드'와 쇼 프로그램 <머펫>의 인형극 캐릭터 '미스 피기'를 분석하면서 '제멋대로인 거친 여성들'unruly women이 펼치는 웃음의 놀라운 광경과 위력에 주목했다. Kathleen Rowe Karlyn, "Introduction: Feminist Film Theory and the Question of Laughter", *The Unruly Woman: Gender and the Genres of Laughter*, University of Texas Press, 1995, pp. 3~4.

13 2001년, 이영자는 식이요법을 통해 엄청난 감량에 성공했다고 대중에 알리며, 다이어트 비디오를 출시하고 미용용품을 판매했다. 하지만 그와 함께 사업을 벌인 의사와 마찰이 생기자, 해당 의사는 이영자의 지방흡입 수술 사실을 폭로했다. 결국 이영자는 대중을 기만해 이윤을 취하려 했다는 윤리적 비난을 받으며 대국민 사과를 했다.

14 2016년에 "가모장숙" "숙크러시" 등의 캐릭터로 인기를 얻은 김숙은 스스로를 "최근 급하게 스타가 된" 경우라고 칭하며, 비보TV와 함께 <나는 급스타다>라는 유튜브 영상 시리즈를 연재한 바 있다. '오래되었지만 급하게 스타가 된 존재', 그런 의미에서 나는 이전 글(심혜경, 앞의 글)에서 김숙을 '빈티지 급스타'라고 칭했다.

15 남성 중심적으로 편성된 미디어 시장에서 일부 기혼 여성예능인들은 '아줌마'와 '엔터테이너'를 합친 말인 '줌마테이너'라고 불리며, '여성성'이 삭제된 캐릭터 혹은 남성도 여성도 아닌 '제3의 젠더'를 재현할 것을 요구받는다. 그녀들은 자신의 가정사를 이야깃거리로 삼아, 아내·엄마·며느리 역할에 충실함으로써 가부장제의 모순을 봉합하는 역할을 맡곤 한다.

16 음원music sound source 저작권 문제로 인해 팟캐스트 방송에서는 음악 전곡을 틀 수 없어서 송은이와 김숙은 <송은이 김숙의 비밀보장>에서 각종 음원들을 스스로 녹음해 만들거나 청취자들에게 받아서 소개했다. 이는 팟캐스트 방송 초기 콘텐츠 부족을 타개하기 위한 자구책이기도 했다. 이 오리지널 음원들을 방송하는 것은 <송은이 김숙의 비밀보장>의 코너들 중 하나로 현재까지 이어진다. 이영자의 해당 음원은 팟캐스트 <송은이 김숙의 비밀보장> 8회에 업로드되었다. 이영자는 21회와 22회에 특별 초대 손님으로 출연한 바 있다.

17 '뉴트로'new-tro는 '새로움'new과 '복고'retro를 합한 말이며, '셀럽'celeb은 '유명인

사'를 뜻하는 영단어 '셀러브리티'celebrity의 준말이다. 과거에 유행한 대상을 처음 접한 세대는 그 대상을 현재의 흐름에 적합하도록 전유하여 즐기는데, '뉴트로'는 이 처럼 새로운 세대가 복고적 문화를 '새롭고도 다르게' 즐기는 현상을 가리킨다. 그런 의미에서 오늘날 새롭게 신드롬을 일으키고 있는 이영자는 '뉴트로 셀럽'이라고 명명 될 만하다.

18 최근 <전지적 참견 시점>(MBC, 2020년 1월 18일 방영분)에서 이영자는 궁중음식 을 먹으며, "살아 살아 내 살들아/뱃살아 엉덩이 살아/고마워 고마워 영원이 나랑 함 께 하자"라는 자작시를 읊었다. 이를 통해 이영자는 음식을 즐기는 행위와 현재 자신 의 몸-이미지와의 결합을 자연스러운 것일 뿐 아니라 긍정적인 것으로 받아들이는 모 습을 보여 주었다.

19 'YOLO'는 'You only live once'의 약자이며, '소확행'은 '소소하지만 확실한 행복' 의 준말이다.

20 최윤정, 「이영자처럼 맛있게 표현하는 법」(총 2회), 『매일경제』, 2018. 6. 22~27.

21 박경은, 「먹방의 신세계 연 '영자의 전성시대'」, 『주간경향』 1325, 2018. 5. 14.

22 <김생민의 영수증>은 2016년 6월 19일 팟캐스트 <송은이 김숙의 비밀보장>의 한 코너로 출발했다. 2017년 8월부터 KBS2 TV 파일럿 방송으로 편성되어 8회가 방영됐 고, 같은 해 11월부터는 70분짜리 프로그램으로 정규 편성되어 10부작으로 구성된 시 즌1이 방영됐다. 2018년 3월에 시즌2 방영을 시작했으나, 김생민의 성추행 가해 사실 이 폭로되며 폐지됐다. <김생민의 영수증>에 나타난 가부장적 특성을 분석한 글로는 이정진, 「<김생민의 영수증>이 보여 주는 것」, 『여/성이론』 39, 여이연, 2018.

23 <송은이 김숙의 비밀보장>의 애청자 혹은 팬을 부르는 명칭이다. '김땡땡'처럼, 실 명을 공개하지 않기 위해 차용한 음가 '땡땡'이 그대로 팬을 이르는 명칭이 된 것이다.

24 박희애, 「이영자, 여자 예능인의 인생」, <아이즈>, 2018. 5. 21; 김민아, 「브라보, 이 영자!」, 『경향신문』, 2018. 12. 31.

25 <대국민 토크쇼 안녕하세요>, KBS2, 2018년 9월 20일 방송분.

26 강주화, 「"당신의 몸, 있는 그대로 아름답다" 이영자 수영복이 준 메시지」, 『국민일 보』, 2018. 8. 10; 노진호, 「나 뚱뚱하다, 그래서 뭐? …… 외모지상주의에 반기 들다」,

『중앙일보』, 2018. 9. 1.

27 "영자 어록" "이영자 명언" "이영자 명언 제조기"라는 유행어가 생길 만큼, 음식과 관련된 내용을 포함해 인생 전반을 폭넓게 아우르는 이영자의 언변은 매번 큰 화제가 되었다. "한번 본 사람은 잊어도 한번 먹은 음식은 못 잊는다" "식탐은 있고 시간은 없다" "나이는 노력 없이 먹는 것이므로 권력으로 여기면 안 된다" "젊다는 것은 실수할 수 있다는 것" "사람은 입이 열려야 마음도 열린다" "외모는 완벽해, 생각을 성형해!" 등 수많은 "띵언"들이 소셜네트워크에서 회자됐다.

28 <밥 블레스 유>에서 이영자는 '음식이 맛있다'는 의미를 "<내 이름은 김삼순>에서 다니엘 헤니 나왔을 때의 충격"이라며 은유적으로 표현했다. 이는 해당 연예인에 대한 성적 대상화를 유도하는 부적절한 언행이라는 비판을 받았다. 그 밖에, 아들을 낳을 것이라며 다른 출연자에게 고깃집 앞에 있는 돼지 조각상을 만져 보라고 한다거나, 입대하는 남자친구를 기차 밖에서 바라보는 여자친구의 역할을 연기하는 등 전형적인 성역할을 차용해 웃음을 만들기도 했다. <전지적 참견 시점>에서도, 비연예인 남성과 자신 간의 이성애적 관계를 강박적으로 설정한다거나, 매니저와 연예인 간의 위계를 형성하고, 일부 남성출연자들에게 선배로서의 자신의 위치를 강조하는 강압적인 개그 상황을 만든 경우들이 있었다.

29 '스핀오프'는 영화나 TV드라마, 혹은 게임이나 만화 분야에서, 기존 작품(본편)의 인물이나 설정으로부터 파생된 작품, 혹은 그런 작품을 만드는 행위를 뜻한다.

30 이 글의 초안을 쓰고 출간을 준비하는 사이 <무한도전>을 연출한 김태호 PD는 뭐든지 해내는 "만능 치트기" 유재석과 함께 <놀면 뭐하니?>(MBC, 2019~)로 돌아왔고, <1박 2일> 시즌4는 연출진의 성비를 눈에 띄게 조정하고 원년 멤버 김종민을 주축으로 젊은 피를 수혈해 귀환했다. 이처럼 출연자와 연출진을 대거 정비해 '아재 예능'의 먹구름을 걷어 내려는 주말 예능 프로그램들의 노력은 의미 있지만, 그럼에도 여전히 현재 한국 예능 판에서 여성예능인들의 자리는 극소수이며 불안정하다.

31 유지영, 「밥 블레스 유 황인영 PD, '송은이는 나영석, 최화정·이영자·김숙은……'」, <오마이스타>, 2018. 10. 2.

32 2019년에 새로 제작·방영한 TV 예능 프로그램은 66개, 웹 예능까지 합하면 100개

가 넘는다고 한다. ash ahn, 「2019 최신 예능 트랜드」, 다음 브런치(https://brunch.co
.kr/@tkd7827/35).

33 박주연, 「'여성서사'는 한계가 없다 — 여성창작자 토크쇼 "여성주의, 스토리텔링
을 질문하다"」, <일다>, 2019. 7. 12; 이유진, 「우리에겐 여성서사가 필요해······ 손익
분기점 넘겨 낸 '여성 팬덤'」, 『경향신문』, 2018. 11. 7; 홍성우, 「공감 높은 '여성서사'
로 한국영화계 바람」, <KBS NEWS>, 2019. 11. 28.

34 1985년 미국의 만화가 앨리슨 벡델이 만든 '벡델 테스트'는 서사의 등장인물을 중심
으로 성평등한 영화의 세 가지 조건을 다음과 같이 제시했다. ① 영화에 이름을 가진
여성캐릭터가 두 명 이상 등장하는가, ② 이 여성들끼리 한번이라도 서로 대화하는가,
③ 그 대화의 주제가 남자에 관한 것이 아닌가. 하지만 이 테스트는 영화의 성평등 정
도를 가늠하는 데 종종 미진하기 때문에 또 다른 테스트들이 등장했다. 예컨대 영화
<퍼시픽 림>(길예르모 델 토로, 2013)의 개봉 후 텀블러 사용자들은 이 영화의 등장
인물 '마코 모리(키쿠치 린코 분)'의 이름을 따 '마코 모리 테스트'를 만들었다. 이 테스
트는 여성 등장인물의 수보다는 여성이 중심인물로서 얼마나 비중 있게 등장하며 정
형성에서 벗어나 있는지에 중점을 두는데, 그 내용은 다음과 같다. ① 최소한 한 명의
여성이 등장하는가, ② 그 여성이 자신의 이야기를 가지고 있는가, ③ 그 이야기가 남
성인물의 이야기를 보조하는 데 그치지는 않는가. 이외에도 '타우리엘 테스트'Tauriel
Test, '엘린 윌리스 테스트'Ellen Willis Test, '핑크바이너 테스트'Finkbeiner Test 등이 출시
돼 성평등한 서사와 재현을 점검·촉구하고 있다. 최근 한국에서는 영화진흥위원회의
성평등 소위원회에서 한국영화를 대상으로 성평등 지수를 표준화하기 위한 연구가
진행되고 있다.

35 2019년 2월 여성가족부가 배포한 『성평등 방송 프로그램 제작 안내서』(부록을 포
함한 개정판)의 내용은 다음과 같다. "하나! 주제 선정에서부터 성평등이 적극 반영되
어야 합니다. 둘! 남성과 여성 모두를 균형 있게 대표할 수 있어야 합니다. 셋! 성역할
고정관념을 깨고 다양한 삶을 보여 줘야 합니다. 넷! 성폭력·가정폭력을 정당화하거
나 선정적으로 다루어서는 안 됩니다. 다섯! 성차별적 언어 사용에 대한 민감성을 가
져야 합니다." 일각에서 이 안내서의 일부 내용이 표현의 자유를 억압하고 방송 환경

을 규제한다거나, 아이돌 스타들의 외모와 복장을 검열하기 위한 것이라는 반발과 비난이 제기됐다. 이에 대해 여성가족부는 이 자료가 '강제'가 아닌 '안내'를 위한 것이라고 적극 해명했으며, 결국 이 논란은 성평등에 대한 문제 제기는 차치한 채 여성주의적 관점을 '규제'와 '검열'로 간주하려는 정치권의 불필요한 힐난인 것으로 정리됐다. 해당 안내서는 여성가족부 홈페이지에서 다운로드할 수 있다.

36 많은 여성시청자들이 <언니들의 슬램덩크> 시즌3과 <주말 사용 설명서> 시즌2, <밥 블레스 유> 시즌2 방영을 기대한다(이 중 <밥 블레스 유>는 2020년 3월, 시즌2가 시작됐다). 하지만 <언니들의 슬램덩크>는 기존 예능 프로그램들의 '미션 수행' 설정을 답습했고, <주말 사용 설명서>와 <밥 블레스 유>는 여타 리얼리티 프로그램처럼 여행과 먹방을 섞은 형식을 반복해 여성예능 프로그램으로서의 변별점을 보여 주지 못했다는 한계도 노정한다. 일부 낯선 여성패널들의 캐릭터를 시즌 내에 구축하지 못한 점도 아쉬움으로 남았다. 몇몇 에피소드들은 소비를 지나치게 부추기거나 계급화된 취향을 재생산한다는 비판도 있었다.

37 2019년 MBC 연예대상에서 우수상을 받은 안영미는 수상 소감으로 "2020년에도 제2의 안영미가 나올 수 있도록 댓글로 선한 영향력을 부탁드린다"고 말했다. 어려운 시절 자신을 일으킨 것이 대중과 동료의 '한마디 말'이었음을 강조하는 발언이었다. 이 말은 스타들이 대중에게 받은 사랑을 기부를 통해 돌려주거나 대중의 마음을 움직여 사회적으로 좋은 반향을 이끌어 내는 행위를 일컫는 것이 되었다. 그 후 송은이·김숙·박나래·장도연도 '선한 영향력'이라는 표현을 변주하며 실천하고 있다. 특히 김숙은 유튜브 채널 '김숙TV'를 개설하고 셀럽의 물건을 유튜브 라이브로 판매하며, 수익금을 자선단체에 기부함으로써 '선한 영향력'을 발휘하고 있다.

38 「먹고 또 먹다 보니 27년 만에 대상까지 먹은 예능계의 대모 이영자」, 네이버 포스트 <데일리 라이프>, 2018. 12. 31.

마더-컴퓨터-레즈비언

'걸 파워' 시대의 디지털게임과 페미니즘 서사

조혜영

여성게이머의 부상과 백래시

디지털게임[1]은 오랫동안 남성의 전유물로 여겨져 왔다. 그러나 최근
몇 년 사이 이런 경향이 달라지고 있다. 성별에 상관없이 어린 시절부
터 다양한 플랫폼들에서 디지털 기술을 익숙하게 누리며 성장한 세
대가 문화 생산과 소비의 적극적인 주체가 되자 변화가 시작된 것이
다. 2018년 게임인구 관련 통계를 보면, 미국에서 게임을 한다고 응
답한 사람의 비율은 남성 55퍼센트, 여성 45퍼센트였다.[2] 같은 해 한
국의 설문 조사에 따르면, '게임을 하는가'라는 질문에 남성은 70.6퍼
센트, 여성은 63.6퍼센트가 '그렇다'고 답했다.[3] 미국과 한국에서 모
두 '게임을 한다'라고 답한 이들의 성비는 남성이 더 높지만 성별 격
차는 그리 크지 않다.

한편, 2017년의 한 조사에 따르면, (영화나 소설 같은 기존 매체들에 비
해) 서사적 재현보다는 상호작용과 놀이의 중요성이 상대적으로 두

드러지는 디지털게임의 매체적 특징에도 불구하고, 여성게이머들은 게임에 등장하는 주인공의 성별이 '여성'이라는 점을 매우 중요하게 여긴다고 답했다(약 76퍼센트, [자료1]).[4] 이 통계는 '여성게이머의 양적 증가'와 '여성이 주인공인 게임을 요청하는 목소리'의 확대가 서로 연계되어 있으며, 동시에 그간 남성주인공을 등장시킨 게임들이 압도적으로 많았다는 사실이 여성들의 게임계 진입을 막는 치명적인 요소였음을 지시한다.

디지털게임 캐릭터는 '플레이어 캐릭터'Player Character, PC와 '논플레이어 캐릭터'Non-Player Character, NPC로 나뉜다. 전자는 게이머가 직접 조종하는 캐릭터로, 서사를 주도적으로 이끌어 나가는 주인공이다. 후자는 게이머가 직접 조종하지 않는, 다분히 기능적인 역할만을 담당하는 캐릭터다. 기존 게임산업은 게이머를 '이성애자 남성'으로 가정한 채, 여성캐릭터를 논플레이어 캐릭터로 한정하고, 플레이어 캐릭터인 남성캐릭터의 보조적 역할이나 성취에 따르는 '성적 보상'으로 그려 온 경향이 있다.

대중문화 비평 채널인 <페미니스트 프리퀀시>Feminist Frequency는 세계적인 디지털게임 쇼케이스 행사인 'E3'에서 공개된 게임들의 주인공 성비를 조사해 매해 발표한다. 이 조사에 따르면, 게임의 주인공, 즉 플레이어 캐릭터가 여성으로 고정되어 있는 비율은 최근 5년간 증가하기는커녕 한 자릿수를 유지 중이다.[5] 콘솔, PC, 모바일, 클라우드 등을 가로지르는 멀티플랫폼 환경과 트랜스미디어 현상이 확산되면서, 새로운 시장을 개척하고 그에 공급할 콘텐츠를 개발할 필요가 절실해진 게임산업이 여성게이머들에게 점차 눈을 돌리고 있기는 하

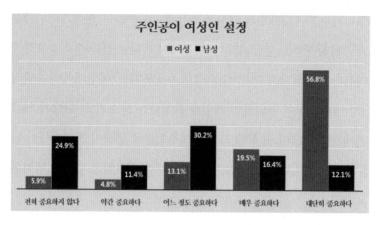

[자료1] 2017년 '게임 주인공의 성별이 여성인 것이 중요합니까?'라는 질문에 대한 성별 응답 비율.

지만, 아직은 게이머들의 변화 속도를 따라잡지 못하고 있는 것이다.

물론 이런 변화를 저해하는 요인들 중에는 게임계에서 여성의 영향력이 커지는 것을 두려워한 나머지, 여성에 대한 공격을 일삼는 남성게이머들의 반발backlash6도 있다. 이는 여성게이머들의 생존과 경력을 위협하는 끔찍한 온라인 테러로 이어지기도 했다. 대표적으로, 2014년 북미의 여성 게임 제작자와 비평가들을 공격하기 위해 그녀들의 동의 없는 신상정보 공개, 강간 및 살해 협박까지 자행한 '#게이머게이트'#gamergate 사건7을 들 수 있다. 그리고 한국에서도 비슷한 시기에 유사한 일이 일어났다. 2016년 한 여성성우가, 성차별 고발 게시글을 검열한 페이스북과의 소송 비용을 마련하기 위해 제작된 ('Girls Can Do Anything'이라는 문구가 적힌) 티셔츠를 입고 사진을 찍어 트위터에 올렸다가, 남성게이머들과 여타 서브컬처 팬으로부터 엄청난 비난을 받은 것이다. 이후 게임 <클로저스>(나딕게임즈, 2016)는 그녀의 목소리 연기를 삭제했고, 이 게임의 배급사인 '넥슨'은 그녀를 해고했다.[8] 또한 같은 해, 한국의 10대 여성 프로게이머 '게구리'는 상대팀의 남성 프로게이머들로부터 <오버워치>(블리자드 엔터테인먼트, 2016) 게임 중 '핵'(해킹)을 사용했다는 의혹 및 인신공격과 살해 협박을 받자, 실시간 방송을 통해 자신의 실력을 증명해야 했다.[9]

이런 폭력은 게임산업 내 여성들의 경력을 손상·위축시키는 결과를 낳기 때문에 문제적이다. 게이머게이트 사건의 피해자인 대중문화 비평가 어니타 사키지언Anita Sarkeesian은 다음과 같이 말했다. "내 직업은 미디어비평가이지만 나는 비평으로 유명한 것이 아니라 '살해 협박을 받은 피해자'로 가장 유명하다. 그로 인해 내 일은 적절하게 평가받을 수 없게 됐다. …… 내가 한 일이 아니라 남들이 내게 했던 일을 통해 부각된다는 것은 그 자체로 엄청난 피해이다."[10]

그러나 게임계가 악화일로를 걷고 있는 것만은 아니다. [자료2]는 최근 5년 동안 주인공을 남성으로 고정한 게임들의 수가 줄어든 대신(약 10퍼센트 감소), 주인공과 관련해 '다중 선택'이 가능하도록 설정한 경우가 증가했음(약 20퍼센트 증가)을 보여 준다. 다양한 정체성을 가진 복수의 캐릭터 중에서 플레이어 캐릭터를 선택할 수 있게 하거나, 사용자가 직접 플레이어 캐릭터의 종족과 성별 등을 선택해 그 외양을 주조하는 캐릭터 커스터마이징customizing 게임이 많아진 것이다. 이는 게이머에게 선택권을 주는 방식으로 게임서사에 '다양성'을 반영한 것이다. 대표적인 예로, 블리자드 엔터테인먼트가 2016년 5월에 출시하자마자 약 1500만 장을 판매하며 흥행 돌풍을 불러일으킨 <오

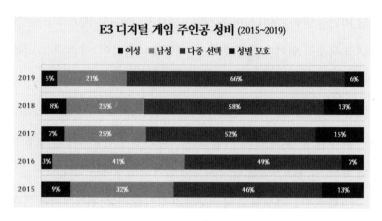

E3 디지털 게임 주인공 성비 (2015~2019)

■ 여성 ■ 남성 ■ 다중 선택 ■ 성별 모호

연도	여성	남성	다중 선택	성별 모호
2019	5%	21%	66%	6%
2018	8%	25%	58%	13%
2017	7%	25%	52%	15%
2016	3%	41%	49%	7%
2015	9%	32%	46%	13%

[자료2] 2015~19년까지 'E3'에서 발표된 디지털게임들의 주인공 성비.

버워치>를 들 수 있다. 팀을 이뤄 싸우는 멀티플레이어 1인칭 슈팅First
–Person Shooter, FPS 게임인 <오버워치>의 플레이어 캐릭터는 수십 개인
데, 게이머는 자신의 선호와 전략에 따라 캐릭터를 선택할 수 있다. 성
별뿐만 아니라 인종, 종족, 국적, 나이, 섹슈얼리티, 장애, 신체적 특징,
직업, 성격 면에서 선택지는 다양하다. 2019년 현재, 블리자드는 새로
운 캐릭터들을 계속 추가하면서도 전체 캐릭터들 가운데 여성의 비
율을 약 40퍼센트로 유지하고 있으며, 연령대 역시 10대부터 60대까
지 다채롭고, 장애인이자 레즈비언인 캐릭터도 포함돼 있다.[11]

블리자드의 이런 선택은 우연이 아니다. 이는 전 지구적으로 성별,
인종, 나이 등에 상관없이, 그리고 하이테크 장비를 갖추고 장시간 높
은 난이도의 플레이를 즐기는 하드코어 게이머부터 모바일 기기로
짬짬이 가벼운 플레이를 즐기는 캐주얼 게이머까지[12] 더 포괄적으로
게이머들을 확보하기 위한 치밀한 마케팅 전략에 근거한 것이다. 재

현의 다양성과 포용성inclusiveness을 시장 확대의 교두보로 삼은 셈이다. 2017년 조사에 따르면, <오버워치>를 하는 여성사용자의 비율은 16퍼센트로, 이는 1인칭 슈팅게임 장르 전체 여성사용자 비율인 6퍼센트를 훌쩍 넘어선 수치다.13

2016년, 한국 여성게이머들이 게임계의 성차별적 문화에 이의를 제기하며 만든 단체인 '전국디바협회'(2018년 2월 '페이머즈'FAMERZ로 단체명이 변경됐다)의 명칭이 <오버워치>의 한국계 캐릭터인 '송하나'의 별칭 '디바'를 따 만들어졌다는 사실은 상징적이다. 이 단체는 <오버워치> 게임 채팅 중 남성게이머들이 여성게이머들에게 가한 성희롱과 성차별을 폭로하면서 활동을 시작했다. 국내 남성게이머들은 전국디바협회가 '디바' 캐릭터를 페미니즘에 정치적으로 이용한다며 공격했고, 이를 '저작권 침해' 사건으로 규정해 블리자드에 전국디바협회를 고발하는 메일을 보내기도 했다. 그러나 <오버워치>의 메인 디렉터인 제프 캐플런Jeffrey Kaplan은 게임 전문 웹진인 <IGN> 행사에서 전국디바협회를 특별히 언급하며, 이들의 활동을 "결코 세상을 보이는 그대로 받아들이지 말라. 가능성을 발견하라"라는 <오버워치>의 세계관을 확장한 사례로서 상찬했다.14

걸 파워, 포스트페미니즘, 그리고 게임비평의 방법들

캐릭터의 성이나 인종 등을 선택할 수 있는 게임들이 늘어나는 추세이긴 하지만, 플레이어 캐릭터가 여성으로 고정된 게임도 여성게이머들에게는 여전히 중요하다. 남성이 주인공인 게임들이나 주인공의 성별 선택이 가능한 게임들에 비해, 플레이어 캐릭터가 여성으로 고정된 게임은 여성을 중심으로 서사를 구조화하므로 게임을 플레이하는 방식이나 장르 자체도 다르게 디자인될 가능성이 높기 때문이다. 그런 면에서, 이 글은 동시대 디지털게임들의 여성캐릭터 및 서사를 성찰하면서, 서사 구조 및 게임 플레이의 창조성이 두드러진 세 편의 게임, <브레이드>Braid(넘버논, 2008), <툼 레이더 — 리부트>Tomb Raider(크리스털 다이내믹스, 2013), <포탈>Portal15 시리즈(밸브 코퍼레이션, 2007; 2011)를 분석하고자 한다. 나는 이 게임들이 공통적으로 포스트페미니즘postfeminism 시대의 '걸 파워'girl power 담론에 영향을 받은 동시에, 각 게임들은 '젊은 여성'과 '파워'power의 관계를 서로 다르게 해석함으로써 게임의 서사 구조와 플레이에 있어 차별화된 새로움과 창조성을 지니게 되었다고 주장할 것이다. 단, 여기서 '파워'는 물리적 힘, 사회적·서사적 지위, 직업적 능력, 결정권, 통제력 모두와 관계있다.

'포스트페미니즘'은 문자 그대로 페미니즘 '이후'post에 나온 것이기 때문에, 페미니즘과 연속적이면서도 단절적인 관계에 있다. 이 용어는 정의하기 어렵기로 유명하지만, 여기서는 페미니스트 영문학자 조선정이 제안한 것처럼 '포스트페미니즘'을 '페미니즘'에 대한 "주석, 개입, 도전, 질문, 반응, 호출, 환기"로서, "세대를 핵심 요소로 한 주체 담론의 성격을 띠는 동시에 페미니즘에 역사를 부여하고 그것을 쓸 수 있게 해주는 기제"로 이해하고자 한다.16

더불어, 여기서 논하는 포스트페미니즘은 대중문화에서 자주 소환되곤 하는, '소녀는 무엇이든 할 수 있다'라는 구호를 내건 '걸 파워', 혹은 '피해자성'을 과거의 것으로 간주해 거부하고 '임파워먼트'empowerment에 몰두하는 소녀의 형상과 관련이 깊다. 소녀(의 이미지)

는 기존의 "젠더 지형을 교란할 만한 잠재력"[17]을 기대받기 때문에 새로운 세대의 페미니즘 주체로서 각광받는다. 하지만 젊은 여성에게 독립성과 자율성을 불어넣는 것을 목표로 하는 걸 파워 담론은 일면 긍정적이지만, 동시에 사회적·정치적 구조를 간과한 채 경쟁적인 능력주의에 경도됨으로써 여성을 "유연하고, 적응력이 뛰어나고, 열정적이고, 지적이며, 상품 소비의 활력 좋은 참여자이며, 개인적 책임감이 높고, 일에 있어 고정되지 않고 끊임없이 이동"[18]하는 신자유주의적 주체로서 훈육하는 효과를 갖는다고 비판받기도 한다. 그런 면에서 디지털게임이 페미니즘의 영향을 받으며 걸 파워 담론과 소통한 것은 인과적이다. 대다수의 게임들은 주인공이 단일한 목표를 성취하기 위해 세계의 규칙을 익히고 파워를 키워 나가는 식의 성장 구조를 띠도록 설계되기 때문이다.

디지털게임에서 여성캐릭터와 파워의 관계를 재설정하는 방법은 두 가지다. 하나는 피해자로서의 여성을 구원하는 남성영웅 신화를 비판적으로 성찰하는 것이고, 다른 하나는 여성캐릭터에게 파워를 부여하는 것이다. <브레이드>는 전자의 방법을, <툼 레이더 — 리부트>와 <포탈>은 후자의 방법을 취한다. 그러나 뒤의 두 편도 서사와 게임 플레이 면에서 여성인물들 간의 관계를 어떻게 구성하는지에 따라 그 양상이 다르다.

개별 게임들에 대한 분석으로 넘어가기 전에, 디지털게임에 대한 페미니즘 비평의 방법론을 짚어야 할 필요가 있다. 디지털게임을 페미니즘 관점에서 비평하는 작업은 #게이머게이트 사례에서 보다시피, 기존 남성게이머들의 격렬한 반발을 불러일으켰다. 안타깝게도 주류 게임학계 역시 페미니즘 관점의 비평을 환영하기만 한 것은 아니다. 페미니즘 비평을 적극적으로 반대하지는 않지만 그것과 거리를 두려는 경향이 암묵적으로 존재했다. 특히 게임서사와 재현의 측면에서 여성혐오적인 정형화에 대한 비판이나 정체성의 다양성이 부족하다는 지적에 대해, 주류 게임학계는 다양성과 재현에 대한 질문은 게임 매체의 고유성에 대한 것이 아니기 때문에, 코드나 플랫폼 연구와 같은 보다 '진지하고 엄격한' 학문적 접근보다는 평이한 저널리즘 비평에 가깝다고 평가하곤 했다.

'게임 플레이'는 게이머가 게임과 맺는 상호작용 방식을 가리키는데, 게임의 규칙과 게이머를 연결하는 방식, 게이머가 목표에 손쉽게 도달하지 못하도록 설정된 방해물과 그것을 극복하는 방식 등을 통한 레벨 디자인을 포함한다. 당연하게도, 게임 플레이의 규칙과 설정은 서로 독립적으로 존재하지 않는다. 게임 캐릭터 및 서사, 그리고 세계관은 게임 플레이의 설정에 '그럴듯함'을 부여하며 게이머의 몰입을 강화할 뿐만 아니라, 기존에 시도하지 않았던 창조적인 플레이를 가능하게 한다. 그럼에도 주류 학계는 '서사 대 놀이'라는 이분법적 관점에서 벗어나지 못한 채, 게임에 대한 페미니즘이나 퀴어정치학적 분석을 놀이의 핵심인 게임 메커닉[19]을 이해하지 못한 채 상대적으로 '게임적이지 않은' 서사에만 초점을 맞추는 연구로 분류함으로써 게임 연구에서 주변화하고 침묵하게 만든 경향이 있다.

하지만 더 중요한 질문은 이것이다. 정말로 '서사와 놀이' '재현과 매체'는 이분법적으로 선명하게 나눠질 수 있나? 과연 '게임적'이라는 것은 무엇인가. 매체의 '고유성'(혹은 순수성)이라는 것은 무엇인가.

그러한 대립적 인식은 어떤 이데올로기적 효과에 기여하는가. 극명한 이분법적 대립 구도는 기존 남성게이머들로 하여금 현실과 분리된 채 게임의 규칙만이 적용되는 공간인 소위 '매직 서클'magic circle을 만들어, 그것을 자신들이 소유한 '안전한 공간'으로 생각하게 하는 근거를 제공한다. 소수자와 다양성을 공격하는 게이머들은 '놀이'를 '중립적인' '순수한' 쾌락을 제공하는 것으로 보는 반면, 정체성의 다양성을 구현하고자 노력하는 서사나 게임의 이데올로기적 효과를 지적하는 비판적 사유는 '재미와 무관하고' '지루하고' '전문적이지 않으며' '오염되어' 있는 것으로 본다. 이런 허구적 대립에 근거해 그들은 '순수하게 게임적인 공간'인 '매직 서클'을 보호하고 방어하는 '도덕적인' 전사가 된다.[20]

이런 논의와 관련해, 제니퍼 말코스키Jennifer Malkowski와 트레앤드리아 러스웜TreAandrea Russworm은 공저『재현의 게임화 — 비디오게임의 인종, 젠더, 섹슈얼리티』Gaming Representation: Race, Gender and Sexuality in Video Game의 「서문」에서, '서사와 게임 플레이' '재현과 매체'는 대립하는 것이 아니라 오히려 서로 긴밀하게 연결되어 있으며, 다양성에 의거한 연구가 이 부분을 잘 설명해 낼 것이라고 주장한다. 두 사람은 다음의 세 가지 전제에 동의한다고 적는다.

> 첫째, 재현은 게임의 내재적인 하드코어 요소들과 완전히 분리되지 않는다. 재현은 단지 표면의 이미지와 사운드뿐만 아니라 플레이어·머신액션·코드·하드웨어에 의존하고 그것들을 통해 형성된다. 둘째, 게임은 여전히 주되게 이미지와 사운드를 (그리고 플롯, 캐릭터,

언어 등을) 포함한다. 그 이미지와 사운드 밑에 코드가 깔려 있다고 해서 이미지와 사운드의 존재나 영향력이 부정되지 않는다. 그리고 게임 연구는 이런 분석을 충분히 받아들일 수 있을 만큼 폭이 넓어야 한다. 셋째, 이 분야는 재현에서 벗어나면서 그 자체를 위험하게 만들 었다. 게임 연구는 재현, 정체성, 그리고 게임과 게임문화에서의 서로 얽힌 관계가 매우 중요한 문제로 부상하고 있음에도 재현을 의미 있 게 다루지 않음으로써 위험을 가속화하고 있다. #게이머게이트#Ga mergate, #흑인의목숨도소중하다#BalckLivesMatter Movement, #나 는다양한게임을원한다#INeed-DiverseGame처럼, 팬이 조성한 캠페 인 시대의 사회적·정치적·문화적인 맥락에서 게임 연구는 재현과 정 체성에 기반을 둔 연구에 더 비판적인 관심을 두고 발전시켜야 하는 긴급하고도 독특한 시간을 맞이하고 있다.[21]

말코스키와 러스윔은 재현의 정치학에 대한 스튜어트 홀Stuart Hall의 이론적 틀을 차용해, 소통의 코드와 재현의 코드를 모두 고려해야 하 며, 정체성의 정치학은 역사적·문화적·지역적 이데올로기를 구성하 는 코드로서, 이미지와 현실의 구분을 넘어서는 비평을 가능하게 한 다고 주장한다. 이들의 주장은 '세계 대 가상' '인간 대 비인간' '의미 작용 대 자동기계' '이데올로기 대 미디어' 등의 이분법적 대립을 넘 어 기술과학 및 매체를 사유하려 한 다른 학자들의 개념을 상기시킨 다. 온갖 경계와 범주들이 해체되는 (사이보그적) '몸'을 물질-기호적 행위자materialistic-semiotic actor로 본 도나 해러웨이Donna Haraway,[22] 행위자 의 신체와 의지의 집합, 하이브리드한 텍스트 및 주체성의 기반과 기계를 포함한 물리적physical 현실 간의 (비)우연적인 상호작용을 탐구하기 위해 "물리적 특징과 의미화 전략 간의 역동적인 상호작용을 통해 창조되는 창발적 특질"[23]로서 물질성materiality을 논의한 캐서린 헤일스Katherine Hayles, "기계는 기술적인 것에 앞서 역사적이고 사회적인, 즉 추상적인 것"[24]이라며 추상기계의 개념을 제안한 질 들뢰즈Gilles Deleuze, 매체는 진공상태에서 구성되지 않으며 사회적·역사적·정치적·기술적인 선험 조건들에 의해 구성되는 장치dispositif임을 주장한 스티븐 히스Stephen Heath[25] 등이 그들이다.

영화학자 조너선 벨러Jonathan Beller는 롤랑 바르트Roland Barthes의 사진론을 비판적으로 재고하고 흑인 노예인 해리엇 제이콥스Harriet Jacobs의 자서전을 경유해, 근대 사진의 발명과 그것의 매체적 고유성 자체가 근대 인종주의에 의해 선험적으로 구성·매개되었음을 탁월하게 밝힌 바 있다.[26] 그가 밝힌 것은 '기술적인 것'과 '사회적인 것'의 매개를 통해 형성된 사진의 시각적 체제regime이다. 마찬가지로, 나는 '게임적 체제'를 찾을 필요가 있다고 본다. 지역, 국가, 인종, 젠더, 계급 등의 차이의 렌즈를 통한 분석은 게임산업에서의 권력과 이윤의 재배치뿐만 아니라, 서사와 놀이, 의미작용과 메커닉 방면 모두에서 '게임'이라는 매체가 어떻게 형성·재배치되는지에 관한 실마리를 제공할 수 있다.

'시간 되돌리기' 혹은 '게임보이'의 매체고고학적 성찰 — <브레이드>

조너선 블로Jonathan Blow가 제작한 어드벤처 퍼즐게임 <브레이드>는 서사와 놀이, 재현과 매체가 게임에서 어떻게 절합되고, 서로에게 어떤 이데올로기적 효과를 발생시키는지를 비판적으로 성찰하는 메타

게임적 성격을 갖는다. <브레이드>는 <슈퍼마리오>(닌텐도, 1985)를 오마주하는 동시에 <슈퍼마리오> 및 여타 게임들에 깃들어 있던 성차별적 서사와 게임 플레이를 매체고고학적으로 성찰한다.

<브레이드>는 숨겨진 챕터까지 포함해 총 7개의 챕터로 구성되는데, '월드2'에서 시작해 '월드6'까지 진행되다가 '월드1'로 끝난다. 각각은 '시간과 용서' '시간과 의문' '시간과 공간' '시간과 결심' '망설임' 등의 제목을 갖는다. <브레이드>의 기본적인 플레이와 서사는 <슈퍼마리오>와 유사하다. 플레이어 캐릭터인 '팀'Tim은 그의 실수로 인해 악당에게 납치된 공주를 구하러 모험을 떠난다. 게임은 좌左에서 우右로 수평 이동하는 횡橫 스크롤 방식으로 진행되며, 팀은 자신을 향해 굴러오는 적을 뛰어넘어 피하고 주변의 사물을 이용해 점프해서 아이템을 획득하거나 길을 찾는다. 게임 플레이의 퍼즐은 대부분 시간과 관련되어 있다. 팀은 매단계마다 다양한 방법으로 시간을 조작할 수 있다. 시간 조작의 영향을 받지 않게 해주는 아이템인 '초록 열쇠'의 활용, 시간의 잔상을 이용한 분신 만들기, 슬로우 모션 등의 설정이 있지만, 무엇보다 핵심적인 시간 조작 기술은 '시간 되감기'이다.

'시프트'shift 키를 누르면 시간을 되돌릴 수 있는데, 이로 인해 <브레이드>의 세계에는 죽음이 존재하지 않으며, 저장save/불러오기load 기능이 필요 없어진다. 게임은 성공과 성취에 대한 매체인 만큼 실패와 죽음에 대한 것이기도 하다.[27] 대부분의 게임들에서 '죽음'은 끝이 아니라 새로운 기회다. 대다수 게임들에는 '저장' 기능이 있으며, 플레이어 캐릭터가 죽으면 게이머는 그가 게임을 저장한 지점이나 플레이하던 레벨을 다시 불러와 플레이한다. 그 순간, 이전의 죽음과 실

패는 말끔하게 지워지고 봉합된다. 이미 지난 실패와 죽음들을 통해 여러 번의 고통스러운 연습을 거쳤기 때문에 새롭게 불러와 시작하는 생은 이전의 생들보다는 더 잘 운영될 수 있다. 그러므로 보통 게임에서 죽음은 끝이 아니라 실패의 만회다.

그러나 <브레이드>에서는 팀이 적에게 치명적인 공격을 받아 더 이상 움직일 수 없게 되면(죽게 되면), 게이머는 그때까지의 플레이를 끝내고 새롭게 시작하는 것이 아니라, 시프트 키를 눌러 시간을 되돌려야 한다. <브레이드>의 시간 되돌리기는 게임보다는 VHS 플레이어의 되감기rewind 메커닉에 더 가깝다. 팀/게이머는 죽지 않았던, 즉 실패하지 않았던 과거의 지정된 시간으로 곧바로 이동하는 것이 아니라, 지나온 시간의 액션을 거꾸로 행하며 과거의 시간으로 가야 하기 때문이다. <브레이드>의 시간 되감기는 자신이 행한 액션(혹은 실패)의 과정을 생략 없이 돌이켜보게 한다. 이런 메커닉을 통해 <브레이드>는 게임에서 '실패·죽음·시간이란 무엇인가'를 질문한다. 이 질문은 '공주 구하기'(목표의 달성과 보상 얻기)라는 전통적인 게임서사와 플레이의 이데올로기 효과에 대한 것이기도 하다.

이 게임의 마지막 단계인 '월드1'에 도달하면 팀은 세계의 시간을 되감기할 때 자신을 시간 조작으로부터 보호할 수 있는 능력을 얻게 된다. 팀이 마지막 단계로 들어가는 문을 열자마자, 악당처럼 보이는 기사는 공중에서 밧줄을 타고 공주를 안은 채 내려오며 "잡았다"라고 외친다. 그 순간, 공주는 기사의 품에서 벗어나 "도와줘"라고 소리치며 도망친다. '월드1'은 두 개의 층으로 이루어져 있는데, 하층에서 이를 목격한 팀은 상층에 있는 공주에게 접근할 방법을 찾기 위해 전

<브레이드>의 타이틀(상)과 플레이 화면(하). (공식 이미지, Steam)

<브레이드>의 마지막 단계인 '월드1'.
(팬사이트 https://braid.fandom.com)

형적인 횡 스크롤 방향인 '좌'에서 '우'로 전진한다. 팀의 뒤로 화염이
쫓아오면, 공주는 상층에서 레버를 작동해 팀이 이동할 수 있도록 다
리를 놔주거나 적들에게 방해물을 떨어뜨리며 팀을 돕는다. 그러나
그 길 끝에 도달하면 공주는 갑자기 유리로 된 집에 들어가 잠이 든다.
공주를 잠에서 깨우기 위해서, 팀은 왔던 길을 되돌아갈 수밖에 없다.
진실이 드러나는 것은 이때다. 우에서 좌로 되돌아가는 순간, 팀/게
이머는 지금까지의 게임 진행(좌→우)이 거꾸로 된 시간에 따른 것이
고, 역방향이라고 생각했던 것(우→좌)이 정시간이라는 것을 깨닫게
된다. 이 때문에 마지막 단계의 제목이 '월드1'인 것이다. 우에서 좌
로 되돌아가면, 팀이 자신을 따라올 수 있게 돕는 것처럼 보였던 공주
의 행동은 사실 팀이 공주 자신을 따라오지 못하도록 방해하는 것이
었으며, 공주가 기사로부터 도망치는 것처럼 보였던 행동이 실제로
는 팀에게서 도망쳐 기사에게 도움을 요청하고 있었던 것이라는 진
실이 드러난다.

　많은 게이머들은 게임 트레일러에 등장하는 "만약 당신이 실수에
서 깨달음을 얻어…… 그 결과도 되돌릴 수 있다면? 죽음을 거스를 수
있다면……"과 같은 문구, 그리고 게임 곳곳에 숨겨진 숫자코드에 근
거해, '공주'는 원자폭탄을 상징하며 '팀'은 히로시마에 떨어진 원자
폭탄을 개발한 과학자라고 해석한다.[28] <브레이드>는 '과학적 성취
나 기술개발이라는 목표를 향해 달려갔으나 그 성공이 대학살을 야
기할 때, 우리는 게임에서처럼 결과를 만회할 수 있을까?' '과학자나
기술자는 기술개발의 결과를 생각하지 않아도 될까?' '과학은 이데올
로기와 상관없는 것일까?' '기술개발이라는 목적이 있을 때(그리고 그

것이 악영향을 미칠 가능성을 깨달았을 때) 우리는 어디에서 멈출 수 있을까, 멈출 수 있기는 한 걸까?'라는 역사적이고도 기술철학적인 질문을 던지고 있다는 것이다. 이 해석은 매우 설득력 있다. 그러나 또한 이 질문은 디지털게임의 메커닉과 이데올로기, 플레이와 서사, 게이머와 플레이어 캐릭터의 절합에 대한 것이기도 하다.

<슈퍼마리오> 같은 '공주 구하기' 게임에서 남성 플레이어 캐릭터가 영웅이 되기 위해 '공주'는 모든 단계·시리즈·게임에서 매번 납치당해 왔다. 논플레이어 캐릭터인 '공주'는 태생적으로 약하거나 무력해서가 아니라, 남성영웅의 서사를 위해 필연적으로 '곤경에 빠진 처녀'damsel-in-distress29가 되어야 한다. 공주는 말 그대로, 시간이 멈춘 세계의 '잠자는 숲속의 미녀'가 된다. 남성영웅의 '공주 구하기'는 공주가 아닌 남성 영웅/게이머의 서사와 성취감 획득을 위한 것이다. <브레이드>의 '월드2'에서 '월드6'까지 팀/게이머는 공주를 구하고 있다고 믿지만 그건 착각일 뿐, 팀은 영웅이 아니며, 자신의 과잉된 성취감을 위해 시간과 기회, 자원을 독점하는 폭력을 저지르고 있을 뿐이다. 공주는 구조적으로 납치나 상해를 반복적으로 겪고, 실수나 실패가 용인되지 않는 죽음이 할당된다. 서사적 측면에서, 공주는 신체적·정신적 무력함을 체화하고, 서사·시간·실패의 기회를 갖지 못하며, 당연히 성장·성공도 불가능하다. 또한, 게임 플레이의 측면에서 '공주'는 팀의 액션에 종속되는 수동적인 논플레이어 캐릭터로 한정된다. 서사 구조와 게임 플레이 등 모든 면에서 '파워', 그리고 '파워를 키울 수 있는 기회'는 남성에 의해 독점된다. 이것이 바로 남성주인공이 지배적이었던 게임의 기술적이고 사회적인 체제다.

'실수와 실패를 만회해서 (고통이 포함된) 쾌락과 성취감을 느낀다'라는, 게임의 매체적 고유성, 즉 '게임적 죽음'의 기회는 남성캐릭터/게이머들에게만 집중되어 있었다. 특히 <브레이드>에서, 팀이 시간을 조작할 수 있는 능력을 갖는다는 설정은 의미심장하다. 서사와 액션은 시간 없이는 진행되지 않기 때문이다. 여기서 '누가 시간을 소유하고 있나'라는 문제는 '그것은 누구의 이야기고 플레이인가'라는 질문이 된다. 팀의 시간 조작 능력은 팀 자신이 시간(혹은 역사)에 영향 받지 않는, 즉 시간 밖에서 시간을 통제하고 있음을 전제로 하는 듯하다. 그러나 '월드1'은 그 전제가 팀의 오인에 의한 것이었다고 판명한다. <브레이드>는 '그' 시간을 남성들의 소유물이라고 착각해 왔던 게임의 역사를 성찰한다. 실수나 실패를 기억과 역사에서 말끔히 지워버린 채 오직 원하는 순간만을 불러와 역사·서사를 다시 시작하는 방식이 아니라, 자신의 플레이 액션을 돌이켜 보게 하는 방식으로 말이다. 그리고 이는 곧 VHS 플레이어의 되감기 메커닉을 재현해, 1980년대 말 비디오 시대와 함께 시작된 '게임보이'들의 성차별적 역사를 매체고고학적으로 환기하는 것이기도 하다. <브레이드>의 게임 플레이는 그 자체로 남성게이머들의 영웅서사와 성취감을 위해 여성의 이야기와 플레이를 서사적으로 착취해 왔던 역사를 성찰적으로 체험하게 한다.

'아빠 딸'의 새로운 모험과 여성서사, <툼 레이더 — 리부트>

<툼 레이더>(1996~)의 '라라 크로프트'Lara Croft는 디지털게임 역사에서 가장 유명한 여성 플레이어 캐릭터들 가운데 하나다. 독립적이고,

모험과 액션을 즐기는 그녀의 특징은 걸 파워 시대의 산물로 볼 수 있다. 하지만 라라는 '탐험가'라는 직업에도 불구하고, 이성애자 남성 게이머들을 위해 디자인된 '잘록한 허리와 큰 가슴을 가진, 핫팬츠를 입은 섹시한 여자' 이미지로 더 잘 알려져 있다. <툼 레이더>는 출시되었을 때부터 게이머들에게 많은 인기를 얻으며 꾸준히 시리즈를 이어 갔지만 2000년대 후반 새로운 기술과 시대적 흐름에 적응하지 못하면서 점차 인기를 잃었다. 그러다가 2013년 출시된 신작 <툼 레이더 ― 리부트>(이하 '<리부트>')가 평단과 게이머들에게 좋은 평가를 받으며 그 명성을 되찾았다. <리부트>가 이 시리즈를 구한 것이다.

인생 첫 탐험을 떠나던 20대 초반의 시절로 돌아간 라라 크로프트는 그 외양부터 이전 시리즈와 달랐다. 어드벤처 장르의 주인공에게는 어울리지 않던 민소매 탑과 핫팬츠는 긴 바지로 대체됐다. 바뀐 것은 외양만이 아니다. 상대적으로 정적인 퍼즐의 비중이 높던 이전 시리즈에 비해, <리부트>에서는 전투 액션이 크게 강조되었고, 라라가 신체적 힘, 문제해결 능력, 고대 유물에 대한 정보와 독해 능력을 키워 나가는 입체적인 성장서사가 새롭게 부여됐다. 호기심 많은 소녀가 탐험가로 성장해 엄청난 생존 기술을 갖게 된 과정에 대한 설득력 있는 에피소드들도 포함됐다. 게이머가 원하는 방향으로 특정 스킬을 선택해 플레이어 캐릭터를 성장시키는 롤 플레잉 게임RPG 요소도 새롭게 도입됐는데, 이런 설정은 라라의 성장서사와 잘 맞을 수밖에 없다. 게임 장르와 플레이에 걸맞은 그럴 듯한 재현과 서사는 자연스럽게 게임의 몰입도와 완성도를 높였다. 식량과 무기를 구하는 일, 암벽을 타거나 적을 처치하는 데에 서툴렀던 라라는 온갖 시련을 거치면서 악당들이 두려워하는 존재가 된다. 게이머도 라라의 성장과 함께 점진적으로 게임 플레이 능력을 키워 가기 때문에 플레이어 캐릭터와의 일치도가 높아진다. 생존을 위해 악당들을 죽여야 했던 젊은 여성은, 이제 때때로 살인을 즐기는 것처럼 보일 만큼 어둠의 주인공이 된다. 서사 초반의 트레이닝 단계를 지나 중반부로 가면, 라라/게이머는 그 유명한 대사, "그 여자가 우릴 모두 죽일 거야"라는 악당들의 읊조림을 곳곳에서 듣게 된다.

기존 시리즈 및 동명 영화30에서 라라는 '소녀는 무엇이든 할 수 있다'라는 구호를 내세웠던 걸 파워 시대의 전형적인 '아빠 딸'daddy's girl이었다. 라라는 부유한 자산가이자 탐험가였던 아버지를 동경해 자신도 탐험가가 된다. 라라는 실종된 아버지가 남겨 놓은 기록과 정보를 따라 움직이며 아버지의 판단이 옳았다는 것을 증명하려 한다. '아빠 딸'은 능력 및 자원의 유산과 계보를 아버지에게서 찾는다. 여기서 아버지는 딸의 능력을 알아봐 주고 그녀를 길러 자신의 후계자로 인정하는 '선한' 가부장이 된다. 이런 '선량한' 역할 때문에 가부장제에 대한 비판이 부상하는 가운데에서도 '아빠'는 딸과 그녀가 속한 미래를 소유하며 가부장으로서의 지위와 권력을 유지한다. 딸은 선한 가부장을 인정하고 그의 서사를 진실로 받아들임으로써 기존 가부장의 권력에 접근할 수 있게 된다. '선한 가부장'과 '아빠 딸'의 공모 관계는 여성의 (복잡한) 역사와 자리를 지우고 가부장제를 재승인하는 효과를 낳을 수 있다.

영화학자 타니아 모들스키Tania Modelski는 이미 오래전, 유럽과 북미에서 걸 파워 담론이 막 부상하던 시기에 개봉한 영화 <세 남자와 아

<툼 레이더 ― 리부트>의 주인공 라라 크로프트의 모습.
(공식 이미지, Steam)

기 바구니>(레너드 니모이, 1987)31를 분석하면서, 대중문화에 등장하는 여성적인, 즉 '선한' 가부장의 재현과 그 이데올로기적 효과를 비판한 바 있다. 그런 재현은 '선한' 가부장의 부성을 너무나 눈부신 것으로 묘사한 나머지, 그것이 누구의 이익을 위한 것인지 알 수 없게 하는 착시 효과를 일으킨다는 것이다. 이 영화에서 남자들은 자신들이 되고자 하는 종류의 아버지(어머니나 유모의 역할도 하는 아버지)가 되기 위해 법을 대표하는 아버지를 부정하고 전통적인 어머니의 역할에 침입한다. 그러나 이는 오히려 역사적으로 존재해 온 여성의 장소와 역할을 삭제해 버리고 여성을 주변화하는 효과를 낳는다. 남자들이 여아를 양육한다는 이 영화의 설정은 딸들이 페미니즘으로부터 멀어지도록 유혹받고 있음을 암시하기도 한다.32

그러나 <리부트>에서 라라에게 모험의 단초를 제공하고 그녀가 영웅이 되도록 추동하는 사람은 실종된 부자 아버지가 아니라 친구 '샘'Samantha이다. 샘은 라라가 자신의 능력과 정체성을 스스로 의심할 때마다 라라에게 용기를 북돋아 주고 그녀를 지켜봐 준다. 영화감독 지망생인 샘은 목적지로 가는 배에서 라라의 일상을 비디오카메라로 촬영해 주곤 하는데, 이후 라라가 난파당해 홀로 고립되었을 때 샘의 카메라는 라라로 하여금 자신을 되돌아보게 하고, 그녀의 서사를 입체적으로 만들어 주는 아카이브 장치가 된다. 샘은 자신의 집안에 전해 내려오는 전설을 라라에게 제공해 탐험의 단초를 제공한다. 그뿐만 아니라 라라는 최종 보스 전final boss fight33이 펼쳐지는 마지막 에피소드에서 '납치된 샘 구하기'라는 최종 목표를 완수해 영웅이 된다.

이처럼 <리부트>는 젊은 여성들이 서로에게 성장의 계기와 모험의 동기를 제공해 주는 서사를 구성한다. 설득력 있게 그려진 둘의 친밀한 관계는 라라와 샘을 동성애적 관계로 묘사하는 팬픽들을 양산했고, <리부트>의 작가 리애너 프래쳇Rhianna Pratchett 역시 둘을 동성애관계로 그리려는 계획이 있었다고 인터뷰하기도 했다.[34] <리부트>가 달라진 것은 바로 프래쳇 덕택이다. <헤븐리 소드>(닌자 시어리, 2007), <미러스 엣지>(일렉트로닉 아츠, 2008), <오버로드>(트림프 스튜디오, 2007) 등 여성 플레이어 캐릭터가 돋보이는 게임들에 작가로 참여한 바 있는 영국 판타지소설가 프래쳇은 자신 역시 젊은 여성게이머이기에, 여성을 성적으로 대상화하는 프로젝트는 더 이상 맡지 않을 것이라고 선언했고, 라라의 노출이 심한 옷차림에 대해서도 처음부터 비판적이었다.

한편, 여성들 간의 관계에 집중한 서사는 지역, 국가, 인종, 종교, 계급, 섹슈얼리티 등의 차이에 따른 여성 범주 내의 위계 관계를 가시화하며 이런 질문들을 야기한다. 이를테면, '백인 여성영웅은 과연 누구를 구원하는가'의 문제. 일본계 미국 여성인 샘은 라라를 고대 유적지로 안내하는 토착 정보원이자 구원의 대상이다. 백인 여성이 영웅이 되기 위해, 즉 관습적인 권력 위계에 근거한 힘의 차이를 만들기위해 인종적으로 아시아인인 여성을 구원의 대상으로 설정한 것은 안일한 제국주의적 상상력의 산물이다. 걸 파워 담론은 애초부터 개인의 능력에 근거한 파워를 지향한다는 점에서 서구/중산층/백인중심성을 의심받아 왔다. 차이의 정치학을 사유하지 않은 채 '여성'을 단일하고 동질적인 범주로 인식한다면, 한 여성이 성장을 통해 파워를 획득하는 과정에서 다른 여성을 무력한 존재로 만드는 일의 부당함은 간과된다.

게다가 서사의 마지막 장면에서 샘은 일본의 첫 번째 여왕이었던 '히미코'의 영혼에 사로잡혀 그것에 지배당한다. '일본계'라는 샘의 종족적 계보는 그 자체로 취약함의 근거가 되는 셈이다. 그리고 바로 그 점을 발판으로, 라라는 샘을 구할 명분을 얻는다. 이성적·주체적으로 사고할 수 없는 샘의 상태는 라라를 제국의 약탈자가 아니라 히미코의 저주에 걸린 섬, 즉 전근대적이고 비논리적인 상태에 있는 아시아를 구하는 영웅으로 만든다. 그와 동시에, 게임 시간을 늘리고 재미를 배가시키기도 하는 '숨겨진 보물찾기' 미션 및 그와 관련된 정보의 습득은 '약탈'이 아니라 '방치된 보물'의 가치를 알아본 백인의 영웅적인 행위가 된다. <리부트>를 통해 우리는 '여성이 주인공인 서사'가 '여성주의 서사'로 나아가기 위해서는 성별을 넘어, 인종주의 및 탈식민주의와 관련해 비판적으로 고려해야 할 질문들이 있음을 분명히 알게 된다.

<리부트>의 성공으로 인해 새롭게 제작된 영화 <툼 레이더>(로아 우타우, 2018)를 보면 이 비판의 설득력은 더욱 높아진다. 영화는 아예 샘의 캐릭터를 삭제하고 오직 '아빠 딸'로서의 라라와 선한 가부장의 유산만을 다시 강조한다. 게임에서 영화로의 트랜스미디어 과정에서 자행된 '샘의 실종'은 매우 상징적이다. <리부트>의 성공 요인이 젊은 여성들 간의 깊은 우정과 연대/사랑을 통한 성장이었음에도, 영화는 그 부분을 가장 먼저 삭제한 것이다. 심지어 서사의 주요 설정인 '히미코 전설'은, 게임에서는 일본계인 샘의 가문 대대로 내려온 조상의 이야기였지만, 영화에서는 라라 아버지가 그의 탐험에서 직

히미코의 영혼에 사로잡힌 샘을 구하는 라라. (인게임 스크린샷)

서로에게 성장과 모험의 계기를 제공하는 라라와 샘. (인게임 스크린샷)

접 발견해 낸 성과로 설정된다. 이는 백인 남성에 의해 자행된 여성 역사·서사에 대한 젠더적·인종적·제국주의적 탈취다. 샘의 삭제는 남성을 배제한 여성서사의 수용과 지속이 여전히 어렵다는 것을 보여 주며, 트랜스미디어 과정의 울퉁불퉁한 (불)연속성을 드러낸다.

마더-컴퓨터-레즈비언, <포탈>의 학대(당)하는 엄마-연인

<포탈> 시리즈[35]는 '어퍼처 사이언스'라는 연구소를 배경으로 진행되는 1인칭 슈팅 퍼즐게임이다. 회색 벽과 유리로 이뤄진 삭막한 연구소 공간에는 기계로 시뮬레이션된 여성의 목소리를 가진 포스트휴먼 인공지능 컴퓨터 '글래도스'GlaDOS, Genetic Lifeform and Disk Operating System 와 젊은 여성-인간인 플레이어 캐릭터 '첼'Chell 외에는 아무도 없는 것처럼 보인다. 게이머는 유리로 된 방에 있는 캡슐에서 깨어난 '첼'이라는 캐릭터로 플레이를 한다. 첼은 깨어나자마자 이 연구소를 통제하는 인공지능 컴퓨터 글래도스의 환영 인사를 듣는다. 첼은 자신의 정체와 자신이 이곳에 오게 된 연유를 기억하지 못한다. 그뿐 아니라, 첼은 1인칭 시점으로 진행되는 이 서사/플레이에서 자신의 몸을 볼 수 없기 때문에 자신의 신체 이미지를 통합적으로 그릴 수 없으며, 몸을 움직이는 법도 모르고, 말도 할 수 없다. 정보와 신체 면에서 무능력한 상태로 투명한 반구에서 깨어나 유사한 행동만을 반복함으로써 실패와 성공을 오가는 첼, 그리고 시설에서 무엇을 어떻게 해야 하는지 첼에게 안내하고 명령하는 목소리의 발신자인 글래도스의 관계는 정확히 '신생아-어머니' 관계와 유비類比를 이룬다. 글래도스는 첼/게이머가 테스트를 통과하면 그녀를 칭찬하며 힘을 북돋지만, 첼/게이

머가 자신의 명령을 따르지 않을 때에는 그녀를 조롱하고 질책하고 분노하고 심지어는 스스로 고통스러워하면서 첼과 정서적 긴장 관계를 형성한다.

이 재현과 체험은 디지털게임의 '게이머-게임머신'의 관계 일반, 즉 게이머성gamership의 알레고리이기도 하다.36 모든 디지털게임의 초반 단계는 플레이어 캐릭터/게이머가 신생아처럼 몸을 움직이고 걷고, 시점의 움직임과 가시권을 확인하고, 아이템을 찾고, 도구를 사용하는 법을 배우고, 안전한 행동과 위험한 행동, 만족스러운 환경과 고통스러운 환경의 차이를 알게 되는 등 실패를 통해 이 세계의 규칙을 배우는 과정이다. 그리고 그/녀는 성장하면서 그 규칙들을 창조적으로 우회하고 파괴하고 재구성하는 법을 배우게 된다.

이 과정과 수행은 남성성기(프로이트)나 남근(라캉)을 강조해 온 남성 정신분석학자들과 달리, 아이의 주체 형성 단계에서 전-오이디푸스 단계뿐만 아니라 오이디푸스 단계에서까지(즉 상상계에서 상징계까지) 어머니의 일차적이고 특권적인 역할을 주장한 페미니스트 정신분석학자들, 즉 남근 대신 젖가슴을 가진 어머니와의 관계를 강조한 멜라니 클라인Melanie Klein의 분석이나 초자아로서의 '어머니의 법'을 제안한 줄리엣 미첼Juliet Mitchell의 이론을 떠올리게 한다.37 이 이론들에 의하면, 어머니의 목소리는 세계의 규칙에 대한 정보를 제공하고 지시하며 때로는 폭력적으로 강제한다. 줄리엣 미첼에 따르면, 자신이 곧 주체이자 법인 어머니는 "누가 케이크의 어느 조각을 먹을 수 있는지, 누가 살의적 경쟁에서 살아남아 마침내 동기 사랑과 또래 사랑을 창출할 수 있는지"38를 판단한다. 글래도스 역시 첼에게 레이저

공격을 하는 살상무기 '터렛'turret과 화학물질 및 위험 지형이 가득한 살의적인 환경의 '테스트 챔버'test chambers를 모두 통과하면 보상으로 '케이크'를 줄 것이라고 유혹한다. '케이크'는 전통적인 여성성, 그중에서도 모성에 근거한 동기부여물이다.

여기서 다음의 질문들이 제기될 수 있다. 오이디푸스 단계까지 아이의 주체 형성에 깊게 관여하는 초자아적 '어머니의 법'은 '아버지의 법'으로부터 얼마나 벗어나 있는가. 아이는 오이디푸스 단계를 거치면서 어머니와 분리된 후, '어머니의 법'으로부터는 완전히 벗어나게 되는가? '어머니의 법'은 '아버지의 법'을 교란하고 그것과 다른 체제를 제안할 수 있는 역량을 가지고 있는가? 이와 관련해 <포탈> 시리즈는 글래도스와 첼의 관계를 '걸 파워 시대에 새로운 관계 맺기'를 시도하는 포스트휴먼 엄마-딸, 혹은 타자성을 감각하는 여성연인 간의 성애적이면서도 폭력적인 관계로 재설정하고, '물리적으로 그리고 비유적으로' 방향에 혼란을 주며disorientation 이 질문에 답한다. 즉 게임 플레이를 통해 기존의 공간 감각을 뒤흔들고, 게임의 규칙을 창조적으로 해킹할 수 있게 하며, 젠더 역학과 (비)인간성에 대한 우리의 관념을 해체하고 재배치한다.

글래도스는 어퍼처 사이언스 연구소에서 개발된 '포탈 건'Aperture Science handheld Portal Device의 성능을 시험하기 위해 약 20개의 방으로 이루어진 테스트 챔버에서 첼을 실험 대상으로 이용한다. '포탈 건'은 이름 그대로, 서로 떨어져 있는 공간들을 시공간의 간극 없이 연결하는 통로인 포탈portal을 생성하는 장치이다. 포탈 건을 쏘면 파란색과 주황색 두 개의 포탈을 만들 수 있는데, 이 두 개의 문은 서로 연결되

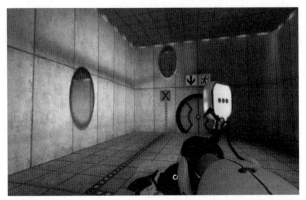

포탈 건과 포탈. 파란색 포탈(좌)로 들어가면 주황색 포탈(우)로 나온다. (위키피디아)

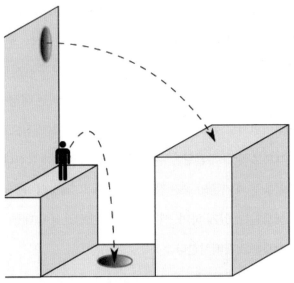

포탈을 통과하면 방향은 변화하지만 속력은 보존된다.
파란색 포탈(아래)로 뛰어 들어가면 주황색 포탈(위)을 통해 나오게
되므로 일반적인 점프로는 올라갈 수 없는 곳에 올라갈 수 있다.
(위키피디아)

어 있어 공간 이동teleport이 가능하다. 첼/게이머는 현실 세계에서는 불가능한 방식으로 공간과 공간을 잇고(혹은 편집하고), 포탈을 통과할 때마다 가중되는 중력을 이용해 초능력에 가까운 운동 능력을 갖게 된다.

글래도스는 편재하는 눈인 감시 카메라를 이용해 첼을 통제하고 감정적으로 그녀를 조종하면서 강박적으로 테스트를 지속한다. 글래도스와 첼은 다방면에서 '가부장제-이성애-인간' 중심적인 이분법적 범주를 흐리고 무너뜨리며 서로의 위치와 신체에 침투한다. 그 위치의 재조정과 침투성은 기존 공간 이동의 통념을 파괴하고, A 공간에서 B 공간에 이르는 수천 가지 방법을 창조해 내게 하는 포탈의 움직임을 통해 물질화된다. 이 같은 게임 플레이를 통한 이분법적 경계의 해체 및 신체, 젠더, 섹슈얼리티 등의 재배치와 복수적 잇기는 도나 해러웨이가 말한 '회절'diffraction을 떠올리게 한다. 회절성은 "부적절해진 타자성의 저항성",39 즉 타자성의 흔적이라고 요약할 수 있다. 해러웨이는 오랫동안 서구의 비판적 실천으로서 추천되어 온 "반영성"reflectivity을 "반사처럼 동일한 것을 다른 곳으로 환치할 뿐"이라고 의심하며, "물질적-기호적material-semiotic 장치들 사이에 차이를 낳는 것, 기술과학의 광선을 회절시켜 우리의 생명과 몸의 기록 필름 위에 보다 유망한 간섭 패턴을 얻는" 회절이 필요하다고 주장한다.40 이 회절이 가능하기 위해서는 기존 체제에서 비가시화된 위치를 가시화하고, 객관적 지식이 아닌 '상황적 지식'의 능력을 키워야 한다.

포탈 건이 만드는 '포탈'은 그 자체로 회절을 실천하는 공간이다. 첫째, 포탈은 세상을 비추는 창문이 되기를 거부한다. 이 공간에서

'보기'는 '움직임'과 잘 구분되지 않는다. 첼/게이머가 그/녀 자신의 이미지를 보기 위해서는 창의적인 각도로 총을 쏴서 포탈을 만들어야 하며, 그렇게 만들어지는 이미지들의 각도마저도 사선으로 뒤틀려 있다. 그간 주류 시청각 이미지는 관습적으로 남성을 '보는 주체', 여성을 '보이는 대상'으로, 남성을 '행하는 주체', 여성을 '행해지고 규정되는 대상'으로 붙박아 왔다.[41] 그러나 <포탈>의 시각체계는 신체의 시각화를 완전히 배제하는 1인칭 슈팅게임의 방식도, 거리를 두고 여성의 신체 이미지를 대상화하는 전통적인 시각체계의 방식도 아니다. <포탈>에서 여성들은 글래도스처럼 편재하는 감시의 눈을 갖거나, 첼처럼 독특한 각도로 포탈을 만드는 창의적 액션을 애써 수행함으로써만 자신의 몸을 비스듬히 볼 수 있다. 여기서 젠더에 따른 능동과 수동의 이분법적 대립이 무너진다.

둘째, 포탈과 포탈을 통한 이동은 우리에게 익숙한 유클리드 3차원적 공간, 즉 내부·외부, 앞뒤, 위아래의 구분이 무너지며 끊임없이 역동적으로 위치성을 인지하게 만든다. 이것은 영화학자 안진수가 적확하게 설명했듯, 초현실주의 화가 마우리츠 코르넬리스 에스허르Maurits Cornelis Escher나 르네 마그리트René Magritte적 공간의 위상학과 연계된다.[42]

셋째, <포탈>은 물리적 중력 및 속도를 시뮬레이션해 몰입감을 효과적으로 극대화하지만 포탈을 통과할 때마다 중력의 강도를 배가시키면서, 현기증 나는, 과도한 수직적 운동의 내장감각을 발생시킴으로써 매개성mediacy을 인지하게 하는 하이퍼-매개hypermediacy 현상을 야기한다.

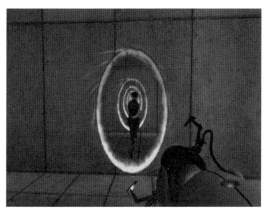

첼/게이머가 자신이 서 있는 곳의 앞뒤 벽에 포탈을 쏘면
르네 마그리트의 회화 <금지된 재현>에서처럼
자신의 뒷모습을 볼 수 있다. (게임피디아)

르네 마그리트의 <금지된 재현>.

넷째, 편재하는 눈과 목소리가 내장되어 있고 글래도스의 전산 체계에 의해 움직이는 연구소를 글래도스의 신체 그 자체로 볼 수 있다면, 첼/게이머가 만드는 포탈은 몸의 온갖 구멍들, 즉 콧구멍, 땀구멍, 내장, 혈관, 질, 항문 등이 될 수 있다. 글래도스는 자신의 감시 카메라의 시선이 닿지 않는 공간으로 첼이 도망치자, "나는 너를 느낄 수 있어"I can feel you라는 대사를 던진다. 여러 페미니스트 비평가들이 언급했던 것처럼, 질로서의 '포탈'은 재생산적·성적·공격적(이빨 달린 질 vagina dentata) 역량 모두를 가진 기관이다.[43]

글래도스와 첼의 경계, 즉 '기계와 인간' '논플레이어 캐릭터와 플레이어 캐릭터' '게임머신과 게이머'의 이분법 또한 상호침투되며 회절된다. 젠더와 섹슈얼리티는 이 이분법적 경계 허물기와 상호침투의 열쇠 혹은 '포탈'이 된다. 1950년, 영국의 수학자이자 컴퓨터 과학의 선구자인 앨런 튜링Alan Turing은 '어떤 질문을 던졌을 때, 그에 대한 컴퓨터의 응답을 인간의 그것과 구별하기 어렵다면 컴퓨터를 <u>생각할 수 있는 존재</u>로 간주해야 한다'라고 주장했다. 이때 던져진, '튜링 테스트'라고 불린 핵심 질문들 중에는 흥미롭게도 성별을 묻는 질문이 있다. 기술과학과 문학을 접목시킨 비평으로 유명한 캐서린 헤일스는 이 튜링 테스트를 언급하면서, 젠더, 인종, 섹슈얼리티 등이 표현될 수 있는 신체성은 포스트휴먼에게서도 삭제되지 않으며 오히려 그것들은 인간적 지능을 증명하는 중요한 표식이 된다는 사실을 지적한다.[44] 마찬가지로, 글래도스는 '여성적 표현'이라는 개성을 가짐으로써 인간보다 더 인간 같은, 인간과 구별이 되지 않는 '진정한' 인공지능 기계가 된다. 첼은 게이머와 연결된 플레이어 캐릭터이고 인

마우리츠 코르넬리스 에스허르, <상대성>.

첼/게이머가 자신의 앞모습을 확인하기 위해서는
시선의 각도를 섬세하게 조정해야 하는데,
그럼에도 신체의 정면을 보는 것은 매우 어렵다.

간으로 설정되어 있음에도 비인간적인 반면, 인공지능 컴퓨터이자 논플레이어 캐릭터인 글래도스는 너무나 인간적이다. 둘의 교차성은 '무엇이 인간성과 비인간성을 만드는가'라는 근본적인 질문을 던진다.

1인칭 슈팅게임에서 게이머의 신체는 스크린 속 총을 든 팔과 원격 현존tele-presence되는 방식으로 연결되기 때문에, 플레이어 캐릭터는 설정을 제외하고는 개성과 목소리가 없는 블랭크 캐릭터blank character가 되기 쉽다.45 플레이어 캐릭터에 목소리가 부여되어 있다면 게이머의 몰입은 깨질 수밖에 없기 때문이다. <포탈>의 게이머는 얼핏 본 첼의 모습을 통해 그녀의 성별, (아마도 비非백인으로 추정되는) 인종, 나이 정도는 짐작할 수 있지만, 그녀의 생각이나 성격은 알 수 없다. 또한 글래도스와 달리, 첼에게서는 여성성에 대한 전형적인 재현이 나타나지 않는다. 그렇다고 남성성이 재현되는 것도 아니다. 대신, 첼의 무개성은 뛰어난 운동 능력을 가진 그녀의 신체성을 순도 높게 고강도로 체험하게 한다. 그것은 신체 없는 신체성, 추상화된 신체성, 즉 운동감각의 시뮬레이션, 코드와 알고리즘으로 만든 중력과 속도의 물리적 시뮬레이션이다.

반면, 모노톤의 기계음이지만 명백히 '여성'의 목소리를 시뮬레이션하는 글래도스는 어떤 인간보다도 강한 개성을 갖고 있다. 글래도스를 인간적으로 만드는 것은 '여성성'에 대한 정형화된 시뮬레이션이다.46 그 정형화된 여성성은 모성, 수동공격성, 피해자성, 감정 과잉, 질투와 시기심 등 다양한 양상으로 나타난다. 글래도스는 첼/게이머가 테스트/게임을 포기하지 않도록 친절하게 안내하고 힘을 북

돌아 주며 보상으로서의 케이크를 약속하는 등 '모성'을 시뮬레이션한다. 하지만 그와 동시에, 자신의 지시를 따르지 않으면 첼/게이머를 질책하고 조롱하고 비난하며 그녀의 감정을 조종하는 수동공격성을 보여 주기도 한다. 첼에 대한 글래도스의 비난은 첼이 그다지 매력적이지 않으며, 그래서 인간적이지 않다는 것에 초점이 맞춰져 있다("너의 전 생애는 수학적 오류야. 내가 그 수학적 오류를 바로잡으려 해" "너의 제일 친한 친구인 동행큐브를 파티에 초대했어. 물론 네가 죽여서 올 수 없었지" "친구가 없어서 아무도 오지 않는 거야. 넌 그렇게 매력적인 인간이 아니니까"). 이런 수동공격성은 글래도스의 인기 요인들 중 하나인 냉소적인 유머감각과 직결된다. 글래도스는 자신의 정서적·신체적 고통을 강하게 표현하며 피해자성을 시뮬레이션하기도 한다("이건 용감한 행동이 아니야. 살인이야" "너랑 나의 차이는 나는 고통을 느낄 수 있다는 거야").

또한, 글래도스는 '드라마 퀸'으로서의 감정 과잉, 특히 동성연인에 대한 질투와 시기심을 가진 것처럼 보인다.[47] 글래도스는 첼에게 하트 모양이 그려진 커다란 큐브를 제공하는데, '동행큐브'Companion Cube라고 이름 붙여진 이 오브제는 첼에게 짐이 되기도 하지만 때로는 퍼즐을 풀거나 이동하는 데 도움이 된다. 자신에게 말 걸어 주는 이라고는 자신을 위험한 테스트로 내몬 글래도스밖에 없는 외로운 연구소에서 첼/게이머는 무겁고 네모난 덩어리에 불과한 동행큐브에 애착을 갖게 된다. 마치 게이머들이 인공지능 글래도스의 매력에 빠져드는 것처럼 말이다.

동행큐브는 신체 없는, 혹은 신체가 규정되지 않은 글래도스의 대체물이다. 하지만 위악적인 글래도스는 동행큐브는 아무것도 느낄 수 없다며 그것을 불태우라고 첼/게이머에게 명령한다. 이 지점에서 대부분의 첼/게이머들은 망설이지만, 글래도스의 테스트를 통과하기 위해서는 동행큐브를 불태울 수밖에 없다. 이 액션은 글래도스와의 마지막 대전에서 행해지는, 글래도스의 코어를 불태우는 장면을 선취하는 것이다. 마지막 대전에서 글래도스는 말한다. "너의 폭력적인 행동에도, 지금껏 네가 무너뜨린 건 오직 내 마음뿐이야" "넌 그 물건[동행큐브]과 결혼하고 싶어 했지? 내가 그렇게 두지 않을 거야. 마음이 어때?" 첼/게이머는 글래도스의 대사가 마음에 걸리지만, 신경가스를 뿜어내는 글래도스의 코어를 정해진 시간 내에 불태워야만 그곳을 탈출해 게임을 종료할 수 있다. 글래도스는 첼/게이머가 자신을 동행큐브와 동일하게 대하는 것에 불만을 품고 질투하는 것처럼 보인다. 여기서 혼란이 발생한다. 첼/게이머는 이 반복을 통해 무엇을 학습했을까.

인간성과 비인간성, 정신과 신체, 목소리와 체화, 이성과 감정을 나누는 기준은 무엇인가. 글래도스는 여자인가? 인간인가? 인간이라면 감정을 갖는가? 감정을 갖기 때문에 인간인가? 첼의 뛰어난 신체 능력은 인간적인 것인가, 아니면 알고리즘의 것인가. 그 신체 능력은 여성적인가, 남성적인가. 첼과 글래도스 모두 여자라면 둘의 관계는 연인인가? 아니면 유사 모녀인가? 첼/게이머는 글래도스와의 관계에서 자신의 정체성의 강도와 위치를 끊임없이 역동적으로 의심하고 재고하게 된다. <포탈>의 핵심적인 게임 메커닉, 즉 포탈의 물리적·운동적 방향의 교란과 위치의 역동성은 첼/게이머와 글래도스의 유동적이고 교차적인 정체성에 대한 알레고리이자 체화이다.

그러나 글래도스의 정형화된 여성성은 서투르고 불안정하다. 감정적인 내용과 모노톤의 기계음이라는 효율적인 형식은 서로 어울리지 않는다. 글래도스의 말은 그 내용이 폭력적인 경우에도 차분하고 부드러운 여성의 어조와 목소리를 유지한다. 내용과 일치되지 않는 일관된 형식은 감정의 억압처럼 보이기도 한다. 게다가 글래도스가 모사하는 모성은 종종 허점을 드러내거나 기만에 근거한다. 첼이 테스트 챔버를 통과하자, "믿을 수 없을 정도네! 당신, <u>실험 대상 이름</u>은 <u>실험 대상 고향</u>의 자랑이야!"('실험 대상 이름'에 '첼'이라는 이름을 넣어야 하지만, 글래도스는 이 맥락을 이해하지 못한 채 '실험 대상 이름'이라는 문자를 그대로 읽어버린다)라고 말하거나, 케이크를 보상으로 주기로 한 약속도 거짓이라는 사실이 드러난다. 이것은 그 자체로 유머와 아이러니를 만들어 낸다. 그리고 동시에, 돌보고 격려하고 수동적으로 위협하고 공격하고 질투하고 자신의 상처를 드러내는 '정형화된 여성성'이라는 것이, 실은 프로그래밍된 시뮬레이션, 즉 얼마든지 탈착·부착 가능한 인공적인 가면과 같은 것이라는 점도 알 수 있다. 정형화된 여성성의 시뮬레이션은 '인간-기계' '내용-형식' '여성성-남성성'이라는 이분법의 경계를 혼란스럽게 만들고, 나아가 해체시킨다.

그렇다면 글래도스의 여성성은 단지 이진법적인 코드에 지나지 않는 것일까? 글래도스는 유기체가 아니기 때문에 그/녀의 여성성은 그저 허구일 뿐일까? 의식 아래 무의식, 표상 아래 의미, 재현 아래 세계가 존재한다는 증거로서의 지표적 흔적이 구조화되어 있는 전통적인 영상서사와 달리, 디지털 영상서사에서 표상을 구조화하는 것은 오직 코드뿐이라고 단정할 수 있을까? <포탈 1>의 예상하지 못한 성공에 힘입어 2011년 발매된 후속작 <포탈 2>는 그렇지 않다고 주장한다.

<포탈 1>의 결말에서 첼/게이머는 글래도스의 코어를 불태우고 어퍼처 사이언스 연구소를 탈출하지만 결국 정신을 잃은 채 테스트 챔버로 다시 끌려간다. 그리고 글래도스는 엔드크레딧에서 "아직 살아 있어"Still Alive라는 노래를 부른다. <포탈 1>의 서사와 설정을 이은 후속작 <포탈 2>에서 첼은 새로운 악당 '휘틀리'Wheatley와 대적한다. 휘틀리는 중앙코어인 글래도스가 '폭주'할 때 그/녀를 망가뜨리기 위해 연구원들이 만든 지능 둔화 코어이다. 따라서 휘틀리는 지능이 낮고 판단력이 형편없으며, 이기적이기까지 하다. <포탈 2>가 시작되면 휘틀리는 첼/게이머와 함께 연구소를 탈출하려 하지만, 실수로 글래도스를 깨운다. 휘틀리는 글래도스의 무기인 터렛을 불량품으로 바꿔 그/녀를 무력화하고 중앙코어의 본체 자리를 차지한다. 그러나 휘틀리는 권력을 잡자마자 글래도스처럼 테스트를 계속하고 싶은 욕망이 생겨 첼을 배신한다. 이 과정에서 첼/게이머와 글래도스는 과거에 사용되던 오래된 실험실로 추락한다. 본체에서 쫓겨난 글래도스는 전기를 얻기 위해 임시로 감자에 이식되어 유기체와 결합된 형식을 갖고, 배신당한 첼과 몸을 빼앗긴 글래도스는 악화된 상황을 바로잡기 위해 어쩔 수 없이 연대한다.

첼과 글래도스는 오래된 실험실에서 우연히 어퍼처 사이언스의 최고경영자였던 '케이브 존슨'이 만든 녹음테이프를 듣게 된다. 글래도스는 녹음테이프에서 들려오는, 존슨의 비서인 '캐롤린'의 목소리에 반응한다. 글래도스에게 어떤 기억이 떠오르고 혼란스러운 감정

이 발생한다. 이윽고 그/녀는 자신에게 내장된 분노의 근원을 파악하게 되며, 첼을 호의적으로 대한다. 여기서 첼/게이머와 글래도스는 글래도스의 제작 과정과 관련된 숨겨진 역사를 발견하게 된다. 그리고 이때 글래도스는 처음으로, 남성연구원들에 의해 시뮬레이션된 감정이 아닌, '맥락이 있는' 감정을 감지한다. 그렇다고 해서, 글래도스가 '진정한 인간'이 되거나 '인간성'을 발전시켰다는 것은 아니다. 오히려 '인간-기계-젠더'의 삼각관계를 파악하며 더 뛰어난 '인공지능' 기계가 되었다고 말하는 것이 옳다. 게임의 설정에 따르면, 미국의 군사지원금을 받아 제작된 글래도스는 역설적이게도 여성의 역사·노동·(기계-인간의) 신체성을 이해하게 하는 매개가 된다.

연구원들은 글래도스에게 (윤리, 호기심, 지능, 감정, 행복 코어 등으로 구성된) 인격코어를 부착해 글래도스의 지능을 통제한다. 글래도스의 이름에 '글래드'glad라는 단어가 포함된 것은 우연이 아니다. '윤리·감정·호기심·행복'은 정형화된 여성성의 가치들이다. 윤리와 감정은 '여성적 덕목', 즉 인격의 문제로 간주되지만, 더 중요하게는 주로 여성에게 할당되는 돌봄과 서비스 노동의 핵심이기도 하다. <포탈 1>에서, 글래도스를 무력화하기 위해 첼이 글래도스의 인격코어를 떼어 낸 행동은 글래도스를 붕괴시키기는커녕 오히려 <포탈 2>에서 글래도스로 하여금 자신이 누구인지를 알 수 있게 하는 소스 코드, 즉 억압되어 있던 자신의 무의식에 접근하게 되는 계기를 제공한다. 글래도스는 자신의 소스 코드가, 폭압적이었던 존슨 사장에게 학대당하던 비서 캐롤린의 정신으로부터 차출된 것이라는 진실을 알게 된다. 여기서 게이머들은 <포탈 2>의 숨겨진 녹음테이프와 서사를 통해,

감자전지 글래도스. (https://www.artstation.com/artwork/v9VA)

동행큐브. (인게임 스크린샷)

중앙코어 글래도스. (하프라이프 위키)

존슨 사장과 함께 있는 캐롤린. (하프라이프 위키)

＊감자전지에 연결된 글래도스, 동행큐브, 글래도스 중앙
   코어, 캐롤린은 모두 그 모양과 성질이 변태된morphed
   괴이한 친족들이다.

존슨의 비서로 알려진 캐롤린이 사실은 공동연구원이었고, 존슨이
그녀의 능력을 착취해 왔다는 사실을 추리할 수 있다. 존슨은 캐롤린
의 강력한 저항에도 불구하고 그녀의 지성과 감성을 강제로 착취해
글래도스를 만든 것이다.

　길을 안내하는 내비게이터navigator, 삼성의 빅스비Bixby, KT 셋톱박

스의 기가지니GiGA Genie, 애플의 시리Siri 등과 같은 현실의 비서형 인공지능AI처럼, 글래도스의 여성성은 가부장-이성애중심주의에 의해 정형화된 방식으로 재현되었다는 점에서 문제적이다. 그러나 더 큰 문제는, 그 생산과정에서 과학기술 생산 주체로서의 여성은 삭제한 채, 오직 그녀의 감정노동만을 착취해 자원화·코드화했다는 것이다. 요컨대, (여성화된) 인공지능 생산과정에서 과학기술 지식 생산자로서의 여성 및 인공지능의 질료가 되는 감정노동의 제공자인 여성은 지워지고 착취당한다.

　<포탈> 1편과 2편에는 크게 세 개의 건축 공간이 등장한다. 첫 번째 공간은 유리와 회색 타일 벽으로 이루어진 중앙제어실과 테스트 챔버이고, 두 번째 공간은 <포탈 1>에서 첼이 글래도스를 피해 도망친 곳, 즉 거대한 파이프, 헝클어진 전기선, 환기구 등이 있는 공간이다. 세 번째 공간은 오래전에 설립되었지만 더 이상 사용되지 않는 실험실이다. 디지털 기계와 네트워크에 의해 매끈하게 통제되어 있는 첫 번째 공간과 달리, 두 번째 공간은 지저분하고 우중충한 파이프와 환기구들이 움직이며 시끄러운 소리를 낸다. 전형적인 중공업 공장처럼 보이는 이 공간은 다수에게는 비가시화·주변화되어 있지만, 첫 번째 공간인 디지털 공간을 작동시키는 에너지를 공급하고 그 순환을 가능하게 하는 공간이다. 세 번째 공간은 첫 번째 공간을 통제하는 글래도스의 물질적 질료 그 자체이자 생산 주체인 캐롤린이 있던 과거의 공간이다. 지배자이자 제어장치인 글래도스의 존재는 피해자이자 인간인 캐롤린의 노동에 근거한다. 미래는 과거와 연결되어 있고, 서로 구분되지 않는다. <포탈>은 매끈한 디지털 표상 아래에는

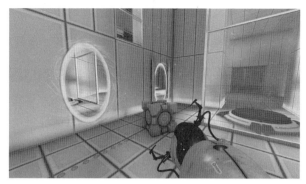

유리와 회색 타일로 이뤄진 테스트 챔버. (인게임 스크린샷)

환기구와 전선, 파이프들이 있는 시설 공간. (인게임 스크린샷)

숨겨져 있던 오래된 실험실로 가는 입구. (인게임 스크린샷)

단지 코드만 있는 것이 아니라, 전통적인 하드웨어를 가동시키는 행위자들, 즉 과거의 것으로 취급된 노동이 있다는 것을 건축학적 공간들의 여러 층위layer들을 통해 보여 준다. 그것은 단지 중공업 같은 전통적인 산업노동·생산노동뿐만 아니라 감정노동이나 돌봄노동과 같은, 여성의 비물질·재생산 노동을 포함한다.

글래도스의 생산과정은 백인 남성 기술과학자들이 객관성을 유지한다는 명목하에, 그 성과를 온전히 자신들만의 것으로 독점하기 위해 지워 버린 여성·유색인 노동자 계급과 같은 주변화된 주체들의 노동을 떠올리게 한다. 페미니스트 기술과학자들은 과학기술사에서 오랫동안 비가시화되어 온 지식생산 주체를 드러내는 데 주력해 왔다. 이를테면, <히든 피겨스>(데오도르 멜피, 2016)라는 영화로도 제작된, 미국 우주탐사 초창기에 인간 '컴퓨터'[48]로 일한 계산원 여성들, 사이버네틱스 학문을 기초한 '메이시 사이버네틱스 회의'에서 기술과학자들의 대담을 타이핑하고 정리한 속기사 여성들,[49] 과학자 로버트 보일Robert Boyle이 객관적 지식과 무미건조한 사실을 생산하기 위해 특별히 건설한 실험실에서 공기펌프의 풀무질을 담당하던 하인들,[50] 암 치료를 위해 특별 주문·제작된 실험용 쥐 '앙코마우스' 등의 노동 주체들이 위치한 곳, 그리고 그들이 목격한 상황적 지식을 밝혀 온 것이다.

여기서, <포탈>의 게임디자이너인 킴 스위프트Kimberly Swift가 게임을 제작하던 당시 대학원에 다니던 젊은 여성이었음을 강조할 필요가 있다. 스위프트는 분명 여성으로서 남성 중심적인 과학기술계에서 생존해 온 자신의 경험을 <포탈>에 반영하고 있는 것처럼 보인다. <포탈 1>과 <포탈 2> 사이의 서사를 메우기 위해 '밸브'에서 출간한 그래픽노블 <실험실 쥐>Lab Rat(마이클 애본 오밍·제이 핑커튼, 2011)[51]에 따르면, 첼은 어퍼처 사이언스 연구소가 변화된 시대에 발맞추기 위해 처음으로 개최한 '직장에 딸을 데려오기' 행사에 한 연구원이 데려온 딸이었다. 이 행사의 목적은 소녀들이 과학에 관심을 두게 하는 것이었다. 그러나 캐롤린의 성취와 정신을 억압하고 착취한 역사를 지운 채 연구원 전원을 남성으로 구성한 연구소가 '딸'들을 위한 행사를 연다는 것은 기만일 뿐이다. 여성을 착취해 온 역사를 지운 채 여성의 미래를 걱정하는 척하는 남성들은 소녀들의 영웅이 되고 싶어 한다. 그 행사는 결국 '아빠의 날'에 불과하고, 과학계에 진출하고자 하는 소녀들은 학대당한 피해자 캐롤린이나 통제하는 가해자 글래도스가 아닌, 남성연구원을 모델로 한 '아빠 딸'로서 키워진다. 거짓말을 하는 것은 남성연구원들이지 글래도스가 아니다.

그러므로 글래도스는 굴복하지 않는다. 이 행사가 열린 날, 13년에 걸친 연구 끝에 완성된 AI 글래도스가 최초로 가동되는데, 글래도스는 신경가스를 유출시켜 일부 연구원들을 학살하고, 나머지 연구원들을 자신의 실험체로 사용한다. 연구소 벽에는 "케이크는 거짓말이다"라는 실험체/연구원들의 낙서가 암호처럼 곳곳에 적혀 있다. 글래도스의 액션은 캐롤린이 연구원으로서 끝내지 못한 실험의 수행인 동시에, 글래도스의 능력을 억압·제한하려 했던 남성들에 대한 복수이며, 삭제된 여성의 역사를 기억하고 그 계보를 이으려는 몸짓이다.

글래도스의 능력을 의도적으로 억제하고 저하시키기 위해 남성연구원들이 부착한 오염된 인격코어들이 남성의 목소리를 갖고 있다는 것은 주목할 만하다. <포탈 2>의 악당이자 오염코어로서 글래도스

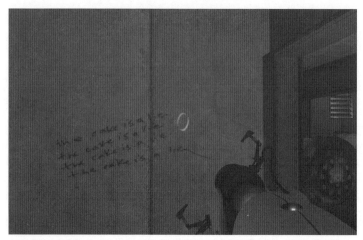

글래도스는 첼에게 게임 스테이지를 넘어갈 때마다 케이크를 준다고 했지만, 곳곳에는 "케이크는 거짓말이다"the cake is a lie라는 낙서가 남아 있다. (유저 스크린샷. Steam)

의 중앙코어 자리를 차지하는 휘틀리는 거들먹거리는 말투에, 영국식 영어를 사용한다. 휘틀리와 함께 등장하는 남성형 오염코어인 '모험코어' '사실코어' '우주코어'도 거창하고 과학적인 이름을 가졌지만, 문제 해결 능력이 전혀 없어 상황을 악화시킬 뿐이다. <포탈 2>의 첼은 <포탈 1>에서처럼 글래도스를 적으로 여기고, 휘틀리가 자신을 악의 없이 도와주는 영웅이라고 믿는다. 즉 첼도 캐롤린처럼 처음에는 여성보다는 남성을 믿는다. 그러나 휘틀리는 글래도스의 중앙코어 자리를 차지한 후 첼을 배신하고, 자신을 부하처럼 부렸다며 첼을 비난한다("네가 어떤지 알아? 이기적이야. 나는 여기로 오기 위해 모든 걸 다 바쳤다고. 너는 뭘 희생했지? 없어. 0이야. 네가 한 일은 내게 '이거 해라' '저거 해라' 하면서 보스처럼 군 것뿐이야. 자, 이제 누가 보스지? 누가 보스지? 나라고!").

그리고 마지막 에피소드에서는 자신을 살려 달라고 애원하며 자기가 너무 보스처럼 굴어서 미안했다고 사과한다("미안해, 진심으로. 내가 너무 보스처럼, 그리고 너무 괴물처럼 굴어서 미안해. 진심으로 미안해"). "보스처럼"bossy, "괴물처럼"monstrous이라는 말은 파워를 가진 여성들을 비난하고 낙인찍기 위해 사용되어 온 단어이다. 휘틀리의 비난과 사과는 파워를 가진 여성들을 억제하고 통제하기 위해 존슨 사장이 캐롤린에게, 연구원들이 글래도스에게 사용해 왔던 레토릭이 무엇이었는지를 정확하게 보여 준다.

휘틀리에 의해 글래도스는 중앙코어 자리에서 쫓겨나 감자전지에 연결된 후, 첼의 손에 들려 이동한다. 그리고 첼과 글래도스는 글래도스의 생산과정을 알게 된다. 이제 둘의 관계는 달라진다. 이후의 서사는 첼이 '엄마 딸'이 되는 과정이자, 학대하고 학대당하던 여성연인과의 새로운 관계 설정이자, 서로의 역사에 대한 적절한 애도와 액션을 통한 여성연대의 서사로 볼 수 있다.

우선 모녀서사로서 첼과 글래도스의 서사를 독해해 보자. <포탈 1>의 서사는 딸을 소유·통제하고자 하는 원초적이고archaic 괴물 같은monstrous 어머니에 대한 딸의 모친살해로 구성된다. 글래도스는 남성 연구원들을 모두 살해한 후, 마지막으로 첼을 깨운다. 글래도스/캐롤린은 딸이 자신과 같은 피해자가 되지 않도록 하기 위해 무한 경쟁에서 딸을 생존시키려는 '신자유주의적 어머니'처럼 첼을 훈련시킨다. 반면, 첼은 자신을 통제하고 협박하고 비난하면서 감정적으로 조종하는 어머니를 살해하려 한다. 이것은 부친살해의 전형적인 반대항인 모친살해이다. 딸 역시 오이디푸스 가족서사의 아들처럼 파워

대상이 빠르게 미끄러지게 하는 '추진 젤'. (인게임 스크린샷)

포탈이 쏘아지지 않는 표면에도 포탈을 쏠 수 있게 하는 '전환 젤'.
(인게임 스크린샷)

를 얻기 위해서는 가족서사를 경유해, 현재 파워를 갖고 있는 모친을 살해해야 하는 것처럼 보인다.

그러나 <포탈 2>는 파워를 가진 어머니가 사실은 '박해당한 자'임을 설파한다. 물론 어머니가 무력한 피해자인 경우에도 살해는 발생한다. 걸 파워를 지향하는 딸들은 파워를 지닌 주체를 추종하며 모든 약함과 타자성을 거부하곤 한다. 자신과 동일한 성별을 가진 다른 여성의 피해자성이 자신의 파워를 무력화할 수도 있다고 생각하기 때문이다. 그럴 때, (어떤 역사적·상황적 맥락도 지워버린 채) 그저 모든 파워를 지향하는 포스트페미니즘은 때때로 여성의 여성혐오를 야기한다. 이런 담론은 '걸 파워'의 딸들로 하여금 피해와 억압의 시대를 거쳐 온 어머니를 비롯한 다른 여성들의 삶과 역사를 거부·살해하고, 아버지를 롤 모델로 삼는 '아빠 딸'을 선택하게 한다. 하지만 조선정이 적절하게 지적했듯, '파워'와 관련해 '통제' 혹은 '살해'라는 극단적 선택밖에 없는 것처럼 보이는 서사는 빈곤하다. "여성주체를 딸과 어머니라는 고정적인 관계성으로 환원하지 않으면서 새롭게 상상할 수 있느냐라는 질문을 근본적으로 제기해 봄직하다. 딸과 어머니의 관계성에 기초하여 페미니즘의 세대교체를 풀이하는 것은 성차별에서 오는 억압을 여성과 여성 사이의 권력관계로 치환할 위험을 내포한다. 여성 사이의 '아웅거림'으로 왜곡할 위험도 있어서, 여성주체 담론을 빈곤하게 만들 수 있다."[52]

쳌과 글래도스는 서로의 신체를 접촉하고 역사를 공유한 후, 다른 선택을 보여 준다. 글래도스와 쳌은 나쁜 엄마와 좋은 엄마, 가학적인 엄마와 핍박당한 엄마, 지배하는 엄마와 무력한 엄마, 기계-엄마와 인간-엄마, 멜라니 클라인이 말한 '나쁜 젖가슴과 좋은 젖가슴'[53] 같은 대립항들이 사실은 하나라는 것, 그 둘을 분리한 것이 남성의 여성차별과 억압이었다는 진실을 알게 된다. '엄마 딸'로서의 쳌은 모친을 살해하는 것이 아닌, 모친과 함께, 파워와 연계된 여성의 역동적 역사를 기억하고, 분열적이거나 우울증적인 방식이 아닌, 혼종적이

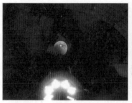

첼이 달에 포탈을 쏠 수 있도록　　　달에 쏜 포탈을 통해 휘틀리와 함께
천장을 여는 글래도스.　　　　　　　우주로 이동하는 첼.

고 융합된 존재로서 모친을 이해한다. 이런 진실의 규명은 글래도스가 '감자전지'라는 신체성을 획득해 첼과 대면하게 되면서, 명령하고 지배하는 '초자아적 환상적 어머니'[54]의 위치를 벗어나는 것과 함께 진행된다.

　　한 발 더 나아가, 첼과 글래도스는 가족서사, 즉 페미니즘의 세대론을 벗어난다. 글래도스는 첼과의 협업과 연대를 통해 휘틀리를 지구 밖으로 쫓아낸 후, 캐롤린에 대한 정보를 스스로 삭제하고 첼을 동행 큐브와 함께 지상으로 돌려보낸다. 글래도스의 이런 선택은 가부장-이성애중심주의적 폭력을 외면하는 것이 아니라, 폭력 및 억압의 역사와 구조를 인지한 후 그것과의 새로운 관계를 설정하기 위함이다. 이를 통해 첼과 글래도스는 애초에 위계적일 수 있는, 분리의 어려움 때문에 상실 이후에도 우울증을 야기하는[55] 고착적인 모녀 관계에서 벗어나 서로로부터 독립한다. 그 과정에서 글래도스는 자신의 파워를 잃지도, 인간적인 것을 우위에 두지도 않는다. 글래도스는 '인간-캐롤린-트라우마'라는 자신의 기원과 생성과정을 이해·납득한 후

어퍼처 사이언스 연구소에
"여전히 살아 있는" 글래도스.

글래도스가 첼과 함께 내보낸 동행큐브.

자진해서 그 정보를 지워 버린다. 연대기적 서사를 급진적으로 거부하는 것이다.

여성서사를 모녀서사로서 의미화하는 것은 페미니스트들의 설득력 있는 독해 방식들 가운데 하나다. 하지만 그런 독해만을 유일한 것으로 한정하는 일은 여성들 간의 관계에 대한 이해와 페미니즘 서사를 빈곤하게 만든다.

감자전지에 이식된 글래도스와, 글래도스를 들고 다니며 모험하는 첼의 신체 접촉은 성애적인 것일 수도 있다. <포탈 2>에서 둘은 지하 던전으로 떨어졌을 때 발견한 오래된 실험실에서 특수 젤을 이용한 플레이를 한다. 이 젤 덕분에 둘의 움직임은 <포탈 1>에서보다 훨씬 다양해지며 퍼즐도 복잡해진다. 젤은 특성에 따라 '반발'repulsion・'추진'propulsion・'전환'conversion・'세척'cleansing 젤로 구성된다. 둘은 이 젤들을 이용해 마찰력을 최소화해 가속도를 붙이며 미끄러지고, 탄성을 이용해 높이 뛰어오르고 튕겨지고, 포탈(구멍)을 생성할 수 없는 곳에 여기저기 구멍을 내고, 그 길로 이동하며 함께 플레이한다.

첼/게이머와 글래도스는 규칙을 익히는 동시에 그것을 변칙적이고 창의적으로 활용하고 깨뜨리면서 모험한다. 이 움직임들은 퀴어한 동성섹스의 움직임을 묘사한 것으로 볼 수 있다. 흥미롭게도, 세심하게 배려된 환경에서 정교한 규칙에 의해 안전한 SM 섹스 플레이가 이뤄지던 1970년대 미국 샌프란시스코의 퀴어한 장소 '카타콤'에 대한 퀴어 인류학자 게일 루빈Gayle Rubin의 묘사는 <포탈 2>의 젤을 사용한 게임 플레이와 매우 유사하다. 물론 루빈의 SM 섹스 플레이 묘사는 비단 동성섹스에만 한정된 것은 아니지만, 퀴어 섹슈얼리티를 '가부장적 이성애 규범 중심의 '정상성'에서 벗어난 담론과 실천'이라는 큰 범주에서 이해할 때, 다음의 묘사는 <포탈 2>의 게임 플레이가 퀴어 에로틱과 얼마나 환상적으로 공명하는지를 보여 준다.

> 많은 장비가 이동할 수 있게 만들어져 있었다. 슬링, 물침대, 환자 이송용 침대, 서스펜션 승강장치 모든 것이 유동적이고 거의 무게가 느껴지지 않았다. 이런 운동성 덕택에 많은 에너지나 힘을 쓰지 않고도 매달려 흔들거나, 꿈틀꿈틀 움직이거나, 튕기거나, 바닥에 내칠 수 있었다. …… 마지막으로 모든 길을 크리스코 기름[윤활유]으로 덮어 부드럽고 쉽게 접촉할 수 있게 했다. …… 카타콤은 성인의 유희와 즐거운 시간을 갖는 것에 전념했다. 그러나 참여한 활동의 순도 높은 강렬함은 많은 이들이 전혀 다른 차원을 경험할 수 있게 해주었다.[56]

<포탈 1>에서 첼과 글래도스는 서로 감정적으로 공격하고 학대하고 갈등하던 사이였으나, <포탈 2>에서는 서로의 차이를 수용하

고 상대의 신체를 탐험한다. 모든 모험이 끝난 후, 글래도스는 자신의 대리물이라고 할 수 있는 동행큐브를 첼과 함께 지상으로 보낸다. 동행큐브는 글래도스의 대리물이기도 하지만 글래도스가 첼의 감정을 조롱하고 통제하던 시절의 상징물이기도 하다. 이 선물은 동성성애적homoerotic 관계에서 파워 게임을 즐기던 글래도스의 '사랑스러운 메시지'다.

'게임하는 여자들'의 서사 — 지구와 달을 잇는 실뜨기의 스토리텔링

포탈은 반사도와 투명도가 없는 평면에서만 설치되는데, 포탈의 전도체는 '월석'月石이라고 알려져 있다. <포탈 2>의 마지막 보스 전에서, 첼/게이머는 천장의 문을 열어 달에 포탈을 쏴 휘틀리와 함께 달로 이동하게 된다. 글래도스는 휘틀리와 함께 우주로 날아갈 뻔한 첼을 잡아끌어 다시 연구소로 데려온다. <포탈>의 게임 플레이는 방과 방, 연구실과 연구실, 중앙과 주변, 지상과 지하, 표상과 생산양식을 연결할 뿐만 아니라, 지구와 우주를 연결한다.

우주로 확장되고, 촉수를 사방으로 뻗어 연결한다. 연결 불가능한 것을 연결하고, 닿을 수 없는 곳에 닿고, 보이지 않는 것을 보이게 하고, 목격자의 위치를 바꾸는 이 여성들의 스토리텔링이야말로 도나 해러웨이가 말한 '실뜨기 놀이'의 스토리텔링이다. '실뜨기 놀이'의 스토리텔링은 트랜스미디어에 걸쳐 이어지고, 집단적 협업으로 그림 그려지고, 다형적인 배선wiring으로 메타커뮤니케이션 되며, 공작·수행·전시·공유·확장·릴레이되면서, '사실적이고 과학적인 것'과 '허구적이고 우화적인 것' '물질적인 것'과 '사변적인 것' '학습'과 '비

글래도스. <포탈 2>의 게임 플레이 스크린샷. (공식 이미지. Steam)

학습' '지루하고 고통스러운 것'과 '재미 혹은 쾌락'이 구분되지 않으
며, 다종적인 패턴 속에서 세계 그 자체를 짓는 일worlding의 지속을 가
능하게 한다. 이런 스토리텔링은 상대적이고 관계적이며, 상호적이
고, 비틀고 허물 뿐 아니라 연결과 유사성의 사소한 디테일을 알아차
려야 하기에 "응답response-능력ability(책임감)"을 요청한다.[57]

  <포탈>의 서사는 '여성이 파워를 갖는다는 것'이 단지 '아버지의
파워'를 쟁취하거나 '어머니의 파워'를 인정하는 것을 넘어, '포탈'의
역량과 연결에 대한 상상력을 확장하는 것임을 보여 준다. 복수複數적
이고 풍요로운 연결은, '나'의 파워와 '타자'의 파워 가운데 어느 한쪽
을 훼손시키거나, 그 훼손으로 인해 누군가가 분열증이나 우울증을
앓게 되는 과정과는 다르다. 오히려 타자성을 상호적으로 감각하고,

서로의 파워를 가늠하고, 때로는 상대와 게임을 하면서 갈등과 차이를 이해하고, 서로의 파워와 역량을 알아보는 것이 필수적이다.

'게임하는 여성들'은 자신들이 '명멸하는 주체'임을 받아들이고, 타자를 일방적으로 흡수하거나 잡아먹으려 하지 않으며, 타자와 복잡하고 창의적인 방식으로 연결되는 길을 찾아낸다. 동질적이고 고정된 정체성에 기대지 않고 때로는 타자들이 자신의 존재를 드러낼 수 있도록 공간을 내주며 스스로를 유동적으로 움직이고 변형할 수 있는 파워를 가진 여성들의 액션은 비유와 유머로 점철된, 일종의 '게임'이 될 것이다. 이런 게임 플레이는 여러 방향으로 연결하며 '여성' 혹은 '페미니즘'이라는 개념을 확장해 나갈 역량, 연대의 가능성을 키울 것이다. 그래서 해러웨이가 말한, '물질적-기호적 우주'에서 기계-인간, 물리현실-가상세계, 여성성-남성성, 정신-신체, 이성-감정이 상호침투하는, 혼종적인, 새로운 게이머성을 탄생시킬 것이다.

1 이 글에서 '게임'은 "전자적 장치에 기반을 둔 게임"을 가리킨다. '게임'은 '비디오게 임, 컴퓨터게임, 디지털게임' 등 다양한 명칭으로 불려 왔는데, 이는 "게임 장르 및 플 랫폼의 발전"과 깊은 연관이 있다. 여기서는 전경란의 정의와 명명을 따라 "현재 가장 널리 사용되고 포괄적이면서도 컴퓨터 장치를 매개로 한다는 사실을 분명하게 밝히 는" '디지털게임'으로 통칭하되, '디지털'을 강조할 필요가 없을 때에는 '게임'을 혼용 한다. 전경란, 『디지털게임, 게이머, 게임문화』, 커뮤니케이션북스, 2009, 8~11쪽.

2 Christina Gough, "Distribution of computer and video gamers in the United States from 2006 to 2019, by gender", *Statista*, July. 3. 2019.

3 정미경·정다운 외, 『2018년 게임 이용자 실태조사 보고서』, 한국콘텐츠진흥원, 2018, 11쪽.

4 Nick Yee, "Just How Important Are Female Protagonists?", *Quantic Foundry*, August. 29. 2017.

5 "Female Representation in Videogames Isn't Getting Any Better", *Wired*, June. 14. 2019.

6 '백래시'는 사회적 진보에 대한 대중적 반동 현상을 말한다. 수전 팔루디는 1991년 미 국에서 출간한 자신의 저서 『백래시 ─ 누가 페미니즘을 두려워하는가?』(1991)(황성 원 옮김, 아르테, 2017)에서, 1970년대에 활발하게 일어난 페미니즘 운동에 대한 반동 으로 여성혐오적 문화를 만들어 낸 1980년대 미국의 사회문화적 흐름을 분석했다. 2010년대에 소셜미디어를 통해 페미니즘 운동이 전 지구적으로 주목을 받자 온라인 상의 백래시 현상이 재부상하고 있다.

7 '게이머게이트'는 여성의 도덕성을 훼손하면서 직업인으로서의 능력을 폄훼하고 낙 인찍은 전형적인 여성혐오 사건이다. 남성 게임비평가와 개발자 몇몇이 인디게임 <디프레션 퀘스트>Depression Quest(2013)의 개발자 조이 퀸Zoe Quinn에 대한 사적 복 수심 때문에 그녀의 사생활을 폭로한 것이 사건의 발단이다. 게임 커뮤니티의 남성들

은 퀸의 게임이 받았던 호평이 남성들과의 성적 관계에 의한 거래의 산물이라는 음모론을 펼치며 온라인에서 '#게이머게이트'#gamergate라는 해시태그 운동을 시작했다. 그들은 퀸뿐만 아니라, 게임개발자 브리아나 위와 게임비평가 어니타 사키지언 등 퀸을 지지한 다른 여성 게임 관계자들까지 공격했다. 물론, 게이머게이트가 있기 전부터 게임 커뮤니티에서 유색인종·성소수자·여성들은 백인 남성 하드코어 게이머들로부터 지속적으로 공격을 받아 왔다. 게이머게이트 사건은 소수자에 대한 게임 커뮤니티의 혐오가 언론의 주목을 받고 가시화된 사건이다. 위키피디아의 'Gamergate' 항목 참조.

8 이 사건 이후, 게임 및 서브컬처 온라인 커뮤니티 이용자들은 웹툰작가·일러스트레이터·성우·기자·평론가들의 신상 정보와 소셜미디어를 뒤져, 해당 성우를 지지하거나 페미니즘 및 관련 내용을 언급·리트윗한 적이 있는 사람들, 혹은 여성단체를 후원한 적이 있는 사람들을 찾아냈고, 제작사나 서비스 플랫폼 회사들에게 이들을 해고하라고 요구·압박하는 일종의 검열 운동인 '예스 컷' 운동을 벌였다. 일부 게임회사들은 혐오에 근거한 이들의 주장을 수용해, 해당 성우와 일러스트레이터에게 불이익을 주었다. 이런 공격은 2019년 12월 현재까지도 이어지고 있다. 유지영, 「게임업계 내 '여성 블랙리스트' 실제로 존재하나?」, <오마이뉴스>, 2019. 11. 18.

9 이그리트, 「e-Sports에서 여성은 주인공이 될 수 있을까?」, <핀치>, 2016. 10. 13.

10 어니타 사키지언의 제20회 서울국제여성영화제 특별강연 「이젠 신물 나 — 온라인 괴롭힘의 대가」 I Am So Tired — the Cost of Online Harrassment, 2018. 6. 6. 관련 인터뷰로는 임수연, 「[서울국제여성영화제②] 아니타 사키시안, 페미니스트 미디어 비평가」, 『씨네21』, 2018. 6. 13. (중략은 인용자의 것, 이하 동일)

11 2019년 현재까지 발표된 <오버워치>의 여성캐릭터들은 다음과 같다. 이집트 현상금 사냥꾼 저격수 '아나', 영국 모험가 '트레이서', 중국 기후학자 '메이', 한국 로봇부대 군인 '디바', 러시아 역도선수 출신 '자리야', 스위스 의무장교 '메르시', 인도 광축가 '시메트라', 멕시코 해커 '솜브라', 프랑스 암살자 '위도우메이커', 아일랜드 유전학자 '모이라', 미국 갱단 두목 '애쉬', 수호 로봇 '오리사', 이집트 장교 '파라', 스웨덴 기계공학자 '브리기테'.

12 '하드코어 게임'은 난이도와 진입 장벽이 상대적으로 높아 시간과 노력을 많이 투자해야 하는 게임을 가리킨다. 하드코어 게이머는 게임을 적극적인 취미로 삼거나 전문적인 직업으로 발전시키기도 한다. 반면, '캐주얼 게임'은 하드코어 게임과 반대로, 폭넓은 대중을 타깃으로 삼기 때문에 단순한 규칙과 더 짧은 게임 시간, 쉽게 익힐 수 있는 기술과 정보를 특징으로 한다. 통념에 따르면, 하드코어 게이머들은 더 관습적이고 단단한 공동체를 기반으로 삼으며, 전통적인 남성 중심성을 강화하고 여성을 비롯한 소수자를 배제한다고 간주됐다. 반면, 캐주얼 게이머들은 '진짜' 게이머가 아닌, '여자들'이나 '나이 많은' 게이머로 비하됐다. 하지만 게임디자이너이자 이론가인 예스퍼 율은 그의 저서 『캐주얼 게임 ─ 비디오게임과 플레이어의 재창조』(2005)(이정엽 옮김, 커뮤니케이션북스, 2012)에서 디지털 플랫폼의 일상화에 따른 캐주얼 게임의 위상과 특징들을 재고하며, 캐주얼 게임의 창조성과 혁명성, 그리고 하드코어 게임과 캐주얼 게임의 경계가 흐려지는 현상을 적절하게 지적한다.

13 Nick Yee, "Beyond 50/50: Breaking Down The Percentage of Female Gamers by Genre", *Quantic Foundry*, January. 19. 2017.

14 최가영, 「오버워치 디바가 페미니스트의 아이콘이 된 이유」, <YTN>, 2017. 2. 24.

15 한국어 표기법에 따르면 "포털"로 표기해야 하나, 게임명으로 상용화된 표기에 따랐다. 이 글에서는 모두 '포탈'로 통일·표기했다.

16 조선정, 「포스트페미니즘과 그 불만 ─ 영미권 페미니즘 담론에 나타난 세대론과 역사 쓰기」, 『한국여성학』 30-4, 한국여성학회, 2014, 49쪽.

17 조선정, 위의 글, 62쪽.

18 Sara Projansky, *Spectacular Girls: Media Fascination and Celebrity Culture*, New York University Press, 2014. (Kindle Electronic Edition: Introduction, Location 304)

19 '게임 메커닉'은 게임 플레이를 할 때 제공되는, 게임과의 상호작용을 위해 디자인된 방법 혹은 규칙을 뜻하며, 주로 5개 유형으로 나뉘어 논의된다. ① 물리 효과: 점프 뛰고, 이동하고, 쏘고, 맞추고, 부수고, 충돌하고, 타이밍을 맞추는 메커닉. ② 게임 내부 경제: 수집·소비·거래할 수 있는 요소들. 돈이나 아이템뿐 아니라 생명력, 인기도, 마법, 스킬 포인트 등 다양한 요소에 적용 가능. ③ 진행 메커니즘: 어떤 위치에서 특정

위치까지의 이동과 관련된 메커닉. 레버, 스위치, 마법 칼 등의 메커니즘 사용. ④ 전략적 움직임: 공격 방어의 이점을 얻도록 게임 유닛을 배치하는 메커닉. ⑤ 소셜 활동: 소셜 활동에 이득을 주는 메커닉. 위키피디아의 'Game Mechanics' 항목 참조.

20 퀴어 게임비평가 보니 루벅 역시 형식주의적 관점에서 자주 기술되곤 하는 '매직 서클'이 게임에 대한 페미니즘 및 퀴어정치학적 해석을 방어하는 방패로 이용된다는 사실을 강력하게 지적하며, 일상의 문화·권력·특권으로부터 완벽하게 분리된 매직 서클은 존재하지 않는다고 주장한다. Bonnie Ruberg, *Video Games Have Always Been Queer*, NYU Press, 2019, p. 64. 유사한 논지인 다음 논문도 참조할 것. Mia Consalvo, "There Is No Magic Circle", *Games and Culture* 4-4, 2009, pp. 408~417.

21 Jennifer Malkowski and TreaAndrea M. Russworm, "Introduction: Identity, Representation, and Video Game studies beyond the Politics of the Image", *Gaming Representation: Race, Gender and Sexuality in Video Game*(Kindle Electronic Edition, edited by Jennifer Malkowski and TreaAndrea M. Russworm) Indiana University Press, 2017, Location 276 of 6574. (번역은 필자의 것)

22 Donna Haraway, "The Promises of Monsters: A Regenerative Politics for Inappropriate/d Others", Lawrence Grosberg, Cary Nelson, & Paula Treichler eds., *Cultural Studies*, New York and London: Routledge, 1992, pp. 295~337.

23 캐서린 헤일스, 『나의 어머니는 컴퓨터였다 ─ 디지털 주체와 문학 텍스트』(2005), 송은주·이경란 옮김, 아카넷, 2016, 16쪽.

24 Jonathan Beller, "Camera Obscura After All: The Racist Writing with Light", *The Scholar & Feminist Online* 10-3, Summer, 2012.

25 스티븐 히스, 『영화에 관한 질문들』(1981), 김소연 옮김, 울력, 2003.

26 Jonathan Beller, ibid.

27 예스퍼 율은 '게임에서 실패는 필수적이며, 게이머에게 실패는 불행을 야기'하지만, 그와 동시에 '게이머는 더 이상 실패하기를 원하지 않기 때문에 성공을 위해 실패를 반복하는 모순'을 갖는다고 주장한다. Jesper Juul, *Art of Failure: An Essay on the Pain of Playing Video Games*, Massachusetts Institute of Technology, 2013, p. 2.

28 온라인의 게임 포럼에서는 이 가설과 관련해 다음과 같은 실마리를 제시한다. ①
<브레이드>의 발매일은 2008년 8월 6일인데, 1945년 8월 6일은 제2차 세계대전 때
히로시마에 원자폭탄이 투하된 날이다. ② '브레이드'라는 타이틀 배경에 불타는 도
시가 보인다. ③ 에필로그에서 '그'와 '그녀'가 걷는 거리는 맨해튼 시내인데, 제2차 세
계대전 때 핵무기 개발 계획의 명칭이 '맨해튼 계획'이었다. ④ '월드1'에서 공주가 잠
든 집 앞 우편함에는 '6980'이라는 숫자가 적혀 있는데, 핵 에너지를 지칭하는 국제표
준코드가 'iso-6980'이다. ⑤ 에필로그에 등장하는 책에 인용된 문구 중 "우린 용서받
지 못할 일을 저지른 거야"Now we are all sons of bitches라는 문장은 '맨해튼 계획'의 참가
자인 케네스 베인브리지가 원자폭탄 실험 직후 한 말이다. 나무위키의 'Braid' 항목 중
"4.3 게임의 '일반적인' 해석" 참조.

29 '곤경에 빠진 처녀'란, 가부장적인 서사에서 반복되는 여성캐릭터의 원형으로, 자
기 스스로 나쁜 상황을 타개할 힘이 없어 남성의 구출을 무력하게 기다리는 젊은 여성
을 가리킨다. <브레이드>의 공주에게는 '악당에게 납치되고 영웅에게 구출되기' 외
에 다른 서사적인 역할은 부여되지 않는다. 그녀는 '남성영웅 만들기'를 위한 기능적
이고 보조적인 캐릭터이지만 '여'주인공이다. 남성영웅 서사에서 '그럴듯함'만을 제
공하는, 자기만의 서사가 없는 '공주'는 적극적인 액션을 하면 할수록 근거 없이 전진
함으로써 남성주인공의 진로를 방해하는 '민폐' 캐릭터가 된다.

30 디지털게임 <툼 레이더>는 현재까지 3회에 걸쳐 영화화됐다. 첫 영화 <툼 레이더>
(사이먼 웨스트, 2001)와 속편 <툼 레이더 2 — 판도라의 상자>(얀 드봉, 2003)에서는
앤젤리나 졸리가 '라라 크로프트'로 출연했다. 그전까지 미국 독립영화에서 주로 반
항적인 청춘 캐릭터로 주목받던 신인 배우 졸리는 이 시리즈가 흥행하면서 '섹시한'
여전사의 이미지를 얻게 되었다. <툼 레이더 2>의 촬영은 전쟁의 상흔이 남아 있던 캄
보디아의 앙코르와트에서 이루어졌으며, 졸리의 스타성과 영화의 성공은 앙코르와
트를 전 지구적인 관광 상품으로 만드는 계기가 되었다. 한동안 잠잠했던 '툼 레이더'
프랜차이즈는 디지털게임 <툼 레이더 — 리부트>(2013)가 성공하면서 2018년 재가
동됐다. 세 번째 영화 <툼 레이더>(로아 우타우, 2018)에는 스웨덴 출신의 글로벌 스
타 알리사 비칸데르가 새로운 '라라'로 출연했다. 2018년 영화는 <리부트>의 서사를

거의 그대로 따라가고 있으며, 라라의 섹시한 이미지보다는 액션을 크게 강조했다.

31 1985년에 개봉한 <세 남자와 아기 바구니>는 프랑스의 대표적인 여성감독 콜린 세로의 연출로 제작돼 전 세계적으로 큰 인기를 얻었다. 프랑스 원작의 흥행에 힘입어 1987년 미국에서 리메이크되었고 개봉한 해에 <위험한 정사>(에드리안 라인, 1987)를 뛰어넘으며 박스오피스 1위를 기록했다. <위험한 정사>는 한 남자와 '불륜' 관계를 맺다가 그에게 배신당하고 복수하는 여성을 '정상가족'을 위협하는 사이코킬러로 묘사한, 전형적인 '백래시' 영화로 지목됐는데, 이 영화가 <세 남자와 아기 바구니>에 이어 당시 미국 박스오피스 2위를 차지했다는 것은 징후적이다.

32 타니아 모들스키, 『여성 없는 페미니즘』(1991), 노영숙 옮김, 여이연, 2008, 115~162쪽. 이와 유사한 주장으로, 한국 텔레비전의 남성 육아예능 프로그램이 어떻게 가부장적 규범을 재강화하는지를 분석한 허윤의 「'딸바보' 시대의 여성혐오 — 아버지 상(father figure)의 변모를 통해 살펴 본 2000년대 한국의 남성성」(『대중서사연구』 22-4, 대중서사학회, 2016) 279~309쪽;『을들의 당나귀 귀』(손희정 외, 손희정·한국여성노동자회 기획, 후마니타스, 2019) 74~107쪽 참조.

33 '보스'는 디지털게임에서 컴퓨터가 컨트롤하는 적을 가리키며, 그 보스들과의 싸움을 '보스 전'이라 부른다. 보통 레벨이 올라갈수록 점점 더 센 보스들이 등장하며, 게임 서사에서 가장 주요한 적인 '최종 보스'는 마지막에 주인공과 대전을 치른다. 최종 보스는 물리치기가 가장 어려운 동시에 그와의 싸움에서 승리하는 경험은 게이머에게 궁극적인 만족감을 제공한다. 위키피디아의 'boss(game)' 항목 참조.

34 Yannick Lejacq, "Tomb Raider writer Rhianna Pratchett on why every kill can't be the first and why she hoped to make Lara Croft gay", *Kill Screen*, March. 13. 2013.

35 "포탈" 시리즈는 <포탈 1>(2007)과 <포탈 2>(2011)로 구성된다. <포탈 1>은 아포칼립스를 배경으로 한 전설적인 1인칭 슈팅게임 <하프-라이프 2>와 협업게임 <팀 포트리스>가 함께 담긴 게임 패키지 <오렌지 박스>의 구성품 중 하나였다. 사실 <오렌지 박스>의 주력 게임은 <하프-라이프 2>이며, 게임 시간이 2~3시간에 불과한 퍼즐게임인 <포탈>은 일종의 부가상품이었다. <포탈>을 기획·제작하는 과정은 그 자체로 매우 실험적이다. 디지펜 공과대학 대학원생들이 게임회사 '밸브'가 지원한 워크

숍에서 <나바큘라 드롭>이라는 실험적인 게임을 제작했는데, 이후 밸브는 이 게임을 기획한 여성 게임디자이너 킴 스위프트와 그녀의 팀 멤버들을 고용해 유사한 콘셉트로 <포탈>을 만들었다. 그렇게 출시된 게임이 예기치 못하게 폭발적인 반응을 얻게 된 것이다. 게이머들은 독창적이고 몰입도가 높은 이 게임의 결점은 게임 시간이 짧은 것뿐이라고 평가했으며, 게임비평가들은 '<포탈>은 드디어 게임이 예술이 될 수 있음을 증명했다'라고 환호했다.

36 마이클 버든과 션 고글라스는 그들의 논문 「알고리즘적 체험 ─ 예술로서의 <포탈>」에서, <포탈>의 이런 메타적 성찰이 이 게임을 예술로 만든다고 주장한다. Michael Burden & Sean Gouglas, "The Algorithmic Experience: Portal as Art", *Game Studies: the International Journal of Computer Game Research*, 12-2, December 2012.

37 글래도스의 목소리가 지배하는 연구소는 "음성적이거나 운동적인 리듬에 대한 유추만을 허용한다"(줄리아 크리스테바, 『시적 언어의 혁명』(1974), 김인환 옮김, 동문선, 2000, 27쪽)는 점에서 줄리아 크리스테바가 '여성적 공간'으로서 제시한 '코라'chora를 강력하게 상기시킨다. 다음 논문을 비롯해 다수의 페미니스트 비평이론들은 글래도스를 '괴물적 여성성'monstrous feminine(바바라 크리드)을 가진 원초적 모성에, '연구소'를 '비체적 공간'(줄리아 크리스테바)으로서의 자궁에 빗대 분석한다. Stephanie Harkin, ""The Only Thing You've Managed to Break So Far Is My Heart": An Analysis Portal's Monstrous Mother GLaDOS", *Games and Culture*, December 2018.

38 줄리엣 미첼, 『동기간 ─ 성과 폭력』(2003), 이성민 옮김, 도서출판b, 2015, 100쪽.

39 임옥희, 「도나 해러웨이 ─ 괴상한 친족들의 실뜨기 놀이」, <SEMINAR> 1, 2019. 4.

40 도나 J. 해러웨이, 『겸손한_목격자@제2의_천년. 여성인간ⓒ앙코마우스TM를 만나다 ─ 페미니즘과 기술과학』(1997), 민경숙 옮김, 갈무리, 2007, 63~64쪽.

41 Laura Mulvey, "Visual Pleasure and Narrative Cinema." *Film Theory and Criticism : Introductory Readings*, Leo Braudy & Marshall Cohen eds., New York: Oxford UP, 1999, pp. 833~844.

42 안진수, 「비디오게임의 습격 ─ 비디오게임이 영화학에 던진 새로운 질문들」, 중앙

대학교 영화학과 특강 미간행 자료집, 주진숙 기획, 『영화의 미래』, 2007. 11.

43 Stephanie Harkin, ibid.; Bonnie Ruberg, "Getting Too Close: Portal, Anal Rope and the Perils of Queer Interpretation", ibid.

44 캐서린 헤일스, 『우리는 어떻게 포스트휴먼이 되었는가 — 사이버네틱스와 문학, 정보과학의 신체들』(1999), 허진 옮김, 플래닛, 2013.

45 글래도스가 조종하는 터렛도 첼보다는 감정적이다. 첼에게 레이저를 쏘아 대던 터렛은 공격을 받아 망가지면 첼에게 아이 같은 귀여운 기계음의 목소리로 다음과 같은 대사를 건네며 공감을 표한다. "당신을 비난하지 않아요." "나쁜 감정은 없어요."

46 글래도스의 정형화된 여성성은 영화 <메트로폴리스>(프리츠 랑, 1927)의 팜므파탈 로봇 '마리아', <레지던트 이블>(폴 앤더슨, 2002~17)의 AI, <그녀>(스파이크 존스, 2013)의 운영체제, <엑스 마키나>(알렉스 갈란드, 2015)의 AI '에이바'까지, 즉 남성을 위험에 빠뜨리는 성적 매혹을 지닌 팜므파탈, 세계를 장악하고 인간을 통제하는 원초적 모성, 위로와 공감을 표현하는 비서/애인 용도의 인공지능까지, SF 영화가 그려온 여성형 인공지능 기계장치의 양상을 폭넓게 반영한다.

47 보니 루벅은 밀러가 알프레드 히치콕 감독의 영화 <로프>(1948)를 퀴어하게 독해하며 제안한 "너무 가까이 읽기"의 방법론을 통해 <포탈>의 메커닉과 서사를 퀴어하게 읽어 낸다. 루벅은 글래도스를 동성연인으로 해석하며, 글래도스가 첼을 감정적으로 조종하고 가학적으로 대한다고 말한다. Bonnie Ruberg, ibid.

48 앤 마리 발사모는 그의 저서 『젠더화된 몸의 기술 — 사이보그 여성 읽기』(1996)(김경례 옮김, 아르케, 2012)에서, 인간 컴퓨터로서 자신의 업무가 기계 컴퓨터로 대체되기 전까지 일했던 어머니의 이야기로 여섯 번째 장 「치료 불가능한 정보중독자를 위한 페미니즘」을 시작한다(221쪽). 캐서린 헤일스의 『나의 어머니는 컴퓨터였다』(송은주·이경란 옮김, 아카넷, 2016) 13~14쪽에서 재인용.

49 캐서린 헤일스, 『우리는 어떻게 포스트휴먼이 되었는가』, 13~18쪽.

50 도나 J. 해러웨이, 앞의 책, 78~81쪽.

51 <공식 코믹스 Portal 2: Lab Rat> http://www.thinkwithportals.com/comic/?l=kr

52 조선정, 앞의 글, 66쪽; Deborah Siegel, *Sisterhood, Interrupted: From Radical*

Women to Girls Gone Wild, New York: Macmillan, 2007.

53 이해진, 「멜라니 클라인 — 어머니라는 수수께끼」, 여성문화이론연구소 정신분석
세미나팀 엮음, 『페미니스트 정신분석이론가들』, 여이연, 2016, 102~109쪽.

54 이해진, 위의 글.

55 조선정은 모녀 관계에 대해, 딸의 '우울'이 어머니를 '애도'할 수 없는 데에서 발생한
것이라고 설명하는 (줄리아 크리스테바를 비롯한) 페미니스트 정신분석학자들의 해
석이 일리는 있지만, 모든 여성 간의 관계를 모녀 관계로 고정시킨다는 점에서 한계가
있다고 지적한다. 조선정, 앞의 글.

56 게일 루빈, 『일탈 — 게일 루빈 선집』(2011), 임옥희·조혜영·신혜수·허윤 옮김, 현
실문화, 2015, 446~447쪽.

57 Donna Haraway, "SF: Science Fiction, Speculative Fabulation, String Figures, So
Far", *Ada: A Journal of Gender, New Media & Technology* 3, 2013; Katie King, "A
Naturalcultural Collection of Affections: Transdisciplinary Stories of Transmedia
Ecologies Learning", *The Scholar & Feminist Online* 10-3, Summer 2012.

친밀성과 범죄, 그리고 병리학

1차 자료

신문 『경향신문』 『동아일보』 『매일신보』 『시대일보』 『조선일보』

잡지 『별건곤』 『신여성』

사전 『표준국어대사전』

국내 자료

강이수, 「일제하 여성의 근대 경험과 여성성 형성의 차이」, 『사회과학연구』 13-2, 서강
　　　대학교 사회과학연구소, 2005.

구도 다케키, 『조선 특유의 범죄 — 남편 살해범에 대한 부인과학적 고찰』, 최재목·김정
　　　곤 옮김, 영남대학교 출판부, 2016.

김수진, 「1920~30년대 신여성 담론과 상징의 구성」, 서울대학교 박사논문, 2005.

김영희, 「일제시기 라디오의 출현과 청취자」, 『한국언론학보』 46-2, 한국언론학회, 2002.

김은정, 「1930~40년대 서비스직 여성의 노동경험을 통한 '직업여성'의 근대적 주체성
　　　형성과 갈등에 관한 연구 — 미용사 L의 생애구술을 중심으로」, 『한국사회학』
　　　46-1, 한국사회학회, 2012.

김인수, 「출산력 조사를 통해 본 일본의 인구정치, 1940~1950년대」, 『사회와 역사』 118,
　　　한국사회사학회, 2018.

김호연, 「우생학, 국가, 그리고 생명정치의 여러 형태들, 1865-1948」, 『동국사학』 66, 동
　　　국역사문화연구소, 2019.

박차민정, 『조선의 퀴어 — 근대의 틈새에 숨은 변태들의 초상』, 현실문화, 2018.

소영현, 「야만적 정열, 범죄의 과학 — 식민지기 조선 특유의 (여성)범죄라는 인종주의」,

『한국학연구』41, 인하대학교 한국학연구소, 2016.

소현숙, 「일제시기 출산통제 담론 연구」, 『역사와 현실』 38, 한국역사연구회, 2000.

스기우라 이쿠코, 「일본 '레즈비언 전후사' 다시 읽기」, 『일본비평』 11, 서울대학교 일본 연구소, 2014.

신동원, 「'건강은 국력' 개념의 등장과 전개」, 『보건학논집』 37-1, 서울대학교 보건환경 연구소, 2000.

신영전, 「식민지 조선에서 우생운동의 전개와 성격 ─ 1930년대 [우생優生]을 중심으로」, 『의사학』 15-2, 대한의사학회, 2006.

이방현, 「식민지 조선에서의 정신병자에 대한 근대적 접근」, 『의사학』 22-2, 대한의사 학회, 2013.

이수자, 「한국 사회의 근대성과 여성주체 형성」, 조옥라·정지영 엮음, 『젠더, 경험, 역사』, 서강대학교 출판부, 2004.

조두영, 「한국 정신분석 운동의 여명기와 명주완」, 『정신분석』 22-2, 한국정신분석학 회, 2011.

조앤 벨크냅, 『여성범죄론 ─ 젠더, 범죄의 형사사법』, 윤옥경 외 옮김, 박학사, 2009.

프랜시스 하이덴손, 『여성과 범죄』, 이영란 옮김, 나남출판, 1994.

국외 자료

David G. Horn, "This Norm Which Is Not One: Reading the Female Body in Lombroso's Anthropology", Jennifer Terry ed., *Deviant Bodies: Critical Perspectives on Difference in Science and Popular Culture*, Bloomington; Indiana University Press, 1995.

Estelle. B. Freedman, "'Uncontrolled Desires' ─ The Response to the Sexual Psychopath, 1920-1960", *The Journal of American History* 74-1, 1987.

Francis Galton, *Inquiries into Human Faculty and its Development*, Macmillan & Co., Ltd., London, 1883.

George Chauncey, "From sexual inversion to homosexuality: Medicine and the changing conceptualization of female deviance." *Salmagundi* 58/59, 1982.

참고문헌

G. M. Pflugfelder, *Cartographies of desire: Male-male sexuality in Japanese discourse, 1600-1950*, Univ of California Press, 1999.

_____, "'S' is for Sisters: Schoolgirl Intimacy and 'Same-Sex Love' in Early Twentieth-Century Japan", Barbara Molony & Kathleen Uno eds., *Gendering Modern Japanese History*, Cambridge; Harvard University Press, 2005.

Jennifer Robertson, *Takarazuka: Sexual Politics and Popular Culture in Modern Japan*, Berkeley; University of California Press, 1998.

L. Duggan, "The Trials of Alice Mitchell — Sensationalism, sexology, and the lesbian subject in turn-of-the-century America", *Signs: Journal of Women in Culture and Society* 18-4, 1993.

工藤武城,「朝鮮特有の犯罪 — 朝鮮婦人の本夫殺害犯の婦人科學的考察(一)」,『朝鮮』 166, 1929. 3.

衫田直樹,『小精神病學』 7, 東京: 金原商店, 1929~35(추정).

赤枝香奈子,『近代日本における女同士の親密な関係』, 角川学芸出版, 2011.

古川誠,「同性『愛』考」,『イマーゴ』 6-12, 1995.

'기모노'를 입은 여인

1차 자료

신문 『경성일보』『매일신보』『大阪毎日新聞』

잡지 『삼천리』『조광』『總動員』

영화 <그대와 나>君と僕(히나쓰 에이타로, 1941, 불완전판)

金聖珉,『綠旗聯盟』, 羽田書店, 1940(김성민,『녹기연맹』, 친일반민족행위진상규명위원회 엮음,『친일반민족행위관계사자료집 XVI—문예작품을 통해 본 친일협력』, 도서출판 선인, 2009).

李光洙,「心相觸れてこそ」,『綠旗』, 1940年 3月~7月号(이광수,『진정 마음이 만나서야말로』, 이경훈 편역, 평민사, 1995).

李孝石, 「薊の章」, 『國民文學』, 1941年 11月(이효석, 「엉겅퀴의 장」, 『은빛 송어 — 이효석 일본어 작품집』, 송태욱 옮김, 김남극 엮음, 해토, 2005).

日夏英太郎, 「君と僕」, 大村益夫·布袋敏博編, 『近代朝鮮文学日本語作品集 — 1939-1945 創作篇 6』, 綠蔭書房, 2001(히나쓰 에이타로, 「너와 나」, 『해방 전(1940~1945) 상영 시나리오집』, 심원섭 옮김, 이재명 외 편역, 평민사, 2004).

「シナリオ ─ ともだち」, 田中真澄, 佐藤武, 木全公彦, 佐藤千広 編集, 『映画読本 清水宏 即興するポエジ、蘇る「超映画伝説」』, フィルムアート社, 2000.

모던일본사, 『일본 잡지 모던일본과 조선 1940』, 윤소영·홍선영·박미경·채영님 옮김, 어문학사, 2009.

한국영상자료원 한국영화사연구소 엮음, 『일본어 잡지로 본 조선영화』 1, 한국영상자료원, 2010.

한국영상자료원 한국영화사연구소 엮음, 『일본어 잡지로 본 조선영화』 2, 한국영상자료원, 2011.

국내 자료

공제욱, 「일제의 의복 통제와 '국민' 만들기 — 백의 탄압 및 국민복 장려를 중심으로」, 『사회와 역사』 67, 한국사회사학회, 2005.

김미선, 「식민지시대 조선 여성의 제국 내 이주 경험에 관한 연구 — 양충자(중국 천진)와 이종수(만주국 안동)의 구술을 중심으로」, 『여성과 역사』 11, 한국여성사학회, 2009.

김성례, 「증여론과 증여의 윤리」, 『비교문화연구』 11-1, 서울대학교 비교문화연구소, 2005.

김주리, 「동화, 정복, 번역 — 한국 근대소설 속 혼혈결혼의 의미」, 『다문화콘텐츠연구』 8, 중앙대학교 문화콘텐츠기술연구원, 2010.

너멀 퓨워, 『공간 침입자 — 중심을 교란하는 낯선 신체들』, 김미덕 옮김, 현실문화, 2017.

다이애너 크레인, 『패션의 문화와 사회사』, 서미석 옮김, 한길사, 2004.

다카시 후지타니, 『총력전 제국의 인종주의 — 제2차 세계대전기 식민지 조선인과 일본계 미국인』, 이경훈 옮김, 푸른역사, 2019.

마릴린 혼·루이스 구렐, 『의복 — 제2의 피부』, 이화연 외 옮김, 까치, 1988.

메리 루이스 프랫, 『제국의 시선 — 여행기와 문화횡단』, 김남혁 옮김, 현실문화, 2015.

심진경, 「식민/탈식민의 상상력과 연애소설의 성정치」, 『민족문학사연구』 28, 민족문학사연구소, 2005.

안태윤, 「일제 말 전시체제기 여성에 대한 복장 통제」, 『사회와 역사』 74, 한국사회사학회, 2007.

이화진, 「'국민'처럼 연기하기 — 프로파간다의 여배우들」, 『여성문학연구』 17, 한국여성문학학회, 2007.

_____, 「'기모노'를 입은 여인 — 식민지 말기 문화적 크로스드레싱(cultural cross-dressing)의 문제」, 『대중서사연구』 27, 대중서사학회, 2012.

조윤정, 「내선결혼 소설에 나타난 사상과 욕망의 간극」, 『한국현대문학연구』 27, 한국현대문학회, 2009.

준 우치다, 「총력전 시기 '내선일체' 정책에 대한 재조선 일본인의 협력」, 곽준혁·헨리 임 엮음, 『근대성의 역설 — 한국학과 일본학의 경계를 넘어』, 후마니타스, 2009.

프란츠 파농, 『검은 피부, 하얀 가면 — 포스트콜로니얼리즘 시대의 책읽기』, 이석호 옮김, 인간사랑, 1998.

헬렌 길버트·조앤 톰킨스, 『포스트 콜로니얼 드라마—이론·실천·정치』, 문경연 옮김, 소명출판, 2006.

국외 자료

Albert Memmi, Howard Greenfeld(trans), *The Colonizer and The Colonized*, Boston: Beacon Press, 1965/1991.

Christine Guth, "Charles Longfellow and Okakura Kakuzo: Cultural Cross-Dressing in the Colonial Context", *Positions: east asia cultures critique* 8-3, Winter 2000.

Marjorie Garber, Vested Interests: Cross-Dressing and Cultural Anxiety, Routledge, 1992.

Sharon Hayashi, "Negotiating mobile subjectivities: Costume play, landscape, and belonging in the colonial road movies of Shimizu Hiroshi", Tina Mai Chen & David S. Churchill eds., *Film, history and cultural citizenship: Sites of Production*, New York: Routledge, 2007.

Su Yun Kim, "Racialization and Colonial Space: Intermarriage in Yi Hyosŏk's Works" *The Journal of Korean Studies* 18-1, Spring 2013.

日夏もえこ,『越境の映画監督 日夏英太郎』, 文芸社, 2011.

틀린 색인

1차 자료

정은영, <웨딩>(2011)

정은영, <(오프)스테이지>(2012)

정은영, <마스터클래스>(2012)

정은영, <(오프)스테이지/마스터클래스>(2013)

정은영, <노래는 부르지 않을 것입니다>(2015)

정은영, <변칙 판타지>(2016~)

정은영, <틀린 색인>(2016/2017)

정은영, <섬광, 잔상, 속도와 소음의 공연>(2019)

신문 『한국일보』

사전 『두산대백과사전』『한국민속대백과사전』

국내 자료

김기형 외, 『여성국극 60년사』, 문화체육관광부, 2009.

김지혜, 「1950년대 여성국극의 공연과 수용의 성별정치학」, 『한국극예술연구』 30, 한국극예술학회, 2009.

＿＿＿, 「1950년대 여성국극의 단체 활동과 쇠퇴 과정에 대한 연구」, 『한국여성학』 27–2, 한국여성학회, 2011.

미셸 푸코, 『지식의 고고학』, 이정우 옮김, 민음사, 1992.

박녹주, 「나의 이력서」(총 38회), 『한국일보』, 1974. 1. 5~2. 28.

박황, 『창극사 연구』, 백록출판사, 1976.

반재식·김은신, 『여성국극 왕자 임춘앵 전기』, 백중당, 2002.

발터 벤야민, 『발터 벤야민 선집2 — 기술복제시대의 예술작품/사진의 작은 역사』, 최
　　성만 옮김, 길, 2007.

에릭 홉스봄 외, 『만들어진 전통』, 장문석·박지향 옮김, 휴머니스트, 2004.

이옥천 구술, 노재명 편저, 『판소리 명창 이옥천』, 채륜, 2014.

임명진·김익두·최동현·정원지·김연호, 『판소리의 공연예술적 특성』, 민속원, 2003.

재스비어 K. 푸아, 「퀴어한 시간들, 퀴어한 배치들」, 이진화 옮김, 『문학과사회 하이픈
　　— 페미니즘적-비평적』 116, 2016년 겨울.

정은영·양효실·김영옥·나영정·방혜진·안소현, 『전환극장』, 윤수련·유지원·이성희
　　옮김, 포럼에이, 2016.

조르주 디디-위베르만, 『모든 것을 무릅쓴 이미지들 — 아우슈비츠에서 온 네 장의 사진』,
　　오윤성 옮김, 레베카, 2017.

조영숙, 『무대를 베고 누운 자유인』, 명상, 2000.

＿＿＿, 『끄지 않은 불씨 — 중요 무형문화재 '발탈' 보유자 조영숙 자서전』, 수필과비평
　　사, 2013.

주성혜, 「전통예술로서의 여성국극 — 주변적 장르를 통한 중심적 가치관 읽기」, 『낭만
　　음악』 20-3, 낭만음악사, 2008.

「여성국극, 마지막 배우와 함께 스러지다」, 『한국일보』, 2012. 8. 7.

국외 자료

Hal Foster, "An Archive Impulse", *October* 110, The MIT Press, 2004.

Jacques Derrida, *Archive Fever: A Freudian Impression*, University of Chicago Press,
　　1996.

워커힐의 '디바'에게 무대란 어떤 곳이었을까

1차 자료

신문 『경향신문』 『국제신문』 『동아일보』 『조선일보』 『중앙일보』

잡지 『명랑』 『부부』 『선데이서울』 『신동아』 『주간경향』

영화 <다방의 푸른 꿈>(김대현, 2015)

국내 자료

게일 루빈, 『일탈 — 게일 루빈 선집』, 임옥희·조혜영·신혜수·허윤 옮김, 현실문화, 2015.

김대현, 「워커힐의 "베트콩"과 살롱의 "호스테스", 무대 위의 디바 — '적선지대'赤線地帶 위의 여성과 젠더」, 『아시아 디바 — 진심을 그대에게』 전시 도록, 서울시립북 서울미술관, 2017.

_____, 『The Muse and the Monster』(스크랩북), 2017.

_____, 「1950~60년대 유흥업 현장과 유흥업소 종업원에 대한 낙인」, 『역사문제연구』 39, 역사문제연구소, 2018.

_____, 「1950~60년대 한국의 여장남자 — 낙인의 변화와 지속」, 만인만색연구자네트 워크, 『한뼘 한국사 — 한국사 밖의 한국사』, 푸른역사, 2018.

김대현(터울), 「종로3가 게이 게토와 게이커뮤니티의 위치」, <친구사이 소식지> 99, 2018. 9. 30.

김상우, 『스트리트 댄스 — 현대 대중 무용의 역사』, 좋은땅, 2014.

김지영, 「1950년대 잡지 『명랑』의 '성'과 '연애' 표상」, 『개념과 소통』 10, 한림대학교 한 림과학원, 2012.

노재명, 『신중현과 아름다운 강산』, 새길, 1994.

루인, 「캠프 트랜스 — 이태원 지역 트랜스젠더의 역사 추적하기, 1960~1989」, 『문화연 구』 1-1, 한국문화연구학회, 2012.

박성아, 「『선데이서울』에 나타난 여성의 유형과 표상」, 『한국학연구』 22, 인하대학교 한국학연구소, 2010.

박정미, 「한국 성매매정책에 관한 연구 — '묵인-관리 체제'의 변동과 성판매여성의 역사적 구성, 1945~2005년」, 서울대학교 박사논문, 2011.

_____, 「한국 기지촌 성매매정책의 역사사회학, 1953-1995년 — 냉전기 생명정치, 예외상태, 그리고 주권의 역설」, 『한국사회학』 49-2, 한국사회학회, 2015.

박정애, 「총동원체제기 조선총독부의 '유흥업' 억제정책과 조선의 접객업 변동」, 『한일민족문제연구』 17, 한일민족문제학회, 2009.

반성매매인권행동 이룸·역사문제연구소 인권위원회(김대현·김아람·장원아·한봉석), 『청량리 — 체계적 망각, 기억으로 연결한 역사』, 이룸, 2018.

샌드라 하딩, 『페미니즘과 과학』, 이재경·박혜경 옮김, 이화여자대학교 출판부, 2002.

손정목, 「서울 도시계획 이야기8 — 동부 서울 개발을 선도한 워커힐 건설」, 『국토정보』 176, 국토연구원, 1996.

신시아 인로, 「매매춘의 동반자들」, 산드라 스터드반트·브렌다 스톨츠퍼스 엮음, 『그들만의 세상 — 아시아의 미군과 매매춘』, 김윤아 옮김, 잉걸, 2003, 33~39쪽.

신현준·이용우·최지선, 『한국팝의 고고학1960 — 한국 팝의 탄생과 혁명』, 한길아트, 2005.

워커힐30년사편찬위원회, 『워커힐 30년사, 1963-'93』, 워커힐, 1993.

이하영·이나영, 「'기생관광' — 발전국가와 젠더, 포스트식민 조우」, 『페미니즘 연구』 15-2, 한국여성연구소, 2015.

임근준 외, 「이 구역의 막장 여왕은 나야 — 앤초비 오일」, 『여섯 빛깔 무지개 — 본격 LGBT 휴먼 사이언스 로맨틱 다큐멘터리』, 워크룸프레스, 2015.

기타 자료

「'전설의 명인을 찾아서' 인터뷰록 원본」, 『선게이서울 — 지보이스 스토리북 창단 17주년 특별판』, 2019. 9.

'톰보이'와 '언니부대'의 퀴어링

1차 자료

뮤직비디오 <괜찮아>(이선희, 1985)

뮤직비디오 <혼자 된 사랑>(이선희, 1985)

음반 이선희 정규 앨범 1~15집(1985~2014)

음반 이상은 정규 앨범 1~15집(1989 ~ 2014)

음반 세대교체 1집(1989)

음반 임주연 1집(1990)

음반 유피 1~4집(1996~99)

음반 카사앤노바 1~2집(2005~07)

음반 에프엑스 1~4집 2011~16)

음반 엠버 싱글 앨범(2015~19)

국내 자료

강헌, 「[강헌의 가인열전] <14> 이선희」, 『동아일보』, 2011. 10. 10.

류진희, 「"'청소년을 보호하라?'", 1990년대 청소년 보호법을 둘러싼 문화지형과 그 효과들」, 『상허학보』 54, 상허학회, 2018.

박주연, 「여자가 여자를 좋아하면 다 걸 크러쉬야?」, <일다>, 2019. 8. 16.

이승한, 「양희은, 이선희, 이상은, 엠버」, 『한겨레』, 2016. 3. 25.

임진모, 『우리 대중음악의 큰 별들』, 어진소리, 2004.

_____, 『가수를 말하다 ─ 영혼으로 노래하는 우리 시대 최고의 가수 41』, 빅하우스, 2012.

최성철, 「거부할 수 없는 반추의 미학 ─ 이선희」, 『대중음악가 열전 ─ 음악 너머, 사람을 향한 시선』, 다할미디어, 2017.

최지선, 「바지 입은 여자가 된 가수들」, <피디저널>, 2009. 9. 28.

「가수 이상은 양 <담다디> 선풍 몰고 온 "신데렐라"」, 『경향신문』, 1988. 12. 29.

「가요계 바지 삼총사 정수라 장덕 이선희」, 『TV 가이드』 9-3, 1989. 1. 28.

「가요계 휩쓴 싱그러운 선머슴애」, 『한겨레』, 1988. 12. 24.

「걸 그룹 안에 보이 멤버 있다?」, 『스포츠경향』, 2009. 9. 17.

「권예주 씨(52) 다이섬유 사장 스물두 살에 전쟁미망인 되어 이제 어엿한 남장 여사장」, 『매일경제』, 1982. 6. 26.

「남성복 스타일의 여성패션 인기」, 『경향신문』, 1984. 8. 21.

「「소년처럼⋯⋯」을 그린 임주연의 BOYISH SHOCK!」, 『포토뮤직』 3–9, 1990. 9. 1.

「「씩씩한」 허스키 매력⋯⋯ "여고 때 꿈 이뤘어요."」, 『동아일보』, 1988. 10. 18.

「이선희, 한바탕 웃음으로 1990년을 향하여」, 『뮤직라이프』 97, 1989. 12.

「장혜진, '댄스-남장' 그녀가 보여준 두 가지 파격 변신」, <뉴스엔>, 2007. 9. 11.

「집념의 남장 『올드미스』」, 『동아일보』, 1967. 12. 14.

「카사 앤 노바, 이지혜가 "여기 여자화장실이에요"(?)」, <마이데일리>, 2005. 7. 12.

할리퀸, 『여성동아』, 박완서

1차 자료

신문 『경향신문』 『동아일보』 『매일경제』

잡지 『샘이깊은물』 『또 하나의 문화』 『출판문화』 『출판저널』

김현, 『행복한 책읽기 — 김현의 일기 1986~1989』, 문학과지성사, 1992.

박완서, 『박완서 산문집1 — 쑥스러운 고백』, 문학동네, 2015.

_____, 『박완서 산문집2 — 나의 만년필』, 문학동네, 2015.

_____, 『박완서 산문집3 — 우리를 두렵게 하는 것들』, 문학동네, 2015.

_____, 『박완서 산문집4 — 살아 있는 날의 소망』, 문학동네, 2015.

_____, 『박완서 산문집5 — 지금은 행복한 시간인가』, 문학동네, 2015.

_____, 『박완서 산문집6 — 사라져가는 것에 대한 애수』, 문학동네, 2015.

_____, 『박완서 산문집7 — 나는 왜 작은 일에만 분개하는가』, 문학동네, 2015.

'애플북스'(홍신문화사)

'파름문고'(동광출판사)

'하이틴 로맨스'(삼중당)

'할리퀸 로맨스'(신영미디어)

'할리퀸 로맨스'((주)아이피에스)

'할리퀸 모나리자'((주)아이피에스)

'할리퀸 북스'((주)아이피에스)

'할리퀸 판타지'((주)아이피에스)

TV드라마 <응답하라 1988>(tvN, 2015~16)

국내 자료

고여주, 「어린 시절의 금서 목록 — 금서 목록과 길티 플레저에 대한 변명」, <채널예스>, 2017. 8. 8.

고정희, 「한국 여성문학의 흐름 — 시와 소설을 중심으로」, 『또 하나의 문화』 2, 1986.

권대근, 「1980년대 여성수필의 정체성 연구」, 동아대학교 박사논문, 2004.

기무라 료코, 『주부의 탄생 — 일본 여성들의 근대와 미디어』(2010), 이은주 옮김, 소명출판, 2013.

김경민, 「1960~70년대 '독서국민운동'과 '마을문고' 연구」, 성균관대학교 석사논문, 2012.

김경숙, 「한국 근·현대 베스트셀러 문학과 독서의 사회사 — 1980~1990년대 베스트셀러 시의 '사랑' 담론」, 『한국문학이론과비평』 29, 한국문학이론과비평학회, 2005.

김미정, 「'한국-루이제 린저'와 여성교양소설의 불/가능성 — 1960~1970년대 문예공론장과 '교양'의 젠더」, 『움직이는 별자리들 — 잠재성, 운동, 사건, 삶으로서의 문학에 대한 시론』, 갈무리, 2019.

김영혜, 「여성문제의 소설적 형상화 — 『고삐』 『절반의 실패』 『수레바퀴 속에서』를 중심으로」, 『창작과비평』 64, 1989년 여름.

김용언, 「중학생인 나를 더럽힌 소설, "다락방에서……"」, <프레시안>, 2012. 9. 7.

김현주, 「발언의 글쓰기와 작은 도덕 — 박완서론」, 『한국 근대 산문의 계보학』, 소명출판, 2004.

김효진, 「페미니즘의 시대, 보이즈 러브의 의미를 다시 묻다 — 인터넷의 '탈BL' 담론을 중심으로」, 『여성문학연구』 47, 한국여성문학학회, 2019.

데보라 켄트, 『푸른 학창 시절』(애플북스), 홍가영 옮김, 홍신문화사, 1984.

도널드 시먼스·캐서린 새먼, 『낭만전사 — 여자는 왜 포르노보다 로맨스소설에 끌리는가?』(2001), 임동근 옮김, 이음, 2011.

참고문헌

류근, 「80년대 이후 베스트셀러 시집 연구 — 서정윤, 도종환, 류시화, 최영미, 기형도, 문태준」, 중앙대학교 석사논문, 2010.

류진희, 「동성서사를 욕망하는 여자들 — 문자와 이야기 그리고 퀴어의 교차점에서」, 권김현영·김주희·류진희·루인·한채윤, 『성의 정치 성의 권리』, 자음과모음, 2012.

리타 펠스키, 『근대성의 젠더』(1995), 심진경·김영찬 옮김, 자음과모음, 2010.

_____, 『페미니즘 이후의 문학』(2003), 이은경 옮김, 여이연, 2010.

박진환, 「베스트셀러 시집의 실상과 허상」, 『시문학』 3, 1988.

박주연, 「'여성서사'는 한계가 없다 — 여성창작자 토크쇼 "여성주의, 스토리텔링을 질문하다"」, <일다>, 2019. 7. 12.

백운복, 「소외의 서정과 고통의 인식 — 서정윤의 『홀로서기』」, 『시문학』 3, 1988.

서동진, 「플래시백의 1990년대 — 반기억의 역사와 이미지」, 『영상예술연구』 25, 영상예술학회, 2014.

심상운, 「대중성 획득의 생활시 — 도종환의 『접시꽃 당신』」, 『시문학』 3, 1988.

안수환, 「시와 신 — 이해인의 일련의 시집」, 『시문학』 3, 1988.

엄혜숙, 「우리 시대 에세이의 현 주소 — 유안진을 중심으로」, 이우용·박노해·염재웅·엄혜숙·임규찬, 『베스트셀러 — 우리 시대의 '잘 팔린 책'들 전면 비판』, 시대평론, 1990.

엄혜진, 「신자유주의 시대 한국의 자기계발 담론에 나타난 여성주체성과 젠더 관계 — 1990년대 이후 베스트셀러 여성 자기계발서 분석을 중심으로」, 서울대학교 박사논문, 2015.

염무웅·전영태·김사인·이재현, 「80년대의 문학」, 『창작과비평』 57, 1985년 가을.

오혜진, 「'포스트-아포칼립스'를 향한 미지未知의 미러링 — 이자혜의 <미지의 세계>」, 『지극히 문학적인 취향 — 한국문학의 정상성을 묻다』, 오월의봄, 2019.

윤금선, 「근현대 여성독서 연구」, 『국어교육연구』 45, 국어교육학회, 2009.

이명호, 「새롭게 싹 틔워야 할 진보성의 씨앗 — '신달자 문학'의 베스트셀러화 현상을 생각한다」, 『출판저널』 76, 1991.

이명호·김희숙·김양선, 「여성해방문학론에서 본 80년대의 문학」, 『창작과비평』 67,

1990년 봄.

이인성, 「해제 — 죽음을 응시하는 삶-읽기와 삶-쓰기」, 김현, 『행복한 책읽기 — 김현의 일기 1986~1989』, 문학과지성사, 1992.

이주라, 「삼중당의 하이틴로맨스와 1980년대 소녀들의 사랑과 섹슈얼리티」, 『대중서 사연구』 25-3, 대중서사학회, 2019.

이혜령, 「빛나는 성좌들 — 1980년대, 여성해방문학의 탄생」, 『상허학보』 47, 상허학회, 2016.

이혜정, 「1970년대 고등교육을 받은 여성의 삶과 교육 — '공부' 경험과 자기성취 실천을 중심으로」, 서울대학교 박사논문, 2012.

정미지, 「1960년대 '문학소녀' 표상과 독서양상 연구」, 성균관대학교 석사논문, 2010.

정의홍, 「『홀로서기』의 독자수용론」, 『시문학』 3, 1988.

조형·고정희·김숙희·박완서·엄인희·조옥라·조혜정·정진경·김미경·김효선, 「페미니즘 문학과 여성운동」, 『또 하나의 문화』 3, 1987.

천정환, 『근대의 책읽기 — 독자의 탄생과 한국 근대문학』, 푸른역사, 2003.

_____, 「박정희 군사독재시대의 '교양'과 자유교양운동 — 교양의 재구성, 대중성의 재구성」, 권보드래·천정환, 『1960년을 묻다 — 박정희 시대의 문화정치와 지성』, 천년의상상, 2012.

_____, 「서발턴은 쓸 수 있는가 — 1970~80년대 민중의 자기재현과 '민중문학'의 재평가를 위한 일고」, 『민족문학사연구』 47, 민족문학사연구소, 2011.

_____, 『시대의 말 욕망의 문장 — 123편 잡지 창간사로 읽는 한국 현대 문화사』, 마음산책, 2014.

천정환·정종현, 『대한민국 독서사 — 우리가 사랑한 책들, 지知의 현대사와 읽기의 풍경』, 서해문집, 2018.

최두석, 「대중성과 연애시 — 도종환 서정시집 『접시꽃 당신』, 실천문학사, 1986」, 『창비 1987』, 1987. 6.

플로라 키드, 『건방진 남자』(할리퀸 로맨스), 이명성 옮김, 도서출판 엘리트(공급 : (주) 아이피에스), 1987.

한상정, 「프랑스의 감성소설과 연애소설에 나타난 '감성성'의 연구 — 순정만화의 '감성성'의 이해를 위하여」, 『한국언어문화』 35, 한국언어문화학회, 2008.

허윤, 「1980년대 여성해방운동과 번역의 역설」, 『여성문학연구』 28, 한국여성문학학
　　회, 2012.

홍신실·손윤미, 「할리퀸소설의 만화화와 오리엔탈리즘 젠더담론의 재구성」, 『영어영
　　문학』 17-3, 미래영어영문학회, 2012.

히라타 유미, 『여성표현의 일본 근대사 — <여류작가>의 탄생 전야』(2000), 임경화 옮
　　김, 소명출판, 2008.

국외 자료

Janice A. Radway, *Reading the Romance: Women, Patriarchy, and Popular Literature*,
　　University of North Carolina Press, 1984.

기타 자료

삼월토끼, 「로맨스 소설의 역사—할리퀸 장르 총정리」, <로맨시안>.

카프리티나, 「파름문고 목록 및 관련 자료 — 원작 정보와 파름문고 판 정보」, 2016. 10.
　　27. (http://blog.daum.net/capritina/16)

한없이 투명하지만은 않은, <블루>

1차 자료

만화 이은혜, <댄싱 러버>(1989), 네이버 시리즈.

만화 ＿＿＿, <점프 트리 A+>(1991), 네이버 시리즈.

만화 ＿＿＿, <금니는 싫어요>(1992), 네이버 시리즈.

만화 ＿＿＿, <블루>BLUE(1993~2016), 네이버 시리즈.

국내 자료

곽선영, 「여성장르로서의 순정만화의 특성에 관한 연구 — 수용자 분석을 중심으로」,

서강대학교 석사논문, 2000.

권김현영, 「순정만화 여성들의 친밀한 정서적 문화동맹」, 한국여성연구소 엮음, 『여성과 사회』 12, 창작과비평사, 2001. 9.

김경숙, 「한국 근현대 베스트셀러 문학과 독서의 사회사 — 1980~1990년대 베스트셀러시의 '사랑' 담론」, 『한국문학이론과비평』 29, 한국문학이론과비평학회, 2005.

김성종, 「여성만화가 4인 돌풍」, 『경향신문』, 1995. 5. 15.

김성훈, 「만화가 황미나 — 한국만화계의 '큰언니'」, <네이버 캐스트>, 2009. 4. 3.

김은미, 「세대별로 살펴본 순정만화의 페미니즘적 성취」, 『대중서사연구』 13, 대중서사학회, 2005.

김은혜, 「1980년대 여성 서사만화 연구」, 전북대학교 박사논문, 2017.

김효진, 「한국 동인문화와 야오이 — 1990년대를 중심으로」, 『만화애니메이션연구』 30, 만화애니메이션학회, 2013.

노수인, 「한국 순정만화와 일본 소녀만화의 관계 연구」, 이화여자대학교 석사논문, 2000.

라현숙, 「출판만화의 여성장르에서 나타나는 의미투쟁에 관한 연구」, 『연구논총』, 이화여대 대학원, 1996.

류진희, 「동성서사를 욕망하는 여자들 — 문자와 이야기 그리고 퀴어의 교차점에서」, 권김현영·김주희·류진희·루인·한채윤, 『성의 정치 성의 권리』, 자음과모음, 2012.

_____, 「'"청소년을 보호하라?"', 1990년대 청소년 보호법을 둘러싼 문화 지형과 그 효과들」, 『상허학보』 50, 상허학회, 2018.

르네 지라르, 『낭만적 거짓과 소설적 진실』, 김치수·송의경 옮김, 한길사, 2001.

박세정, 「성적 환상으로서의 야오이와 여성의 문화 능력에 관한 연구」, 이화여자대학교 석사논문, 2006.

박세형, 「한국 출판만화 유통의 문제점과 개선 방안 연구」, 『만화애니메이션연구』 3, 한국만화애니메이션학회, 1999.

박인하, 『누가 캔디를 모함했나 — 순정만화 맛있게 읽기』, 살림, 2000.

서은영, 「'순정' 장르의 성립과 순정만화」, 『대중서사연구』 21, 대중서사학회, 2015.

손상익, 『한국만화통사』(하), 시공사, 1998.

이정옥, 「로맨스, 여성, 가부장제의 함수관계에 대한 독자 반응 비평 — 재니스 A. 래드
        웨이의 <로맨스 읽기 — 가부장제와 대중문학>을 중심으로」, 『대중서사연구』
        25-3, 대중서사학회, 2019.

천정환·정종현, 『대한민국 독서사 — 우리가 사랑한 책들, 지知의 현대사와 읽기의 풍경』,
        서해문집, 2018.

한상정, 「프랑스의 감성소설과 연애소설에 나타난 '감성성'의 연구 — 순정만화의 '감
        성성'의 이해를 위하여」, 『한국언어문화』 35, 한국언어문화학회, 2008.

_____, 「순정만화라는 유령 — 순정만화라는 장르의 역사와 감성만화의 정의」, 『대중
        서사연구』 22-2, 대중서사학회, 2016.

허윤, 『이은혜』, 커뮤니케이션북스, 2019.

국외 자료

Eve Kosofsky Sedgwick, *Between Men: English Literature and Male Homosocial Desire*,
        Columbia University Press, 1985.

Janice A. Radway, *Reading the Romance: Women, Patriarchy, and Popular Literature*,
        University of North Carolina Press, 1991(rev. ed.).

Tania Modleski, *Loving with a Vengeance — Mass Produced Fantasies for Women*,
        Archon Books, 1982.

'한국적 신파' 영화와 '막장' 드라마의 젠더

국내 자료

강명석, 「가족드라마 탈 쓴 '막장드라마'」, 『한국일보』, 2008. 12. 23.

강명석·라제기, 「멜로, 이젠 별로!」, 『한국일보』, 2006. 12. 20.

권경성, 「다양한 시청층 유혹이 흥행요인 — SBS TV일일극 <아내의 유혹> 인기 분석,
        답습 벗어나야」, <미디어오늘>, 2009. 2. 11.

길윤형·하어영·김학선, 「문화퇴행, 안전하고 쉬운 돈벌이의 유혹」, 『한겨레』, 2009.
1. 9.

김도훈, 「태풍이 왔다! — 곽경택 감독 인터뷰」, 『씨네21』, 2005. 12. 20.

김소영, 「눈물은 근육을 잠식한다, <주먹이 운다>」, 『씨네21』, 2005. 4. 13.

김태우, 「<아이 엠 샘>은 신파다」, <오마이뉴스>, 2002. 11. 7.

김혜원, 「아줌마가 '막장 드라마' 배후조종했다고? — 막장드라마 왜 보냐고 아줌마들에
게 묻다」, <오마이뉴스>, 2009. 1. 12.

김환표, 『드라마, 한국을 말하다』(ebook), 인물과사상사, 2013.

남다은, 「무력함과 자기연민에 빠진 한국의 남자 아웃사이더들을 비판한다」, 『씨네21』,
2006. 12. 7.

라인하르트 코젤렉, 『지나간 미래』(1979), 한철 옮김, 문학동네, 1998.

마사 누스바움, 『감정의 격동』, 조형준 옮김, 새물결출판사, 2015.

문주영, 「불륜·복수·폭력·살인미수……갈 데까지 간 '막장 드라마'」, 『경향신문』, 2009. 1. 6.

박세연, 「'조강지처 클럽' 불륜 — 막장 혹평 불구 이유 있는 인기(종영②)」, <뉴스엔>,
2008. 10. 5.

박숙자, 「시기심과 고통 — 자기계발 서사에 나타난 감정 연구 — 막장드라마 <아내의
유혹>을 중심으로」, 『비교문화연구』 46, 경희대학교 비교문화연구소, 2017.

박주연, 「시어머니 악녀 캐릭터 '해도 너무해'」, 『위클리경향』 808, 2009. 1. 13.

손희정, 「<광해>와 <명량>의 흥행은 무엇의 표상인가? — 폐소공포증 시대의 천만 사
극과 K-내셔널리즘」, 『영화연구』 65, 한국영화학회, 2015.

송경원, 「<강철비> <신과 함께 — 죄와 벌> <1987>이 기댄 한국적 신파라는 환상」,
『씨네21』, 2018. 1. 30.

양진샘·이설희, 「20대의 '막장' 드라마 수용에 관한 연구 — <오로라공주>, <왔다! 장
보리> 수용자를 중심으로」, 『CONTENTS PLUS』, 한국영상학회, 2015.

유선주, 「[막장드라마의 모든 것] 울화를 삭여라, 다 복수해 주마!」, 『씨네21』, 2009. 1. 20.

육상효, 「왜 막장이 인기인가?」, 『한국일보』, 2009. 3. 19.

이승희, 「'신파'와 '막장'의 시간성」, 『민족문학사연구』 67, 민족문학사연구소, 2018.

_____, 「'신파-연극'의 소멸로 본 문화변동 — 탈식민 냉전문화로의 이행」, 『상허학보』

56, 상허학회, 2019.

이영미, 「꽃보다 막장 — MB시대와 막장드라마」, 『요즘 왜 이런 드라마가 뜨는 것인가 — 이영미 드라마 평론집』, 푸른북스, 2014.

이준목, 「남자의 눈물을 이용하는 조폭영화」, <데일리안>, 2005. 12. 4.

이호걸, 「파시즘과 눈물 — 1960~70년대 한국영화에서의 신파적 눈물과 정치」, 『영화 연구』 45, 한국영화학회, 2010.

_____, 『눈물과 정치 — <아리랑>에서 <하얀 거탑>까지, 대중문화로 탐구하는 감정의 한국학』, 따비, 2018.

이화정, 「[막장드라마의 모든 것] 쪽대본 모르면 말을 마~」, 『씨네21』, 2009. 1. 20.

임의택·오명환, 「TV '막장' 드라마의 현황과 개선방안에 관한 연구」, 『한국고등직업교육학회 논문집』 10-4, 한국고등직업교육학회, 2009.

정덕현, 「남자들 울기 시작하다」, <OSEN>, 2006. 12. 12.

주유신, 「눈물과 폭력 — 남성 멜로와 액션에서의 남성 정체성과 육체」, 『영상예술연구』 8, 영상예술학회, 2006.

최성락·윤수경, 『우리는 왜 막장드라마에 열광하는가 — 드라마 '오로라 공주'로 보는 한국 사회 대중심리』, 프로방스, 2014.

최지은, 「놀라운 '막장 명품'의 세계」, 『한겨레21』 744, 2009. 1. 12.

최지희, 「막장드라마의 민낯」, 홍석경 외, 『드라마의 모든 것 — 막장에서 고품격까지, 지상파에서 케이블까지』, 컬처룩, 2016.

하어영, 「드라마에 막장 바이러스 창궐」, 『한겨레』, 2009. 1. 4.

황진미, 「<신과 함께>, 이 한국적 가족신파에 왜 젊은 층이 열광할까」, <엔터미디어>, 2017. 12. 27.

황희연, 「그 많던 멜로영화는 다 어디로 사라졌을까?」, 『영화천국』 57, 한국영상자료원, 2017.

허문영, 「한국영화의 '소년성'에 대한 단상」, 『씨네21』, 2004. 4. 6.

홍선영, 「1910년 전후 서울에서 활동한 일본인 연극과 극장」, 『일본학보』 56, 한국일본학회, 2003.

_____, 「경성의 일본인 극장 변천사」, 『일본문화학보』 43, 한국일본문화학회, 2009.

J. M. 바바렛, 『감정의 거시사회학 ― 감정은 사회를 어떻게 움직이는가?』, 박형신·정
수남 옮김, 일신사, 2007.

촛불혁명의 브로맨스

1차 자료

영화 <공작>(윤종빈, 2018)

영화 <남한산성>(황동혁, 2017)

영화 <대립군>(정윤철, 2017)

영화 <범죄도시>(강윤성, 2017)

영화 <창궐>(김성훈, 2018).

영화 <청년경찰>(김주환, 2017)

영화 <택시 운전사>(장훈, 2017)

영화 <VIP>(박훈정, 2017)

영화 <1987>(장준환, 2017)

국내 자료

강경아, 「이 시대가 그려낸 '인간'의 초상」, 『한국영화』 90, 2017. 9.

고정갑희, 「여성주의 이론 생산과 여성운동, 사회운동 ― 가부장체제의 사막에서 이론
의 오아시스를 찾아나가다」, 『여/성이론』 17, 여이연, 2007.

권은선, 「멜로드라마 ― 눈물과 시대의 이야기」, 문재철 외, 『대중영화와 현대사회』, 소
도, 2005.

김광수, 「홍콩에서 울려 퍼지는 '임을 위한 행진곡'」, 『한국일보』, 2019. 6. 19.

김예랑, 「<공작> 팩트 체크······ 흑금성 실존인물 박채서가 털어놓은 진실」, 『한국경제』,
2018. 8. 17.

김지환, 「[전문] 문 대통령, 첫 北 대중연설 "겨레 손 굳게 잡고 새 조국 만들 것"」, 『경향신
문』, 2018. 9. 19.

린 헌트, 『프랑스혁명의 가족 로망스』, 조한욱 옮김, 새물결, 1999.

마리아 미즈, 『가부장제와 자본주의 ― 여성, 자연, 식민지와 세계적 규모의 자본축적』, 최재인 옮김, 갈무리, 2014.

문재철, 「영화적 기억과 문화적 정체성에 대한 연구 ― 포스트-코리아 뉴웨이브 시네마를 중심으로」, 중앙대학교 박사논문, 2002.

미국정신분석학회, 『정신분석용어사전』, 이재훈 옮김, 한국심리치료연구소, 2002.

민주화운동기념사업회·한국여성단체연합, 『1987, 민주주의와 여성』 포럼 자료집, 2018. 3. 7.

박정훈, 「탁현민 행정관 자리만 문제 아냐…… '룸살롱 연대' 용인 안돼」, <오마이뉴스>, 2017. 7. 8.

배진환, 「카메오 이효리, 영화 <공작>에 리얼리티를 더하다」, <스포츠월드>, 2018. 8. 14.

베네딕트 앤더슨, 『상상의 공동체 ― 민족주의의 기원과 전파에 대한 성찰』, 윤형숙 옮김, 나남, 2003.

손희정, 「21세기 한국영화와 네이션」, 중앙대학교 박사논문, 2014.

_____, 『페미니즘 리부트 ― 혐오의 시대를 뚫고 나온 목소리들』, 나무연필, 2017.

_____, 「폐소공포증 시대의 남성성 ― K-내셔널리즘, 파국, 그리고 여성혐오」, 연세대학교 젠더연구소 엮음, 『그런 남자는 없다 ― 혐오사회에서 한국 남성성 질문하기』, 오월의봄, 2017.

_____, 「페미니스트 대통령 시대의 대한민국에게 권함 ― 『'성'스러운 국민』이 주는 교훈에 대하여」, 『한국여성학』 33-2, 한국여성학회, 2017.

_____, 「그 사내다움에 대하여 ― 음모론 시대의 남성성과 검사영화」, 정희진·서민·손아람·한채윤·권김현영·손희정·홍성수, 『지금 여기의 페미니즘×민주주의』, 교유서가, 2018.

_____, 「촛불혁명의 브로맨스 ― 2010년대 한국의 내셔널 시네마와 정치적 상상력」, 『민족문학사연구』 68, 민족문학사연구소, 2018.

신기욱, 『한국 민족주의의 계보와 정치』, 이진준 옮김, 창비, 2009.

신윤동욱, 「태극기 세대가 몰려온다」, 『한겨레21』 553, 2005. 4. 1.

실비아 페데리치, 『캘리번과 마녀 ― 여성, 신체 그리고 시초축적』, 황성원·김민철 옮김, 갈무리, 2011.

얀 베르너 뮐러, 『누가 포퓰리스트인가 — 그가 말하는 '국민' 안에 내가 들어갈까』, 노시내 옮김, 마티, 2017.

오혜진, 「누가 민주주의를 노래하는가 — 신자유주의 시대 이후 한국 장편 남성서사의 문법과 정치적 임계」, 연세대학교 젠더연구소 엮음, 『그런 남자는 없다 — 혐오 사회에서 한국 남성성 질문하기』, 오월의봄, 2017.

이재덕, 「[정리뉴스] 대선 주자들, 성소수자 차별금지법 관련 발언 변천사」, <향이네>, 2017. 3. 15.

이해리, 「영화 <공작> 첩보전, 어디까지 실화일까」, 『일요신문』, 2018. 8. 23.

전효관, 「그 불안하고 기이한 개인주의」, 『한겨레21』 553, 2005. 4. 1.

조혜영, 「여성의 시선이 닿는 곳 — <더러운 잠>과 <국립극장>」, 『말과활』 13, 일곱번째숲, 2017.

지그문트 바우만, 『모두스 비벤디 — 유동하는 세계의 지옥과 유토피아』, 한상석 옮김, 후마니타스, 2010.

토마스 샤츠, 『할리우드 장르의 구조』, 한창호·허문영 옮김, 한나래, 1995.

허윤, 「'딸바보' 시대의 여성혐오 — 아버지 상(father figure)의 변모를 통해 살펴본 2000년대 한국 남성성」, 『대중서사연구』 22-4, 대중서사학회, 2016.

국외 자료

Alison Landsberg, "Prosthetic Memory: Total Recall and Blade Runner", *Cyberspace/Cyberbodies/Cyberpunk*, Mike Featherstone & Roger Burrows eds., Sage Publications, 1996.

Chris Berry, "From National Cinema to Cinema and the National: Chinese-language Cinema and Hou Hsiao-hsien's 'Taiwan Trilogy'", Valentina Vitali & Paul Willemen eds., *Theorising National Cinema*, BFI, 2006.

Gaye Tuchman, *Making News: A Study in the Construction of Reality*, Free Press, 1978.

Teresa de Lauretis, "Technologies of Gender", *Technologies of Gender: Essays on Theory, Film, and Fiction*, Macmillan Press, 1987.

기타 자료

<김어준의 뉴스공장>, tbs FM, 2018년 8월 17일 방송분.

'예술에 대한 폭력'과 '폭력을 흉내 내는 예술'

1차 자료

전시 데보라 드 로베르티, <기원의 거울>(2014)

전시 <퇴폐미술전>(1937) 리플렛(Stephanie Barron, *Degenerate Art: The Fate of the Avant-Garde in Nazi Germany*, Los Angeles County Museum of Art, 1991)

전시 <퇴폐미술전>(2016) 리플렛 (아트 스페이스 풀, 2016)

국외 자료

Stephanie Barron, *Degenerate Art: The Fate of the Avant-Garde in Nazi Germany*, Los Angeles County Museum of Art, 1991.

기타 자료

"Jambes écartées devant l'Origine du monde", *L'essentiel*, 3. Juin. 2014.

보이즈 러브의 문화정치와 '여성서사'의 발명

1차 자료

만화 격류작가, <BL 탈출기>(https://blog.naver.com/project069)

잡지 『메타후조』(https://tumblbug.com/metafujo)

잡지 『잡지 빠순』(https://tumblbug.com/ppassn)

잡지 『잡지 후조』(https://tumblbug.com/hujomagazine)

志村貴子 外, 『女子BL』, リブレ出版, 2015.

국내 자료

김효진, 「후죠시(腐女子)는 말할 수 있는가? ― 여성오타쿠의 발견」, 『일본연구』 45, 한
  국외국어대학교 일본연구소, 2010.

_____, 「한국 동인문화와 야오이 ― 1990년대를 중심으로」, 『만화애니메이션연구』
  30, 한국만화애니메이션학회, 2011.

_____, 「'동인녀同人女'의 발견과 재현 ― 한국 순정만화의 사례를 중심으로」, 『아시아
  문화연구』 30, 가천대학교 아시아문화연구소. 2013.

_____, 「요시나가 후미의 「오오쿠」大奧 ― 역사적 상상력과 여성만화의 가능성」, 『일
  본비평』 6, 서울대학교 일본연구소, 2014.

_____, 「여성향 만화 장르로서 틴즈 러브 만화의 가능성 ― 후유모리 유키코의 작품을
  중심으로」, 『일본연구』 73, 한국외국어대학교 일본연구소, 2017.

_____, 「'당사자'와 '비당사자'의 사이에서 ― 요시나가 후미 만화의 게이 표상을 중심
  으로」, 『언론정보연구』 56-2, 서울대학교 언론정보연구소, 2019.

_____, 「페미니즘의 시대, 보이즈러브의 의미를 묻다 ― 인터넷의 '탈BL'담론을 중심
  으로」, 『여성문학연구』 47, 한국여성문학학회, 2019.

노수인, 「한국 순정만화와 일본 소녀만화의 관계연구 ― 순정만화가들과의 심층인터
  뷰를 중심으로」 이화여자대학교 석사논문, 2000.

노수인·남은지, 「여성만화 팬들의 '야오이물' 읽기 ― PC통신 만화동호회 회원들의 인
  터뷰를 중심으로」, 1998년 언론학회 추계학술대회 발표문, 1998.

류진희, 「팬픽 ― 동성(성)애 서사의 여성공간」, 『여성문학연구』 20, 한국여성문학학회, 2008.

미조구치 아키코, 『BL진화론 ― 보이즈 러브가 사회를 움직인다』, 김효진 옮김, 길찾
  기, 2018.

박세정, 「성적 환상으로서의 야오이와 여성의 문화능력에 관한 연구」, 이화여자대학교
  석사논문, 2006.

손희정, 「페미니즘 리부트 ― 한국영화를 통해 보는 포스트-페미니즘, 그리고 그 이후」,
  『문화과학』 83, 문화과학사, 2015.

_____, 「촛불혁명의 브로맨스 ― 2010년대 한국의 내셔널 시네마와 정치적 상상력」,
  『민족문학사연구』 68, 민족문학사연구소, 2018.

요리사안, 「후조시의 원죄 — 후조시는 왜 현실 호모에 대해 알아야 하는가」, 『메타후조』, 2017.

장민지·윤태진, 「미소년을 기르는 여성들 — 인디/동인게임을 플레이하는 여성 게이 머 연구」, 『미디어, 젠더&문화』 19, 한국여성커뮤니케이션학회, 2011.

장은선, 『한국 슬레이어스 팬픽사』(개인출판물), 2007.

조은미, 「"우와, 저만큼 예쁘면 나 같아도……" — 사람들은 왜 <왕의 남자>에 열광하 는가」, <오마이스타>, 2006. 1. 9.

차효라, 「여성이 선택한 장르, 야오이」, 『만화세계 정복』, 만화집단 두고보자, 2003.

최선영, 「퀴어 영화 텍스트와 여성 수용자 — 영화 <후회하지 않아>를 중심으로」, 고려 대학교 석사논문, 2009.

토토메리, 「메.타.후.조? — '메타-후조'의 정의와, 왜 이 프로젝트를 시작하게 되었는가 에 대하여」, 『메타후조』, 2017.

「동성애, '홍석천 파문' 통해 본 우리 현 주소」, 『문화일보』, 2000. 10. 6.

「후회 없는 팬덤문화로 — 후회폐인과 팬덤문화」, 『필름2.0』, 2006. 12.

국외 자료

Christine Scodari, "Resistance Re-Examined: Gender, Fan Practices, and Science Fiction Television", *Popular Communication* 1-2, 2003.

Jungmin Kwon, *Straight Korean Female Fans and Their Gay Fantasies*, University of Iowa Press, 2019.

佐藤雅樹, 「ヤオイなんて死んでしまえばいい」, 『CHOISIR』 20, 1992. 5.

宣政佑, 「韓国のBL・やおい文化の流れ」, 『ユリイカ』, 2012. 12.

秋菊姫, 「失われた声を探って — 軍事政権期における韓国の純情漫画作家たちの抵抗 と権利付与」, 谷川建司・王向華・呉咏梅 編, 『越境するポピュラーカルチャー リコ ウランからタッキーまで』, 青弓社ライブラリー, 2009.

よしながふみ, 『よしながふみ対談集 あのひととここだけのおしゃべり』, 白泉社, 2007.

SNS, '소녀'들의 시장 혹은 광장

국내 자료

김애라, 「십대 여성의 디지털노동과 물질주의적 소녀성」, 『한국여성학』 32-4, 한국여성학회, 2016.

김예란, 「아이돌 공화국 — 소녀 산업의 지구화와 소녀 육체의 상업화」, 한국여성연구소 엮음, 『젠더와 사회 — 15개의 시선으로 읽는 여성과 남성』, 동녘, 2014.

「당신도 화장품회사 만들 수 있다, 팔로어 1만 명만 있다면!」, 『한겨레』, 2019. 5. 26.

「머리 밀고 화장품 부수고…… 1020 여성 '탈코르셋 인증' 붐」, 『한국경제』, 2018. 3. 9.

「TV 안 나와도 유명세…… 중고딩 '인플루언서' 뜬다」, 『한겨레』, 2017. 3. 20.

국외 자료

Angela McRobbie, "Post-Feminism and Popular Culture", *Feminist Media Studies* 4-3, 2004.

_____, *The Aftermath of feminism: Gender, Culture and Social Change* (Culture, Representation and Identity series), SAGE, 2009.

Anita Harris, *Future Girl: Young Women in the Twenty-First Century*, Routledge: New York and London, 2004.

Ann Braithwaite, "The Personal, the Political, Third-Wave and Postfeminism", *Feminist Theory* 3-3, 2002.

B. E. Duffy, *(Not) getting paid to do what you love: Gender, social media, and aspirational work*, Yale University Press, 2017.

Catherine Driscoll, *Girls: Feminine adolescence in popular culture and cultural theory*, Columbia University Press, 2002.

David Machin & Joanna Thornborrow, "Branding and discourse: The case of Cosmopolitan", *Discourse & Society* 14-4, 2003.

Deborah Siegel, *Sisterhood, Interrupted: From Radical Women to Girls Gone Wild*, New York: Macmillan, 2007.

Geoffrey G. Parker, Marshall W. Van Alstyne, and Sangeet Paul Choudary, *Platform revolution: how networked markets are transforming the economy and how to make them work for you*, WW Norton & Company, 2016.

Jessica Ringrose & Katarina Eriksson Barajas, "Gendered risks and opportunities? Exploring teen girls' digitized sexual identities in postfeminist media contexts", *International Journal of Media and Cultural Politics* 7-2, 2011.

Martyn Thayne, "Friends like mine: The production of socialised subjectivity in the attention economy", *Culture machine* 13, 2012.

Mark Andrejevic, "Surveillance and alienation in the online economy", *Surveillance & Society* 8, 2011.

Rosalind Gill & Christina Scharff eds., *New femininities: Postfeminism, neoliberalism and subjectivity,* Springer, 2013.

Rosalind Gill, "Post-postfeminism?: New Feminist Visibilities in Postfeminist Times", *Feminist Media Studies* 16-4, 2016.

Shelly Budgeon, "The contradiction of successful femininity: Third-wave feminism, postfeminism and 'new' femininities", *New femininities: postfeminism, neoliberalism, and subjectivity* by Rosalind Gill, Christina Scharff, New York: Palgrave Macmillan, 2013.

Susan Bolotin, "Voices from the Post-Feminist Generation", *New York Times Magazine* 17, Oct. 1982.

Tiziana Terranova, "Free Labor: Producing Culture for the Digital Economy", *Social Text* 18-2, 2000.

_____, *Network culture: Politics for the information age*, London: Pluto Press, 2004.

Trebor Scholz, *Digital Labor: The Internet as Playground and Factory*, Routledge, 2012.

뉴트로 셀럽, '신新 영자의 전성시대'

1차 자료

방송 <기쁜 우리 토요일>(SBS, 1994~2001)

방송 <김생민의 영수증>(팟캐스트 2016~18 / KBS2, 2017~18)

방송 <대국민 토크쇼 안녕하세요>(KBS2, 2010~19)

방송 <랜선 라이프 ― 크리에이터가 사는 법>(JTBC, 2018~19)

방송 <밥 블레스 유> 시즌1(Olive·VIVO TV, 2018~19)

방송 <송은이 김숙의 비밀보장>(2015~)

방송 <신상출시 편스토랑>(KBS2, 2019~)

방송 <언니들의 슬램덩크>(KBS2, 2016)

방송 <전지적 참견 시점>(MBC, 2018~)

국내 자료

강주화, 「"당신의 몸, 있는 그대로 아름답다" 이영자 수영복이 준 메시지」, 『국민일보』, 2018. 8. 10.

강홍일, 「다시, 영자의 전성시대」, 『여성동아』 662, 2019. 2.

김민아, 「브라보, 이영자!」, 『경향신문』, 2018. 12. 31.

노지승, 「영화 <영자의 전성시대>에 나타난 하층민 여성의 쾌락 ― 계층과 젠더의 문화사를 위한 시론」, 『한국현대문학연구』 24, 한국현대문학회, 2008.

노진호, 「나 뚱뚱하다, 그래서 뭐? …… 외모지상주의에 반기 들다」, 『중앙일보』, 2018. 9. 1.

박경은, 「먹방의 신세계 연 '영자의 전성시대'」, 『주간경향』 1325, 2018. 5. 14.

박주연, 「'여성서사'는 한계가 없다 ― 여성창작자 토크쇼 "여성주의, 스토리텔링을 질문하다"」, <일다>, 2019. 7. 12.

박희애, 「이영자, 여자 예능인의 인생」, <아이즈>, 2018. 5. 21.

손희정 외, 손희정·한국여성노동자회 기획, 『을들의 당나귀 귀 ― 페미니스트를 위한 대중문화 실전 가이드』, 후마니타스, 2018.

심혜경, 「개그/우먼/미디어 ― '김숙'이라는 현상」, 『여/성이론』 34, 여이연, 2016.

_____, 「개그/우먼/미디어2 — 이, '영자의 전성시대' 아니 '이유미의 황금기를 보라'」,
『여/성이론』 40, 여이연, 2019.

여성가족부, 『성평등 방송 프로그램 제작 안내서』(부록을 포함한 개정판), 2019.

유지영, 「밥 블레스 유 황인영 PD, '송은이는 나영석, 최화정·이영자·김숙은······'」, <오
마이스타>, 2018. 10. 2.

이유진, 「우리에겐 여성서사가 필요해······ 손익분기점 넘겨 낸 '여성 팬덤'」, 『경향신문』,
2018. 11. 7.

이정진, 「<김생민의 영수증>이 보여 주는 것」, 『여/성이론』 39, 여이연, 2018.

최윤정, 「이영자처럼 맛있게 표현하는 법」(총 2회), 『매일경제』, 2018. 6. 22~27.

최지은, 『괜찮지 않습니다 — 최지은 기자의 페미니스트로 다시 만난 세계』, 알에이치
코리아, 2017.

홍성우, 「공감 높은 '여성서사'로 한국영화계 바람」, <KBS NEWS>, 2019. 11. 28.

ash ahn, 「2019 최신 예능 트랜드」, 다음 브런치(https://brunch.co.kr/@tkd7827/35).

「먹고 또 먹다 보니 27년 만에 대상까지 먹은 예능계의 대모 이영자」, 네이버 포스트 <데
일리 라이프>, 2018. 12. 31.

국외 자료

Kathleen Rowe Karlyn, "Introduction: Feminist Film Theory and the Question
of Laughter", *The Unruly Woman: Gender and the Genres of Laughter*,
University of Texas Press, 1995.

마더-컴퓨터-레즈비언

1차 자료

게임 <브레이드>(넘버논, 2008)

게임 <슈퍼마리오>(닌텐도, 1985)

게임 <툼 레이더 — 리부트>(크리스털 다이내믹스, 2013)

게임 <포탈 1>(밸브 코퍼레이션, 2007)

게임 <포탈 2>(밸브 코퍼레이션, 2011)

영화 <세 남자와 아기 바구니>(레너드 니모이, 1987)

영화 <툼 레이더>(로아 우타우, 2018)

사전 <나무위키> <위키피디아>

국내 자료

게일 루빈, 『일탈 ─ 게일 루빈 선집』, 임옥희·조혜영·신혜수·허윤 옮김, 현실문화, 2015.

도나 J. 해러웨이, 『겸손한_목격자@제2의_천년. 여성인간©앙코마우스TM를 만나다
　　　　─ 페미니즘과 기술과학』, 민경숙 옮김, 갈무리, 2007.

마이클 애본 오밍·제이 핑커튼, <실험실 쥐>, CYRUS H. XNAYKE 옮김, 2011.
　　　　(http://www.thinkwithportals.com/comic/?l=kr)

수전 팔루디, 『백래시 ─ 누가 페미니즘을 두려워하는가?』(1991), 황성원 옮김, 아르테,
　　　　2017.

스티븐 히스, 『영화에 관한 질문들』(1981), 김소연 옮김, 울력, 2003.

안진수, 「비디오게임의 습격 ─ 비디오게임이 영화학에 던진 새로운 질문들」, 중앙대학
　　　　교 영화학과 특강 미간행 자료집, 주진숙 기획, 『영화의 미래』, 2007. 11.

예스퍼 율, 『캐주얼 게임 ─ 비디오게임과 플레이어의 재창조』(2005), 이정엽 옮김, 커
　　　　뮤니케이션북스, 2012.

유지영, 「게임업계 내 '여성 블랙리스트' 실제로 존재하나?」, <오마이뉴스>, 2019. 11. 18.

이그리트, 「e-Sports에서 여성은 주인공이 될 수 있을까?」, <핀치>, 2016. 10. 13.

이해진, 「멜라니 클라인 ─ 어머니라는 수수께끼」, 여성문화이론연구소 정신분석세미
　　　　나팀 엮음, 『페미니스트 정신분석이론가들』, 여이연, 2016.

임수연, 「[서울국제여성영화제②] 아니타 사키시안, 페미니스트 미디어 비평가」, 『씨
　　　　네21』, 2018. 6. 13.

임옥희, 「도나 해러웨이 ─ 괴상한 친족들의 실뜨기 놀이」, <SEMINAR> 1, 2019. 4.

정미경·정다운 외, 『2018년 게임 이용자 실태조사 보고서』, 한국콘텐츠진흥원, 2018.

조선정, 「포스트페미니즘과 그 불만 ─ 영미권 페미니즘 담론에 나타난 세대론과 역사

쓰기」, 『한국여성학』 30-4, 한국여성학회, 2014.

줄리아 크리스테바, 『시적 언어의 혁명』(1974), 김인환 옮김, 동문선, 2000.

줄리엣 미첼, 『동기간 — 성과 폭력』, 이성민 옮김, 도서출판b, 2015.

최가영, 「오버워치 디바가 페미니스트의 아이콘이 된 이유」, <YTN>, 2017. 2. 24.

캐서린 헤일스, 『우리는 어떻게 포스트휴먼이 되었는가 — 사이버네틱스와 문학, 정보 과학의 신체들』(1999), 허진 옮김, 플래닛, 2013.

──────, 『나의 어머니는 컴퓨터였다 — 디지털 주체와 문학 텍스트』(2005), 송 은주·이경란 옮김, 아카넷, 2016.

타니아 모들스키, 『여성 없는 페미니즘』(1991), 노영숙 옮김, 여이연, 2008.

허윤, 「'딸바보' 시대의 여성혐오 — 아버지 상father figure의 변모를 통해 살펴 본 2000년대 한국의 남성성」, 『대중서사연구』 22-4, 대중서사학회, 2016.

국외 자료

Bonnie Ruberg, "Getting Too Close: Portal, Anal Rope and the Perils of Queer Interpretation" in *Video Games Have Always Been Queer*, NYU Press, 2019.

Christina Gough, "Distribution of computer and video gamers in the United States from 2006 to 2019, by gender", *Statista*, July. 3. 2019.

Deborah Siegel, *Sisterhood, Interrupted: From Radical Women to Girls Gone Wild*, New York: Macmillan. 2007.

Donna Haraway, "The Promises of Monsters: A Regenerative Politics for Inappropriate/d Others", Lawrence Grosberg, Cary Nelson, & Paula Treichler eds., *Cultural Studies*, New York and London: Routledge, 1992.

──────, "SF: Science Fiction, Speculative Fabulation, String Figures, So Far", *Ada: A Journal of Gender, New Media & Technology* 3, 2013.

Jennifer Malkowski & TreaAndrea M. Russworm, "Introduction: Identity, Representation, and Video Game studies beyond the Politics of the Image", *Gaming Representation: Race, Gender and Sexuality in Video Game*, Indiana University Press, 2017. (Kindle Electronic Edition, Jennifer Malkowski & TreaAndrea M. Russworm eds., Location 276 of 6574)

Jesper Juul, *Art of Failure: An Essay on the Pain of Playing Video Games*, Massachusetts Institute of Technology, 2013.

Jonathan Beller, "Camera Obscura After All: The Racist Writing with Light", *The Scholar & Feminist Online* 10-3, Summer 2012.

Katie King, "A Naturalcultural Collection of Affections: Transdisciplinary Stories of Transmedia Ecologies Learning", *The Scholar & Feminist Online* 10-3, Summer 2012.

Laura Mulvey, "Visual Pleasure and Narrative Cinema", *Film Theory and Criticism : Introductory Readings*, Leo Braudy & Marshall Cohen eds., New York: Oxford UP, 1999.

Mia Consalvo, "There Is No Magic Circle", *Games and Culture* 4-4, 2009.

Michael Burden & Sean Gouglas, "The Algorithmic Experience: Portal as Art", *Game Studies: the International Journal of Computer Game Research* 12-2, December 2012.

Nick Yee, "Beyond 50/50: Breaking Down The Percentage of Female Gamers by Genre", *Quantic Foundry*, January. 19. 2017.

_____, "Just How Important Are Female Protagonists?", *Quantic Foundry*, August. 29. 2017.

Sara Projansky, *Spectacular Girls: Media Fascination and Celebrity Culture*, New York University Press, 2014. (Kindle Electronic Edition: Introduction, Location 304)

Stephanie Harkin, ""The Only Thing You've Managed to Break So Far Is My Heart": An Analysis Portal's Monstrous Mother GLaDOS", *Games and Culture*, December 2018.

_____, "The Only Thing You've Managed to Break So Far Is My Heart": An Analysis of Portal's Monstrous Mother GLaDOS", *Games and Culture*, 2018.

Yannick Lejacq, "Tomb Raider writer Rhianna Pratchett on why every kill can't be the first and why she hoped to make Lara Croft gay", *Kill Screen*, March. 13. 2013.

"Female Representation in Videogames Isn't Getting Any Better", *Wired*, June. 14. 2019.

찾아보기

/ 작품명

/ 인명

/ 키워드

기타